AF343450

Imp. Schneider et Langrand, rue d'Erfurth, 4.

LES
HOMMES CÉLÈBRES
DE L'ITALIE,

PAR

MM. LEGOUVÉ, SCHOELCHER, CH. DIDIER, FORTOUL, FERRIER, MAZUY.

28 portraits en pied

DESSINÉS PAR DEVERIA ET GRAVÉS SUR ACIER.

PARIS,

CHEZ ABEL LEDOUX, ÉDITEUR,

RUE GUÉNÉGAUD, N° 9.

—

1845

1844

DANTE
PETRARCA

DANTE.

Il y a des hommes qui sont destinés à être les exemplaires des autres hommes en toutes choses : Dante est un de ceux-là. Sa vie se divise en trois grands chapitres : l'amour, les grandeurs, l'exil: sa jeunesse fut remplie par la passion du cœur ; sa virilité par l'activité ambitieuse ; sa vieillesse se nourrit du pain amer de la proscription. On dirait de trois hommes : mais il y a un lien qui unit ces trois cercles d'existence, c'est la poésie : dans toutes ces phases, la poésie filtre à travers l'âme de Dante, comme le Gave roule d'abord sous un pur glacier au haut de la montagne, puis se précipite à travers les roches, entraînant après lui pierres et graviers, puis va mourir sombre et grondant sous des cavernes obscures, prenant la teinte de tous les lieux par où il passe, frais et calme au départ, tumultueux dans la route, grave et lent à la perte. Tous les poètes primitifs, Homère, Cervantes, Milton, Byron, tous ont souffert, et cela est juste ; comme leur livre doit-être le livre de l'humanité, il faut qu'ils apprennent la vie, et la vie ne s'apprend que dans la souffrance ; voilà pourquoi Dante a été si malheureux ; voilà pourquoi Dieu, qui se charge de l'éducation de ces précepteurs du genre humain, a mêlé Dante à toutes les choses de son temps, l'a froissé contre tous les angles de la réalité ; voilà pourquoi il lui enseigna rudement ce que c'est que d'aimer, que de gouverner les hommes, et que de vivre chez autrui ! Je crois à cela ; et cette idée me rend moins amer le récit que j'ai à faire des malheurs de cet homme.

§ 1er.

AMOUR.

Dante naquit à Florence en 1265 ; sa famille était une des plus nobles de la ville ; elle prétendait même remonter jusqu'aux Romains ; elle disait que parmi les premiers fondateurs de la cité, sous les Césars, se trouvait un Eliseo ; qu'un des fils de cet Eliseo était venu ensuite faire souche à Florence, quand Florence fut rebâtie par Charlemagne, et qu'enfin les Elisei s'étaient alliés aux Alighieri de Ferrare, dont ils avaient pris le nom, illustré par Cacciaguida. Dante naquit donc sous

les rameaux vénérables d'un arbre généalogique qui avait sa racine dans l'ancienne *urbs*, et sur lequel était venue se greffer une des plus vieilles familles de Ferrare. Son nom de Dante n'est qu'un diminutif de Durante, prénom qu'on lui avait donné dans son enfance ; et Boccace dit que c'est le ciel qui voulut ce changement de nom, (*Dante* en latin veut dire donnant), parce que Dante donna tout à l'Italie : littérature, sciences, poésie. Il perdit son père et sa mère, étant encore fort jeune, et son éducation fut confiée aux soins de Brunetto Latini, grammairien célèbre.

Son enfance et sa jeunesse furent nourries des trois plus belles choses de ce monde : la science, la musique et l'amour. Après de longs et pénibles travaux sur la physique, la théologie et l'astronomie, il allait trouver son cher musicien Casella, et là il passait des heures entières à nager dans les flots de l'harmonie, tout plein d'ivresse, comme plus tard Byron s'étendant sur les vagues de l'Adriatique. Ceux qui n'aiment pas la musique ne se doutent pas de tout ce qui peut entrer d'enchantement dans l'oreille d'un homme ; il n'y a pas de muse, il n'y a pas de langue, il n'y a pas de poésie, pas de peinture qui sache parler comme elle à ceux qui souffrent et à ceux qui sont heureux ; il n'y a pas de mère qui sache vous prendre si mollement dans ses bras, vous bercer avec tant d'amour, et vous verser un lait si doux, si nourrissant ! Les infortunes ne sont jamais éternelles chez l'homme pour qui l'amour de la musique est une passion. Dante l'éprouva, lui qui éprouva tout. La musique avait été son amante dans sa jeunesse, elle fut sa consolatrice dans son exil. Quand la pensée du pays venait lui prendre trop fortement le cœur, le poète proscrit, saisissant son instrument, chantait, et sa douleur devenait de la mélancolie ! Aussi, lorsque dans son sublime pélerinage, il rencontre Casella dans le purgatoire, il s'écrie : O mon cher Casella, si Dieu ne t'a pas enlevé ta mémoire et l'art de ces accents attendris qui apaisaient toutes mes douleurs, console un peu mon âme tout épouvantée de ce qu'elle vient de voir dans les enfers. » Casella se mit à chanter, à chanter un des plus charmants canzoni de Dante, et il chanta si délicieusement que Dante se sentit tout rafraîchi en dedans, et que Virgile s'arrêta, et que les âmes se pressant autour d'eux, oublièrent qu'elles étaient en purgatoire, et se crurent dans le ciel; mais l'austère Caton, leur gardien, vint les chasser devant lui, et elles s'enfuirent comme un homme qui va sans savoir où il va : telles des colombes, s'abattant pour la pâture sur un champ de blés, et becquetant sans faire leurs roucoulements accoutumés, s'il paraît quelque chose qui leur fasse peur, s'envolent toutes bruyamment, laissant la nourriture, parce qu'elles sont assaillies d'un soin plus grave. »

Divine, naïve, exquise comparaison que Dante n'aurait pas trouvée s'il n'eût parlé musique depuis vingt vers.

J'ai dit que le maître de Dante fut Brunetto Latini; je me suis trompé, c'est Béatrix, c'est une femme, c'est l'amour.

Dante a écrit à 25 ans un petit livre appelé la Vita-Nuova, qui est le récit de ses amours avec Béatrix; eh bien, Dante est là tout entier, le théologien, le poëte et l'amant. La Vita-Nuova renferme la Divine Comédie, comme l'œuf renferme l'oiseau; et j'avoue que ces premiers ouvrages des grands hommes, ces ouvrages générateurs ont bien plus d'attraits pour moi que leurs œuvres d'âge mûr; il y a plus à deviner, et cela me touche davantage, de voir toutes ces belles facultés encore au nid, et comme couvertes d'un léger duvet, que plus tard, quand les ailes sont venues et qu'elles se font aigles.

Au mois de mai, quand la terre se couvre de fleurs, c'était la coutume à Florence que tous les habitants, hommes et femmes, nobles et peuple, se rassemblassent pour de joyeuses fêtes, danses et repas; or il arriva qu'un des premiers citoyens de la ville, Folco Portinari, réunit dans sa maison tous ses voisins et amis, pour célébrer le retour des beaux jours. Alighieri y fut invité, et amena avec lui son fils Dante qui n'avait pas encore dix ans. Au milieu du festin, Dante s'en alla jouer avec les autres enfants; il y avait beaucoup de jeunes garçons et de jeunes filles, et entr'autres la fille de Folco Portinari, qui avait neuf ans à peine, et que l'on nommait Bice, par abréviation du nom de Béatrice qui était le sien. Elle était plus grave qu'on ne l'est à son âge, marchait un peu lentement, et portait sur son visage une expression de candeur sereine; belle en même temps d'une beauté morale et physique, et ayant le plus grand de tous les charmes de la figure, une harmonie parfaite dans tous les traits; tous ceux qui la voyaient l'appelaient *Angioletta* (petite ange); Dante, en l'apercevant, fut frappé, et resta immobile comme un homme qui passe tout-à-coup d'une salle obscure dans une chambre illuminée; aussitôt il sentit l'esprit de la vie, celui qui habite dans la région du cœur, trembler fortement, et s'écrier : Voici, voici le dieu plus fort que moi, et qui me dominera! Puis, l'esprit des sens, celui qui porte au cerveau toutes nos perceptions, s'adressa au sens de la vue, et lui dit : Voici notre béatitude. Puis l'esprit animal, qui demeure dans l'estomac, et préside à la transformation et à la distribution de notre nourriture, dit tout bas en pleurant : Ah! malheureux! je serai bien souvent empêché maintenant.

Cette passion paraîtra peut-être bien étrange chez un enfant de dix ans, et pour un enfant de neuf, mais l'âme du Dante à dix ans ne devait pas avoir le même âge que nos âmes vulgaires.

Dès ce jour, l'amour devint son seigneur si absolument qu'il lui faisait faire toutes ses volontés. Il lui commandait souvent de chercher à voir ce tout jeune ange, aussi allait-il toujours le cherchant, et il lui voyait quelque chose de si louable et de si nouveau, qu'on pouvait dire d'elle ces paroles du poète Homère : « Elle ne semblait pas fille d'un mortel, mais d'un dieu. » Un jour, elle lui apparut, dans une voie publique, cette merveilleuse dame de son esprit, vêtue de couleur blanche, entre deux gentilles dames d'un âge plus avancé; elle tourna les yeux vers le lieu où Dante était très-tremblant; et avec son ineffable grâce, le salua si vertueusement qu'il lui parut voir alors toutes les bornes de la béatitude. Comme c'était la première fois que les paroles de Béatrix s'étaient mises en mouvement pour venir à ses oreilles, il en prit une si grande douceur, que, comme un homme ivre, il s'écarta de la foule, courut à l'endroit le plus solitaire de sa maison, et se mit à penser à cette courtoisie; et depuis, dès qu'il la voyait quelque part, la seule espérance de cet admirable salut faisait qu'il ne lui restait plus un seul ennemi dans le cœur, qu'il lui venait une ardeur de charité qui l'engageait à pardonner à quiconque l'avait offensé, et si quelqu'un lui eût alors demandé quelque chose, il n'eût pu répondre que par des paroles d'amitié, et avec un visage tout revêtu d'humilité.

Cependant, le jour de ce premier salut, après être rentré dans sa maison, et avoir long-temps pensé, il s'était endormi, et voici le songe qui vint le visiter. Il vit dans sa chambre un nuage de feu; dans ce nuage un être qui semblait terrible pour les autres, et cependant très-heureux; dans les bras de cet homme une femme couverte d'un voile rouge; cet homme était l'Amour; cette femme, Béatrix; l'amour tenait dans ses mains un cœur enflammé : il dit à Dante, ce cœur est le tien. Puis réveillant Béatrix, il la pressa de le manger, ce qu'elle fit avec quelque hésitation. Mais à peine l'eut-elle mangé, que sa joie se changea en tristesse, elle se jeta toute pleurante dans les bras de l'Amour et s'envola avec lui.

A peine réveillé, Dante, frappé de cette vision, résolut de la faire connaître aux fameux poètes de ce temps, et selon la coutume des savants Italiens d'alors qui correspondaient publiquement en vers, s'envoyant des énigmes amoureuses, des devises, etc., il fit le récit de son apparition dans un sonnet où il salue tous les fidèles d'amour, les priant de juger sa vision, et de l'expliquer. Il reçut plusieurs réponses, et entr'autres une de Guido Cavalcanti, qui devint ensuite son ami; mais il paraît qu'aucun des répondants n'avait compris sa pensée, car il dit : le sens de ce sonnet ne fut alors saisi par personne, mais maintenant, il est clair, même pour les plus simples. Cette bizarre production est le premier morceau connu de Dante. Il avait alors dix-neuf ans. Cependant son âme était tellement tout entière occupée à penser à sa dame, qu'en peu de temps il devint frêle et dans un état déplorable, au point que sa vue faisait peine à tous ses amis; et quand on lui demandait : Qu'est-ce qui te met dans une si triste condition? il répondait : l'amour; et si on lui disait : par quelle femme l'amour te défait-il ainsi? il regardait en souriant, et ne répondait pas, car il ne voulait pas nommer celle qu'il aimait, et il trouva une manière ingénieuse de tromper la curiosité.

Un jour, il arriva que Béatrix était dans une église; Dante y était aussi, et à une place d'où il pouvait la voir; mais entr'eux deux directement se trouvait une jeune fille qui rencontrant toujours les yeux de Dante, s'étonnait de ces regards qu'elle croyait s'arrêter à elle, et le regardait aussi. Plusieurs s'en aperçurent, et au sortir de l'église, Dante leur entendit dire en le montrant lui et la jeune fille : «Voyez comme ce jeune homme est abattu à cause de cette jeune fille.»Tout heureux de découvrir ainsi qu'on ne savait pas son secret, il fit tout pour accréditer cette erreur, et se servant de cette noble demoiselle comme d'un bouclier de la vérité, il adressa sous son nom, à Béatrix, une foule de sonnets et de canzoni. Tantôt c'était une ballade où il employait alternativement un vers latin, un vers italien et un vers provençal; tantôt il encadrait dans une pièce les noms des soixante plus belles femmes de la ville de Florence, pour pouvoir y mettre celui de Béatrix; et enfin, tel était son désir d'exprimer et de cacher son amour, que la jeune fille de l'église étant partie, il en prit une autre pour bouclier de la vérité (*schermo della verità*); et cette seconde étant morte, il en prit encore une troisième; mais à la fin, Béatrix un peu courroucée de se voir ainsi placée derrière tant de boucliers, et entendant mal parler de Dante, ne le salua pas; Dante lui envoya aussitôt une petite ballade où il lui expliquait qu'il n'était infidèle que par discrétion; mais Béatrix ne voulait rien écouter. Il était désespéré, lui dont l'amour n'avait d'autre but que le salut qu'on lui refusait. Un jour, un de ses amis le mena, croyant lui faire plaisir, dans un lieu où se trouvaient plusieurs dames très-belles. Arrivé, Dante lui demanda : Pourquoi sommes-nous venus ici?— pour que ces dames soient dignement servies. Mais tout-à-coup, pendant que son ami parlait ainsi, Dante sentit un terrible tremblement qui le prenait du côté du cœur, et se répandait ensuite dans tous ses membres. Il lève les yeux, il voit Béatrix. Alors, se sentant si proche de cette dame, il défaillit et s'appuya sur la muraille. Toutes les femmes le voyant si troublé, se mirent à parler entr'elles et à rire, et Béatrix rit aussi! Eperdu, il sortit précipitamment, et sa douleur s'exhalant en vers, il s'écria dans un des plus passionnés sonnets qu'il ait jamais écrit : Vous riez! Vous riez de moi avec les autres femmes! Oh! vous ne ririez pas si vous saviez comme je souffre en vous voyant. Quand je suis près de vous, j'entends l'amour qui me crie : fuis, si tu ne veux pas périr, et je sens mon cœur qui meurt, et mon visage prend la couleur de mon cœur, et étourdi comme un homme ivre, il me semble que les pierres me crient : Meurs! meurs! Oh! celui qui me voit alors, et qui ne me console pas au moins en me montrant que je lui fais peine, celui-là commet un grand péché!

Cette dernière preuve du courroux de Béatrix le fit changer de conduite; sa discrétion avait porté des fruits trop amers, et dans un canzone adressé à toutes les femmes qui ont l'intelligence de l'amour (intelletto d'amore) il chante pour la première fois celle qu'il aimait, sous son véritable nom.

Un grand malheur qui frappa Béatrix, vint encore sanctifier son adoration pour elle; Dieu, qui n'a pas refusé la mort pour lui-même, appela dans le ciel le père de Béatrix; et comme un tel départ est douloureux pour ceux qui restent et qui ont été les amis de celui qui s'en va, et comme il n'y a pas de si intime amitié que celle d'un père, comme ce père était un homme bon, et que sa fille était une femme bonne, elle fut très-amèrement pleine de douleur. Selon l'usage de la ville de Florence, les femmes se rassemblèrent là où Béatrix se lamentait. Les hommes ne pouvaient y pénétrer. Dante voulant du moins être le plus près possible de cette douleur, entra dans la maison, et alla s'asseoir dans un coin de la cour, sur un banc de pierres, pour voir passer et entendre parler les femmes qui allaient voir Béatrix : il resta là une partie du jour, et les femmes qui sortaient, disaient : Certes, Béatrix pleurait si fort, que celui qui l'a vue doit mourir de pitié... Puis ces femmes passèrent, et Dante resta dans une si grande tristesse, que des larmes lui baignaient le visage, au point que souvent il le couvrait de ses deux mains, ou le collait contre la muraille, et si ce n'eût été qu'il espérait encore entendre parler d'elle, parce que toutes les femmes devaient sortir par le lieu où il était, il eût couru se cacher. Cependant, d'autres dames vinrent, qui se disaient : Qui de nous pourrait être joyeuse, après l'avoir entendue parler et pleurer? Puis d'autres encore, voyant Dante seul sur son banc, disaient : Celui qui est là assis, pleure comme s'il l'avait vue comme nous l'avons vue; ou bien, voyez-le donc, il est devenu tel qu'il ne paraît plus lui-même.

A quelques jours de là il tomba malade; la souffrance le jeta dans une telle faiblesse, qu'il était comme ceux qui ne peuvent pas se remuer. Le neuvième jour, sa torture devint intolérable, et il lui vint une pensée qui le rapportait à Béa-

trix : puis, après avoir pensé à elle, il se remit à penser à sa faible vie à lui, et voyant combien sa durée tenait à peu de chose, quoiqu'il fût jeune et fort, il commença à gémir en lui-même d'une si grande misère. Enfin, soupirant avec violence, il se dit : « Il faut de nécessité qu'un jour Béatrix meure! » A cette seule idée, un tel *éperduement* (smarrimento) le prit, qu'il ferma les yeux, et sa tête commença à travailler comme celle d'une personne frénétique, et à imaginer ceci. D'abord, dans le premier égarement de sa fantaisie, lui apparurent des visages de femmes échevelées qui lui disaient : tu mourras. Puis après celles-là en vinrent d'autres, horribles à voir, qui lui disaient : tu es mort. Ainsi errant et marchant toujours, son imagination le mena au point qu'il ne savait plus où il était. Alors, il vit encore une troisième troupe de femmes qui allaient en pleurant pitoyablement; puis le soleil s'obscurcit, la terre trembla, et les étoiles devinrent d'une telle couleur, qu'elles semblaient pleurer. Soudain un ami vint à lui, et lui dit : Ne sais-tu pas? ton admirable dame est partie de ce monde. Aussitôt il commence à pleurer, et non pas seulement en imagination, mais à pleurer avec ses yeux, et en les baignant de véritables larmes. Alors il imagina de tourner ses regards vers le ciel, et il lui parut voir une multitude d'anges qui remontaient, poussant devant eux une petite nuée blanche, et ces anges chantaient glorieusement, et les paroles de leurs chants étaient celles-ci : *Hosanna in excelsis.* Puis il entendit son cœur, où était tant d'amour, lui dire : c'est vrai, votre dame est morte. Aussitôt, il crut qu'il se mettait en marche pour aller voir le corps où avait été renfermée cette âme très-noble et très-heureuse; et telle était la force de son imagination qu'elle lui montra cette dame morte et qu'il vit les femmes couvrir sa personne (c'est-à-dire sa tête) d'un voile blanc, et sa figure avait un tel aspect de calme, qu'elle semblait dire : je vois maintenant le prince de la paix. A cette vue, Dante appelle la mort, lui disant : ô douce mort, viens à moi; tu dois être aimable puisque tu es dans une telle demeure; viens, je te désire beaucoup. Après les douloureuses cérémonies terminées, Dante crut retourner dans sa chambre, et levant les yeux au ciel, il s'écria, avec sa voix véritable, et en pleurant : ô belle âme, heureux celui qui te vois! L'entendant ainsi sangloter et appeler la mort, une jeune dame, qui était auprès de son lit, croyant qu'il se lamentait à cause de ses souffrances de maladie, commença à pleurer avec une grande peur; alors d'autres dames, qui étaient aussi dans la chambre, s'approchèrent de lui, et pensant qu'il pleurait à cause des larmes que versait cette jeune femme (c'était une de ses proches parentes), lui dirent de s'éloigner, et appelèrent Dante pour le réveiller, car elles s'imaginaient qu'il dormait. A leur voix, sa vision se dissipa, et il leur raconta ce qu'il avait cru voir.

Heureux ceux qui disent que tout songe est mensonge; ils n'ont jamais eu de pressentiments funestes, ils ne savent pas ce que c'est que de souffrir d'un malheur avant qu'il soit arrivé.

Béatrix mourut peu de temps après cette vision.

Que va devenir Dante après cet horrible malheur? Que fera-t-il? Ou il brisera sa plume, ou, s'il écrit, chacun de ces mots sera une larme.

Ecoutez-le.

Je pourrais bien, dit-il, parler de la mort de Béatrix, mais je ne le ferai pas par trois raisons : 1.º parce que cela sortirait du cadre de mon ouvrage; 2.º parce que je suis trop faible pour une telle tâche; 3.º parce qu'en traitant ce sujet, je serais entraîné à me louer moi-même. Cependant, je veux dire quelque chose touchant le nombre neuf, qui a été mêlé à tous les événements de sa vie. Elle avait neuf ans quand je l'ai vue, c'était le 9 du mois; elle est morte dans la première heure du neuvième jour du mois, et, *selon l'usage de Syrie*, dans le neuvième mois de l'année. Or, voici pourquoi ce nombre *neuf* se retrouve ainsi partout dans l'existence de Béatrix. Le nombre trois est la racine de neuf, puisque trois fois trois font neuf. Or, le grand créateur de miracles est *trois*, le père, le fils et le saint-esprit; donc cette merveilleuse dame fut accompagnée du nombre neuf, pour faire entendre qu'elle était elle-même *un neuf*, c'est-à-dire un miracle. Peut-être un esprit plus subtil trouverait-il une explication plus fine, mais je préfère celle-ci comme simple et me plaisant.

Est-il possible, je vous le demande, d'entasser plus de pointes, plus de niaiseries, à propos d'une perte plus profonde et après une passion plus exaltée? N'est-ce pas un curieux témoignage de cette épidémie sophistique et théologique qui gâtait alors jusqu'aux fruits sa-

voureux du génie? Et ne croyez pas qu'il ne regrettât pas amèrement Béatrix; Boccace nous dit qu'il s'enferma plusieurs semaines de suite sans vouloir voir un visage humain; il laissa pousser toute sa barbe; il devint si maigre, si pâle, si défait, que dans la rue ses amis ne le reconnaissaient pas; et après ces deux pages de subtilités, il a tracé dans *la Vita nuova* les peintures les plus touchantes de sa douleur. En voici un exemple pris au hasard. Il arriva dans ce temps, dit-il, que beaucoup de gens venaient à Florence pour voir cette bienheureuse image que le Christ nous a laissée de lui, comme une copie de son sublime visage que voit aujourd'hui Béatrix; or, quelques pélerins passaient dans le milieu de la grande rue, où naquit, vécut et mourut cette admirable dame, et ils marchaient, selon qu'il me semble, tout pensifs. Moi, tout en les regardant, je me dis : ces pélerins me paraissent venir d'un pays lointain, et ils ne peuvent pas avoir entendu parler de Béatrix; pourquoi donc sont-ils tristes? Ils ont sans doute des amis bien loin d'ici, auxquels ils pensent. Ah! si je descendais dans la rue leur parler, comme je leur dirais des paroles qui les feraient fondre en larmes!

Cependant l'esprit de l'homme est fragile, et il n'y a pas que saint Antoine qui ait eu des tentations; après bien des jours passés dans le désespoir, Dante fut soumis à une épreuve terrible. Il y avait un an, jour pour jour, que Béatrix était morte; Dante était dans la campagne, pensant, et dessinant un ange; ses pensées étaient si tristes que son visage était égaré; il s'interrompt un moment de son travail et lève les yeux pour regarder si personne ne le voit; alors il aperçoit à une fenêtre une gentille dame qui le regardait si pitoyablement, que toute pitié semblait rassemblée sur son visage. Quand les malheureux voient dans les autres de la compassion pour eux, ils sont plus vite portés à pleurer, comme s'ils se plaignaient eux-mêmes; Dante sentit donc que ses yeux commençaient à vouloir pleurer, et ne voulant pas montrer sa faiblesse, il s'éloigna; mais le lendemain il envoya à cette dame un sonnet où il lui disait tout cela. Cependant, dès qu'il la rencontrait, sa figure à elle devenait compatissante et ses joues pâles, ce qui le faisait souvenir de Béatrix qui était pâle aussi, et l'attendrissait; aussi souvent, quand il ne pouvait pleurer, il allait voir cette dame si pitoyable, dont la seule vue lui tirait les larmes des yeux, et il lui fit encore un sonnet là-dessus. Enfin, il en vint au point que ses yeux commencèrent à se réjouir trop de voir cette dame, ce qui lui crucifiait le cœur ; et il se trouvait très-vil, et il maudissait la vanité de ses yeux, et il leur disait : vous aviez coutume de faire pleurer ceux qui vous voyaient ; il paraît que vous voulez oublier votre douleur pour cette dame qui ne vous regarde cependant qu'à cause de votre douleur. Puis il faisait des canzoni, où son âme gourmandait ses sens : quelle est donc cette pensée, disait-elle, qui veut venir nous consoler ? Est-elle donc si puissante que de chasser tout autre souvenir ? Et les sens répondaient : ô âme pensive, cette pensée est un nouvel espoir d'amour qui réveille en moi ses désirs.

Ne sachant auquel entendre, Dante, dans cette cruelle bataille, était fort malheureux, quand par bonheur pour lui Béatrix vint à son secours : elle lui apparut une nuit, avec ce même vêtement de pourpre quelle portait le premier jour qu'il la vit ; et elle était aussi jeune, et dans cet âge tendre qu'elle avait alors. Cette vue chassa aussitôt toute autre passion de son cœur. Ses journées de douleur recommencèrent, et il pleura tellement que personne ne pouvait plus regarder ses yeux, tant ils étaient cerclés d'une couleur de pourpre. Couronne de martyre, s'écrie-t-il, que l'amour leur impose pour punition de leur faiblesse.

Dante en était là du récit de son amour, quand tout-à-coup il s'interrompit et écrivit ces mots : Je veux élever à Béatrix un autre monument, et dire sur elle des choses qui n'ont été dites sur aucune femme ! Ce monument ce fut la Divine Comédie. L'histoire de cette tendresse s'acheva dans le paradis.

Ici se termine l'abrégé de la première partie de la vie du Dante, et de son premier ouvrage ; ouvrage peu connu, et qui cependant a été le maître de Pétrarque, du Tasse, et de tous nos vieux poètes, car il introduisit dans la poésie un élément nouveau et complètement inconnu de l'antiquité, la science de l'amour.

§. 2.

GRANDEURS.

Il y avait un usage singulier dans les armées des républiques italiennes au treizième siècle : au moment du combat on désignait douze cavaliers d'élite pour fondre les premiers sur l'ennemi et entraîner toute la cavalerie après eux. Or, en 1289, un grand combat se livra entre les Guelfes et les Gibelins de Florence, à Campaldino, dans le val d'Arno. Vieri de Cerchi commandait l'armée des Guelfes, alors possesseurs du pouvoir ; c'était à lui de désigner les douze paladins : il se nomma d'abord lui-même, quoiqu'il fût malade, puis son fils, puis son neveu ; ce dévoûment électrisa tellement l'armée, qu'au lieu de douze il s'en présenta cent cinquante. Dante fut de ceux là, c'est la première fois qu'il servit son pays ; il avait alors vingt-quatre ans.

C'était encore une coutume à Florence que tout citoyen qui voulait arriver aux emplois devait être porté sur le registre de l'un des arts et métiers, même quand il ne l'exerçait pas, afin que les nobles, au moins en prenant un nom d'artisan, déposassent cet orgueil de race qui leur remplissait le cœur. Dante se fit inscrire parmi les médecins et pharmaciens, et il commença même de longues études en médecine. Cela ne vous semble-t-il pas étrange que Dante ait été médecin ? je croyais que quand on s'appelait Dante on ne pouvait être que Dante, que dès le berceau la poésie vous sortait des lèvres comme le vin d'une coupe pleine, et que l'on marchait toujours vers sa *Divine Comédie*, sans hésitation, sans doute, sans regarder les autres voies qui croisent la vôtre, et se disant sans cesse : je suis Dante, c'est-à-dire le poète, le poète fondateur, le Pharamond, le chef de race ! Loin de là, nous voyons qu'Alighieri hésita long-temps entre plusieurs carrières ; soldat par hasard, médecin et même moine (car on assure qu'il prit un moment l'habit), il se maria enfin [1] et se livra entièrement aux affaires publiques. Son nom, sa fortune, son caractère, le portèrent promptement aux charges les plus élevées. Cette vie, que nous avons vue tout-à-l'heure mélancolique comme une élégie et toute baignée des larmes de l'amour, s'étale mainte-

[1] On s'étonnera peut-être que nous disions si brusquement, et sans préambule ; *Dante se maria*, après avoir raconté si longuement ses amours avec Béatrix et ses désespoirs ; nous disons la chose comme elle se fit ; les parens de notre poète, effrayés de sa douleur, voulurent le marier *pour le distraire* comme dit Boccace ; mais le mariage devint un supplice pour lui, et quand plus tard il fut exilé, il se consola quelquefois de l'exil par le plaisir de n'avoir pas sa femme, et jamais il ne voulut souffrir que celle qui lui avait été donnée pour la consolation de ses peines vînt là où il était.

nant et se déploie au soleil des grandeurs, splendide, riche, ambitieuse, mêlée à tous les grands intérêts du monde, marchant à côté de tous les souverains! Alors vinrent les brillantes ambassades, et Dante, envoyé dix fois par la république dans toutes les cours d'Italie, s'était montré dix fois grand homme d'état, quand une crise terrible le porta tout-à-coup au gouvernement de la république, et l'inscrivit au nombre des plus grands prieurs de Florence.

Les Gibelins étaient vaincus, et les Guelfes dominaient dans la ville. Dante était Guelfe; mais comme tous les vainqueurs, les Guelfes une fois maîtres, se divisèrent, en Guelfes populaires qu'on appela les blancs; en Guelfes aristocratiques, qu'on appelait les noirs. Corso Donati était le chef des noirs, Vieri de Cerchi chef des blancs. Cette scission avait eu lieu en 1294, et de 1294 à 1300 les blancs triomphèrent dans Florence et occupèrent presque tous les emplois. Mais les noirs avaient un puissant protecteur, c'était Boniface VIII. Trois de ses affidés ayant été surpris dans la ville, machinant des intrigues, furent condamnés à une énorme amende; Boniface ordonna au gouvernement florentin de rapporter le jugement; le gouvernement refusa, Boniface excommunia Florence; aussitôt une collision eut lieu entre les noirs et les blancs, et on se battit dans les rues. La ville excommuniée, la guerre civile imminente, telle était la situation effrayante de Florence, quand le premier juin 1300, les six prieurs en exercice furent chargés de désigner leurs successeurs pour le quinze juin. De ce choix dépendait le salut de la république. Dante fut un des six prieurs nommés, et le seul connu parmi les six : sur lui seul reposait donc tout le fardeau. Il avait alors trente-cinq ans.

Dante était un homme antique, c'est-à-dire un homme complet, homme d'action et de pensée, d'épée et de plume. Eschyle et Socrate avaient été soldats, Xénophon général, César, tout : Dante se plaça tout d'abord dans cette splendide famille.

On ne connaît qu'un acte de son priorat, mais ce fut l'acte d'un grand homme. Les noirs et les blancs ayant continué leurs querelles armées, Dante prit et fit prendre à ses collègues une mesure héroïque; les principaux chefs des deux partis furent arrêtés et tous exilés; les noirs à la Pieva sur la frontière des états de l'église; les blancs à Sarzane. Dante était pour les blancs;

n'importe, il les punit comme les noirs : parmi eux était son ami de cœur, son frère d'armes, Guido Cavalcanti; n'importe, Guido Cavalcanti fut exilé comme les autres : Guido Cavalcanti était malade; n'importe, Guido Cavalcanti fut porté défaillant sur la terre de proscription. La mal'aria de Sarzane ayant achevé de l'abattre, il revint mourant à Florence, et y mourut. Dante en eut un regret amer, mais adouci dans cette grande âme par l'idée d'un devoir rempli.

Il quitta son priorat le 15 août 1300, deux mois après être entré en exercice.

Il y a des années dans la vie qui s'écoulent tout entières sans un événement, sans une catastrophe, les jours se suivent et se ressemblent; puis tout-à-coup vient un mois où s'entassent actions sur actions, où tout change, tout tourne, où le germe des années futures devient plante, arbrisseau, arbre en quelques jours. La vie se noue, c'est la péripétie du drame, le reste suit comme une conséquence; ainsi du Dante : ces deux mois écoulés avaient fixé son sort. Les longues années qu'il avait à vivre ne devaient plus être que le développement de ces deux mois. Une action, une seule suffit quand elle est grande pour mettre un homme à la tête des autres; Alighieri, depuis son priorat, était devenu le sauveur de la république : tous les yeux étaient tournés, toutes les mains tendues vers lui. A peine sorti de sa charge, il fut envoyé près de Boniface dont le gouvernement florentin redoutait le courroux. Il n'obtint rien du pontife, mais il vit le jubilé; attirées par l'espoir de la rémission de leurs péchés, des populations entières se précipitèrent à Rome; Rome devint pendant deux mois le rendez-vous de l'univers; un tel spectacle était grand, et ne fut pas perdu pour Dante.

A peine revenu à Florence, une nouvelle députation le remena à Rome. Les circonstances étaient graves. Boniface VIII voulait dominer l'Italie; n'ayant pas de forces suffisantes, il proposa à Charles-de-Valois, frère de Philippe-le-Bel, de venir à Rome avec une petite armée; de se faire l'instrument de sa colère pontificale, d'aller punir et soumettre là où il lui dirait d'aller, et pour cela il lui promit le partage des dépouilles. Charles-de-Valois hésita pendant cinq ans. Enfin tout-à-coup, en 1301, le bruit se répand que le prince français a passé les Alpes; le pape triompha; les noirs réfugiés près de lui espérèrent; les blancs frémirent. On résolut d'envoyer à l'instant une ambassade à Boniface, et l'on nomma Dante. Dante dit alors : Si je vais, qui restera? si je reste, qui ira? Il partit cependant. Arrivé à Rome, les députés supplièrent le pontife de ne pas lancer Charles-de-Valois sur Florence. Laissez-moi faire, leur dit Boniface, je ferai tout pour le mieux; fiez-vous à moi; et après ces vagues promesses, il renvoya les deux autres ambassadeurs et garda Dante.

Cependant le duc de Valois était parti de Rome dans les premiers jours d'octobre, investi du titre de *paciaro* (pacificateur), et il marchait lentement vers Florence, ayant dans son cortége un compagnon de funeste augure, le chef des noirs, Corso Donati. Tout était en trouble dans la république, faute d'une main vigoureuse qui prît les affaires. (Boniface savait bien pourquoi il gardait Dante.) On délibérait, on tremblait et on attendait. Enfin, quand on sut que le prince français était à Sienne, on lui envoya une ambassade. Le prince fit comme Boniface; il répondit qu'il ne voulait que le bien de la ville, et donna aux députés des lettres-patentes où il assurait contre toute atteinte les lois et les coutumes florentines. Grande joie dans la cité : le prince entre. Ce sont des fêtes pendant trois jours. Au bout de trois jours, le prince demande le balia, c'est-à-dire la dictature; les gens d'armes se revêtent de leurs armures et parcourent les rues; Corso Donati, que le duc de Valois avait laissé à trois lieues de Florence, arrive avec un gros de troupe, il enfonce une des portes, pénètre dans la cité : le signal est donné; l'incendie, le massacre et le pillage commencent; pendant huit jours dans les murs et hors des murs, toutes les maisons des blancs sont saccagées. Corso Donati et ses partisans se rassasient de vengeances. Enfin, au bout de huit jours, tout rentra dans l'ordre; on changea le gouvernement, et les nouveaux prieurs prononcèrent, le 4 avril 1302, une sentence de bannissement contre tous les blancs. Plus de six cents proscrits partirent de Florence.

Voyons ce que devint Dante.

§. 3.

EXIL.

Dante était d'une taille moyenne; son dos, quand il fut parvenu à l'âge mûr, se voûta légèrement; sa démarche était grave et lente; ses vêtements simples et graves aussi, pour ainsi dire; il avait le nez aquilin, le visage long, les yeux un peu gros, la mâchoire grande et carrée, la lèvre inférieure plus avancée que la supérieure, trait distinctif du dédain : avec cela un teint livide, la barbe et les cheveux noirs, épais et crépus, la physionomie pensive et mélancolique; ce qui faisait de lui un être étrange à voir, et qu'on ne pouvait rencontrer dans les rues sans se retourner et s'arrêter à le contempler. On conte à ce propos, qu'un jour qu'il se promenait dans Vérone (sa Divine Comédie et surtout *la Cantica* de l'enfer étaient déjà connues), il vint à passer devant des femmes assises sur le seuil d'une porte. L'une de ces femmes dit alors à voix basse aux autres : Vous voyez bien cet homme, c'est celui qui va en enfer, et qui en revient quand il lui plaît, et qui rapporte ici des nouvelles de là-bas. — En vérité, tu dis vrai, répondit une autre, ne vois-tu pas comme il a le teint noir et les cheveux crépus, à cause du feu et de la fumée. Dante entendit ces mots et sourit. Il aimait une vie austère; les plaisirs de la table n'existaient pas pour lui; sombre et taciturne, il ne parlait jamais que quand on l'interrogeait, et avant de répondre, il regardait plusieurs secondes très-fixément celui qui lui parlait. Amoureux passionné de la solitude, si quelqu'un venait l'interrompre dans une de ses méditations pour lui faire une demande (fût-ce même la femme qu'il aimait), il ne répliquait qu'après avoir achevé, dans son imagination, l'idée commencée; cela lui arrivait même à table et en route avec ses amis. L'amour du travail n'était pas une passion chez lui, c'était une fureur, une rage; ses études embrassaient tout, l'histoire, la théologie, les langues, l'astronomie; rien de nouveau ne paraissait qu'il ne le voulût savoir. On dit qu'un jour, à Sienne, étant entré dans une boutique d'apothicaire, il trouva là par hasard un livre qu'il cherchait depuis long-temps; il le prend, et n'ayant pas la force de tarder davantage, il le pose sur le comptoir, s'appuie sur le coude, et se met à lire. Cependant, peu après, passent dans la rue, pour une fête générale, des troupes, des acteurs, des instruments, puis s'assemblent devant la boutique, des musiciens, des danseurs, des saltimbanques, qui exécutaient leurs jeux aux grands applaudissements de nombreux spectateurs; Dante ne leva pas les yeux, et resta là accoudé depuis neuf heures du matin jusqu'au moment où il eut fini le livre, c'est-à-dire jusqu'au soir. Ses amis ayant appris ce fait, lui demandèrent comment il avait pu se défendre de regarder cette fête. — Je ne l'ai pas vue, répondit-il.

Quel être que celui chez lequel l'imagination a une telle puissance d'absorption, qu'elle anéantit tous les sens! Quelle âme que celle qui peut ainsi, par la force de la méditation, se retirer de la vue, de l'ouïe, du toucher, et se concentrer tout entière dans le cerveau! Un homme qui peut se faire sourd, muet et aveugle à volonté! J'ai peur de celui-ci, disait César en parlant de Cassius, puisqu'il est pâle et parle bas. C'est qu'il y a des passions bien terribles chez ces êtres qui bouillonnent en dedans et sont calmes au dehors; quand ils éclatent, ce sont des volcans. Ne me parlez pas des hommes colères, leur vigueur s'use en emportements journaliers; ils se dépensent en pièces de monnaie; mais les emportés tranquilles et graves sont comme les avares prodigues qui amassent denier à denier, et n'ouvrent la main que pour laisser tomber un million.

Dante était ainsi. Sous cette longue figure froide, fermentaient les passions les plus fougueuses : nous avons vu ce que c'était que l'amour pour cet homme; eh bien! il aimait la poésie comme Béatrix, la peinture comme la poésie, la musique comme la peinture, et Bocace dit même qu'on connaissait de lui quelques mélodies pleines de charme et de mélancolie. Quant à ses emportements de sang-froid, en voici un exemple : Il passait devant l'atelier d'un forgeron; ce forgeron chantait une de ses poésies, et l'estropiait. Dante entre chez cet homme, prend le marteau, les tenailles, et les jette contre le pavé. — Que vous ai-je fait? dit le forgeron. — Tu gâtes mes vers; ce sont mes outils à moi, je gâte les tiens.

Hé bien, cet homme bilieux et sombre, que je viens de vous peindre avec une âme si vigoureuse et une imagination si puissamment exaltée; cet homme eut une passion plus forte que toutes ses autres passions, plus forte que l'amour, plus forte que l'ambition, plus forte que le désir de la gloire, plus forte que l'amour de l'étude, c'est l'amour du pays; et cet homme fut proscrit, proscrit pendant vingt-un ans, proscrit pour une bonne action : ce n'est pas tout; condamné avec plus de mille de ses concitoyens, il les vit tous rentrer dans le pays l'un après l'autre, et lui, son

arrêt d'exil fut confirmé quatre fois, quatre fois à des époques différentes, quatre fois avec des aggravations de peines; lui, qui se sentait le premier homme de Florence et de l'Europe; lui, la gloire de son pays! Enfin, il mourut proscrit. Mais avant de mourir, que de tortures, que d'essais, que d'espoir, que d'accès de rage! car il n'avait qu'une seule idée, une seule, revoir Florence. C'est vraiment un spectacle attendrissant jusqu'aux larmes, que de voir cette grande âme éperdue comme un aigle blessé, et criant toujours, dans des transports de désespoir : Florence! Florence!

Il se livra avec ardeur à la science et à la poésie pour devenir illustre, et que sa ville lui rouvrît ses portes par vanité; quand il eut fini son immortel poême, plusieurs princes de l'Italie lui offrirent la couronne poétique et le triomphe, mais il refusa toujours. « Si jamais, dit-il, l'ouvrage sacré auquel le ciel et la terre ont mis la main, et qui m'a rendu maigre pendant tant d'années, triomphe de la cruauté qui m'a banni de ce bercail où je dormais agneau et ennemi des loups qui lui font la guerre, je retournerai dans ma ville, poète, avec une autre voix, une autre toison, et je prendrai la couronne de laurier dans l'église où j'ai reçu le baptême. » Puis Florence ne le rappelant pas, il l'insulte, il la maudit, il l'appelle prostituée, égoût des nations, avare, aveugle, il entasse injures sur injures; il dit qu'elle est descendue de la montagne où était Fiésole, et qu'elle tient encore de la montagne et des rochers; il se fait dire en enfer par Brunetto Latini; *tous les partis auront soin de t'envier, mais toi restes à l'écart; que les bêtes florentines se fassent litière avec elles-mêmes, et ne touchent pas à la plante, s'il s'en élève encore une sur leur fumier, en qui renaît la sainte semence de ces Romains qui fondèrent ce nid de tant de méchanceté.* Puis, dans un autre livre, il l'appelle sa douce Florence, la noble fille de Rome; il dit, avec une ravissante tristesse : « J'ai pitié de tous les malheureux, mais je réserve une plus grande pitié pour ceux qui, exilés, ne revoient leur patrie qu'en songe; » ou bien il s'écrie: « Florence, qui as cru devoir me rejeter de ton sein, où j'avais été élevé et nourri jusqu'à la moitié de ma vie, oh! qu'il te plaise de m'y laisser terminer le temps qui m'est donné de vivre et de m'y reposer, fatigué d'avoir erré à travers toutes les provinces auxquelles s'étend cet idiome. » On voit que ce sont tous les désirs, toutes les contradictions de l'amant le plus passionné, et enfin, telle fut cette soif de revoir sa cité, que lui, l'inflexible et l'inébranlable Dante, elle le fit changer de croyance politique; elle le rendit Gibelin.

Cette transformation est assez étrange et accompagnée de circonstances assez curieuses pour mériter quelques développements.

L'Italie, comme on sait, après l'invasion des Barbares et la ruine de ses orageuses républiques grecques, fut, au neuvième siècle, établie comme gouvernement politique, sur deux grands pouvoirs qui représentaient deux grands principes, le pape et l'empereur. Ces deux principes, au neuvième siècle, se fondirent en un seul homme, Charlemagne. Charlemagne vint conquérir l'Italie; puis il créa le pape, c'est-à-dire qu'il le créa comme souverain temporel, matériel, il lui donna des terres, et lui, il se réserva l'empire, la puissance du suzerain sur le vassal. Mais ces deux principes, unis dans le commencement, allèrent toujours se séparant à mesure que les pontifes devinrent plus puissants et les empereurs plus faibles. L'Italie se sentit tiraillée en deux sens; les papes voulant la faire graviter autour de la chaire de Saint-Pierre, les empereurs autour du trône des Césars; les pontifes tendant sans cesse à une unité italienne dont Rome serait le centre, les empereurs voulant voir dans l'Italie un des pans de leur manteau impérial. De là les Guelfes et les Gibelins. Les Guelfes étaient pour les papes, les Gibelins pour l'empereur.

La famille de Dante avait toujours été guelfe; son père avait été banni comme guelfe, et lui-même avait servi la république comme guelfe, ainsi que nous l'avons vu. Nous savons aussi que pendant que Charles de Valois livrait Florence à la dévastation, lui, Dante, était retenu par le pape à Rome, et il exhalait sa colère et son indignation en poésies. Tout-à-coup il apprend qu'il est enveloppé dans la condamnation des six cents. On l'accusait de s'être opposé à l'arrivée de Valois, et ensuite d'avoir trafiqué de son autorité pendant le priorat : la première de ces accusations était un éloge, la seconde une calomnie. Le jugement le condamnait à comparaître devant le podestat dans un délai de quarante jours, et à payer dans le même délai une amende de huit mille livres : sinon, tous ses biens étaient confisqués, et lui, exilé à perpé-

tuité. Il ne se présenta et ne paya pas, parce qu'il ne le pouvait pas; la sentence fut confirmée, et on y ajouta que s'il revenait sur le territoire florentin, il serait brûlé vif.

Dante avait alors 37 ans. C'était en 1302. Aussitôt la sentence connue, il se rendit à Arezzo où étaient ses compagnons d'exil; Dante les méprisait ou les dédaignait tous; et ce n'était pas un léger supplice pour cette âme si fière de faire cause commune avec ces hommes; mais il le fallait, il le fit : un gouvernement était établi à Arezzo; Dante en fut un des membres; une armée était organisée à Arezzo contre Florence; Dante en fut un des chefs. Ce n'est pas tout : les Blancs-Guelfes n'avaient pas assez de leurs forces pour attaquer les Guelfes-Noirs qui les avaient chassés de Florence. Il leur fallait des alliés; lesquels choisir, ou plutôt lesquels trouver, sinon les ennemis les plus acharnés des Noirs, les Gibelins? On s'allia donc aux Gibelins, alliance toute transitoire sans doute, toute de circonstance, mais alliance cependant, qui réunit un moment sous le même drapeau ces deux partis, qui depuis tant d'années ensanglantaient l'Italie. Ainsi associés, ils firent plusieurs entreprises armées contre Florence, qui échouèrent toutes. Enfin, en 1304, profitant d'un moment où tous les chefs des Noirs étaient absents, la troupe des proscrits se présenta aux portes de la ville et alla même se ranger en bataille sur une place; mais l'accablement de la chaleur, une terreur panique, la lâcheté des chefs, mirent le désordre dans cette armée, et au bout de quelques heures elle prit la fuite et sortit de la ville sans s'être battue. Dante était de cette expédition; humilié et indigné de la mollesse de tous ces hommes, il rompit hautement avec eux, et alla vivre, souffrir et espérer seul; mais il avait fait un grand pas, il avait frotté son armure contre celle d'un Gibelin; la tache restait.

Après avoir ainsi laissé s'amollir ses vieilles et patriotiques haines, il se mit à l'écart jusqu'en 1310; mais alors un grand événement vint mûrir tout-à-coup sa décision et changer sa défection en éclatante apostasie. Étrange apostasie, qui fait qu'un homme quitte le parti de son pays pour rentrer dans sa ville natale.

¹ Le 27 novembre 1308, Henri, comte de Luxembourg, fut proclamé roi des Romains à la place de l'empereur Albert d'Autriche, assas-

¹ J'emprunte une partie de ces détails historiques à l'excellente biographie du Dante, par M. Fauriel.

siné. L'année suivante il déclara son intention de descendre en Italie pour pacifier tout et faire rentrer les exilés. A cette nouvelle, Dante devint Gibelin enthousiaste. Il écrivit à tous les princes italiens une lettre qui ressemble à un livre des prophètes, tant elle est étincelante d'images orientales et d'impressions bibliques. Il appelle Henri le soleil de la paix qui va se lever, et il dit que ceux qui ont faim et soif pourront se rassasier à la clarté de ses rayons; que le lion de Juda a prêté une oreille compatissante aux mugissements de la prison universelle. « Réjouis-toi, Italie, si digne de pitié, toi qui seras bientôt enviée par les Sarrasins eux-mêmes; car ton époux, qui est la joie du siècle et la gloire de ton peuple, le miséricordieux Henri, le glorieux César, se hâte d'accourir à tes noces. »

Puis, plus loin :

« Veillez donc tous, et levez-vous devant votre roi, ô habitants de l'Italie ! Ne lui rendez pas seulement obéissance, rendez-lui aussi le gouvernement. Ne vous levez pas seulement devant lui, manifestez votre révérence à son aspect, vous tous qui buvez à ses fontaines, qui naviguez sur ses mers, qui foulez le dos des îles qui sont à lui, vous qui ne possédez rien que par lui . »

L'empereur passa les Alpes. Il arriva à Milan; une foule immense de Gibelins, d'exilés de mécontents, se presse autour de lui. Dante vint aussi. Il eut un entretien avec Henri, entretien qui est resté secret, mais où, selon toute apparence, il lui conseilla de marcher droit à Florence, comme au centre de toutes les agitations : puis cette conversation terminée, il partit, laissant tous les courtisans se disputer une promesse de Henri, et alla dans les environs de la Toscane attendre l'arrivée de l'empereur qui lui ouvrirait les portes de sa cité. Après bien des lenteurs, Henri vint enfin mettre le siège devant Florence : Dante, par une pudeur noble et un regret senti, ne voulut pas se mêler à ceux qui combattaient contre sa cité; il l'avait cependant déjà attaquée, mais ce n'était pas avec des soldats étrangers; l'armée de l'empereur était trop peu nombreuse pour emporter la ville d'assaut, et après être resté quelque temps inactif devant les murs, Henri partit pour Rome, mais en route, à Buonconvento, près de Sienne, il tomba malade, et mourut en 1313, de désespoir, de re-

grets, d'humiliation, n'ayant rien fait en Italie depuis trois ans que d'avilir la majesté impériale et de tuer la liberté italienne. Avec Henri VII moururent toutes les espérances qu'avait Dante de rentrer dans sa patrie.

Il semblerait que la vue de l'incapacité de l'empereur, et le mauvais succès de son expédition, auraient dû ébranler les nouvelles convictions de notre poète; mais, comme tous les hommes énergiques, Dante s'attacha d'autant plus à cette cause, qu'elle avait été vaincue; son opinion de Gibelin devint du fanatisme; il célébra la mort de Henri en termes qui eussent été exagérés pour Alexandre; il écrivit un traité sur la monarchie, qui devint un arsenal d'armes contre les Guelfes. Il ne pouvait supporter qu'on attaquât son parti, et c'était une chose connue en Romagne, qu'un jour ayant trouvé dans la rue un jeune garçon et une jeune fille qui parlaient mal des Gibelins, il leur ordonna de se taire, et les enfants ayant refusé, il les poursuivit à coups de pierre. Enfin, dans son paradis, quand il arrive à la planète de Jupiter, son *gibelinisme* lui inspire la vision la plus étrange qui ait jamais été créée. Les âmes des saints, toutes lumineuses, voltigent dans l'air, et forment des lettres qui forment des mots; ainsi, elles se rangent en deux lignes, où sont écrites ces paroles : *Diligite justitiam : Chérissez la justice;* et puis : *Qui judicatis terram, vous qui jugez la terre.* Alors, ces lettres, ou plutôt ces âmes, se séparent, et en volant, viennent former un autre assemblage; c'est un aigle (les armes de l'empire), qu'elles représentent; les unes font l'aile, les autres la tête, les autres le cou, et toutes paraissent charmées de leur place; alors, cet aigle s'élève, bat des ailes, et ouvrant le bec, se met à déclamer, en termes très-violents, contre les mauvais rois, depuis Philippe-le-Bel, jusqu'au roi de Jérusalem ; puis, pour faire l'éloge des bons princes, il emploie un singulier moyen : il fait remarquer à Dante que c'est un roi qui forme sa prunelle, et cinq autres qui en font le tour. Ce roi-œil est David, et autour de lui, Trajan, Ezéchias, Constantin, Guillaume-le-Bon, et Riphée que Virgile nomme le plus juste des Troyens.

Dès que l'empereur fut mort, Dante ne pensa plus à rentrer à Florence; les portes lui en étaient fermées à jamais. Ses biens étaient confisqués; il avait cinq enfants, et pour vivre, lui et sa famille, il ne lui restait que la faible dot de sa femme, disputée à l'avidité des sequestrations. Il était donc doublement pauvre, car rien ne coûte si cher que d'être exilé, et il allait de cour en cour, demandé avec empressement sans doute, comme un hôte illustre; mais hôte après tout, hôte qui avait besoin d'hospitalité, hôte qui ne pouvait quitter la maison d'un autre que pour passer dans la maison d'un autre. Il erra alors de tous côtés, vint même à Paris, où il soutint brillamment une thèse de théologie; puis, retourné en Italie, alla de Vérone à Lucques, de Lucques à Cordouc, tantôt chez le marquis Malespina, tantôt chez Can-Grande-della-Scala, tantôt chez Uguccione, apprenant là bien cruellement combien le pain de l'étranger est amer, et combien il est dur de monter et de descendre l'escalier d'autrui. Ce n'était pas cependant que Dante fût homme à payer cette hospitalité par de lâches complaisances; grâce au ciel, il maintint hautement sa diguité de grand homme; et il marchait au milieu de tous ces princes qui le nourrissaient, libre, calme, fier, et restant toujours Dante, c'est-à-dire le souverain de ces souverains; mais au-dedans de son cœur il souffrait amèrement, sans compter qu'il était quelquefois forcé de rappeler durement à ces petits princes quel homme ils avaient l'honneur de recevoir. Un jour (il était alors à Vérone, chez les seigneurs de la Scala qui se faisaient les mécènes fastueux de tous les grands hommes), Francesco de la Scala fit descendre un de ses bouffons, et après s'être beaucoup diverti de ses jongleries, il se retourna vers Dante, et lui dit : « Comment se fait-il que ce bouffon, ignorant et sot, nous fasse rire, et que toi, qu'on dit si habile, tu ne nous amuses pas? » — « Cela ne vous étonnerait pas, reprit Dante, d'un ton calme, si vous saviez que l'amitié se fonde sur la qualité des mœurs et des goûts. »

Il quitta aussitôt la cour de Vérone, et alla ailleurs; toujours le même, sans que l'exil, la pauvreté, et presque la mendicité pussent faire plier d'une ligne cet homme de fer. La plus vraie royauté dans le monde, la seule dont on ne soit jamais découronné, c'est le caractère. Que dix hommes soient rassemblés pendant un mois dans une île déserte, sur un navire, n'importe, au bout d'un mois il y aura un roi parmi ces dix hommes, un roi moral à qui ces dix autres diront toujours oui; ce sera celui qui aura un caractère. Dans ces dix hommes, on en comptera de plus distingués que lui comme

esprit; de plus élevés, comme titres; les titrés auront le sceptre, le premier jour; les hommes intellectuels, ensuite; mais l'homme à caractère l'aura et le gardera après. Il y a des êtres qui sont toujours les premiers, même quand ils sont les derniers; sans qu'ils heurtent personne, sans qu'ils s'agitent, il se fait peu à peu autour d'eux une place, et au bout d'un certain temps, ils se trouvent seuls en avant, debout, le chapeau sur la tête, et les autres autour d'eux, et le front incliné; ils sont nés rois légitimes. Dante était de ces hommes-là. Il se trouvait une unité de grandeur grave dans sa personne et dans ses actions qui le faisait maître partout. Jamais il ne se manqua à lui-même. Nous avons vu avec quelle ardente passion il désira son retour à Florence; eh bien! en 1315, on lui offrit de le faire rentrer, mais comme le moyen ne lui semblait pas digne de lui, il refusa.

Voici le fait [1] :

Le gouvernement florentin vendait souvent à des exilés le retour dans la patrie; mais, par une singulière coutume, cette amende ne suffisait pas; il y avait encore une cérémonie religieuse; on offrait le coupable à la vierge, et la vierge était censée l'absoudre de sa faute. Cette cérémonie s'appelait l'*offrande*; elle avait été instituée dans le principe pour gracier des criminels, mais depuis elle s'appliqua aussi aux délits politiques. Or, en l'année 1315, des amis du poëte firent tant par leurs démarches qu'il fut compris dans la liste des proscrits offerts à la vierge. Un prêtre de ses amis lui écrivit cette nouvelle. Dante lui répondit :

« J'ai reçu vos lettres avec le respect et l'affection qu'elles méritent, et j'y ai reconnu avec empressement et reconnaissance tout l'intérêt que vous prenez à mon rappel dans ma patrie. J'en ai été d'autant plus touché, qu'il est plus rare aux exilés de trouver des amis. Quant au contenu de ces lettres, j'y répondrai autrement peut-être que ne le désire la faiblesse de quelques personnes; mais je vous conjure affectueusement de ne point juger ma réponse avant de l'avoir bien examinée.

» Je suis informé par les lettres de notre commun neveu, et de plusieurs autres amis, qu'en vertu d'une récente ordonnance du gouvernement florentin, relative à l'absolution des exilés, je puis, à condition de payer une cer-

[1] Boccace, vie du Dante. — Fauriel, biographie du Dante; Revue des Deux Mondes

taine somme d'argent, et de subir la cérémonie de l'offrande, rentrer dès à présent dans Florence. Il y a là, mon père, deux choses ridicules et peu sensées; peu sensées, dis-je, de la part de ceux qui me les ont demandées; car vos lettres, à vous, plus convenablement et plus sagement conçues, ne contiennent rien de pareil.

» Est-il généreux, dites-moi, de me rappeler dans ma patrie à de pareilles conditions après un exil de trois lustres? Est-ce là ce qu'a mérité mon innocence manifeste à tous? Est-ce là ce qui est dû à, tant de veilles et de fatigues consacrées à l'étude? Ah! loin d'un homme familiarisé avec la philosophie la stupide humilité de cœur qui le porterait à subir en vaincu la cérémonie de l'offrande, comme l'a fait certain prétendu savant, comme l'ont fait d'autres misérables? Loin de l'homme, accoutumé à prêcher la justice, et que l'on a dépouillé, la bassesse de porter son argent à ceux qui lui ont fait tort, les traitant comme des bienfaiteurs.

» Non, mon père, ce n'est pas là pour moi la voie de rentrer dans ma patrie. Si vous en avez déjà découvert, ou si quelqu'un par la suite en découvre quelqu'autre où je puisse conserver intacts mon honneur et mon renom, me voici prêt à y entrer à grands pas. Que si pour retourner à Florence, il n'y a pas d'autre chemin que celui qui m'est ouvert, je ne retournerai pas à Florence. Eh quoi! ne puis-je pas partout contempler le soleil et les astres? Ne puis-je pas me livrer partout à la douce recherche de la vérité? Ai-je besoin pour cela d'aller perdre une réputation, et de m'avilir dans la cité des Florentins? Non, certes, pas même pour avoir du pain! »

Dante avait encore un autre sceptre que celui du caractère, c'est celui du génie.

Voici quelques détails :

Nous avons laissé Dante à la fin de la Vita Nuova sur ces mots : « Je m'arrête, parce que je veux célébrer plus dignement Béatrix, et dire sur elle des choses qui n'ont été dites sur aucune femme. » Dante avait vingt-cinq ans à peu près; et cette œuvre mystérieuse, ce monument à la mémoire de Béatrix, et qu'il portait déjà dans sa pensée, c'est la Divine Comédie. En ce siècle là, la seule langue consacrée aux œuvres de l'esprit était la langue latine; et Dante qui était un des hommes les plus savants de son temps, commença son poëme en latin;

Boccace nous en a conservé quelques vers : voici le premier :

Ultima regna canam, fluido contermina mundo.

Mais bientôt averti par le génie familier qui vole toujours près de l'oreille des hommes de génie, il abandonna ce langage mort qui l'aurait enseveli avec lui, comme une momie sous des bandelettes. Dante, écrivant en latin, aurait été un Rapin, un Lebeau; génie, style, tout aurait été dévoré par cette langue qui ne représente rien; au lieu d'un créateur, nous aurions eu un faiseur d'hémistiches de plus, et cela est si vrai, que ce premier vers latin marche déjà comme un singe de Virgile....

Je chante les derniers royaumes.....

Mais Dante n'était pas homme à garder longtemps des lisières; il se désemmaillota brusquement de la langue latine, et écrivit en langue vulgaire. Quelle fut la cause de cette résolution qui nous a conservé le génie le plus vigoureux du monde moderne? Ce fut d'abord l'instinct, l'instinct de l'homme supérieur qui sentit que là était la vie; et puis un autre motif encore qui vaut d'être exposé. La langue latine ne cédait ses droits de langue des lettrés que pour un seul genre de compositions, les poésies d'amour. Un poëte avait la permission de faire à sa maîtresse des *rimes* en langue vulgaire (c'est-à-dire en langue italienne), afin, disait-on, qu'elle pût entendre ce qu'il lui écrivait, ce qui me semble une assez bonne raison; mais, hors de là, défense, sous peine d'anathème, de parler la langue de son pays, et encore ces poésies amoureuses étaient-elles appelées dédaigneusement des rimes; car les vers latins seuls étaient assez nobles pour porter le titre de vers. Ce fut donc un courage non médiocre de la part du Dante d'affronter les reproches des savants, et d'écrire sur le frontispice de son ouvrage : *Inferno, Purgatorio, Paradiso*; et peut-être répondit-il à quelques critiques que son poëme étant écrit en l'honneur de Béatrix, n'était qu'une œuvre d'amour! Je crois cela, et je suis bien aise de le croire; car alors nous devrions à la plus belle chose de ce monde, l'amour, la conservation d'un des plus grands poètes de l'univers, Dante.

Quoiqu'il en soit, il avait achevé les sept premiers chants, en 1301, quand la révolution florentine vient le saisir, l'arracher à ses graves études, et le jeter loin du sol du pays; au milieu de toutes ses douleurs de proscrit, il

avait oublié son poème, le croyait brûlé dans
l'incendie de huit jours qui avait dévasté Florence, et pensait à souffrir et non à faire des
vers. Mais Dieu ne voulait pas qu'un si grand
monument fût perdu pour l'humanité, et on le
retrouve miraculeusement.

Au moment du pillage, Gemma Donnati,
femme de Dante, avait fait mettre en sûreté, à
la hâte, les objets les plus précieux de sa maison, et entr'autres, plusieurs coffres remplis de
papiers qu'elle ne connaissait pas : ces coffres et
ces papiers furent cachés pendant cinq ans; au
bout de ce temps, Gemma ayant besoin de ces
papiers, pour les affaires de sa dot, envoya à la
recherche André Poggi, neveu du Dante. Celui-
ci, en fouillant dans les coffres, trouva ses sept
premiers chants : il les lut, et les jugea admirables; mais ne se fiant pas à son opinion, il les
porta à un Florentin, nommé messir Lambertuc-
cio Frescobaldi, fameux poète de ce temps, et
les lui montra. Frescobaldi, homme de grande
intelligence, les voyant, s'en émerveilla comme
celui qui les avait apportés, à cause de la belle et
large manière de dire, et de la profondeur de la
pensée, cachée sous le charme des paroles. Puis,
considérant tous deux l'écriture, le lieu où ces
papiers étaient renfermés, et le caractère du
style, ils tombèrent d'accord que Dante devait
en être l'auteur. Alors, grand regret que cette
œuvre fût imparfaite. Ils cherchèrent à savoir
où était Dante en ce moment, pour lui envoyer
ce qu'ils avaient trouvé, afin que, s'il était possible, il achevât ce beau commencement. Après
bien des investigations, ils apprirent qu'il était
dans le Lunisiane, chez le marquis Morello Malespina : ils écrivirent aussitôt au marquis, en
lui marquant leur désir, et lui envoyant les sept
chants. Le marquis, après les avoir lus et admi-
rés, fit venir Dante, et lui dit : « Savez-vous de
qui est cet ouvrage? » — « C'est le mien, reprit
le Dante. » — « Eh bien! finissez-le, je vous
en supplie. » — « Je croyais ces papiers perdus
avec tous mes autres livres; et, dans cette
croyance, accablé de tant de fatigues et de malheurs, j'avais abandonné mon projet; mais,
puisque la Providence me les renvoie, et que
vous m'en priez, je chercherai à me rappeler
mon premier plan, et j'irai en avant comme je
pourrai. »

Dante se remit à l'œuvre, et acheva son
poème, dans les intervalles de ses persécutions;
quand il en avait terminé six ou huit chants, il

avait coutume, n'importe où il fût, de les envoyer à messir Grande della Scala; le prince,
après les avoir lus, les faisait copier; ces copies
se répandaient partout dans les cours et parmi
les gens érudits, puis de là descendaient dans le
peuple. Sa réputation était immense. Les gens
de travail chantaient ses vers dans la rue; et on
raconte à ce sujet, qu'un jour Dante rencontra
un ânier qui récitait un chant de la Divine Comédie, tout en poussant ses ânes devant lui, et
afin de les faire marcher, il mettait parfois au
milieu d'un vers le mot *arri*, qui correspond au
hu ! de nos charretiers; Dante, irrité, lui donna
un coup de brassard sur les épaules, en disant :
je ne l'ai pas mis cet *arri* !

Bien plus, Florence même qui le proscrivait,
se nourrissait de ses vers.

C'est un rôle unique dans l'histoire que celui
de Dante, à ce moment : exilé, sans pain, sans
asile à lui, il était la première puissance de l'Italie. Tout le monde intellectuel gravitait autour
de lui. Il était, à son époque, ce que Luther fut
au quinzième siècle : il était centre.

Cette singulière autorité tient à plusieurs
causes qui méritent d'être rapportées.

On sait que le sujet de la Divine Comédie est
le voyage de Dante aux enfers, dans le purgatoire et dans le paradis. Les commentateurs se
sont beaucoup évertués pour savoir où Dante
avait trouvé l'idée première de son poème; on a
exhumé de vieux livres et crié au plagiat; on a
montré le Tesoretto de Brunetto Latini où il y
a aussi une description de l'enfer, du purgatoire et du paradis, une chronique appelée
Guerino il Meschino (Guérin le Malheureux),
où il est question des cercles de l'enfer, un conte
d'un troubadour provincial, une anecdote de
Marie de France, qui présentent je ne sais quels
rapports avec la Divine Comédie, et on a dit :
voilà les sources où a puisé le Dante. C'est une
niaiserie, un livre comme la Divine Comédie ne
se fait pas à propos d'un livre, il n'est pas dans
telle ou telle chronique, il est dans tous les esprits, il est dans toutes les bouches, il est dans
l'air; le poète ne le prend à personne, il le prend à
tout le monde; c'est le besoin de toutes les croyances, de toutes les opinions, de tous les préjugés
de son époque, c'est l'œuvre de tous, et c'est
l'œuvre d'un seul; c'est comme une riche moisson que le soleil dore, que la pluie arrose, que
la terre nourrit, et qui cependant n'est ni terre,
ni soleil, ni pluie, mais moisson. Et si l'on veut

absolument une cause, ou plutôt une occasion à ce choix de sujet, en voici une.

A ce moment, en 1250, comme à presque toutes les fins de siècle, de grands bruits couraient sur la fin du monde : les esprits ardents et pieux du treizième siècle se jetèrent avec terreur et emportement dans cette croyance ; de grands changements se firent, on vit des hommes perdus de débauche couper court à toutes leurs luxures et revenir au bien ; des seigneurs puissants firent donation de leurs richesses à des églises ; des princes se firent moines. Chacun se coucha la face contre terre, écoutant s'il n'entendrait pas le son de la trompette : Dante pensa qu'il était temps de dire les vérités qu'il avait dans le cœur ; tous les matelots croyent à Dieu pendant la tempête. Qu'il crût ou qu'il ne crût pas lui-même à cette fin du monde, il se dit : donnons un grand conseil à ce monde, puisqu'il croit qu'il va s'anéantir ; et alors, montant sur un immense tribunal, il cria d'une voix terrible : méchant, voilà où tu seras ! homme juste, voilà où tu seras ! et comme cet avenir était demain, chacun trembla devant ce juge ! oui, juge, juge terrible, juge qu'on écoutait à genoux comme s'il était Dieu ! Des hommes lui écrivaient pour le supplier de ne pas les mettre en enfer ; et l'on dit que deux Florentins, qu'il avait placés dans le cercle des traîtres, moururent de désespoir. Et cependant, insensible aux prières, à la crainte, il poursuivait lentement et inflexiblement son auguste et terrible mission, discutant, pesant les crimes et les vertus, et jugeant avant Dieu les vivants et les morts. Et ne croyez pas que, comme quelques prophètes, il se moquât de son rôle ! non, non ; il croyait à lui et il respectait sa justice. Semblable à un juge terrible qui trouverait son frère coupable d'un meurtre, et qui le condamnerait à mort en pleurant, Dante, s'il sait son ami souillé d'un vice, le jette sans pitié avec tous les vicieux de son espèce ; il mit son cher Casella en purgatoire, parce que Casella était gourmand ; il ensevelit Guido Cavalcanti dans une tombe de fer, parce que Guido Calvacanti était athée ; il se fait faire à lui-même les plus amers reproches par Béatrix, parce qu'il a péché ; et enfin, il a placé, comme son maître Brunetto Latini dans le cercle des hommes de Sodôme. Sa rencontre avec lui est étrange ; quand il le voit dans ce cercle, il s'arrête tout étonné comme si ce n'était pas lui qui l'a puni

ainsi, et lui demanda d'une voix tremblante : maître, maître, est-ce bien vous !

Il est vraiment beau et grand, n'est-il pas vrai, cet homme qui se fait lui-même Minos pour arracher les hommes à leurs vices, et qui les fustige d'une condamnation fictive pour leur épargner la vraie, la terrible, l'éternelle condamnation.

Ce n'est pas tout ; Dante avait encore un autre nom royal écrit sur le front, celui de fondateur ! Dante était à la langue italienne ce que Pharamond est à la monarchie française ; il était chef de dynastie. C'est dans ses mains que sont les destinées intellectuelles de ce peuple, c'est lui qui va décider ce que diront les siècles à venir, c'est lui qui fera l'Italie, Italie, et non plus Latium ; car une langue est la première base de nationalité.

Aussi, il est impossible presque de comprendre et d'aimer Dante dans une traduction, car chez lui la forme et le fond sont tellement fondus ensemble, qu'on ne peut les séparer ; et si une traduction de la Divine Comédie est faisable, c'est une traduction littérale, calquée le mot sur le mot, parlant un français barbare, mais qui se colle sur le poète, et reproduit ses moindres nervures comme le gazon court qui revêt un côteau.

Il y a quelques années, je ne connaissais de Dante que ce que tout le monde en connaît ; l'épisode terrible et dramatique du comte Ugolin, et le délicieux récit de Françoise de Rimini ; là dessus, je bâtissais tout le reste, et je rêvais la Divine Comédie intéressante comme un roman moderne. Je me mis donc en quête d'une traduction du Dante, et à peine trouvée, je m'enfermai tout joyeux, comme une jeune fille qui cache Mathilde, sous son oreiller. Je commence : Quel ennui ! quelles ténèbres ! Tout était énigme pour moi, et de dégoût le livre me tomba des mains. J'y revins cependant, persuadé que je suis que toute une nation ne se trompe pas six cents ans de suite ; mais cette fois j'avais appris le langage du poète, et j'avais fait de longues études préparatoires. Alors je l'adorai. C'est que cette lecture n'est pas un plaisir, c'est un travail, c'est une lutte ; il faut casser l'os pour trouver la moëlle ; comme toutes les grandes choses de ce monde, comme la foi, comme la vertu, l'intelligence des hauts génies se conquiert ; ces géans ne vous admettent dans leur intimité qu'après de nombreuses épreuves;

c'est comme les pommes d'or et les jardins des Hespérides des anciens, qui étaient toujours gardés par des monstres hurlants et terribles. Il faut vaincre le dragon.

Mais une fois qu'il n'y a plus lutte, quelle jouissance, quel enchantement grave! quelle nourriture forte et substantielle.

On a souvent voulu comparer la Divine Comédie au Paradis perdu et à la Jérusalem délivrée; folie! car la Divine Comédie, la Divine Comédie ne ressemble à rien qu'à elle-même. La Divine Comédie est le pont entre l'Iliade et le grand poëme, encore non créé, qui peindra la société telle que l'a faite Luther; Dante est un immense géant, posé entre l'antiquité et le monde moderne, ayant un profil romain et un profil chrétien. Dante représente le moment où la société fondée par le christianisme, le moyen-âge, après s'être débattu pendant plusieurs siècles au milieu des souvenirs, de la langue, des lois, des mœurs, des connaissances de l'antiquité, devient adulte, devient lui-même, devient monde moderne. Son poëme n'est pas seulement un poëme épique; comme tous les livres primitifs, comme l'Iliade, il est tout, livre d'histoire, livre de science, livre de religion, livre de législation. Toutes les connaissances de son temps sont là déposées, sans en excepter une seule : l'astronomie, la théologie, l'art maritime, la physique, tout y trouve sa place et doit y trouver sa place; ne répudiant ni le passé, ni le présent, dans les nombreux traits historiques qu'il cite dans son poëme, il met toujours à côté l'un de l'autre un exemple tiré de la Bible, un tiré de la Fable, un tiré de l'antiquité, et un tiré du moyen-âge, comme pour dire, voilà les éléments de notre société, voilà de quoi vous êtes formés. Si pas un homme n'était plus versé dans les lettres latines et grecques, personne aussi n'était plus pénétré et empregné des passions de son temps. Il savait bien que le passé n'est bon qu'à faire l'avenir, et il ne se servait de l'antiquité que comme d'un marche-pied, pour monter plus haut.

Je ne prétends pas, dans un article aussi court et tout biographique, à l'honneur difficile de porter un jugement sur la Divine Comédie; mais il est deux ou trois observations de détail qui me semblent pouvoir être faites.

Dante voyage en enfer guidé par Virgile, et en paradis par Béatrix. Des commentateurs ont trouvé dans Béatrix une personnification de la théologie; je crois que Béatrix c'est l'amour, et Virgile la poésie : n'est-ce pas en effet la poésie et l'amour qui seules nous élèvent au-dessus des autres hommes, et nous font voir ce qu'ils ne peuvent voir. Le jour où il a mis sur son ouvrage le nom de *Comédie*, Dante a voulu montrer que son poëme était d'un genre mixte, mêlé de larmes et de rires, et écrit dans le style tempéré; véritable modèle de la composition moderne; car si le frontispice de ce beau temple, que l'on appelle l'antiquité, porte écrit le mot : Poésie! sur le portail du monde moderne doit se trouver le mot : Vérité! La tâche de l'Europe intellectuelle, telle que l'a faite le christianisme, c'est de montrer l'âme humaine jusqu'au fond, avec toutes ses misères et toutes ses grandeurs, ses sublimes emphases et ses grotesques fantaisies; c'est là la pensée qui a créé Dante, Shakespeare, Rabelais, Montaigne et Molière, ces grands moqueurs du genre humain.

C'est Dante qui a inventé les démons ricaneurs, qui ont produit le Méphistophilès de Goëthe, le Lucifer de Milton, et qui peuvent aussi réclamer, comme parents par alliance, les héros de Byron.

Voici donc les titres de Dante à la reconnaissance du monde intellectuel :

Il a fondé une langue. Il a consacré le christianisme en poésie. Il a créé le mélange du terrible et du grotesque.

C'est assez pour l'appeler le père de la poésie moderne.

En 1315, après la mort de l'empereur Henri VII, Dante s'était retiré à Ravenne, et y avait fait un court séjour; en 1319, il y revint rappelé par Guido Novello, et Ostasio de Polenta, qui en avaient la seigneurie.

Voyant bien qu'il fallait mourir exilé, il rassembla autour de lui ce qui lui restait de sa famille, et ce qu'il avait d'amis dévoués; sa vie fut douce et noble; il acheva la *Cantica* du paradis, et les seigneurs de Ravenne l'employèrent à plusieurs ambassades. Il mourut, ferme et grave, comme pendant sa vie.

C'était le 14 septembre 1321.

Guido Novello voulut que les funérailles de Dante fussent un triomphe : son char était magnifiquement décoré; un volume était ouvert sur sa poitrine, une couronne de laurier était posée sur son catafalque. Il fut enseveli dans le cimetière de l'église des frères mineurs, sous l'habit desquels il avait voulu mourir.   E. LEGOUVÉ.

ALFIERI.

ALFIERI.

C'est un plaisir bien vif que de prendre un homme comme Alfieri, comme Byron, comme Diderot; de s'enfermer avec cet homme pendant quelques semaines, de lire tout ce qui reste de lui, mémoires, lettres, ouvrages, de confronter ensemble tous ces monuments de sa vie, et de le reconstruire pour soi.

Les premiers jours, cette étude est pénible et irritante; on se trompe, on revient sur ses pas, on prend un caprice pour un trait caractéristique; mais peu à peu le grand homme que l'on étudie se dessine devant vous avec plus de précision, l'image se complète; les contours de l'âme, pour ainsi dire, s'arrêtent; et au bout de quelques semaines, vous avez fait de ce grand génie éteint un contemporain pour votre pensée; vous avez un ami de plus. Ainsi, depuis près d'un mois que je me suis *alfiérisé*, il me semble que je connais ce grand homme comme si depuis un mois il m'avait fait confidence de son âme, de sa pensée, de son génie. Mais j'ai peur que cette image, qui est si vivement imprimée dans mon esprit, je ne puisse la faire passer dans l'esprit du lecteur; mes expressions me trahiront peut-être dans mes efforts, pour résumer en quelques pages tous les traits caractéristiques de cet esprit fantasque, et capricieux, indépendant; car ce n'est pas seulement une critique que je veux tenter, c'est un portrait que je veux faire, et dans Alfieri je voudrais surtout faire connaître l'homme.

L'enfance d'Alfieri fut celle d'un être maladif, frêle et malingre; il ressemblait, comme il le dit lui-même, à une mince et pâle bougie, qu'à tout moment on croyait voir s'éteindre; et quoiqu'il n'eût pas cinq ans, la mort, racontait-il plus tard, ne l'effrayait pas, parce qu'il avait entendu dire que son petit frère, après être mort, était devenu un ange. Du reste, sa faiblesse physique ne passait pas jusqu'à son âme; quoiqu'en fort bas-âge, il était déjà sombre, rêveur et passionné; ses sensations avaient vingt ans, si je puis parler ainsi; et voici un trait qui va montrer comment l'âme était homme chez cet enfant.

Un jour, blessé dans son orgueil par un châtiment qu'on lui avait infligé, il s'élance dans une petite cour retirée, où croissaient une foule d'herbes, et les dévore pendant un quart d'heure. Pourquoi? c'est qu'il avait entendu dire qu'il y avait une herbe nommée ciguë, qui empoisonnait et faisait mourir, et il espérait trouver cette herbe dans le nombre.

Cette tentative de suicide, à huit ans, n'a pas de pendant dans l'histoire, et c'est certainement un des indices les plus caractéristiques de cette âme si ardente.

Après avoir passé les premières années de sa jeunesse au collége des nobles à Turin, dans l'oisiveté et dans la dissipation, il se sent saisi à dix-sept ans d'une indomptable ardeur de voyage; il veut voir, et il part; et pendant huit ans se fait le mouvement perpétuel. Il parcourt la France, l'Italie, l'Angleterre, la Hollande, revient en Italie, repart, traverse l'Allemagne, le Danemarck, la Russie, la Suède, la Prusse, l'Espagne, le Portugal, tout cela sans plaisir, sans curiosité, sans rien voir, sans s'arrêter nulle part; il ne voyageait pas pour connaître, il voyageait pour remuer, le mouvement était sa vie; cette organisation irritable et nerveuse n'était à l'aise que dans l'emportement d'une course. Alfieri ne se sentait vivre que quand il fendait l'air sur un cheval, sur un traîneau, ou dans une voiture qui l'entraînait à toute bride.

Telle était cette fureur d'agitation que souvent, malgré la fougue de son âme, il évita des femmes qui lui auraient plu, de peur qu'une passion ne vînt l'arrêter dans sa course à travers le monde; et il raconte qu'à Londres, étant devenu amoureux fou d'une très grande dame, quand il ne pouvait la voir, il n'avait d'autre ressource, pour ne pas mourir à l'instant, que de marcher et de marcher toujours; ou bien il montait le plus fougueux de ses chevaux, excitait encore sa fougue à coups d'éperons; franchissait les haies, sautait les fossés, les barrières, effrayait par ses folies les plus hardis cavaliers de l'Angleterre, et se battait ainsi avec son cheval pour épuiser son âme dans cette lutte physique; mais aussitôt que son imagination si vive n'était plus occupée par une passion, ni étourdie par le mouvement, il devenait apathi-

(POÈTES.)

que, indifférent et triste. A peine arrivait-il dans une ville que cette ville l'ennuyait; il n'allait voir aucune des curiosités qu'elle renfermait, aucun des grands hommes qui l'habitaient; il était venu, son but était rempli; alors se retirant dans sa chambre, il passait ses journées entières à pleurer sans raison, sans chagrins, feuilletant au hasard quelques pages de Montaigne, de Montesquieu et de Rousseau, sans les étudier. A Paris, il sortit à peine de son appartement; à Madrid, il ne voulut voir ni l'Escurial, ni Aranjuez, ni le palais du Roi; à Londres, au lieu de se rendre le soir dans les salons aristocratiques, que lui ouvrait son titre de comte, il montait sur le siége de sa voiture, conduisait dans ces salons un de ses amis, l'attendait à la porte, toujours sur le siége, et pour tout plaisir, cherchant une gloire de cocher, mettait son orgueil à ne pas accrocher sa voiture, quand son ami se retirait. Cependant, parmi ces bizarreries, il en était une qui annonçait autre chose que de l'étrangeté, c'est sa constance de haine pour la tyrannie et son refus perpétuel de voir les rois. En Russie, il ne voulut jamais se faire présenter à Catherine, qu'il appelait une Clytemnestre philosophe. A Madrid, rien ne put le décider à aller offrir son hommage au roi; et il raconte dans ses mémoires, qu'en Prusse, ayant été forcé d'aller à la cour du grand Frédéric, après avoir salué respectueusement ce prince, il remercia Dieu de ne l'avoir pas fait naître son esclave, et déserta, en la détestant autant que possible, cette caserne prussienne et ce peuple de soldats. Cette haine si profonde du despotisme devint le génie d'Alfieri.

Après huit ans de voyages presque continuels, et d'une oisiveté si active, le comte Alfieri revint donc à Turin, ayant vu toute l'Europe et ne la connaissant pas, ne sachant rien que ce qui lui était entré de force dans les yeux, rapportant dans son pays la même âme sauvage, capricieuse, indépendante; n'ayant, en apparence, rien appris dans ses voyages, sinon qu'on s'ennuyait partout, que partout on était esclave comme en Italie, et que du moins l'Italie avait pour elle le soleil. Certes, personne, ni Alfieri lui-même, n'eut pu deviner un Corneille dans ce jeune homme de vingt-trois ans, ignorant comme on ne l'est plus à quinze, Italien et ne comprenant pas le Tasse, et pour toute langue, parlant à moitié le français. Mais s'il n'avait pas lu, il avait vu; il avait appris la

vie, ce qui vaut mieux que le latin; et, à défaut de la science des livres, il avait, pour ainsi dire, frotté son esprit contre les mœurs et les coutumes de tous les pays; de plus, au milieu de ces tristesses et de ces crises de larmes, il se sentait des besoins d'être poëte. Souvent, dit-il, après m'être baigné dans la mer, après avoir entendu de la musique, j'étais saisi d'une sorte d'enivrement, et je devinais que j'aurais alors fait des vers, si j'eusse pu écrire dans une langue quelconque. Il raconte aussi que quand il lut les Grands Hommes de Plutarque, ce fut avec de tels cris d'enthousiasme, de tels pleurs, de tels transports, qu'il entrait presque en fureur. S'il y avait eu quelqu'un dans la chambre voisine, dit-il, il m'aurait certainement cru fou, car je ne pouvais rester assis. J'étais comme hors de moi, et je versais des larmes de rage et de douleur, en pensant que j'étais né en Piémont, et dans des temps et sous des gouvernements où il était impossible de penser ou de dire quelque chose de grand.

Il est toujours temps de prendre la plume quand on porte en soi un tel foyer d'enthousiasme, et c'est au milieu des premiers bouillonnements de son génie poétique, c'est dans ce mélange d'apathie et de mouvement, de savoir et d'ignorance, qu'Alfieri fit tout à coup par hasard son premier ouvrage.

Il s'était lié à Turin avec une femme fort indigne de lui; cette femme tombe malade, et sa maladie exigeant le plus grand repos et le plus grand silence, Alfieri s'était établi près de son lit, et y passait des journées entières sans ouvrir la bouche, de peur de l'incommoder. Dévoré d'ennui et d'impatience, honteux de se voir, lui, comte d'Alfieri, dont l'âme était si noble et si élevée, enchaîné au sort d'une femme perdue, et ne pouvant cependant s'éloigner de cette femme, parce qu'elle souffrait et qu'il l'aimait, il passait ainsi toutes ses heures silencieuses à se consumer de remords, d'irritation et de désespoir, quand une nuit, en regardant autour de lui dans la chambre, il voit sur le mur une gravure, représentant Antoine et Cléopâtre. Cette gravure le frappe; il se retrouve dans Antoine, et s'emparant de cinq ou six feuilles de papier qui se trouvent sous sa main, rassemblant à la hâte ses souvenirs de collége, il se met à barbouiller une scène d'une pièce qui n'était ni comédie ni tragédie, qui aurait pu avoir dix actes comme un, qui aurait pu s'appeler Omphale comme Cléopâtre, et qui n'était que le développement des sentiments de rage et de honte qui le dévoraient. Après avoir déchargé toute sa douleur sur le papier, satisfait et soulagé, il mit toutes ses feuilles sous une chaise longue, et n'y pensa plus. Sa maîtresse guérit, son amour s'en alla, mais la pièce resta; il la reprit, la travailla, et un jour la fit représenter sur le théâtre de Turin. Le succès immense qu'elle obtint lui révéla de suite sa destinée; il comprit pourquoi jusqu'alors il avait toujours été malheureux; il sentit que tous ces vagues transports de mélancolie, de désespoir, d'amour, n'étaient que les élans de son génie qui voulait sortir. Cette exubérance de sensibilité, ce débordement de sensations qui l'avaient dévoré, il leur trouve une raison, et avec une raison, un emploi. Le théâtre, voilà le débouché qu'il faut au torrent de sa passion. Dès-lors plus d'ennui; sa vie a un but, il se dévoue au génie, il dit : « Je serai poète tragique, et non pas poète tragique comme tout le monde; non, je serai le fondateur de la tragédie en Italie; je serai le Dante du théâtre. » Il le dit, et le fit.

Arrêtons-nous ici un moment. Que d'obstacles séparaient Alfieri de la gloire! Il avait vingt-sept ans, et ne savait pas sa langue; il n'en savait aucune; car l'italien de sa Cléopâtre n'était bon que pour des Piémontais. En cherchant au dedans de lui, il se trouvait bien une âme de poète; mais en regardant autour de lui, il ne se trouvait pas un instrument; c'est Raphaël sans couleurs; c'est Michel-Ange sans ciseau.

Tant de barrières ne l'effraient pas; il n'a pas de langue?..... il s'en créera une! Et voilà cet homme, dont l'imagination était si bouillante et si emportée, le voilà qui, à vingt-sept ans, se refait écolier; et, comme Curtius, se jette à corps perdu dans le gouffre de la grammaire. Le voilà apprenant par cœur le Dante, Pétrarque, l'Arioste; traduisant en italien Sénèque, Virgile, Juvénal; faisant des plans de pièces en prose française, les refaisant en prose italienne, et puis les refaisant une troisième fois en vers italiens; chargeant ses livres de notes et de règles, et quelquefois saisi de mouvements d'impatience et de colère, jetant les grammaires par les fenêtres, en s'écriant comme un fou : On est bien malheureux d'être obligé d'avaler à vingt-sept ans toutes ces puérilités et ces pédanteries pour faire des tragédies, et alors Alfieri allait chercher les grammaires, les réapprenait,

recomposait des vers, et les lisait à ses amis, et même à des séances de francs-maçons, quoiqu'ils ne soient pas plus poètes qu'architectes.

Ce n'est pas tout, et Alfieri devait faire à sa gloire d'autres sacrifices que ceux de son temps et de son travail.

La tyrannie mesquine qui régnait alors sur le Piémont blessait singulièrement l'âme indépendante d'Alfieri, et il ne pouvait s'habituer au petit roi de ce petit pays, qui se mêlait de toutes les petites affaires. Il avait donc résolu de s'établir hors du Piémont; mais le despotisme suivait les Piémontais jusque dans les pays étrangers, et il y avait une loi qui portait qu'il était défendu à tout Piémontais de faire imprimer des livres, même hors du Piémont, sans permission des réviseurs, sous peine de soixante-dix écus d'amende. Or, ces réviseurs avaient à peu près des ciseaux aussi longs et aussi tranchants que nos censeurs d'autrefois; le mot de liberté était toujours proscrit, et vous sentez comme le génie républicain d'Alfieri pouvait s'accommoder d'une telle contrainte; l'aigle aurait étouffé dans cette cage. Que va-t-il donc faire? Ne pouvant être à la fois Piémontais et homme de génie, il se *dépiémontise* de la manière la plus sublime; des biens héréditaires, des châteaux, des terres, l'attachaient au Piémont..... Il renonce à tous ces biens; en fait une donation solennelle à la comtesse Camiana, en ne se réservant qu'une modique pension, et se déchargeant de ces richesses qu'enchaîneraient l'essor de son salut, il se ruine pour avoir du génie tout à son aise! Je ne sais pas d'autre exemple d'un tel sacrifice dans l'histoire des lettres.

Si l'on ne connaissait pas les ouvrages d'Alfieri, et que l'on se demandât, d'après ce court exposé, quel doit être leur caractère; en songeant à cette âme si altière, si vigoureuse, si ignorante et si emportée; en se souvenant de cette éducation de grande route, on dirait : si un tel homme écrit, il fera des drames, et des drames bizarres, passionnés, irréguliers, pleins d'écarts, mais étincelants de beautés fortes et neuves! Ayant beaucoup vu les hommes, il jettera dans ses ouvrages une foule de personnages tous variés, mais tous vrais, qui vivront, qui respireront, que nous connaîtrons. Ce n'est pas tout, ce génie républicain mettra le peuple en œuvre, et il nous le montrera avec ses mille passions désordonnées, son langage si pittoresque et si saillant; ses mille bras, ses mille langues, ses mille cœurs. Enfin il y aura dans les ouvrages de cet homme quelque chose de la puissance et de l'irrégularité des bonds du tigre.

Rien de tout cela. Alfieri est un génie austère, simple et mesuré dans sa force; c'est l'école française avec plus de simplicité, c'est l'école grecque avec plus de rudesse; il met bien le peuple en scène; mais le peuple, dans ses ouvrages, est tout le contraire de l'hydre de Lerne; c'est un être qui a cent corps, mais qui n'a qu'une tête, c'est-à-dire qu'une voix; c'est une tête qui dit mourons.... jurons.... oui.... non..... On se croirait au scrutin. Alfieri ne crée pas de personnages; il ne met qu'un homme en scène, c'est lui; et de lui il ne peint qu'un côté, c'est le républicain. Il n'y a donc presque jamais dans ses ouvrages qu'un quart d'homme; mais ce quart est si puissant et si énergique, qu'il vaut dix hommes tout entiers. Chanter la liberté, tel est son but, son seul but! de là ses drames ne sont que des dithyrambes! pas d'amour, pas de passion; déposant le reste de son âme, il ne pense à traduire que son amour pour la liberté, et cette préoccupation devient à la fois son défaut et sa puissance; son défaut, parce qu'elle lui fait voir des sujets tragiques où il n'y en a pas, et qu'elle lui fait tronquer ceux qui en sont: sa puissance, parce qu'elle lui inspire des traits d'une énergie shakespearienne; des vers qui se tiennent debout comme ceux de Corneille, et qu'elle lui fait soutenir par le feu de la passion mille ouvrages qui languiraient dans d'autres mains. Voyez avec quel art ingénieux il trouve dans l'histoire, et reproduit en tragédies tous ces modèles de patriotisme ou de tyrannie. Vous faisant passer par tous les degrés de l'amour de la liberté, et vous initiant à tous les grands sacrifices qu'elle inspire, il montre d'abord don Carlos, bravant la disgrâce de son père pour servir la révolution des Pays-Bas, puis Raymond Pazzi, mourant pour la liberté; puis Timoléon, tuant son frère pour elle; puis Brutus Ier, condamnant son fils; puis Brutus II, tuant son père. Pour pendant, il expose une galerie de despotes: c'est Polyphonte, c'est Appius, c'est Néron, c'est Laurent de Médicis, c'est Timoléon; et ici il est un éloge que l'on doit faire d'Alfieri: c'est que tous ces tyrans ont chacun un caractère particulier, et que ce ne sont pas des tyrans de théâtre; rien d'exagéré dans leur portrait, rien de déclamatoire

dans leur langage; sa chaude et énergique haine du despotisme, lui donnant une intelligence profonde et vraie du cœur des despotes, l'empêche de charger le portrait; il ne leur refuse pas des qualités brillantes; il leur accorde courage, résolution, énergie..... mais il leur écrit sur le front..... despote..... et cela lui suffit pour qu'ils soient avilis. Un des ouvrages où Alfieri a déployé le plus de sagacité et de génie sous ce rapport, c'est Philippe II, et nous allons examiner cet ouvrage en détail.

Quand Machiavel, le plus patriotique des écrivains, voulut donner à sa patrie la plus grande preuve de son amour pour la liberté, il écrivit le *Prince*. Cette opinion semble peut-être un paradoxe, car le livre du **Prince** est regardé comme le livre le plus anti-patriotique qui existe; c'est que l'on n'a pas considéré et compris que Machiavel, en décrivant ainsi toutes les ressources qu'un homme a en main pour asservir les autres hommes, en exposant toutes les ruses des despotes, ne faisait que donner le signalement d'une tête féroce, pour qu'on pût l'éviter. Alfieri, dans Philippe II, déploie le même génie de sagacité que Machiavel. L'histoire moderne offre peu de sujets plus intéressants que celui de cette jeune Elisabeth de France, fiancée à don Carlos, fils de Philippe, roi d'Espagne; puis tout à coup enlevée au fils par le père, devenant la belle-mère de celui dont elle devait être la femme; et jetée ainsi au milieu de la cour la plus soupçonneuse de l'Europe, et avec un monarque en cheveux gris pour époux, et le fils de ce monarque pour amant. La première chose qui frappe dans ce sujet, ce sont les trésors de passion qu'il renferme, et l'on pouvait s'attendre qu'un homme qui avait autant aimé qu'Alfieri, et qui avait eu autant d'emportement dans ses amours, peindrait en traits de flamme l'attachement innocent, quoique incestueux, d'Elisabeth et de Carlos, avec tous ses combats, ses transports, son désespoir, et surtout sa fin tragique. Mais le républicain Alfieri ne voit pas là une œuvre de passion, il n'y voit qu'une œuvre de pensée; ce n'est pas don Carlos, ce n'est pas Elisabeth; c'est Philippe II qu'il va vous peindre, et qu'il va vous montrer; ce sont toutes les intrigues et tous les mystères de cette cour despotique, ce sont toutes les ruses et tous les replis de l'âme de Philippe; il va le représenter tendant ses piéges, dressant toutes ses embûches, pour arracher le secret de deux amants; ayant presque envie que le crime existe pour avoir le plaisir de le punir, et jouant la vie de son fils et de sa sa femme comme on joue une partie d'échecs.

Le premier acte est faible; Philippe n'y paraît pas.

Voici le commencement du second :

PHILIPPE, GOMÈS.

PHILIPPE.

Gomès, quel bien préfères-tu dans le monde?

GOMÈS.

Votre faveur.

PHILIPPE.

Quels moyens emploies-tu pour la conserver?

GOMÈS.

Le moyen avec lequel je l'ai obtenue : obéir et me taire.

PHILIPPE.

Il faut aujourd'hui l'un et l'autre. La reine viendra ici dans un moment; tu m'entendras m'entretenir longuement avec elle : observe cependant, et remarque les plus légers mouvements de son visage; fixe sur elle les regards les plus sévères, toi qui sondes les profonds replis de mon cœur, qui y lis mes volontés les plus cachées, et qui les exécutes en silence.

Elisabeth entre; Philippe va à elle, lui demande avec mystère si elle regarde le titre de père et de roi comme un titre sacré; prononce le nom de Carlos, la prie de ne pas le haïr, et enfin lui dit de décider entre lui et son fils, pour un crime dont il s'est rendu coupable. A ce mot de crime, la malheureuse, qui ne sait pas s'il va lui parler de l'amour de Carlos, se trouble, répond à peine, et ne défend pas l'infant. Première épreuve. Philippe sourit; Gomès observe. Philippe dit à Elisabeth que ce crime est la participation de Carlos à la révolte des Pays-Bas; alors tout heureuse de voir que Philippe ne soupçonne rien, elle défend Carlos avec chaleur, supplie le roi de le traiter en père..... et l'infortunée se trahit par ses discours, comme elle s'était trahie par son silence. Carlos, mandé par le roi, arrive à son tour; Philippe lui dit qu'il a un crime à lui reprocher. Comme la reine, à ce mot vague de crime, il se trouble et ne répond pas; comme la reine, quand il apprend quel est ce crime, il se rassure et se défend; et songez que, pendant tout ce temps, Gomès est toujours là, épiant sur ces deux visages l'effet de chaque parole de Philippe, et notant chaque sentiment à mesure qu'il passe sur leur front! Malgré votre crime,

je vous pardonne, dit Philippe, je vous pardonne...... parce que la reine m'a demandé grâce pour vous. A ce mot, le malheureux ne peut contenir un élan de joie. Assez, lui dit-il, assez, mon fils; songez à ne plus trahir vos devoirs!..... Et vous, reine, pour qu'il ne s'en écarte pas, voyez-le plus souvent, entretenez-vous avec lui, guidez-le..... Ils sortent tous deux.

PHILIPPE, GOMÈS.

PHILIPPE.

Tu as entendu?

GOMÈS.

J'ai entendu.

PHILIPPE.

Tu as vu?

GOMÈS.

J'ai vu.

PHILIPPE.

O rage!...... Le soupçon.....

GOMÈS.

Est désormais certitude.

PHILIPPE.

Et Philippe n'est pas encore vengé!

GOMÈS.

Pensez-y.

PHILIPPE.

J'y pense. Suis-moi.

Qu'on remarque que le nom du crime n'est pas prononcé. Cette omission est sublime; car il y a quelquefois autant de beauté dans ce que l'on ne dit pas que dans ce que l'on dit. Poursuivons. Cependant il n'y a pas encore de preuve, et il en faut une à Philippe. Que fait-il? Il accuse, en plein conseil, Carlos d'avoir voulu l'assassiner, et vient l'arrêter lui-même à la tête de ses satellites, comme coupable de parricide. Effrayée de ce tumulte, Elisabeth sort, et voit Carlos qu'on entraîne dans les fers; elle se jette aux pieds de Philippe, elle prie, elle supplie, elle pleure; mais cependant son secret ne lui échappe pas tout-à-fait. La ruse de Philippe a manqué; il n'y a pas encore de prétexte de meurtre. Mais tandis qu'Elisabeth est toute tremblante de cette horrible catastrophe, se présente à elle Gomès, le confident de Philippe, et dans une scène infernale de ruse et d'astuce, il vient lui dire avec un feint désespoir, et avec de fausses larmes de repentir, qu'il ne veut plus prêter son bras aux cruautés du roi, et surtout qu'il aurait horreur de tremper dans la mort de don Carlos.

—Il est donc condamné à mort? s'écrie la reine avec délire.

—Oui, reine; et, pour expier tous mes crimes, je voulais descendre dans sa prison, que je puis me faire ouvrir, l'aider à se sauver; mais il se défierait de moi..... Il va périr dans deux heures.

— Périr! s'écrie Elisabeth qui n'aperçoit pas le piége, non! non! il ne mourra pas..... Guidez-moi dans son cachot! Menez-moi vers lui! Venez! venez! Je le déciderai à fuir.

Maintenant le coup est assuré; ils sont perdus. Elisabeth pénètre près de don Carlos; mais à peine lui a-t-elle dit que c'est Gomès qui l'a introduite dans son cachot, que c'est Gomès qui lui a révélé l'horrible dessein de Philippe, que l'infant s'écrie :

—Ah! malheureuse! comment avez-vous pu vous fier à une telle pitié?..... Si le ministre du tyran a pu vous dire la vérité, il vous a trompée avec la vérité.

En effet, Philippe entre, et la mort avec lui!..... Et alors se dessine entre ces trois personnages une des plus belles scènes qui existent au théâtre : le désespoir de Carlos, qui voit qu'il entraîne Elisabeth à sa perte; ses protestations qu'il est seul criminel, l'inflexible insensibilité de Philippe, la noblesse et l'élévation d'Elisabeth, tout est grand, vigoureux, saisissant, sublime. Ne croyez pas qu'Elisabeth se défende de son amour pour Carlos; non, si près de mourir, elle l'avoue, elle l'avoue avec orgueil, car elle a su le dompter.

—Oui, dit-elle à Philippe, Carlos fut depuis mon enfance l'objet de toutes mes pensées; alors vous me commandiez de l'aimer; c'était une vertu..... Qui en a fait un crime?.... Vous seul en rompant des nœuds si saints!..... Mon amour est resté au fond de mon cœur; mais dès que j'ai été votre épouse, il s'est enfermé et s'est condamné au silence. Non, je le jure! je ne suis pas coupable..... Cependant, je n'attends et je ne veux que la mort.

—Oui, vous mourrez! vous mourrez! s'écrie Philippe; enfin vous voilà donc tous deux tombés entre mes mains. Je ne me plains plus; j'ai voulu la vengeance, je l'aurai pleine, entière, inouïe. Ne croyez pas cependant, femme coupable, que je vous aie jamais aimée, ni que j'aie éprouvé jamais de jalousie, non; mais vous deviez avoir un si grand respect pour votre maître, qu'il vous fallait réprouver jusqu'à la pensée de votre flamme.

Ce n'est pas tout : on apporte un poignard; du poison; Elisabeth et Carlos se disputent à qui mourra le premier..... A toi d'abord, Carlos! s'écrie Philippe. Carlos prend le fer et se poignarde. Elisabeth se jette alors sur la coupe de poison; mais Philippe l'arrêtant tout à coup....

—Vous vivrez, madame; malgré vous, vous vivrez!

—Dieu! lui mourir si cruellement! et moi...

—Et vous, vivre! vivre séparée de lui! vivre avec moi!..... Vous passerez vos jours dans les larmes; vos longues douleurs soulageront les miennes... Et quand cet amour infâme sera éteint, et que vous voudrez vivre..... alors..... je vous tuerai!

Elisabeth lui arrache son poignard, et se frappe.....

— Que de sang autour de moi! dit Philippe. Gomès, que ces horreurs soient cachées à l'univers; en gardant le silence, tu sauveras ta renommée et la mienne.

Telle est l'analyse de cet ouvrage si profond et si étincelant de beautés fortes; nous l'avons choisi, parce que dans nul autre ne se montrent avec plus de vivacité les qualités saillantes d'Alfieri, c'est-à-dire, la pensée et la vigueur.

Cependant on serait injuste envers Alfieri, si on ne lui reconnaissait que de la force; et quoique l'amour n'occupe pas dans ses ouvrages une aussi grande place que dans sa vie, cependant il fit parler une fois à la passion le langage le plus vrai, le plus entraînant et le plus pudique : c'est dans la tragédie de Myrrha. Voici comment lui vint l'idée de faire cet ouvrage.

« Je venais, dit-il, de lire dans Ovide le brûlant et divin discours où Myrrha avoue à sa nourrice Euryclée l'amour incestueux dont elle brûle pour son père. Ce discours m'avait fait fondre en larmes, et il me sembla qu'il y avait là matière à une tragédie très originale et très touchante, si l'auteur pouvait la conduire de manière à ce que les auditeurs découvrissent d'eux-mêmes et peu à peu toutes ces horribles tempêtes qui bouleversent le cœur enflammé, mais pur, de Myrrha, bien plus malheureuse que coupable, et sans qu'elle osât avouer à elle-même, et encore bien moins aux autres, son exécrable amour. La difficulté de ce sujet était de faire durer cinq actes, sans que l'action languît, cette fluctuation de l'âme de Myrrha; ai-je vaincu cette difficulté? ai-je échoué?..... c'est ce que je laisse aux autres à décider. »

Il a réussi. Sans doute on trouve peu d'action dans cette pièce, et ce n'est en dernière analyse qu'une demi-confidence en cinq actes; mais les développements en sont si touchants et si profonds; le poète creuse si avant dans le cœur de cette jeune fille, et montre sous tant de faces cette passion incestueuse; ses ressorts sont si heureusement mis en jeu, les ressources si habilement économisées; sa plume est à la fois si chaste et si brûlante dans la peinture de cet amour incestueux, que l'on prend pour un drame ce qui n'est qu'une admirable élégie. Je vous citerai deux passages qui vous feront apprécier toute sa délicatesse et toute la vigueur de talent qu'Alfieri a déployées dans ce sujet si difficile et si attendrissant.

Myrrha s'est enfuie de l'autel au moment où on allait l'unir à un jeune prince; sa mère la suit... —Ma mère, ma mère! s'écrie Myrrha... croyez-moi, il en est temps encore, armez mes mains; vous vous repentirez un jour de ne m'avoir pas donné un poignard.

—O ma fille chérie! ta douleur t'égare..... tu n'aurais pas demandé un poignard à ta mère!..... Console-toi! je ne te parlerai plus d'hymen; mais je resterai avec toi à pleurer; sans cesse je veux te voir, t'embrasser et veiller sur toi.

—Quoi! je serai obligée de vous voir à chaque instant? vous seriez toujours là devant mes yeux?..... Ah! je veux auparavant me les arracher de ma propre main!

—Ciel! qu'entends-je? ma fille; je te suis donc en horreur?

—Oui, vous êtes la seule et l'éternelle cause de mes tourments!.... Mais, pardon, pardon, ma mère...ce n'est pas moi qui parle, c'est une puissance inconnue qui parle par ma bouche!

Cependant Cinyre, le père de Myrrha, arrive auprès d'elle; il est irrité, il veut savoir enfin la cause des pleurs éternels de sa fille, et pourquoi elle s'est enfuie de l'autel. Il commande, il ordonne, il menace; elle ne répond que par des pleurs. Il s'adoucit, il lui parle avec tendresse; la malheureuse frémit. Il s'approche d'elle, et lui baise le front; elle le repousse. Il veut la serrer dans ses bras; elle s'en arrache avec violence. Enfin, vaincue par les prières de son père, mise hors d'elle-même par ses caresses qui la brûlent, par sa colère qui la tue, par ses preuves de tendresse qui l'égarent; sanglotante, étouffée de larmes, elle s'écrie avec l'accent du désespoir, de l'amour et de la rage.....

—Que ma mère est heureuse!

Je ne connais pas de langues où il y ait un mot plus sublime. Il y a tout dans ce mot; c'est à la fois toute la pudeur, tout l'emportement et toute l'ingéniosité (qu'on me passe ce mot) de la passion!..... Et je crois que Corneille changerait presque son..... Qu'il mourût! pour..... Que ma mère est heureuse!

Les tragédies d'Alfieri, imprimées à Rome, à Paris, et même, je crois, à Londres, se répandirent promptement, et lui acquirent bientôt une haute célébrité; le pape les accepta de sa main; et en Italie, où il n'y avait pas d'acteurs capables de jouer ces ouvrages sévères et consciencieux, quelques sociétés riches et cultivées se réunirent pour les représenter, et Alfieri consentit même souvent à y jouer un rôle. Cependant il trouvait encore ses ouvrages bien loin de la perfection; et, retiré à Florence avec la comtesse d'Albany, il employait ses loisirs à polir sans cesse ses tragédies, et à exhaler dans un poëme, nommé *Miso-Gallo*, sa haine contre les Français. Il y a vraiment de la charité chrétienne de la part d'un Français à exalter Alfieri; car il nous détestait cordialement, et cela sans autre raison que parce que notre prononciation nasale choquait son oreille italienne, et qu'étant enfant, il avait été blessé de voir du rouge sur la figure de nos femmes; pour ce motif ou pour un autre, il nous portait la haine la plus vigoureuse, et le nom seul de la France le mettait en fureur. Tout républicain qu'il était, et toute grande que s'annonçât la révolution de 89, il était révolté, disait-il, de voir la cause sainte de la liberté trahie par ces demi-philosophes, et rapetissée par ces demi-crimes, ces demi-lumières, ces demi-vertus, et ce mélange de tyrannie militaire et avocassière..... *C'est un tigre guidé par un lapin.....* Il faut dire, il est vrai, qu'Alfieri avait placé son argent en rentes sur la France, et qu'on le payait en assignats. Quoi qu'il en soit, rien n'égala sa fureur quand Florence fut envahie par les Français; et le général en chef, homme lettré, ayant désiré le voir, et lui ayant fait demander une entrevue, Alfieri répondit : « Si le général, en qualité de commandant de Florence, ordonne à Alfieri de se présenter chez lui, Alfieri qui ne résiste jamais à l'autorité constituée, de quelque manière qu'elle le soit, s'y rendra sur-le-champ; mais s'il ne s'agit que d'une simple curiosité d'individu, Alfieri, naturellement très sauvage, ne veut plus faire connaissance avec personne, et prie **M.** le général de vouloir bien l'excuser. » Le général répondit que les ouvrages du comte Alfieri lui avaient donné l'envie de le connaître ; mais que puisque cela lui déplaisait, les choses en resteraient là..... Les choses restèrent là en effet, et Alfieri se consola comme il put de la présence des Français, en composant des vers, en aimant la comtesse d'Albany, et en faisant du grec. C'est ici la place de parler d'un singulier caprice de cet homme, dont toute la vie ne fut qu'un long caprice. A quarante-six ans, il s'imagina d'apprendre le grec. « J'achetai, dit-il, des monceaux de grammaires, d'abord greco-latines, ensuite purement grecques. Je répétais sans cesse le verbe τυπτω, les verbes circonflexes et les verbes en mi ; ce qui dévoila mon secret à la comtesse d'Albany, qui, me voyant à chaque instant marmotter entre mes dents, voulut savoir, et sut enfin de quoi il s'agissait. »

J'ai déjà donné l'idée de l'infatigable patience d'Alfieri ; mais tout ce que j'ai dit n'est rien en comparaison de la fureur de grec qui s'empara de lui. Il dévore en trois ans tous les trésors de la langue grecque : poètes, orateurs, historiens, tout y passe ; il récitait pendant des heures entières des pages de Thucydide, d'Hérodote, de Platon ; apprenait tout Homère par cœur ; lisait Pindare, Théocrite ; faisait des vers grecs pour sa sœur ; écrivait des lettres en grec à ses amis ; et cependant bâtissait le plan de ses comédies, revoyait ses tragédies, traduisait Salluste et Juvénal pour ne pas oublier le latin ; et apprenait, en lisant la Bible, quelques mots hébraïques : ce qui ne peut pas faire de mal. Et enfin comme tout travail mérite récompense, dit-il dans ses mémoires, j'ai pensé que je m'en devais une, et qu'il fallait qu'elle fût convenable, honorifique et point lucrative ; j'ai donc imaginé un collier sur lequel j'ai fait graver le nom de vingt-trois poètes, tant anciens que modernes. A ce collier est attaché un camée qui représente Homère ; à l'exergue sont deux vers grecs que j'ai faits et que j'ai traduits ensuite en italien. J'ai montré tant l'original que la traduction à l'abbé de Caluso ; le grec, pour savoir s'il n'y avait pas quelque barbarisme, solécisme, ou faute de prosodie ; l'italien, afin qu'il pût me dire si je n'ai pas assez adouci dans notre langue ce qu'il y a d'impertinent dans le grec, car on sait que dans les langues mortes un auteur peut parler de soi avec un peu plus d'effronterie que dans les langues vivantes. Je me donne donc ce nouvel ordre, qui, mérité ou non, est de mon invention, du moins ; si la postérité m'en juge indigne, elle l'accordera à d'autres. Puis après cette bizarrerie, Alfieri, épuisé de travail, haletant, consumé, il mourut en regrettant encore de ne pas savoir aussi bien le grec que le latin.

On a souvent comparé Alfieri à lord Byron ; mais sauf quelques singularités qui leur étaient communes, des différences immenses les séparaient : comme Byron, Alfieri aimait passionnément la mer, les voyages, les chevaux ; et l'on dit qu'un jour il partit de Florence, se rendit en Angleterre, y acheta quatorze chevaux, et que ramenant lui-même toute cette cavalerie, lui, comte Alfieri, il traversa ainsi en vétérinaire, l'Angleterre, la France et les Alpes ; se comparant à Annibal pour la gloire et la difficulté du passage. Comme Byron, il était misantrope ; mais la misantropie de Byron était de la bile, celle d'Alfieri était des larmes ; Alfieri était un homme de bonne foi, et même candide, en amour, en amitié, en tout ; pour Byron tout était un doute, peut-être un jeu ; un janséniste ne fait pas sa pénitence plus consciencieusement qu'Alfieri ne faisait ses ouvrages, et il n'y avait pas d'écolier qui achevât plus négligemment sa tâche, que Byron ne laissait tomber ses vers ; tous deux avaient beaucoup voyagé, beaucoup vu ; mais l'un décrit tout, et l'autre ne décrit rien ; Byron semble n'avoir recherché le titre de grand homme que pour acquérir le droit d'en faire fi..... Pour Alfieri, la gloire c'était la vie ! Tous deux ont aimé la liberté, mais le républicanisme de Byron n'était qu'une opposition et un paradoxe ; chez Alfieri, c'était un sentiment intime, profond, qui coulait avec son sang, qui vit dans ses ouvrages et qui les fera vivre, car il faut une noble croyance à un écrivain pour rester dans la mémoire des hommes ; c'est son second génie. Il faut avoir, ou comme Fénélon, l'amour du bien ; ou comme Rousseau, l'amour de l'humanité ; ou comme Corneille, l'amour de la vertu ; ou comme Molière, l'amour de la vérité ; et ce qui fait que, malgré l'immense disproportion de leurs génies, Alfieri vivra peut-être autant que Byron, c'est qu'Alfieri avait un noble amour, la liberté ; et, que pour être un grand homme, il faut avoir une grande âme !

Alfieri naquit à Asti en Piémont le 17 janvier 1749, et mourut le 8 octobre 1803.

CIMABUÉ

PEINTRES.

CIMABUÉ. — GIOTTO. — BUONAMICO. — ORGAGNA.

CIMABUÉ.

Sa naissance. — Ses maîtres. — Ses œuvres.

Il y a une école de peinture par peuple : on dit l'école flamande, l'école hollandaise, l'école allemande ; mais par un singulier privilége, il y a en Italie autant d'écoles de peinture que de villes ; école vénitienne, école romaine, école florentine, école napolitaine, sans compter que ces grandes divisions générales se subdivisent en une foule d'individualités originales et créatrices. Raconter la vie de tous les peintres célèbres de toute l'Italie serait un ouvrage immense et qui remplirait plusieurs volumes ; or, le cadre rétréci de cet ouvrage ne permet pas d'aussi longs développements ; nous nous bornerons donc, dans cette galerie d'artistes, à choisir ceux qui représentent un progrès, un principe d'art, et par conséquent toute une classe d'hommes, ou ceux dont la vie étrange offrirait au lecteur un intérêt indépendant de l'art lui-même.

En tête de ces hommes, le premier nom qu'il faut écrire est celui de Cimabué, car c'est lui qui a créé la peinture moderne. Cimabué naquit à Florence en 1240. Son père le destinait à l'étude des lettres, et l'envoya étudier à Santa-Maria-Novella, chez un de ses parents ; mais Cimabué passait tout le jour à dessiner sur ses livres des hommes, des chevaux et des habitations. A cette époque, ceux qui gouvernaient la ville de Florence ayant fait venir quelques peintres grecs pour orner une église, Cimabué s'enfuyait de chez son maître et allait regarder peindre ces artistes étrangers. Son père, qui était d'une noble famille et riche, permit à son fils d'aller étudier avec ces Grecs : en peu de temps Cimabué, de leur élève, devint leur maître. Comme tous les hommes destinés à faire une révolution il monta d'abord sur les épaules de ceux qui étaient là, pour franchir le premier degré, puis arrivé où il voulait atteindre, il renversa du pied l'échelle qui lui avait servi à gravir et marcha

tout seul. La peinture était devenue un métier : ces Grecs, appelés à Florence, n'étaient pas des artistes, c'étaient des ouvriers qui avaient appris à peindre comme on apprend à tisser, et qui faisaient ce qu'avaient fait leurs prédécesseurs, imitateurs eux-mêmes des hommes qui les avaient devancés. Dans tous les arts il y a deux choses, l'art et le métier : les plus grands hommes du monde sont obligés d'apprendre le second ; car Shakespear n'aurait deviné ni l'écriture ni l'orthographe, pas plus que Mozart les lois de l'harmonie : voilà ce que ces Grecs enseignèrent à Cimabué : les êtres médiocres s'arrêtent à ce qu'on leur a enseigné, les hommes supérieurs se servent de ce qu'on sait dans leur temps pour créer ce qu'on ne sait pas ; le génie n'est que cette opération mathémathique qui part du connu pour arriver à l'inconnu. C'est ce que fit Cimabué. Il changea tout le système de dessin, il mit la vie dans le coloris, il inventa le *style* en peinture. Sa réputation était immense. Florence, Pise, et toutes les villes d'Italie s'embellirent de ses tableaux, on le faisait venir à grands frais pour la décoration des églises ; il fut chargé avec Arnolfo Lapi, premier architecte de cette époque, de construire l'église de Santa-Maria-del-Fiore : après qu'il eut fini son tableau de la vierge pour l'église de Santa-Maria-Novella, ce tableau fut porté en grandes pompes avec un immense concours de peuple, une procession solennelle et trompettes en tête. On dit même qu'avant qu'il ne fût terminé, le vieux roi Charles d'Anjou, étant passé par Florence, ceux qui gouvernaient ne crurent pas pouvoir lui faire de plus grande fête que de le mener voir le tableau inachevé du maître, ce qui attira grand concours de monde dans le quartier où demeurait Cimabué, et qui fit donner à ce lieu le nom de Borgo Allegri (bourg joyeux). Dans l'église de san François de Pise, Cimabué fit un christ sur la croix, et autour de lui des anges qui, en pleurant, prennent avec les mains certaines paroles écrites autour de la tête du Sauveur, et les envoient à l'oreille de la vierge qui sanglotte dans un coin du tableau. Ce vieux maître est le premier qui écrivit ainsi des mots sur la toile pour exprimer plus clairement le sujet de son tableau ou l'attitude de ses personnages.

Certes, ces ouvrages qui passaient alors pour des chefs-d'œuvre, paraîtraient bien pauvres à côté des plus médiocres compositions des artistes des siècles suivants; car il n'y a ni perspective, ni modelé, ni plan. Qu'importe pour Cimabué? Le premier homme qui a fait un bateau était un homme de génie, et celui qui aujourd'hui fait un vaisseau de guerre est un charpentier.

Cimabué mourut à soixante ans dans l'année 1300, laissant après lui, comme cela est toujours, un homme qu'il avait élevé et qui devait l'éclipser.

GIOTTO.

Comment Cimabué le rencontra. — Remet le portrait en honneur. — L'o du Giotto. — Sa liaison avec Dante. — Sa mort.

Un jour, Cimabué, allant pour ses affaires de Florence à Vespignano, trouva dans les champs un petit berger qui faisait paître des troupeaux, et qui, couché par terre sur le ventre, traçait avec une pierre pointue sur un rocher plane et poli, une de ses chèvres. Cimabué s'approcha de l'enfant, et tout émerveillé de ce qu'il savait déjà sans avoir rien appris, il lui proposa de l'emmener avec lui; l'enfant répondit qu'il le voulait bien, si son père le voulait. Cimabué fit la proposition au père, qui céda son enfant très volontiers. Cet enfant était né en 1276, près de Florence, d'un homme qui travaillait à la terre, nommé Bondone : cet enfant, arrivé à l'âge de dix ans, montrait tant d'esprit et de vivacité, que, dit un vieil auteur, *son père lui donna ses troupeaux à garder;* cet enfant était le Giotto.

Arrivé à Florence avec le Cimabué, il fit de rapides progrès et fut bientôt à Cimabué ce que Raphaël fut au Pérugin. Sa première innovation fut de remettre la portraiture en honneur, et du temps de Vasari, l'on voyait encore au palais du Podesta, à Florence, le portrait de Brunetto Latini, celui de Corso Donati, et enfin celui du Dante, qui était l'ami de cœur du Giotto : noble et grande amitié que celle de ces deux hommes, qui faisaient tous deux en même temps une révolution dans le monde intellectuel, et qui posaient le christianisme pour base de la peinture et de la poésie moderne.

Bientôt on ne parla plus que de Giotto; il orna de ses tableaux plusieurs églises de Florence, peignit à la fresque un des côtés du Campo Santo de Pise, et le pape Benoît IX envoya tout exprès en Toscane un courtisan pour voir quel homme était Giotto, et lui commander des travaux. Ce courtisan, après avoir réuni quelques tableaux des premiers maîtres toscans de cette époque, s'en alla un matin à l'atelier de Giotto, lui fit part des désirs du pontife, et lui demanda un dessin pour l'envoyer à sa sainteté. Giotto, qui était très railleur de sa nature, prit une feuille de papier et un pinceau, trempa le pinceau dans la couleur rouge; puis, fixant son coude sur son flanc pour se donner un point d'appui, il fit décrire un cercle à sa main et traça un rond si parfait, que, dit un vieil auteur, c'était une merveille de le voir. Cela fait, il dit au courtisan, avec une grimace ironique : « Voici le dessin. — Comment, pas autre chose, reprit celui-ci tout étonné. — C'est assez et trop; envoyez-le avec les autres, et vous verrez si on le reconnaîtra. Le courtisan, voyant qu'il ne pouvait en obtenir autre chose, s'en alla très mal content et croyant être joué. Cependant en envoyant au pape les autres dessins et les noms de ceux qui les avaient faits, il envoya aussi le rond de Giotto, sans oublier de raconter comment il le lui avait vu faire. Le pape fut si enchanté de ce rond, qu'il donna à Giotto la préférence sur tous les autres artistes; et de là ce proverbe toscan, quand on parle d'un homme obtus : *Tu sei più tondo che l'o di Giotto* (tu es plus rond que l'o de Giotto; et *tondo* veut dire à la fois *rond* et *sot*). Ce trait rappelle la manière dont Xeuxis, je crois, signa son nom en allant voir un autre peintre grec. Comme il ne l'avait pas trouvé et qu'on lui demandait son nom, il prit un pinceau et traça une ligne; dès que le peintre rentra et qu'il vit cette ligne, il s'écria : Xeuxis est venu. On dit aussi que Michel Ange, étant allé visiter Raphaël pendant qu'il peignait le triomphe de Galathée au palais de la Farnesina, et ne l'ayant pas rencontré, prit un morceau de charbon, et pour carte lui dessina sur le mur une tête d'homme. J'ai vu cette tête, et la rude ébauche au crayon noir du vieux Michel Ange est encore admirable auprès du chef-d'œuvre ravissant de Raphaël : revenons à Giotto.

Le pape le fit donc venir à Rome; il lui donna à peindre cinq traits de la vie du Christ dans

GIOTTO

la tribune de Saint-Pierre, le tableau principal de la sacristie, toutes les histoires du Vieux et du Nouveau Testament, plusieurs tableaux de la Vierge, et une grande partie de l'église des Frères prédicateurs. Benoît IX étant mort, Clément V, son successeur, emmena Giotto avec lui à Avignon, et l'y garda plusieurs années. A peine revenu à Florence en 1316, il alla à Padoue, par ordre *dei signori della Scala*, pour peindre une chapelle; puis, de là à Véronne, où l'appelait Messer Cane, puis à Férare, où les princes de la maison d'Est le forcèrent de s'arrêter, afin que leur palais fût décoré des chefs-d'œuvre du Giotto. Il ne put pas passer par Arezzo, sans accorder quelques jours et quelques peintures à Siéno Saccone. Le Dante, qui était exilé à Ravenne, ayant appris que Giotto était à Férare, le fit venir par ordre dei signori da Solenta; il alla à Luques, sur la demande du seigneur de Castrucio; et enfin, le roi de Naples, Robert, écrivit au duc de Calabre, son fils, qui se trouvait alors à Florence, que le monastère de san Chiara étant terminé, il voulait que Giotto vînt en faire les peintures; Giotto obéit et se rendit à cette cour, où Pétrarque et Boccace étaient traités comme des princes. On dit que le Dante avait donné à Giotto plusieurs des sujets des tableaux qu'il exécuta à Naples. Le roi Robert le prit bientôt en grande affection; il allait souvent le voir travailler et causer avec lui, ce à quoi il trouvait un double plaisir, car Giotto était aussi spirituel que grand peintre. Un jour le roi lui demanda de lui peindre son royaume; quelqu'étrange que fût la proposition, Giotto accepta et dessina sur-le-champ un âne bâté, qui avait à ses pieds un bât tout neuf, et le flairait avec mine d'en avoir envie; sur ce bât neuf étaient la couronne royale et le sceptre. Le roi lui ayant demandé ce que signifiait ce tableau, Giotto répondit : C'est votre peuple et votre royaume qui désire toujours un nouveau maître.

Aujourd'hui nous avons des peintres de paysages, des peintres d'histoire, des peintres de portraits; l'art se subdivise en une foule de petits arts spéciaux, et nos artistes ne savent peindre chacun qu'un tout petit coin de la nature, tandis que les vieux maîtres de ces premiers temps, non seulement embrassaient leur art dans toute son étendue, mais allaient encore faire des excursions qui étaient des conquêtes sur tout le territoire des arts voisins. Ainsi presque tous ces peintres sont en même temps sculpteurs, architectes et même poètes; d'où vient cela? Est-ce que le nombre des moyens matériels d'exécution de la peinture, des ressources et des combinaisons de l'art, s'étant beaucoup accru avec le temps, il faut plus de peines et d'années pour apprendre le métier de l'art? ou bien que la nature met plus de puissance et de virilité dans ses premières fournées d'hommes, de même que les premières fleurs que donne un arbuste sont toujours les plus belles? je ne sais, mais c'est un fait curieux et qui reviendra souvent se constater à mesure que nous parcourrons la vie de ces fondateurs de la peinture moderne. Ainsi Giotto, après avoir quitté le roi de Naples, se mit, sur la fin de sa vie, à faire de la mosaïque et de l'architecture; il donna le dessin d'un superbe tombeau en marbre pour l'évêque d'Arezzo, et fit le campanile du palais à Florence, ce qui lui valut le titre de citoyen florentin. Enfin, en 1336, après de longues années de travail, il mourut, laissant l'art de la peinture, assez fort et vigoureux désormais, pour ne po voir plus mourir. Il avait été l'ami de tous les hommes illustres de son temps, et quand Pétrarque expira, il laissa par testament au seigneur de Padoue, son maître, comme la seule chose digne de lui qu'il pût lui donner, un tableau du Giotto. Boccace a parlé de ce grand artiste avec des paroles d'enthousiasme, et un vieux conteur, nommé Franco Sachetti, raconte de lui plusieurs traits vifs et ingénieux, parmi lesquels je vais en traduire un qui ne manque pas d'agrément à cause de la naïveté du récit.

On sait, dit Sachetti, que Giotto était d'un naturel très réjouissant et très railleur; et un jour, pendant l'absence de Cimabué, il avait peint sur le nez d'un de ses personnages une mouche si vivante, que le maître essaya plusieurs fois de la chasser. Or donc, je ne sais quel gentilhomme de campagne, ayant appris la grande renommée de Giotto, voulut avoir, pour rentrer dans sa chatellenie, un bouclier peint par le grand peintre; il alla trouver Giotto et lui dit : Maître, que Dieu vous garde; je voudrais que vous me peignissiez mes armes sur ce bouclier. Giotto, considérant l'homme, lui dit : Quand le veux-tu? L'autre le lui dit. Laisse-moi faire, lui dit Giotto, et l'autre s'en alla. Quand il fut parti, Giotto se dit en lui-même : Qu'est-ce que veut cet animal? est-ce qu'il serait venu pour me railler? est-ce qu'on m'a jamais donné un bouclier à peindre? et d'ailleurs, comment veut-il que je connaisse ses armes? est-ce qu'il est le roi de France? Eh bien! je lui en ferai des armes; et le voilà qui se met à peindre un casque, des gants de fer, une cuirasse, une paire de cuissards, une salade, une épée, un couteau et une lance. Arrive le gentilhomme. — Eh bien, maître, mon bouclier est-il peint? — Oui, répond le Giotto, on va l'aller chercher. On l'apporte; mais à peine le gentilhomme l'a-t-il vu, qu'il s'écrie : Quel barbouillage est tout ceci? — Que cela te barbouille ou non, tu le paieras. — Je n'en paierai pas quatre deniers. — Que m'as-tu dit de te peindre? — Mes armes. — Eh bien! ne sont-ce pas là tes armes? qu'y manque-t-il? — Alors c'est bien. — Mais non, c'est mal, reprend Giotto; il faut que tu sois un grand animal pour venir ici, et me dire : peignez-moi mes armes, toi qui ne sais peut-être seulement pas qui tu es. Si tu étais de la famille des Bardi ou des Donati, passe; mais toi! toi! quelles sont tes armes? d'où viens-tu? quels furent tes ancêtres? Commence donc à venir au monde avant de parler d'armes, comme si tu étais duc de Bavière. Je t'ai fait une armure complète sur ton bouclier; s'il t'en manque quelques parties, dis-le, et je les peindrai. Le gentilhomme, furieux, appela Giotto en justice; mais il fut condamné à prendre et à payer le bouclier.

Après la mort de Giotto, on plaça son buste en marbre à Santa Maria del Fiore, avec une inscription en vers latins du fameux Angelo Policiano.

Voici ces vers :

Ille ego sum, per quem pictura extinta revixit
Cui quam recta manus, tam fuit et facilis.
Naturæ deerat nostræ, quod defuit arti;
Plus licuit nulli pingere, nec melius.
Miraris turrim egregiam sacro aere sonantem?
Hæc quoque de modulo crevit ad astra meo.
Denique sum Jottus : quid opus fuit illa referre?
Hoc nomen longi carminis instar erit.

« Je suis celui par lequel a revécu la peinture éteinte; ma main fut à la fois droite et facile : ce que je n'ai pas fait, nul ne pourra le faire; c'est la faute de notre nature et non de mon art. Vois-tu cette tour dont l'airain sacré résonne dans les airs; c'est moi qui l'ai élevée. Enfin je suis Giotto ». Qu'était-il besoin de dire tout le reste; ce nom seul valait tout un poëme.

Taddeo Gaddi, Pietro Laurati, et Oviano da Faenza, se partagèrent l'héritage du Giotto, mais n'ajoutèrent rien à l'art de la peinture : il est cependant un de ses successeurs que je ne veux point passer sous silence, c'est Buonamico Buffalmacco, non pour son génie, mais par son tour d'esprit original et moqueur, et par quelques traits de lui qui font connaître l'esprit du temps.

BUONAMICO.

C'est encore au vieux Franco Sachetti que je vais emprunter le récit suivant :

Buonamico était fort jeune, et apprenait la peinture chez Andrea. Andrea, avare et laborieux, se levait dans l'hiver avant le jour, et appelait ses élèves au travail; Buonamico, qui n'aimait pas à se lever ainsi *in sul buon del dormire* (dans le bon du dormir), chercha et trouva un moyen d'avoir toute sa nuit. Il prit dans une voûte crevassée trente escargots, et avec des aiguilles courtes et aiguës, leur fixa sur le dos de petites chandelles. L'heure où Andrea avait coutume de se lever étant venue, il alluma toutes ses chandelles et passa un à un, par un trou, dans la chambre du maître, ses escargots-flambeaux, qui commencèrent à se traîner partout. Andrea se réveilla, et comme il était vieux et peureux, il mit sa tête sous ses draps et fit ses oraisons à Dieu en tremblant de tous ses membres. Le lendemain matin, tout pâle encore, il demande à Buonamico s'il avait vu des millions de démons. — Non, répond l'élève, j'avais les yeux fermés, et pourtant tout en dormant je m'étonnais de ne pas m'entendre appeler. — Appeler! dit Andrea; j'avais bien autre chose à faire que de penser à la peinture. Si cela continue, je quitte la maison. La nuit suivante, mêmes démons; Andrea se réveille, Buonamico dort. Le matin venu, le vieux maître, encore plus épouvanté, dit à l'élève : Partons d'ici; partons. — Attendez, reprend Buonamico, je crois que j'ai trouvé remède au mal. J'ai toujours entendu dire que les plus grands ennemis de Dieu sont les démons; par conséquent ils doivent nous haïr mortellement, nous autres peintres; d'abord parce que nous les faisons toujours très-laids, et puis nous sommes sans cesse à peindre sur les murs des saints et des saintes, ce qui a l'air d'une nargue pour le diable. Or le diable et ses serviteurs ont tout pouvoir pendant la nuit, et s'en vont dès que le jour vient : hé bien ! dormez toute la nuit, et ils ne pourront rien vous faire.

Le vieux Andrea fut frappé de ce raisonnement, et Buonamico dormit.

C'était vraiment un homme étrange et plein de verve que ce Buonamico, toujours prêt à défendre par la satyre la dignité de son art. Les habitants de Pérouse lui avaient donné à peindre sur la place un saint Ercolano, évêque et protecteur de la ville. On convint du prix, et on fit à l'endroit où il devait peindre, une palissade de planches et de sable pour qu'il ne fût pas vu. Mais à peine dix jours passés, chacun demandait quand serait finie cette peinture : cet ignorant empressement fatigua Buonamico, et arrivé à la fin de son travail, il résolut de se venger cruellement de la sottise de ce peuple. L'œuvre terminée, il la montra ; mais les habitants de Pérouse ayant voulu faire enlever la palissade, Buonamico demanda qu'on la laissât encore deux jours, parce qu'il avait encore quelques derniers coups de pinceaux à donner. On lui accorda les deux jours ; il monte sur son échafaud, efface la couronne d'or qu'il avait placée sur la tête du saint, et y substitue une guirlande de chardons ; puis le matin, il part secrètement pour Florence. Les deux jours écoulés, les habitants de Pérouse ne voyant pas le peintre sortir de l'atelier, enfoncent la palissade et trouvent leur saint couronné de chardons ; ils firent courir à cheval après Buonamico, mais il était déjà en sûreté.

Une autre fois, il travaillait dans un couvent de religieuses ; et comme il n'agissait jamais comme les autres, il ne portait en peignant ni manteau ni capuchon ; les religieuses qui regardaient à travers une fente dans son atelier, se plaignirent à leur supérieure que Buonamico peignît en chemise ; et voyant que leurs plaintes n'amenaient aucun changement, elles pensèrent que c'était le broyeur de couleurs qui travaillait, et firent dire à Buonamico que c'était à lui et non à son garçon de faire le tableau. Buonamico répondit qu'elles seraient satisfaites. Il prit donc une table, mit une cruche sur cette table, posa sur la cruche un capuchon, couvrit le tout d'un vaste et large manteau, mit dans le bec de la cruche un pinceau, et partit. Les religieuses vinrent regarder à travers la fente, et voyant ce maître postiche habillé solennellement comme un évêque, se retirèrent toute joyeuses. Quinze jours se passèrent sans que Buonamico vînt à l'atelier, et sans que le mannequin bougeât de sa place. Une nuit, les religieuses, pensant que le maître n'y était plus, et curieuses de voir ce qu'il avait fait, se glissèrent mystérieusement jusqu'à l'atelier ; elles approchent : l'une d'elles, plus hardie arrive jusqu'au tableau. Quelle fut leur confusion, en voyant le mannequin ! Buonamico, qui était caché, se mit à rire, et leur dit que cela devait leur apprendre à ne pas juger les gens sur l'habit. Mais comme les hommes et les femmes ne se corrigent jamais, à quelques jours de là on lui reprocha que les chairs de ses personnages étaient trop pâles et trop molles. Buonamico répondit que l'on avait raison, mais que, pour donner plus de vivacité aux couleurs, il fallait les détremper dans d'excellent *vernaccia*. (Il savait que la cave de l'abbesse était très-abondamment fournie de ce vin blanc.) On lui en apporta à l'instant une bouteille, qu'on renouvela tous les jours, et le teint de ses personnages s'anima à vue d'œil.

Après avoir orné de ses ouvrages Pise, Milan, Florence, Pérouse, il mourut à soixante-huit ans. Comme il était pauvre comme un peintre, il fut recueilli et soigné dans sa maladie à l'hôpital de Santa Maria à Florence, et enseveli dans le cimetière des indigents en l'an 1340.

ANDREA DI CIONE ORGAGNA.

Son Triomphe de la mort. — Sa fin.

Il y a des hommes dont l'idée se confond tellement avec celle de quelque grand monument, qu'ils ne font qu'un avec lui. Notre-Dame c'est Quasimodo, le Vatican c'est Raphaël, Saint-Pierre c'est Michel Ange : eh bien ! pour moi le Campo Santo de Pise c'est ce vieux peintre appelé Orgagna. Et d'abord il faut que je vous dise ce que c'est que le Campo Santo de Pise. Pise, rivale de Gènes et de Florence, Pise, dont les flottes parcouraient toutes les mers, et allaient mouiller dans tous les ports de l'orient, était, malgré sa grande individualité nationale, le rendez-vous des coutumes de bien des pays du monde, et l'on retouve dans ses monuments le caractère des pays qu'elle traversait : Bizance et l'Espagne ont écrit leurs noms en pierre sur la grande place de Pise. Pise, comme certaines femmes dont toutes les beautés morales sont recélées au fond de leur cœur, Pise a caché ses quatre plus sublimes monuments sur la même place et tout au bout de sa ville; elle ne se fait connaître qu'à ses amis. Après avoir parcouru ses larges et magnifiques quais inhabités ; en remontant de rue déserte en rue déserte, vous arrivez à une place où s'élèvent à côté l'un de l'autre, le Dôme, le Batistaire, le Campanile et le Campo-Santo. Je ne vous raconterai pas l'intérieur du Dôme qui est tout coupé de petites colonnettes de marbre blanc et noir, ni cette façade élégante sur laquelle s'étagent et se développent en éventail plusieurs degrés de colonnes, et je vais vous faire entrer tout de suite dans le Campo-Santo.

Campo-Santo c'est un cimetière; et déjà ne voyez vous pas comme la parole italienne est bien plus noble que la nôtre. Le Campo-Santo forme un carré long au tour duquel règnent un portique, une galerie à arceaux mauresques, dont l'architecture élégante et svelte et les rosaces découpées à jour, encadrent merveilleusement ce champ de repos ; ce portique, de la hauteur d'un premier étage à peu près, est tout couvert en plomb, et c'est sur le dessin de Giovani di Niccola qu'il fut achevé ; le pavé de cette galerie, ainsi qu'une partie des murailles, est tout couvert de pierres tumulaires ornées des plus magnifiques inscriptions; chaque mort occupe à peine l'espace de son corps, tant les places y étaient ardemment enviées; c'est le lieu de sépulture des plus nobles familles pisanes, et même, à ce que nous dit un vieil auteur, on venait de faire enterrer dans ce magnifique Campo-Santo de toutes les parties de la terre. C'est que ce n'est pas seulement un lieu d'asile pour les morts, c'est le plus admirable cabinet de curiosités du monde ; il est peuplé de mille débris d'architectures gothique, romaine, étrusque, grecque, égyptienne; tous les pays du monde lui ont envoyé en présent leurs objets d'art les plus précieux : ses tombeaux sont sculptés, ciselés et enchassés dans le mur comme des médailles; et enfin, comme un roi qui jette sur ses épaules un manteau de pourpre et d'or, les murs du Campo-Santo sont habillés des fresques sublimes de Giotto et d'Orgagna, Orgagna surtout, car c'est lui qui a inscrit sur les pierres de ce lieu tout rempli de morts, le plus grand et le plus terrible enseignement; il a fait la fresque qui s'appelle le *Triomphe de la Mort.*

Un mot avant de raconter le sujet de ce tableau.

Des Pisans avaient rapporté de Jérusalem une espèce de terre, qui, disait-on, avait la puissance de décomposer le corps d'un homme mort, en huit heures de temps, de le faire tomber en putréfaction en douze, et de le réduire à l'état de cadavre en vingt-quatre.

Orgagna se servit de ce fait pour composer sa fresque.

En voici la disposition :

Au milieu du tableau, seule, armée d'ailes immenses, sous les traits d'une vieille femme, horrible, couverte d'un vêtement noir, une longue faux à la main, les cheveux gris tout épars sur ses épaules, et riant affreusement, la **Mort** semble tenir toute la longueur de la fresque; sa faux touche d'un côté, ses regards épient de l'autre; elle est partout! Au-dessous d'elle, trois groupes : à droite, de beaux jeunes gens avec de belles jeunes femmes à leur bras, se parlant d'amour, se promenant lentement et penchés l'un vers l'autre, sur des prés fleuris, auprès de doux ruisseaux, à l'ombre de riches orangers tout embaumés, tandis qu'à côté d'eux des paons étalent sur le gazon leurs queues éblouissantes, que les arbres sont tout chargés à la fois de fleurs et de fruits, et que de petits amours cachés dans les branches, les percent de leurs flèches : tout est plein de bonheur et d'ivresse. La Mort regarde ses beaux couples avec amour, et vole vers eux à tire-d'aile.

A côté de ce groupe, juste au-dessous de la Mort, se trouve une foule d'hommes vieux et mendians; ce sont des estropiés avec des béquilles, des malheureux tout couverts d'ulcères, des hommes dont le corps est courbé en deux à force de vieillesse, des fiévreux, des désespérés; ceux-là lèvent vers la Mort des mains suppliantes en lui demandant avec désespoir de les frapper ; mais la *Vieille*, comme dit notre ami Barbier :

« . . . . est un joueur en veine,
» Qui dédaigne les coups dont la chance est certaine. »

Elle les laisse crier et va à ceux qui sont heureux. A côté de cette assemblée de misérables, dans le coin gauche du tableau, sont trois bières ouvertes et mises à côté l'une de l'autre. Dans chacune de ces bières il y a un mort; chacun de ces morts est un roi, un roi expiré de la veille et qui a été placé dans cette terre de Jérusalem dont je vous ai parlé. Comme ils y ont été mis à des intervalles différents, ces trois squelettes ont atteint un degré divers de putréfaction, et sans vouloir m'étendre complaisamment sur ce hideux spectacle, je dirai seulement, parce que cela m'a profondément frappé, qu'autour d'un de ces corps se roule un grand serpent vert. Alors arrive du haut d'une colline, au grand galop, au son des cors et au bruit de la meute, une cavalcade toute brillante de princes et de princesses! Quatre d'entr'eux descendent sans le vouloir jusqu'auprès de ces morts, et s'arrêtent stupéfaits: l'un se bouche le nez; son cheval, d'un bai ardent, a le col tendu, les narrines gonflées, les oreilles dressées, l'œil tout ouvert et en feu, la crinière toute droite, il semble avancer et reculer en même tems; près du cheval un chien qui aboie; à côté une jeune femme qui regarde avec tristesse cet affreux spectacle: son menton est appuyé sur sa main, sa tête est penchée, ses yeux sont pleins d'une mélancolie sombre, et si elle ne se détourne pas avec horreur, c'est que son cœur est tellement saisi de peine, que ses yeux ne s'aperçoivent pas de la laideur de ces objets: cette femme est bonne; à côté d'elle est un beau gentilhomme qui ne se bouche pas le nez, qui n'a ni douleur ni répugnance, mais qui légèrement levé sur ses étriers, le visage tourné vers la jeune femme, et montrant du doigt ces trois morts, lui explique qu'ils sont ainsi à découvert, parce que l'on a fait une expérience sur eux. Il est tout fier de sa science.

Enfin, au-dessus de ce dernier groupe, dans le fond, s'élève une haute montagne, sur les flancs de laquelle sont encore dispersés les chasseurs, et au sommet, des hommes qui, pleins du repentir de leur péché, et du désir de gagner le ciel, se sont retirés du monde, et ont été chercher la paix et l'innocence tout en haut de cette colline. Saints ermites, ils ne vivent plus que pour Dieu, les uns lisent et prient, les autres travaillent la terre, et je m'en rappelle un surtout qui trait une chèvre, et dont la figure est d'une naïveté enchanteresse.

Y a-t-il, je vous le demande, une plus admirable composition? toute la vie n'est-elle pas là, les heureux, les souffreteux, les saints, les égoïstes, les bons, et au-dessus de tous cela, la Mort qui plane et frappe?

Ce n'est pas tout encore. Autour de ces morts, dans les airs, sont des diables et des anges qui se disputent les âmes qui s'échappent des corps. Je vois encore un moine tout nu qu'un démon tire par les pieds, tandis qu'un esprit saint le soulève par les bras. Il y a encore un chose charmante, c'est un petit enfant de quelques mois à peine, mort presqu'aussitôt que né, et dont la jeune âme a été recueillie par son bon ange; l'ange le tient dans ses deux bras, l'enveloppe dans ses deux ailes, et le petit enfant s'y cache et s'y fait plus petit encore, tout peureux qu'il est de ces horribles diables qui volent dans l'air.

Selon la coutume de ce temps, presque tous les personnages de ce tableau sont des portraits d'hommes vivants au temps d'Orgagna. Un jeune homme que l'on remarque dans le premier groupe, charmant de visage, et fier de taille, avec un capuchon bleu sur sa tête et un épervier sur le poing, est Castrucio, seigneur de Lucques. Un des princes à cheval est Andrea Uguccione della Faggiccola; et quand Orgagna retourna à Florence, il peignit de nouveau le même tableau dans l'église de Sancta Croce, en changeant toutefois les figures de ses personnages, et en y substituant les portraits de ses amis et de ses ennemis qu'il mit les uns avec les diables, les autres avec les anges: parmi les bons se voit de profil, et la tiare en tête, le pape Clément VI qui, dans son temps, réduisit le jubilé à cinquante ans; on remarque aussi maître Dino del Guebo, médecin célèbre, vêtu comme s'habillaient alors les docteurs avec un bonnet rouge, fourré de petit gris, sur la tête. Parmi les damnés se trouve Guardi, huissier de la commune de Florence, qu'un diable déchire avec un croc; on le reconnaît à trois lis rouges qu'il porte sur son bonnet blanc selon la coutume d'alors. Orgagna le plaça en enfer, parce qu'il avait été assigné par lui, et il y mit aussi le notaire et le juge qui lui avaient été contraires dans cette affaire.

Un autre trait assez caractéristique des tableaux d'Orgagna, est qu'il suivit la coutume de Cimabué, de faire sortir des paroles de la bouche de ses personnages. Le peintre qui était poète, en remplit ses fresques; à certains estropiés il fait dire:

Da che prosperitade ci ha lasciati
O morte, medicina d'ogni pena
Deh vieni a darne omai l'ultima cena.

« Depuis que la prospérité nous a quittés, ô Mort, médecine de toute peine, viens nous donner le dernier repas. »

Au-dessus des trois cadavres se voient deux

anges qui tiennent une grande banderole où sont écrits ces vers :

> Ischermo di savere e di ricchezza
> Di nobiltate ancora e di prodezza
> Vale neente ai colpi di costei.

« Le bouclier du savoir et de la richesse, de la noblesse et du courage, ne sert à rien contre les coups de celle-ci. »

Il y a encore dans d'autres parties du tableau des anges qui tiennent beaucoup de sentences écrites en langue latine et en langue vulgaire, mais dont les caractères sont presque tous effacés par le tems.

Voilà ce que c'est que le Triomphe de la Mort, du vieux Orgagna : on admire dans le Campo-Santo bien d'autres tableaux de bien d'autres maîtres : Giotto, Buonamico, y ont tracé des pages sublimes ; mais pour moi, cependant, il n'y a dans cet admirable cimetière que des tableaux d'Orgagna : il me semble que ce lieu était fait pour cet homme, cet homme pour ce lieu, tant cette peinture grave, solennelle, naïve et triste, s'allie mélancoliquement au caractère de ce bel édifice, et cependant, l'avouerai-je, malgré toutes ces beautés, les Campi-Santi d'Italie ne me touchent pas ; certes c'est une belle chose que le Campo-Santo de Bologne avec ses longs portiques et ses arcades de marbre ; certes le Campo-Santo de Pise est un des plus admirables monuments modernes ; mais je ne vois dans le cimetière de Bologne qu'un amphithéâtre, et dans celui de Pise qu'un musée : les peintures qui les décorent sont si grandes et si belles que je ne pense pas au nom des morts qui sont dessus ; si je prononce avec regret le mot de destruction, ce sont ces fresques à moitié rongées par le temps que je regrette, et non les hommes expirés, je pleure sur le plâtre détruit plutôt que sur la poussière humaine : et puis ayez donc de la peine dans un si grand édifice, il y a trop de place autour de vous, c'est trop beau, *trop Panthéon*, et dans un Panthéon on admire, mais on ne pleure pas. Oh ! j'aime bien mieux, tout pauvre qu'il soit, notre Père-Lachaise de France, où l'on est chez soi pour être triste, où chacun a sa chaise pour s'asseoir, sa pierre pour se mettre à genoux, son saule pour se cacher quand il vient à la tombe de ceux qui ne sont plus, afin de penser à eux, et de recommencer, par le souvenir, les entretiens évanouis.

Orgagna termina ses travaux dans le Campo-Santo de Pise. L'an 1350, il retourna à Florence. La commune avait acheté à ce moment auprès du palais quelques maisons de particuliers, afin de les abattre, d'agrandir la place et de bâtir un lieu couvert où l'on pût se promener pendant l'hiver et les temps de pluie. On mit le dessin de cette *loggia* au concours, et l'esquisse d'Orgagna ayant été jugée la plus belle, il commença, par l'ordre des seigneurs, la grande loggia, qui est aujourd'hui sur la place, sur les fondements faits du temps du duc d'Athènes. Il changea la forme des arches de cette voûte, et entre les arcades de la façade il plaça sept figures de marbre de demi-relief qui représentaient les sept vertus théologales et cardinales ; ce qui le fit connaître pour aussi bon sculpteur que peintre et architecte : aussi, depuis ce temps, signait-il sur toutes ses peintures : *Fece Andrea di Cione scultore* ; et sur toutes ses sculptures : *Fece Andrea di Cione pittore*. Il fut encore chargé, en 1348, de faire un tabernacle tout orné de pierres précieuses, de mozaïques et d'ornements de bronze ; mais, quoiqu'il ne se fût jamais occupé d'ornements et de décorations, il déploya dans ce nouveau travail un goût exquis et inconnu, ce qui prouve que si l'esprit est l'art de se passer de ce que l'on ignore, le génie est la faculté de deviner ce qu'on ne sait pas.

Orgagna n'était pas seulement un grand artiste, c'était un homme bon, toujours prêt à aider ceux qui commençaient, sincèrement pieux, et croyant à Dieu et au diable quand il peignait Dieu et le diable. Son portrait, qu'il nous a laissé dans un de ses tableaux, le représente comme un homme à tête large et carrée, le visage plat, le nez un peu écrasé, l'œil grand et triste, la barbe rase, la tête enveloppée d'une espèce de cape. Il mourut à soixante ans, dans l'année 1389, et fut porté au Campo-Santo avec d'honorables funérailles.

E. Legouvé.

SALVATOR ROSA.

SALVATOR ROSA.

Au moment où le Vésuve va faire éruption, il sort d'abord de son cratère une colonne de fumée noire comme de la suie, puis la fumée rougit d'un rouge sombre, puis elle se violace, puis elle s'empourpre, puis elle devient rose comme l'aurore, et alors détonations, jets de feux, pierres rouges lancées en l'air, coups de canon, coups de fusil, des bruits effroyables comme si la terre était un animal qui crie, et le ciel un monstre qui lui répond ;... puis toutes ces flammes s'assoupissent, les bruits s'éteignent, les pierres retombent une à une ;... le volcan essaie encore quelques jets d'incendie, ensuite tout se replonge dans l'obscurité et dans le silence ; il fait nuit, on n'entend plus rien, on ne voit plus rien.

Voilà le portrait de Salvator Rosa.

La vie et le caractère de cet homme sont une éruption perpétuelle. Comme la fumée du volcan, son existence a passé par toutes les nuances et les dégradations de couleur, sombre, sanglante, blanche, étincelante ; comme le volcan, il a tonné, éclairé, détruit, épuré, fécondé ; comme le volcan, il a été le roi de l'incendie et de la dévastation ; enfin, comme le volcan, il s'est éteint peu à peu, lançant de temps en temps encore quelques flammes, et puis mourant et s'affaiblissant par degrés, jusqu'à la nuit éternelle et immense.

Cet homme a été tout : peintre, poète, musicien, joueur de luth, chanteur, improvisateur, graveur, soldat, conspirateur, acteur, auteur dramatique, et presque brigand ; pauvre comme Gilbert, riche comme un pape, républicain comme Masaniello, voluptueux comme Sardanapale, stoïcien comme Epictète, rieur comme Démocrite, sombre comme Héraclite, orgueilleux comme un beau cheval, colère comme la mer, amoureux du monde, amoureux de la solitude, Salvator, vie et caractère, est un des êtres les plus complets qui aient jamais existé. Personne n'a eu tant d'amis et tant d'ennemis ; arrivé à Rome dans la pleine efflorescence de l'école étiolée et blafarde du poète Mazini, il l'écrasa de ses foudroyantes épigrammes, et jeta au milieu de cette troupe rosée de bergers en houlette, sa poésie, nue, brune, et musclée comme un athlète qui va combattre. Elève de lui-même et de la nature, le mot d'*académie* le met en fureur, et, dès qu'il le voit quelque part, coup de pinceau, de plume ou de langue, la satyre ne se fait pas attendre. — Un jeune chirurgien, plein de talent comme peintre, avait été rejeté par l'académie de Saint-Luc. Salvator l'engage à mettre un tableau à la première exposition du Panthéon, sans y inscrire son nom ; le tableau est exposé et obtient grand succès. — Connaissez-vous l'auteur? demande un académicien à Salvator. — Oui, réplique celui-ci, c'est le jeune chirurgien que l'académie a rejeté. Exclusion très-imprudente, car, outre son talent de peintre, ce jeune homme, comme chirurgien, eut pu donner des leçons d'anatomie aux académiciens, et leur apprendre à raccommoder les malheureux membres qu'ils disloquent sans cesse dans leurs tableaux.

Sa satyre était la belle et noble satyre, la satyre qui part de l'âme, la satyre de Juvénal, tout autant que celle d'Horace ; et, s'il fait pleuvoir ses nuées de traits mordants, c'est pour défendre les statues de trois grandes divinités, c'est les bras étendus devant la trinité terrestre, l'art, la vérité, la vertu !

Je ne sais rien de si noble, de si emporté et de si étrange que l'orgueil de Salvator Rosa ; c'est cet orgueil qui lui fit toujours haïr et rejeter le titre de dépendant d'un prince, titre qu'ambitionnaient les plus grands peintres de cette époque ; c'est cet orgueil, qui ne pouvait pas souffrir la moindre critique sur ses ouvrages ; dès qu'on le touchait là, tout son corps tressaillait, comme s'il n'avait pas eu de première peau. — Son meilleur ami, B. Riciardi, lui avait demandé un tableau. Salvator, lui en ayant envoyé un où il n'y avait que deux figures, Riciardi se plaignit. — Je suis confondu, lui écrit le peintre, qu'une tête comme la vôtre ait attendu jusqu'à ce jour pour savoir ce que vaut Salvator et de quel caractère il est en amitié ; me voici forcé de croire que vous m'avez fait des reproches, parce que vous me savez votre obligé ; si cela est, je souffrirai toutes vos paroles, mais jusqu'aux limites de la dignité, vous rappelant que ni vous ni moi nous ne sommes des dieux, et que si pour moi vous êtes un grand homme, je prétends aussi être quelque chose auprès des autres. Quand même au lieu de deux figures, je ne vous en aurais envoyé qu'une seule de ma main, j'aurais cru que cela suffisait pour vous contenter, et pour servir de pendant, non seulement aux ridicules bamboches de votre galerie, mais, vive Dieu! à tout tableau des premiers peintres du monde. Riciardi! Riciardi! vous m'avez offensé mortellement; ne m'accusez plus ainsi d'ingratitude, de calcul, ou je vous montrerai toujours les dents, si non pour vous mordre, au moins pour me défendre.

Puis il ajoute doucement, après ces rudes paroles : Je vous dirai de plus, mon ami, que depuis quelque temps j'éprouve tant de fatigue à travailler, que, pour ne pas perdre le goût de mon art, je ne choisis que des sujets faciles et composés de peu de figures.

Cette lettre n'est-elle pas un admirable mélange d'irritabilité orgueilleuse, de conscience du génie et de bonté?

L'envie tourne contre les grands hommes, même leurs qualités; et la supériorité de Salvator, dans les petits paysages, fit dénigrer ses compositions historiques. De toutes parts on lui demandait des *quadretti*, et pas une commande de grands tableaux. Un jour, un très-riche cardinal entra chez lui pour acheter quelques-uns de ses ouvrages, et, se promenant dans l'atelier, il ne s'arrêtait que devant les quadretti; Salvator murmurait entre ses dents : *sempre paesi piccoli* (toujours des petits tableaux.) A la fin, le cardinal laissant tomber un regard sur une peinture historique, en demanda négligemment le prix; Salvator répondit impétueusement : *un million!*

Une autre fois, un prince romain parcourant sa galerie, s'arrêta devant un de ses paysages, et s'écria : «Salvator mio, je suis grandement tenté d'acheter ce tableau, dites-moi son dernier prix. Deux cents écus, répond négligemment Salvator. Deux cents écus! *Corpo di bacco!* Nous parlerons de cela une autre fois. »

Le prince partit; mais deux jours après, il revint et demanda encore *le prix.*

— Trois cents écus.

— *Santissima madona!* vous plaisantez! Je vois qu'il me faudra revenir quand vous serez mieux disposé.

Le lendemain, l'excellence arrive encore dans la galerie du peintre qu'il salua gaîment en lui disant : « Eh bien! *signor Amico*, quel est le cours aujourd'hui? Les prix ont-ils baissé ou haussé?»

« Quatre cents écus est le taux du jour, » répliqua Salvator avec un calme affecté; puis soudain, s'abandonnant à son indignation, il s'écria avec son impétuosité ordinaire : « La vérité est que votre excellence n'obtiendra ce tableau à aucun prix, et cependant voici le cas que j'en fais, et le sort qu'il mérite » : et, saisissant le tableau, il le jeta contre terre, le foula aux pieds et le réduisit en mille pièces. Son excellence partit sans bruit et ne revint jamais depuis marchander avec Salvator.

Tels sont quelques-uns des traits épars de cette grande figure, de cet homme étrange qui disait de lui : *Io sono tutto bile, tutto fuoco, tutto spirto (je suis tout bile, tout feu, tout esprit).* Nous allons essayer de le reconstruire à l'aide de sa biographie :

Salvator naquit en 1615, dans un petit bourg nommé Renella, sur la côte de Naples, d'Antonio Rosa, pauvre architecte. Sa mère, fort dévote, l'éleva dans la lecture de tous les miracles et voulut en faire un abbé; mais à seize ans il s'enfuit de son couvent. Il avait reçu le petit nom de Salvatoriello; beau, la taille élancée, plein de souplesse et de grâces dans tous ses mouvements, les cheveux bouclés et flottants, les yeux pleins de feu, il désespérait, par sa vie de plaisirs, sa grave et sainte mère. La musique commençait alors à devenir, à Naples, voluptueuse et tendre; c'était la poésie des sens. Au chant barbare et géométriquement savant du quinzième siècle, avaient succédé les mélodieuses canzonnettes, les airs de pêcheur, *Il cantar che nel' animo si sente.* Pour se consoler de la tyrannie espagnole, le napolitain chantait l'amour; le soir, sur les eaux étincelantes du golfe, aux clartés de la lune, de jeunes et belles femmes se promenaient dans des felouques brillantes, et une harpe d'or dans les mains, mêlaient leurs voix expressives au doux bruit de la mer. Salvator, avec sa riche et jeune imagination, s'adonna avec amour au plus passionné de tous les arts; il devint un des plus délicieux joueurs de luth du beau golfe de Naples; sa voix pénétrante avait des sons plus doux que la lyre; des chants pleins de mélodie s'échappaient de ses lèvres avec des vers harmonieux; même, ses productions devinrent si populaires, que les fileuses les chantaient à Naples en travaillant au soleil; et souvent, la nuit, l'on voyait passer sous les balcons le jeune et beau Salvator, enveloppé de son manteau et déplorant les rigueurs de quelques belles qui n'étaient pas rigoureuses long-temps.

Il avait alors dix-huit ans; et, quoique dans son enfance il eût reçu le fouet pour avoir charbonné les murs de son couvent, rien ne faisait croire qu'il dût être peintre; mais, à ce moment, sa sœur ayant épousé Francanzani, jeune artiste plein de talent et de verve, Salvatoriello alla dans son atelier, y travailla au hasard pendant un an, et puis un jour se décida à partir pour aller étudier seul.

A cette époque, quand un jeune homme avait fini ses études d'atelier, il faisait ce qu'on appelait son *giro* (son tour), allait à Venise, à Florence, à Rome, prenait *la manière* ou du Titien, ou de Raphaël, ou du Corrège; et, revenu chez lui, suivait cette route comme l'âne son chemin.

Le fougueux et ardent Salvator ne pouvait pas choisir cette voie. Lui aussi voulut faire son *giro*; seulement, pour musée, il prit les Abbruzes et la Calabre; le paquet sur le dos, le bâton à la main, la gourde pendue à la poitrine, par un beau matin il part et s'enfonce seul et à pied dans les pittoresques horreurs de la Bazilicate, de la Pouille, de toute la grande Grèce enfin. La soif, la faim, la fatigue, la mal' aria, l'ardeur africaine du ciel, rien ne l'arrête. Pestum, ses temples et son désert, les rochers amoncelés du Mont-Gargano, les cavernes d'Otrante, les sauvages abîmes de la Cava, la vallée agreste qui s'ouvre au pied du *Monte-Sarchio* et s'étend sur un lit de débris volcaniques et de pierre-ponce; Bénévent et son amphithéâtre, Sanvito et ses écueils; tels furent les maîtres de Salvator; il parcourut toutes ces contrées dévastées pendant plusieurs mois; et c'est au milieu de cette nature bouleversée, de ces volcans, de ces montagnes, de ces précipices; c'est sur le sommet des monts, les pieds dans la neige, le front brûlé par le soleil, l'œil sur la mer et dominant les demeures des hommes, que s'élabora ce génie austère et puissant, plein de soudaineté et d'imprévu comme la nature, plein de tristesse et de douleur comme l'humanité! C'est là que Salvator se créa lui-même et devint celui que l'on a nommé le peintre de la peinture morale. Car Salvator ne fut pas un simple paysagiste comme Claude Lorrain, c'est surtout un grand philosophe en peinture; la nature matérielle n'est jamais chez lui que le cadre de son idée; au fond de ses précipices, sur le bord de ses montagnes, vous verrez toujours un homme, c'est-à-dire une pensée. Qu'on se rappelle Job, Prométhée, Démocrite. Salvator est le Byron de la palette.

L'accident le plus étrange de sa course dans les montagnes fut son séjour chez les bandits de l'Abruzze. Pris par eux dans un de ses voyages, il y fit un séjour forcé, et l'étude de ces mœurs nouvelles et barbares donna une nouvelle énergie à cette pensée déjà si farouche. Il y a une gravure de Salvator qui peint mieux sa position que nos paroles ne pourraient le faire : Au milieu d'un site de rochers, des brigands, armés jusques aux dents, entourent un jeune prisonnier, et veillent sur lui; celui-ci est placé sur le premier plan, languissamment assis sur un roc, au-dessous duquel un abîme est ouvert. Un désespoir profond est empreint sur cette figure; la tête est penchée, les bras tombent, les cheveux flottent sur le visage; on voit que ce jeune homme est condamné. Cependant quelqu'un est là qui veille sur son sort : une femme est placée immédiatement derrière lui; elle parle aux brigands, sa main étendue, son doigt posé sur la tête du jeune homme, prouvent qu'elle plaide pour lui; ses cheveux s'échappent en désordre d'une espèce de turban étrange; elle est grande, droite, mélancolique, et fait remarquer avec un dédain affecté la faiblesse de la victime. Cette femme est évidemment la maîtresse du chef, et le jeune homme sera sauvé, car elle l'aime.

Quand le jeune peintre revint à Naples il trouva son père mourant et resta chargé de toute une famille privée de moyens d'existence; il avait trois sœurs et une mère; personne ne connaissait son nom, il était âgé de dix-huit ans, et il fallait que dans sa famille il fût à la fois le père, le fils et le frère. Toute sa richesse consistait dans les quelques esquisses qu'il rapportait de ses courses; sa pauvreté était si grande qu'il ne pouvait acheter de toiles pour peindre, et il était réduit à exécuter ses tableaux sur des feuilles de papier qu'il trouvait par hasard dans l'atelier de son beau-frère; puis, après avoir travaillé tout le jour dans son grenier, quand venait le soir il sortait timidement et allait vendre ses admirables essais à quelques brocanteurs qui lui donnaient à peine de quoi acheter un morceau de pain. Plus de musique ! plus de courses en barque ! la misère et le travail.

A ce moment, le roi de la peinture à Naples était le terrible Spagnoletto, élève du Caravage, et plus violent encore que son maître : comblé des faveurs des vice-rois espagnols, riche comme un prince et plus despote qu'un sultan, Spagnoletto fit de ses élèves une troupe de seïdes qui le soutenaient l'épée au poing. Annibal Carrache ayant été appelé pour peindre une église de Naples, fut tellement persécuté par l'école napolitaine, qu'il retourna à Rome où il mourut. Le mélancolique et sublime Dominiquin vint après lui, et quoi qu'il logeât dans le palais archiépiscopal et sous la protection spéciale des députés de la ville, il fut l'objet des plus horribles vexations ; on mêlait de la cendre à ses couleurs, on détériorait ses tableaux, on le menaçait de le tuer, et il s'enfuit enfin à Rome, laissant inachevé son admirable tableau du martyr saint Janvier ; on le força à revenir à Naples ; il fut empoisonné ! Avant lui était arrivé le superbe et magnifique Lanfranc, suivi de sa belle femme, de ses trois filles, de ses élèves, de ses somptueux équipages, de tout l'éclat d'un prince. Lanfranc était l'ennemi du Dominiquin ; grâce à ce titre le Spagnoletto lui pardonna d'être étranger, et la terrible faction de ses élèves voulut bien l'accueillir. Un jour le cavalier Lanfranc, revenant de la Chiesa del Gesu avec son train de grand seigneur, est frappé, en passant par la *Strada della Carità*, d'un tableau à l'huile, pendu à la boutique d'un revendeur, au milieu de vieux meubles et de vieilles armes. Lanfranc fait arrêter sa voiture et ordonne à son élève favori d'aller lui chercher le tableau : c'était Agar dans le désert. Cette peinture rude et originale le saisit ; il cherche la signature, un nom inconnu : *Salvatoriello*. Il achète le tableau, en déclarant que c'était l'ouvrage d'un homme de génie. Ce fut le premier encouragement donné à Salvator ; les brocanteurs firent plusieurs commandes au jeune artiste, et sa famille ne mourut plus de faim.

Mais les sombres conceptions de Salvator n'allaient pas au goût napolitain, et après plusieurs mois ses quadretti ne trouvaient plus d'acheteurs. Il fallait vivre cependant ; il fallait aussi de la gloire comme du pain. Salvatoriello espéra qu'un autre pays l'accueillerait mieux, et un jour il partit pour Rome, encore à pied, encore seul, mais plus vieux de deux ans, et

s'étant déjà cruellement blessé à la vie réelle.

Quand il arriva à Rome, Bernini, le faux et emphatique Bernini passait pour le premier architecte du monde, et l'école flamande, l'école des poissons crus et des intérieurs de cabaret, l'école de la pipe et de la bière avait succédé aux idéales compositions de Raphaël, de Michel-Ange, de Corrège. Pauvre Salvator, où étais-tu tombé? Comme il n'avait pas d'argent, il alla se loger dans un des faubourgs de la ville, et incapable de se faire l'élève d'aucun de ces peintres qu'il méprisait, il se mit à errer au milieu des poétiques et sombres débris de la ville des Césars et de Saint-Pierre. Le temple de Vesta, la maison de Rienzi, les rives infectées du Tibre, la vaste et abandonnée basilique de Saint-Paul, voilà où vivait Salvator ; et, après être resté des jours entiers enfoncé dans des ruines insalubres, plongé dans de malsaines excavations, il revenait le soir dans son galetas, dévoré par la fièvre, consumé par la mal' aria, ou s'en allait dans le quartier des Juifs, au Ghetto, vendre ces brillantes esquisses qui ne nourrissaient pas leur maître. C'est dans un de ces moments de désespoir et de découragement qu'il composa sa cantate, un des cris les plus énergiquement poétiques, arrachés de la poitrine d'un homme de génie qui a faim.

« Ni trève ni fin à ma douleur ! Fortune, souviens-toi que je suis de ce monde, et que je suis de chair aussi ! Je ne vins dans la vie que pour souffrir, suer comme un chien, et au milieu de peines infinies, je n'ai pas l'espoir de m'assurer un morceau de pain. Pour moi seul, le ciel est sourd, le soleil obscur, la terre sèche ; là où j'espère la paix, je trouve la guerre ; si je fais la lessive, il pleut ; si je mets le pied dans la mer, il tempête ; et si j'allais aux Grandes-Indes faire le commerce, mon or se changerait en cuivre.

» Quand je vais au marché acheter de la viande, ma livre de chair devient une livre d'os. Si je vais dans les palais, l'antichambre me montre au doigt, et les satrapes de cour déchirent mon habit avec leurs langues.

» Je suis chrétien, et cependant il faut que je fréquente les Juifs ; je vais dans le Ghetto [1], et Mardochée est mon *garde-robier*.

---

[1] Le quartier des Juifs, à Rome, est un quartier presque maudit. Il n'y a que les curieux ou les brocanteurs qui y pénètrent, et c'est là que Salvator allait vendre ses habits.

« Je n'ai ni une maison, ni même une chambre; et il en est d'autres qui ont des *urinoires* d'argent. Mais en revanche je suis riche d'espérance! et pour perspective j'ai l'hôpital. »

Le moment où nous souffrons le plus, touche presque toujours celui où nous souffrons moins, et Salvatoriello commença, à cette époque, à devenir le grand Salvator. Vaincu par la maladie, il avait quitté Rome, et était retourné à Naples; l'air pur de son pays le ranima. Il composa son beau tableau de Prométhée, et l'envoya à l'exposition annuelle qui se faisait au Panthéon de Rome. Prométhée eut un succès prodigieux, et son auteur, appelé par tous ses amis, revint dans la capitale du monde. Il se logea dans la Via Babuina, et passait là doucement son temps, faisant de la peinture, de la poésie, et entouré de quelques élèves et de ses ardents admirateurs. C'était en 1639, Salvator avait vingt-quatre ans, et le carnaval touchait à sa fin. Le carnaval à Rome était une époque de vrais et spirituels plaisirs; de même qu'à Florence, on récitait dans les rues les poëmes carnavalesques de Machiavel; à Rome on établissait des *zingaresche*, ou dialogues comiques entre les Bohémiens et Bohémiennes qui faisaient assaut d'esprit. On voyait aussi des chars qui contenaient cinq ou six masques, chantant de très bonne musique et jouant des pièces à canevas. Or, dans les derniers jours du carnaval de 1639, se promenait un char richement orné, traîné par des bœufs, et qui attirait l'attention générale. Le principal personnage s'annonçait comme un certain signor Formica, acteur napolitain, qui dans le caractère du charlatan Coviello, déployait tant d'esprit et de génie, lançait des épigrammes si piquantes et si gaies, rendues plus piquantes encore par son accent napolitain et ses lazzis nationaux, que tous les autres spectacles furent abandonnés; outre cela, dans les entr'actes, le charlatan devenait improvisateur et chantait en s'accompagnant du luth des ballades napolitaines qui faisaient fureur. Qui est-ce? qui est-ce? se demandait-on partout, et le signor Formica fut le charme et le sphynx de Rome, jusqu'à ce qu'à la fin du carnaval, avant de faire sortir son char triomphal de la place Navonne, il ôta son masque, et montra à tous les spectateurs Salvator Rosa, auteur de Prométhée.

Dès ce jour, sa renommée fut assurée; et ce que n'avaient pu faire ses admirables tableaux,

son esprit et sa gaîté comme acteur le rendirent le peintre à la mode. Toutes les sociétés se le disputaient; princes et cardinaux voulaient être ses protecteurs, et il s'en allait d'un salon à l'autre, improvisant des vers, jouant du luth, recherché et aimé par toutes les femmes, envié par tous les hommes. Sa maison devint le rendez-vous de la plus haute société romaine, il y représentait les vieilles comédies à *Soggetto*, où son génie vif et naturel pouvait se développer tout à l'aise. Le salon dans lequel il recevait était d'une simplicité arrangée. Pour ne pas détourner l'attention des spectateurs, il n'y avait aucun de ses ouvrages sur les murailles : quelques rangs de siéges composaient tout l'ameublement. Quand la compagnie était rassemblée, Salvator s'avançait dans le cercle, mais plutôt comme un hôte que comme un acteur qui va jouer un rôle, jusqu'à l'instant où quelqu'un exprimant le désir de l'entendre improviser, provoquait les prières générales. Il se faisait long-temps prier, et à la fin il se levait d'un air incertain, et s'avançant avec un luth ou un rouleau de papier, il commençait, tour à tour gai comme un Lazzarone et inspiré comme le Tasse!

Tandis qu'il florissait ainsi à Rome, bafouant tous les ridicules, faisant une révolution en musique comme il en avait fait une en peinture, écrasant les sots de ses épigrammes peintes, écrites ou parlées; se promenant par les rues de Rome, suivi d'un domestique avec une épée à poignée d'argent, vêtu de l'habit le plus élégant de cavalier, se faisant faire passage, et au milieu de toutes ces frivoles magnificences de jeune homme, jetant des chefs-d'œuvre à toutes les cours d'Europe, il apprend la révolte de ses compatriotes sous les ordres de Masaniello; aussitôt il ferme sa maison, part pour Naples, va offrir son bras au pêcheur qui était devenu presque roi, et s'engagea dans la compagnie de la Mort, dont l'objet était la destruction de la soldatesque étrangère. Grand homme! homme entier, homme d'action comme de plume, homme antique qui porte aussi bien l'épée de Xénophon et le bouclier de Socrate que le pinceau d'Apelle! Qu'il y a loin de là à nos génies actuels, s'enfonçant dans la voluptueuse contemplation de leurs vers, et se réfugiant dans leur pensée comme dans un sanctuaire, où ils rentrent, ainsi que les prêtres, dès qu'il y a des cris au dehors! Que l'on combatte dans la rue ou sur la frontière, que l'on meure a leur seuil, n'importe, ils ne sortiront pas; cela les empêcherait de finir une ode!..... Vive! vive Salvator! qui se souvient que peintre ou poète, un homme doit être homme avant tout, et qui, le jour où le sang coule dans son pays, prend son épée sous son bras, retourne son tableau contre le mur, et va se battre pour la liberté, quitte à revenir achever son chef-d'œuvre si le fer et le feu lui ont laissé ses mains.

Salvator remplit bravement son devoir de soldat républicain, et ce devait être beau de voir, dans le bastion del Carmine, Masaniello, le soir, à minuit, entouré des principaux chefs de cette conjuration populaire, conversant des combats du jour et des combats du lendemain, éclairés par la lueur rouge et vacillante des torches attachées à ces vieilles murailles; et au milieu de tous ces hommes, la tête étincelante et expressive de Salvator Rosa, dont le génie mûrissait à ces ardents spectacles. A la mort de Masaniello, désespérant de la liberté de son pays, il s'en retourna à Rome.

L'inquisition le força à quitter Rome; il se sauva à Florence, où le grand-duc lui fit la réception la plus brillante, et lui donna le palais Pitti à peindre. Ce fut l'époque la plus éclatante de l'existence de Salvator. Vain et amoureux de tout ce qui brille, il s'entoura d'abord de tous les grands seigneurs de Florence, des cardinaux, des princes souverains, et les réunit dans des fêtes plus belles que des fêtes royales, car il y déployait toute la richesse d'un grand seigneur et tout le génie d'un artiste. Mais il s'aperçut bientôt que ces grands croyaient lui faire honneur en venant à ses réunions plébéennes; son amour-propre si irritable s'enflamma contre eux; il leur ferma brutalement sa porte, et les accabla de ses satyres, disant : Qu'ils me répondent, s'ils veulent; leur feu est un feu de paille, le mien est un feu d'amiante! Ses prodigalités ne diminuèrent en rien cependant, mais il ne reçut plus chez lui que des hommes dont l'esprit faisait la noblesse; et pour subvenir à ses immenses dépenses, il travaillait tout le jour [1], et la nuit seule était pour les plaisirs; mais souvent au milieu de cette existence de voluptés et d'amours, il prenait à Salvator

[1] Ce fut à ce moment que Salvator Rosa, ayant donné son portrait au cardinal de Médicis, celui-ci engagea tous les artistes de l'Europe à lui envoyer le leur; et de là, cette admirable galerie dont nous avons parlé.

des besoins immenses de solitude, et il s'enfuyait pour quelques jours sous les ombrages admirables et déserts de la *Strozza-Volpe*. La solitude est une jouissance divine pour l'homme de génie. Quand on s'appelle Salvator, être seul avec soi et Dieu, c'est là vraiment vivre! Quel bonheur de se jeter tout nu dans les flots amers, profonds et vivifiants de cette mer que l'on nomme la pensée! On s'y plonge, on s'y replonge, on renaît! Puis quand on revient au milieu du monde, tout régénéré par ce bain salutaire, on a le front haut, on a un éclair dans les yeux, on marche plus librement, on sent qu'on est le roi de cette foule que l'on traverse! Ce sont là de ces contrastes enivrants que connaissent seuls ces êtres privilégiés que le monde baptise du titre d'homme de génie; et Salvator devait être bien heureux après avoir erré tout le jour sur les montagnes et parmi les rochers, de redescendre parmi les hommes, où le trône était encore pour lui!

En 1652, il retourna à Rome, et il alla se loger près du *Monte Pincio*, entre la maison de Nicolas Poussin et Claude Lorrain. Le Monte Pincio offrait alors un coup-d'œil admirable et enchanteur : d'abord la villa Medici, où étaient exposés la Niobé, les Lutteurs, la Vénus des Vénus; puis le palais de la Villa, séjour brillant et magnifique du cardinal de Toscane; une terrasse merveilleuse d'où l'on découvrait le Capitole, le Champ de Mars, Saint-Pierre et le Mont Quirinal; enfin le soir, des moines, des cardinaux, des prélats, des princesses romaines, des pairs d'Angleterre, des grands d'Espagne, et au milieu de tout cela deux groupes qui attiraient surtout l'attention; l'un était présidé par le vénérable Nicolas Poussin, grave, calme, froid, modestement vêtu, accompagné de quelques savants antiquaires ou de quelques pieux ecclésiastiques qui écoutaient en silence ses paroles mesurées et un peu doctorales; l'autre, dont le chef était un homme jeune, plein de feu et de verve, splendidement habillé, et tout entouré de poètes, de musiciens, de jeunes cavaliers, qui se pressaient autour de ses saillies ironiques et abondantes, c'était Salvator Rosa.

Cependant l'envie ne le laissa pas long-temps tranquille; et, bien qu'un grand nombre de ses chefs-d'œuvre datent de cette époque; bien que ce soit cette année-là qu'il ait fait cette grande bataille pendant l'exécution de laquelle il avait, disait-il, la tête si pleine de carnages et de rumeurs, qu'il se semblait à lui-même une *Alecto*, ses ennemis trouvèrent moyen de rabaisser tous ses ouvrages. Alors, dans son orgueil infernal, comme il dit, il refusa net d'en plus vendre aucun, et ne travailla que pour lui. Quelle énergie originale dans tout ce que fait cet homme! Cependant, comme il était sans aucune espèce de fortune, il fut obligé de rabattre un peu de cette noble fierté et de recourir à la vente de ses tableaux pour vivre. Jusque-là il avait toujours été très-prodigue; mais une aventure assez curieuse le rendit un peu plus prévoyant pour l'avenir :

Paolo Minucci avait à son service un ancien domestique dont l'emploi le plaçait au-dessus d'un cuisinier; il réglait tous les comptes et surveillait la cuisine du révérend Paolo. C'était, dit Buldinucci, un garçon d'une bonne pâte, qui mêlait, à une sorte de bouffonnerie demi-spirituelle, beaucoup d'adresse et de sagacité naturelle.

Salvator, à qui le *vis comica* du Démocrite de cuisine n'avait pas échappé, lui avait donné le nom de *il filosofo Nero*. Un jour, que nonchalamment assis sur le bord d'une table de marbre, il causait avec lui, la conversation prit une tournure dont le cuisinier profita pour lancer en marmottant plusieurs lardons piquants contre les extravagances de son interlocuteur, en matière de finance. Salvator essaya de parer le coup en alléguant pour sa justification son mépris pour les richesses : il est certain, dit-il, en riant, *mio filosofo Nero*, que pendant l'heure que j'ai perdue avec vous, j'aurais pu gagner trois cents écus. — Eh bien! mon cher maître, vous êtes en conséquence un grand fou. Maintenant, à quoi aboutissent tous ces grands discours sur l'indépendance et autres choses semblables? Supposons que votre seigneurie philosophique perde la voix par un rhume, la main par un accident, et la jambe par une chûte; que deviendrait alors votre philosophie? Où serait alors notre fameux signor Rosa, signor Rosa l'improvisateur! signor Rosa le peintre merveilleux! signor Rosa le poète et l'acteur?... Il serait alors signor Rosa le gueux! signor Rosa le mendiant! *Santa Madre!* je le vois alors debout, dans le porche d'une de nos saintes églises, avec son bâton et son tronc, étourdissant les dévôts au passage avec ces mots : *Carita, signori! Christiani mici!* Quelle belle philosophie! Je n'ai jamais pu trouver de beautés à ce qui mène les gens à n'avoir qu'un bâton et un tronc de pauvre à la main! Le cuisinier alors essuya sa figure crasseuse et s'en retourna à ses affaires. Quand Minucci rentra, il trouva Salvator les bras croisés, les jambes pendantes, et tout pensif, sur le bord de la table où il l'avait laissé. Minucci, habitué à ses distractions, s'assit près de lui et amena la conversation, par hasard, sur la prodigalité des artistes; Salvator tomba d'accord avec lui, et déclara son intention de commencer la plus rigoureuse réforme, et conclut en se traçant pour l'avenir un plan de vie qui était celui de l'avare le plus achevé. Minucci voulut alors argumenter sur le danger et la folie des extrêmes, lorsque Salvator, sautant d'impatience de dessus la table, s'écrie : « Quoi! vous voulez donc me voir réduit à la mendicité? me voir debout dans le porche d'une église, un bâton et un tronc à la main! (Lady Morgan.)

Cependant les années arrivaient; cette âme ardente et passionnée avait usé son enveloppe avant le temps. Si vigoureuse que soit une organisation, elle ne peut pas résister à ces perpétuels débordements de génie, d'amour, de colère, d'esprit, de satyre. Cet homme qui avait tant vécu au dehors, commença à aimer le coin du feu. Retiré dans sa maison de Pincio, avec une ancienne maîtresse, nommée Lucrezia, et deux petits enfants, il ne parle plus dans ses lettres que des profils que fait son petit Auguste et de sa santé. « Le froid de cette année, dit-il, a été tellement fort que ma pauvre tête s'est affaiblie au point que j'ai cru que j'allais dire bonjour à la vie. Mes pieds sont deux morceaux de glace, malgré les chaussettes de laine que j'ai apportées de Venise; et j'ai souffert deux mois, quoique j'eusse soin de ne me nourrir que de bouillon de poulet. Jamais le feu ne s'éteint dans ma chambre: pas une fissure que je ne bouche moi-même, et cependant je ne peux me réchauffer, et je ne me réchaufferais ni au flambeau de Cupidon ni aux embrassements de Phriné. Mes tableaux sont tournés contre le mur, mes couleurs sèchent; je ne puis penser qu'aux braises, aux bassinoires, aux gants, aux bonnets de laine. Je suis fini, mon ami, je suis fini; malheur à moi si j'étais obligé de vivre de mon pinceau, car je serais forcé de mourir sous le joug. Si vous me demandez comment je passe mon temps, je vous répondrai : en hiver, quand le ciel est serein, j'erre comme un fou, cherchant toutes les solitudes de ce pays; dans le mauvais temps, je me renferme chez moi, je marche dans ma chambre comme un possédé, lisant ou écoutant plus que je ne parle. Il ne se passe pas une semaine sans que je reçoive des commandes de tableaux, et cela avec une telle profusion que je suis accablé de reproches de tous côtés; mais je laisse crier les gens : personne ne sait mieux où le bât le blesse que celui qui le porte. »

Peu à peu entra dans son esprit la conviction poignante de sa décadence intellectuelle; il en parlait souvent avec amertume, et à tous les lieux communs de consolation, il répondait : *Cela arrive à celui qui veut peindre et écrire pour l'éternité!*

Dans l'hiver de 1672, la perte totale de son appétit et des symptômes alarmants le décidèrent à se remettre entre les mains des médecins, quoiqu'il eût déjà une fois jeté les remèdes aux chiens. Un charlatan qui lui ordonna de boire de l'eau comme le docteur Sangrado, fit déclarer une hydropisie. Lucrezia et ses amis appelèrent alors auprès de lui le premier médecin de Rome, nommé Penna. Quand Penna entra, Salvator se leva sur son séant, et lui demanda nettement s'il pensait pouvoir le guérir. Penna, ému et troublé, lui répondit qu'aussi loin que sa science pouvait aller, cette guérison lui semblait au-delà de la portée humaine. Salvator, en entendant sa sentence, resta muet et dans une attitude fixe; ses amis, pétrifiés ou effrayés, se levèrent et partirent tous silencieusement, l'un suivant l'autre. Après une rêverie longue et profonde, Salvator s'habilla, quitta sa chambre, et alla s'enfermer dans son atelier. Il y resta deux jours en silence, et dans une solitude non interrompue, ne voulant voir ni sa maîtresse, ni son fils, ni ses plus intimes amis; et lorsqu'à la fin leurs pleurs et leurs prières l'en arrachèrent, il n'était plus reconnaissable; faible, exténué, presque privé de l'usage de la parole, il se jeta sur son lit pour ne plus s'en relever.

Cette étrange retraite, dans un pareil moment, devint le texte de mille interprétations dans Rome; les dévots voulurent y voir la terreur d'une conscience coupable; un de ses amis, le père Baldorini, bon et tendre vieillard, y lisait la crainte du purgatoire, et tâchait de le consoler en l'assurant que le diable n'avait aucun pouvoir sur ceux qui recevaient aux fonts baptismaux le nom de Salvator. Et, ajouta le bon père dans la vie qu'il a écrite de notre

peintre, pendant que je parlais, Salvator souriait.

Cependant le moment fatal approchait; ses amis, pour répondre aux méchants qui l'accusaient d'impiété, voulurent lui faire administrer les sacrements d'une manière un peu solennelle, mais il refusa et consentit seulement à être transporté, sans qu'on le sût, dans une chapelle voisine, et à recevoir l'hostie au pied des autels, mais ses douleurs ne le lui permirent pas; et il s'écria quelques moments après : «*A en juger par ce que je souffre, la main de la mort me saisit fortement.*» Puis, cette crise passée, il s'avança sur le bord de son lit et posa sa tête sur le sein de Lucrezia qui le soutenait et qui pleurait; son fils et ses amis se placèrent de l'autre côté, attendant l'issue de cette crise effrayante. Dans ce moment, le médecin entra, tâta le pouls de Salvator et déclara qu'il allait mourir. Le père Buldorini envoya chercher le Saint-Viatique, et, tandis que le cœur de Salvator battait encore, l'officiant arriva et lui administra les derniers secours de l'église; on mit à nu ses épaules, on les oignit avec les saintes huiles; les uns priaient, les autres espéraient peut-être; mais le cierge que le médecin tenait devant les lèvres de Salvator, brûla bientôt sans vacillation; l'auteur de *Régulus*, de *Catilina*, de *Job*, le spirituel *Formica*, l'énergique poète de la *Babilonia*, n'était plus! C'était le 15 mars 1673, au moment de l'*Ave Maria.*

On le transporta dans l'église Santa-Maria-degli-Angeli, la plus belle église de Rome : son corps fut exposé pendant plusieurs jours, tête et figure découvertes, d'après la coutume Italienne; et toute la population romaine se pressa dans cette enceinte pour voir encore une fois le peintre du peuple Romain, *il nostro signore Salvatore.*

Et maintenant, le voyageur qui entre dans cette église, en se tournant à gauche, voit incrusté dans le mur un morceau de marbre à peu près semblable à celui qui couvre les restes de notre grand Corneille, à Saint-Roch, et là il lit :

D. O. M.

SALVATOREM ROSAM NEAPOLITANUM
PICTORUM SUI TEMPORIS
NULLI SECUNDUM
AUGUSTUS FILIUS
HIC MOERENS POSUIT.

E. LEGOUVÉ.

PEINTRES.

PAOLO UCELLO.

Les trois grands peintres dont nous avons raconté succinctement la vie, Cimabue, Giotto, Orcagna, forment la première époque de l'école toscane; Cimabue, disciple des Grecs modernes, avait perfectionné leur art; Giotto l'avait fait reculer ou plutôt remonter jusqu'au goût de l'ancienne Grèce; Orcagna l'avait lancé dans la voie des hautes compositions religieuses, et si nous plaçons l'école toscane la première, ce n'est pas qu'elle ait seule fourni des peintres à l'Italie dans cette époque de renaissance; mais c'est que, dans les trois grands-hommes qu'elle produisit presque coup sur coup, se résument à peu près toutes les qualités de l'art moderne.

Ceux qui vivent à la campagne savent qu'au printemps les arbres se couvrent d'abord de petits bourgeons verts et roses à peine perceptibles; qu'après ce premier effort, la nature se repose quelques jours, et que l'arbre et ses bourgeons semblent dormir; puis un matin en sortant vous êtes tout surpris de trouver ce chêne qui, la veille, était encore noir et nu, de le trouver tout couvert de belles feuilles vertes. Une nuit, une rosée, un rayon de soleil, ont fait tout cela. Il en est de même dans les arts. La providence, comme la nature, produit tout par élans. Ainsi, après cette naissance subite de la peinture, après cette enfance si vite arrivée à l'adolescence, l'art reste plusieurs années stationnaire. A la suite de ces trois maîtres, vint leur école, c'est-à-dire l'imitation, c'est-à-dire la dégénérescence; leurs qualités puissantes allèrent se délayant sous le pinceau de quelques vingtaines d'artistes, qu'il faut appeler ouvriers, car ils regardaient derrière eux au lieu de regarder devant : ces disciples étaient, il est vrai, plus habiles que leurs devanciers en certaines parties; mais, sur ce point, l'œuvre n'est rien, la date est tout.

Cependant, comme il y a toujours un travail dans les entrailles du volcan, même quand il ne jette pas de flammes, et que, s'il se tait, c'est qu'il prépare une éruption; de même, dans l'histoire de l'art, on trouve des époques de gestation où s'élaborent intérieurement et silencieusement les ères créatrices. Ainsi, du Giotto à Masaccio, c'est-à-dire de 1336 à 1420, se rassemblèrent tous les éléments de la seconde époque glorieuse de l'école toscane.

D'abord les peintres, devenus une espèce de peuple où s'aggrégeaient sans cesse de nouveaux membres, voulurent donner à leur art droit de cité, et se formèrent en académie ou corporation sous le patronage de saint Luc. Puis, comme la peinture n'était pas un art assez relevé pour vivre par lui-même, il alla s'étayant sur tous les métiers qui se mêlaient avec lui; il appela comme collègues les selliers, les menuisiers, les doreurs, les vernisseurs, les coffretiers, car souvent les peintres allaient, dans la boutique même de ces ouvriers, décorer de peintures les écus, les selles, les coffres de mariage, les diptiques, les encognures; aussi les menuisiers mettaient-ils quelquefois leur nom avant celui du peintre, et plus tard il fallut des arrêts judiciaires pour forcer tous ces artisans à ne plus se ranger dans la corporation des peintres. Cependant cette association donnait de la consistance aux peintres, en introduisant leur art dans les habitudes de la vie privée, en le mêlant aux jouissances du luxe et aux adorations chrétiennes. Cette époque de transition et de préparation faisait son œuvre; le nombre des artistes s'accroissait chaque jour; les procédés mécaniques de l'art se trouvaient ou se perfectionnaient : le siècle des Médicis avait commencé : les marbriers, les orfévres affluaient à Florence; de tous côtés on voyait éclore! Lucca della Robbia créant la sculpture en terre, inventait à la fois le secret de travailler l'argile, celui de rendre son travail éternel comme les sculptures, en le vernissant, et l'art de le varier, comme des peintures, en le coloriant. Bruneleschi, dans l'architecture, Piero della Francesca, en peinture, appliquaient les premiers la géométrie à leur art : c'était partout ce frémissement inquiet, cette agitation en tout sens qui annonce une grande époque; une foule d'artistes utiles et intelligents naissaient, qui apportaient tous leur pierre à l'édifice, travaillant pour l'art et non pour eux, victimes dévouées à la gloire des autres, car ils ne faisaient que préparer les voies

(Peintres.)

aux hommes de génie, et le siècle amené par eux, et qui devait les suivre, devait aussi les faire oublier.

C'est une chose à laquelle j'ai souvent pensé avec attendrissement, que l'existence de ces artistes placés ainsi sur le seuil des ères fameuses, et destinés à remplir seulement, pour ainsi dire, l'office de ceux qui broient les couleurs et qui tendent la toile; existences laborieuses, inquiètes, souffrantes, qui s'usent infatigablement à trouver une vérité dont leurs successeurs feront une création; et, à cause de cela, j'ai toujours aimé et plaint un peintre presqu'inconnu de nos jours, et en qui se résument complètement toutes les douleurs et tout le travail de la vie de ces hommes qui naissent et vivent pour les autres: ce peintre est un Florentin nommé *Paolo Ucello.*

Un grand obstacle entravait la marche de la peinture; l'art de la perspective était encore inconnu; les essais de Piero della Francesca et de Brunelleschi n'avaient fait qu'indiquer la route; il restait à la frayer : or, dès qu'une invention a besoin d'être trouvée, un homme arrive toujours qui la trouve. Paolo Ucello naquit. Après quelques premières études de mathématiques, il s'était livré à la peinture avec tant de succès, que pas un peintre de son temps n'avait plus de renommée; ses tableaux étaient toujours vendus d'avance; il avait une vie heureuse, déjà toute faite; mais le sort voulait qu'il fût inventeur; adieu les jours sereins et doux. Voilà Ucello qui se livre à l'art de la perspective avec une ardeur infatigable; il composait sans cesse des dessins avec des temples et des lointains, il levait des profils d'édifice, établissait les personnages sur trois ou quatre plans, esquissait des paysages à plusieurs horizons, disposait des colonnes et des voûtes pour les faire tourner et fuir; souvent, pendant la nuit, il se levait pour aller tracer des lignes, et quand sa femme l'appelait pour dormir, il s'écriait : « Oh! que la perspective est une chose douce! »

Quelquefois le fameux Donatello, son ami de cœur, et qu'il conduisait devant ses tableaux, lui disait : « Paolo, Paolo, ta perspective te tuera : tu laisses le certain pour l'incertain, la gloire pour l'obscurité. » Mais rien ne pouvait le détourner de sa voie. Ses lignes architecturales ne se vendaient pas; pauvre, triste, malade, sauvage, il passait souvent des jours et des semaines entières, seul, dans son atelier, sans que personne vînt le visiter, personne, excepté la faim; n'importe, il poursuivait opiniâtrément son œu-

vre dans la solitude et la misère; car c'était sa fatalité, et il était condamné à cette idée comme l'Oreste des anciens au meurtre. Sa seule consolation était d'aller causer mathématiques avec son ami Mannetti, ou bien de s'entourer d'animaux. Les hommes lui étaient si durs, qu'il avait placé toute son affection sur les bêtes. C'était une joie pour lui d'avoir un rossignol ou un aigle, car il aimait les oiseaux avant tout (son nom Ucello vient de là), et quand il n'en avait pas, il en peignait.

C'était avec cela un homme tout-à-fait simple, bon et naïf, et l'on conte sur lui une histoire de fromage qui est vraiment charmante.

Il faisait un tableau dans l'église de San-Miniato, hors des murs de Florence, pour les religieux du couvent. Comme il ne voulait pas quitter son travail, il mangeait dans le couvent. Or, un frère, chargé du soin de lui apporter ses aliments, ne lui donnait jamais que du fromage. Paolo, ennuyé de ce fromage, et n'osant pas se plaindre, tant il était timide, se sauva à Florence, laissant là son tableau commencé; l'abbé le fit chercher partout; pas de Paolo : il n'ouvrait pas dès qu'il reconnaissait la voix d'un frère, et s'il en rencontrait quelques-uns dans la rue, il se mettait à s'enfuir à toutes jambes. Un jour, deux religieux, plus curieux que les autres, et plus jeunes que lui, le poursuivirent, l'atteignirent, et lui demandèrent pourquoi il ne venait plus travailler et s'enfuyait si fort devant les frères. — C'est la faute de votre abbé; je ne puis pas souffrir le fromage, et il m'en a tant donné, que je ne suis plus Paolo, mais fromage.

Les religieux lui promirent qu'on le nourrirait mieux à l'avenir, et il alla achever son tableau.

Il fut chargé après cela de peindre au-dessus de la porte de Saint-Thomas, dans le marché vieux, ce disciple mettant son doigt dans les plaies du Seigneur. Voulant montrer dans cette œuvre tout ce qu'il valait et tout ce qu'il savait, Paolo s'y livra avec une ardeur de jeune homme, et fit construire autour de son échafaud un rempart de planches pour que personne ne pût voir son tableau avant qu'il fût achevé. Donatello, son ami de cœur, l'ayant trouvé un jour ainsi empalissadé, lui dit : « Que fais-tu donc là, que tu tiens ainsi caché? Tu verras, et il suffit. » Donatello n'insista pas, et attendit que Paolo voulût bien montrer ce chef-d'œuvre. Quelque temps après, un matin, Donatello étant allé acheter

MASACCIO.

des fruits au marché, voit Paolo qui découvrait son tableau; il le salue amicalement; Paolo l'appelle, lui montre son œuvre, et il lui demande ee qu'il en pense. Donatello l'examine attentivement et long-temps, puis lui dit : « Hé, mon pauvre Paolo, tu découvres quand il faudrait couvrir. » Ce mot tua Paolo. Désespéré de voir placer si bas son dernier ouvrage, l'enfant de ses vieux jours, il s'en alla le cœur tout sombre, quitta le pinceau, et se renferma dans sa maison avec ses chers travaux de perspective, qui le laissèrent dans la misère; devenu très-vieux, et ayant peu de contentement dans sa vieillesse, il mourut à quatre-vingts ans, heureux de mourir.

Telle fut la fin de ce pauvre grand-homme, né avec une imagination ardente et facile, un coloris brillant, il vit s'éteindre ses qualités heureuses dans l'aridité de ses travaux; sa peinture et son dessin prirent la sécheresse des lignes architecturales. Il en est toujours ainsi : comme tous ceux qui ont une révolution à faire, il fut victime de l'idée dont il avait été l'apôtre. Voyez Malherbe; sa mission fut d'épurer la langue; il l'épura, mais il devint un grammairien au lieu d'un lyrique; voyez David; chargé de réhabiliter la science du dessin, il a fait de la statuaire en peinture; voyez Hugo; c'est le restaurateur de la couleur en poésie; c'est un peintre, encore plus qu'un poète; pour faire comprendre 2 aux hommes, il faut leur dire 10; on exagère; seulement Malherbe, David et Hugo, sont des hommes de génie, et comme le génie ne s'enseigne pas, ils vivront : mais mon pauvre Paolo Ucello n'avait à dire aux hommes qu'une chose qui s'apprend; et le lendemain de sa mort, le premier écolier venu, après un an de travail, en avait découvert plus que lui sur ce sujet dont l'étude avait dévoré sa vie entière. Malheur aux artistes qui n'ont qu'une idée utile à révéler, leur idée reste, mais leur nom meurt.

MASACCIO.

Tout était prêt, les moyens matériels étaient perfectionnés, l'art de la perspective fixé, l'emploi du clair-obscur établi, l'homme de génie qui devait profiter de toutes ces découvertes pouvait venir; il vint : cet homme, ce fut Masaccio. Masaccio est le grand point d'intersection entre Giotto et Michel-Ange; espèce de Janus artiste, il a la moitié du visage tourné vers le passé, l'autre vers l'avenir; résumant toutes les grandes qualités de ses prédécesseurs, et déjà devinant quelques-unes des puissances de ceux qui le suivront, Masaccio semble rappeler une de ces grandes statues placées à la porte de Rome; il lie, pour ainsi dire, la campagne à la ville, ouvrant les portes de cette grande cité de l'art, de cette sublime école toscane et romaine dont Buonarotti fut le dieu, et Raphaël le Jésus.

D'un caractère étrange, menant une vie toute livrée au hasard, ce qui lui valut le nom de Masaccio, il n'y avait pour lui dans le monde qu'une seule chose, la peinture. L'argent, l'existence matérielle, les plaisirs du monde ? néant que tout cela; il oubliait de se faire payer ses tableaux; il donnait tout à ses amis; et quand il s'apercevait qu'il n'avait plus de quoi manger, il allait emprunter à ceux qui lui devaient. Sa vie fut courte et très pauvre d'incidents, et quand vous aurez dit que Masaccio peignait, vous aurez raconté toute l'existence de Masaccio, et cependant c'est un des plus grands hommes qui existent dans l'histoire de l'art, et il n'y a pas de carrière plus pleine d'enseignement. Comme si ce jeune homme de génie eût senti qu'il avait peu de jours à vivre, et qu'il eût voulut se hâter de faire son œuvre, il pressa en dix années plus de travaux que n'en peut accomplir toute une existence ordinaire; il changea la manière de peindre les vêtements, et de disposer les personnages. Tout ce qui avait été fait avant lui, dit Vasari, était peint; tout ce qu'il fit fut vrai et animé comme la nature. On cite de lui plusieurs tableaux qui sont des ouvrages de maître; mais son vrai titre de gloire, c'est la chapelle del Carmine. La chapelle del Carmine a été l'atelier de tous les grands hommes du siècle suivant. La chapelle del Carmine fut le maître de Léonard, de Benvenuto, de Michel-Ange et de Raphaël, c'est la grande œuvre du quinzième siècle! Après cette sublime page terminée, Masaccio mourut à 26 ans, comme un ouvrier qui se repose quand sa journée est faite. On prétend qu'il fut empoisonné par jalousie; la jalousie fit donc alors ce qu'elle fait presque toujours, elle commit une faute en commettant un crime : le nom de Masaccio ne pouvait plus mourir.

On l'ensevelit dans cette même chapelle del Carmine.

ANDREA DEL CASTAGNO.

Après Masaccio, il restait encore un pas à faire pour que le grand siècle qui allait naître fût armé de toute pièce, ainsi qu'un chevalier qui va combattre. La peinture à l'huile n'était pas encore trouvée, ou du moins n'était pas connue en Italie. Plusieurs essais avaient déjà été faits, mais sans complète réussite. Au onzième siècle, un moine, nommé Théophile, avait écrit un traité *de omni scentia artis pingendi : de toutes sciences en l'art de la peinture*, et il avait exposé la préparation et l'usage de l'huile de lin dans les tableaux ; mais on ne pouvait étendre une couleur sur le bois avant que la couche précédente n'eût d'abord été séchée au soleil, ce qui demandait beaucoup de temps, et ce qui empêchait les couleurs de parfaitement se fondre ensemble. C'est là où en était ce procédé, quand, en l'année 1410, un Allemand, nommé Giovanni Van Eych, ayant exposé au soleil une de ses peintures pour la sécher, la force de la chaleur fit fendre le panneau. Cet artiste, qui était en même temps peintre et chimiste, chercha alors la manière d'employer des couleurs huilées qui pussent se sécher d'elles-mêmes sans être mises au soleil, et à force de mélanges et d'expériences, il parvint à compléter l'invention du moine Théophile, et imagina en même temps le vernis qui, une fois sec, ne craint pas l'eau, anime les couleurs, et les fond ensemble merveilleusement.

A peine le bruit de cette découverte fut-il répandu en Italie, qu'il se fit une grande rumeur parmi les hommes d'art ; c'était presque l'imprimerie de la peinture. Un grand crime vint lui prêter un sombre éclat.

A peu près à ce moment vivait dans un petit village appelé il Castagno, et situé sur le territoire de Florence, un enfant d'un caractère étrange et sombre. Cet enfant avait perdu son père et sa mère dès ses premières années, et il fut recueilli par un oncle qui l'envoya garder les troupeaux : il était si hardi, si terrible, et si plein de vigueur, que non seulement il défendait ses troupeaux, mais encore toutes les prairies qui appartenaient à son oncle ; c'était un enfant dont les hommes avaient peur ; et quand quelqu'un disait : ceci appartient à *Andrea del Castagno*, tout le monde s'éloignait avec crainte. Un jour qu'il était dans les champs, selon sa coutume, depuis le matin, il fut surpris par une pluie violente et courut chercher un asile dans un château. Dans ce château travaillaient des peintres ambulans : Andrea alla les voir. Mais à peine eut-il aperçu ces tableaux, qu'il resta immobile pendant plusieurs heures à les considérer en silence ; puis tout à coup, saisissant un morceau de charbon, il se mit à dessiner sur les murs, avec un emportement incroyable, des animaux et des figures d'hommes. Comme ces dessins portaient je ne sais quel caractère de force et de grandeur, le bruit en courut bientôt dans toute la campagne : un gentilhomme florentin, nommé Bernardetto dei Medici, l'apprit et voulut connaître cet enfant : il le fait venir, le fait parler, et, frappé de la rude vivacité de ses réponses, il lui demande s'il veut être peintre : Andrea répond qu'il ne désire que cela dans le monde ; le gentilhomme l'emmena à Florence et le plaça chez un des premiers maîtres du temps : en peu de mois il devint maître lui-même ; son dessin avait quelque chose de heurté et de puissant, ses compositions étaient vigoureuses, sa science profonde, mais il n'avait pas de coloris ; ses tableaux étaient ternes et sans effet ; personne n'osait le lui dire, car une fois déjà il avait répondu à une critique par des injures et un coup de couteau, et un jour qu'un enfant l'avait par mégarde dérangé pendant qu'il peignait, il s'était élancé après ce petit malheureux tout tremblant, et l'avait poursuivi pendant un quart d'heure : mais ce que les autres n'avaient pu lui dire, il se le disait à lui-même ; il était trop habile dans son art, pour ne pas voir toute la faiblesse de sa couleur, et ce sentiment d'une imperfection qu'il ne pouvait vaincre, le dévorait de rage et d'envie.

Or à ce moment un Vénitien nommé Domenico ayant appris le secret de la peinture à l'huile, s'était fait une immense réputation et fut appelé à Florence pour travailler avec Andrea del Castagno dans une église. Domenico était tout l'opposé d'Andrea ; d'un caractère doux et tendre, il se plaisait à jouer du luth, à chanter, et cherchait partout un ami qu'il pût aimer de toutes les forces de son cœur. Le farouche Andrea se sentit bientôt une aversion invincible pour cet étranger qui avait toutes les qualités qui lui manquaient à lui, qui était aussi doux que lui Andrea était violent, et qui venait lui ravir l'admiration des habitants de sa ville. Cette aversion envieuse devint bientôt une fureur concentrée comme celle qu'Abel inspirait à Caïn ; mais comme Andrea était aussi dissimulé qu'il était méchant, et qu'il avait besoin de Domenico, il feignit la plus tendre amitié pour lui : plein de verve

LEONARDO DA VINCI
FIORENTINO

et d'esprit naturel, alerte de corps, résolu dans l'action, il séduisit bien vite le facile Domenico, qui avait besoin d'admirer comme d'aimer : ils passaient donc une partie de leurs jours ensemble, ils travaillaient à côté l'un de l'autre, faisaient tous les deux de la musique, et, la nuit venue, allaient, toujours ensemble, donner des sérénades à leurs maîtresses; Domenico aimait Andrea comme l'homme faible aime toujours l'homme fort; il s'appuyait avec délices sur l'affection de ce caractère si énergique et si rude, et dans sa reconnaissance il se fit une grande joie de lui enseigner l'art de la peinture à l'huile : mais Domenico n'avait pas pu apprendre son génie à Andrea en même temps que son secret, et les tableaux du peintre vénitien éclipsaient toujours par la grace et la fraîcheur de leur coloris les austères et puissantes peintures du sombre Florentin: Andrea ne put pas y tenir davantage : cet homme qui était plus grand que lui, lui devint si odieux, qu'il ne pensa plus qu'à une chose, à le tuer; il voulait avoir le secret pour lui tout seul, et n'attendit plus qu'une occasion pour commettre le crime. Quelque temps s'étant écoulé avant qu'il n'ait pu la trouver, il fit une très belle Cène, et par une singulière fatalité, il représenta Judas Iscariote sous ses propres traits : on eut dit que la puissance divine le forçait à donner son visage au plus grand traître du monde, pendant qu'il nourrissait dans sa tête la plus odieuse trahison.

Il l'exécuta bientôt : un soir d'été Domenico prit son luth, comme de coutume, et sortit seul de Santa Maria Nuova, où il était logé pour ses travaux de peinture; Andrea avait refusé de le suivre, lui disant qu'il avait à terminer quelques dessins importants; à peine Domenico parti, Andrea sort, et va se poster au coin d'une rue par où son ami devait passer; Domenico y arrive en effet en chantant, Andrea fond sur lui, et, avec un instrument de plomb, lui brise son luth et sa poitrine; le jeune Vénitien tombe, mais comme il respirait encore, le farouche Andrea le frappa à grands coups sur la tête, et l'ayant laissé étendu à terre, s'en retourne à Santa Maria Nuova. Il remonte dans sa chambre, ferme la porte, et se remet à dessiner à la même place où Domenico l'avait laissé; cependant le malheureux ayant été assassiné tout proche de son habitation, des serviteurs le trouvèrent étendu et allèrent aussitôt apprendre cet horrible événement à Andrea; Andrea courut aussitôt tout éperdu au lieu où gisait son ami, et il semblait

inconsolable et ne cessait de s'écrier : « O mon frère! ô mon frère! » Domenico expira dans ses bras en l'appelant son ami. Quelque diligentes que fussent les perquisitions, on ne put jamais découvrir l'auteur du crime; mais Andrea, au moment de mourir, le révéla en confession.

Telle fut la vie de cet homme qui en tua un autre pour posséder seul un secret de l'art; car l'amour de l'art est une passion frénétique comme l'amour d'une femme, et Andrea a assassiné Domenico comme Othello étouffa Desdemona, parce qu'il ne voulut pas qu'un autre que lui possédât ce qu'il aimait.

LIONARDO DA VINCI.

Il y a des hommes qui sont nés, non pas pour *quelque chose, mais pour tout;* n'importe la carrière où ils se tournent, il se trouve que c'est leur vocation; rien ne leur coûte, c'est je ne sais quelle facilité sans effort et sans étude qui pénètre dans toutes les choses, si opposées qu'elles soient; c'est une belle pièce d'étoffe dont on peut faire ou un vêtement, ou une tenture, ou des meubles, et qui se prête à toutes les dispositions, également belle partout. Alcibiade semblait toujours du pays où il se trouvait : de même de ces hommes; ce sont des Alcibiades intellectuels; quelle que soit la contrée de ce grand continent appelé le génie où le hasard les pousse, ils paraissent nés sur ce sol, poètes s'ils s'occupent de poésie, musiciens s'ils s'occupent de musique, peintres s'ils veulent peindre; pour eux apprendre c'est comme se souvenir; les portes des sciences et des arts, ces portes de bronze, que s'efforcent si violemment d'enfoncer tant d'hommes de génie, s'ouvrent devant eux dès qu'ils approchent, comme s'ils avaient le secret de Ali-baba : *Sézame, ouvre-toi!*

Léonard de Vinci fut un de ces hommes; une beauté de corps à faire envie aux Grecs, une grace de visage charmante, une force prodigieuse, une habileté d'athlète dans tous les exercices physiques, et je ne sais quelle harmonie naturelle dans toutes les parties de son être, dans ses qualités morales et ses qualités matérielles, qui faisait qu'on n'aurait pu rien ajouter, rien ôter ni rien déplacer en lui : c'était un être complet!

Mais, comme tous les esprits trop faciles, il était inconstant; à peine une étude était-elle commencée, qu'il l'abandonnait pour en suivre une autre. Un jour il lui prit fantaisie de se livrer aux mathématiques, et en peu de mois il y devint si habile, qu'il proposait sans cesse à son maître des problèmes que celui-ci ne pouvait pas résoudre : puis il cultiva la composition musicale, puis la guitare, et plein d'imagination et de grace comme il l'était, il improvisa des chants délicieux en s'accompagnant de cet instrument. On raconte que plus tard, en 1492, appelé à la cour de Louis-le-Maure, il apporta un jour, au milieu d'un concert, une sorte de lyre qu'il avait fabriquée lui-même, ayant la forme d'une tête de cheval, en argent, tout-à-fait bizarre et nouvelle, et il en joua si délicieusement que tous les musiciens s'avouèrent vaincus. Cependant, jusqu'à la jeunesse, il ne s'était décidé pour aucune carrière, peignant, dessinant, sculptant, mais sans choix arrêté. Son père, voyant la facilité universelle de son fils, prit un jour quelques-uns de ses dessins, et les porta à Andrea del Verrocchio, le suppliant de lui dire avec franchise si Léonard, en s'adonnant à la peinture, avait quelques chances de réussir. Andrea fut émerveillé des essais du jeune Léonard, et dit au père : Envoyez-le à mon atelier. Au bout de quelques mois, Verrocchio le chargea de peindre un ange dans un de ses tableaux à lui. Mais cet ange fut tellement beau et tellement plein d'une expression divine. qu'Andrea Verrochio abandonna la peinture, de désespoir d'être surpassé par un enfant qui commençait à peine. Léonard porta dans cette carrière toute l'activité investigatrice de son esprit, et bientôt il voulut savoir non seulement la peinture, mais tous les arts et sciences qui s'y rapportaient ; il devint bon géomètre, puis sculpteur, puis architecte, levant des plans, faisant des projets d'édifices ; il exécuta aussi en terre des modèles de moulins, de fouleries, et de toutes espèces de machines ; il proposa d'établir un canal entre Pise et Florence, trouva des moyens pour percer des montagnes, inventa des leviers et des cabestans pour soulever les poids les plus considérables, et prétendait même pouvoir enlever le temple de Saint-Jean à Florence et mettre des escaliers dessous, sans le ruiner. Au reste, rien ne peut mieux faire comprendre le besoin d'invention qui tourmentait Léonard, que de citer un rapport qu'il fit au duc de Milan Louis-le-Maure. Il était à la cour de ce prince comme peintre, et voici ce qu'il lui écrivit :

Ayant vu et examiné suffisamment les ouvrages de ceux qui se prétendent maîtres en fait d'instruments de guerre, et ayant trouvé que leurs instruments n'avaient rien de plus remarquable que les autres, j'ai conçu quelques projets que voici sur cette matière :

1° Je peux faire des ponts très légers et transportables, avec lesquels on pourra ou poursuivre l'ennemi ou le fuir ; puis d'autres qui sont à l'abri du feu et du fer, et enfin des machines pour incendier les ponts de l'ennemi.

2° Je sais, dans le siége d'une place, détourner l'eau des fossés, et faire un grand nombre d'instruments propres à l'escalade.

3° Si, dans le siége d'une place, la situation de la forteresse est telle que l'on ne puisse pas se servir de bombes, j'ai des moyens secrets pour la détruire.

4° J'ai inventé des espèces de bombardes d'un transport très-facile.

5° Je peux creuser des chemins et des conduites sous les fossés et sous les fleuves.

6° Je fais des chars armés tellement couverts d'artillerie, qu'il n'y a pas de troupes qu'ils n'enfoncent, et derrière eux, l'infanterie peut marcher à couvert.

7° Si les troupes sont en mer, j'ai aussi inventé des instruments très propres à l'attaque et à la défense.

8° En temps de paix, je m'engage à faire des œuvres de sculpture, d'architecture et de peinture, en parallèle avec le premier artiste qui se présentera.

Ces défis étaient bien gigantesques, et cette confiance bien grande ; hé bien, dès qu'il les expliquait, sa parole était si insinuante, son art de persuader si naturel, que tous ces immenses projets semblaient les plus simples du monde à exécuter ; cet homme avait le don et l'action sur les autres hommes ; aussi, il mena toujours une fort grande vie ; tous les princes pour qui il s'employait, étaient charmés de le combler de présents ; il avait un nombreux domestique et force de chevaux, car il aimait beaucoup toute espèce d'animaux. Un jour en passant dans un endroit où se vendaient des oiseaux, il en acheta un grand nombre, les tira de leur cage, et leur donna la liberté, rien que pour les rendre heureux et avoir le plaisir de les voir s'envoler dans l'air.

Léonard de Vinci était et devait être mobile, ainsi que nous l'avons dit ; son imagination qui se prenait si ardemment aux nouveautés, lui faisait une loi du changement ; à peine un sujet effleuré, il s'envolait et allait se poser sur un autre ; aussi il ne termina jamais rien complètement ; quelquefois aussi ce fut moins par mobilité que par une ambition insatiable d'être aussi vrai que la nature. Il se mit un jour à faire le portrait de madame Lisa, femme de Francesco del Giocondo, son ami; il y travailla pendant quatre ans, et ne l'acheva pas. Ce portrait était cependant beaucoup plus terminé qu'aucun portrait d'aucun maître; mais Léonard qui voulait que cette tête eût à la fois tout le fini de la miniature dans l'exécution, et tout le grand caractère d'un personnage historique dans la conception, disait encore après quatre années de travail : Ce n'est pas cela !

Cet homme était un mélange inconcevable de patience héroïque et d'inconstance curieuse, de facilité fabuleuse, et de laboriosité infatigable. Dans son ardeur de toucher à toute science, il s'occupa d'histoire naturelle, de botanique, observa les mouvements des astres, le cours de la lune; il était aussi plein de verve d'esprit, et de soudaineté inventive. Un jour, son père lui apporta une espèce de bouclier, une rondache, qu'un paysan avait faite avec un tronc de figuier, et le pria de le peindre. Léonard, après l'avoir fait polir et égaliser, car il était grossièrement taillé, chercha quel sujet il pourrait y représenter; et voici ce qu'il imagina. Il porta dans un de ses ateliers, où personne n'entrait, excepté lui, des chauves-souris, des lézards, des écrevisses, des sauterelles, des serpents, et autres animaux étranges, et mêlant toutes ces formes ensemble, il en fit une sorte de bête sans nom, hideuse à voir, et tout-à-fait inconnue. Cette bête était censée sortir d'une caverne profonde; son haleine était un poison, ses yeux lançaient du feu, ses narines de la fumée. La chambre où travaillait Léonard était infectée par l'odeur de tous ces cadavres d'animaux; mais telle était son ardeur de réussir, qu'il ne s'en aperçut pas. Après le bouclier terminé, Léonard fait dire à son père qu'il peut venir; le père vient un matin, et frappe à la porte; Léonard lui ouvre et le prie d'attendre un moment; puis, retournant dans sa chambre, il met le bouclier sur le chevalet, et distribue la lumière de telle façon que l'animal semble sortir de la toile. Le père entre : mais à peine ce bouclier aperçu, tout épouvanté, il recule de deux pas en arrière : « Hé bien, mon père, dit Léonard, voilà, j'espère, une arme qui remplit bien son objet; emportez-la, et donnez-la à votre paysan; » mais le père acheta pour le paysan un bouclier avec un cœur percé d'une flèche, et garda ce chef-d'œuvre.

Léonard a été le plus grand caricaturiste de son époque, et ses caricatures étaient aussi belles que des tableaux; car ce n'était jamais dans les fantaisies déréglées de l'imagination qu'il cherchait ses sujets, mais seulement dans l'imitation exagérée de la nature; de façon que ses caricatures étaient de la comédie; dans la rue, il esquissait toutes les figures un peu bizarres qui s'offraient à lui; souvent il suivit des condamnés jusqu'à la potence pour épier sur leur visage les marques de la frayeur ou les attitudes du courage; on dit qu'un jour voulant représenter des rieurs, il invita à un repas quelques paysans, et leur raconta des contes si plaisants, qu'ils se mirent à rire à se démancher les mâchoires; Léonard les examina, les peignit, et puis leur montra leurs caricatures, ce qui redoubla leurs éclats.

Venons à Léonard comme peintre.

Chaque grand peintre, comme chaque grand écrivain a eu *sa manière*; la manière de Léonard fut d'obtenir l'effet par le contraste; comme Rembranlt (je ne compare que par ce point ces deux génies si opposés), pour réunir le plus de lumière possible sur un point, il laissa souvent dans l'ombre tous les fonds, de sorte que ses scènes semblent plutôt se passer pendant la nuit que pendant le jour. Il y a de lui beaucoup de saintes Familles, dont Raphaël n'a surpassé ni la grace, ni la naïveté de composition. Mais son véritable chef-d'œuvre est le grand tableau de la Cène qu'il fit à Milan, à Santa Maria della Grazia.

Tout le monde connaît cette sublime peinture par la gravure. Léonard commença par peindre toutes les têtes d'Apôtres, mais il y mit tant de beauté et de grace, qu'arrivé à la personne du Christ, il fut forcé de s'arrêter tout court, ne pouvant plus trouver un visage assez divin pour surpasser autant tous les autres, que Jésus était au-dessus des disciples. Insatiable de perfection, comme il l'était, il resta long-temps sans achever ce tableau. Le prieur des frères de San Domenico, pour lesquels il travaillait, voyant Léonard rester des journées entières devant son œuvre, les bras croisés, et pensif, s'irrita de ce qu'il ne travaillait pas; il lui semblait qu'un artiste est comme un ouvrier, et il disait : « Nous payons Léonard, il ne doit pas plus quitter son pinceau que mon jardinier sa bêche. » Léonard n'en tint compte; mais le prieur fit tant de cris, et bourdonna tellement aux oreilles de Louis-le-Maure, le duc de Milan, que le duc fit venir Léonard, et lui ordonna d'achever son ouvrage. Léonard reconnaissant là les stupides insinuations du prieur, et sachant aussi la finesse et le bon sens du duc, ne répondit pas directement, et se mit à causer d'art, avec ce charme et cette verve particulière qui faisait qu'il peignait en parlant. Puis le duc une fois conquis, Léonard lui dit que les artistes ne travaillaient jamais tant que quand il ne paraissent rien faire, que les grandes pensées se formaient dans le laboratoire du cerveau et non pas seulement sur la toile, et que souvent un peintre peignait bien plus ayant les bras croisés, que le pinceau à la main; puis il ajouta que s'il ne terminait pas son tableau, c'est qu'il lui manquait deux têtes, d'abord celle du Christ dont il ne pouvait pas chercher le modèle sur la terre, et puis celle de Judas; car il ne savait où trouver une forme pour représenter celui qui, après tant de bienfaits reçus, avait eu l'affreux courage de trahir son maître et le créateur du monde. En tout cas, ajouta-t-il, en riant, si je ne trouve pas cette figure, celle du prieur ne me manquera pas. Le duc se mit à rire et fit dire au prieur de s'occuper de son jardin, et non pas du tableau de Léonard. Léonard fit, du Christ et de Judas, les plus belles têtes de son chef-d'œuvre. Quand François Ier entra à Milan, cette peinture le ravit tellement, quoiqu'elle fût déjà altérée. qu'il voulut la faire transporter en France. Mais comme le tableau était peint à l'huile sur le mur, il ne put pas être détaché, et resta aux Milanais. Soit l'effet de l'humidité du mur, soit un emploi de mauvaises couleurs, la Cène se détériora tellement qu'en 1642, Scanelli écrivait que l'on distinguait à peine les pieds, les mains et les figures. En 1652, les Dominicains eurent l'audace de couper les pieds du Seigneur et des Apôtres qui sont près de lui, pour agrandir la porte de leur réfectoire. En 1726, un peintre, nommé Bellotti, s'offrit pour la restaurer, et osa la repeindre en partie, ce qui était bien plus que la détruire; et enfin, à la fin du dix-huitième siècle, quand les troupes françaises entrèrent à Milan, sous les ordres de Buonaparte, le réfectoire des Dominicains devint une caserne pour la cavalerie, et la Cène de Léonard un but pour les coups de fusils. Aujourd'hui, quand vous allez à Milan, et que vous entrez dans ce réfectoire, et que l'on vous dit : Voici la Cène de Léonard, vous répondez.... où donc? On vous indique alors de nouveau le mur qui est à droite en entrant, et à force de vous éloigner, de vous rapprocher, de vous mettre à tous les points de la perspective, vous finissez par re-

connaître vaguement cette belle couronne d'Apôtres assis autour d'une table; il n'y a plus rien que quelques lignes, et cela fait mal à voir comme si l'on vous montrait quelques ossements desséchés, et que l'on vous dit : Voici Raphaël!

On raconte que plus d'une fois Michel-Ange, saisi par une inspiration subite, prenait un bloc de marbre, qu'il taillait dedans à grands coups de ciseaux, faisant la tête, le corps, les bras, et puis tout à coup, en arrivant aux extrémités de son personnage, il s'apercevait qu'il n'avait pas assez de marbre. Je ne sais rien au monde qui peigne mieux la puissance impulsive et irrésistible d'une idée, que cette ardeur irréfléchie qui prend le premier bloc venu sans avoir le temps ni l'idée de chercher s'il est de mesure avec sa conception, c'est ce qui arriva aussi à Léonard. Etant, comme nous l'avons dit, à la cour de Louis-le-Maure, et grand familier de ce prince, il lui proposa de faire un cheval de bronze pour y mettre la statue de son père. Louis accepta, Léonard commença; mais cet homme avait des idées si gigantesques, que le modèle en terre qu'il exécuta ne put jamais être fondu, tant il était établi sur des proportions immenses. Ce modèle, qui était un chef-d'œuvre, et qui avait coûté à Léonard plusieurs années de travail, fut ruiné par les albalètriers gascons lors de l'entrée des Français à Milan.

C'est encore à Milan que Léonard établit cette grande école de peinture qui est une de ses plus grandes gloires, et qu'il fonda sur des principes tout nouveaux de l'étude la plus savante de l'anatomie.

Après la défaite de Louis-le-Maure, il alla à Florence, où il fit le fameux carton d'une charge de cavalerie. Mais des divisions survenues entre lui et Michel-Ange l'engagèrent à quitter Florence sa patrie, pour venir en France où l'appelait François Ier. Il avait promis de faire un tableau de sainte Anne; selon sa coutume, il médita tant là-dessus qu'il ne fit rien. La vieillesse vint le prendre, et avec la vieillesse la maladie; il ne pensa plus qu'à mourir chrétiennement, et comme il ne pouvait se tenir sur ses pieds, il se fit porter, dans les bras de ses amis, hors de son lit, pour recevoir le saint sacrement. A ce moment arriva le roi, qui venait souvent le voir. Léonard, touché de cette marque de faveur, fit un effort pour se lever; mais il retomba épuisé sur son lit; le roi s'approcha et lui prit la tête entre les deux mains : Léonard expira.

E. FERRIEZ.

C'est un peintre nommé Michel-Ange qui a fait *le Jugement dernier*.

C'est un sculpteur nommé Michel-Ange qui a taillé la statue de *Moïse*.

C'est un architecte nommé Michel-Ange qui a bâti *Saint-Pierre*.

C'est un poète nommé Michel-Ange qui a écrit les plus beaux sonnets de la langue italienne depuis Pétrarque.

Il faudrait s'arrêter après ces dix lignes; car que peut-on dire qui peigne ce dieu humain, aussi bien que la simple énumération de ce qu'il a fait? Mais la vie de cet homme, sur laquelle ces quatre chefs-d'œuvre s'élèvent comme des phares pour éclairer le monde, est encore, même dans ses parties les plus obscures, si lumineuse et si pleine d'enseignement, que c'est presqu'un devoir de la raconter.

Le 6 mars 1474, un dimanche à huit heures du soir, naquit à Chiusi en Toscane, de Lodovico Buonarotti, podesta de la ville, un enfant mâle que l'on appela Michel Angiolo; ce Buonarotti descendait de la famille des comtes Canossa; cet enfant était Michel-Ange. Comme c'est la coutume, on ne voulut pas qu'il fût sculpteur, et lui voulut l'être. Ses nobles parents s'indignaient à l'idée de faire un tailleur de pierre d'un comte de Canossa; on avait beau dire à son père, espèce de marquis de Camargo qui labourait l'épée au côté, qu'un sculpteur n'était pas un maçon, le bonhomme ne voulait voir là dedans que du plâtre : et comme l'orgueil de race est chose qui ne meurt jamais, même chez les plus belles âmes, Michel-Ange, quand il fut devenu grand homme, ne voulut point avoir de paysans pour élèves, mais des gentilshommes.

Son premier maître fut Ghirlandaio; il avait quatorze ans environ quand il commença, et il fit bientôt de tels progrès que le maître disait : Cet enfant en sait plus que moi; ce qui était frappant surtout de la part d'un aussi jeune homme (car, à cet âge, le maître est tout pour l'élève), c'est qu'il ne représentait jamais aucun objet sans l'avoir comparé avec la nature; un des élèves lui ayant donné un tableau de poissons à co-

　　　(PEINTRES.)

pier, il s'en allait le soir chez des pêcheurs avec sa peinture, pour voir des poissons et juger; c'est cet amour du vrai qui, plus tard, fit faire à Michel-Ange ces longs et pénibles travaux d'anatomie auxquels il dut son audacieuse habileté de dessin : il achetait des cadavres d'hommes, des animaux morts, les écorchait, et puis, penché, le scalpel en main, sur ces corps étendus, il étudiait leur structure et leurs muscles, cherchait avec l'œil du génie le jeu des fibres les plus délicates, et fouillait dans la mort aussi avant qu'un homme le pouvait, pour plus tard recomposer sur la toile tout cet organisme physique, et peindre l'âme sur la figure et le corps. Après avoir passé dans ces travaux rebutants de longues nuits et des jours tout entiers sans boire ni manger, ni dormir, il fut obligé de les interrompre pour ne pas mourir.

Revenons à ses commencements.

Il fut conduit par Granaccio au jardin des Médicis à San-Marco. Laurent-le-Magnifique, père du pape Léon X, avait orné ce jardin des plus belles statues antiques et modernes. A peine Michel-Ange y eut-il été introduit, qu'il ne voulut plus entendre parler ni de Ghirlandaio, ni d'atelier; ce jardin devint son maître, et il y restait sans cesse, travaillant la pierre et le marbre.

Un jour, considérant la tête d'un vieux faune avec une longue barbe et la bouche riante, Buonarotti trouva ce fragment, tout dégradé qu'il était, si beau et si plein de vie, qu'il voulut le refaire en marbre. En peu de jours, l'ouvrage fut terminé; le jeune homme avait suppléé à tout ce qui manquait dans le modèle; de plus, il lui avait fait une bouche grande ouverte, et un rire à trente-deux dents qui était une chose merveilleuse; cependant Laurent-le-Magnifique, passant dans ses jardins, aperçoit cet enfant qui perfectionnait sa tête; il s'approche, regarde l'œuvre, regarde l'ouvrier, s'étonne et admire; puis, au milieu de ses louanges, lui dit en riant et lui caressant la joue : «Mon enfant, tu as fait ce faune vieux, et tu lui a laissé toutes ses dents! Tu ne sais donc pas qu'à cet âge il en manque toujours quelques-unes?» A peine le prince parti, Michel-Ange arrache bien vite une dent à son vieux faune, lui troue la gencive comme si la dent était tombée, et attend avec impatience le retour de Laurent de Médicis; le duc revint, loua beaucoup la docilité et l'esprit de cet enfant qui n'avait que quinze ans, l'emmena dans son palais, et fit dire à Buonarotti le père de venir lui parler. Le vieux noble ne voulait pas y aller, parce qu'il savait que le grand-duc encourageait son fils à se faire tailleur de pierre. Cependant, arrivé au palais, et Médicis le priant de lui laisser Michel-Ange, le père répondit avec résignation que lui et sa famille étaient à la disposition de son excellence. Laurent lui demande avec bonté ce qu'il faisait. *Je n'ai jamais rien fait*, répondit-il; *je veille sur les propriétés que mes ancêtres m'ont laissées, et je tâche de les accroître.*

Le jeune Michel-Ange fut donc installé dans le palais, et traité par le duc comme un de ses enfants. Il le faisait asseoir à sa table, et prenait plaisir à lui montrer toutes ses médailles, ses antiquités, ses pierres précieuses, s'intéressant à causer d'art avec cet enfant de génie. Quand Laurent mourut, Pierre son fils et son successeur conserva la même amitié et la même faveur à Michel-Ange, ce qui fit que le vieux père, voyant que son fils le tailleur de pierre allait de pair avec les plus hauts personnages de la cour, commença à revenir sur le compte de ce métier, et donna à Michel-Ange de plus beaux vêtements.

Cependant, les excès de Pierre de Médicis révoltèrent toute la ville de Florence, et une révolution était à craindre. Un jour un jeune homme nommé *Cardière*, qui était de la cour comme Michel-Ange, vint tout en alarmes se jeter dans ses bras en lui disant que Laurent de Médicis lui était apparu en songe avec un vêtement noir, déchiré, et lui avait ordonné d'aller dire à son fils que, s'il ne changeait pas de conduite, il serait bientôt chassé de Florence. Michel-Ange l'exhorta à aller répéter ces paroles au duc Pierre. Mais le duc était si violent, que le jeune Cardière n'osa pas. Le lendemain matin, Cardière revint près de Buonarotti, et lui dit que Laurent lui est encore apparu et lui a donné un soufflet pour ne pas avoir exécuté ses ordres. Cette fois, Michel-Ange fit tant par ses discours que le jeune Cardière part à pied pour Carreggi, maison de campagne des Médicis, se jette aux genoux de Pierre, et lui raconte le songe. Pierre et sa cour se moquèrent de lui, et le pauvre jeune homme revint tout honteux dire sa peine

à Michel-Ange; mais celui-ci, effrayé de cette vision, se sauva deux jours après de Florence, et alla à Bologne. Un mois plus tard, Pierre de Médicis était chassé. C'est une chose qu'il faut dire, quoique ce ne soit pas à l'honneur de Buonarotti; il montra plusieurs fois dans sa vie une pusillanimité égoïste. C'était de l'ingratitude que d'abandonner ainsi les Médicis dans la crainte de leur chûte. Plus tard, il s'enfuit de Florence assiégée, quoiqu'il fût chargé des fortifications.

Après avoir visité Bologne et Venise, Michel-Ange, à vingt-quatre ans à-peu-près, vint à Rome, et y fit son premier chef-d'œuvre. Tous ceux qui ont visité Saint-Pierre se rappellent sans doute avec attendrissement qu'il y a à droite en entrant dans la chapelle *della Virgine della Febbre*, un groupe en marbre qui représente Marie tenant son fils mort sur ses genoux. Je ne sais rien de plus déchirant que cette composition; le marbre pleure et souffre comme de la chair; il y a un affaissement dans tous les membres du Christ; il y a un désespoir dans la figure de sa mère qui vous arrache des larmes, si vous avez jamais tenu sur votre épaule la tête morte de quelqu'un que vous aimiez. Certains critiques ont cependant reproché à Michel-Ange d'avoir fait la Vierge trop jeune; mais raisonnant de cela avec Condivi son élève, le grand-homme disait : Ne savent-ils donc pas que les femmes chastes se conservent beaucoup plus que les autres; et surtout une vierge comme Marie, dans le cœur de laquelle n'est jamais tombée la moindre passion impure qui altérât la beauté harmonieuse de son corps; de plus, cette fleur de jeunesse n'a-t-elle pas pu lui être conservée par Dieu comme un beau modèle de pureté et de virginité? Mais son fils, au contraire, il ne faut pas le rajeunir; car, puisqu'il a voulu prendre en chair et en os le corps humain, puisqu'il a voulu se soumettre à toutes les misères mortelles, excepté au péché, il doit porter aussi sur lui les traces destructives du temps; ce n'est qu'un homme, un homme qui a souffert plus que les autres, voilà pourquoi je l'ai vieilli lui, et pourquoi j'ai rajeuni sa mère. » Ce groupe est du reste la seule œuvre où Michel-Ange ait inscrit son nom, et ce fut à propos d'une circonstance assez étrange.

Un jour, entrant dans Saint-Pierre, il aperçut autour de cette statue un grand nombre de voyageurs lombards; il s'approche; c'était un concert unanime d'éloges; et l'un de ces étrangers demandant à un autre s'il savait quel était l'auteur de ce beau groupe : C'est notre fameux sculpteur milanais Gobbo, lui répondit-on. Michel-Ange ne dit rien ; mais comme il lui paraissait un peu dur de voir le fruit de ses fatigues attribué à un autre, une nuit il s'introduisit secrètement dans la chapelle avec son ciseau et une lumière, et grava son nom sur la ceinture qui entoure le corps de la Vierge.

Revenu à Florence, il fit la fameuse statue du David, une Madone en bronze avec l'enfant Jésus dans ses bras, le colosse de marbre qui est devant la porte du palais de la Seigneurie, et qu'on appelle le Géant, et enfin ce célèbre Carton tiré de la guerre de Pise, qui fut préféré à celui de Léonard de Vinci.

Voici l'histoire de ce dessin.

L'illustre Léonard de Vinci avait à peindre la grande salle du conseil. Pierre Soderini, alors gonfalonier, aimant et admirant Michel-Ange, voulut qu'on lui en donnât une partie. Michel-Ange choisit le sujet le plus heureux et le plus convenable à son génie ; car, ce qu'il aima toujours avant tout, c'est la représentation du corps humain dans ses attitudes et ses gestes les plus passionnés. Le sujet est tiré de la guerre de Florence contre Pise : c'est dans l'été, au moment de la plus grande chaleur du jour, sur les bords de l'Arno ; les soldats florentins ont dépouillé leurs vêtements et leurs armes, et se baignent dans le fleuve ; tout-à-coup un cri de guerre se fait entendre dans la plaine : ce sont les Pisans qui arrivent et attaquent le camp ; aussitôt tous les Florentins se précipitent hors du fleuve : les uns endossent à la hâte leur cuirasse, d'autres se jettent à cheval presque nus ; on voit les tambours qui sonnent et qui battent le rappel ; c'est un désordre, c'est un mouvement, c'est une animation, c'est une colère, c'est un courage, c'est une variété de poses et de passions qui étonnent, même de la part d'un homme comme Michel-Ange. Ceux-ci sont à genoux, ceux-là courbés, ces autres couchés à terre ; toute cette toile frémit et retentit des cris et des pas de la foule impétueuse ; entr'autres, rien de plus beau qu'un vieillard qui s'était couvert la tête d'une couronne de lierre pour se préserver du soleil dans l'eau, et qui s'est assis pour s'habiller ; ses jambes sont si humides qu'il ne peut pas entrer dans son vêtement, et entendant le tumulte des soldats et le bruit de la bataille, le désespoir se peint sur ses traits ; il tire avec toutes les forces

d'un homme : les muscles et les nerfs de son corps sont tendus comme des cordes, son visage est tout contorsionné ; on voit que ce malheureux souffre et travaille depuis la pointe des cheveux jusqu'à la plante des pieds. Quand ce carton parut dans la grande salle, ce fut un cri unanime d'admiration, et par la suite il n'y eut pas un jeune peintre qui ne vînt l'étudier, depuis Raphaël jusqu'à Andrea del Sarto. Malheureusement, plus tard il fut porté au palais Médicis et abandonné aux mains des artistes qui le déchirèrent pour en emporter les morceaux.

Michel-Ange avait vingt-neuf ans : sa réputation était déjà immense. Jules II, successeur d'Alexandre VI, le fait venir à Rome, et lui commande son tombeau. Alamanno, trésorier du saint-père, délivre à Michel-Ange mille ducats, et l'artiste part pour Carrare avec deux serviteurs, afin d'aller chercher des monceaux de marbre pour cette sépulture pontificale. Il resta là plus de huit mois, seul, vivant de la nourriture la plus grossière, fouillant les carrières, et, tout heureux au milieu de ces blocs immenses sous lesquels son génie découvrait des chefs-d'œuvre ; car un homme comme Michel-Ange doit aimer le marbre comme on aime un être. Un jour, au milieu de ces solitudes, tout en haut d'un mont d'où l'on découvrait la mer, il lui vint dans l'idée de poser là, sur le pic, entre le ciel et notre monde, une statue gigantesque qui serait apparue de loin au navigateur comme un bienfaisant colosse de Rhodes ; malheureusement il n'eut pas le temps d'exécuter cette pensée qui était grande comme lui. Quel malheur que les idées des hommes de génie ne soient pas, comme celles de Dieu, réalisées aussitôt que formées, et qu'un Michel-Ange ne puisse pas dire : *Que Moïse se fasse :* et qu'il soit fait. Tous ses marbres étant choisis, il les fit conduire sur la place de Saint-Pierre, derrière Santa-Catarina, et il y en avait un si grand amoncèlement que la moitié de la place en était couverte ; le pape était enchanté de penser qu'il aurait un si beau tombeau, et Michel-Ange ayant enfin trouvé un travail qui fût à la hauteur de son génie, se mit à l'ouvrage avec ardeur. Déjà le dessin de cette œuvre gigantesque était achevé, l'artiste y avait jeté quarante statues de grandeur naturelle, sans compter les bas-reliefs, et Jules II, dans son amour pour Michel-Ange, avait fait établir un pont-levis entre ses appartements et l'atelier, pour aller plus facilement causer de l'œuvre avec l'ouvrier. Tant de faveurs excitèrent bientôt l'envie.

Alors était en grande renommée Bramante, architecte d'esprit, homme de plaisirs et de dépenses, que Jules II aimait, à qui revenait de droit tout travail monumental à Rome, et qui s'empressait de les achever à la hâte pour mettre plus vite dans sa bourse ses immenses honoraires. Bramante s'inquiéta de la présence de ce rude et puissant artiste, et il pensa que ce serait un mauvais voisinage pour ses châteaux de cartes, que les grandioses compositions de Michel-Ange. Comme il était homme fin, adroit et fort avant dans le cœur du pape, il parvint à lui persuader qu'il était de mauvais augure de faire faire son tombeau; et le fantasque Jules II fut bientôt dégoûté du projet. Donc un jour arrive à Michel-Ange le reste des marbres qu'il attendait de Carrare. Le pape lui avait dit de s'adresser toujours à lui quand il aurait besoin d'argent. Michel-Ange s'en va au Vatican; mais comme sa sainteté était occupée, l'artiste revint chez lui, et, de peur de faire attendre ces pauvres hommes qui lui avaient apporté le marbre, il les paya de ses propres deniers. Le lendemain matin il arriva au palais, et comme il était dans la salle d'audience à attendre, un huissier vint lui dire qu'il avait ordre de ne pas le laisser entrer. Un évêque, présent là, entendant ces paroles de l'huissier, lui cria: « Tu ne connais donc pas cet homme!» « Hélas, si! répondit-il; je le connais; mais je dois obéir aux ordres de mon maître. » Michel-Ange, qui n'avait pas l'habitude de faire antichambre à la porte des souverains, révolté d'indignation, se retourna vivement vers lui et lui dit : «Dites à votre pape que, quand il me voudra, il me cherchera ailleurs qu'ici.» Puis il court chez lui, ordonne à deux de ses serviteurs de vendre tous ses meubles, monte à cheval, et ne s'arrête, après plusieurs heures de route, qu'à Poggibonsi, château qui est sur le territoire florentin, et hors du pouvoir du pape. Un moment après arrivent cinq courriers de Jules II, avec ordre de le ramener de force ou de gré : on lui présente la lettre du pape, qui lui commandait de revenir à l'instant même; Michel-Ange refuse. Les envoyés, qui connaissaient la violence de Jules II, le menacent de le tuer, s'il ne vient pas. Il répond qu'il ne viendra pas ; enfin ils le supplient au moins d'écrire lui-même son refus au pape; il prend la plume et écrit : « Vous avez outragé un bon et fidèle serviteur; vous m'avez

chassé comme un misérable; je ne retourne plus près de vous : puisque vous ne voulez plus de la sépulture, je suis libre. » Puis, après ces fermes paroles, il congédia les envoyés et alla à Florence.

En recevant cette lettre, le fougueux Jules II, Jules II lansquenet manqué, si violemment brave! si amoureux de la guerre et du sabre! si heureux quand il pouvait mettre un casque sur sa tiare et aller se battre contre les Français! Jules II entra dans une colère impossible à décrire. Oser lui dire : Non! Il envoya trois brefs l'un sur l'autre à Florence pour qu'on lui livrât Michel-Ange, sous peine d'anathème, de guerre et de toutes les vengeances spirituelles et temporelles. Pierre Soderini, tout ami de Michel-Ange qu'il était, le fit venir et lui dit : « Tu as fait au pape ce qu'un roi de France n'aurait pas osé lui faire; ne te laisse pas prier; d'ailleurs nous ne pouvons pas entreprendre une guerre pour toi : ainsi va-t-en te réconcilier avec Jules II à Rome ». Mais Michel-Ange répondit « qu'il aimait mieux aller à Constantinople; que le Grand-Turc lui avait fait de brillantes offres par les frères de San-Francesco, et qu'il partait. » Soderini le voyant homme à exécuter sa résolution, lui dit : « Eh bien! écoute; retourne à Rome, mais retournes-y comme ambassadeur de Florence : ce titre te remettra à ton véritable rang, et te préservera de la colère du pape. » Michel-Ange accepta.

Sur ces entrefaites, Jules II étant venu à Bologne pour punir une révolte, Michel-Ange s'y rendit, et quelques jours après il se présenta à sa sainteté qui était à table dans le palais des Seize. Dès qu'il l'aperçut, Jules II prit un visage courroucé et lui dit : « C'était à toi de venir nous trouver, et tu as attendu que nous vinssions vers toi » (car Bologne est plus près de Florence que Rome). Michel-Ange s'agenouilla et lui demanda pardon à haute voix, disant que ce n'était pas par ingratitude qu'il était parti, mais qu'il n'avait pas pu supporter d'être chassé ainsi. Le pape resta un moment sans réponse, la tête basse, et la figure toute troublée, quand tout-à-coup un monsignor, envoyé par Soderini pour excuser Michel-Ange, voulut intervenir, et dit : « Que votre sainteté ne fasse pas attention à sa faute; il n'a péché que par ignorance : mettez ces peintres hors de leur atelier, ils sont tous des ignorants. » A quoi Jules II répondit avec emportement : «Comment! tu lui dis des injures quand moi je ne lui dis rien! C'est toi qui es un misérable, un ignorant, et non lui. Va-t-en d'ici, va-t-en; » et sur un geste de sa sainteté, les serviteurs chassèrent le monsignor à coups de bâtons.

Alors Jules II ayant dépensé toute sa colère sur l'évêque, prit Michel-Ange par la main, et lui dit : « Je veux que tu fasses, avant que je ne parte de Bologne, un beau portrait de moi en bronze, pour le placer au frontispice de l'église San-Petronio. » « C'est bien, dit l'artiste; » et quelques jours après il lui en apporta le modèle en terre. La statue était en pied, de grandeur naturelle, et la main droite semblait donner la bénédiction; mais il n'y avait rien dans la main gauche, et Michel-Ange demanda au pape s'il voulait qu'il y mît un livre : « Un livre! reprit le pontife; mets-y une épée; je ne suis pas un liseur, moi : » et tout en marmottant sur la main droite qui avait un geste gaillard et guerrier, il dit en riant à Michel-Ange : « Dis-moi, ta statue donne-t-elle la bénédiction ou la malédiction? » « Saint-père, répond l'artiste, elle menace le peuple de Bologne de le châtier s'il n'est pas sage. » Le peuple ne fut pas sage, jeta la statue par terre, et l'on fit avec les débris du bronze une pièce d'artillerie appelée *la Giulia :* quant au pape, il ne châtia point, parce qu'il mourut.

Mais sa mort n'arriva pas si vite qu'il ne se servît encore de son cher Michel-Ange. Pape et artiste revinrent à Rome. Bramante avait si bien fait, que Jules II ne voulait plus entendre parler de la sépulture; et Bramante, qui, par jalousie et par crainte, voulait à toute force arracher Michel-Ange à l'art de la sculpture, trouva le moyen de le perdre en paraissant le servir : il conseilla au pape de faire peindre à Buonarotti la voûte de la chapelle Sixtine, espérant ainsi que Michel-Ange, qui n'était pas peintre, serait éclipsé par Raphaël, à qui une autre partie du Vatican était confiée. Raphaël savait ces intrigues et en profitait sans s'y mêler. Le pape fait donc venir Buonarotti et lui ordonne de peindre la voûte. Michel-Ange refuse en disant que la peinture n'est pas son art; que cette voûte est un travail immense, et que Raphaël y réussira mieux que lui. « Je le veux, dit Jules II. » « J'essaierai, dit Michel-Ange. »

Il se mit à l'œuvre, et comme il n'avait jamais peint de fresques, il fit venir de Florence quelques-uns de ses amis peintres, pour lui prêter aide; parmi eux étaient Granacio, Bugiardini, Agnolo di Donnino, et Aristotile : il voulait voir leur façon de travailler, et leur fit faire quelques essais; mais s'apercevant bientôt que leur peinture était très-loin de ses pensées, un matin il jette par terre tout ce qu'ils avaient commencé, s'enferme dans la chapelle, refuse de leur ouvrir à eux, au pape et à tout le monde, ne retourne même plus chez lui, de peur qu'en le rencontrant on ne lui demandât à voir son travail, et s'ensevelissant avec son idée, sans même un seul élève pour lui préparer ses couleurs, il commence cette vaste composition de la création du monde, et le monde sortit presque aussi grand des mains de Michel-Ange que des mains de Dieu. Le mystère dont il s'entourait redoublait la curiosité générale sur cette œuvre cachée comme le sanctuaire des prêtres égyptiens. Il n'était question dans Rome que de la fresque de Michel-Ange. Le pape attendait avec impatience le moment où il pourrait ouvrir sa chapelle à tout le peuple romain, entonner une messe solennelle, et entendre ses accents répétés par cette voûte sublime que peignait Michel-Ange. Quand la moitié fut finie, il ne put pas y tenir plus long-temps, et fit découvrir, malgré Buonarotti, la partie de l'ouvrage déjà achevée. Le succès fut immense, et quoique l'envieux Bramante mît tout en usage pour faire confier l'autre moitié de la voûte au pinceau de Raphaël, Jules II refusa, et Michel-Ange se remit au travail; mais l'impatience et la turbulence de Jules l'empêchèrent de donner la dernière main à cette seconde partie. Le pape allait tous les jours chez le peintre, et tous les jours s'étonnait que la fresque n'eût pas été achevée dans la nuit : — Quand donc auras-tu fini? s'écriait-il. — Quand je pourrai, disait Michel-Ange. — Tu veux donc que je te fasse jeter du haut de cet échafaudage en bas. — Tu ne m'en feras pas jeter, pensa Buonarotti; et à peine le pontife parti, il fit défaire l'échafaud et découvrit la voûte. C'était le jour de la Toussaint. L'admiration n'eut pas de bornes, quoiqu'il y eût plusieurs portions imparfaites dans ce travail, et qu'il fallût y redonner quelques touches de bleu et d'or. Jules II, sa première ardeur passée, voulait que Michel y fît ces légers perfectionnements; mais l'artiste, considérant toute la peine qu'il y aurait à remettre un échafaud en place, répondit que ce qui manquait était chose peu importante. — Il y a des endroits qui veulent être couverts d'or, dit Jules II. — Je ne vois pas que les hommes portent de l'or, reprit Michel-Ange. — Cela sera pauvre. — Ceux qui sont peints dans le tableau étaient pauvres aussi. Ainsi s'en alla en plaisanterie la demande du pape. Michel-Ange avait été vingt mois à faire ce tableau, et il reçut trois mille ducats pour récompense.

Jules II était mort, et en mourant avait ordonné à ses héritiers de faire finir son tombeau par Buonarotti. Comme l'histoire de ce tombeau a été une source d'odieuses imputations contre notre grand artiste, nous lui devons de détruire ces calomnies. On a dit que Michel-Ange avait reçu seize mille ducats du pape et de son neveu le duc d'Urbin pour faire cette sépulture, et qu'après avoir dépensé l'argent reçu, il avait refusé de finir son travail commencé. Le fait est entièrement faux. Buonarotti ne reçut que mille ducats qui furent employés à extraire les marbres de Carrare; et loin de se refuser à poursuivre l'exécution de son œuvre, il ne l'abandonna qu'avec la permission des représentants de Jules II. Quand Jules mourut, son successeur Léon X, de la famille des Médicis, obligea Michel-Ange à travailler à la bibliothèque de Florence, et se chargea de faire consentir les héritiers de son prédécesseur. Après la mort de Léon X, Clément VII, voulant à son tour employer le génie de Buonarotti pour illustrer son règne, fit venir le duc d'Urbin, héritier de Jules, et le duc signa devant lui avec l'artiste un contrat qui permettait à Michel-Ange de faire le tombeau à une seule façade au lieu de quatre. Enfin, Paul III, succédant à Clément, appela Buonarotti, et lui commanda un travail; mais Michel-Ange refusa, en disant qu'il devait avant tout remplir les conditions de son contrat. — Voilà trente ans que je désire que Michel-Ange travaille pour moi, reprit Paul III; aujourd'hui que je suis pape, je ne le pourrai pas! Où est ton contrat? que je le déchire. — On fit donc encore venir le duc d'Urbin, et il fut convenu que Michel-Ange donnerait les trois statues qu'il avait déjà faites, et qu'il serait quitte. Une de ces statues est le fameux Moïse. Que dites-vous de cet homme dont trois pontifes se font les hommes d'affaires?

Ce fut aussi dans ce temps qu'il fit à Florence ses deux belles statues de la Nuit et de l'Aurore. Une main inconnue écrivit ces quatre vers sous la statue de la Nuit :

> La notte che tu vedi in si dolci atti
> Dormire, fu da un Angelo scolpita

> In questo Sasso; e, perche dorme, la vita;
> Destala se no 'l credi, e parleratti.

Michel-Ange répondit comme si c'était la Nuit qui parlât :

> Grato mi è il sonno, e più L'esser di Sasso,
> Mentri che il danno e la vergogna dura,
> Non veder, non sentir, m'è gran ventura :
> Però non mi destar; deh, parla basso.

«La Nuit que tu vois dormir dans une si douce attitude fut sculptée par un ange dans ce rocher; elle vit, car elle dort; réveille-la, si tu ne me crois pas, elle te parlera. »

« Il m'est doux de dormir, et surtout d'être pierre, tant que le malheur et la honte durent; ne pas vivre, et ne pas sentir, m'est un grand bonheur; ne me réveille point, et parle bas. »

C'est à ce moment, sous le pontificat de Paul III, que Michel-Ange acheva son Jugement dernier, admirable pendant de la Création. Je me rappelle le jour où j'ai vu ce chef-d'œuvre; c'était un vendredi; j'avais visité Saint-Pierre, et le guide nous demanda si nous voulions aller voir le Jugement dernier, la chapelle Sixtine. Nous acceptâmes, et tout en montant j'éprouvais une émotion étrange de curiosité et de recueillement : nous entrâmes. Quand je fus en face de la fresque, je ne distinguai d'abord rien; car le temps en avait éteint les couleurs, confondu les lignes, et ce tableau est noir comme un mort de jugement dernier. Mais peu à peu les formes se dessinèrent, et la première chose que j'aperçus fut un homme au milieu de l'air, plié comme un homme assis, le coude droit appuyé sur son genou droit, et la main étendue sur la moitié de son visage, de façon qu'on ne voyait qu'un de ses yeux, et cet œil était si terrible et si grand ouvert, qu'il me fit peur; c'est un homme qui vient d'être jugé et condamné par Dieu. Tout en le regardant, l'ordonnance générale du tableau se dessina devant moi. En haut de cette fresque, dans le ciel, debout au milieu du tableau et du monde, un nuage sous ses pieds, entouré d'anges, de saints, de martyrs, est Jésus-Christ. Son visage est terrible; sa main étendue sépare les bons des méchants, et chasse ceux-ci de sa présence dans le feu éternel. Au-dessous de lui sont les sept anges décrits par saint Jean dans l'Apocalypse, qui, la trompette en bouche, appellent les morts au jugement, des quatre parties du monde; deux de ces anges tiennent dans la main un livre ouvert, où est inscrite la vie des hommes, et où chacun pourra reconnaître ses fautes. A gauche, dans le bas, est l'enfer. A droite, dans le bas aussi, est la terre qui ouvre ses tombes et rend ses morts. Au son de la trompette, tous les sépulcres se sont brisés, et les races humaines en sortent dans l'état le plus étrange. Les uns, selon la prophétie d'Ezéchiel, n'ont réuni que leurs os, les autres sont à moitié vêtus de chair. Ceux-ci sont nus; ceux-là traînent un linceul dont ils cherchent à s'envelopper. Quand je vis cette partie du tableau, les larmes me montèrent aux yeux malgré moi, tant il y a de tristesse et de naïveté dans ces morts qui redeviennent vivants. Voyez! voyez! comme celui-ci se dresse tout debout, s'éveille en sursaut et ouvre des yeux où il n'y a plus de globe, une bouche où il n'y a plus de dents! Et toi, pauvre mort, dont la tête seule sort de la terre, ainsi qu'une plante qui commence à pousser; toi dont tout le corps est enseveli dans le sol, que tu es pâle, douloureusement pâle! comme tu dormais profondément! tu n'es pas encore bien éveillée; tes yeux sont fermés; mais la vie commence à se montrer dans ta lèvre supérieure qui se relève, et avec la vie, la peine; car on voit sur ton front comme un vague et lointain ressouvenir de fautes; semblable à un homme à moitié sommeillant, tu soutiens ta tête, comme disant d'une voix faible : Qui m'appelle? Et là! là! plus haut, voyez cette jeune femme qui s'élance vers le jugement; comme elle est sûre de son paradis! Plus haut haut encore, plus haut que l'air, dans le ciel, quel délicieux spectacle! trois petits enfants posés dans un nuage comme des petits oiseaux dans leur nid, se penchent en dehors et tendent leurs bras en souriant à un homme qui va s'élever! c'est peut-être leur père!

A gauche, comme nous avons dit, c'est l'enfer, l'enfer du Dante, avec son bizarre mélange de paganisme et de christianisme; Caron et Satan! Caron, dans sa barque, navigue sur l'Achéron; la barque est remplie d'âmes, et quand il arrive au rivage, il chasse à coups de rames les âmes qui ne descendent pas assez vîte; il y a là des évêques, des princes, et aussi je ne sais quel imbécille monsignor qui avait un jour écrit contre un tableau de Michel-Ange; c'était fort commode de haïr dans ces temps de foi; dès qu'on avait un ennemi, et qu'on était peintre ou poète, on faisait un enfer, et on mettait son ennemi dans la chaudière. Au-dessus de l'enfer volent des anges et des diables. Les anges enlèvent les âmes justes, et les portent au ciel; les diables prennent les méchants; ils saisissent les orgueilleux par les cheveux, et les luxurieux *per le parti vergognose*. Tu seras puni par où tu as péché, dit l'Evangile. Ils tâchent aussi d'entraîner quelques hommes non jugés. Satan veut voler Dieu.

Voilà quelques traits de cet immense chef-d'œuvre. Les peintres disent que c'est le plus inconcevable tableau comme reproduction de formes humaines : si bien que, plus tard, un pape, par scrupule religieux, voulait faire habiller tous ces corps nus. (Selon la mode de quel temps, je vous prie?)

C'était vers l'année 1546; Michel-Ange vieillissait : vieillesse vigoureuse, car sa jeunesse avait été chaste, mais vieillesse pourtant. Toute sa vie Buonarotti avait été pieux comme tous les hommes forts de ce temps-là; il lisait sans cesse les saintes Ecritures, le nouveau et le vieux Testament, et les écrits de Savonarola, qu'il avait entendu prêcher dans sa jeunesse, et dont la voix accentuée vibrait toujours dans ses oreilles. L'âge le porta encore plus vers Dieu; l'âge et une autre cause aussi...., l'amour. J'ai hésité à tracer ce mot, car il réveille en nous, Français et hommes du dix-neuvième siècle, des idées qui feraient tellement rougir le vieux Buonarotti, que j'aurais voulu inventer un terme pour ce sentiment, dont les Italiens depuis Pétrarque et le Dante ont fait l'âme de leurs écrits. L'amour, pour eux, c'était l'amour de Platon, l'amour de saint Augustin, et l'amour du poète Lucrèce, c'est-à-dire, pour l'univers, la loi d'ordre et d'harmonie qui fait rouler les astres autour les uns des autres, qui mêle les semences des fleurs et des arbres, qui rapproche les animaux, qui attire la mer sur le rivage, qui précipite les ruisseaux dans la plaine, et pour l'homme, la partie la plus pure et la plus éthérée de son cœur; ce qui le fait s'élever à Dieu, ce qui lui fait aimer tout ce qui est bon, beau ou malheureux! On voit que ce sentiment si étendu et si spiritualisé étouffe et se salit dans notre mot étroit et grossier d'amour. Les Italiens de génie ont tellement épuré leur sentiment, que même quand ils lui ont donné un objet, quand ils l'ont répandu sur une femme, on n'a voulu y voir qu'une *idée*; témoin Béatrix du Dante, dont on a fait la théologie, et la Laure de Pétrarque, qu'on dit être la philosophie. Pour moi, je suis convaincu que Béatrix et Laure étaient des femmes; mais je ne sais rien de plus noble pour ces hommes que l'erreur de la postérité; avoir et peindre un amour si élevé et si pur que les lecteurs le prennent pour une vertu et une science! tel était l'amour de Michel-Ange! une flamme pour épurer le cœur, des ailes pour voler jusqu'à Dieu. « C'est la force d'un beau visage, dit-il, qui m'éperonne vers le ciel; c'est dans deux beaux yeux que je trouve le rayon lumineux qui me guide à mon créateur! »

Du reste, l'objet de cet amour était la plus noble de toutes les femmes; c'était la grave et belle Vittoria Colonna, marquise de Pescaire. Née d'une illustre famille de Naples, elle fut fiancée à quatre ans à Ferdinand-François d'Avalos, qui avait le même âge qu'elle. A dix-sept ans, ils s'unirent. La belle Vittoria se livra à la poésie, et devint une des gloires de l'Italie; le marquis de Pescaire embrassa le parti des armes, et effaça les plus hautes supériorités militaires de l'armée de Charles-Quint; ce beau jeune homme et cette belle jeune femme, si glorieux tous deux, si bons tous deux, s'aimant si tendrement tous deux, faisaient les plus nobles époux du monde.... Mais la mort n'oublie jamais long-temps les heureux. Pescaire fut blessé à la bataille de Pavie. Les petits états italiens, effrayés de la puissance de Charles-Quint, offrirent le royaume de Naples à Pescaire... « N'acceptez pas, lui écrivit sa magnanime femme; souvenez-vous de votre vertu qui vous élève au-dessus des princes. » Pescaire refusa, et il mourut bientôt des suites de sa blessure. Vittoria, inconsolable, se retira à Naples, puis à Ischia, et enfin à Viterbe, dans un monastère, ayant toujours refusé de s'unir aux plus grands princes de l'Italie qui la demandaient pour femme. Ce fut alors qu'elle connut Michel-Ange; Michel-Ange était vieux; elle n'était plus jeune; ils s'éprirent l'un pour l'autre de l'amour le plus austère; amour de l'art, amour de Dieu. Michel-Ange avait toujours adoré la poésie, et la Divine Comédie de Dante ne le quittait jamais. Ne pouvant plus dessiner, il se mit à composer des vers, et envoyait à la noble dame qu'il aimait des sonnets et des statues; et elle lui répondait par les canzoni les plus touchants. Admirable correspondance de chefs-d'œuvre! Souvent elle quittait Viterbe pour venir à Rome voir Michel-Ange et parler quelques heures avec lui.... Quelles grandes choses il devait se dire entre ces deux belles natures! Un jour elle ne vint pas, et Michel-Ange apprit qu'elle allait mourir. Il partit aussitôt, et arriva.... trop tard : elle n'était plus. Alors il s'approcha du lit où elle reposait, mit un genou en terre, et prenant sa main qui pendait, il la baisa. C'était la première fois que ses lèvres approchaient de Vittoria, et il a dit depuis qu'il n'avait pas osé même alors baiser son front ou son visage. Connaissez-vous un plus beau tableau que ce vieillard en cheveux blancs qui s'appelle Michel-Ange, baisant la main de cette femme morte qui s'appelait Vittoria Colonna?

L'austérité de mœurs dont Buonarotti couvrit toute sa vie est d'autant plus remarquable, que chez aucun homme l'amour du beau ne fut plus enthousiaste et plus universel. C'était un bonheur pour lui de voir un beau cheval, un beau chien, un beau pays, une belle plante, une belle montagne, une belle forêt; combien un beau visage de femme, ne devait-il pas l'émouvoir! Amant passionné de la forme, comme les Grecs, comme les Romains, comme tous les peuples qui ont du soleil et le sentiment de l'art, il se répandait en admiration dès qu'il rencontrait quelque jeune ouvrier dont le corps était harmonieusement proportionné..... Ce n'était pour lui ni un homme, ni une femme, c'était beau!... Croirait-on cependant que quelques misérables comme l'Arétin, ont osé là-dessus renouveler contre Michel-Ange l'accusation infâme élevée contre Socrate!... Que répondre à de si basses calomnies?... Aller cracher au visage des calomniateurs, s'ils vivaient encore.

Michel-Ange, comme nous l'avons dit, se trouvant désormais trop vieux pour peindre (il avait soixante-cinq ans environ), se livra tout entier à l'architecture : il construisit le Capitole et la ravissante église de Santa Maria degli Angeli; on venait de tous côtés lui faire des consultations de temples et de monuments. Il donnait une esquisse, et l'on exécutait. Enfin l'enfant de sa vieillesse, l'ouvrage de ses dix-sept dernières années, fut l'église de Saint-Pierre; voici comment il en fut chargé.

En l'année 1559, Antonio di Sangallo, qui avait commencé l'église, étant mort, le pape Pie IV se résolut à en confier l'exécution à Buonarotti. Buonarotti refusa d'abord, comme il avait refusé la Création et le Jugement dernier, en disant qu'il était sculpteur et non architecte : le pape ordonna; Michel-Ange fut encore contraint de créer un chef-d'œuvre. Il alla dans l'église pour voir le modèle de bois qu'avait fait Sangallo : toute la secte sangallesque l'y attendait, et on commença à lui dire avec des rires ironiques, qu'il était commode de trouver le plan tout fait, et que c'était un pré où il ne manquerait pas de paître. « Bonne pâture, en effet, répondit Michel-Ange, pour les brutes et les troupeaux. » Puis il déclara hautement que ce plan était absurde, et que lui acheverait l'église sur un modèle mille fois plus beau, avec trois cent mille écus et cinquante années de moins ; que ce plan infinissable n'était qu'un prétexte de malhonnête homme pour faire vivre tous ses sectateurs aux dépens du pape, et que, puisqu'aujourd'hui sa sainteté le nommait, lui Michel-Ange, son architecte, il n'emploierait aucun de ceux qui y avaient travaillé jusqu'alors. Là-dessus il les congédia ; et, pour commencer la réforme par lui-même, il déclara qu'il ne voulait rien recevoir pour son travail, et exigea que cette clause fût insérée dans l'ordonnance du pape.

On n'est pas honnête homme impunément dans ce monde ; la haine des élèves de Sangallo et de la fabrique fit cruellement expier à Michel-Ange son excès de délicatesse et de franchise, et Saint-Pierre fut encore plus le supplice que l'honneur de la fin de sa vie. Dès qu'un nouveau pape était créé (et l'on en créait souvent), les ennemis du grand homme bourdonnaient à l'entour pour calomnier Buonarotti, et lui faire enlever l'œuvre inachevé : on lui refusait de l'argent ; on lui donnait pour aides des hommes dont il ne voulait pas ; on disait au pape que la voûte n'était pas solide, ou que les chapelles étaient trop petites, ou que le jour était mal distribué. Ebranlé par toutes ces calomnies, le pape fit venir Michel-Ange et les lui raconta. « Je voudrais entendre parler ceux qui parlent ainsi, répondit Buonarotti ». —C'est moi, reprit le cardinal Marcellus, alors présent. —Monseigneur, dit Michel-Ange, au-dessus de ces fenêtres qui, selon vous, ne donnent pas assez de jour, il y en aura trois autres dans la voûte. —Vous ne nous l'aviez jamais dit ! —Je ne suis ni ne veux être obligé à vous dire, monseigneur, ni à vous, ni à personne, ce que je veux ou dois faire ; votre office est de faire venir de l'argent et d'empêcher que les voleurs ne le prennent. Quant au dessin de l'église, cela me regarde. Puis se tournant vers le pape : « Saint-Père, vous voyez ce que je gagne à travailler pour vous, et si les peines que j'endure ne servent pas au salut de mon âme, je perdrai mon temps et mon œuvre. » — Le pape, qui l'aimait beau-

coup, lui mit les mains sur l'épaule, et lui dit : « Vous travaillez pour le temps et pour l'éternité, n'en doutez pas. »

Tant de tracasseries misérables empoisonnèrent la fin de Michel-Ange, et lui qui, jeune homme, avait eu l'esprit railleur et caustique, il devint sombre et grave comme la mort : il n'y avait pas une de ses pensées où ce mot de mort ne se trouvât écrit : le découragement le plus profond s'empara de son cœur, et la vieillesse étendant ses crêpes épais sur lui, il ne releva plus sa tête de dessous ce linceul que pour parler de Dieu ou de poésie. Vasari, qui était à Florence, lui ayant appris que son neveu avait eu un fils, et qu'ainsi le nom de Buonarotti n'était pas mort. « Mon cher Vasari, lui répondit-il, cela m'a fait plaisir de voir que vous vous souvenez encore du pauvre vieux, et que vous avez embrassé ce petit enfant, en qui renaît le nom de Buonarotti, comme vous dites ; mais cette pompe et cette fête qui ont eu lieu à son baptême me déplaisent : l'homme ne doit jamais rire, puisque le monde pleure toujours, et il me semble que Léonard mon neveu, au lieu de tant fêter un enfant qui naît, devrait réserver ses allégresses pour le jour où meurt un homme qui a bien vécu. » La mort d'un de ses serviteurs, nommé Urbino, qui était resté avec lui depuis l'année 1530, acheva de l'abattre. Tout vieux qu'était Buonarotti, il avait servi son serviteur pendant tout le temps de sa maladie, et avait veillé près de son chevet toutes les nuits ; aussi répondit-il à Vasari : « Je puis à peine écrire, mon cher Giorgio ; je le ferai cependant pour vous : vous savez comment ce pauvre Urbain est mort ; ce m'a été une grande peine et une grande leçon, car il m'a enseigné à mourir : je l'avais gardé vingt-six ans ; je l'avais toujours trouvé ami, et aujourd'hui qu'il était riche par moi, et que j'espérais en lui un soutien pour ma vieillesse, il m'est enlevé et je n'ai plus d'autre espoir que de le revoir dans le paradis. En mourant, il souffrait moins de mourir que de me laisser dans ce traître monde avec tant de malheurs ; car, à vrai dire, la meilleure partie de moi-même s'en est allée avec lui, et il ne me reste qu'une misère infinie, et je me recommande à vous. »

Souvent, dans son morne désespoir, ne pouvant plus tenir à Rome, il s'enfuyait avec un domestique dans les montagnes de Spolette, et là restait seul quelques jours à visiter les lieux les plus déserts et les vieux cénobites : « J'ai été, disait-il, passer un demi-mois avec grand plaisir dans les environs de Rome à parcourir les ermitages, et je n'ai rapporté à la ville que la moitié de moi-même; car vraiment on ne vit que dans les bois : » et cependant il revenait toujours à Rome, pressé qu'il était d'achever cette église de Saint-Pierre, et sentant bien qu'il n'avait pas trop de temps pour cela. »

Souvent le grand-duc de Toscane, apprenant tous les ennuis qu'on lui suscitait pour cette église, le pressa de venir à Florence, lui promettant tous les plus beaux monuments de la ville à exécuter ou à ordonner : il lui faisait écrire par Vasari ou il lui écrivait lui-même; mais Michel-Ange répondait : « Je prends Dieu à témoin que c'est contre ma volonté et presque par la force que le pape Paul III m'a chargé de construire Saint-Pierre de Rome il y a plus de dix ans; et si j'eusse su que cela dût durer tant d'années, j'aurais certes refusé ce fardeau; mais, puisqu'aujourd'hui les plus grandes difficultés sont surmontées, abandonner mon travail à moitié fait, ce serait perdre avec grande honte le prix des fatigues que j'ai supportées pour l'amour de Dieu, ce serait ruiner pour toujours cette entreprise. Vous savez bien qu'il me serait très-doux d'aller reposer mes vieux os auprès de ceux de mes pères ; mais je ne le puis, d'ailleurs je suis trop vieux aujourd'hui avec mes quatre-vingt-un ans; je dois rester tranquille et ne plus penser qu'à la mort et à Dieu ; je ne pourrais pas travailler pour notre illustre grand-duc, car je ne suis plus bon qu'à faire des vers : vous me direz à cela que je suis fou, à mon âge, d'écrire des sonnets; mais, puisqu'on dit que je suis tombé en enfance, je veux agir comme les enfants. »

Pauvre Michel-Ange! Prendre en dégoût même ton génie : comme plus tard Pascal, après avoir parcouru le cercle des connaissances humaines; toi vieux Buonarotti, après être arrivé aux confins du monde de l'art, tu jettes tes pinceaux et ton ciseau, et tu t'asseois immobile et silencieux devant les portes de l'éternité, attendant qu'elles s'ouvrent, et que ton Dieu paraisse.

Dieu parut, et le dix-sept février 1563, à vingt-trois heures (selon le calcul italien) Michel-Ange Buonarotti expira.

Michel-Ange était d'une taille ordinaire, les épaules larges, et le reste du corps proportionné aux épaules, nature nerveuse, osseuse et carrée, comme ses ouvrages. Quoique dans son enfance il eût été maladif et débile, sa virilité fut vigoureuse, mais la vieillesse lui apporta la plus douloureuse de toutes les infirmités, la pierre. Il avait le visage coloré, le front large et spacieux, le nez un peu cassé, les lèvres minces, et celles de dessus un peu plus fortes et saillantes, les paupières peu garnies de cils, les yeux petits, gris, mais pleins de feu, et tachetés de bleu et de jaune; ses cheveux étaient noirs, sa barbe noire aussi, longue de quatre ou cinq doigts, peu épaisse et séparée en deux. Etant vieux, il portait sans cesse sur ses pieds nuds des souliers de peau de chien qu'il laissait des mois entiers sans les ôter, et quand il voulait les retirer, sa peau venait avec celle du chien.

La vie de cet homme fut toujours dure et austère comme celle d'un cénobite, car il ne vivait que pour l'art, et l'art pour lui était un sacerdoce. Il ne comprenait ni n'aimait le luxe, et souvent il disait : Quoique riche, je vis comme un pauvre. Il mangeait peu, et non par plaisir : quand il travaillait, il se contentait pour sa journée d'un morceau de pain et de quelques gouttes de vin; il dormait trois ou quatre heures, et souvent tout vêtu pour n'avoir pas la peine de se rhabiller, lorsqu'à minuit une idée venait le réveiller, car il travaillait presque toutes les nuits : et afin d'être toujours tout prêt à commencer, il s'était fait un casque de carton sur lequel il plaçait une chandelle qui, de cette façon, envoyait la lumière, droit sur le papier, sans qu'il fût forcé de la tenir. Vasari, qui souvent l'avait vu le casque en tête, ayant remarqué qu'il brûlait non de la cire, mais des chandelles faites avec du suif de chèvres, lui envoya quarante livres de bougies. Le serviteur tout chargé arriva à l'heure convenable, c'est-à-dire à deux heures de la nuit; mais Michel-Ange avait un principe, c'était de ne jamais rien recevoir de personne, parce que, disait-il, on pouvait bien rendre à celui qui vous donnait, mais qu'on ne s'acquittait jamais envers lui; il refusa donc les quarante livres de bougies. Messire, lui répondit le serviteur, j'ai les bras rompus d'avoir apporté ces bougies jusqu'ici; je ne les remporterai pas; vous avez devant votre porte un tas de boue, je vais les y planter toutes et les allumer. — Allons, pose-les là, opiniâtre, reprit Michel-Ange, en riant, je ne veux pas que tu m'illumines.

Encore enfant, Michel-Ange était déjà Michel-Ange; sa jeunesse fut solitaire et laborieuse; il ne voulait voir personne; toujours enfermé avec ses marbres et ses toiles, il pensait, lisait ou peignait, seul, toujours seul. Les hommes de talent ont besoin du contact des autres pour se renouveler, mais les hommes de génie, les Michel-Ange, qui, comme Dieu, sont parce qu'ils sont, portent en eux un foyer qui vit et se nourrit de lui-même. Sa vie fut cependant une lutte perpétuelle contre l'art. Il refaisait sans cesse ses ouvrages. Vasari nous apprend qu'ayant vu ses cartons après sa mort, il trouva plus d'une fois la même idée modifiée ou reformée de diverses manières différentes, mais le grand homme n'admettait personne dans la confidence de ses pénibles travaux. Vasari raconte encore qu'un jour il alla trouver Michel-Ange de la part de Jules III, à une heure de la nuit; l'artiste travaillait à une statue de la Piété; ayant reconnu le pas de Vasari, il prit une lanterne, et alla lui ouvrir la porte de la rue; Vasari entra; lui fit part du motif de sa venue, et tout en causant, regarda une jambe que Michel-Ange essayait de refaire; Michel-Ange s'en étant aperçu laissa tomber la lanterne, profita de l'obscurité pour emmener Vasari hors de son atelier, et puis il lui dit : Je suis si vieux que de temps en temps la mort me tire par ma cape, pour que je vienne avec elle, et un de ces jours ma vie tombera et s'éteindra comme cette lanterne. Et alors, étant arrivé au seuil de sa maison, il congédia le visiteur.

Trop puissant d'esprit pour pouvoir s'arrêter aux surfaces, il apprenait le fond de toute science qu'il commençait. Il savait l'anatomie comme un chirurgien, et était le meilleur maçon comme le plus grand architecte de son temps. Du reste, semblable à Shakespeare qui ne lisait que Plutarque et quelques nouvelles italiennes, Michel-Ange n'avait rien appris dans les ouvrages des autres; il n'étudiait qu'un maître, la nature; il ne voyait dans l'art qu'un objet digne d'être reproduit..., l'homme..., et dans l'homme, que deux choses... les muscles et les passions; l'âme et le corps..! Mais les costumes, les paysages, les fonds, la perspective; néant pour lui. Aussi presque tous ses personnages sont nus, et ses peintures semblent sculptées. Il n'aimait pas à faire des portraits : pourquoi? Je ne le conçois pas, avec son amour de la nature. Quant à la sculpture et à la manière de travailler le marbre, il disait une chose pleine de grâce : Une statue est dans un bloc comme une femme est dans l'eau où elle se baigne; il faut ôter tout ce qui enveloppe le corps, de façon à ce que peu à peu se dégagent et s'élèvent toutes les parties antérieures, jusqu'à ce que toute la personne soit sortie nue et libre.

Michel-Ange était modeste, non pas par rapport aux autres hommes; car cette modestie là je n'y crois pas, et il n'est pas possible qu'un Molière ou un Shakespeare se croie au même niveau que la tourbe qui les environne; mais il était modeste par rapport à lui-même : ses grandes œuvres ne l'énorgueillissaient pas, parce qu'il mesurait l'immense intervalle qui séparait encore ce qu'il faisait de ce qu'il avait rêvé. C'est là le désespoir des grands génies. Quand nous sommes à genoux devant leur ouvrage, et que nous le trouvons rayonnant et splendide comme la face du Seigneur, à leurs yeux il est terne; car pour un homme de génie il y a entre une pensée et l'œuvre qui en sort, la même différence qu'entre le soleil et la lune, entre le foyer et le reflet. Eh bien, Michel-Ange fut toujours ainsi : de même que Don Juan dans sa passion immense pour l'amour et pour la beauté parfaite, court éperdu, à travers le monde, cherchant la femme qu'il rêve, et en adorant sans cesse une nouvelle, parce qu'il croit toujours que celle-là est celle qu'il demande; ainsi Michel-Ange, obsédé le jour et la nuit par l'idée de la perfection dans l'art, la poursuit haletant, et croit la voir dans chaque bloc de marbre qu'il rencontre : elle est là! elle est là! se dit-il, et soudain il emporte ce marbre, et l'enferme avec lui, il taille..., il taille..., à chaque éclat de pierre il s'imagine que l'œuvre céleste va sortir sous son ciseau, et puis, quand il s'est consumé de travail et de peines pendant bien des jours, il entre un matin dans son sanctuaire, regarde son œuvre, et s'asseyant en pleurant, il dit : Ce n'est pas encore elle!

C'est ainsi qu'il faut expliquer le grand nombre de statues que Michel-Ange a abandonnées tout-à-coup à peine ébauchées, son ardeur à entreprendre sans cesse de nouveaux travaux, et le dégoût qu'il prenait si souvent de l'œuvre à moitié faite, surtout quand il fut arrivé à à sa virilité. Un jour il avait commencé une très-belle statue du Christ; tout-à-coup il la laissa, et quelque temps après la brisa d'un coup de marteau. Comme on lui demandait pourquoi; il répondit : On m'a trop souvent pressé de la faire, et puis il y avait une petite tache dans le marbre.

Rude, franc, sombre et simple de vie, comme il l'était, on l'a accusé d'être avare, et cela est juste, quand nous n'avons pas de défauts il faut bien que les autres nous en fassent avec nos qualités. Michel-Ange avare! lui qui a donné à ses amis pour plus de cent mille francs de chefs-d'œuvre; lui qui distribuait le quart de ce qu'il gagnait aux malheureux; lui qui a marié et doté plus de dix jeunes filles pauvres; lui enfin qui demandait à son vieux serviteur, si je meurs, que feras-tu? Et ayant reçu pour réponse, je servirai un autre maître, lui dit à l'instant : Oh! pauvre de toi! je veux réparer ta misère, et il lui donna aussitôt deux mille écus, ce qui était un présent comme en faisaient les pontifes et les empereurs.

Non! non! il n'était pas avare, mais il était simple comme il était pudique, parce que le corps n'était rien pour lui; on dit que jamais l'on n'entendit sortir un mot déshonnète, ni même libre de cette bouche austère, et quand il parlait, ses paroles étaient si pleines de vertu et de sentiments élevés, qu'elles avaient la force d'éteindre toute passion honteuse dans le cœur des jeunes gens qui l'écoutaient.

Ce n'est pas que son langage fût d'un sermoneur; car son esprit le portait plutôt au contraire à la causticité et à la raillerie, habitude d'esprit assez commune chez les gens qui sont souvent seuls. Sans parler de Benvenuto Cellini qui nous dit que quand il allait enfant étudier avec Michel-Ange à la chapelle del Carmine de Masacio, Michel-Ange se raillait toujours de ses compagnons; on cite de lui une foule de mots pleins de mordant et de profondeur : c'est lui qui a dit, en parlant des portes de l'église Saint-Jean à Florence : Elles sont si belles, qu'elles devraient servir de portes au paradis. Un jour un peintre vint lui montrer un tableau, et dans ce tableau il n'y avait pas une seule partie qui ne fût copiée quelque part. C'est très-bien, lui dit Michel-Ange, mais je ne sais pas trop ce que deviendra votre tableau au jour du jugement dernier où tous les membres iront rejoindre leur corps; car voilà une tête qui appartient au David de Cimabué, une jambe que vous avez prise au Josué de Giotto; qu'est-ce qui vous restera? Une autre fois, un sculpteur vint chez lui avec son enfant, et lui demanda son avis sur une statue qu'il lui apportait : Michel-Ange regarda la statue, puis se retournant vers l'enfant qui était très-beau, il l'embrassa et lui dit : Mon petit ami, vous avez un père qui fait bien mieux les figures en chair qu'en marbre.

Son génie, la singularité de son caractère, son esprit vif et piquant, le firent rechercher de tout ce qu'il y avait d'illustre dans son époque. Le cardinal Polo, le cardinal Ridolfi, le cardinal Santa Croce, qui depuis fut le pape Marcellus, mon signor Bembo, et tous les évêques de la cour de Rome, se faisaient gloire de le recevoir; tous les souverains d'Italie, le roi François Ier, la seigneurie de Vénise, et même le grand Turc se le disputaient; le grand duc de Toscane l'appelait son ami. Il vécut familièrement avec quatre papes, et dans son enthousiasme pour le grand homme, Jules III disait : Je me tirerais de mon sang, et je m'enleverais des années pour les donner à Michel-Ange, et conserver au monde un aussi grand génie. Je ne crois pas qu'il l'eût fait, car, même pour un pape, c'eût été pousser bien loin la charité chrétienne; mais c'était déjà beaucoup de le dire. De si hautes amitiés n'enorgueillirent jamais le grand Buonarotti, et il resta toujours l'ami, sinon le compagnon des artistes ses contemporains; je n'en veux pour preuve que les admirables funérailles qui lui furent faites à Florence par toute la ville et par l'Académie.

Michel-Ange avait manifesté le désir que ses restes fussent transportés à Florence, car Florence était sa patrie, et il n'en avait été absent si long-temps que parce que l'air lui en était mortel. Son neveu, Lionardo Buonarotti, se rendit donc à Rome, et ayant enveloppé le corps du grand homme dans une balle de marchandise, il l'enleva secrètement. Cet étrange cercueil arriva à Florence le 11 mars, un samedi; on le plaça dans la chapelle de l'Assomption, sous le maître-autel, et comme rien n'était prêt encore pour la cérémonie funèbre, on cacha soigneusement l'arrivée de ces célèbres dépouilles. Le jour suivant, qui était le dimanche de la seconde semaine du carême, tous les peintres, sculpteurs et architectes se rassemblèrent mystérieusement à Saint-Pierre-Majeur, (c'était l'église où Michel-Ange était déposé), et à minuit, tous, rangés autour du corps, ils allumèrent tout-à-coup une grande quantité de torches; les jeunes gens prirent le catafalque avec tant de précipitation, que bien heureux celui qui pût prêter un peu de son épaule pour porter les restes du plus grand homme que l'Italie eût enfanté. Ce rassemblement, l'heure, les torches, le bruit, amassèrent des curieux autour de l'église, et bientôt, malgré le mystère dont on avait voulu entourer ce transport, le bruit se répandit de bouche en bouche que le corps de Michel-Ange était arrivé, qu'on l'avait placé provisoirement à l'église de Saint-Pierre, et qu'on allait le transporter à Santa-Croce. Aussitôt toute la ville se réveille; une foule immense accourut de toutes parts, l'église se remplit en un instant, et les rues adjacentes furent tellement couvertes de monde, que l'on ne conduisit qu'à grand'peine le corps à Santa-Croce. Arrivé là, après les cérémonies religieuses ordinaires, on le plaça dans la sacristie, et le président de la cérémonie voulant voir mort celui qu'il n'avait pu admirer vivant, fit ouvrir la boîte où il était renfermé : tout le monde s'attendait à trouver ses dépouilles décomposées et putréfiées, car Michel-Ange était mort depuis vingt-cinq jours, et il était depuis vingt-deux dans cette boîte; mais, à l'étonnement général, ce cadavre était entier dans toutes ses parties sans aucune altération, et ressemblait à un homme qui repose doucement. Il fut ainsi exposé dans une chapelle; on accourut pour le voir, et le corps fut bientôt couvert de sonnets en langue vulgaire, et de pièces de vers latins. On s'occupa ensuite à régler le jour, l'ordre et la composition des honneurs funèbres que l'on voulait rendre à ce grand homme expiré, et quatre commissaires furent nommés : Ognolo Bronzino, Vasari, Benvenuto Cellini, et Ammannati. Voici ce qui se passa :

Le 14 juillet, au milieu de San-Lorenzo, s'éleva un catafalque de forme carrée, haut de vingt-huit coudées, long de onze, et large de neuf; à la cime du catafalque était une Renommée. Le socle était de deux coudées de haut, à quatre faces comme le monument même : deux de ces faces regardaient deux portes latérales qui conduisaient l'une dans le cloître, l'autre dans la rue; la troisième face regardait la porte d'entrée, la quatrième l'autel. Sur la partie placée vis-à-vis la porte principale, étaient figurés deux beaux fleuves couchés, l'Arno et le Tibre; l'Arno tenait à la main une corne d'abondance pleine de fleurs et de fruits; et le Tibre, étendant le bras, lui prenait une partie de ses fruits et de ses fleurs, ce qui signifiait, dit un auteur du temps, que Michel-Ange ayant

long-temps vécu à Rome, Rome s'était enrichie des trésors de Florence. Sur cette espèce de socle s'élevait un bloc carré de cinq coudées et demie, entouré de corniches en haut, en bas et sur les quatre angles. Chacune des quatre faces de ce bloc contenait un tableau : sur la face qui était au-dessus des deux fleuves, se trouvait représenté le magnifique Laurent de Médicis recevant Michel-Ange dans son jardin, et examinant ses ouvrages. Le second tableau, qui regardait la porte latérale donnant au dehors, montrait le pape Clément commandant à Buonarotti la bibliothèque de San-Lorenzo. Dans le troisième tableau, qui était en face du maître-autel, se lisait une inscription latine, composée par le savant Vetsori. Cette épitaphe était soutenue par deux petits anges qui, le visage tout en larmes, éteignaient chacun un flambeau. Enfin, le quatrième tableau, posé vis-à-vis la porte qui conduisait dans le cloître représentait Michel-Ange pendant le siége de Florence faisant fortifier la colline de San-Miniato : ces tableaux étaient tous de la main des maîtres de ce temps. De plus, ce bloc carré qui formait comme la base du catafalque, avait à chacun de ses angles un piédestal en saillie, et sur chaque piédestal une statue plus grande que nature, qui en foulait aux pieds une autre de même grandeur, et dans l'attitude la plus artistique et la plus capricieuse. La première, en allant à main droite vers l'autel, était un jeune homme, svelte et plein de feu, avec des ailes aux tempes, c'était le Génie, et sous ses pieds il tenait l'Ignorance. Sur le second piédestal était la Piété chrétienne qui écrasait le Vice. Parallèlement à elle se trouvait la déesse Minerve, c'est-à-dire l'Art, avec l'Envie pour marche-pied. Enfin la quatrième représentait l'Etude qui tenait prisonnière la Paresse. Ces quatre figures, recouvertes d'un enduit blanc et brillant paraissaient de marbre. Au-dessus de ce plan s'élevait une autre corniche qui encadrait un troisième bloc carré. Sur chacune des faces de ce bloc était encore un tableau qui représentait, l'un Michel-Ange devant Pie IV, tenant dans sa main le modèle de la coupole de Saint-Pierre; le second le montrait peignant le Jugement dernier; le troisième figurait une femme qui était la Sculpture raisonnant avec lui; le quatrième enfin était l'image de Buonarotti écrivant ses poésies. En outre, à l'angle de chaque face se trouvaient, comme dans le plan inférieur, quatre statues qui représentaient la Sculpture, la Poésie, l'Architecture et la Peinture. On voit que ce catafalque avait trois plans élevés l'un au-dessus de l'autre, et sur le dernier plan s'élevait une pyramide haute de neuf coudées. Sur les côtés de cette pyramide était peinte la figure de Michel-Ange, et sur la cime se trouvait une boule où ses cendres étaient censées renfermées, et que surmontait une Renommée qui avait les ailes étendues, et soufflait dans trois trompettes.

Enfin toute l'église, sans en excepter la plus petite chapelle, était tendue de noir, et il n'y avait pas sur ces voiles de deuil une seule partie qui ne fût décorée d'une peinture ou d'une inscription. Il y avait des figures de la Renommée, de la Haine, des arbres renversés par la tempête, des images de la mort, des images de l'éternité, et les trois cercles entrelacés qui étaient comme les armes de Michel-Ange, pour signifier que la Sculpture, la Peinture et la Poésie sont sœurs; sur la chaire seule on ne voyait aucune peinture, parce qu'elle était décorée d'ornements en bronze, par Donatello. L'église étant ainsi enrichie, inondée de lumières, pleine d'un peuple immense, entrèrent, avec le lieutenant du roi en tête, accompagné du capitaine et des arbalétriers de la garde du duc, les académiciens, les consuls, tous les peintres, architectes et sculpteurs de Florence, et ils allèrent s'asseoir, avec un nombre infini de gentilshommes, entre le maître autel et le catafalque; puis on commença une messe solennelle avec toutes cérémonies et de musique et de pompe ecclésiastiques; puis après la messe, le célèbre Varchi monta dans la chaire, et fit une oraison funèbre pour Michel-Ange, comme Bossuet et Fléchier en firent plus tard pour nos rois. Puis, tout à la fin, on porta Michel-Ange dans l'église de Santa-Croce.

Il se fit, pour cette cérémonie, à-peu-près quarante tableaux et autant de statues, qui furent finis en deux mois, par les plus grands artistes du monde, et qui ne servirent qu'un jour.

Nous ne devons pas quitter notre Michel-Ange sans parler de ses sonates. La traduction de quelques-uns de ses vers complètera cette grande image; on comprendra mieux l'âpre austérité du puissant génie par dix lignes de lui qu'avec nos vingt pages, et même avec l'analyse de ses chefs-d'œuvre; le poète expliquera le sculpteur. Voici un sonnet sur Dante qui caractérise énergiquement sa passion pour le génie, et son amer mépris des honneurs :

SOPRA DANTE.

Dal mondo scese ai ciechi abissi, e poi
Che l'uno e l'altro inferno vide, a Dio
Scorto dal gran pensier vivo salio,
E ne diè in terra vero lume a noi.

Stella d'alto valor coi ruggi suoi
Gli occulti eterni a noi ciechi scoprio
E n'ebbe il premio al fin, che'l mondo rio
Dona sovente à più pregiati eroi.

Di Dante mal fur, l'opre conosciute,
E'l bel desio da quel popolo ingrato
Che solo à giusti manca di salute.

Pur fuss' io tal! ch'a simil sorte nato,
Per l'aspro esilio suo con sua virtute
Darei del mondo il più felice stato.

SUR DANTE.

« Il descendit de notre monde aux abîmes aveugles; et après qu'il eut vu l'enfer et le purgatoire, par la force de sa grande pensée il remonta vivant jusqu'à Dieu, et nous fit part, à nous sur la terre, de sa véritable lumière. »

« Étoile de haute valeur, il nous découvrit à nous aveugles les secrets éternels, et pour toute récompense il n'eut que ce que le monde méchant donne souvent aux plus grands hommes, l'exil. »

« Les actions et la noble ambition de Dante furent mal connues du peuple ingrat qui ne manque de respect que pour les justes. »

« Et pourtant... si je pouvais être lui! oh! comme je donnerais le plus heureux état de la terre pour son âpre exil et son génie. »

Ce dernier tercet est sublime d'élan !

E. LEGOUVÉ.

RAPHAEL SANZIO D'URBINO
Denis
Blanche

RAPHAEL.

Il est des noms d'une telle douceur, qu'à peine prononcés ils nous font sourire en dedans, pour ainsi dire, et réveillent en nous les idées les plus suaves et les plus gracieuses. Est-ce que le mot de *vierge* ne vous enchante pas? Est-ce que vous ne trouvez pas que le nom de Cimarosa est tout plein de musique? Est-ce que vous pouvez dire Marie sans un sentiment de plaisir? Raphaël est un de ces noms privilégiés; certes, ce n'est pas par hasard que son père l'a nommé ainsi; il y a quelque bon génie là-dessous. Rien n'est si rare que l'unité chez les hommes; et Raphaël est le tout le plus harmonieux du monde; son corps, son ame, sa vie, son génie, tout cela n'est que le développement d'une même chose, la beauté!.. Comme il a bien (qu'on me pardonne cette expression), comme il a bien le nom de sa figure, et le talent de son nom! Et ne dirait-on pas que la nature l'a fait naître en même temps que Michel-Ange comme elle place un lac bleu et frais auprès d'un âpre et colossal rocher? N'est-ce pas tout-à-fait l'ange Gabriel assis près du Tout-Puissant?

Rafaello Sanzio naquit à Urbin en 1483. Comme s'il y avait je ne sais quel lien mystérieux entre le Christ et Raphaël, le peintre vint au monde le jour et à l'heure où mourut le Dieu, un vendredi-saint à trois heures, et il expira aussi un vendredi-saint. La famille de Raphaël avait déjà compté cinq peintres parmi ses membres. Son père, Giovanni de' Santi, artiste médiocre, était un homme de mœurs patriarchales; sa mère était belle et douce; ils ne voulurent pas que leur enfant fût nourri d'un autre lait que le lait maternel; et plus tard, dans leur crainte que le contact des autres enfants n'altérât la candeur naïve et bonne qui se faisait remarquer dans leur jeune fils, ils le gardèrent toujours sous leurs ailes jusqu'à l'âge de quatorze ans, la mère le nourrissant de sentiments tendres, pieux et d'affections domestiques; le père, assez habile dans la théorie de l'art, lui donnant les premières notions de la peinture : cependant il s'aperçut bientôt qu'il fallait un autre maître à cet élève; mais lequel choisir?

comment lancer seul dans le monde cet enfant si tendrement cultivé? Enfin le bon père alla à Pérouse, où Pietro Perugino tenait alors son école, et lui remit, avec bien des prières et des recommandations, son beau et candide fils, tout baigné encore des larmes maternelles. Perugino s'attacha bien vite et du fond du cœur à ce jeune garçon si bon, si doux, et qui se trouvait toujours naturellement et sans effort au-dessus des autres. En peu de mois il devint le premier élève, l'élève favori, et même l'égal de son maître. Toutes les qualités du Perugin passèrent si vite dans sa tête et dans ses doigts, qu'on ne pouvait plus discerner un tableau du disciple d'avec un tableau du maître; semblable à un miroir bien pur et bien poli, Raphaël réfléchissait tout ce qu'il trouvait de beau devant lui : du reste, l'art n'était pas bien avancé à l'école du Perugin; peu de science de dessin, et quant au coloris, le talent n'allait pas au-delà d'un certain faire précieux et fini, qui ne manquait pas de grace, mais qui avait toute la timidité de l'inexpérience. C'est dans ce système, que Raphaël, après plusieurs tableaux assez heureux, composa son Sposalizio, ou mariage de la Vierge, qui est certainement le chef-d'œuvre de son école. C'est aussi fin et aussi naïf que le Perugin, mais avec plus de souplesse, et le jeune homme habillé en rouge qui casse une baguette sur son genou a déjà bien plus un corps que les mannequins raides de Pietro. Ce tableau est aujourd'hui à Milan, enfermé dans une boîte qu'on n'ouvre qu'à certaines heures; un Anglais en a offert cent mille francs; on refusa et on eut raison; car pour moi, si je pouvais choisir dans tous les chefs-d'œuvre de Raphaël, c'est celui-là que je prendrais. Il y a de sa main des tableaux bien plus puissants, bien plus vigoureux, mais rien qui soit lui comme cette toile, rien de suave et d'embaumé comme cette première fleur éclose sur ce bel arbre.

Raphaël avait alors à-peu-près vingt et un ans; sa réputation s'étendait déjà assez loin : mais un instinct vague lui disait qu'il y avait encore autre chose dans le domaine de l'art que ce qu'on lui avait appris, et il brûlait d'aller à Florence, où brillaient des talents du premier ordre. Il laissa donc inachevé un tableau commencé, et partit : tout lui souriait, tout était auspice favorable pour lui ; jeune, déjà connu, ayant toutes les grâces du corps et de l'ame : sa taille était petite (il avait cinq pieds deux pouces et demi), mais tous ses membres s'harmonisaient dans un ensemble plein d'élégance ; il avait le visage ovale, le teint un peu olivâtre, les cheveux bruns et longs, point ou peu de barbe, des yeux noirs, doux et voilés ; un cou de femme, long, blanc et rond ; des dents éclatantes de blancheur : dès qu'on le voyait, on l'aimait : à son départ pour Florence, la duchesse d'Urbin écrivit ceci pour lui au gonfalonnier Soderini :

« Magnifique Seigneur,

» Celui qui vous portera cette lettre est Raphaël, peintre d'Urbin, qui, ayant un génie heureux pour son art, a résolu de rester quelque temps à Florence pour apprendre. Comme je connais son père, qui est un homme de bien et mon affectionné, et comme j'aime aussi beaucoup et sous tous les rapports son fils, gentil et discret jeune homme, je désire qu'il arrive à bonne fin ; je le recommande donc à votre seigneurie, très vivement et autant que je le puis, le priant de donner à ce jeune homme, par amour de moi, tout secours et toute faveur dans toute circonstance ; tout ce qu'il recevra d'agréable de vous, je me le tiendrai offert à moi-même, et j'en serai très-reconnaissante.

« Joanna Feltria di Ruvere.

C'est sous ces auspices, c'est avec ces pensées de gloire dans le cœur, qu'à la fin de l'année 1504, le jeune homme de génie passa pour la première fois sous les portes de cette cité célèbre qu'on appelait Florence, et que l'on comparait à Athènes. Quel malheur que les grands hommes n'écrivent pas tout ce qu'ils éprouvent ! Ne vous semble-t-il pas qu'il a dû se passer de belles choses dans ce cœur de vingt-un ans, quand il fit le premier pas dans Florence, et ne seraient-ce pas d'admirables pages que celles qui nous retraceraient tous ses rêves, toutes ses espérances, tous ses pressentiments? car on ne porte pas dans son sein une gloire comme celle de Raphaël sans

la sentir frémir et remuer ainsi que l'enfant dans les entrailles de la femme. Mais Raphaël n'écrivait que par son pinceau. Devinons donc ; c'est le plus grand de tous les bonheurs après celui de savoir.

A peine arrivé, il courut, avide et recherché, se mêler à tout ce qui avait un nom ; il se lia avec Ghirlandaïo, Aristotile, fit, comme tous les jeunes artistes, de profondes études à la chapelle del Carmine peinte par Masaccio, devint l'ami du célèbre Fra Bartolomeo, trouva en lui un bon guide, et médita avec ardeur les compositions de Léonard de Vinci : mais un grand événement dans l'histoire de la peinture vint surtout déterminer en Raphaël une crise d'où sortit sa seconde manière.

A la fin du quinzième siècle, on ne savait pas ce que c'était que la science du dessin ; le dessin n'était que l'art d'esquisser les traits d'une figure ; quant au corps, il n'existait pas pour les peintres ; on le cachait sous des draperies plus ou moins gauches ; les personnages n'étaient que des portraits, les portraits que des têtes placées au haut d'un manteau ; pas de membres, pas de nu ; le costume moderne qui voilait le corps était pour quelque chose dans cette ignorance, car les artistes n'avaient pas, comme les anciens, les modèles sans cesse sous les yeux. Cependant Laurent-le-Magnifique ayant ouvert ses jardins, tout peuplés de statues et de torses antiques, les peintres commencèrent à soupçonner que l'homme n'était pas tout entier dans le visage, et l'étude de ces chefs-d'œuvre de la sculpture commençait à se faire sentir dans le dessin des tableaux : aucun artiste cependant n'avait encore osé donner l'exemple. Hé bien ! voilà que tout-à-coup, au milieu de ces multitudes de méthodes, un homme, un géant, un dieu, Michel-Ange, arrive, et, chargé de faire un carton pour une salle du palais à Florence, il vous jette sur une toile, non pas un corps, mais dix, mais cent, dans toutes les positions possibles, assis, courant, couchés, debout, se battant, tombant, et tous nus, tous beaux comme l'Apollon, et passionnés comme le Laocoon!... Ce fut un cri universel ! Rien ne peut rendre l'effet de ce chef-d'œuvre ; c'est comme le matin, à l'aube, quand tout est encore à demi-obscur, que soudain un rayon part, le soleil se montre et l'univers rayonne, une seconde auparavant sombre et terne, maintenant inondé de lumière ; tous les artistes firent ce ah ! d'enthousiasme qui s'échappe des poitrines quand un grand homme a traduit la pensée universelle; une révolution était faite; l'art de la peinture était changé, et son char lancé dans cette nouvelle rainure volait déjà à perte de vue, aux applaudissements de l'Italie, et déjà aussi Raphaël était sur le siége à côté de Michel-Ange, comme dans les courses antiques, le conducteur, près du héros, penché sur les chevaux et les excitant de la voix.

En effet c'est à partir de ce moment que Raphaël entra glorieusement dans sa seconde manière : abandonnant l'école du Perugin et des miniaturistes pour adopter une peinture plus large, un dessin plus viril, et s'ouvrant cette voie de progrès où il marcha toujours sans faire halte un seul instant. Nous allons voir en effet, dans le développement de ses travaux, que son premier génie fut d'être progressif; il ne débuta pas avec un grand bruit, mais il avança chaque jour; c'était une de ces natures qui se perfectionnent par cela seul qu'elles vivent; du jour au lendemain, elles s'épanouissent comme les fleurs, leurs feuilles se déplient, et leur calice éclatant s'ouvre sans efforts à la rosée; ainsi de Raphaël : doué d'un instinct merveilleux, pour deviner le vrai, le beau, et ne se trompant jamais de route, d'une facilité inépuisable que le travail fécondait au lieu de l'appauvrir, d'une aptitude sans pareille à s'élever à la hauteur de ses travaux, les circonstances le trouvèrent toujours tout prêt; il ne manqua jamais à la fortune; il est vrai aussi de dire que la fortune ne lui manqua jamais non plus.

Un grand coup de bonheur vint, deux ans plus tard, en 1508, le placer soudain sur un théâtre où il put déployer les trésors de génie et de science qu'il avait amassés depuis deux ans. Jules II, sur la demande de Bramante, architecte de Saint-Pierre, l'appela à Rome pour peindre les salles du Vatican; c'était donner un trône à Alexandre. Il arrive, et débute d'abord par un trait de modestie reconnaissante qui ravit; quelques parties du Vatican avaient déjà été peintes par Pérugin; le pape proposa à Raphaël d'effacer ces tableaux; mais Raphaël refusa en disant que ce n'était pas à l'élève de changer l'ouvrage du maître, et dans sa première fresque il se peignit à côté de Pérugin, comme pour l'associer à son entrée dans cette nouvelle carrière, et y paraître sous son patronage. C'était en effet une entreprise immense, et qui eût tué tout autre que Raphaël; il ne s'a-

gissait plus ici de petits tableaux fins et précieux, de vierges tenant l'enfant Jésus dans leur bras; c'était tout un palais qu'il fallait peindre du haut en haut, et quel palais? le Vatican! le Vatican, c'est-à-dire la clef de voûte de l'Europe, depuis cinq siècles; le Vatican, c'est-à-dire l'héritier du Capitole; le Vatican, c'est-à-dire le centre de cette Rome qui avait été le centre du monde antique et du monde moderne, la ville de César et de Charlemagne! Comprit-il toute la grandeur de ce fardeau? je le crois, et je crois, que comme tout être puissant, il s'en réjouit, car ce sont là de ces fortunes qui ne se trouvent qu'une fois, non pas dans la vie d'un artiste, mais dans la vie d'un art! Et d'abord, pour première page, pour frontispice à ce grand édifice, il posa sur les murailles de la première salle, l'Ecole d'Athènes, c'est-à-dire la famille de tous les savants et de tous les philosophes de la Grèce; Aristote et Diogène, Platon et Archimède, Socrate et Euclide, comme s'il eût voulu dire que cette belle contrée était la mère de notre Europe, que cette école était la préface du christianisme, et qu'Athènes païenne, avait abouti à Rome chrétienne. Puis vient la dispute du Saint-Sacrement, Héliodore; la Délivrance de Saint-Pierre, le Parnasse antique; puis Atila reculant à la voix de Léon IV, puis l'Incendie du vieux Bourg; puis le Couronnement de Charlemagne; puis la Bataille de Constantin. Je raconte ici, en peu de lignes, le travail de dix ans, et les trésors de quatre chambres immenses; car c'est là ce que l'on appelle les Chambres du Vatican; c'est là que pendant quinze ans, le prince des peintres jeta toutes les idées qui sortirent de sa tête, c'est là qu'il s'est mis tout entier, c'est là qu'il vit! D'abord timide, incertain, puis s'affermissant de jour en jour dans sa nouvelle voie, changeant de manière de peindre et d'idées, agrandissant sans cesse son cercle, puisant dans l'antiquité, dans la bible, dans les temps héroïques, et ayant résumé dans ses fresques, comme le Vatican dans son histoire, les trois grands événements du monde moderne : Attila reculant à la voix de Léon IV, c'est-à-dire la civilisation refoulant la barbarie; la bataille de Constantin, c'est-à-dire le christianisme sur le trône; le couronnement de Charlemagne, c'est-à-dire l'alliance du temporel et du spirituel.

Cependant il y a quelque chose dans ces admirables chambres, qui nous choque singulièrement, c'est un système d'allégories flatteuses, incompatibles, il nous semble, avec la grandeur de l'art. Raphaël, dans tous ses tableaux d'histoire, a changé la figure du personnage principal pour y mettre un de ses protecteurs. Léon IV, c'est Léon X, Charlemagne est travesti en François Ier. Outre ces mensonges de vérité, et il y en a partout, il a altéré les événements de l'histoire, pour les appliquer à des traits de la vie de ses Mécènes. Ainsi, Attila reculant à la voix de saint Léon, ce sont les étrangers chassés par la politique de Léon X; Héliodore, ce sont les barons de l'église, dépouillés par Jules II. Je ne m'explique pas que cette torture de la vérité ne gêne pas le jet spontané du génie; et tout en me prosternant devant ces admirables pages, je me prends à regretter tout ce qu'elles auraient été, si Raphaël se fût montré moins bon courtisan.

Les chefs-d'œuvre occupaient sa vie sans l'absorber toute entière; dans le même temps, une foule de tableaux à l'huile sortirent de son pinceau, la Sainte Cécile, le beau Saint Michel du Musée de Paris, payé par François Ier si généreusement, que Raphaël lui envoya une seconde toile (cette lutte de roi à grand homme est belle), toutes les Saintes Familles de la seconde et troisième manière, ses admirables portraits, que le Titien, le grand portraitiste, n'a pas surpassés, le Léon X, le César Borgia! Ce n'est pas tout; tel était le besoin de produire de cet homme puissant, qu'il enfanta encore, au moyen d'un art nouveau, une ravissante famille d'idées légères, souvenirs ou germes de plus grandes compositions. La gravure au burin commençait à se répandre; Albert Durer était déjà célèbre à Venise par ces espèces de traductions des chefs-d'œuvre peints; Marc-Antoine, ami et élève, je crois, de Raphaël, prit cet art où l'avait porté Albert Durer, et tâcha de le pousser plus loin; Raphaël s'associa à lui; le crayon avec le burin, le créateur avec le reproducteur, le génie avec le talent : une foule de pensées trop fugitives pour être fixées sur une grande toile se pressaient dans la tête de Raphaël; il les jette sur le papier, les donne à Marc-Antoine, et ces dessins au crayon ou à la plume se répandant par la gravure, allèrent porter le nom et le génie de Raphaël dans toute l'Europe. Ce n'est pas tout encore, Bramante étant mort, Raphaël fut chargé de bâtir la cour des Loges du Vatican, et après l'avoir bâtie, de l'or-

ner. Investigateur, et amoureux de l'art antique comme il l'était, il trouva le moyen d'inventer en ressuscitant. On venait de découvrir les thermes de Titus; il y alla, vit les admirables arabesques dont Pompéi nous offre aujourd'hui de si charmants modèles, et, imitateur, et non plagiaire, les reproduisit dans la décoration de la galerie des Loges. Après la décoration, les peintures : il jeta sur les plafonds et les portes latérales cinquante-deux petits sujets à l'huile, qui comprennent tout l'Ancien Testament, et qu'on appelle la Bible de Raphaël; tout cela étincelle d'invention et de dessin. Il alla encore plus loin. Les tapisseries flamandes étaient alors fort recherchées; le pape Léon X voulut avoir des tapisseries flamandes; mais en pontife magnifique, il ne voulut que ce que les autres n'avaient pas. Il fit donc venir Raphaël, et lui demanda des dessins de tapisseries; Raphaël se mit à l'œuvre et fit des chefs-d'œuvre; ce sont deux aquarelles qui représentent les plus grands sujets de l'Histoire sainte; jamais Raphaël, même dans les chambres du Vatican, ne s'était élevé si haut comme fantaisie et comme puissance d'expression, et avec le goût merveilleux qui chez lui ne quitte jamais le génie, il inventa dans ces dessins une foule d'ornements et d'accessoires particulièrement propres au travail de la tapisserie. Ces aquarelles terminées, le pape les envoya en Flandre, et avec elles quatre grands artistes, quatre élèves de Raphaël, pour surveiller l'exécution. Quelle admirable chose que le génie, qui fait mettre ainsi à la disposition d'un homme toutes les puissances des pays étrangers. Quand ces tapisseries arrivèrent à Rome, Raphaël était mort, mais l'enthousiasme fut cependant immense, et Vasari dit que tout le monde était stupéfait. Elles coûtaient 70,000 écus. Ce n'est pas tout encore. Le pape Léon X le nomma architecte de Saint-Pierre. Puisque, dit le bref du pape, outre l'art de la peinture dans lequel tout le monde sait que vous êtes excellent, vous êtes encore réputé grand architecte par Bramante qui, en mourant, vous a désigné comme son successeur; je vous charge d'achever le temple de Saint-Pierre; car je veux que ce temple soit aussi grand et aussi magnifique que possible, et pour cela je vous donne 300 écus d'or par an. Commencez à l'instant, et faites en sorte de répondre à la grande opinion que nous avons de vous, à notre paternelle bienveillance, à la dignité de ce temple qui est le premier du monde, et à notre dévotion pour le prince des apôtres.

Raphaël n'est pas connu comme architecte, quoiqu'il ait fait des palais délicieux à Florence, un autre à Rome; mais il avait trop le génie des belles lignes pour ne pas comprendre le plus grand des arts, le plus monumental. Puis ce n'était pas un homme à s'arrêter à ce qu'il savait, il cherchait toujours, et il trouvait. Il se mit donc au travail, et consulta tous les ouvrages d'architecture, envoya dans l'Italie méridionale, et même en Grèce des élèves qui lui faisaient parvenir des copies de l'antique, et il fit un beau plan pour l'église de Saint-Pierre. Il y a une lettre de lui là-dessus qui est belle : La voici : « Notre saint-père le pape, dit-il, m'a mis un grand fardeau sur les épaules : c'est le soin de construire Saint-Pierre. J'espère pourtant ne pas succomber. J'ai fait un modèle qui plaît à sa sainteté et à de grands esprits, mais j'aspire plus haut. Je voudrais trouver les belles formes des édifices antiques. Je ne sais si mon vol sera celui d'Icare. Vitruve m'apporte beaucoup de lumières, mais il ne me suffit pas. » On voit que son génie cherchait et devinait partout la Grèce, et le latin Vitruve ne le contentait pas.

Puis dans la même lettre il ajoute, à propos de la fresque de Galatée : « Les modèles me manquent; j'aurais besoin de voir beaucoup de beaux visages, de beaux corps pour choisir; mais faute de cela et de bons juges, je me sers d'une certaine idée que j'ai dans l'esprit. Si cette idée renferme quelque chose de beau et d'excellent dans l'art, je ne sais, mais je travaille beaucoup à cela.»

Un plus grand honneur encore l'attendait! Le pape le nomma restituteur des édifices antiques de Rome. Voici le bref de Léon X : «Comme il faut beaucoup de pierres et de marbres pour l'église de Saint-Pierre, et que les ruines de Rome en fournissent en abondance, et comme j'apprends que chacun en tire à son gré pour bâtir, vous qui êtes architecte de Saint-Pierre, je vous nomme président et maître de tous les marbres et pierres qui se tireront des ruines sises à dix milles à la ronde, et ordonne à chacun de tout état et condition, riche ou pauvre, notable ou de rang médiocre, de vous apporter tout ce qui s'extrait en pierres, et qui ne le fera pas, sera, sur votre seul jugement, condamné à une amende de 300 écus d'or.»

Voilà donc Raphaël maître de Rome antique et de Rome moderne; le voilà chargé d'élever Saint-Pierre et de conserver le capitole; il est nommé, par un bref du pape, roi du passé et du présent; avec cette haute intelligence et cette générosité de pensée qui trouvaient toujours leur place dans tous ses travaux, il conçut le projet, presque gigantesque, de reconstruire par le dessin toute la vieille Rome ensevelie sous les décombres. Il se mit à l'œuvre et à l'aide des ruines encore debout, complétant ce qui n'existait plus, par la science et la comparaison, fouillant dans Vitruve et dans tous les livres d'antiquités, il parvint à faire un plan colorié des édifices de la Rome des Césars, avec tous les ornements d'architecture, les formes et les proportions des plus minimes parties.

On le voit, jamais existence ne fut plus belle et plus magnifique; fortune, génie, jeunesse, faveur, rien ne lui manque; voilà un homme pour qui travaillent les manufactures de Flandre, qui a des ambassadeurs dans les pays étrangers, qui est à la fois peintre et architecte; la gravure s'invente presque tout exprès pour lui; dans une lettre à son oncle il dit que son bien personnel monte à trois mille ducats d'or, qu'il a 350 écus d'or par an de pension, sans compter le produit de ses ouvrages; il a un palais à lui comme les grandes familles; il est lié d'affection avec les hauts seigneurs; il est beau, il est bon, la nature l'a créé si aimable que les animaux mêmes l'aiment avec préférence; son génie plane de si haut au-dessus de toutes les petites passions humaines, qu'il remercie le ciel de l'avoir fait naître du temps de Michel-Ange. Ce n'est pas tout, par un hasard qui ne s'est jamais rencontré depuis, il est le père d'une famille de grands artistes qui travaillent à ses tableaux; ce n'est pas une école où il y a un maître et cinquante élèves : ce sont cinquante maîtres qui, par un désintéressement inouï, ont renoncé à leur propre gloire pour la sienne, vivant pour lui, peignant pour lui, et mettant leur talent au service de son génie! comment a fait cet homme? on ne sait; mais il est si grand; il a dans le cœur une candeur si élevée et si sereine qu'elle se répand, se communique à ceux qui l'entourent; et toute cette bouillante jeunesse, est douce, bonne, calme, et s'aime, parce que Raphaël est là. Si un peintre a besoin d'argent, Raphaël lui ouvre sa bourse; si on lui demande un conseil, il quitte ses chefs-d'œuvre et son travail pour le pauvre homme; aussi il y a là deux cents hommes qui devraient être rivaux , et qui ne sont qu'émules, qui devraient commander et qui obéissent, qui vivent tous , les yeux fixés sur un seul ! Quelle peinture ! Raphaël conçoit, il esquisse; il passe à Jules Romain qui ébauche, Jules Romain passe à Penni qui achève; puis Raphaël reprend et retouche; puis les autre élèves copient et répandent les œuvres du maître; le travail se distribue comme d'un roi à ses ministres; c'est faire de la peinture comme on administre un royaume; c'est peindre comme Napoléon régnait : tout cela c'était Raphaël. Or, pendant que cette existence phénoménale et princière se développait si noblement, pendant que ce beau jeune homme de génie, vêtu d'habits magnifiques , paré de toutes les grâces, emplissait le Vatican de ses chefs-d'œuvre , et vivait comme un souverain dans cet admirable édifice tout peuplé de ses jeunes élèves, il y avait dans un coin du palais sacré, un autre homme qui vivait tout seul, qui peignait tout seul, sans vouloir même d'un aide pour broyer ses couleurs, qui n'envoyait chercher de copies ni en Grèce, ni à Naples, mais devant lequel posait sans cesse comme seul modèle, sa pensée et le corps humain; un homme qui passait au milieu de toute cette foule sans que personne lui parlât, quoique chacun se découvrît le front devant lui avec respect, un homme déjà vieux, sombre, souvent malade, qui n'avait ni les grâces du visage ni l'éclat de l'opulence, cet homme était Michel-Ange. Que la gloire bourdonnante de Raphaël l'ait blessé au cœur, je le crois; qu'il en fût envieux, non. L'envieux veut le malheur des autres encore plus que son propre bien ; et Michel-Ange ne demandait pas qu'on oubliât Raphaël, mais il voulait qu'on se souvînt de lui. Qui oserait blâmer le vieux Corneille de s'en aller rêveur après le triomphe de *Bajazet?* Donc, tourmenté du besoin de vaincre son jeune rival, et craignant une lutte nettement établie (car il avait abandonné le pinceau depuis long-temps), il fit venir de Venise un coloriste célèbre, nommé Sébastien , et composa avec lui un tableau de la Transfiguration pour l'opposer à celui de Raphaël, qui, quoiqu'inachevé, faisait déjà beaucoup de bruit. Michel-Ange s'était chargé du dessin et de la composition, Sébastien du coloris. Enfin. un jour on exposa les deux tableaux. La Transfiguration de Raphaël éclipsa celle de

Sébastien. Mais Michel-Ange n'en reste pas moins le maître de Raphaël. On ne doit pas juger sur cette épreuve; car un ouvrage fait à deux ne peut pas être un chef-d'œuvre ; il y a dans toute grande composition une liaison étroite entre la pensée et l'exécution qui en fait l'unité et la puissance. Molière seul aurait pu mettre l'*Avare* en vers. Le combat que Michel-Ange soutint à moitié contre Raphaël, n'établit donc rien pour Raphaël, sans compter que le grand Michel-Ange, honteux peut-être de cet artifice indigne de lui, sentit sans doute trembler sa main plus d'une fois en esquissant ce tableau.

Aussi entre ces deux génies restera-t-il toujours l'immense différence qui sépare celui qui vient le premier de celui qui vient le second. Expliquons-nous.

Quand Raphaël était chez le Perugin, il imita le Perugin, le surpassa en l'imitant, et crut que la limite de l'art était là. Ensuite il vit les ouvrages de Léonard de Vinci; il comprit la supériorité de dessin et d'expression de ce grand maître ; et se mettant aussitôt au travail , il s'efforça de reproduire *le faire* de Léonard, et parvint encore à aller plus loin que lui. Plus tard il fut frappé du coloris de Fra Bartolomeo de San Marco; et telle était sa prodigieuse puissance pour faire passer en lui les qualités des autres, que bientôt sa peinture effaça celle des peintres qu'il avait étudiés. La Vierge à la chaise, et son saint Jean, sont exécutés dans cette seconde manière. Enfin, plus tard encore, il vit la peinture de Michel-Ange, il prit dès ce moment ce qu'on appelle sa troisième manière. Voici comment se passa ce fait assez curieux :

Raphaël avait une réputation universelle , c'était le plus beau moment de sa gloire; il peignait les loges du Vatican; mais ces têtes si gracieuses et si célestes qu'elles fussent, manquaient de majesté et de grandeur. Dans le même temps, Michel-Ange travaillait dans la chapelle Sixtine à sa grande fresque de la Création. Ayant eu une querelle avec le pape, il s'enfuit à Florence : Bramante avait les clefs de la chapelle Sixtine; il y conduisit Raphaël en secret. A peine Raphaël eut-il jeté un coup-d'œil sur cette mâle peinture, qu'un nouveau jour l'éclaira, et s'élançant à l'instant sur son échafaud, il effaça entièrement un tableau qu'il avait fini, et le recommença dans un nouveau style. Michel-Ange revint, il vit l'ouvrage de Raphaël, et dit aussitôt : Bramante a montré à Raphaël ma fresque de la Création. Depuis ce jour, Raphaël ne s'arrêta plus dans cette nouvelle route. Sentant tout ce que son dessin avait de maigre et de peu solide, il se mit, à l'âge de trente ans, et jouissant déjà de la plus belle renommée, à refaire ses études comme un homme qui commence ; il passait ses jours et ses nuits à travailler sur la nature, entouré de corps humains et d'animaux, dessinant des jambes, des torses, des muscles, des nerfs, s'efforçant de tout son courage d'oublier tout ce qu'on lui avait enseigné, et d'apprendre tout ce qu'avait appris Michel-Ange, pour arriver à cette infaillible puissance de dessin qui caractérisait le vieux peintre ; mais cette fois, il ne surpassa pas celui qu'il avait pris comme modèle. Pour devenir un Michel-Ange, il ne suffit pas de le vouloir, même quand on est un Raphaël ; et s'apercevant bientôt que c'était une trop rude tâche pour lui, et qu'il était resté au-dessous de lui-même dans *l'incendie d'un bourg de Rome*, parce qu'il avait voulu lutter avec Buonarotti, il chercha à l'égaler par d'autres qualités ; il mit plus de soin dans l'arrangement des draperies, plus de coquetterie dans la distribution de la lumière, plus d'élégance dans la disposition des paysages et les jeux de perspective, artifices que l'austère Michel-Ange dédaignait comme indignes de la gravité de l'art. De plus, un travail portant toujours son fruit, Raphaël, quoiqu'il ait été vaincu dans ce combat, en sortit plus fort et plus énergique ; il y a des défaites qui vous trempent.

De cela il suit que Raphaël était un artiste passionnément épris de son art, un homme éminemment intelligent et perfectible, mais aussi que ce n'était pas un génie primesautier.

On prétend que Michel-Ange a dit de Raphaël qu'il devait son talent plutôt à l'art qu'à la nature, et cette parole a été niée par les uns comme une absurdité, et flétrie par les autres comme un blasphème jaloux ; moi je crois que Michel-Ange l'a dit, et qu'il avait raison de le dire ; il s'agit seulement de s'expliquer. Il est des hommes qui ont avant toute chose une faculté merveilleuse pour fondre dans leur propre nature les élémens qui leur conviennent dans la nature des autres : ils sont pour les puissances du génie ce que les Anglais sont pour les découvertes de l'industrie ; ils n'inventent rien ; mais dès qu'une chose est inventée, ils la perfectionnent si vite et si bien, qu'elle devient la leur.

Presque jamais la gloire de l'invention ne reste à l'inventeur : Colomb a découvert le nouveau monde, et c'est Améric Vespuce qui l'a nommé. Raphaël est dans le domaine des arts le prince de ces génies *perfectionneurs*. Sans doute il n'était besoin pour lui que de jeter un coup-d'œil sur l'œuvre d'un créateur, mais il avait besoin de ce coup-d'œil. Qu'on ne croie pas que je veuille dire par là que Raphaël est un copiste du Perugin, de Léonard de Vinci, et de Michel-Ange ; je dis seulement que sans ces trois hommes, il n'aurait pas été tout ce qu'il a été ; je dis qu'il n'existe pas par lui-même ; je dis qu'il fallait qu'une autre pierre frappât cette pierre pour en faire sortir du feu ; je dis que c'était un foyer plutôt concentrateur que créateur ; et que Michel-Ange avait raison quand il le nommait un génie acquis plutôt qu'un génie spontané ; car lui, Michel-Ange, n'avait eu besoin de personne, et les premiers principes de l'art une fois appris, il eût été Michel-Ange dans une île déserte. Il ne faut pas dire légèrement que des hommes comme Buonarotti se trompent ; il y a toujours un sens profond dans les paroles de ces artistes complets et carrés. C'est comme le jour où Corneille a dit que Racine était un poète, mais pas un auteur dramatique. Il ne s'agit, pour trouver cette opinion parfaitement juste, que de voir l'art à la hauteur où l'a placé le vieux Corneille. Certes, lui qui faisait du théâtre un enseignement de devoirs héroïques, et cherchait dans chaque drame la combinaison idéale des sacrifices les plus élevés, ne pouvait pas appeler poète dramatique l'homme dont les ouvrages ne sont que l'analyse détaillée d'une passion ou le recit dramatisé d'un fait historique.

Raphaël était lié d'amitié avec les plus hauts personnages de la cour de Léon X, et le cardinal Bibiena le regardait comme son enfant ; il voulait lui faire épouser sa nièce, mais Raphaël refusait toujours, disant qu'il avait des raisons pour ne pas se marier, alléguant ses travaux, demandant deux ou trois ans pour réfléchir ; mais il taisait son véritable motif : le voici. Le pape Léon X était son débiteur d'une très-grosse somme pour les travaux du Vatican ; voulant s'acquitter sans appauvrir son trésor, et donner à Raphaël plus que de l'argent, il lui avait promis à la première promotion de cardinaux de lui donner le chapeau. L'idée de Raphaël cardinal pourrait nous faire sourire, nous hommes du dix-neuvième siècle ; mais il faut songer d'abord au caractère de Léon X pour qui les grands artistes étaient plus que des princes, à l'importance des peintres qui, à cette époque, étaient les premiers soutiens des papes, aux mœurs un peu relâchées de la cour pontificale, à la position éminente de Raphaël comme renommée et comme fortune, et surtout à la nature de cette charge de cardinal qu'on pouvait exercer sans être ecclésiastique. Quoiqu'il en soit, Raphaël aspirait ardemment à cette dignité, et voilà pourquoi il reculait toujours son mariage qui l'en aurait écarté ; mais au bout de trois ans qu'il avait demandés, il fut forcé de consentir au vœu du cardinal Bibiena ; les fiançailles même eurent lieu, mais la fiancée mourut avant la célébration du mariage. C'est ce que dit l'épitaphe de cette jeune fille qu'on lisait du temps de Vasari, vis-à-vis le tombeau de Raphaël :

> Mariæ Antonis F. Bibienæ, sponsæ ejus,
> Quæ lætos hymeneos morti præversit,
> Et antè nuptiales faces virgo est elata.

....

Raphaël la suivit de près. Il n'avait eu dans sa vie que deux passions, l'art et les femmes. Les femmes et l'art le tuèrent. Frêle de corps et d'une constitution délicate, il vivait par le corps et par le cerveau, c'était trop. La lame usa le fourreau. Les hommes faibles sont souvent les plus ardents à l'amour ; leur organisation nerveuse se monte facilement à un état habituel d'irritation qui leur fait de l'excès un besoin. L'ardeur des sens excite le génie, l'ardeur du génie excite les sens ; on vit double, mais on meurt jeune. C'est ce qui arriva à Raphaël : pas un peintre n'a autant produit que lui, et il est mort à trente-six ans. Après de longues journées de travail, où il avait quelquefois couvert plusieurs pieds de mur, et dépensé assez de génie pour défrayer toute la vie de cent artistes, il courait chez la Fornarina, et, tout brûlant encore du feu de la création, il lui apportait, éperdu, cette ardeur deux fois dévorante, qui était à la fois du génie et de l'amour. On dit qu'un jour, il achevait pour Agostino Chigi le palais de la Fornarina ; depuis long-temps il travaillait sans relâche, et cependant le travail n'avançait pas ; enfin, il va trouver Agostino, et lui dit : J'aime la Fornarina ; je ne peux pas travailler si elle n'est pas là ; envoyez-la moi chercher. On amène la Fornarina, et en quelques jours ses fresques furent achevées.

Tant de sensibilité hâta sa fin. Un matin, il rentra chez lui accablé par les excès de la nuit ; la fièvre le prit. Il ne voulut pas par pudeur dire la cause de ses souffrances ; les médecins crurent que c'était une inflammation, on le saigna ; il était épuisé, on l'épuisa encore ; il mourut. On a dernièrement trouvé une lettre, où l'on dit qu'ayant appris que le pape le demandait, il courut en toute hâte au Vatican ; qu'il y arriva trempé de sueur ; que le froid le saisit, et que ce fut là la cause de sa fin ; mais je ne crois pas cela : j'aime mieux qu'il soit mort d'amour, cela lui va. L'artiste qui a eu au plus haut degré le génie de la beauté, doit être mort par passion pour la beauté. Et puis, songez donc ! S'appeler Raphaël, avoir eu la vie la plus pleine de gloire et de bonheur, et mourir en pleine jeunesse, en pleine renommée, en plein amour, quand tout est encore en fleurs ! Ah ! cet homme a été le plus heureux de tous les hommes !

Cependant quand le déclin rapide de ses forces l'avertit de sa fin prochaine, il songea à finir chrétiennement. Il fit d'abord son testament ; assura à sa maîtresse, qu'il pria de quitter sa maison, une pension considérable ; assigna une rente annuelle à la restauration d'une des niches du Panthéon ; distribua le reste de ses biens entre ses deux élèves chéris, Jules Romain et François Penni ; puis ayant reçu les saints sacrements, il expira doucement le 7 avril 1520, à trois heures, un vendredi saint.

Ce fut un deuil immense. Balthazar Castiglione écrivait à la marquise sa mère : « Nous sommes à Rome, mais il nous semble ne plus y être depuis que Raphaël n'y est plus. » On exposa ses restes dans sa maison, selon l'usage du temps et du pays. Le lieu de l'exposition fut la salle où était suspendu le tableau de la Transfiguration, encore inachevé ; ainsi, le dernier chef-d'œuvre du grand homme fut placé à la tête de son catafalque. C'était une oraison funèbre en action. Son corps fut ensuite porté dans le Panthéon, et déposé, selon ses dernières volontés, au pied de la chapelle qu'il avait dotée. Par l'ordre du pape, le cardinal Bembo y fit inscrire une épitaphe et ces deux vers :

> Ille hic est Raphaël timuit quo sospite vinci
> Rerum magna parens, et moriente, mori.

« Ci gît Raphaël! Vivant, la nature craignait d'être surpassée par lui; mort, elle craint de mourir avec lui. »

Cent cinquante-trois ans plus tard, Carle Maratte voulut honorer la mémoire du grand peintre par un monument plus digne de lui qu'une simple épitaphe, et il fit placer un buste du maître dans une des petites niches ovales pratiquées d'un côté et de l'autre de la chapelle. Ce changement a donné lieu à d'assez étranges circonstances pour qu'elles méritent d'être rapportées.

Voici une lettre de M. Nibby au savant M. Quatremère de Quincy, qui expliquera mieux ce fait que nous ne le ferions nous-même.

« Vous savez que depuis un siècle à peu près l'académie de Saint-Luc exposait à la curiosité des étrangers un crâne que l'on disait être celui du peintre d'Urbin. Il y a 40 ans, pour répondre à des bruits qui semblaient révoquer en doute la vérité de cette assertion, on chercha à expliquer la circonstance qui avait mis l'académie en possession de cette précieuse relique; on déclara qu'en 1674, lorsque Carle Maratte fit faire par Paul Naldini le buste de Raphaël pour le placer au Panthéon, près du tombeau qu'on lui avait érigé sous l'autel de la madone del Sasso, le même Carle Maratte avait ouvert le tombeau, et en avait extrait le crâne du peintre d'Urbin ; mais les critiques de bonne foi n'étaient pas satisfaits de cette explication, et ils avertissaient constamment les étrangers de ne pas croire à cette fable. D'ailleurs, il y a deux ans, on trouva un document authentique qui prouva que le crâne était celui de don Desiderio de Adintorio, fondateur de la société des virtuosi du Panthéon, en 1542. Dès ce moment il s'éleva un différend entre les membres actuels de ladite société, qui voulait recouvrer la tête de son fondateur, et l'académie de Saint-Luc qui ne voulait pas renoncer à l'illusion où elle était, en croyant posséder le crâne du peintre d'Urbin.

» Après plusieurs mois de disputes, la congrégation des virtuosi, qui voulait toujours recouvrer la tête de son fondateur, invita à assister à la recherche du corps de Raphaël la commission consultative des antiquités et beaux-arts, l'académie de Saint-Luc, l'académie d'archéologie, et on procéda à cette mesure qui pouvait mettre d'accord les deux parties.

» Comme j'appartiens à chacune de ces trois aggrégations, j'ai assisté avec beaucoup de constance à tous les travaux, et je vous en parle en témoin oculaire.

» La méthode qu'on a suivie a été si régulière qu'on peut presque la taxer de minutie. Après diverses tentatives, on creusa enfin sous l'autel même de la Vierge, en prenant pour guide ce que Vasari dit positivement dans la vie de Raphaël et dans celle de Lorenzetto, et ce qui a été rapporté dans le catalogue des peintures et sculptures qui précède l'édition de cet auteur de 1563, on trouva bientôt une maçonnerie de la longueur du corps d'un homme. Les ouvriers taillèrent la pierre avec la plus scrupuleuse attention ; et après avoir creusé à la profondeur d'un pied et demi, ils trouvèrent un vide.

» Imaginez-vous les nouveaux soins que l'on prit pour procéder encore avec efficacité, mais avec tout le respect que demandait cette opération. Elle avait lieu solennellement, en présence de S. Em. le cardinal Zurla, vicaire de sa sainteté; de Mgr. Grimaldi, gouverneur de Rome; de Mgr. Patrizi, majordome; de Mgr. Fieschi, maître de la chambre; et de toutes les académies ci-dessus citées. Vous ne pouvez vous figurer l'enthousiasme qui s'empara de nous lorsque, par un dernier effort, on découvrit les restes d'une caisse mortuaire et le squelette tout entier, étendu tel qu'il avait été placé, légèrement couvert de terre ou de poussière humide provenant des débris de la portion supérieure de la caisse qui était décomposée, et des vêtemens et des parties molles; on reconnut clairement que le tombeau n'avait jamais été ouvert (il était difficile de croire que les autorités eussent permis cette indigne mutilation du corps de celui qui fait tant d'honneur à Rome et au siècle de Léon X), et il fut alors évidemment prouvé que le crâne de l'académie de Saint-Luc n'était pas celui de Raphaël. Le premier soin que l'on prit fut de dégager peu à peu le corps de toute cette poussière, que d'ailleurs on recueillit religieusement, parce qu'on avait l'intention de la replacer dans le nouveau sarcophage. On trouva dans ces débris des morceaux assez bien conservés de la caisse qui était de bois de pin, et des fragmens de peinture qui avaient orné le couvercle, plus des morceaux d'argile du Tibre : indices qui prouvent que l'eau du fleuve y avait pénétré au moins par infiltration ; plus une stelletta de fer, sorte d'éperon, dont Raphaël avait été décoré par Léon X : quelques fibules, beaucoup d'anelli de métal, partie des boutons du vêtement.

» On reconnut que la caisse avait été immédiatement murée, et que c'est à cette précaution que l'on doit la conservation des ossements.

» Le 15 septembre, on procéda à la reconnaissance du corps qui fut déclaré appartenir à un individu du sexe masculin, de petite proportion; l'acte formel fut terminé le 17. Le baron Trasmondi, professeur de chirurgie, mesura le corps tel qu'il était étendu; et après avoir fait les observations convenables sur les ossements et les isles (os du bassin), et sur le caractère fort et prononcé qu'ils présentaient, il prouva le sexe du sujet. Le marquis Biondi, président de la société d'archéologie, s'appuyant particulièrement sur les passages de Vasari dans la vie de Raphaël et de Lorenzetto; sur la note qui précède les œuvres de cet écrivain, imprimées en 1563; sur la lettre de Michael di Servettor, déclara en peu de paroles que ce qu'on voyait devant soi était le véritable corps de Raphaël, et adjura les assistants de dire s'il y avait quelque opposition. Plus de soixante-dix personnes présentes, l'élite de la haute société du pays et de Rome littéraire, approuvèrent l'opinion de M. Biondi. Beaucoup ne répondirent que par des larmes et les signes les plus passionnés d'attendrissement. On signa alors avec empressement l'acte de reconnaissance. Pirrhon lui-même, s'il eût été présent, n'aurait pas de bonne foi montré un seul doute.

» Quant à la manière dont on devait procéder, pour mettre ces ossements en sûreté, avec la plus grande décence, on convint unanimement de s'en rapporter aux dispositions testamentaires de Raphaël lui-même, dont vous connaissez bien les dernières volontés; on décida qu'après avoir posé les ossements dans une caisse plus solide, de plomb ou de marbre, on les replacerait au même lieu, en prenant toutes les précautions contre toute inondation éventuelle du Tibre.

» On va célébrer des funérailles dignes du temple et de la gloire de Raphaël. Le baron Camuccini fera le dessin de tout ce que nous avons vu, et il sera lithographié; Girometti gravera une médaille commémorative, et moi je suis chargé d'écrire le récit qui sera publié.

» Du 20 au 24, le public a été admis à voir le corps tel qu'il a été trouvé; et vous qui connaissez les Romains, vous ne serez pas étonné d'apprendre que la foule de toute classe a été innombrable. Le 24, on a enfermé les ossements dans une caisse provisoire, en attendant la caisse de marbre ou de plomb qui sera donnée par le pape.

» Depuis, les observations de M. Trasmondi et d'autres réflexions ont prouvé la parfaite ressemblance de ce qui reste de la charpente osseuse avec les portraits de Raphaël et avec les témoignages des contemporains. Le corps est bien proportionné; il est haut de sept palmes, cinq onces et trois minutes (cinq pieds deux pouces trois lignes); la tête, parfaitement conservée, a toutes les dents encore très-belles, au nombre de trente-une; la trente-deuxième de la mâchoire inférieure, à gauche, n'était pas encore sortie de l'alvéole. On revoit les linéaments exacts du portrait dans l'école d'Athènes : le col était long; les bras et la poitrine délicats; le creux, marqué par l'apophyse (protubérance pointue d'un os) du bras droit, paraît être une suite du grand exercice dans le travail du dessin; les jambes et les pieds étaient assez forts. Ce qui a surpris tout le monde et avec raison, c'est qu'on a trouvé le larynx intact et encore flexible; il était ample, et fait croire que la voix devait être étendue. Le larynx, exposé depuis à l'air, a pris une consistance d'ossification; mais j'en ai reconnu la flexibilité, parce que je l'ai touché au moment où on a découvert le corps.

» Jeudi dernier, on a moulé le crâne; l'opération a réussi parfaitement. Vendredi 18 octobre, l'urne fatale sera inhumée. Dans cette occasion, on illuminera d'une manière magnifique le Panthéon.

» Ces détails ne peuvent être que précieux pour un homme qui, comme vous, a voué un culte éternel à la mémoire de Raphaël, et qui lui a élevé un monument littéraire qui n'est pas moins admiré en Italie que dans le reste de l'Europe. »

E. LEGOUVÉ.

BENVENVTO·CELLINI·

BENVENUTO CELLINI.

Au milieu du seizième siècle, si prodigieusement fécond en grands-hommes de toute nature, Benvenuto Cellini est certainement un des plus extraordinaires. Sa vie, qu'il s'est chargé de nous raconter lui-même avec une originalité et une verve que l'on trouve rarement dans ceux qui font profession d'écrire, n'est pas seulement curieuse sous le rapport de l'art, mais aussi sous le rapport des mœurs. Il s'est mêlé à toutes les choses de son temps, et les a redites avec naïveté. Il nous a ouvert les portes des ateliers et des palais, libre à nous d'y entrer. Les Mémoires de Benvenuto Cellini sont une peinture animée de cette époque merveilleuse où la civilisation se dégageant tout-à-fait des ténèbres de la barbarie, venait s'échauffer et s'embellir au soleil des beaux-arts; c'est un tableau de la vie réelle du seizième siècle de cette vie pleine d'art, pleine d'études, pleine d'amour et de nouveautés, où la force brutale est encore un droit, où les poètes et les artistes portent la dague au côté; la multitude est là vivante, on la sent remuer; les mœurs intérieures, les fougueuses passions, les élans vers toutes sortes de découvertes, le bouillonnement de ses idées neuves nous sont révélés. On dirait une chambre noire où l'on voit agir et parler le seizième siècle, non plus comme un personnage qui se drape pour l'histoire et l'épopée, mais comme un homme devisant au sein de sa famille.

Benvenuto Cellini naquit à Florence le 2 novembre de l'année 1500. Orgueilleux, fanfaron, d'une bravoure inouie, « un peu traître sans croire qu'il le fût, » comme dit un de ses biographes, adroit à tout, peu scrupuleux, plein de ressources, n'ayant qu'une idée très confuse du juste ou de l'injuste, fort de corps et d'esprit, très mauvais catholique et superstitieux à l'excès, grand orfévre, grand musicien, grand sculpteur, ravissant écrivain, avec ses qualités et ses vices on le dirait né en quelque sorte pour devenir un type de son temps.—Dès l'âge le plus tendre, il est témoin ou acteur de choses miraculeuses. A trois ans, il place et serre dans sa petite main un gros scorpion, sans que l'animal le pique ou se défende. A cinq ans, il voit de ses deux yeux ce que personne n'a jamais vu, une salamandre sauter et se réjouir au milieu du feu, et il a de bonnes raisons pour ne l'oublier jamais. « Un jour, dit-il, mon père était dans une petite salle où l'on avait coulé la lessive; un feu de branches de jeunes chênes y brûlait encore. En regardant par hasard dans le feu, il aperçut un petit animal semblable à un lézard qui se récréait dans l'endroit le plus ardent; il vit aussitôt ce que c'était, nous fit appeler ma sœur et moi, et me l'ayant montré, il me donna un soufflet qui me fit beaucoup pleurer; puis me consolant avec bonté, il me dit : Mon tendre et cher enfant, je ne te frappe point parce que tu as mal fait, mais seulement afin que tu te rappelles que ce petit lézard que tu vois dans le feu est une salamandre. Aucune personne connue n'a vu cet animal. Ayant dit ces mots, il m'embrassa et me donna quelques petites monnaies. » Tout le monde n'approuvera peut-être pas l'excellence de cette recette pour donner de la mémoire aux enfants; mais il n'en est pas moins vrai que Benvenuto est resté dans la ferme croyance qu'il avait vu une salamandre : son père était un bon-homme, doux et tranquille; il exerçait sa profession de joueur de flûte et de chanteur avec beaucoup de calme, et s'étonnait d'avoir mis au monde ce lion bondissant; il n'avait de passion que pour la musique, et ne cessait de l'apprendre à ses enfants. A peine le petit Benvenuto fut-il en état de tenir une flûte, qu'on le portait sur les épaules pour jouer sa partie dans les concerts de la cour. L'enfant dessinait malgré cela, et il fallut le mettre en apprentissage chez un orfévre; mais son naturel l'emporta bien vite sur son amour filial, et à quinze ans il s'en alla à Pise sans prévenir qui que ce fût, seulement parce que le matin il s'était un peu querellé avec *son bon père*, toujours, comme il le dit, « à cause du flûter. » Il a une horreur très comique de la flûte, quoiqu'il y eût fait de légers progrès par obéissance. Le pauvre père lui écrivait à Pise, où il le savait dans une boutique d'orfévre, pour le prier fort tendrement de retourner chez lui. « Dans toutes ses lettres il me recommandait de ne pas abandonner la musique qu'il m'avait apprise avec tant de peine; cela me faisait venir aussitôt l'envie de ne plus retourner, tant j'avais en haine ce maudit flûter. Il me semblait en vérité être resté en paradis un an entier que dura mon séjour à Pise sans jouer de la flûte. » A la fin, il tomba malade et revint à Florence, où il resta deux mois au lit. « Mon père me fit soigner avec la plus grande tendresse, me disant sans cesse qu'il lui semblait attendre ma guérison depuis mille ans, tant il avait envie de m'entendre jouer de la flûte. » Voyant cela, Benvenuto, encore tout plein de fièvre, demanda une flûte à sa sœur, et se mit à jouer « avec tant de facilité et un si beau doigté, » que son père pleura d'ivresse et lui donna sa bénédiction à deux ou trois reprises.

Peu après, il fut obligé de quitter Florence pour avoir tué un de ses camarades, et il s'enfuit à Rome. A dix-sept ans son esprit batailleur l'avait déjà jeté dans une douzaine de mauvaises affaires, toujours l'épée ou le poignard à la main; à la moindre contrariété, la fièvre de sang lui monte au visage; c'est comme une maladie : la vengeance est pour lui un besoin irrésistible; il ne peut travailler, il maigrit tant qu'il ne s'est pas vengé, et c'est merveille de voir comme ce jeune homme se fourre dans les plus sanglantes querelles tout en invoquant le nom de la douce vierge Marie, et en prouvant que ce n'est pas sa faute s'il se bat trois ou quatre fois par jour. Cela, du reste, ne l'empêchait pas d'étudier son art, d'aller dessiner à la chapelle Sixtine, d'après Michel-Ange, de copier les statues antiques, si bien qu'il se fit assez vite une bonne position à Rome. Il avait ouvert une boutique dans laquelle il montait les pierres fines, gravait des médailles, ciselait des boucles et des épingles, et faisait toute espèce d'ouvrages d'or et d'argent. La fameuse coupe que possède notre Musée peut donner une idée de ces travaux et du goût admirable qu'il y déployait. L'intérieur est rempli par un bas-relief d'un fort grand style de dessin et d'une exécution superbe; l'extérieur et le pied sont ornés de petits animaux, de masques et de feuillages merveilleusement composés et d'une abondance d'invention inépuisable.

Entr'autres choses, il avait entrepris pour un évêque de Salamanque, ambassadeur à Rome, une grande aiguière que l'on plaçait sur les buffets; mais il mit un si grand temps à achever cet ouvrage, que l'évêque, une fois qu'il l'eut en sa possession, voulut faire attendre le prix aussi long-temps qu'il avait attendu le vase. Benvenuto maudissait l'Espagne et « tous ceux qui l'aimaient; » car sa haine ne procédait jamais que par grandes masses, quand par hasard le vase lui revient entre les mains pour une petite réparation. Alors il dit au domestique qu'il ne le rendra qu'après bonne quittance; celui-ci, « à sa manière espagnole, » veut mettre l'épée à la main; mais comme il trouve à qui parler, il va chercher ses camarades, et les voilà qui arrivent à pied et à cheval, le maître-d'hôtel en tête, pour assaillir la boutique. Benvenuto, plus colère et plus violent qu'aucun homme de ce siècle, plein de colère et de violence, connaissait trop son monde pour se laisser surprendre, on le trouva barricadé, et il les mit en fuite avec son escopette. « Cette affaire les força de raconter le cas à Monseigneur, qui tança sévèrement ses officiers et ses gens d'avoir commis un tel excès, et de ce qu'ayant commencé ils n'avaient pas achevé. Puis il me fit dire que si je ne lui portais le vase, le plus grand morceau qui resterait de moi serait mes oreilles, et que si je le lui portais, il me le paierait au moment même. Je ne fus nullement épouvanté, et muni d'un long poignard et de mon excellente cotte de maille, j'allai chez lui avec Paulin, qui portait le vase d'argent. Il avait fait armer tout son monde. En entrant, je crus passer au milieu du Zodiaque, l'un semblait le lion, l'autre le scorpion, un troisième le cancer. Enfin nous parûmes devant ce maudit prélat, qui se répandit en invectives dignes d'un prêtre et d'un espagnol. Je ne daignai pas lui répondre, ce qui semblait augmenter sa rage. Cependant, ayant fait apporter de quoi écrire, il me dit de signer de ma main qu'il m'avait payé comme je l'avais voulu. Je levai la tête, et je répondis que je le ferais volontiers s'il me donnait mon argent. Il devint furieux. Ses bravades et ses injures furent grandes, mais enfin j'eus mon argent, je signai et je m'en allai fort gai et fort content. » Ces choses se passaient à Rome en plein jour, et Benvenuto les raconte de façon à laisser croire qu'elles n'avaient rien de bien extraordinaire.

Benvenuto n'avait encore que vingt-trois ans, et il continuait à se perfectionner avec une rare intelligence dans toutes les branches de sa profession. Il n'avait fait jusque-là que des médailles coulées; il commença à ciseler des coins d'acier que l'on frappait ensuite; rien ne lui paraissait difficile : ayant trouvé un jour par hasard un poignard turc damasquiné, il essaya quelques ouvrages de ce genre, et ne tarda pas à y réussir. Ambitieux des moindres supériorités, il s'occupa aussi, vers cette époque, de l'art d'émailler, dans lequel un certain Ameriga, de Florence, s'était créé une imposante réputation. — L'émail prête tant de couleur, de vie et d'élégance aux pièces d'orfévrerie, il produit, mêlé à l'or ou à l'argent, des tons si chauds et si harmonieux, que l'on doit beaucoup reprocher à la bijouterie moderne de l'employer trop rarement. La renaissance, en France comme en Italie, nous a laissé de magnifiques joyaux émaillés, et les armoires du Louvre contiennent en ce genre des chefs-d'œuvre que les orfévres modernes ne se lasseraient pas d'étudier s'ils n'étaient devenus de sordides marchands, au lieu de se montrer, comme leurs frères de la renaissance, de généreux artistes. Ils ont converti un art superbe en triste métier. Autrefois, il n'en était pas ainsi, les orfévres dessinaient à l'école des peintres; ils fréquentaient les académies; ils avaient titre et rang d'artistes. Benvenuto parle de beaucoup de ses confrères de manière à prouver qu'ils lui étaient presque tous de dignes rivaux, et l'on a remarqué que Brunelleschi, Donatello, Verrochio, Luca della Robbia et Ghiberti, les plus grands noms de la sculpture italienne, avaient été orfévres.

On sait qu'au commencement de l'année 1527 Charles de Bourbon ravagea l'Italie et vint assiéger Rome : Benvenuto ne pouvait guère, de l'humeur qu'on lui connaît, manquer de prendre parti dans ces sanglants démêlés; il fut des premiers au feu, et il assure, dans ses Mémoires, que c'est lui qui tua le connétable d'un coup d'arquebuse. Après cet exploit, il s'enferme volontairement dans le château Saint-Ange avec le pape et les troupes pontificales. Là il s'abandonne sans réserve à son esprit guerrier; il est partout, il ranime le courage des prêtres et des soldats; il tire plus de coups de canon à lui seul que tous les canonniers ensemble; il pointe toujours admirablement vers les endroits où il pense pouvoir faire le plus de mal, et le pape, dit-il, lui voulait pour cela un bien infini. Tandis qu'il était occupé à cet emploi infernal, plusieurs des cardinaux qui se trouvaient dans le château s'amusaient à le regarder faire; mais il cria si fort, qu'on les enferma. N'est-ce pas chose curieuse

que cet orfévre de vingt-cinq ans, si grand ennemi du flûter et si batailleur, que les cardinaux viennent voir tirer le canon, et qu'il fait enfermer parce que leur barette rouge se remarque de trop loin! Toutefois le terrible Benvenuto n'oubliait pas son salut, et comme il ne se passait pas de jour où il ne tuât quelqu'ennemi, il se jetait de temps à autre aux genoux de Clément VII pour lui demander son absolution. Le bon pape lui faisait très sérieusement un grand signe de croix sur le visage et lui disait : « Je te bénis et te pardonne tous les homicides que tu as commis et que tu commettras dans la suite au service de l'Eglise apostolique. »

Cellini, au château Saint-Ange, ayant à remuer du canon au milieu de l'odeur de la poudre, des cris et du fracas des combats, était dans la joie de son âme. On ne peut se figurer son bonheur et sa vitalité; le feu de la guerre lui sort par tous les pores. « Je me trouvais souvent plus de dispositions pour ce métier que pour le mien, et je l'exerçais de si bon cœur que j'y réussissais mieux que dans mes travaux habituels. Mon dessin, mes belles études, mon talent à jouer des instruments, tout était oublié pour m'occuper de faire jouer mon artillerie, et s'il fallait raconter toutes les grandes choses que j'ai faites dans cette époque diabolique, j'étonnerais le monde. » Il n'est pas rare d'entendre Benvenuto se vanter avec cette excessive candeur : jamais personne n'eut plus imperturbablement la conscience de ses propres mérites. Au sang-froid qu'il met à se louer ou raconter quelque mauvais meurtre, on serait tenté de croire que ce n'est pas de lui qu'il s'agit, et ces naïvetés d'un homme inculte, étranger à toutes les fausses modesties du monde, égaient singulièrement la lecture de ses Mémoires.

Quand le pape eut enfin conclu avec les Impériaux une paix désastreuse, son canonnier-orfévre reprit les travaux de son art, et fit surtout beaucoup de médailles d'or et d'argent, que les dames et les gentilshommes avaient habitude de porter au chaperon. Cette coutume rapportée par Cellini explique un fait qui avait, jusqu'à ce jour, paru un peu obscur, nous voulons dire l'immense quantité de médailles que nous a laissées l'Italie, et dont la signification embarrasse bien souvent. Chacun, en commandant une médaille pour l'attacher à sa toque, y faisait graver, suivant ses goûts personnels, son caprice ou celui de l'artiste, des sujets ou des allégories qui sont devenus naturellement lettre-morte pour nous.—Après avoir gravé les coins de la monnaie, Benvenuto fit le célèbre bouton de la chape du pape. Ce bouton était, s'il faut en croire Vasari, un travail merveilleux, et la description qu'en fait Benvenuto donne de mortels regrets qu'il soit perdu. « J'avais situé le gros diamant précisément au milieu de l'ouvrage, et j'avais placé Dieu assis dessus dans une attitude si dégagée qu'il n'embarrassait pas du tout le joyau, et qu'il en résultait une très belle harmonie ; il donnait la bénédiction en élevant la main droite. J'avais disposé au-dessous trois petits anges qui le soutenaient en tenant les bras en l'air. Un de ces anges, celui du milieu, était en ronde-bosse, les deux autres en bas-relief. Il y avait à l'entour une quantité d'autres petits anges disposés avec d'autres pierres fines. Dieu portait un manteau qui voltigeait, et d'où sortait un grand nombre de chérubins et mille ornements d'un fort bel effet. » Clément VII, plein d'enthousiasme quand il vit le bouton, promit à l'orfévre de lui donner tout ce qu'il demanderait ; mais la chose en resta là, ainsi qu'il arrive presque toujours. Jamais les artistes ne furent plus mal payés qu'au seizième siècle. Avec sa hauteur d'âme, et l'esprit d'indépendance qui donne, en dépit de tout, une grande beauté à son caractère, Cellini ne manqua point une si belle occasion de se répandre tout haut en déclamations furibondes contre l'ingratitude du vicaire de Jésus-Christ ; mais le pape s'en moqua, et lui commanda un calice qu'il voulut absolument avoir sans donner d'argent. Là-dessus Benvenuto recommence à crier et tempêter, il s'en va dire à tout le monde que son bon pape « est devenu comme une bête féroce. » Son bon pape, aussi méchant, aussi entêté que lui, ordonne et insiste ; l'autre, qui a bientôt le sang à la tête, se fâche, refuse obstinément, dit des injures, et Clément, dont la douceur n'était pas la vertu favorite, le fait loger en prison.

Quand ces deux enragés en furent là et virent bien qu'ils ne valaient pas mieux l'un que l'autre, ils se trouvèrent fort embarrassés, le premier de son odieuse injustice, le second de son inutile colère, et l'affaire s'arrangea à l'amiable : seulement Benvenuto, tout en répondant que le plus grand trésor qu'il pût acquérir au monde était les bonnes graces d'un si grand et si excellent pape, ne peut s'empêcher de murmurer lorsqu'il rentre dans sa boutique en grondant comme un lion dans sa caverne. « Je remercie Dieu maintenant ; je sais comment est faite la foi des papes. » En général, chose qui paraîtrait singulière dans un dévot si l'on ne connaissait la dissolution proverbiale du clergé romain ; en général, disons-nous, Cellini exècre tout ce qui porte une longue robe ; il prouve que le peuple connaissait déjà bien ses maîtres, et quand il veut injurier quelqu'un, il l'appelle vieux moine.

A peine était-il réconcilié avec sa sainteté, qu'il se prit de querelle avec je ne sais plus qui ; c'était dans la rue ; il ramassa de la boue et la jeta de toute sa force au visage de son adversaire ; celui-ci baissa la tête, et comme (toujours par hasard) il y avait une grosse pierre cachée dans la boue, elle lui fracassa le crâne et il tomba privé de sentiment. Un bon ami de Benvenuto courut rapporter la chose au pape, qui entra en fureur et donna l'ordre d'arrêter et de pendre ce démon sur-le-champ. Heureusement, il parvint à s'enfuir jusqu'à Naples. L'homme frappé guérit, quoiqu'il eût juré plusieurs fois qu'il voulait mourir pour mettre Benvenuto dans l'embarras ; et voilà Clément VII désespéré d'avoir perdu son orfévre sans avoir au moins joui du plaisir de le pendre ; il s'enquiert souvent de lui : l'autre, de son côté, revient secrètement à Rome, fait une belle médaille bien flatteuse pour le pape [1], et un beau soir d'été il lui en apporte, avec la plus audacieuse timidité, trois épreuves, une d'or, une d'argent et une de cuivre. « Quand je fus devant sa sainteté, je lui présentai la médaille et les coins en acier ; elle me regarda, et les prit ; puis, ayant vu tout le mérite de ce travail, elle se tourna vers messire Pietro, et dit : « Jamais les anciens n'ont eu de si belles médailles. » Tandis que l'on considérait tout cela, je me mis humblement à dire : « Si l'influence de ma mauvaise étoile, qui s'est démontrée d'une manière si violente, n'avait été balancée par une puissance plus forte encore, votre sainteté aurait perdu un serviteur fidèle et plein d'amour, sans qu'elle ni moi en fussions la cause. Dans ce cas-là, très saint-père, comme dans d'autres, ce ne serait pas un mal de suivre l'opinion de certaines personnes d'un gros bon sens, qui disent qu'il faut saigner sept fois avant de couper une.

[1] Cette médaille, comme celle dont nous avons parlé tout-à-l'heure, a été publiée dans le magnifique ouvrage qui paraît en ce moment sous le titre de *Trésor de Numismatique et de Glyptique.*

La méchante langue menteuse de mes ennemis avait irrité votre sainteté à tel point qu'elle voulait me faire pendre. Elle voit cependant ce qui serait arrivé ; elle se serait privée d'un serviteur qu'elle apprécie, et je suis certain que, dans la suite, elle en aurait eu les plus grands remords devant Dieu et devant les hommes. Les pères et les maîtres compatissants et adroits ne doivent donc pas laisser leur bras s'appesantir avec tant de précipitation sur leurs enfants et leurs serviteurs ; car alors le repentir arrive quand il n'est plus temps. Ainsi, puisque Dieu s'est opposé à la maligne influence des étoiles, et qu'il m'a conservé à votre sainteté, je la prie d'être une autre fois moins prompte à s'irriter contre moi. » Après ce beau sermon, tout fut oublié, et le pape, qui « avait peur que je ne lui fisse encore un petit sermon pire que le premier, se hâta de parler d'autre chose. » — Siècle étrange, brillant, vigoureux, poétique, et qu'il est impossible de ne pas admirer quand l'imagination s'échauffe ! époque singulière que celle où l'on s'acquitte d'un assassinat en créant une belle médaille ! Et remarquons, avant de passer outre, comme Benvenuto, même en venant faire ses soumissions, n'en conservait pas moins une certaine aigreur. Le pauvre artiste de la renaissance pouvait bien faire comme le chien qui vient lécher les mains du maître qui l'a battu ; mais l'homme de cœur perçait toujours, et sa morgue nous plaît comme une noble protestation. Du reste, on voit que cet indomptable Cellini avait, à l'occasion, des paroles tellement sages que saint Augustin n'a jamais mieux dit.

Peu de temps après, Clément VII mourut. En allant, selon l'usage, lui baiser les pieds sur son lit de parade, Benvenuto, quoiqu'il eût d'ordinaire l'habitude de tourner les coins de rues en prenant le large, rencontra face à face un de ses grands ennemis, l'orfévre Pompeo, « un vilain homme qui avait chargé deux ou trois soldats de m'assassiner, et contre lequel (dit-il d'un ton piteux, assez comique dans sa bouche) j'eus bien de la peine à défendre ma pauvre vie. » Or, disons-nous, il le rencontra en plein jour, au milieu d'un grand concours de peuple que la cérémonie du baise-pieds avait attiré là, et parce que Pompeo s'arrête devant lui le temps de dire deux *Ave*, il se précipite sur ce malheureux qui voulait l'insulter, à ce qu'il nous assure. « Je fis un mouvement pour le frapper au visage ; mais la frayeur lui fit tourner la tête, et le coup de poignard porta précisément au-dessous de l'oreille. Je ne lui en donnai que deux, car au premier il tomba mort dans ma main. Jamais mon intention n'avait été de le tuer, mais comme on dit, on n'est jamais sûr de ses coups. » Le cardinal Cornaro ayant appris l'affaire, lui envoya de son chef quarante soldats armés de longues pertuisanes, de piques et d'arquebuses pour le conduire chez lui et le mettre en sûreté. Ce Francesco Cornaro, qui avait tant de sollicitude pour un forcené, était à la vérité un vieux soldat qui s'était retiré lassé du sot métier des armes, et que Clément VII avait nommé cardinal à cinquante ans, avant même qu'il fût ecclésiastique. Aussi devons-nous dire, afin qu'on ne nous accuse pas d'être trop sévère pour la sociabilité sauvage de l'an 1534, que le cardinal Médicis lui disputa l'honneur de protéger l'assassin, et dit du haut de sa toute-puissance : Celui qui agira contre Benvenuto agira contre moi. Messieurs les cardinaux, qui avaient toujours l'épée au poing comme Cellini, trouvaient son action superbe. Pour compléter la moralité de cet épisode, sitôt que Farnèse fut pape sous le nom de Paul III, il voulut qu'on fît un sauf-conduit à Benvenuto pour qu'il pût travailler à ses monnaies ; et comme on lui représentait qu'il ne serait pas bien que, dès le commencement de son pontificat, il fît des grâces de ce genre, il reprit : « Vous n'entendez pas les affaires comme moi. Sachez que les hommes uniques dans leur profession, comme Benvenuto, ne doivent pas être soumis aux lois. » Aux lois, non, mais au plus lâche arbitraire. Nous verrons tout-à-l'heure que cela est possible.

Cellini, rentré dans sa boutique, s'occupa plus sérieusement que jamais ; montant des bijoux, faisant des médailles, rêvant déjà à tailler du marbre, travaillant pour tout le monde, et surtout pour Paul III qui, pris un jour de grande générosité envers Charles-Quint, lors de la visite de ce dernier à Rome, lui donna son fameux orfévre avec deux beaux chevaux et un livre de prières enluminé. C'était l'usage en ce temps que les artistes modernes ont la folie de regretter, les grands se passaient un bon peintre ou un bon sculpteur presque comme un levrier d'Espagne ; mais notre homme se dit malade, se brouilla avec le pape, et s'en fut voir la France. — Sitôt arrivé, il se présente à la cour de François Ier ; celui-ci le regarde à peine, lui ordonne de le suivre à Lyon, et, tout occupé de la guerre, ne s'inquiète pas le moins du monde du fameux orfévre. Benvenuto, irrité d'une aussi brutale indifférence, laisse là les Français et « leur ennuyeuse cour, » et s'en va résolument comme il était venu, sans rien dire à personne. Il retourne à Rome. Paul III lui commande de nouveaux ouvrages qu'il ne paie pas plus que Clément VII n'avait payé sa médaille et son bouton : mais bientôt son avidité prête l'oreille aux calomniateurs qui accusent Benvenuto d'avoir volé des bijoux à Clément, et il l'enferme au château Saint-Ange. En vain François Ier, très surpris de voir le sculpteur abandonner sa cour comme une mauvaise auberge, le fait réclamer; Paul III le garde en prison, et ici s'établit une lutte terrible entre ces deux volontés de fer. Le pape, comme tous les méchants princes, devient plus lâche et plus cruel à mesure que sa victime montre plus de courage. Cellini déploie une vigueur et une fermeté admirables. Il repousse éloquemment les calomnies; il ne s'en laisse même pas approcher : le malheur met en relief tous les beaux côtés de son âme; il est superbe; et toujours plein de foi en lui-même, toujours railleur, toujours insolent, même lorsqu'il s'adresse à Dieu; suspendu en haut d'une échelle de corde pour s'évader du château Saint-Ange, sa voix ne prononce que cette prière : « Seigneur, la justice est pour moi, vous le savez. Aidez-moi, puisque je m'aide. » Il se laisse couler, et se brise une jambe, mais le cœur ne lui manque pas; il se traîne sur les mains et les genoux jusqu'au palais de son ami le cardinal Cornaro... Il est sauvé! Non, non, Dieu ne l'a pas entendu; monseigneur Cornaro le livre traîtreusement au pape pour un évêché, et Cellini malade, souffrant, épuisé, rentre en prison! Le pape envoie un bourreau qui ne trouve pas le courage d'exécuter ses ordres homicides; il lui fait grâce de la vie, pour le plonger dans un cachot obscur, fétide, rempli de tarentules,.d'insectes venimeux, et c'est seulement au bout de cinq ou six mois de ces tortures, que, tout gorgé de vin, il le cède, dans une nuit d'orgie, aux instances du cardinal Ferrara, ambassadeur de François Ier.

En vérité, si l'on ne lisait des Mémoires authentiques, on ne pourrait croire à un pareil abus de la force, à un aussi complet oubli de tout sentiment, de toute apparence même de justice; et du reste il paraît que les souffrances n'avaient rendu Benvenuto guère plus traitable;

car Annibal Caro, annonçant à Varchi l'heureuse nouvelle de l'élargissement de leur ami, écrivait : « On ne manque pas de lui faire sentir comment son intérêt exige qu'il se conduise; mais c'est presqu'inutile : quelle que soit la violence de ses discours, il croit toujours parler avec modération. »

Le cardinal Ferrara l'emmena promptement en France, où cet homme de bronze, bien vite rétabli, arriva sain et sauf après avoir tué en route deux querelleurs de son espèce, toujours sans le vouloir, et par leur faute, bien entendu.

François Ier marchanda si misérablement le ciseleur florentin, que celui-ci, avec sa dignité habituelle, quitta encore une fois la cour, et se mit en route pour la terre sainte. On eut beaucoup de peine à le rejoindre et à le décider à revenir. Alors, le vaniteux roi des Français se pique; il veut lutter d'orgueil avec l'orgueilleux italien; tout-à-coup il le traite magnifiquement; il lui prodigue l'or, lui donne des lettres de naturalisation, et le fait seigneur du petit Nesle, l'appelle son ami Benvenuto. Quand Cellini voulut prendre possession de ce château, dont *son grand roi* l'avait fait seigneur, ceux qui l'occupaient ne voulurent pas le lui livrer; vite il arrive tout blanc de colère s'en plaindre à François; mais François répond : « Si tu es l'homme que l'on m'a dit, tu n'as pas besoin de mon autorité; force-les à te le rendre, puisque nous le voulons. » Oh! quand il s'agissait de ferrailler, le roi était digne de l'orfévre; celui-ci n'a pas plutôt cette parole, qu'il tire sa dague, court au petit Nesle, enfonce les portes, et jette tout par les fenêtres, seigneur, bourgeois, hommes, femmes et meubles. Un des mal-appris qui étaient là-dedans lui fait un procès pour ses chaises cassées et ses chausses déchirées; le terrible Florentin, au milieu des débats de la justice, qui était probablement aussi juste dans ce temps-là qu'aujourd'hui, finit par perdre patience, et se tire ainsi d'affaire. Laissons-le parler. « Quand je vis ces avocats me remettre des sentences dans les mains, ne voyant plus d'autre moyen de défendre mon droit (son droit!) j'eus recours à une longue dague que je portais; car j'ai toujours aimé à avoir de belles armes. Le premier que je commençai à toucher fut celui qui m'avait intenté cet injuste procès; et un soir je le frappai de tant de coups sur les bras et sur les jambes, ayant cependant la précaution de ne pas le tuer, que je le privai de ses deux jambes. Puis je rencontrai celui *qui avait acheté sa cause*, et je le maltraitai de telle façon qu'il arrêta la marche du procès. Ensuite je remerciai Dieu comme je fais de tout ce qui m'arrive. »

Ce n'est ni la première ni la dernière fois que ce rodomond en agit de la sorte pour se défendre « des coquineries que les Français voulaient lui faire. »

C'est en France que le génie de Benvenuto prit tout son développement; c'est là qu'il se livra à ces travaux qui fondent les belles renommées et que juge la postérité; c'est là enfin qu'il commença à faire de la grande sculpture. Il monta un atelier considérable avec nombre d'ouvriers, tant pour l'orfévrerie que pour la statuaire. Le roi, prodigue quand il s'agissait de ses fantaisies, lui demanda douze statues en argent, de grandeur naturelle, dont il voulait faire des candelabres de salle à manger. L'idée était magnifique, elle exalta l'artiste. Il eut bientôt fait le modèle de cinq de ces statues, et exécuté l'une d'elles; c'était, je crois, Jupiter. Il fit à ce Jupiter un piédestal en bronze orné de bas-reliefs, qui vint heureusement à la fonte, ainsi que deux têtes colossales également en bronze. Il commença un dieu Mars d'une taille si énorme, qu'un de ses élèves cacha une femme dans la tête pendant plusieurs jours.—Tous ces ouvrages sont malheureusement perdus; mais on conserve au Musée le bas-relief qu'il fit ensuite pour la porte de Fontainebleau. Il représente une femme nue, couchée dans une belle position; elle a le bras appuyé sur le col d'un cerf, et est entourée de chevreuils, de sangliers, de bassets et de lévriers qui rappellent la forêt d'où sort la fontaine. Quand on voit cet ouvrage d'un style plein de grandeur et d'élégance, on excuse Cellini d'avoir si belle opinion de son talent.

Cependant la vie commençait à se faire dure en France pour lui. Il n'avait pas su plaire à madame d'Etampes, et quoiqu'il fît des choses superbes, et entr'autres la porte de Fontainebleau, dont il ne reste que la nymphe, et dont le roi disait : « Je crois certainement que, s'il y a des portes au paradis, elles ne peuvent être plus belles que celles-ci, » François Ier ne s'en laissait pas moins prendre « aux mots de sa madame d'Etampes, qui était bien méchante comme une chienne enragée, et qui disait plus de mal du pauvre Benvenuto qu'on n'en pourrait dire d'un ennemi mortel du saint Rosaire. » Le *grand* roi n'était pas homme à sacrifier une maîtresse à un grand artiste; le prétendu restaurateur des lettres n'était pas même capable d'imposer un grand artiste au caprice d'une femme. Aussi Benvenuto se dégoûta peu à peu de la France, et partit, abandonnant sept cents écus d'or qui lui étaient dus sur ses appointements, et laissant le petit Nesle à qui voudrait le prendre. On avait promis de le noyer dans l'or, et après tous ces beaux travaux, il n'emporta que des promesses royales. Mais que lui importe! il est libre, puisqu'il change de chaînes; il part sans regret. Il va s'établir à Florence, sous Côme Ier, et c'est alors que cet ouvrier, dont les Mémoires nous sont restés comme un des meilleurs livres de la langue italienne; que cet orfévre que nous avons vu monter des pierres fines, devient ingénieur, et, de même que Michel-Ange, fortifie Florence pour la défendre contre les Siennois.—Les talents universels de tels hommes ont quelque chose qui nous épouvante, quand nous les comparons à nos mesquines spécialités. — Benvenuto, à Florence comme à Paris, n'était plus seulement un admirable bijoutier, mais aussi un habile sculpteur. Peu après son arrivée, il modela la fameuse statue de Persée, et dans cette entreprise si magnifiquement conduite à fin, l'homme et ses défauts disparaissent pour ne laisser voir que le grand artiste. Il se purifie dans les douleurs de la création; c'est une énergie, une fécondité de ressources, une persévérance, un noble besoin d'être digne de la célèbre école florentine, qui entraînent l'admiration. Quoique le prince la lui ait commandée en personne, il marche à l'achèvement de ce groupe à travers mille obstacles et mille dangers que lui suscitent ses nombreux ennemis, la volonté flottante de Côme et les mœurs du temps. Il y a là un payeur du grand-duc, « un petit homme sec et maigre, avec des petites mains d'araignée, une petite voix de cousin et une lenteur de limaçon, » qui lui fait le plus de mal possible. Aucun sacrifice ne lui coûte; la cour n'envoie plus d'argent, il en trouve; il paie de sa bourse : aucune fatigue ne l'arrête, et jamais soldat ne dépensa tant d'intrépidité pour emporter une place d'assaut; mais où il devient véritablement sublime, c'est en présence de tous les accidents qu'offrit la fonte de son ouvrage. Il n'est rien de plus beau que cet homme malade à mourir, oubliant devant ses fourneaux en feu la fièvre dévorante, suffisant aux moindres détails, ranimant les ouvriers effrayés, jetant dans la fournaise, pour l'alimenter, ses plats, ses écuelles, ses assiettes d'étain, son bien entier, dormant dix-huit heures de suite après le succès, et racontant tout cela avec l'enthousiasme, l'orgueil et la verve d'un général victorieux. Il n'y a de comparable à ce triomphe que la ravissante simplicité, la résignation et le pur calme d'âme avec lesquels un de nos plus grands-hommes, Bernard Palissy, placé à-peu-près dans les mêmes circonstances, raconte son superbe dévoûment à son œuvre.

Le groupe de Persée fut payé à Benvenuto 3,500 écus par 100 écus mensuels, dont le duc lui devait encore le tiers à la fin de sa vie. Il en avait demandé 10,000, et ses rivaux, ceux-là même qui l'appelaient auparavant par dérision le nouveau sculpteur, l'avaient estimé 16,000. Il est certain, écrit-il, que j'ai été volé et assassiné. Cela ne l'empêcha pas de donner plus tard à la femme de Côme un grand Christ ronde-bosse en marbre blanc sur une croix de marbre noir, que Côme ne paya jamais.

C'est vers cette époque, 1562, que Benvenuto Cellini cessa tout-à-coup de dicter ses Mémoires. Heureusement pour nous, M. Farjasse, son meilleur interprète, M. Farjasse, à la modeste érudition duquel nous rapportons en conscience tout l'honneur de notre travail, s'était trop épris de son héros pour laisser son histoire incomplète, et il a raconté les huit dernières années de Benvenuto dans une Notice écrite avec le plus grand goût. Il paraît que Benvenuto, toujours extravagant, finit, à cinquante-huit ans, par entrer dans les ordres, et fut tonsuré solennellement le 2 juin 1558. Celui qui rendait grâce à Dieu d'avoir rompu les jambes d'un ennemi, devait bien en venir là; mais il ne pouvait guère persévérer dans une pareille résolution. En effet, deux ans après, il jeta aux orties l'habit ecclésiastique et se maria. A soixante-neuf ans il eut un fils, et mourut à soixante-onze en une telle misère qu'il avait été obligé d'ouvrir une nouvelle boutique d'orfévrerie pour soutenir sa famille.

Nous savons ce qu'au point de vue moral on peut penser de cet homme, dont la férocité (c'est le mot) n'a de contrepoids que le génie des arts; mais n'est-il pas triste de voir ce grand sculpteur mourir de la sorte, mourir en écri-

vant aux agens que Côme Ier avait enfin chargés de régler ses comptes : « Sachez que le martyre que j'endure surpasse de beaucoup celui de saint Barthélemy; cet apôtre, du moins, n'a été qu'écorché; mais moi, dans ma glorieuse patrie, non seulement j'ai été écorché injustement, mais ensuite on a disséqué mes misérables chairs, de sorte qu'il ne me reste plus que les os découverts. »

La vie entière de cet artiste est semée de pareils tourments, et, à cinquante-quatre ans, dans toute la puissance de son génie, voilà la pétition qu'il était obligé d'adresser à *son admirable grand-duc*, pour demander ce qu'on lui devait :

«Très illustre, très excellent et très honoré seigneur,

» J'ai déjà supplié votre excellence illustrissime, par plusieurs pétitions, de m'accorder quelque secours pour soutenir ma misérable existence, et je lui ai exposé mes malheurs : je ne les rappellerai donc pas. Je sais qu'un prince aussi plein de talent que votre excellence connaît ce que méritent mes honorables travaux, quels que faibles qu'ils soient, et qu'elle n'ignore pas combien je souffre.

» Je prie donc votre excellence illustrissime de me faire payer trente ou quarante florins par mois, à valoir sur mes pensions et sur les sommes que j'ai avancées, et dont elle m'a reconnu créancier sur le livre de Ruberti. Voilà plus d'un an que je n'ai rien touché sur les pensions que me fait votre excellence, ni sur ce que j'ai droit à recevoir d'autre part. Votre excellence ne me fait plus rien payer; elle n'ignore pas cependant que je dois beaucoup. Je conjure donc votre excellence illustrissime de daigner m'accorder, aux conditions dont j'ai parlé, quarante florins par mois, plus ou moins, pourvu que je me maintienne dans ses bonnes grâces. »

Pauvres artistes! nobles hommes d'élite! c'est avec de pareilles pièces que nous serons trop souvent obligé de fermer ces biographies que nous entreprenons. Et pourtant, ô mon Dieu! qui n'ambitionnerait votre sort, au prix même de vos tortures? Les puissances du génie ne doivent-elles pas verser dans le cœur d'ineffables consolations?

V. Schœlcher.

JULIO·ROMANO

PEINTRES.

JULES ROMAIN, ANDREA DEL SARTO.

JULES ROMAIN.

On a justement appelé le commencement du seizième siècle l'âge d'or de la peinture. Ce fut vers cette époque que l'art déjà porté à son plus haut degré de gloire par Michel-Ange et le Vinci, vit fleurir, presque à la fois, Raphaël, Jules-Romain, Andrea del Sarto, Gorgion, Titien, Corrège et plusieurs encore dont le nom ne vient pas sous notre plume. Les chefs-d'œuvre qui sortaient abondamment de leurs mains comme l'eau d'un grand fleuve à son embouchure, se répandirent bientôt sur l'Europe entière, pénétrèrent dans les églises, dans les palais, dans les châteaux, et enflammèrent tous les esprits de cet ardent amour du beau que les premiers peintres n'avaient pu éveiller d'abord que dans les âmes d'élite. Alors, de chaque coin du globe, l'Italie voyait arriver des ambassadeurs qui lui demandaient de la peinture, et les ateliers des hommes de grand renom étaient remplis d'élèves qui s'instruisaient et aidaient le maître dans ses travaux. Raphaël en avait, on le pense bien, une infinité qui, le trouvant toujours bon et affable comme un être heureux et aimé, se plaisaient à lui rendre toutes sortes d'honneur. Ainsi, jamais il n'allait au travail sans être accompagné par au moins dix ou douze d'entr'eux, et lorsqu'il se rendait officiellement chez le pape, on en vit jusqu'à cinquante lui former un libre cortège! L'imagination s'enivre à songer à ce magnifique et pur triomphe que fut la vie de Raphaël, le cœur s'émeut à se rappeler que le divin jeune homme, plein de beauté, de gloire, d'amour et de génie, dut abandonner tout cela à 37 ans! — Il avait toujours tant de travaux, et il les menait si grandement de front, qu'à sa mort plusieurs de ses élèves furent chargés de terminer ses ouvrages inachevés. Jules-Romain, Francesco Penni dit le Fattore, avec Périno del Vaga se réunirent à cet effet, et quelques autres moins habiles se distribuèrent le reste, à-peu-près comme les lieutenants d'Alexandre se partagèrent l'immense héritage grec et persan.

Giulio Pippi, surnommé Giulio-Romano Jules-Romain, à cause du lieu de sa naissance, était l'élève préféré de Raphaël; il vint au monde en 1492, et fut placé jeune encore auprès de Sanzio. Doux, intelligent, d'un caractère vif et gai qu'il était, son maître le prit en grande affection, s'occupa de lui comme d'un enfant sur lequel on compte, développa promptement ses riches aptitudes, le forma selon son génie, et l'associa de bonne heure à ses travaux. Il n'y avait guère que huit ans de différence d'âge entre Raphaël et Jules-Romain, la sympathie de la jeunesse les liait plus encore que le reste; mais si le maître aimait son élève comme un frère, celui-ci, tout en se livrant avec charme à l'intimité, ne cessa jamais de respecter le maître comme un père. Il prit entièrement sa manière, s'attacha à pouvoir, en quelque sorte, le suppléer, et l'aida dans ses principaux ouvrages et surtout dans les loges du Vatican.

Jules-Romain avait alors 24 ans.

Jules avait largement profité à l'école de Raphaël, et était un praticien consommé, quand il perdit son maître; cependant, rien n'annonçait la fougue d'imagination qui devait plus tard caractériser ses ouvrages. La vigoureuse individualité de Raphaël absorbait tous les mérites de ses disciples; mais, lui mort, ils se montrèrent chacun avec leurs qualités particulières, et, tout en conservant les traditions et les principes de l'école, ceux que le hasard du talent avait destinés aux belles choses, se constituèrent bientôt une forme personnelle. Jules, qui avait été nommé héritier de Raphaël avec le Fattore, acheva pour sa part les ouvrages laissés imparfaits, et commença à se donner carrière. La sagesse que lui avait imposée l'auteur des loges fut dépouillée; il devint lui-même, et ce qu'il a toujours été, moins naturel peut-être que le maître, mais plus vivant, plus mouvementé, ayant une ardeur d'invention, et surtout une poésie dans la pensée que l'on souhaite parfois au Sanzio, et que l'on voudrait voir formuler avec une couleur d'un ton moins rouge ment croire qu'elles aient été toutes mises au pilon , et qu'il n'en reste pas une seule? M. Duchesne aîné, le savant conservateur du cabinet des estampes de France, lui, dont l'avis en pareille matière peut être regardé comme infaillible, pense également qu'elles n'ont jamais existé. Il faut donc rejeter l'histoire de la honteuse association de Jules, de Marc-Antoine et de l'Arétin au rang de ces contes que les chroniqueurs affectionnent par-dessus tout.

Quoiqu'il en soit, Frédéric de Gonzague reçut Jules-Romain en prince éclairé. Dès son arrivée, il le combla de caresses, l'installa dans une maison magnifiquement meublée , et lui fit donner une pension ainsi que la table pour lui et les deux élèves préférés qui l'accompagnaient. En outre, il lui envoya du velours , du satin , et d'autres étoffes propres à son usage; puis, apprenant qu'il n'avait pas de monture, il se fit amener son cheval favori et le lui donna. Jules , qui était homme d'une grande élégance de manières, et fort adroit à tous les exercices , sauta dessus légèrement , et du même pas ils s'en furent tout de suite ensemble hors la ville, dans un endroit appelé le T, où le marquis avait un mauvais château. Il désirait que , sans toucher aux vieilles murailles , on en fît un rendez-vous de chasse où il pourrait venir s'amuser. Il avait à peine parlé, que Jules traçait déjà son plan, et commençait le lendemain. L'œuvre prit de l'étendue ; Frédéric se laissa entraîner, et Jules, semblable aux architectes modernes , au lieu d'une petite maison de plaisance , éleva un splendide palais. Il se livra là à toute l'ardeur de ses facultés inventives , à toute l'impétuosité de son imagination. Il traça des cours, des galeries , des salles de réception , des chambres de plaisir ; il éleva une grande façade, et comme la pierre manquait, il fit les colonnes, les bâses et les chapiteaux en briques qu'il décora de stucs; rien ne l'arrêtait , il dessina le parc et les jardins; et quand les constructions furent achevées, à l'aide de ses élèves , il couvrit tout cela de peintures et d'ornements variés à l'infini qu'il composait avec une inépuisable abondance , de telle façon qu'à prendre les choses d'un peu haut, il n'est pas exagéré de dire qu'il fit tout à lui seul. — Vasari a laissé une description de ce lieu de plaisance qui donne beaucoup à regretter sa ruine actuelle. Il fait remarquer l'intelligence fort rare déployée par Jules dans les raccourcis de ses figures de plafond. « Quoique quelques-unes aient à peine une brasse de proportion, dit-il, elles semblent cepen-

dant, à les regarder d'en bas, en avoir trois. » C'est là un côté de l'art dont les peintres modernes, nous l'avons dit souvent, paraissent n'avoir pas même une idée : aussi dans les plafonds du Louvre leurs figures, quoiqu'elles aient trois brasses de proportion , semblent souvent, à les regarder d'en bas , en avoir à peine une seule. Le célèbre *Homère* de M. Ingres est, dans ce genre, une chose d'une maladresse et d'un ridicule achevés. Les hommes de la portée d'esprit de Jules-Romain ne collaient pas brutalement de la peinture en l'air, ils peignaient un plafond et le mettaient en perspective. Ils n'auraient pu , comme nous, détacher une toile d'une voûte et l'exposer en tableau , sans qu'on en soupçonnât même la première destination. Ces gens-là avaient une plus haute idée que nous des beautés et des exigences de l'art , ou plutôt ils ne s'effrayaient point du travail, et ne reculaient devant aucune difficulté.

Il y avait entr'autre au palais du T un salon dont il nous est impossible de ne pas dire quelques mots , tant la décoration nous en paraît fantastique et bizarre. L'architecte l'avait disposé de façon à ce que les murailles servissent elles-mêmes à l'effet que voulait produire le peintre. C'était une grande salle ronde , avec voûte arrondie comme un four. Les portes, les fenêtres et la cheminée étaient faites en grosses pierres brisées au hasard, et superposées comme si elles allaient s'écrouler. Dans la partie la plus élevée de la voûte s'ouvrait l'Olympe avec les dieux et les déesses en mouvement, pendant que Jupiter foudroyait les géants qui, tout à l'entour de la salle, tombaient écrasés par les rochers , ou portaient des montagnes sur les épaules pour escalader le ciel. Briarée, déjà enseveli sous des ruines qui ne laissaient plus apercevoir que sa tête monstrueuse, faisait d'inutiles efforts pour se soulever; et plus loin , à travers une percée ouverte dans l'obscurité d'une grotte, on voyait nombre de titans prendre la fuite. La cheminée, placée au plus fort du fracas et des éboulements, était peinte en transparent, de sorte que lorsqu'on y allumait du feu on croyait voir brûler les rebelles au milieu de l'enfer. En outre, le plancher se trouvait garni de pierres rondes, et la naissance des murs peinte comme les pierres , si bien que cette grande machine, s'enchaînant sans interruption du haut en bas, produisait une illusion complète. Je doute qu'un salon, ainsi transformé en un chaos épouvantable, paraisse de bon goût à tout le monde; mais on doit convenir qu'il y a dans une pareille idée une force d'imagination et une audace qui séduisent au dernier point.

Jules-Romain était fort lettré; l'histoire et la mythologie trouvent souvent place dans ses ouvrages comme nous le voyons ici; Raphaël et lui furent les premiers qui étudièrent sérieusement les livres et les bas-reliefs antiques, pour faire entrer dans leurs tableaux d'histoire, et particulièrement dans leurs batailles, des costumes et des accessoires exacts. Nous n'attachons pas plus d'importance qu'il n'est juste à de semblables recherches; mais nous regrettons cependant beaucoup que les anciens aient négligé l'exemple de Jules, et ne s'en soient pas occupés davantage; leurs tableaux n'en seraient pas moins bons, pour ne pas présenter les plus grossières fautes chronologiques; et les moqueries contre les jeunes peintres qui ont tourné leurs études de ce côté, n'empêcheront pas que leurs œuvres, fussent-elles détestables d'ailleurs n'aient au moins ce mérite. Les amateurs de l'art, pour l'art, ont grand tort d'oublier qu'un tableau est de l'histoire comme un livre. Sans doute si, comme M. Horace Vernet, dans la bataille de Fontenoy, vous donnez la croix de Saint-Louis à un jeune homme de 18 ans, cela n'empêchera pas que la figure de ce jeune homme ne soit fort belle, mais cela induira en erreur ceux qui consulteront un jour le tableau de M. Vernet pour y étudier nos mœurs, comme nous consultons les mosaïques d'Herculanum pour y deviner les coutumes romaines.

Après son palais du T, Jules-Romain construisit de nombreux édifices à Mantoue, répara des ruines, et fut l'architecte général de la ville. Il avait acquis une telle prépondérance, et les habitants étaient si esclaves, qu'il fut ordonné qu'on ne pourrait rien bâtir à Mantoue que sur ses dessins. Le génie militaire ne moleste guère plus nos places fortes que Jules ne tyrannisait les citoyens de Mantoue. C'était peut-être le moyen d'arriver à avoir une belle ville, mais assurément ce n'était pas en respecter les libertés. Du reste, il est beau de voir ses vastes capacités répondre à tous les besoins, et justifier au moins sa toute-puissance. Un débordement du Mincio exige un ingénieur pour arrêter les dévastations; il devient ingénieur, et dresse une digue que désormais le fleuve ne franchit plus. Il ne recule, à la vérité, devant aucun moyen, vivant toujours dans l'intimité des princes; il ne s'inquiète pas le moins du monde des cris des opprimés. Ainsi le fleuve s'est répandu dans la partie basse de la ville et y a laissé six pieds d'eau; il fait tout simplement démolir les maisons de ce quartier et il exhausse le terrain avec les décombres; les propriétaires ruinés se plaignent; on ne leur donne pas d'indemnité, ils menacent Jules; mais Gonzague déclare que s'en prendre à son cher ingénieur c'est s'en prendre à lui-même, et tout est dit.—Il n'y a rien de si beau que l'âge d'or des arts.— Plus tard, quand Charles-Quint, à son retour de Rome où il avait cru en bon chrétien devoir aller se faire couronner, passa par Mantoue, il érigea le marquisat de Frédéric de Gonzague en duché. Le cadeau valait bien quelques belles fêtes. Ce fut encore Jules qui en fut nommé l'ordonnateur. Il orna la ville d'arcs de triomphe, de décorations pour les spectacles; il organisa des joutes, des tournois, des mascarades et des processions; il dessina jusqu'aux costumes; il eut, en un mot, mille inventions qui frappèrent de surprise l'empereur ainsi que ceux qui assistèrent à ces réjouissances; et tous ces travaux ne l'empêchaient pas de faire encore beaucoup de peintures et de cartons de tapisseries qu'il expédiait pour la France, la Flandre et les villes d'Italie. C'est merveilleux comme ces artistes ne restent jamais en arrière, comme ils grandissent avec les besoins! Et néanmoins, cela ne nous étonne que médiocrement. Quand on demande tout à un homme, et qu'il s'aperçoit que l'on croit en lui, ses forces augmentent, son cerveau, mis en feu, ne lui laisse rien concevoir d'impossible; il devient ingénieux comme le matelot dans la tempête. On aurait demandé à ces peintres, à ces sculpteurs, d'établir une filature de coton ou une fabrique de poterie, qu'ils les auraient entreprises, et y auraient sans doute réussi. Lorsqu'on songe ensuite que le Jules-Romain, que nous connaissons maintenant, n'avait été considéré que comme le disciple habile d'un grand maître, et n'avait pas donné, jusqu'à l'âge de 28 ans, le moindre témoignage d'une véritable indépendance; on ne peut s'empêcher de répéter que le génie même a ses bonnes et mauvaises fortunes. Si Raphaël avait vécu, Jules-Romain n'aurait peut-être jamais existé.

Frédéric de Gonzague n'aimait pas moins la personne de son peintre architecte que ses talents, et l'avait admis dans son intimité; il lui fournissait de quoi satisfaire à ses goûts de luxe très-prononcés. Jules s'était bâti une maison qu'il avait remplie de choses précieuses et de riches collections. Gai, spirituel, affable, il menait là, entouré de sa femme et de ses enfants, une grande et belle vie. Quand le duc cessa de vivre, il fut retenu à Mantoue par le cardinal son frère qui prit les rênes du gouvernement; mais on l'appela à Rome pour remplacer San Gallo, architecte de Saint-Pierre, qui venait de mourir; et comme il ne voulait pas perdre un si grand honneur, il y serait allé malgré les instances de ses amis et du cardinal, lorsque sa santé se dérangea tout-à-coup. Il expira en peu de jours à l'âge de 54 ans.—Celui-là pouvait mourir sans peine; il avait longuement vécu plein de gloire et de bonheur; la fortune, propice pour lui jusqu'au dernier jour, l'enlevait au milieu du triomphe, murmurant doucement à ses oreilles les sincères regrets qui accompagnent toujours l'homme heureux qui lègue à sa famille un nom immortel.

Elle ne traita pas si bien Andrea del Sarto dont nous allons parler.

ANDREA DEL SARTO.

Andrea Vannucchi naquit à Florence l'an 1488 d'un père qui exerçait l'état de tailleur, d'où lui vint le surnom d'el Sarto. Le vieux tailleur était si pauvre, qu'il put à peine laisser le temps à son fils d'apprendre à lire et à écrire, et le plaça, dès l'âge de 7 ans, en apprentissage chez un orfèvre où, entraîné par son inclination naturelle, il maniait toujours plutôt le crayon que les outils de fer. Jean Barile, mauvais peintre de cette époque, mais très-habile sculpteur en bois, frappé du bon goût des dessins de l'enfant, l'attira près de lui et le mit à la peinture. André avait 14 ans; il étudiait sans cesse, et faisait d'incroyables progrès. Jean Barile se vit dépassé au bout de trois ans; il devina le génie de son élève, ne voulut point que d'aussi brillantes facultés se gâtassent à son école, et alla généreusement le proposer à Pierre de Cosimo, connu alors pour un des meilleurs peintres de Florence. André lui fut remis. La nature l'avait si merveilleusement doué, qu'il maniait déjà sa palette comme s'il eût fait cela depuis 50 ans. Il allait, sitôt qu'il avait un instant et même les jours de fêtes, dessiner d'a-

près les cartons de Michel-Ange ou de Léonard, et Cosino retirait une gloire extrême de ce que son petit élève surpassait tous les jeunes gens de la ville et du dehors qui venaient en grand nombre étudier comme lui ces sublimes modèles.

André était doux, timide, craintif. Dès cet âge où l'homme se sent ordinairement si fort et audacieux, il éprouvait le besoin de s'appuyer sur quelqu'un, de lui donner sa confiance, et de lui remettre sa volonté dont il ne sut jamais que faire. Parmi ceux qui venaient à l'académie, le caractère de Francia Bigio lui inspira de l'affection, et pareillement le sien plut à Francia. Ils se lièrent, prirent une chambre en commun, et commencèrent à travailler ensemble comme deux pauvres jeunes gens. Ils faisaient tout ce qu'on leur présentait, et ils peignirent entr'autres les rideaux qui couvraient l'autel majeur des Servites. A la fin, les membres de la compagnie des déchaussés, sous l'invocation de saint Jean-Baptiste, qui étaient beaucoup plus riches d'esprit que d'argent, délibérèrent que les deux associés seraient priés de peindre à l'entour du lieu de leur réunion douze sujets à fresque et en grisailles de la vie de saint Jean-Baptiste. J'ai dans l'idée que Francia intrigua bien un peu pour avoir ce travail; mais quant à André, il serait certainement mort de faim plutôt que d'oser le demander; cependant, il se mit à l'ouvrage, et dès la première composition qui fut saint Jean baptisant Jésus-Christ, il fit une si belle chose qu'il obtint aussitôt crédit, honneur et réputation. Toute la ville venait voir le chef-d'œuvre du doux enfant qui baissait les yeux et ne semblait pas se connaître. Beaucoup de personnes lui commandèrent des travaux, pensant bien que celui qui commençait ainsi devait finir par des merveilles. Quand Francia vit cela, il entraîna son camarade dans un plus beau quartier de la ville, et haussa les prix de la société; mais peu après la rivalité les sépara, et André fit étroite amitié avec Jacob San-Savino, sculpteur de talent. —Les deux nouveaux amis ne se quittaient ni jour ni nuit; leurs conversations graves et sérieuses roulaient presque toujours sur les difficultés de l'art; ils s'éclairaient de leurs lumières et de leurs doutes réciproques, et cette circonstance explique peut-être comment ils devinrent tous deux si savants dans la pratique matérielle de leur art.

André logeait alors près du couvent des Servites. L'administrateur de ce couvent voyait,

ANDREA DEL SARTO
PIT · FIORENTINO
N · M CCCCLXXXVIII
M · MLXXX.

depuis longues années, avec peine, que son église et ses cours ne fussent qu'à moitié peintes par les premiers maîtres qu'avait eus la ville de Florence ; et comme il entendait toujours louer son voisin, il pensa à lui faire faire le reste de la décoration. Il vint donc auprès de lui ; et, sous le voile de la charité, se mit à exploiter le pauvre bon jeune homme. On devine son discours ; « il s'intéressait à son jeune voisin, l'église des Servites était plus fréquentée qu'aucune autre ; celui qui en acheverait les peintures serait bientôt mis en telle évidence que sa fortune était faite ; on voulait bien lui procurer ce travail, mais la chose était difficile, et il ne devait songer à aucun prix, parce que Francia, afin d'établir sa réputation, offrait de s'en charger, et pour le paiement de s'en remettre à la discrétion des moines. » Il fallait moins que l'adresse d'un moine, et d'un moine nommé par ses frères, à l'administration de leurs affaires, pour duper le bon André. C'est une chose vraiment amusante et triste à la fois de voir comme l'adroit sacristin trompe le candide jeune homme, et s'engage par écrit à ne donner qu'à lui des travaux qu'il serait bien fâché de livrer à un autre. Moyennant cette dure condition, André s'engagea de son côté à faire chaque tableau pour 10 ducats, et encore fut-il entendu que ce maudit moine donnait du sien et qu'il signait le traité bien plutôt pour être utile à son protégé que pour le besoin de la communauté! André attaqua la vie de saint Philippe, patron des frères Servites, en homme qui songe plus à l'honneur qu'à l'argent ; et à mesure qu'il avançait, son beau génie se développait dans des formes toujours plus pures et plus admirables.

Il fut appelé ensuite au monastère de Saint-Salvi, hors la ville, et y peignit beaucoup.

Il était alors reconnu pour le premier peintre de Florence, et ne pouvait suffire à tous les travaux qu'on lui commandait ; mais il était si timide qu'il ne faisait pas payer ses ouvrages le quart de leur valeur ; et bien que l'on vante toujours la généreuse prodigalité du seizième siècle envers les artistes, avec toute sa réputation, il ne gagnait guère que de quoi se défendre des ennuis et des mille chagrins de la pauvreté. Les moines surtout mettaient une extrême adresse à abuser de son défaut d'énergie, et le faisaient travailler presque toujours pour l'amour de Dieu.

Mais ici la vie d'André devient triste et douloureuse ; son ami San-Savino avait quitté Florence ; et comme il ne pouvait vivre sans aimer quelqu'un, il s'enamoura si éperdument d'une femme mariée, que cette femme étant devenue veuve, il eut le malheur de l'épouser. Elle était coquette, et le pauvre homme, pour fournir aux dépenses de cette coquetterie qui torturait son âme jalouse, s'épuisait à travailler. Au lieu de trouver le cœur d'une jeune fille bonne et tendre, ou s'envelopper comme un enfant dans les bras de sa mère, il était tombé sur une espèce de démon qui promenait sa beauté par la ville en magnifique équipage. André avait besoin d'une compagne affectueuse qui caressât son âme suave et craintive, et relevât par l'amour sa débile nature ; il eut un maître qui exalta par sa conduite ces inquiétudes d'esprit dont les hommes, d'un cœur à la fois faible et sensible, sont ordinairement agités. Sa femme, qui pouvait s'illustrer à aimer et grandir ce timide enfant de génie, l'énerva davantage en le tourmentant. Elle se mêlait même des choses de son atelier, y apportait ses caprices, ses exigences, prétendait imposer sa volonté aux élèves, maltraitait les uns, favorisait les autres, et le rendait ridicule. L'aveugle André ne voulait rien voir, il souffrait en silence, ou plutôt il noyait ses douleurs dans l'enivrement d'un amour qu'il n'avait pas la force de comprimer. Il aimait comme un fou, il ne cherchait pas à se vaincre ; il ne pouvait peindre une femme qu'il ne lui donnât l'air de la sienne, et s'il prenait un autre modèle, par l'habitude qu'il avait de la regarder, et plus encore de l'avoir toujours dans l'esprit, il arrivait que ce modèle devenait le portrait de sa femme. C'est à cette vive et incessante préoccupation qu'il faut attribuer le reproche mérité par André d'avoir donné à toutes ses madones le même air de tête. N'est-ce point une divine excuse? Quant à celui d'avoir copié quelques figures des estampes d'Albert Durer qui vinrent de son temps en Italie, cela ne signifie rien ; d'abord il leur imprima toujours sa manière, et puis, en fait d'art, on n'a jamais été blâmable de s'inspirer des bonnes choses d'autrui. Lorsqu'on a produit aussi abondamment qu'Andrea, lorsque les créations sont tombées à foison de vos mains comme de celles de Dieu, on ne copie que parce qu'on le veut, et l'on a droit de copier. Andrea del Sarto ne pouvait pas plus être un plagiaire que ne le furent Molière ou Corneille.

Il se faisait déjà en 1514 un grand commerce

de peinture ; les marchands couraient les villes d'Italie, achetaient des tableaux, et les allaient revendre par l'Europe. Nous n'avons rien inventé! André était particulièrement recherché des spéculateurs, car il vendait bon marché et l'on gagnait dix fois ce qu'on lui donnait. Deux de ses tableaux passèrent en France où ils plurent tellement que François I.ᵉʳ demanda le peintre. André, déterminé par ses amis, se résolut à quitter sa femme dans l'espoir de gagner beaucoup. Il attendit l'argent qu'on lui envoya, parce qu'il n'avait pas même de quoi entreprendre le voyage, et il vint assez gaîment à Paris. Là, dès le premier jour, il reçut de riches habits et de grands honneurs; toujours plein d'innocence, il ne revenait pas des fêtes que lui faisait tout le monde. Les Français qui n'avaient encore reçu ni le Primatice, ni le Rosso, ni Benvenuto Cellini, les Français, que Jean Cousin n'avait pas encore initiés à la peinture à l'huile, et qui, cependant commençaient à être sensibles à toutes les beautés de l'art, le venaient voir travailler, et s'émerveillaient de son adresse à faire beaucoup avec rien. Le roi, la cour et les femmes se prenaient de passion pour lui à considérer sa prodigieuse habileté, ses chefs-d'œuvre et la gracieuse bienveillance de son commerce. Jamais on n'avait vu d'artiste, et d'artiste italien surtout si simple, si modeste, si bon et si facile à vivre. — En général, les artistes de la renaissance, tout chrétiens qu'ils étaient, ne brillaient que fort peu à l'endroit de l'humilité et de la douceur. Ce n'est pas du reste que nous les en blâmions beaucoup, car il y a dans leurs vanteries une certaine conscience de leurs propres forces, quelque chose de grand et de large qui fait que l'on est encore séduit par leurs exagérations mêmes. Jamais ils ne sont petits ni mesquins : en eux tout est fier et fringant, ce n'est pas de la vanité, c'est de l'orgueil; leur assurance plaît comme celle de la force sans violence : leur forfanterie charme l'imagination comme les airs altiers d'un généreux cheval qui piaffe et secoue la crinière; c'est une surabondance de vie en quelque sorte qui s'écoule par là, et l'on ne peut s'empêcher de sourire avec approbation, par exemple, quand on voit Orcagna signer insolemment toute sa peinture *Orcagna sculptor*, et toute sa sculpture *Orcagna pictor*! On éprouve, pour cette audace, autant d'admiration que pour la divine modestie de Fra-Giovanni, surnommé Angelico, cet artiste du 14ᵉ siècle, dont l'humi-

lité était si profonde, si vraie, si ardente, qu'il ne retouchait jamais aucune de ses peintures, disant, avec une charmante ingénuité, que la volonté de Dieu avait été qu'elles fussent ainsi, et qu'il ne lui appartenait pas d'y rien changer.

Malgré les faveurs dont on l'accablait, André ne quittait pas d'une minute ses chers pinceaux. Il payait en chefs-d'œuvre les amabilités du roi. Il traitait de prince à prince, et lui donna entr'autres la fameuse *Charité*, qui est un des joyaux de notre Musée. Sans doute jamais la signora Andrea ne fut plus ressemblante que dans ce tableau. — Il était enfin sur la route d'une haute fortune, lorsqu'un jour, pendant qu'il travaillait pour la reine mère à un *saint Jérôme* en pénitence, il reçut une lettre de sa femme. Il quitta tout, courut demander au roi la permission de s'en retourner, jura sur l'évangile de revenir avant peu de mois, et partit.

Ce que contenait la lettre de sa femme, on n'en sait rien; peut-être ne le rappelait-elle même pas! peut-être ne contenait-elle qu'un de ces mots auxquels les âmes comme la sienne ne résistent point! peut-être n'avait-elle réveillé qu'un de ces enivrants souvenirs qui vous feraient traverser le monde pour en retrouver une heure la la réalité!

Quoiqu'il en soit, André quitta la France sans même achever le tableau commencé. Il paraît certain que François I.ᵉʳ, comptant sur son retour, lui donna d'assez fortes sommes pour acheter en Italie des objets d'art qu'il devait lui rapporter; mais arrivé à Florence, il dépensa cet argent à fournir aux prodigalités de sa femme et à lui acheter des bijoux. Tous les historiens qui se sont occupés d'Andrea del Sarto, et Vasari lui-même, qui fut un de ses élèves, constatent si unanimement cette criminelle lâcheté, que nous sommes obligé de l'admettre. On ne peut en douter. Faible comme il l'était, n'ayant sur lui-même aucune puissance de réaction, aimant avec idolâtrie une femme sans cœur, il est parfaitement croyable qu'André ait dissipé le dépôt royal. Si l'amour avec son empire fatal dompte les volontés les plus énergiques, et change en craintifs enfants les hommes les plus fiers, on conçoit qu'André, subjugué par sa passion, dut n'être plus qu'un misérable esclave, capable de toutes les fautes d'inertie. Le fait est, qu'en dépit de ses promesses, il ne retourna jamais en France; il y pensa souvent, mais la honte le retint. S'il avait espéré trouver l'oubli de la faute commise, assure Vasari, il aurait été s'y fixer. Il en avait de grands remords. Cette idée le troublait au milieu même du travail, et il fit un jour un saint *Jean-Baptiste* demi-nu avec l'intention de l'envoyer en présent au grand-maître de France pour qu'il tâchât de le faire rentrer en grâce auprès du roi; naïve confiance en son talent sur lequel il comptait pour se faire excuser. Par malheur, quelle qu'en fût la cause, la misère peut-être, ou un ruban à donner à sa femme, il n'expédia pas le saint Jean et le vendit à Octavien de Médicis.

Avec le retour en Italie, revint la pauvreté. André n'était pas pour les Florentins l'homme extraordinaire qu'il avait été pour les Français; ils avaient déjà coudoyé Léonard de Vinci et Michel-Ange; les peintres couraient les rues, et le Sarto n'était qu'un peintre; il recommença donc à travailler du matin au soir, et peignit des fresques par toute la ville. La besogne ne manquait point, l'art se vulgarisait peu-à-peu et entrait dans les masses; la peinture était devenue si à la mode, que tout le monde voulait en avoir; les moines, qui tenaient plus que d'autres à orner leurs monastères, allaient jusqu'à remettre des vœux échappés trop précipitamment aux dévots en péril, à condition de faire peindre une porte, une muraille, ou un autel de leur couvent; le donataire se croyait la conscience déchargée, parce qu'il payait le maître au lieu d'aller à Rome, pieds nus comme il l'avait promis au bon Dieu. Ce n'est pas d'aujourd'hui qu'il est avec le ciel des accommodements. André, malgré cela, n'était guère plus heureux; on abusait toujours de sa faiblesse, et on le payait à peine, parce qu'il n'osait demander le véritable prix de ses ouvrages. Jamais il ne put vaincre son défaut d'énergie; une fois seulement nous le voyons montrer de la fermeté, et pour nos lecteurs qui savent déjà le sentiment passionné que les artistes du seizième siècle apportaient dans leur art, nous n'avons pas besoin de dire que ce fut à propos de peinture. Cet épisode est curieux dans la vie d'un homme comme André; il témoigne, il nous semble, lorsqu'on y applique la réflexion de toute l'importance que les caractères les plus modestes, les plus effacés attachaient à leurs ouvrages. Un certain Baldo Magini de Prato ayant besoin d'une fresque dans une habitation nouvelle, avait presque choisi André parmi les peintres dont on lui avait parlé, quand Nicolo Saggi Sansavino se remua tant et se fit si chaudement recommander, qu'il obtint le travail. Toutefois, on envoya chercher André pour l'aider, à-peu-près comme il est arrivé dernièrement qu'un sculpteur inconnu, M. Marochetti, écrasé de commandes par la faveur de monsieur Thiers, voulut bien appeler Antonin Moine pour tailler du marbre sous ses ordres. André, dans la croyance que la fresque lui était donnée, vint à Prato; mais arrivé là, il trouva Nicolo. Celui-ci s'était si bien emparé de l'esprit du bourgeois, et en avait conçu un tel enivrement, qu'il proposa à André de parier toute somme qu'on voudrait de faire mieux que lui. L'autre alors répondit, malgré son peu de courage habituel : « Voilà mon garçon qui n'est à l'atelier que depuis peu; si tu veux lutter avec lui, je mettrai pour son compte; mais, quant à moi, sache que je ne puis accepter; car vainqueur, je n'en retirerais aucune gloire, et, vaincu, ce serait une si grande honte qu'il m'en faudrait mourir. » Puis se tournant vers Baldo : « Donnez l'ouvrage à Nicolo, ajouta-t-il, il le fera de façon à plaire à ceux qui vont au marché; » et du même pas il revint à Florence. Il entendait, je suppose, que les ânes sont les animaux qui vont le plus au marché.

Les circonstances de cette anecdote, et il y en a mille semblables dans l'histoire de l'art, ne sont point à dédaigner; ne dirait-on pas une turpitude d'hier, c'est qu'en effet, quoique puissent dire les amants du passé, nos pères ne valaient pas mieux que nous à cet égard. Jamais les réputations les plus élevées ne furent au-dessus du caprice ou de la sottise de ceux que la fortune avait fait les protecteurs naturels du mérite. Il y avait au seizième siècle autant d'artistes, si non davantage qu'aujourd'hui, et la vie n'était pas moins difficile alors pour le plus grand nombre qu'elle ne l'est encore. Il y avait des hommes méconnus ou mal connus, des ignorants qui, par intrigues et bassesses, obtenaient de la corruption des riches les travaux dus aux savants. Ce que l'on voit surtout dans l'histoire entière, ce sont les gens d'un talent propre et châtié l'emporter sur les natures un peu excentriques. La foule s'est toujours effrayée de ce qui la fait sortir de ses habitudes; elle aime cette médiocrité agréable, ces petites perfections honnêtes qui ne lui donnent aucune fatigue à comprendre, et qui ne blessent pas son repos par des nouveautés ou bien des écarts de chercheurs qui veulent être étudiés. Les rois de l'humanité eux-mêmes, quoique compris de tous dans leurs sublimes et radieuses beautés, ne furent presque jamais sans quelques négateurs. Le Rosso, qui cependant avait du mérite, trouvait et faisait voir en Raphaël tant de défauts que les élèves de celui-ci, avec les habitudes de modération de leur siècle, le cherchaient par la ville, l'épée nue, et le voulaient tuer, pour prouver qu'il se trompait. Boileau accouchait péniblement de plates épigrammes contre Corneille ; Molière, oui Molière avait cent petits ennemis qui le critiquaient et lui trouvaient cent mille imperfections ; il y en eut un, Boursault, homme d'esprit d'ailleurs, ce qui est bien plus inconcevable, qui lui fut même si rude, qu'il ne dédaigna pas de l'écraser dans *l'Impromptu de Versailles*. Steibelt osait lutter contre Bethowen; Bandinelli fut préféré deux fois à Michel-Ange ! — Du vivant des hommes, le commerce de la vie et le bruit qui se fait à l'entour d'eux, rendent leurs réputations égales. Le génie, pour éclatant qu'il soit, a des taches comme le soleil; la mauvaise humeur et l'envie savent les grossir; il ne va prendre sa place au ciel, au-dessus de la critique, qu'avec l'âge qui consacre son éminence. Vasari choisissait, et il a prêté une grande supériorité à beaucoup de ses contemporains qui, pour nous, n'ont jamais existé. Il suffit de lire un peu curieusement l'histoire, nous le répétons, et d'arriver à son intimité pour s'assurer que les époques précédentes furent aussi pleines de charlatanisme que la nôtre, et se consoler des pitoyables renoms qui nous font rougir. C'est aux âmes délicates à s'isoler de pareilles misères, et à faire de l'amour du beau une religion qui refuse tout encens aux fragiles idoles.

Revenons à André. Sa fin approche. Déshonoré à ses propres yeux, il était plus découragé, plus affaibli que jamais, et cependant l'amour de l'art était si brûlant en lui, et la nature l'avait tellement doué, que son dernier ouvrage était toujours le plus magnifique. En 1527, pour fuir la peste qui désolait Florence, il alla de nouveau travailler au monastère de Saint-Salvi, hors la ville, et ce fut alors qu'il peignit, dans le réfectoire, la fameuse cène qui renouvela le triomphe de la maison de Pindare. Deux ans après, pendant le siége, les soldats furieux de ne pouvoir emporter la place, ravageaient, pour se distraire, les faubourgs et les édifices des environs. Ils avaient déjà dévasté le couvent de Saint-Salvi, quand, arrivés au réfectoire et

voyant cette peinture, ils s'arrêtèrent tout-à-coup et se retirèrent en silence! Ce jour là rien ne fut plus détruit.

Vers la fin de l'année 1529, Florence, disonsnous, fut assiégée par les troupes impériales à la solde du pape qui venait y rétablir son gouvernement. Les Florentins avaient chassé les Médicis, et voulaient vivre en république; ils se défendirent avec acharnement; mais ni leur ferme courage, ni les fortifications du grand Buonarotti ne purent les sauver, et ils furent obligés de se rendre au mois d'août 1530. La ville se remplit de soldats, dont quelques-uns avaient la peste, et de nouveau la malheureuse Florence fut en proie au fléau. Soit qu'André en ait été atteint, soit qu'il ne se fût point assez réglé dans ses aliments, après avoir souffert beaucoup de privations durant le blocus, il se trouva un soir gravement malade et se mit au lit. Les médecins et tout le monde l'abandonnèrent. Cette exécrable femme elle-même pour laquelle il avait tout sacrifié, jusqu'à l'honneur, se tenait aussi éloignée de lui qu'elle pouvait, dans la crainte de gagner la peste, et deux jours après, quand enfin on entra dans sa chambre, on le trouva mort!

Il avait 42 ans.

André mourut, recevant ainsi la récompense assez naturelle du fol amour qu'il avait donné à une mauvaise femme sans se défendre; il mourut, le malheureux, avec la certitude que cette femme, dont le regard ou le sourire avait réglé toute sa vie, ne l'aimait pas et ne méritait ni ses adorations, ni son estime! L'imagination ne peut guère concevoir de plus horribles supplices que celui-là ; et si le Dante et tous les faiseurs d'enfer n'avaient cru, par un sentiment inexplicable à mes yeux, que l'on ne peut tourmenter l'homme que par sa chair; s'ils avaient voulu frapper sur l'âme et le cœur comme sur le corps, ils auraient réservé la torture d'un pareil amour pour les plus coupables des créatures humaines.

André, comme peintre, tient tout de la nature, il ne procède absolument de personne; c'est un de ces beaux génies qui n'ont point de générateurs et qui doivent tout à eux-mêmes. Il ne sortit jamais de Florence que pour faire, dans sa jeunesse, une excursion à Rome où il vit les ouvrages de Raphaël; mais il n'en rapporta rien, ou plutôt il transforma tout ce qu'il avait rapporté. Il ne séjourna d'ailleurs que fort peu en cette ville, parce que l'abondance des beaux ouvrages qu'il

MICHEL ANGE
MERIGI
DIT CARAVAGE

voyait lui fit craindre de ne pouvoir jamais percer, et aussi parce que les habitudes batailleuses de ceux qui suivaient les écoles choquaient effroyablement ses mœurs pacifiques. Il retourna vite à Florence, et se mit à travailler seul. Tous ses ouvrages ont une suavité enchanteresse; son coloris est facile et chaud comme celui des Vénitiens; ses contours ont une grâce délicieuse. Il est toujours naturel, vrai de mouvements et d'expression; le style de ses figures est de la plus rare distinction et d'une simplicité divine; son dessin est d'une telle pureté, que, même de son vivant, on l'avait appelé *Andrea sin errore*; et la tradition rapporte que ses cartons, volés une nuit à son héritier Domenico Conti, le furent par un artiste jaloux qui les anéantit, car on n'a jamais pu deviner le voleur, ni retrouver non plus aucun dessin. Son style a une élévation et un caractère particuliers. Il a fait réellement comme on n'avait jamais fait avant lui et comme on ne fit jamais depuis. Il reste un peintre essentiellement individuel et à part. Michel-Ange, en voyant *son Christ au sépulcre*, fut tellement frappé d'admiration pour ses beautés virginales qu'il se prit à dire dans l'austère et vigoureux langage qui lui était habituel : «Voilà un tableau qui aurait fait suer le front de Raphaël lui-même. »—Les meilleurs maîtres sont remarquables, ceux-ci par la forme, ceux-là par l'invention, les autres par la couleur; André excelle en toutes ces qualités à la fois, si bien que s'il eût été d'âme fière comme il était d'intelligence profonde, s'il ne manquait parfois de force et qu'il eût mis, dans ses compositions, cette verve, cette ardeur fougueuse qui entraînent dans les grands peintres, il serait sans pareil.

Le pauvre André fut enterré obscurément dans une église voisine de sa maison. Domenico Conti consacra seul une petite épitaphe de marbre à son malheureux maître; mais comme si la fortune voulait se montrer aussi impitoyable pour lui après sa mort que pendant sa vie, ce marbre fut presqu'aussitôt déposé par les chefs de l'église, blessés qu'on l'eût mis sans leur permission. En dépit du sort, le triste et infortuné Andrea del Sarto vivra éternellement, autant du moins que les beaux arts conserveront sur terre un adorateur.

———

MICHEL-ANGE CARAVAGGE.

C'est une distinction que nous croyons puerile, et dans tous les cas fort difficile à faire, que celle des diverses écoles italiennes. Nous avons cherché long-temps, mais en vain, quel but d'utilité purent avoir ceux qui établirent ces étranges classifications. Que l'on ne veuille pas confondre les peintres allemands, italiens, français, anglais ou flamands, nous le concevons; mais comment expliquer la prétention de l'Italie à posséder une école lombarde, vénitienne, bolonaise, napolitaine, milanaise, florentine, toscane, et je ne sais combien d'autres encore. Toutes ces catégories sont-elles donc réellement si tranchées entre elles et composées chacune d'éléments si homogènes, qu'on doive accuser leur différence par un nom propre? Chez les Florentins, quelle analogie existe-t-il entre Michel-Ange et André del Sarte; chez les Vénitiens, entre le Tintoret et Paul Véronèse; chez les Bolonais, entre Annibal Carrache et le Dominiquin; chez les Romains, entre Raphaël et le Caravagge? Aucun de ces groupes n'a suivi une direction fixe, précise, invariable, et de cela rendons grâce au ciel; les maîtres qu'on y fait entrer à toute force ont chacun leur manière qui proteste contre ces futiles arrangements. —Les hommes de génie ne procèdent éternellement que d'eux-mêmes.— En ce genre les vanités locales des Italiens n'ont point de bornes; ils ne se sont pas contentés d'avoir une école par province ou par royaume, ils ont voulu en avoir une par ville, de sorte qu'avec l'école lombarde il y a aussi l'école milanaise; avec l'école toscane, l'école florentine, etc.; à peu près comme nous pourrions dire l'école de Paris et celle du département de la Seine; l'école de Lille et celle de la province du Nord : et remarquons que ces prétentions se viennent heurter à chaque instant contre l'observation et le sens commun. Si c'est le style qui constitue l'école, pourquoi le Florentin Léonard de Vinci est-il nommé chef des Lombards? Pourquoi Jules Romain, qui ne fut vraiment lui qu'à Mantoue, qui s'y fit une manière, et même y créa ce qu'on appelle une école, est-il donné aux Romains? Pourquoi Sébastien del Piombo qui a si complètement la forme michelangesque, est-il rangé au nombre des Vénitiens? Si c'est le lieu de la naissance, pourquoi le Milanais Caravagge se trouve-t-il classé parmi les Romains ? Sa forme n'est pas plus romaine que lombarde. Et si c'est parce que le peintre appartient au lieu où il a travaillé davantage, pourquoi Carrache Annibal, qui passa la plus belle partie de sa carrière à Rome où il eut une si grande influence sur l'art, reste-t-il attaché à la ville de Bologne ?

On le voit, toutes ces distinctions si violemment faites, si embrouillées, ne servent que l'amour-propre italien ; elles n'ont aucune valeur réelle : le caprice et le hasard semblent les avoir établies. Presque tous les artistes italiens ont été travailler dans l'Italie entière, et à Rome surtout, Rome, la capitale du monde, Rome, le séjour des papes ; ils n'appartiennent pas plus à un endroit qu'à un autre : ils sont Italiens et voilà tout. L'Italie avait là cependant un assez magnifique trésor pour ne pas le convertir en poudre à jeter aux yeux ! C'est une chose heureuse, la vanité calcule toujours mal et petitement. — Dans le cas où ce serait comme mesure d'ordre qu'on aurait de la sorte marqué les artistes au front, ainsi que les bêtes de divers troupeaux, on est loin d'avoir atteint le but ; on est à peine parvenu à donner une apparence régulière à un cahos où les gens qui s'occupent de peinture avec le plus de soin ont beaucoup de peine à se reconnaître. Dans tout ce qui ne tient pas à la science mathématique, les grandes lignes sont toujours les meilleures. Il fallait simplement conserver l'ordre chronologique ; c'était le seul bon moyen d'éviter la confusion, d'expliquer même la différence des manières, et l'on y trouvait en outre l'avantage de poser naturellement les premières bases de l'histoire de l'art.

Pour ce qui nous regarde en cet ouvrage fait en commun, nous userons du droit qu'a chacun d'y apporter sa critique personnelle ; nous ne ferons pas attention aux écoles ; et prenant les noms qui nous sont échus un peu comme nos convenances d'études nous les auront présentées, nous allons consacrer la fin de cette feuille au Caravagge.

Michel-Ange Amerighi ou Morighi vint au monde en 1569 à Caravaggio, petit village près de Milan ; son père était un maçon très-pauvre, il l'employa encore enfant à porter la chaux et le mortier, ne lui fit donner aucune éducation, et l'emmena dès l'âge de douze ou quinze ans à Naples où il allait s'établir. A Naples, le jeune homme servait un jour son père qui préparait un mur pour des peintres à fresque, lorsque les voyant faire, il lui vint à l'idée qu'il pourrait bien faire comme eux. Il était audacieux, ferme et résolu ; il abandonne aussitôt les compagnons maçons ; il se mêle aux peintres, il les imite, et bientôt, sans qu'on lui connaisse de maître, l'histoire le trouve, tout jeune encore, étudiant dans les rues et les marchés de Naples, et faisant des portraits ; mais à peine est-il entré dans le monde, que sa violence et l'emportement aveugle de son caractère causent les premiers malheurs de sa vie. Il a disputé avec un de ses camarades ; ils se battent, et il le tue. De ce moment aussi on voit que sa bravoure n'était pas scrupuleuse, du moins peut-on croire que le combat n'avait pas été très-régulier, car il fut obligé de quitter Naples précipitamment. Il se réfugia à Venise. Là, il s'attache aux œuvres du Giorgion ; il s'inculque sa belle couleur, il étudie ses chairs vivantes qui concordent avec les principes d'art qu'il s'est déjà formés, et quand il se croit assez fort, il s'achemine vers Rome. Michel-Ange Morighi est toujours seul, sans soutien, sans aide, sans amis ni conseils. Dès sa plus tendre jeunesse, il n'a confiance qu'en lui-même : au milieu de la pauvreté il ne cherche protection nulle part ; dans un âge et dans une position où l'on a besoin de tout le monde, il n'a besoin, lui, de personne. Son caractère sauvage et altier est déjà fait à l'entrée de la vie. C'est un homme de bronze qui dès les premiers pas annonce ce qu'il sera un jour. A Venise, ce n'est point dans l'atelier de Bassan, de Tintoret, ou de Paul Véronèse, tous trois florissants alors, qu'il va apprendre la science de son art, il la dérobe en disséquant, pour ainsi dire, les ouvrages du Giorgion, mort depuis cent ans ; celui-là est un maître auquel on ne doit nulle reconnaissance, il ne dit que ce qu'on sait deviner. A Rome, il vient comme en une vaste arène où il pourra se donner carrière, mais non pas afin d'étudier les chefs-d'œuvre antiques ; il ne demande même plus rien aux exemples des grands maîtres modernes. Au contraire, avec l'insolence et la résolution qui le caractérisent, il fait presque profession de les mépriser ; il ne les regarde pas ; son but est arrêté : c'est dans la nature qu'il puisera désormais tous ses enseignements. Quelqu'un lui fait remarquer dans une galerie de belles sculptures grecques et plusieurs ouvrages distingués de Michel-Ange et de Raphaël; pour toute réponse il court à une fenêtre, l'ouvre, et montre du doigt les passants. Il donne ainsi à entendre que ce sont là les meilleurs modèles, qu'il ne s'en propose pas d'autres, et, pour joindre la preuve au dire, il appelle une bohémienne qui se trouve dans la foule, et la peint avec une frappante vérité.

Mais à Rome le goût n'était pas encore à cette simplicité : les Romains, gâtés par l'afféterie des prétendus idéalistes qui faussaient les pures traditions de Raphaël, ne pouvaient comprendre les intentions de Michel, et celui-ci était encore trop jeune et trop peu soutenu pour imposer la révolution qu'il désirait opérer. D'un autre côté, comme il ne vendait pas de quoi payer les modèles sans lesquels il ne voulait rien faire, il se vit bientôt réduit à une telle pauvreté qu'il entra dans l'atelier du chevalier d'Arpino, c'est-à-dire qu'il devint un de ses ouvriers. Ce d'Arpino, plus connu sous le surnom de Josepin, et tombé à bon droit dans l'oubli, était alors au faîte de la gloire. Homme d'esprit, barbouilleur facile et bon courtisan, on le regardait, et il n'y avait pas de raison pour qu'il ne se regardât lui-même, en ce temps de décadence, comme le premier peintre d'Italie. Il ne pouvait suffire à tous les ouvrages dont il était chargé; on a beau se plaindre du présent, ce n'est pas d'aujourd'hui que la médiocrité triomphe, et bien avant Figaro, le savoir faire l'emportait sur le savoir.

Nous avons déjà vu qu'il était dans les mœurs de l'époque qu'un peintre chargé de beaucoup de travaux employât ceux de ses confrères qui n'en avaient pas. Josepin occupa le nouveau venu à faire des fleurs et des fruits, et celui-ci traita ce genre tombé dans la décoration avec une telle éminence de talent qu'il lui rendit une valeur artistique. Pour cela il lui suffit d'y appliquer son principe, de se rapprocher de la nature. Toutefois, de semblables occupations ne convenaient guère à un homme hardi comme Michel, à ce génie impétueux qui rêvait et voulait de grandes choses. Il se lassa, et ayant d'ailleurs à se plaindre de l'arrogance du chevalier, il le quitta et se remit à peindre à sa façon. Quelques bons ennemis d'Arpino le protégèrent; un cardinal qui avait besoin de prendre un rôle, se constitua son patron; il put se produire enfin, et il commença presqu'aussitôt à exercer une influence très-marquée sur la peinture italienne. Sa couleur vigoureuse, et l'énergie de son pinceau, contrastaient avec la recherche lourde, pâteuse et maniérée du Josepin; il devint son rival, et comme il n'y avait place en son âme que pour des sentiments violents, il se déclara en même temps son ennemi; il était dans son caractère d'aimer les positions faites et tranchées. Les *idéalistes* restèrent bientôt en petit nombre. Tous les peintres de Rome devinrent *réalistes*; les esprits à la suite, qui forment la masse en tout temps, ceux-là qui copiaient machinalement les anciens, une fois que le mouvement fut imprimé, se mirent à copier la nature, et il y eut un instant de nouveauté où l'on s'arrachait les modèles par les rues. Le Caravagge, car déjà on l'appelait du nom de sa ville natale, devint le maître par excellence. Il n'y avait pas de galerie qui ne voulût avoir de ses ouvrages. Le triomphe ne l'empêcha pas de poursuivre sa réforme, ce n'était point un homme à s'endormir dans la prospérité; plus il réussissait, plus il poussait avant, et son amour du vrai allait jusque-là, qu'ayant à peindre l'évangéliste Mathieu pour l'église Saint-Louis des Français, il fit tout bonnement un homme écrivant sur ses genoux croisés, et montrant grossièrement la plante des pieds aux fidèles. Les prêtres mécontents d'une telle vulgarité dirent, avec assez de raison, que la figure n'avait ni le décorum ni l'aspect d'un saint, et l'enlevèrent de l'autel. C'était précisément le premier tableau que le Caravagge eût mis dans une église; quand il apprit l'affront qu'il venait de subir, il faillit mourir de rage; mais heureusement le marquis Justiniani, un de ses protecteurs, arrangea l'affaire en prenant le tableau pour lui, et convenant qu'il en exécuterait un autre.

Le Caravagge mit son nouveau saint Mathieu en posture d'un vieillard qui écrit et qui trempe sa plume dans l'encrier! Voilà ce qui s'appelle de la souplesse.

Un caractère aussi entier, un esprit aussi carré, ne pouvait guère, avec ses principes, se monter à la forme solennelle de la religion, il ne pouvait, ou plutôt il ne voulait pas rêver un saint ou une sainte; la vérité était sa loi unique et absolue; aussi dans une autre occasion, ayant une Madeleine à peindre, il saisit une jeune fille à sa toilette, au moment où elle arrangeait au soleil les longues tresses de ses cheveux; il jeta quelques bijoux sur la table qui se trouvait devant elle ; il consentit à poser à ses pieds un vase de parfums fumants, et il donna cette étude pour une Madeleine.—Assurément ce n'est pas là la pécheresse qui adora Jésus, et qui se repentit, mais c'est une peinture vraie, et quant à ce qu'il y manque de caractère, si nous n'avions à discuter ce point autre part, il nous serait facile de prouver que les idéalistes et leur maître Raphaël lui-même n'en ont guère eu davantage. En général, la couleur locale n'est pas le beau côté de l'école italienne, la vérité ou même la vraisemblance du lieu et des choses l'a toujours fort peu inquiété ; nous avons déjà parlé de cela en nous occupant de Jules-Romain, et nous y reviendrons. Ce n'est donc point selon nous précisément à cet égard que le Caravagge est blâmable, et le *David* du Guide, avec sa toque rouge et sa noble plume noire sur la tête, ne nous paraît pas plus dans le bon chemin que la Madeleine en juste-au-corps jaune de Michel ; ce qu'on doit lui reprocher, c'est d'avoir poussé si loin son principe qu'il ne voulut apporter aucun choix dans la nature, d'avoir fait laid, commun et trivial, quand le modèle se pésentait ainsi, de même qu'il faisait fort et beau quand il se présentait fort et beau. Sans doute copier une femme livide et enflée pour rendre la sublime mort de la Vierge, n'est pas pardonnable ; mais aussi quelles admirables qualités ne lui donne pas cette recherche inflexible du vrai quand il tombe bien ; voyez comme la femme au chevet du lit de Marie, la tête tout-à-fait cachée dans les mains, est profondément désolée, ne vous semble-t-il pas entendre ses gémissements ? Et les apôtres qui l'entourent comme ils pleurent en réalité (1) ! Voyez le portrait du grand-maître Vignacourt qui est au Musée ; ce guerrier n'est-il pas vivant ? n'est-ce point une apparition des temps passés, comme on a dit ? ne va-t-il pas sortir de la toile, parler et marcher ? Le Caravagge s'était jeté les yeux fermés dans un système, et, en homme de génie, plein de violence, il en prit tout le mal et tout le bien ; il a été souvent vulgaire, mais aussi jamais la peinture n'eut autant de relief que sous sa main ; et si l'art consistait uniquement à se rapprocher

(1) Ce tableau, que l'on refusa aussi pour n'avoir pas le caractère assez religieux, et surtout parce que Marie s'y trouve laide, a passé en France, où on le voit dans la collection du Louvre.

au plus près de la nature, à faire illusion, il serait le plus grand des peintres.

Les premiers tableaux de Michel furent les meilleurs, il était encore imbu du Giorgion ; et joignant les tons de ce maître à ses qualités personnelles, il méritait d'être regardé comme un des grands coloristes de l'Italie. C'est en voyant quelques-uns de ses ouvrages de cette période qu'Annibal Carrache dit énergiquement : « Cet homme-là broye de la chair sur sa palette. » Mais qu'il ait cédé à la sombre ardeur de son tempéramment, ou qu'il ait été entraîné par l'idée préconçue, il tomba peu à peu dans l'exagération de sa manière, et lui, qui prétendait ne pas avoir de style, n'être que le copiste de la vérité, et ne pas donner un coup de pinceau qui n'appartînt à la nature, il devint aussi *formulé*, aussi maniéré dans son genre que les autres. Pour obtenir ses grands effets de clair obscur, il emprisonna la lumière, il en fit son esclave. Il construisit un atelier très élevé dont il noircit les murs et qu'il éclaira par en haut, de façon que le jour venant frapper sur le point du corps qu'on lui présentait, laissait tout le reste dans l'ombre. — Evidemment, jamais les idéalistes ne firent pis en cherchant des beautés surnaturelles.—Hélas, nous sommes ainsi faits. En morale comme en arts c'est trop souvent au milieu de la poursuite la plus ardente et la plus sincère du vrai que nous tombons dans le faux. Quel Christ nous viendra racheter tous du péché d'impuissance !

Le Caravagge, comme tous les hommes nés pour être peintres, travaillait avec une extême célérité, bien qu'il fît tout d'après nature ; il passait à peine quelques heures dans son atelier, et le reste du jour on le voyait dans les rues, dans les salles d'escrime, dans les jeux publics, l'épée au flanc, la figure hautaine et menaçante. Qui ne l'aurait pas connu l'aurait bien plutôt pris pour un soldat méchant que pour un artiste. Ses confrères le redoutaient beaucoup, car il se montrait jaloux, envieux, fort peu partisan de la libre concurrence ; et comme il était robuste et habile aux armes, les armes lui paraissaient la meilleure de toutes les raisons. Il voulut se battre avec le Guide que Josepin avait fait venir de Bologne pour lui être un digne rival ; et Pomarancio ayant obtenu une coupole qu'il désirait avoir, il lui chercha querelle et ne fut consolé qu'après lui avoir balafré le visage. Les romanciers ont prétendu qu'il avait provoqué le Josepin en duel, et que celui-ci avait refusé sous prétexte qu'il était chevalier; nous n'avons trouvé rien de cela dans les biographes italiens. Ce que nous y voyons, c'est que d'Arpino se remuant un peu trop contre lui, il fit dire que s'il lui échauffait les oreilles, il était homme à le tuer. Sur quoi le chevalier, qui le savait également homme à tenir parole, se tint fort tranquille. L'humeur, dont l'histoire vraie représente Caravagge, rend l'anecdote du duel peu vraisemblable; on ne le voit pas capable de se contenter de pareille excuse, mais bien plutôt d'assassiner d'Arpino s'il n'avait pu le frapper en face.

Un jour que Michel jouait à la paume, il eut dispute avec sa partie, homme à peu près de même trempe que lui; ils se jetèrent d'abord l'un sur l'autre à coups de raquettes; mais la première fureur passée, les deux forcenés prirent leurs armes, et Michel tua son adversaire après en avoir reçu une grave blessure. Forcé de fuir la colère du pape qui ne l'aimait pas, et qui voulait en finir avec les duellistes il se réfugia à Zagarolo chez le duc Mathéo Colonna, auquel il laissa deux tableaux pour payer son hospitalité; puis il s'enfuit à Naples qui appartenait encore aux Espagnols, et où sa réputation lui procura immédiatement de nombreux travaux. Cependant, vain et jaloux, il souffrait de voir tous les hommes distingués de son temps décorés du titre de chevalier; et ne pouvant espérer cet honneur du pape, comme les autres, il résolut d'aller conquérir la croix de Malte dans l'île même, et s'embarqua. A peine arrivé, il fit deux portraits du grand-maître qui lui accorda tout d'abord ce qu'il souhaitait, et bientôt la fortune lui sourit de nouveau. Ses habits étaient de soie et de velours; il portait une somptueuse chaîne d'or que le grand-maître avait détachée de son col pour lui en faire présent; il possédait plusieurs esclaves; sa maison abondait en tous biens, on avait pour lui la plus haute considération; mais l'artiste du seizième siècle oublie qu'il n'est chevalier que d'hier, il ose tenir tête à un des membres les plus marquants de la confrérie guerrière, et pour se débarrasser de ce manant on l'emprisonne, on l'enferme dans un cachot du temps, noir, fétide, malsain, on le prive de pain et de lumière. Le crime valait la peine; un fils de maçon insulter un gentilhomme hospitalier! Après mille tortures qui l'abattent presque jusqu'à la mort,

son énergie lui revient, il escalade les murailles, il s'échappe, et il est à Syracuse avant qu'on ait pu le rejoindre. Les nobles chevaliers de Malte du seizième siècle pouvaient bien jeter en prison un homme qui s'avisait de vouloir lutter avec eux, mais ils ne voulaient pas qu'il en sortît impunément; ils poursuivirent Michel avec rage : de Syracuse, il fut obligé de s'enfuir à Messine, de Messine à Palerme; mais ne se trouvant pas assez à l'abri en Sicile, de Palerme il vint enfin se reposer à Naples, et partout où il passe, il laisse quelque produit de son pinceau qui le sauve toujours glorieusement. Le génie lui sert de bouclier; s'il n'était né grand peintre, on l'eût livré à ses ennemis comme un chien qui s'échappe! En vérité, la justice divine est infinie.

Une fois en sûreté à Naples, le Caravagge manda une figure d'*Heriodate* en présent au grand-maître de Malte pour l'apaiser, et parvint à obtenir sa grâce du pape. Il allait retourner à Rome, lorsque son humeur le jeta dans une nouvelle affaire; il se battit seul contre plusieurs hommes armés qui se trouvaient dans l'hôtellerie où il attendait le moment du départ. Sorti de leurs mains, l'épée au poing, et non sans une large blessure au visage, il va pour se jeter dans la chaloupe, encore tout hérissé de colère : mais à peine a-t-il touché la plage, que la garde espagnole croit trouver en lui un cavalier qu'elle guettait, et l'arrête. Il se fait reconnaître, revient à la barque qui portait son bagage; la barque a disparu, le bagage est volé! Tant de désappointements coup sur coup pour un homme aussi incapable de se maîtriser, le remplissent de fureur; il se met en route, à pied, par la grande chaleur du jour; l'ardeur du soleil qui le frappe, allume ce cerveau où bouillonnent déjà des passions d'autant plus exaltées qu'elles sont comprimées, il tombe à Porto-Hercole sous l'inflammation de la fièvre, et deux jours après il meurt à 40 ans, seul, puissant, et farouche comme il avait vécu.

Nous le regrettons, mais il nous est impossible de faire un noble drame de la vie du Caravagge. Cela est triste, et toutefois il faut le dire pour être vrai autant que ce maître le voulait être, les poètes se sont trompés, il ne fut pas poétique. C'était un homme dur, inculte, irascible, brutalement hautain, et si je n'ajoute pas méchant, c'est qu'avec tous ces vices, il fut aussi un artiste de génie! Sa rudesse n'était pas celle d'un être généreux, aigri par le malheur, qui devient sauvage et repousse le contact des hommes parce qu'il a lieu de les haïr, elle était née fatalement avec lui. Il n'était pas seulement brave, courageux, intrépide, mais querelleur, injuste et peut-être un peu assassin. Son aspect et ses manières éloignaient la confiance : on ne lui connaît pas une intimité; on ne trouve pas un nom de femme mêlé au récit de son existence.—Depuis que nous le connaissons tel qu'il était nous ne cessons pas de le glorifier, mais nous ne pouvons plus l'aimer. Il fut grand, mais il ne fut pas bon; on dirait un de ces animaux féroces que l'on ne peut s'empêcher d'admirer tant ils sont magnifiques, souples et forts, mais pour lesquels on éprouve en même temps de l'horreur, parce qu'ils sont impitoyables et sanguinaires. Il nous représente un lion qui n'aurait pas rendu l'enfant à la mère éplorée.

Nous avons montré le Caravagge tel qu'il était, ou du moins tel qu'il apparaît dans les écrits de ses contemporains et dans ses actes personnels. Nous ne regardons pas les biographies seulement comme une chose bonne à divertir le lecteur, à l'amuser par des aventures plus ou moins curieuses prises dans les quinzième et seizième siècles où la vie fut si aventureuse et si curieuse, nous voulons qu'il y trouve un enseignement qui le conduise (en admettant que nous réussissions) à mieux comprendre l'art dans son ensemble, et chaque artiste en particulier. Pour cela nous tâcherons toujours de mettre en évidence l'idée génératrice qui a dirigé le pinceau de ceux dont nous nous occuperons. Lorsqu'on connaît l'intention de l'ouvrier, on s'explique l'œuvre plus exactement, on s'en rend mieux compte. Par exemple, nous avions bien remarqué que le Caravagge ne ressemblait à aucun des peintres qui l'avaient précédé; nous le trouvions également tout-à-fait différent de ceux qui l'entouraient, et les sujets même de ses tableaux augmentaient notre surprise! On aurait pu le prendre pour un homme étranger à l'Italie. Eh! bien, si l'on recherche les confidences sur l'homme et sur l'artiste, l'énigme se devine sans peine; et connaissant une fois le but qu'il se proposait, on a presqu'un plaisir de savant épiant une observation, à suivre dans ses tableaux le résultat de sa pensée. Le Caravagge est unique dans la peinture italienne, parce que l'Italie entière a toujours eu pour

principe qu'il fallait embellir la nature, tandis qu'il voulait, lui, la traduire mot à mot. Le Caravagge n'eut jamais d'autre but, soit qu'en faisant ainsi il eût une pensée de réforme et qu'il voulût relever la peinture en décadence, soit plutôt qu'il obéit à ses instincts. Il dédaigna toutes les autres parties de l'art; il rechercha la vérité de préférence à la beauté; il ne s'occupa ni de pureté de ligne, ni d'élévation de forme, et s'il a réellement autant de grand style qu'aucun autre, si les plus nobles maîtres n'ont rien laissé de plus noble que la *mise au tombeau* de l'église des Pères Oratoriens à Rome, si ses figures ont toujours du caractère et de la fierté, si dans la mort de la Vierge il a répandu une sombre mélancolie, si dans ce tableau il n'est pas jusqu'à la draperie qui ne soit jetée avec une solennité et un abandon remplis de tristesse, cela est dû à la merveilleuse organisation artistique dont il était doué, et qui lui faisait trouver des qualités qu'il ne cherchait pas ou même qu'il dédaignait, car il ne voulait pas que la peinture fût autre chose que l'imitation absolue de la nature. Nous croyons, nous, que la peinture étant un art, c'est-à-dire une chose essentiellement de convention, il est bien, tant que l'esprit n'en est pas blessé, d'y faire entrer ce qu'on peut imaginer de plus beau, mais cela ne nous empêche pas d'admirer ceux qui cherchent autre chose quand ils le trouvent comme Caravagge le trouva. Ce que nous détestons, ce sont les hommes insuffisants et médiocres; et, certes, Michel n'est pas de ceux-là. On est trop disposé en France à le considérer comme un partisan du laid; c'est une idée admise qu'il manque d'élévation : on lui accorde de la valeur, mais non pas celle qu'il mérite; comme notre éducation libérale n'est point faite, ses rares qualités nous frappent peu, et il est nécessaire de dire que les artistes le prisent bien plus haut que le public. C'est que tout en copiant matériellement la nature, comme nous le disions tout à l'heure, le Caravagge n'en a pas moins un fort grand style. Dans la mort même de la Vierge, dans ce tableau tant blâmé pour l'inconvenance du motif principal, les vieillards sont nobles et simples, la femme enflée que représente la divine Marie est jetée sur le lit, un bras tombant, l'autre par dessus la tête, avec une tournure superbe. Le Caravagge n'est pas seulement remarquable à cause de cette manière qui saisit par les effets combinés du jour et des ombres, par cet air de force, ce relief, cet éclat de couleur qui écrasent toute peinture placée à côté de la sienne. Il est aussi très-savant dans le matériel de l'art; toutes ses figures sont, il est vrai, sur le premier plan, une telle disposition convenait à ce qu'il cherchait; mais les envieux ayant dit que c'était parce qu'il n'entendait rien à la perspective, il exécuta plusieurs ouvrages où il lutta d'une façon supérieure avec les raccourcis les plus difficiles et les plus hardis. On cite de lui en ce genre Jupiter, Neptune et Pluton, peints, comme représentant des éléments, dans le laboratoire du cardinal Monte qui s'occupait beaucoup de médecine et de chimie.

Il est certain que le Caravagge eut une grande influence sur la peinture de son époque. A Rome on ne voyait plus que des Caravaggeschi, on les appelait les *naturalistes*, et parmi eux quatre ou cinq peintres qui ont illustré leurs noms, consacrent, par leur imitation, sa haute éminence. L'Espagnolet, dont nous parlerons bientôt, le tenait pour son meilleur modèle, et, toute sa vie l'étudia. Le Guerchin s'inspira continuellement de ses ouvrages. Leonello Spada travailla long temps sous ses ordres; il est même à noter que Spada, l'auteur de la belle toile de l'*Enfant prodigue* que nous possédons au Louvre, fut le seul homme qui se rapprocha un peu de Michel; il l'accompagna à Naples et à Malte, et l'on raconte de leur *intimité* une aventure assez plaisante. Spada était jeune, beau, grand et bien fait; il posait souvent à Michel les figures nues. Une fois que celui-ci dessinait d'après son élève un saint Jean dans le désert, il eut lieu de craindre que ce précieux modèle n'abandonnât la ville. Que fait-il? il l'enferme quatre jours et quatre nuits, lui donnant à manger dans l'atelier, et barricadant les portes quand il sort. Voilà comme le Caravagge en usait avec ses amis.

Dans le nombre des Caravaggeschi, trois hommes veulent encore être mis à part. — Bartholomeo Manfredi, né vers 1572, qui, de Mantoue, vint à Rome, attiré par la réputation du maître, l'imita au point que plusieurs de ses tableaux ont passé pour être de Michel. — Valentin, ou plutôt Monsu Valentino, comme on l'appelait en Italie, né à Colomiers, province de Brie, en 1600, avait de même quitté la France pour aller prendre, on peut dire, la direction du Caravagge. Celui-ci avait cessé de vivre depuis vingt-cinq ans, mais il étudia ses œuvres comme Michel avait étudié celles de Giorgion, et il en profita de manière à laisser regretter qu'il soit mort jeune.

Il est digne de remarque que tous trois, comme fascinés, abandonnèrent leur patrie avec l'intention formelle d'aller recueillir les leçons de la bouche même de l'intraitable réformateur; Carlo Saracino, né en 1585, laissa aussi Venise pour devenir son disciple. Celui-là n'imitait pas seulement le maître dans la façon de peindre, mais encore dans les usages de la vie, il s'habillait comme lui, il marchait comme lui, et parce que le Caravagge avait un chien noir qu'il appelait Barbone, et qu'il avait enseigné à faire des tours, Carlo s'en procura un pareil, lui donna nom de Barbone, et il l'emmenait dans le monde, afin de prouver qu'il savait les mêmes tours que celui de Michel. — C'est chose vraiment singulière et amusante de voir, à mesure que l'on entre dans ces curieux petits détails de l'histoire, comme l'homme d'aujourd'hui est identiquement pareil à l'homme d'autrefois. N'avons-nous pas les mêmes sottises sous les yeux? Heureusement Carlo comprit qu'il y avait autre chose à faire, il étudia et se rendit habile. On le distingue surtout par les riches costumes orientaux qu'il donne à ses personnages sacrés, profanes ou mythologiques, et par l'étrange habitude d'introduire dans ses compositions des têtes chauves et des eunuques gras, ronds et frais. C'était encore le Caravagge qui lui avait inspiré cela. On remarque des têtes chauves surtout dans son *incrédulité de saint Thomas*. Manfredi, Valentino et Carlo, firent beaucoup de tableaux en demi-figures, comme le Caravagge, beaucoup de Bohémiens, de joueurs, de buveurs, de musiciens à l'entour d'une table ainsi qu'il en avait coutume; ils procèdent de lui en ligne directe; on peut croire qu'ils n'eussent point existé, s'il n'eût vécu, et sans doute il fut leur créateur, mais dans leur dépendance, ils montrèrent assez de force pour que leurs ouvrages soient recherchés et méritent de l'être.

Leonello Spada, qui menait un peu la vie d'un lazarone, peignant quand il avait besoin, ne faisant rien quand il possédait douze écus, devint si vieux à 42 ans qu'il ne pouvait plus tenir ses pinceaux; il expira à 44, et Manfredi à 33, tous deux la santé ruinée par leur inconduite. Valentin quitta ce monde à 32 ans, pour s'être volontairement baigné dans une fontaine glacée au sortir d'une orgie. Carlo mourut aussi avant sa quarantième année ! Ces gens-là vivaient dans un milieu dévorant, leurs passions brûlantes, leurs mœurs déréglées, les tuaient avant l'âge, comme elles ont tué parmi nous Bichat et Géricault. C'est toujours la même chose : Triste et monotone succession de vie et de mort.

LOUIS, AUGUSTIN ET ANNIBAL CARRACHE.

En 1545 naquit à Bologne, d'un maître boucher, Ludovico Carracci, enfant timide et un peu lourd, qui devint un jeune homme sérieux de bonne heure, et toujours réfléchissant. Il se voua, par goût, à l'étude de la peinture, et entra chez Prosper Fontana, qui tenait alors le premier rang parmi les maîtres bolonais. Fontana fut très-peu content de son élève. Celui-ci avait le travail difficile, il étudiait avec persévérance, mais péniblement. Il ne faisait point de tours de force d'exécution, et comme à cette époque de décadence on ne peignait plus que de pratique, Fontana, désespérant que l'infatigable *piocheur* lui fît jamais d'honneur, l'engagea à renoncer à la peinture. Louis ne se sentit nullement blessé d'un pareil arrêt; son but était déjà fixé dans son esprit, et il avait décidé de l'atteindre. La force de sa volonté le sauva. Il quitta l'atelier sans colère, pour passer à Venise, où il se mit à fréquenter l'école du Tintoret. Le Tintoret ne croyait pas non plus qu'on pût faire de l'art spéculativement et bientôt, il dit au jeune Bolonais : « Je vous conseille de renoncer à la peinture. » L'autre ne faiblit point, il ferma l'oreille à cette seconde condamnation qui aurait pu ébranler une résolution moins bien arrêtée. Il prit chez les Vénitiens ce qu'il en désirait, mais ne voulant point continuer à travailler sous un maître qui n'avait pas confiance dans son avenir, il s'en fut à Florence étudier le divin Andrea del Sarto, Andrea *senza errore*, comme chacun l'appelait. Toujours à la quête de nouvelles leçons, il se présenta chez Passignani qui tenait une académie très-célèbre; il y trouva l'école florentine toute éprise du beau cygne de Parme; elle ne copiait, elle n'admirait que le Corrège. Louis, dans sa donnée, n'avait qu'une chose à faire, c'était d'aller à Parme; il y courut, et là, placé chez le Parmesan, il étudia long-temps les œuvres du Corrège.

De Parme, il s'en fut à Mantoue voir ce qu'avait produit Jules Romain, et enfin quand il eut réalisé ce qu'il voulait, il revint à Bologne.

C'était un esprit lent, chercheur, sagace, incapable de créer, mais propre à bien résumer les connaissances acquises jusqu'à lui, et assez adroit pour en former une synthèse. Ces gens-là sont quelquefois utiles; ils font de bons professeurs, et Louis Carrache vint à temps pour conduire ceux qui devaient remplacer les grands maîtres morts.

Arrivé à Bologne, il fallut donner la vie à ses études. L'abeille courageuse avait à composer le miel de tous les sucs qu'elle était allé prendre aux fleurs les plus riches de l'Italie. Il s'occupa d'établir une école, car il comprenait bien qu'il ne pourrait imposer seul les idées de réforme qu'il apportait. Si Louis Carrache avait eu ce que l'on appelle du génie, il aurait produit son œuvre sans s'inquiéter de ce qu'il en pouvait advenir, il eût obéi instinctivement à sa nature; mais homme de raisonnement, il éprouvait le besoin d'être soutenu, il ne lui convenait pas de rien risquer.—On peut s'émerveiller devant les facultés de création spontanée que la nature prête à ses privilégiés, mais on ne peut s'empêcher d'admirer vivement, et aussi de prendre confiance en soi, quand on voit ces travaux lents et sérieux de l'esprit, ces volontés énergiquement trempées, qui savent vaincre tous les obstacles et qui parviennent au but, épuisées de généreuses fatigues.

Louis avait laissé enfans à Bologne, deux de ses cousins, fils du tailleur Antonio Carracci; il les retrouva jeunes gens et déjà lancés dans la vie. Le premier du nom d'Augustin, né en 1557, avait, dès l'âge le plus tendre, ressenti une soif ardente de tous savoirs. Son père l'avait placé chez Domenico Tibaldi, graveur et architecte, où, en même temps qu'il maniait le burin, il apprenait le latin tout seul, ne pouvant se contenter de l'étudier comme tout le monde, mais y devenant très-savant, et faisant en cette langue des chansons et des vers qu'il modulait sur le luth et la viole. Il cultivait à la fois avec ardeur les mathématiques et la philosophie, l'astronomie et la rhétorique, la géographie et la musique, la poésie et la gravure, ainsi que la peinture; il s'essayait également à la statuaire, et fréquentait à la même époque l'atelier du sculpteur Alexandre Minganti (1), auteur de la statue en

ANNIBAL CARRACIO
BOLOGNESE

bronze de Grégoire XIII. D'âme calme et sereine, il était doux, poli, plein de mansuétude, recherché dans ses vêtements, et n'avait qu'un chagrin, celui d'être d'une forte corpulence à l'éternelle mortification de sa coquetterie. Son frère, né de même à Bologne, en 1560, ne lui ressemblait d'aucune manière. Celui-là était un garçon toujours agité, capricieux, quelquefois triste à mourir, les habits souvent déchirés, ennemi du joug et du repos. On pourrait dire qu'il représentait assez bien ce que nous appelons un sans-souci, s'il n'avait eu un fond de sérieux qui perçait à travers ses bizarreries. Son père l'avait mis d'abord à tirer l'aiguille, à ses côtés; mais comme en allant à l'école, où l'on ne put jamais parvenir à lui apprendre autre chose qu'à lire et à écrire, il faisait le désespoir des habitants, en charbonnant de ses dessins les maisons qui se trouvaient sur son passage, le bon tailleur ne voulut point laisser perdre ces belles dispositions, et plaça son apprenti chez un orfèvre. — On sait que les orfèvres de la renaissance étaient d'aussi bons artistes que les nôtres sont de mauvais ouvriers.

Louis Carrache engagea ses deux cousins à venir dans son atelier, il leur confia ce qu'il voulait faire, l'œuvre à laquelle il prétendait les associer, et ils entrèrent chez lui. Il paraît qu'il lui fallut toute son habileté et son sang-froid pour accorder les deux frères : leurs natures si diverses se choquaient continuellement entre elles. Il parvint à en arrondir les plus dures aspérités; il tempérait l'ardeur bouillante de l'un, dirigeait la réflexion curieuse et posée de l'autre. L'adresse pleine de talent que mit ce peintre dans toutes les actions de sa vie, est un fait remarquable et intéressant. Je ne donne pas à sa réforme la grande valeur qu'on lui voulut donner; l'Italie, lorsqu'il vint, n'était pas veuve de grands maîtres autant qu'on l'a dit : Paul Véronèse, le Tintoret et le Bassan florissaient à Venise; son mouvement ne pénétra à

talent était fort admiré de ses contemporains, et que le hasard de la fortune ou la justice de la postérité ont jeté dans l'oubli. Aujourd'hui on ne sait pas même son nom; en 1595, Augustin, qui cependant était toujours de bon sens, l'appelait un Michel-Ange incognito, et « regrettait de n'avoir pas une existence assez débarrassée d'autres soins pour le faire bien connaître et montrer que Bologne possédait encore cette gloire d'avoir vu naître et de garder en son sein l'un des plus grands sculpteurs du monde. » Le beau présent du ciel que le génie!

Rome qu'après que le Caravaggio y eut opéré sa révolution de naturaliste contre les idéalistes; mais il n'en est pas moins certain qu'il exerça une action puissante sur une grande partie de l'école italienne.

Lorsqu'ils furent en état d'en profiter, Louis voulut que ses cousins fissent leur voyage d'étude. Annibal partit le premier et s'en fut à Parme, d'après les ordres de son maître qui lui répétait sans cesse, en le mettant en route : « Copiez le Corrège, copiez le Corrège, c'est là que tout est à la fois grand et gracieux. » Malvasia, qui faisait en 1678 une collection d'autographes (cette mode-là n'est pas plus nouvelle que les autres), obtint à grands prix des héritiers des Carrache les deux premières lettres qu'Annibal écrivit à son cousin, et les inséra dans sa *Felsina pittriche*. On voit dans ces pièces la tendre sollicitude qu'avait Louis pour ses élèves, le profond respect qu'ils lui donnaient en retour, et aussi comme cet Annibal, à peine âgé de 20 ans alors, était déjà fier, sauvage et amoureux de son indépendance. « Magnifico signore Cugino, écrit-il, je viens avec celle-ci saluer votre seigneurie, et la prévenir que je suis arrivé hier à Parme, où je me suis arrêté dans une auberge à l'enseigne du coq. J'ai l'intention d'y rester sans avoir d'obligation à personne, n'étant pas venu ici pour me soumettre à des cérémonies, mais pour jouir de ma liberté, et pouvoir aller dessiner à mon aise. Je conjure votre seigneurie de m'excuser. Je dois vous informer qu'hier me vint trouver il caporale Andrea, auquel vous avez eu la bonté d'écrire pour me recommander; il me fit mille carresses, me demanda si je n'avais de lettres pour personne et surtout pour lui de votre seigneurie, et voulut à toute force me conduire à sa maison, assurant qu'il avait déjà préparé la chambre autrefois occupée par vous, et que je ne lui serais d'aucun embarras. Il insista tant que je ne savais plus rien répondre, sinon le remercier toujours, et nier de posséder sa lettre, parce que je veux garder ma liberté. Je supplie votre seigneurie de n'avoir pas cela pour mauvais, et de m'excuser auprès d'André du mieux qu'elle pourra, car il a semblé sortir assez mécontent.

» Je n'ai pu m'empêcher d'aller tout de suite voir la grande coupole du Corrège dont vous m'avez tant parlé, et je suis encore stupéfait, etc., etc. »

On pense bien que le jeune homme qui arrangeait sa vie aussi résolument ne tarda pas à se mettre au travail : il étudiait du matin au soir, et s'entretenait en vendant ses copies. Peu après il devint fort triste de ne point voir son frère, et de ne point partager avec lui les trésors que le Corrège avait semés partout. Lorsqu'il était avec Augustin, on ne pouvait les garder deux jours en bonne intelligence, maintenant il ne sait plus vivre sans lui; il le désire, et ce n'est pas une chose peu curieuse de voir comme, tout en l'appelant avec amour, son âme passionnée gronde et gourmande encore. « J'écris à mon frère qu'il faut absolument qu'il vienne, il verra des choses qu'il ne pourrait jamais croire. Suppliez-le pour l'amour de Dieu, et qu'il expédie ses deux planches afin de venir tout de suite. Je l'assure que nous vivrons en paix, qu'il ne sera rien dit entre nous; je le laisserai parler tant qu'il voudra, je ne m'occuperai qu'à peindre, et je n'ai pas peur qu'il ne fasse de même et ne laisse tous ses raisonnements et ses sophismes, qui sont du temps perdu. » L'aimable Augustin ne se fit pas prier, il arriva; mais soit qu'il voulût cultiver ses dispositions pour la gravure, soit qu'il y ait eu encore quelque dispute, il gagna Venise, où il se plaça chez Cor le graveur. Celui-ci, jaloux de ses progrès, le chassa de son atelier, ce qui lui fit prendre le parti de travailler seul; Annibal, après s'être bien mis en possession de la forme du peintre des anges, vint le rejoindre, et ils lièrent étroite amitié avec Paul Véronèse, Tintoret et Bassan. — Augustin quitta encore Venise le premier pour retourner à Bologne.

Ces deux pauvres frères ne peuvent jamais rester long-temps ensemble; ils s'aiment; séparés ils sont tristes, mais à peine réunis ils se querellent. L'affection les rassemble, la peinture les sépare; il existe entre eux une cause presque insurmontable de division, leur rivalité d'artistes, que la différence de leur caractère empêche de se confondre noblement; et nous ne pouvons guère accuser l'un plus que l'autre; car le vieux tailleur Antonio, interpellé sur le point de savoir qui de ses deux fils valait mieux, répondit avec un adorable sentiment d'amour paternel : Augustin est meilleur qu'Annibal, et Annibal meilleur qu'Augustin.

Annibal continua à copier le Titien avec la même ferveur qu'il avait copié le Corrège. Nous le voyons, lui qui devait occuper un si beau rang parmi les Italiens illustres, lui qui avait déjà obtenu l'honneur de placer un tableau dans l'église de St.-Grégoire de Bologne, nous le voyons étudier avec une soumission et une conscience infatigables. L'outre-cuidance de nos contemporains qui ouvrent atelier en sortant de l'école, paraît une étrange folie lorsqu'on la compare à de semblables travaux, et encore notons qu'Annibal avait une telle facilité de crayon, que plusieurs années auparavant, ayant été dévalisé avec son père, dans un voyage qu'ils firent à Crémone, il dessina si parfaitement, chez le juge, les figures de ses voleurs, qu'ils furent, sur ce témoignage, signalés, poursuivis et convaincus. Cette anecdote nous remet en mémoire un trait à peu près pareil dans la vie d'Appelle. Ce peintre avait beaucoup déplu à Ptolémée, le frère et l'ami d'Alexandre, lorsqu'ils s'étaient rencontrés ensemble à la cour du roi de Macédoine. Forcé plus tard de relâcher à Alexandrie, pendant le règne de Ptolémée, un de ses ennemis lui fait dire que le roi le priait à dîner. Appelle, étonné, pense cependant devoir obéir : il se présente. Le roi, à sa vue, entre en fureur, et comme le peintre s'excuse sur l'invitation reçue, il lui ordonne d'en nommer le porteur. Appelle reste confondu : nouveau venu, il ne sait pas son nom. On commence à craindre pour lui, car Ptolémée se croit joué; tout à coup il se ravise, prend un crayon et dessine le coupable, de telle façon que le roi et tout ceux qui l'entourent le reconnaissent.

Lorsqu'Annibal revint à Bologne, son génie s'était développé avec vigueur, il avait déjà une manière individuelle. Son cousin et son frère furent frappés de sa supériorité; Louis, toujours à la poursuite du mieux, toujours rempli d'abnégation, quitta son propre style pour prendre le sien, et de maître devint disciple. Ce fut alors que les trois Carrache commencèrent définitivement à se produire. Ils évitaient l'afféterie, et, tout en visant au grandiose dans les draperies et les airs de tête, ils recherchaient la vérité avec une extrême correction de dessin. Sitôt que les vieux peintres de pratique virent ces tentatives de nouveauté, ils s'en moquèrent beaucoup, crièrent à la prétention, et la multitude qui est toujours avec ceux qui ont crédit, fit comme les vieux peintres. On entendit alors les mêmes clameurs que les routiniers de l'empire poussèrent devant les premiers essais du *romantisme*. Louis et Augustin, ébranlés, perdirent confiance, et ils auraient peut-être abandonné leurs principes, si Annibal, faisant tête à la coterie, ne les avait soutenus tous deux, et forcés à persister. Annibal avait raison; le temps, père de la vérité, mit, peu à peu, leur mérite en lumière, ils réussirent, et les travaux arrivèrent. La révolution, dont ils étaient les fauteurs communs, rendait leur intimité plus chaude et plus active, ils se fortifiaient l'un par l'autre au milieu des orages, ils vivaient tous trois dans une confiance parfaite et dans une si grande unité d'âme, d'esprit et de talent, qu'ils travaillaient ensemble et qu'on les appelait ensemble. Belles années que celles-là, années de force, d'amitié, de production et de triomphe, annees où le nom grandit, années de lutte où la gloire a tous ses charmes!

Ce fut vers cette époque qu'Augustin proposa d'ouvrir une école; on fit venir des plâtres de Rome, et l'Académie fondée dans la maison de Louis Carrache, devint bientôt célèbre par l'Italie entière. Elle s'appela l'Ecole des *desidorii*, des *désireux*; il y était de principe fondamental qu'il fallait réunir l'observation de la nature à l'imitation des maîtres; on y enseignait, sur une fort grande échelle, tout ce qui avait rapport à l'art, on étudiait d'après l'antique et d'après nature. Augustin le savant, l'orateur, avait fait, *al proposito*, un traité de perspective et d'architecture qu'il commentait lui-même avec ses formes de langage attrayantes et sa voix pleine de douceur; il expliquait les principes généraux, la raison des ombres et des lumières, la symétrie, la composition. Annibal développait, par l'exemple, les secrets de la peinture; Louis dirigeait l'ordre des travaux, et ils s'étaient associés un chirurgien anatomiste, nommé Lanzoni, épris comme eux de son art, qui leur fournissait secrètement des cadavres, et démontrait, le scalpel à la main, le mouvement des articulations et des muscles. Jamais enseignement ne fut mieux entendu, ni plus complet.

Deux concours avaient été institués; et ce qui servait encore de plus grand aiguillon de gloire, c'est qu'Augustin célébrait le nom des vainqueurs dans des odes latines ou italiennes. Il y a un parfum Hellène dans ce que l'histoire rapporte à ce sujet. Comme les poètes des temps héroïques, Augustin faisait les paroles et la musique de ses odes, et il les allait chanter lui-même, en s'accompagnant du théorbe[1], aux

fêtes des nobles et des lettrés dont il formait sa société habituelle.

Ces concours étaient établis avec la plus grande libéralité de vue. Le triumvirat de Bologne n'avait rien de commun avec le tribunal occulte qui rend à l'institut des arrêts si scandaleux. Il appelait la publicité, il ne se faisait pas arbitre souverain, il savait qu'un juge étranger serait toujours plus impartial qu'un maître accessible à toutes les influences de l'école. Malvasia rapporte une invitation faite en ces termes à Bartholomeo Cesi : « Molto magnifico signore, votre seigneurie est priée de vouloir bien se trouver dans l'après-dînée de dimanche prochain, qui sera le second du carême, en notre académie, pour y prononcer le jugement accoutumé des dessins, selon le programme suivant donné par notre maître-syndic. » Ce programme est aussi inspiré d'un bien autre esprit que ceux de la rue des Saints-Pères. L'élève n'est pas emprisonné dans un cercle fatal, il a de quoi se déployer, il n'est pas soumis à une loi absurde; sa pensée est libre. « Le dessin du concours qui aura lieu dans l'académie le second dimanche de carême, s'exécutera sur la fable de Cérès qui, ayant perdu sa fille, monte au ciel, et, devant le tribunal des dieux, se plaint de Pluton qui la lui a ravie.

» On peut, si l'on veut, faire l'assemblée des dieux, mais il suffira de ces trois, Jupiter, Junon et Cérès, sur lesquels s'appliquera le jugement de MM. les censeurs. Reste à chaque concurrent la liberté d'enrichir sa composition comme il lui plaira.

» Moi, Jacomo Cavedoni,
maître-syndic. »

Il y a loin de là à ne pas accorder de prix, parce que tel élève a donné à ses figures deux pouces plus haut ou plus bas qu'il n'était commandé. —On a prétendu qu'Annibal Carrache n'admettait point qu'on pût introduire plus de 12 figures dans une composition. Sans parler de sa foule *aux aumónes de Saint-Roch*, voilà un programme qui renverse cette vieille erreur. Annibal n'était pas pour imposer de pareilles règles, c'était un homme de science profonde en son art, mais aussi un génie trop vigoureux pour ne pas faire céder toujours la science à l'inspiration. — Loin d'exercer une autorité

---

[1] Le théorbe est un instrument dans le genre de la mandoline espagno! mais plus gros, armé de plus de cordes, et portant renversée la partie du manche où sont les clé;

aussi tyrannique, les Carrache avaient deviné
au contraire la belle doctrine de M. Jacotot.
Ils laissaient leurs élèves agir en pleine liberté,
ils ne donnaient que des conseils, au lieu de
s'imposer, ils poussaient chacun dans la voie que
la nature lui indiquait. Ajoutons qu'ils avaient
tous trois de la générosité, du désintéressement,
de la bonté naturelle avec une grande ardeur
de prosélytisme. Le Dominiquin, le Guide et l'Albane vinrent l'un après l'autre comme pour les
illustrer davantage ; les élèves, à la suite qui
forment le nombre et qui, dans tous les temps et
tous les pays, vont là ou la vogue leur dit d'aller,
accoururent de toute part, et les autres écoles
restèrent désertes; quelques-uns même des peintres attachés à l'ancienne manière, l'abandonnèrent pour venir se dresser au nouveau style,
et Prosper Fontana, le plus considérable d'entre eux, regrettait tout haut d'être trop vieux
pour rapprendre son métier. Le triomphe fut
complet.

Dans notre opinion, les grands peintres s'ins-
truisent peu à l'école; doués qu'ils sont par la nature, ils s'éclairent et se fortifient seulement à
comparer leurs devanciers : aussi ne faut-il prendre les éloges que nous donnons à l'académie
des Carrache qu'en raison des fortes études auxquelles elle obligeait les élèves, par opposition
aux facilités que leur donnaient les *maniéristes*.

Les leçons de l'académie n'empêchaient pas les
Carrache de travailler, et ce fut au milieu même
de ses enseignements qu'Augustin exécuta son
meilleur tableau, la *Communion de saint Jérôme*, dans l'église de Saint-Michel à Bologne.
Il avait concouru pour cet ouvrage, que le chef-
d'œuvre du Dominiquin a fait oublier, avec Annibal; ce fut lui qui l'emporta pour avoir présenté
une esquisse où l'on remarquait une plus grande
pureté de dessin ; toutefois sans cesser précisément de cultiver la peinture, il s'appliquait de
préférence à la gravure, et cela arriva, dit-on,
par les conseils d'Annibal qui redoutait en lui,
comme peintre, un antagoniste dangereux. Toujours est-il vrai qu'Augustin employa plus souvent le burin que la brosse; il fit trois voyages
à Venise, où l'attirait l'amitié du Tintoret et de
Paul Véronèse, et là, reproduisit quelques-uns
de leurs plus fameux tableaux. Il a aussi beaucoup
gravé d'après le Corrège. Augustin s'était particulièrement attaché à rendre, avec une grande
pureté de ligne, les formes du corps humain, et il
lui arriva souvent, dans ses planches, de recti-

fier le dessin des autres. Quelques-uns de ceux
qu'il copiait s'en plaignirent hautement; le plus
grand nombre, au contraire, s'en félicita, et l'on
prétend qu'il Tintoretto, voyant l'estampe de la
crucification qu'il avait peinte dans l'école Saint-
Roch, se réjouit si fort des corrections qu'il y
trouva, qu'il embrassa Augustin en le remer-
ciant. Que cette anecdote soit exacte ou fausse,
Augustin reste toujours un copiste infidèle, et
n'en doit pas être moins blâmé. Il porte aujour-
d'hui la peine d'avoir méconnu le véritable rôle
du graveur, et ses planches sont peu recherchées, parce qu'elles n'inspirent aucune confiance. Pour dire vrai, nous ne trouvons pas,
en outre, qu'elles soient sans défaut, elles ont
un beau sentiment de la masse, mais la touche
est lourde, grosse et noire; on ne saisit nulle
différence entre la chair, les diverses espèces
d'étoffes et le poil des animaux; tout est fait de
même, et les draperies ont souvent quelque
chose de carré qui ressemble beaucoup trop à
la manière des premiers graveurs allemands.

Annibal continuait de son côté à travailler
pour les églises et les palais de Bologne. Outre
sa grande peinture, il faisait des tableaux de
genre dans lesquels il développait une verve extraordinaire, et il montrait aussi de l'excellence
à traiter les paysages. Le Louvre en garde quelques-uns si fins de ton et si bien disposés qu'on
les peut comparer aux plus riches flamands. —
A mesure que nous avancerons dans l'histoire
des artistes de la renaissance, nous aurons à faire
remarquer l'universalité de leurs talents. Il
semble en vérité qu'ils fussent plus puissants que
les nôtres, d'une nature plus complète et plus
abondante. Ils ne se vouent pas servilement à
une chose, ils ont dans le génie une force et une
indépendance que l'on croirait perdues de nos
jours, ils sont architectes, sculpteurs, peintres,
graveurs, décorateurs; ils peignent à l'huile ou
à fresque, cultivent toutes les branches de l'art,
et se font un point d'honneur d'y dépasser la
médiocrité. Ce fougueux Annibal, si préoccupé de la grandeur du style, nous le voyons,
après avoir fait les *plaisirs de la chasse*, prendre
le burin, tailler cinq ou six planches avec habileté, puis faire un cahier d'exemples à l'usage
des commençants, avec des yeux, des nez, des
pieds, des mains au trait et ombrés, dans
toutes les positions.

La réputation d'Annibal croissait de jour en
jour. Il venait d'envoyer à la confrérie de

Saint-Roch, de la ville de Reggio, le tableau des *aumônes de saint Roch*. Cette vaste composition, qui rayonne aujourd'hui dans la galerie de Dresde, l'avait placé au premier rang; toutefois il souhaitait encore d'aller à Rome, lorsqu'une belle occasion vint réaliser ses vœux. Le pape Paul III, quelque temps avant sa mort, avait commencé à bâtir le fameux palais Farnèse, un des plus beaux de Rome, dans lequel, pour le dire en passant, selon le peu de respect qu'eut toujours la renaissance pour les monuments de l'antiquité, il avait employé les marbres, et jusqu'aux pierres du colysée et du théâtre Marcellus. Son petit fils, le cardinal Alexandre Farnèse, l'avait terminé; et quand ce palais tomba dans l'héritage du second fils de celui-ci, Odoart Farnèse, il restait encore à le faire décorer intérieurement. Le frère aîné d'Odoart, Ranuce Ier, duc de Parme et de Plaisance, ayant su qu'il voulait s'occuper de cette grande affaire, lui recommanda chaudement Annibal, pour lequel il s'était pris d'affection quand les deux jeunes Carrache étaient venus étudier le Corrège. Le prince Odoart accepta, et presqu'à son insu, Annibal eut la joie de se voir appelé à Rome pour prendre possession d'une des plus magnifiques entreprises qu'un artiste puisse rêver dans sa vie; il s'agissait de décorer le palais tout entier, d'en peindre les galeries et les salles, et pour comble de fortune, il arrivait à Rome à peu près vers 1597, au temps où le Caravagge et le chevalier d'Arpino partageaient l'école romaine en naturalistes et idéalistes. Il tombait au fort de la querelle, lorsque le Caravagge, entraîné par son tempérament sombre et violent, s'était jeté dans les exagérations du noir, lorsque ce pauvre d'Arpino était plus mou et plus fleuri que jamais.—Odoart Farnèse le reçut bien, lui fit un traitement pareil à celui de ses gentilshommes, lui donna le logis, dix écus romains par mois (à peu près 50 fr.), et ce que l'on appelait à Rome *la parte*, c'est-à-dire la ration de pain et de vin que les seigneurs faisaient distribuer chaque matin aux officiers de leur maison. Une fois installé, il se mit à étudier les anciens et commença ses grandes machines. Annibal, comme nous l'avons dit, était passablement ignorant; il fut beaucoup aidé, pour les sujets de ses compositions, par l'érudition et le sentiment poétique de son frère Augustin, qui était venu le joindre, et aussi par celle d'un prélat fort

éclairé, monseigneur Agucchi, qui se plaisait en leur compagnie. Il travailla pendant huit années à cette œuvre où son frère et ses élèves, l'Albane, le Dominiquin et Lanfranco, mirent successivement la main. Selon qu'il était d'usage alors, ceux-ci exécutaient ce qu'il avait conçu. De pareils hommes, on peut dire qu'ils commandaient sous lui, car on sait entre autres que *la mort d'Adonis* est du Dominiquin, et que les fables de *Céphale et Galatée* sont d'Augustin.

Par malheur, les travaux de la galerie Farnèse brouillèrent décidément les deux frères. L'envie a toujours procédé de même façon; les envieux, pour se consoler de n'avoir point l'ouvrage, attaquèrent le peintre, et il revint aux oreilles d'Annibal, qu'il se disait par la ville qu'Augustin faisait tout. Aussitôt il ferme à son frère les portes du palais; il ne veut plus l'employer : ni les supplications du bon Augustin, ni l'intercession de leurs amis, ni les prières non plus du cardinal Odoart, ni les observations même de Louis, le maître commun et toujours respecté, auquel on en écrivit, rien ne put vaincre cette inflexible décision. L'art était alors, et surtout pour les esprits de cette étoffe, une passion jalouse et furieuse, à laquelle tout devait céder.

Augustin quitta Rome et s'en fut à Parme, au service du duc Ranuce. On l'employa à décorer un plafond; mais la mort vint le surprendre avant qu'il pût l'achever. — Un poète, nommé Stigliani, qui se trouvait à la cour du duc de Parme, a rapporté à Bellori qu'Augustin avait été excessivement pressé dans une foule, à la sortie du théâtre, et qu'étant de sa nature très-obèse, et ce jour-là mal disposé, le cœur lui manqua au point qu'il s'évanouit. Il n'en fallut pas davantage pour ébranler sa santé, qui avait toujours été délicate : une maladie grave se déclara, il vit sa fin approcher, et prit retraite en un couvent de capucins où il voulait attendre sa dernière heure dans la vue de Dieu et des choses célestes, pour expier quelques gravures licencieuses échappées autrefois de son burin. La religion chrétienne a cela de commode que l'on est toujours à temps de s'y repentir. Le nouveau moine eut d'abord le loisir de faire, en cette intention, un beau *saint Pierre pleurant ses péchés*; pour ces artistes l'art était le moyen d'expression de tous leurs sentiments, aussi comme il était rempli de l'idée de la mort, il commença ensuite un *jugement dernier*. Avec les idées de profond repentir et de châtiment éternel qui le préoccupaient, le jugement dernier se présenta à son esprit sous l'aspect d'une scène colossale, terrible, effroyable, où il devait y avoir, selon les livres sacrés, des pleurs et des grincements de dents, où le désespoir des comdamnés devait l'emporter sur la joie des élus. Comme le sombre Michel-Ange dans le poème de la chapelle sixtine, il ne conçut le rédempteur, jugeant les bons et les méchants, qu'au milieu de l'éclat de la plus redoutable majesté; il voulut la figure du Christ remplissant tous les cœurs d'effroi; mais la main réalisa si énergiquement ce qu'avait rêvé l'imagination, que les terreurs qui le poursuivaient s'accrurent de la vue même de l'image, son âme épuisée faiblit tout-à-coup, et vaincu par le respect et la crainte devant la face du Dieu foudroyant qu'il venait de créer, il tomba à genoux, et se frappant le sein, il demanda pardon à grands cris. Depuis lors, il n'osa point reprendre ses pinceaux, et il rendit l'âme peu de jours après, le 22 mars 1602, à 43 ans.

Augustin fut universellement regretté. Il était bon et de mœurs affables, il aimait le luxe et la représentation, recherchait beaucoup la société des grands, et malgré cela jamais personne n'eut à se plaindre de son orgueil. Il mêlait du reste, à ses excellentes qualités, une étrange faiblesse : il était désespéré de n'être qu'un habile artiste; il en voulait au hasard de ne l'avoir pas créé gentilhomme, et la rage de la noblesse finit par lui monter si chaude au cerveau, que, pour oublier sa basse extraction, il s'ennoblit naïvement de son autorité privée, et se forgea un écusson, en torturant un peu l'étymologie de son nom patrimonial. Le mot italien *carro*, voulant dire char, il prit pour emblème les sept étoiles du char céleste. Au cas où la passion d'Augustin ait été assez vive pour se payer d'une semblable invention, il a dû être fort heureux, car, à ce compte, il devenait plus noble qu'un héritier de Salomon, puisqu'il se trouvait descendre en ligne directe de la grande Ourse. Pauvres fous que nous sommes! faut-il rire ou pleurer de voir des gens d'esprit devenir si bêtes, pour satisfaire une pitoyable vanité?

Ce travers n'empêchait pas Augustin d'étudier continuellement, et l'on peut dire, selon l'expression de Bellori, qu'il ne se reposait d'une fatigue que dans une autre. A la grande mémoire naturelle, et à la grande facilité d'élocution dont il était doué, il avait joint des exercices de mnémonique, de sorte que tout le monde prenait un plaisir extrême à le faire causer, à lui donner occasion de mettre dehors les vastes connaissances qu'il avait acquises en toute science. Il parlait d'astronomie et aussi d'astrologie, car alors l'une n'allait pas plus sans l'autre que la chimie sans l'alchimie; il disait le cours des étoiles errantes, l'influence de la voie lactée, et comment se produisent les incendies des comètes; il expliquait la machine du monde, la périodicité des jours, des nuits et des diverses saisons; il décrivait le globe terrestre, nombrant ses mers, ses fleuves, ses principales montagnes, ses îles les plus fameuses; puis, arrivant à l'Europe, il faisait connaître les mœurs, l'esprit, les costumes de ses différents peuples, avec tant de clarté, et dans un si bel ordre, que tous les auditeurs pouvaient croire qu'il l'avait long-temps parcourue et habitée.

· Ce que cet homme avait de bonne supériorité est extraordinaire. Aux pompeuses funérailles qui lui furent faites par l'académie des *incaminati* de Bologne, Lucien Faburio, dans une oraison funèbre, dit qu'Augustin imitait merveilleusement la nature, et qu'une fois, voulant donner une idée de son coloris à fresque, il peignit aux Ronchi de Crevalcore un cheval blanc si parfaitement vrai qu'une jument hennit à le voir, s'en approcha plusieurs fois pour le flairer, jusqu'à ce que s'étant éloignée, elle revint abattre de deux ou trois grosses ruades la moitié de la fresque. Faburio aurait pu ajouter qu'elle abattit en même temps la vraisemblance toute entière de son anecdote. Il rappelle dans ce discours, qui cependant fut prononcé en face d'une nombreuse assemblée, un souvenir non moins étrange, c'est qu'Augustin trompa un artiste très expérimenté, par la peinture d'un agneau écorché. L'artiste se serait avancé pour le toucher de la main et louer son état de graisse. Naturellement fort incrédules, nous ajoutons peu de foi à ces prodiges; nous sommes convaincus que notre siècle a des peintres aussi habiles que ceux des siècles passés, et tant que nous ne leur verrons pas faire de miracles, nous ne croirons pas à ceux qu'on nous raconte des autres. Ces impossibilités ont néanmoins une grande portée relative à nos yeux : on n'exagère que ce qui frappe vivement. —Nous sommes moins étonnés après cela qu'un parti ait long-temps soutenu, à Bologne, qu'Augustin était même comme peintre supérieur à son frère. Cette opinion ne se soutient plus : Augustin, dont nous ne pouvons juger par nous-mêmes, car le musée de France est assez mal organisé pour ne posséder aucun tableau de lui, est tenu pour un artiste du troisième ordre. En revanche, sa vie, si courte et simple qu'elle soit, laisse dans l'esprit d'agréables idées, et intéresse comme celle d'un homme dont la bienveillance éclairée charme et console.

Si nous songions que nos amis sont mortels, nous ne nous fâcherions jamais avec eux.—Annibal, en apprenant la mort de son frère, ressentit une cuisante douleur, il se reprochait sans cesse de l'avoir quitté, et la manière dont le cardinal Odoart paya ses travaux ne fut point faite pour le consoler. Après qu'il eut couvert de peintures l'immense palais Farnèse, on fit le relevé du vin, du pain et de l'argent qu'il avait reçus chaque mois pendant le travail, on lui porta tout en compte, et on lui remit pour solde 500 écus romains, 2,500 fr. C'est ainsi que le puissant et riche seigneur récompensa le grand artiste qui lui avait donné les huit plus belles années de sa vie et de son génie ! « Louis étant toujours resté à Bologne, écrivait l'Albane dans ses notes biographiques, a fait une infinité de peintures ; mais bien qu'il ait survécu de dix ans à son cousin, si l'on compte ce qu'Annibal a peint pour le cardinal Odoart dans les galeries, les chambres et la chapelle du palais Farnèse, on trouvera que ces ouvrages sont au moins aussi nombreux que tous ceux de Louis ensemble ! » En vérité, il n'y a rien d'aussi dérisoire que d'entendre parler de la magnificence du xvi⁰ siècle envers les artistes. Nous avons déjà eu occasion de le dire, et nous aurons souvent encore des preuves pour le répéter ; jamais les artistes ne furent mieux rémunérés par l'aristocratie que par le peuple. A chaque pas que l'on fait dans l'histoire, on voit leurs talents aux prises avec l'ignorance et la villenie des grands, des papes et des rois, et nous constations hier encore que le *saint Jérôme* du Corrège, auquel il avait travaillé pendant six mois, lui fut payé 47 sequins, 552 fr., et le fameux tableau appelé la *Nuit du Corrège*, 480 fr.

Lorsque le pauvre Annibal vit ce qu'on lui donnait, il fut saisi à la fois d'un profond chagrin et d'un profond dégoût, moins à cause de l'argent que du témoignage de mépris que la modicité de cette somme versait sur son œuvre. La

colère et la douleur débordaient de son âme, et il voulait tout renvoyer ; mais la position d'un peintre vis-à-vis d'un seigneur était alors si misérable, qu'on lui conseilla de n'en rien faire, dans la crainte des vengeances du cardinal. Il fut condamné à souffrir sans parler, à boire l'humiliation jusqu'à la lie. Et pourtant c'était un bel ouvrage que la galerie Farnèse. Elle eut, sitôt qu'elle fut ouverte, un immense succès, les jeunes gens accoururent y faire des études comme à une œuvre de maître déjà consacrée, on s'empressait de venir copier « quelle maraviglie d'el arte, » sujets, décors, ornements, grisailles ; on la grava sept ou huit fois tout entière, et elle est encore regardée comme une des belles choses de Rome !

Le triomphe ne put consoler Annibal, il avait au fond du caractère beaucoup de mélancolie et cachait, sous une apparence de vigueur, la faiblesse des âmes tendres. A partir de ce moment, il ne fit plus que dépérir ; il tomba en langueur, abandonna la peinture, et quand il voulait la reprendre, les brosses lui échappaient aussitôt des mains comme une femme qui suffoque en revoyant quelqu'objet plein de tristes souvenirs.—Refuse qui pourra de l'indulgence à de pareilles faiblesses ! — Le monde, qu'il n'aimait déjà que fort peu, lui devint insupportable, il se choisit une habitation solitaire, une espèce d'ermitage, dans un site agréable, sur le mont Quirinal, et s'y confina, refusant tous travaux, et donnant à ses élèves ceux qu'on lui venait proposer. Cependant à la fin, il céda aux instances réitérées d'un seigneur nommé Herrera. Cet Herrera avait voué une chapelle dans l'église de Saint-Jean des Espagnols à San Diégo, pour la guérison de son unique enfant, et on aurait pu croire qu'il avait également promis au bon Dieu qu'elle serait décorée par Annibal Carrache, tant il mit de soins à le supplier d'accepter. Annibal ne voulait plus être dupe, il fixa le prix à 2,000 écus, et se décida à entreprendre cette chapelle, comptant sur l'Albane son disciple préféré, pour mettre en fresque les dessins et les cartons qu'il donnerait. Une fois à l'œuvre, l'amour de l'art étouffa un instant les plus douloureuses impressions ; il eut une envie de peindre irrésistible ; mais comme honteux de céder au joug de son inspiration, il se glissa furtivement sur les échafaudages, et coloria, en trente-six heures, deux des grandes compositions qu'il avait faites pour les quatre coins de la voûte ; puis le malheureux artiste, blessé mortellement, retomba dans l'indifférence et l'abattement.

Lorsque tout fut achevé, le riche du seizième siècle chercha, comme d'ordinaire, une mauvaise chicane. Il prétendait ne pas rester obligé au prix établi, sous prétexte que ce n'était pas la main d'Annibal qui avait peint, et la querelle aurait sans doute fini au désavantage du peintre, si les grandes louanges que l'on faisait continuellement de la chapelle depuis qu'elle était découverte, n'eussent, en quelque sorte, forcé Herrera à céder. Mais alors naquit une nouvelle discussion, celle-là, belle et généreuse, entre le maître et le disciple : ni l'un, ni l'autre ne consentait à prendre l'argent : « C'est vous qui avez inventé les dessins et les cartons, à vous la récompense. — C'est toi qui a tout colorié, à toi le paiement. » L'Albane rapportait tout au maître ; en forçant un peu la lettre des principes du temps, il soutenait n'avoir été, lui, qu'un manœuvre ; l'autre ne voulait rien entendre à cela. « J'ai touché 200 écus d'arrhes, c'est plus qu'il n'en faut pour mes esquisses, disait-il. » Finalement, l'Albane déclara qu'il ne prendrait rien si son maître ne daignait au moins partager gracieusement avec lui, et il eut toutes les peines du monde à faire sortir Annibal de sa retraite, pour aller toucher les 800 écus qui lui revenaient ! Les nobles artistes, et que cela épanouit délicieusement l'âme de les voir se disputer ainsi !

Herrera sut profiter de ces belles émotions, il obtint que Carrache lui peindrait de sa main, pour l'autel, un tableau à l'huile, où san Diégo serait représenté dans l'acte de recommander l'enfant à Jésus-Christ. Annibal se montra en cet ouvrage d'une simplicité admirable. San Diégo, les yeux levés vers le ciel, tient d'un bras la croix, et avance l'autre vers l'enfant qui se trouve en face de lui, les mains jointes, pendant que Jésus, soutenu dans un nuage par deux anges, ouvre affectueusement les bras, en signe de miséricorde.

Tel a été son dernier tableau.

On a voulu considérer Annibal comme le restaurateur de la peinture italienne, il ne fut qu'un homme de grand talent, contemporain de Caravagge, de Paul Véronèse et du Tintoret. Il est habile aux vastes machines, mais il n'est pas attachant. Nous avons dans la collection du Louvre beaucoup de ses tableaux, et l'on peut s'y convaincre, sans que cela d'ailleurs altère l'admiration due à ses mérites, qu'il manque d'intimité et d'expression vraie. Il a de la magnificence, de l'apparat, de la fierté, il vise à de la largeur, à d'amples draperies, à une grande tournure, et il y réussit, mais il ne sort pas de la forme italienne ordinaire, il n'émeut point, il ne fait pas songer. Il eut bien, dans les chambres du palais Farnèse, quelqu'idée d'art utile ; il symbolisa plusieurs vertus, il fit un peu entrer, comme les anciens, la philosophie dans la peinture ; mais ces éclairs de nobles inspirations se dissipèrent vite, et, à l'exemple des autres, de même qu'il avait traduit l'histoire sacrée pour les églises et les couvents, il se mit à traduire l'histoire mythologique pour les châteaux et les maisons de plaisance. De Jésus couronné d'épines, il passe à Vénus ; de saint Jérôme à Galatée, de l'Incrédulité de saint Thomas à Persée avec Andromède. Que trouve-t-il à mettre sur les murs du palais Farnèse? Hercule et Omphale, Mercure apportant la pomme à Paris, c'est la route battue, c'est toujours de la peinture de décoration. On sent trop le parti pris de grandiose, on sent trop qu'il néglige la pensée, et qu'il veut faire beau avant tout. Cette superbe de style sympathise peu avec la nature, et surtout avec la vie réelle et les sentiments humains. Nous appuyons sur ce point, parce que, selon nous, c'est d'ailleurs le défaut général de l'école italienne. Nous retrouverons encore l'occasion de développer nos idées à cet égard.

Toutefois, nous devons ajouter qu'Annibal, avec ses instincts démocratiques, est encore celui, des peintres de Rome, qui s'est le plus rapproché du vrai. Ses grands paysages contiennent toujours quelques scènes populaires, et le livre des *Cris de Bologne* nous reporte, avec le dernier degré d'intérêt, au sein de la vie réelle du temps. On voit courir par les rues les marchands de fruits, de saucissons, d'allumettes, de petites lampes, de verres et gobelets, qui crient leurs marchandises en se promenant. On fait connaissance avec un porteur de gousses d'ails et d'oignons dont la charge prouve que les Bolonais mangeaient de ces vilaines choses d'une manière abominable. On retrouve nos charlatans qui jouent avec des couleuvres pour amuser la foule ; les vendeurs de chapelets et d'images dévotes, qui débitent *il vero ritratto de la madona*, le véritable portrait de la vierge, et le ramoneur dans le même costume que nous lui savons, avec son lourd bonnet et ses deux pauvres petites mains gelées cachées comme aujourd'hui sous sa grosse veste déchirée. On sent une sorte de satisfaction à voir ce maçon dont la truelle, l'auge et l'équerre sont pareils à ceux dont nous nous servons; ce repasseur dont la brouette est installée tout à fait comme celle de nos gagne-petits. Je me suis arrêté au moins dix minutes à regarder un facteur ayant ses lettres dans un panier, et montant les marches d'une maison. Quel billet remet-il là, disais-je? chez qui va-t-il? Quelqu'un pourtant a ouvert et lu, en 1590, cette même lettre qu'il tient à la main! Où trouver la poussière des os de celui-là? Et ce porteur de citations, ce commis d'huissier, les lunettes sur le nez, qui feuillette ses paperasses en attendant qu'on ouvre la porte où il vient de frapper, comme il a l'air affairé! Il me semblait l'avoir rencontré la veille. Et ce marchand de mort aux rats, traînant d'un air doctoral sa longue perche chargée de rats empaillés : n'est-ce pas le frère de celui qui se promène sur le boulevard des Italiens? Et ce mouchard, le cou tendu, l'œil aux aguets, l'oreille près d'une porte, un gros bâton à la main. Mon Dieu, mais tout cela est d'hier : ces chemises déchirées, ces pieds nus, ces vêtements en pièces, ce travail continuel, cette misère, c'est bien pauvre Jean le peuple que je coudoie tous les jours. Rien n'est changé!

Les biographes modernes, en écrivant la vie des artistes, ont généralement procédé de la même façon que les peintres de la décadence : à force de vouloir idéaliser, ils sont tombés dans le faux. Ils ont voulu arranger du drame, de la poésie, comme si la nature n'était pas toujours plus poétique et plus dramatique que nos inventions. Aussi ont-ils donné Annibal Carrache pour un homme excentrique, remuant, impétueux, extravagant, et se jetant volontiers dans des intrigues difficiles. S'il faut en croire ses contemporains, Bellori surtout qui avait vécu avec lui, c'était au contraire un homme d'humeur douce, et plus attaché à son art qu'à toute autre chose; il avait peut-être même de la faiblesse, ou du moins doit-on avouer que mourir de chagrin en est bon signe. Il fut long-temps dominé par un certain Taconi, le plus mauvais de ses élèves, qui pour rester maître de sa confiance, éloignait de lui ses amis.

Parce qu'Annibal détestait les grands, vivait retiré et frondait les sots usages, on l'a changé

en homme d'action; à proprement parler, il n'est autre chose qu'un philosophe sans le savoir, ayant des idées très avancées pour son siècle. Cela lui donne un air un peu étrange qui a trompé. Il méprisait le luxe, recherchait les hommes simples de mœurs, et refusait la société de ceux qui n'étaient point honorables. Il fuyait toutes les vanités du monde; et lorsqu'il était obligé d'aller à la cour, au grand scandale des imbéciles, il ne soignait pas son costume plus ce jour-là qu'un autre. Son désintéressement fut toujours extrême : il avait pour coutume de mettre son argent dans sa boîte à couleurs qui restait ouverte, et dans laquelle ses élèves avaient tacitement permission de puiser. Il menait une vie large et indépendante, déchargée de tout besoin, vouée à l'étude; et le plus souvent, renfermé chez lui avec ses disciples, il s'occupait uniquement de la peinture qu'il appelait sa seigneurie. Il s'habillait, du reste, avec propreté; mais quand il avait passé tout le jour à travailler, il ne songeait pas à bien accommoder son col de chemise, à peigner sa barbe, qu'il laissait pousser en dépit de la nouvelle mode, et il lui arrivait de sortir, pour aller prendre l'air, tel qu'il se trouvait.

Ces mœurs si opposées à celles d'Augustin ne contribuaient pas peu à entretenir la mésintelligence qui existait entre eux. Annibal, qui fuyait par une petite porte quand il apercevait le cardinal Borghèse entrant par la grande, était blessé de voir son frère prendre le costume et les allures des courtisans, et surtout qu'il se mêlât avec eux dans les antichambres. Un jour qu'il le rencontra sur la promenade, au milieu d'une bande de riches cavaliers faisant grand étalage, il le prit à part, comme pour une chose importante, et lui dit à l'oreille : « Augustin, souviens-toi d'où tu sors. » En rentrant, il saisit une carte où il représenta le vieux père Antonio Carrache, accroupi sur une table, et coupant une pièce d'étoffe, pendant que la signora Antonia, tout près de lui, enfilait une aiguille. Il écrivit au bas : Père et mère des Carrache, et il manda le dessin à son frère. — Il ne faut pas juger cette action d'Annibal avec nos principes actuels, car il ferait peu d'honneur à sa philosophie de se choquer qu'un fils de tailleur lie commerce avec des gentilshommes. Annibal savait que dans les idées de l'époque, Augustin, quel que fût son mérite, ne pouvait jouer là, à cause de sa naissance, qu'un rôle secondaire, voilà pourquoi il donnait la leçon si dure. Ce sentiment de respect pour lui-même ne l'abandonna en aucune occasion. Ayant été, une nuit, trouvé armé d'un poignard, malgré les ordonnances de la police romaine, il se laissa conduire en prison, plutôt que de réclamer au nom du cardinal Farnèse, et celui-ci le lui reprochant, il répondit qu'il ne lui paraissait pas bien qu'un homme se reconnût le serviteur d'un autre homme. *Rispose che gli pareva mal detto che un'huomo servisse un altr'huomo.* Etudier l'histoire à fond n'est pas toute fatigue, et l'on a du bonheur à découvrir ces nobles pensées de dignité humaine, germant déjà dans quelques esprits du 16e siècle.

Combien ne respectons-nous pas Annibal, encore davantage, quand nous songeons que cent années, tout au plus avant lui, le divin poète de la Jérusalem délivrée allait de maison en maison demander quelques ducats, et se déshonorait à louer dans ses vers quiconque le payait, plutôt que de faire le vil métier de professeur, en allant occuper la chaire de Gênes qui lui était offerte avec de bons appointements! A la vérité, Torquato Tasso était gentilhomme.

Annibal était un homme de dévouement, il ne ménageait rien pour instruire ses élèves, il les aimait; avec la lucidité d'esprit et les connaissances-pratiques que ses études lui avaient acquises, il les conduisait presque par la main hors des difficultés, il visitait avec eux les galeries et les églises; là, tous ensemble, on analysait l'excellence et la beauté des ouvrages des maîtres, il provoquait leurs observations, il ne leur cachait rien, et disait ses moyens et sa pensée entière avec une franchise que l'on peut considérer comme de la générosité dans un homme aussi affamé de gloire, à une époque où le Titien, le grand Titien chassait Tintoret de son atelier, parce qu'il trouvait en lui un élève trop avancé, en un siècle où Calvart renvoyait à coups de poings le Dominiquin, parce qu'il l'avait surpris copiant une figure des Carrache.

Annibal apportait à ses ouvrages la même conscience qu'il mettait à instruire ses disciples. Quoiqu'il eût une facilité de pinceau presqu'insolente, il travaillait constamment, et il poursuivait dans l'exécution, avec un acharnement que nous sommes tenté d'appeler sublime, la perfection qu'il avait rêvée. A sa mort, ses portefeuilles étaient remplis d'une innombrable quantité de

dessins, et Bellori y a vu une figure d'Hercule *répétée vingt fois* avant qu'il eût trouvé celle que l'on admire maintenant au palais Farnèse. On sait encore que dans cette galerie il abattit souvent des morceaux terminés dont il n'était point satisfait. Afin d'amener ses fresques où il voulait, il ne se contentait pas seulement de dessins et de cartons, il en faisait aussi des tableaux à l'huile, qui lui montraient mieux ses effets. Pour bien comprendre jusqu'à quel point cet infatigable labeur est encore une magnifique leçon donnée aux présomptueux, il faut savoir qu'Annibal avait une telle sûreté de main, que son frère, parlant un jour des beautés du Laocoon, et lui reprochant de se taire à ce sujet, il prit quelques fusins et dessina sur le mur le groupe tout entier pendant que l'autre pérorait. Sur quoi il murmura gaiement que les poètes peignaient avec la parole, et que les artistes parlaient avec le pinceau : saillie dont il fut enchanté, parce que c'était une double épigramme contre le bon Augustin qui se piquait d'être poète et qui le laissait dire en souriant.—Cette aisance de dessin et sa douce causticité le poussaient à l'occasion à tracer des caricatures. Il avait dans ce genre les imaginations les plus bizarres; tantôt il donnait aux animaux des ressemblances humaines, et à ses ennemis des figures bestiales; d'autres fois il transformait une femme en marmite, et un homme en cruche.

Ces traits suffisent à prouver qu'on a également présenté Annibal comme plus inculte qu'il n'était. Il avait, à la vérité, peu de belles-lettres, mais extrêmement de sens, beaucoup d'esprit naturel, et dans la parole une certaine gravité qui rendait attentifs tous ceux qui l'approchaient. Bien qu'ordinairement sérieux, il plaisantait volontiers, et ses bons mots couraient les ateliers. Un barbouilleur lui ayant montré une grande toile qu'il voulait blanchir pour la peindre ensuite : « Vous feriez mieux, dit-il, de la peindre d'abord, et de la blanchir après ». Se trouvant une fois en compagnie de personnes qui bavardaient de poésie, et discutaient niaisement la prééminence du Tasse sur l'Arioste, ou de l'Arioste sur le Tasse, il s'écria, quand on vint à lui demander son avis, que Raphaël lui avait toujours paru le meilleur des peintres.

Mais il est temps de quitter ces causeries. Annibal va mourir. La tristesse le gagne chaque jour davantage. Au printemps, les médecins, comme si l'on pouvait guérir d'un pareil mal, lui donnèrent le conseil de changer d'air. Il obéit, et s'en fut à Naples, où il tâcha de se divertir; mais le dégoût et l'ennui le poursuivirent impitoyablement sous le beau ciel de Naples; son heure était venue, il voulut du moins mourir où il avait souffert; et impatient de rentrer à Rome, il se mit en chemin dans la saison la plus chaude, ce qui contribua moins encore à accélérer sa fin qu'un excès amoureux dont il ne consentit jamais à faire l'aveu aux médecins. Ceux-ci, ne sachant rien, pratiquèrent une saignée : le mal devint sans remède, et la vie lui manqua le 15 juin 1609, à l'âge de quarante-neuf ans.

On voit qu'Annibal est mort comme Raphaël. N'est-ce point un spectacle d'un intérêt touchant que ces hommes de feu qui s'épuisent dans les brûlantes et frénétiques passions de l'amour, et qui se laissent tuer chastement le lendemain, plutôt que de révéler le secret des ardeurs de la nuit.

Annibal avait demandé à être enterré dans l'église de la Rotonde, à côté de Raphaël, qu'il avait toujours regardé durant sa vie comme son maître. Ses obsèques furent dignes de lui. Le lendemain de sa mort, Antonio Caracci son neveu, le fils d'Augustin, exposa son cadavre là même où il l'avait ordonné, sur un catafalque, à la tête duquel on plaça un de ses derniers tableaux. Pauvre Annibal! c'était le Christ couronné d'épines. On put voir là pour la dernière fois son visage. Il avait les cheveux châtains, la barbe rousse, le nez rond, le front haut et superbe, le teint légèrement olivâtre et la physionomie portant le caractère d'une studieuse mélancolie. Monseigneur Agucchi, qui lui avait fermé les yeux, l'académie de Saint-Luc, tous les artistes qui se trouvaient à Rome, et beaucoup de membres de la noblesse, assistèrent aux obsèques et à la messe qui fut dite solennellement; chacun donnait de grands signes de douleur, ses disciples poussaient des cris comme à l'enterrement d'un père : mais si l'on regrettait l'homme, on ne pouvait pleurer la peinture; car Annibal laissait derrière lui des élèves qui s'appelaient le Dominiquin, le Guide et l'Albane.

Nous avons dû laisser un peu Louis Carrache de côté; il se perd dans la gloire de ses cousins; il reste obscurément à Bologne. Cependant les deux frères ne cessèrent jamais d'avoir pour lui respect et reconnaissance. Lorsqu'Annibal eut terminé la galerie Farnèse, il le pria de venir à Rome, disant que son jugement était celui auquel il tenait le plus au monde. Louis, déjà vieux, ne se souciait pas de faire un pareil voyage; mais Annibal le pressa si affectueusement, que, malgré ses soixante ans, il se mit en chemin. A Rome, ses nombreux élèves l'entourèrent de toutes sortes de marques de considération. Il y fut très-heureux, et au bout de quinze jours, il alla reprendre, dans sa ville natale, son train, ses habitudes, ses goûts de vieillard. Il ne cessa jamais de peindre, et l'on prétend que s'étant aperçu, vers le déclin de sa vie, qu'il venait de faire quelques fautes de dessin, il en fut mortifié au point qu'il mourut de chagrin en 1619. Il est plus probable qu'il est mort de ses 74 ans accomplis, car autrement le chagrin aurait dû le tuer plus tôt. En effet, si nous pouvons former notre opinion d'après sept ou huit tableaux que notre Musée possède de cet artiste, ce fut, à l'endroit de la peinture, un homme médiocre; il peignait un peu comme les mathématiciens font de l'algèbre, avec des règles, mais la nature lui avait refusé le feu sacré. Il a fait en art tout ce qu'il est possible de faire avec de la réflexion; il lui manque ce qui ne s'acquiert pas, et c'est le meilleur.

Nous sommes de misérables créatures, soumises à la fatalité de notre organisation. Il ne nous est pas plus donné de commander aux facultés de notre esprit qu'au développement de notre taille. On peut admirer les efforts de celui qui travaille, se plaire et s'ennoblir dans la comtemplation d'une énergique volonté qui lutte avec persévérance; mais pour l'œuvre elle ne touche pas, si elle n'est point embrasée des flammes du génie. Les ouvrages de Louis Carrache ne forcent pas l'attention; comme tous les esprits éclectiques, il est marqué au sceau de l'infériorité, et il doit se contenter d'être le générateur de l'école bolonaise : c'est encore une belle gloire.

Louis, du reste, pas plus que les autres, ne se bornait pas à manier des brosses; il s'occupa aussi de statuaire. Le buste en bas-relief d'Augustin, qui fut employé dans les funérailles de celui-ci, était de sa main, et Benedetto Morello dit, en rendant compte des cérémonies : « Le portrait d'Augustin ressemblait à tel point que, s'il avait été colorié au lieu d'être de pierre, il ne lui aurait manqué que la parole. »

Les fils du vieux Antonio Carrache eurent un troisième frère beaucoup plus jeune qu'eux, qui fit aussi de la peinture. Sans talent et sans noblesse d'âme, il mourut de bonne heure à l'hôpital où l'avait conduit de sales débauches. Antonio Carrache, fils naturel d'Augustin, était au contraire un garçon de beau caractère, et qui ne manquait pas de mérite, comme on en peut juger par son petit tableau du *Déluge* qui est au Louvre. Les biographes modernes ont stéréotypé qu'il aurait dépassé ses homonymes, et très probablement égalé les plus grands noms s'il avait vécu : c'est une banalité ; Antonio Carrache est mort à 35 ans, et l'on sait que les peintres ont tous été, à cet âge, ce qu'ils pouvaient être. Il y a encore un Paul Carrache, frère de Louis, qui a tenu des pinceaux ; mais on ne le saurait pas, s'il n'avait porté un pareil nom, car ce fut un homme de toute médiocrité.

GUIDO RENI.

Que cela tienne à la fatalité des choses ou à la mauvaise organisation sociale, il est certain que la société n'offrit toujours à ses membres que des moyens d'existence très-précaires. On eut, à toutes les époques, beaucoup de peine à vivre, et les recherches que nous faisons sur les artistes des quinze et seizième siècles nous prouvent que les parents de ce temps-là n'étaient pas moins embarrassés que les nôtres pour procurer une position à leurs enfants. Il y eut autrefois, comme aujourd'hui, nombre de ces pauvres diables fort embarrassés de leur personne, qui crurent que la sculpture et la peinture étaient un métier semblable à un autre, et qui mirent la brosse ou l'ébauchoir à la main de même qu'ils se seraient faits copistes ou soldats. Venise, Bologne, Rome, Naples, Parme, Florence, Vérone, Milan, comptaient chacune presqu'autant d'artistes que Paris, où l'on se plaint si fort de leur multiplicité ; et pour ne citer que le maître dont nous allons nous occuper, le Guide avait, au rapport de Crespi, plus de deux cents disciples dans son école de Bologne. On voit que, si l'Italie avait eu des expositions en 1615, ses galeries n'auraient été ni mieux ni moins remplies que nous ne trouvons le Louvre tous les ans.

Ils réfléchissent peu ceux qui se plaignent du trop grand nombre d'artistes comme d'un malheur de notre époque. Cela n'est pas nouveau, cela ne signifie rien, et entre dans le cours ordinaire des choses : mais ce qui est remarquable, c'est que de tout temps aussi, parmi ces armées de peintres, de statuaires, de graveurs, d'architectes, ceux qui furent créateurs, ceux dont le nom est venu jusqu'à nous, traversant des siècles de gloire pour faire encore l'admiration de notre postérité, ceux-là montrèrent en quelque sorte au berceau des dispositions particulières pour l'art du dessin. Giotto, Cellini, Jules Romain, André del Sarte, le Dominiquin, l'Espagnolet, Michel-Ange, Raphaël, l'Albane, que sais-je encore? Corrège, les deux Carrache, le Guerchin, le Giorgion, Paul Véronèse, le Titien, tous sont doués de facultés si exceptionnelles que, dans l'âge où l'on ne se connaît point encore, où l'on ne veut pas encore, ils surpassent leurs premiers maîtres ; ils ont une sorte de prescience qui leur rend aisées les plus grandes difficultés matérielles : on dirait qu'un initiateur occulte et sacré leur livre, comme à des néophytes tendrement préférés, des secrets qu'eux seuls peuvent comprendre. Raphaël, à quatorze ans, était plus avancé que son père ; à quinze, il égalait le Perrugin, qu'il a long-temps imité. Corrège avait peint, à dix-huit ans, le célèbre *saint Antoine* qui est à Dresde. A dix-sept, Andrea del Sarto ne trouvait plus, à Florence, personne qui eût quelque chose à lui enseigner. On sait que c'est à quatorze ans que le grand Michel-Ange exécuta le masque du vieux faune rieur. Le Guerchin ne comptait pas dix années qu'il peignait une vierge sur la façade de sa maison. Au même âge, le Titien faisait une grande figure sur une pierre, et, faute de couleurs, il trempait son doigt, qui lui servait de pinceau, dans des sucs d'herbes qu'il écrasait : le petit Tintoret épuisait les cuves du teinturier son père à réaliser ses enfantines créations. Un des camarades de collège d'Eugène Delacroix nous a rapporté qu'il barbouillait de ses dessins tous les murs de la classe. — Il faut croire aux *bons hommes*.

De telles remarques nous ont paru bonnes à faire. Ce sont de graves leçons données par l'expérience des siècles : si on les voulait peser, on ne verrait pas tant de nos contemporains *apprendre* à peindre ; l'administration n'entretiendrait pas à frais onéreux une serre-chaude à Rome pour y élever ces plantes étiolées que l'on appelle des grands prix. On peut, sans doute, apprendre à peindre comme on peut apprendre ce qu'il y a de mécanique dans toute invention humaine, mais on

GUIDO RENI
Deveria

n'est jamais artiste qu'à condition d'être venu au monde pour l'être. Porter la vie sur la toile ou dans du marbre, est chose réellement si prodigieuse, qu'il faut, pour y réussir, des facultés particulières. Ouvrez la biographie des hommes que nous citions tout à l'heure; ouvrez celle des Mozart et des Corneille, et voyez si, librement ou surmontant des obstacles presqu'invincibles, ils ne sont pas entraînés dans l'art par une force inconnue, produisant tous sans pouvoir se rendre compte à eux-mêmes, comme les orangers produisent leurs beaux fruits d'or; parce que la nature le veut! aussi ont-ils une facilité et une justesse au-dessus du travail le plus assidu. Le Guide fait une tête d'Hercule complètement terminée en deux heures; Annibal Carrache dessine de mémoire, en quelques minutes, le groupe entier du Laocoon; le Guerchin, prié par des religieux, la veille d'une fête, de mettre un *père éternel* sur l'autel de leur couvent, le peint aux flambeaux en une nuit; Raphaël jette au monde son œuvre immense en moins de douze ans; c'est l'abondance des fleuves; et encore ces hommes sont tout à la fois peintres, architectes, statuaires et graveurs!

Qu'on ne s'y trompe pas, cependant; ce serait une très-courte vue de croire que la nature se charge de tout faire : ces rares facultés ont besoin, pour porter fruit, d'être fécondées par l'étude : le génie sans le travail est stérile; c'est un riche terrain qu'il faut déchirer avec la charrue et ensemencer pour qu'il se couvre d'épis. La fable grecque, toujours si profonde, nous l'apprend à la naissance de la sagesse elle-même. Minerve est enfermée dans le front de Jupiter; il faut que le marteau de Vulcain vienne entr'ouvrir ce front avec de grandes douleurs, pour que la noble déesse en puisse sortir toute armée. Beaucoup étaient nés pour être immortels, qui sont morts, parce qu'ils ont fui le marteau de Vulcain. Tous ceux qui ont contraint l'histoire à garder leur nom, s'étaient fortifiés dans de pénibles élaborations; ils n'avaient point reculé devant la fatigue. On a peine à se faire une idée de l'étendue et de l'opiniâtreté de leurs travaux. Raphaël court d'Urbin à Pérouze, et de Pérouze à Florence, pour copier Mazaccio, le Perrugin, Fra Bartholomeo, et Léonard de Vinci. Il prend tour à tour leur manière. Annibal, après avoir été à Venise, à Parme, à Mantoue, se rompt si vigoureusement aux styles des différentes écoles, qu'il exécute un tableau devant lequel les connaisseurs viennent dire : Cette figure est corrégienne, celle-ci michelangesque, celle-là véronésienne, cette autre titianesque. Et lorsqu'à trente-neuf ans on l'appelle à Rome, il se réjouit surtout d'aller puiser de nouvelles forces dans la contemplation des chefs-d'œuvre de l'antiquité. Andrea del Sarto, après avoir recueilli tout ce qu'il trouve à Florence, n'y peut tenir; il expose sa timidité sur les grands chemins pour venir aussi à Rome; il oublie les voleurs quand il s'agit d'aller voir ce qu'ont laissé Michel-Ange et Raphaël! La première partie de la vie de tous ces grands maîtres se passe à copier leurs prédécesseurs; ils ne se lassent point qu'ils n'en saisissent l'esprit, et plus tard, au milieu de leurs plus éclatants triomphes, il est remarquable qu'ils ne cessent point une minute d'étudier. Le Titien, à soixante-dix ans, s'en va copier le modèle à l'Académie avec les élèves; Léonard de Vinci et les autres laissent des monceaux de dessins, de croquis et d'études. Le Guide est *il famosissimo Guido* depuis long-temps qu'il continue à baser sur la nature et les chefs-d'œuvre consacrés sa recherche du beau. Un de ses élèves lui demande en quel endroit du ciel sont ses modèles. « Vous tirerez, dit-il en montrant les plâtres antiques qui ornaient son atelier, *vous tirerez de là* des beautés semblables à celles de mes tableaux, si vous avez assez de génie pour les découvrir. » Ayant à peindre une Madeleine, il fait poser un broyeur de couleurs fort laid : tout le monde s'étonne; mais il corrige la surface, et imprime sur sa toile le type qui était magnifique. Admettons qu'il y ait trop de subtilité dans ce fait pour y ajouter entièrement foi; du moins faut-il le considérer comme une espèce de symbole du soin perpétuel que ces gens-là mettaient à s'inspirer de la nature, et de l'intelligence avec laquelle ils s'en rendaient compte, et savaient y voir ce que d'autres n'y aperçoivent même pas. Il en est d'eux comme d'un musicien qui, dans un coup de marteau, une porte qui grince sur ses gonds, un roulement de voiture qui passe, un verre qui casse, trouve des principes mélodiques dont nous n'avons pas la moindre idée.

Nous voudrions que notre voix eût assez de retentissement et de valeur pour être écoutée par ceux qui s'occupent d'art; aux uns nous leur dirions d'abandonner l'entreprise s'ils ne se sentent poussés par quelque démon familier; aux autres, de ne se point fier à la facilité naturelle qu'ils peuvent avoir. Le génie sans la science produit mal; la science sans le génie ne mène à rien.

Venons maintenant à celui qui a été pour nous le motif de toutes ces réflexions de doctrine. Guido Reni, fils de Daniel Reni, joueur de clavecin, devait laisser un nom célèbre, car la nature l'avait doué à la fois de ces brillantes facultés que l'on appelle du génie, et de la puissance de les faire fructifier dans l'étude. Guido Reni est l'aîné d'une espèce de trinité qui apparaît dans l'histoire de l'art vers la fin du seizième siècle; ils sont trois dont les noms se confondent et reviennent presque toujours groupés dans les mêmes circonstances. Guido Reni, Francesco Albani et Domenico Zampieri sont tous trois nés dans une période de six ans; le premier en 1575, le second en 1578, le troisième en 1581; tous trois de Bologne, tous trois d'abord élèves de Calvaert, puis des Carrache; tous trois long-temps liés d'amitié, tous trois long-temps occupés ensemble, et tous trois ayant assez de valeur personnelle pour ne se copier ni l'un ni l'autre, et marcher avec une égale énergie de volonté dans leur route individuelle; tous trois enfin dans la force de leur talent à l'entrée du dix-septième siècle, comme pour le consoler de la perte du Caravagge, d'Annibal Carrache, et de Francesco Zucchero, morts, eux aussi, tous trois la même année, 1609.

Le père de Guido, qui voulait en faire un musicien, commença d'abord par le mettre à la flûte et au clavecin; mais il dut bientôt céder à la vocation de son enfant pour la peinture : dès l'âge de neuf ans, celui-ci dessinait des figures qui surprenaient tout le monde : Daniel le trouvait continuellement occupé à barbouiller dans tous les coins; de sorte qu'il finit par l'envoyer à l'atelier de Denis Calvaert. — Denis Calvaert était un Flamand qui ne manquait pas de caractère. Il faisait des paysages en Flandre, lorsque, s'avisant d'y vouloir placer des figures, il ne trouva rien de plus simple que de venir en Italie pour apprendre à les faire; mais une fois sous ce beau ciel, il ne voulut plus le quitter, et se fixa à Bologne où il acquit une certaine réputation. Il ne possédait qu'un talent médiocre dont il n'est rien resté; mais ceux de Bologne s'en contentaient faute de mieux, et il eut, jusqu'à l'arrivée des Carrache, grand concours d'élèves à l'académie qu'il avait ouverte. On a conservé quelques traits de la singularité de son

esprit et de la naïveté assez originale de ses brutales manières. Présenté au saint-père lors d'un séjour à Rome, il fut si visiblement embarrassé, que le pape, pour le rassurer, lui dit avec douceur : N'avez-vous aucune grâce à me demander? Aucune, répond le Flamand, si ce n'est que vous me laissiez partir. Ayant appris que Zucchero parlait mal de ses ouvrages, il devient furieux, et se faisant suivre par deux élèves, il court chez son antagoniste. De la nature grossière dont on le connaît, on pense qu'il va se livrer à quelque violence, point; « il défie Zucchero de s'enfermer avec lui pendant huit jours avec du pain et du vin, pour dessiner de mémoire des figures nues ou des sujets d'anatomie; » et comme Zucchero refuse, il lui dit avec grand dédain : « Pour nous donner à croire que vous êtes un homme de mérite, il faudrait faire mieux que mal parler des autres. »

Denis Calvaert était déjà vieux quand le Guide entra chez lui, et la sordide avarice dont la nature l'avait pourvu s'augmentait de toute la faiblesse d'un vieillard; il se mit à tirer profit des progrès de son élève; il vendait tout ce qu'il faisait après l'avoir un peu retouché, et n'en donnait pas un denier au Guide. Celui-ci, qui entendit de bonne heure ses affaires, eut bien vite assez de ce métier, et entra dans l'école des Carrache qui venait de s'ouvrir. Les Carrache, frappés de ses étonnantes dispositions, s'employèrent à les développer. Ils sont à peu près sûrs que plus tard ils deviendront jaloux de ce rare talent; n'importe, l'amour du beau les entraîne; ils le suivent, ils l'excitent; ils mettent tous les soins imaginables à former un homme qui sera leur rival : le bonheur de voir éclater ces merveilles d'organisation les subjugue.

Le Guide se donna de tout son cœur aux fortes études que l'on faisait chez les Carrache, et il y était encore lorsqu'Annibal fut appelé à Rome. Il pouvait avoir vingt ans; son goût pour l'élégance se manifestait déjà, et il avait si bon air, il était si beau de visage et de tournure, que Louis le prenait pour modèle lorsqu'il avait des anges à peindre. Mais bientôt sa supériorité qui croissait d'heure en heure, offusqua le maître, qui, ne pouvant toujours contenir son humeur, lui donna assez de mécontentement pour que le Guide se déterminât à le quitter.—On sait la violence des passions des artistes, comme l'amour de l'art était une espèce de fureur qui ne pardonnait pas! Presque tous se détestent par rivalité ou se brouillent par envie. C'est du reste encore de même aujourd'hui. A chaque nouvelle observation, nous pouvons constater l'éternelle identité du cerveau humain. On verra la jalousie rompre, entre le Guide et l'Albane, leur liaison d'enfance; les plus nobles, les plus généreux, n'échappent point à cette fatale influence, les amitiés les plus vives y succombent. Nous nous rappelons que, lorsque le Penni fut obligé de quitter Rome après la mort de Clément VII, il s'empressa d'aller trouver son ami Jules Romain à Mantoue. Privé d'aide, il aurait cru manquer à leur ancienne intimité d'école en s'adressant à un autre; mais à son arrivée Jules le reçut si froidement que le pauvre *fattore* en fut pour ses frais de bons souvenirs, et dut aller s'établir à Naples. Jules Romain avait cependant l'âme haute, mais le *fattore* lui pouvait devenir rival dans la petite ville de Mantoue; il n'en fallait pas davantage pour étouffer dans son cœur tout sentiment d'affection.

Le Guide avait d'abord imité le Caravagge; il se modifia sur les conseils d'Annibal, et fit alors d'un style doux et suave qui plaisait. Sa réputation s'étendit bientôt hors de Bologne, et s'établit avantageusement jusqu'à Rome, où il avait envoyé deux toiles au cardinal Fondrato, dont Pomarancio et le Josepin disaient merveille. Ce dernier, comptant trouver en Guido Reni un concurrent à opposer au Caravagge qu'il ne pouvait vaincre par lui-même, l'engagea beaucoup à venir à Rome. Nous avons déjà dit que le Josepin était un homme habile et connaissant son monde; il devinait que la manière brillante du Guide et sa nouveauté ne pourraient manquer de faire tort aux exagérations du Caravagge, dont il détestait le talent et l'insolence. Le Guide ne perdit point une aussi belle occasion; le désir d'embrasser son maître Annibal, de voir sa galerie Farnèse dont parlait l'Italie entière, le besoin d'étudier les antiques, tout servait à le déterminer, et il vint à Rome entraînant avec lui son cher ami l'Albane. Josepin les accueillit avec bonne grâce, et la haute position qu'il occupait le mit à même de leur procurer des travaux.

Annibal, malgré son beau caractère, ne devait point être exempt de quelques-unes de nos faiblesses; il devint petitement jaloux de la réputation croissante de son élève; il fit reproche à l'Albane, qu'il aimait particulièrement, de n'avoir pas détourné le Guide de ce voyage, et

Guido Reni eut cet honneur qu'Annibal, au milieu même des travaux de la galerie Farnèse qui le devaient enfler si glorieusement, fut chagrin de le savoir à côté de lui. Mais Annibal n'était pas le seul qui le redoutât. Caravaggio ne tarda pas à prendre une grande aversion pour celui qu'on lui opposait; il commença à en parler tout haut assez dédaigneusement, et, selon son habitude, il finit par lui chercher querelle. Le Guide, sans en venir aux mains comme on l'a dit, et sans reculer précisément, se tira bien de ce mauvais pas; avec de la dignité, de la modération, et aussi un peu l'aide de ses patrons, il échappa, sans dommage de son honneur, aux griffes du terrible adversaire qu'il était venu affronter. Il eut en même temps toute sorte de bonheur; d'un côté Manfredi, Carlo Saraccini et les autres partisans du Caravagge augmentèrent son importance par leurs attaques, et de l'autre les louanges intéressées de d'Arpino et de Pomarancio consacrèrent son triomphe. — C'est chose surprenante comme la passion bouleverse toutes les idées. Pomarancio et Josepin, en haine du Caravagge, se sacrifient au Guide, ils se mettent à le vanter outre mesure; d'Arpino lui procure mille avantages, et il conseille au pape, avec un air de désintéressement qui devait avoir son effet, d'occuper ce jeune virtuose; « il est né, lui dit-il, pour devenir le premier du siècle, le chef d'une école qui laissera toutes les autres derrière elle. » Sur ce, le pape fait au Guide une provision de neuf écus par mois outre la *parte* de pain, de vin et de bois; plus, vingt-cinq écus chaque semaine pour le loyer de sa maison, sans compter que tous ses travaux lui sont généreusement payés. Il reçut ainsi quatre cents écus pour son tableau de *saint André adorant la croix*, qu'il avait demandé afin de faire connaître ses talents dans la peinture à fresque; Annibal se montre fort choqué d'un pareil prix, et en écrivant à Louis, il disait : « Que demandera-t-il donc pour la galerie de la chapelle de Monte-Cavallo, que certes on lui donnera? Je ne nie point que ce ne soit un habile homme, surtout pour un certain charme et une majesté qui lui sont des qualités propres et inimitables; mais en définitive, l'Albane et le Dominiquin n'en savent pas moins, et s'ils n'ont pas cette finesse et ce choix, ils montrent une bien autre intelligence. »

Le Guide fut bientôt au comble de la fortune. Il se possédait assez pour rester honorable, sans être dupe de sa sensibilité ; il était bon et grand, mais il avait aussi de l'habileté à ménager ses intérêts privés ; il savait se faire payer largement et rendre ses ouvrages plus désirables par la difficulté de les obtenir. Pendant que le Dominiquin et les autres s'affligeaient de n'avoir aucune commande, il n'était occupé, lui, qu'à trouver des excuses pour ne pas exécuter les siennes. Malvasia a vu dans un livret écrit de sa main, nombre de restitutions d'arrhes pour des ouvrages qu'il lui était impossible d'entreprendre. Il y avait des ordres de Bologne, de Ferrare, de Mantoue, des principales villes d'Italie, qui lui envoyaient l'argent d'avance. Il finit par se plaindre de ne pouvoir supporter tant de fatigue, disant qu'il ne lui restait que la nuit, et qu'il était contraint, au lieu de la passer dans le repos et le silence, de la consacrer à interroger ses pensées pour former des esquisses et des dessins. Il employait le jeune Antoine Carrache, fils d'Augustin, Campana, son ami l'Albane, et surtout Lanfranco, depuis que Cavedoni, qui jusque-là l'avait servi au taux de vingt écus par mois, était retourné à Bologne ; en un mot, le Guide était à la mode. Lorsqu'il s'agit de décorer la chapelle de Monte-Cavallo, on lui remit d'abord cent écus à compte avant qu'il eût donné le premier coup de pinceau, puis cent autres le mois d'après, et ainsi de suite.

Cependant, au milieu de cette extraordinaire prospérité, le Guide éprouva des chagrins que la susceptibilité nerveuse commune aux grands artistes, lui rendit très amers. D'abord il se sépara du noble Albane autant par jalousie qu'à cause des reproches continuels qu'il en recevait de n'avoir pas partagé la chapelle avec leur camarade Zampieri. Ensuite il eut plusieurs querelles avec Paul V ; celui-ci étant venu le surprendre à Monte-Cavallo, et ne trouvant que Lanfranco, se mit à dire que ce qu'on lui avait rapporté lui paraissait clair ; qu'évidemment Guido s'était plus occupé en cette entreprise de l'argent que de la besogne : qu'il lui avait donné l'ouvrage pour qu'il fût de sa main même, etc. Le Guide répondit plus tard : « Votre sainteté devrait savoir que ceux qui ébauchent ne sont pas ceux qui font ; il en est de cela comme d'un bref de votre sainteté, qui n'a aucune valeur avant qu'elle y pose son scing. Outre que les pensées sont de moi, je reprends, je retouche et refais tout. » Une autre fois, le pape se plaignit que l'opération traînât en longueur, et avança que, s'il l'eût partagée avec d'autres, elle serait terminée. Oui, reprit vivement le peintre, mais elle n'aurait pas été de la main du Guide. Pour comble d'ennui, lorsqu'il eut achevé la chapelle, le trésorier du pape éleva des difficultés pour le paiement : « Vos demandes sont immodérées, répète cet homme, et il est peu discret de n'en rien abandonner. Pour de pareils prix, je renoncerais, moi, à la prélature, et j'exercerais votre métier. C'est possible, répond Guido ; mais vous n'y réussiriez pas plus qu'à être juste. » Sur quoi, fatigué, irrité, inquiet, il règle les affaires de sa maison, et part tout à coup pour Bologne.

Le Guide avait beau avoir ainsi le mot à tout, il se sentait cruellement blessé de ces disputes, et il résolut d'abandonner la peinture. On a conservé ses plaintes : « Pourquoi irais-je tout le jour me rompre la tête avec les grands, ou me disputer avec leurs ministres, et lorsque je devrais travailler heureux, en parfaite tranquillité d'âme, m'abreuver de l'amertume des offenses les plus réelles ? Que de reproches sur ma lenteur et l'énormité de mes prix ! *N'a-t-on pas aussi vite et aussi facilement une demi-figure du Caravagge ?* En trois ans j'ai mis à fin quatre grands ouvrages ; j'ai renoncé à toute commodité ; j'ai exposé ma santé ; j'ai fait plus que mon devoir, plus que le possible. On me promettait monts et merveilles, et aujourd'hui non seulement on ne me donne pas ce qui m'est dû, on me reproche encore les provisions que l'on ne refuse point à un palefrenier. Maintenant ne vais-je pas acheter des lettres de chevalerie avec ce que j'ai gagné ? comme ils disent. Que l'on voie donc sur les livres de Robert Primi s'il m'est venu en tout plus de deux mille écus, et si je n'en avais pas pris huit cents d'avance avec lesquels sans doute j'acheterai les comtés ou les marquisats que l'on rêve. En France et en Espagne seulement, nos Primatice et nos Tibalti peuvent faire acquisition de titres, mais non pas chez nous, où l'on voit au contraire un Raphaël mourir créancier de tant de milliers d'écus, que l'on jugeait plus facile de lui donner un chapeau de cardinal que de solder la dette, où l'on refuse à Mantegna, appelé avec si grande instance, et employé avec si grand contentement, une misérable pension pour son fils, où un Prospero Fontana, un Sabattini, ont à peine de quoi vivre, où un Annibal Carrache est si indignement traité, que réduit au désespoir, il se sent forcé d'abandonner au mauvais destin et son génie et sa vie. »

Toujours les mêmes plaintes sur le peu de considération qu'on leur accorde, toujours les mêmes idées dans le cerveau de l'homme. Le Guide, en Italie, désire la France et l'Espagne, comme nos compatriotes actuels désirent l'Angleterre et Saint-Pétersbourg!

Guido prit le parti de se faire marchand de tableaux et de dessins. C'était en 1615 un aussi bon métier qu'en 1836. On faisait des collections, les amateurs composaient des albums, ils vendaient, ils échangeaient, ils payaient cher leur fantaisie, ils formaient des galeries en France, en Hollande, en Angleterre, en Espagne, qui procuraient, comme aujourd'hui, de gros gains aux spéculateurs.

Toutefois, nous n'avons pas besoin de le dire, la résolution du nouveau commissionnaire en peinture ne tint pas six mois, rarement le talent s'abandonne lui-même ; au milieu des souffrances et du dégoût, il veut produire, il y est poussé par l'instinct de sa force, et la première œuvre que fit le Guide en cet état de crise morale, devint la plus belle peut-être qui soit sortie de son pinceau, ce fut le *Massacre des Innocents*, tant de fois répété et gravé. Le mouvement, le désespoir, la vie, éclatent de toute part en cette belle composition. Peu après, le marchand de tableaux se mit à graver les *Aumônes de saint Roch*, par Annibal Carrache, planche de moyenne grandeur, très lâchée, trop peut-être, mais d'un entrain, d'une vivacité étonnante. Comme tous ceux de son temps, le Guide a fait beaucoup de gravures, elles sont vigoureuses, hardies, grandes, sans mesquine recherche, sans aucun de ces minutieux et inutiles travaux que les ouvriers ont depuis introduits dans cet art. On regardait alors la gravure comme un moyen de reproduire les masses, la couleur, l'aspect général d'une toile, et non comme une œuvre de patience faite à propos d'un tableau.—Le Guide a laissé aussi beaucoup d'eaux fortes traitées avec un bonheur et une témérité admirables. Parmi celles que l'on possède au cabinet des estampes, il y en a une que je n'oublierai jamais ; la Vierge enveloppée dans une grande robe chastement drapée autour d'elle, est assise au pied d'une muraille, tenant sur ses genoux l'enfant Dieu, il est couché nu et lève ses jolis bras d'enfant pour jouer avec un

oiseau qui vole au bout d'un fil. Marie le soutient d'une main, et de l'autre, le coude appuyé sur quelques décombres, elle porte sa tête doucement penchée ; elle a les yeux baissés sur Jésus, et le regarde d'un air mélancolique. Ce charmant petit drame, où la mère songe sur le nouveau né qui joue, exhale de suaves harmonies. Il n'est pas jusqu'à son encadrement, jusqu'à un fond de muraille légèrement sombre qui n'ait une mystérieuse unité, et ne vous entraîne vers les pures et attendrissantes rêveries de l'amour maternel. Les Italiens atteignent rarement cette profonde expression, cette haute philosophie de l'art. Marie est bien ici la sainte mère ; elle n'a pas la poitrine impudiquement découverte comme une femme qui court les fêtes, elle s'est éloignée du monde, et seule en un lieu retiré elle se glorifie dans la contemplation de l'enfant qui va grandir.

Le départ précipité du Guide n'avait pas laissé que d'être remarqué à Rome. Malgré ses tracasseries, le pape le favorisait. Paul V, homme d'instruction et de bonnes mœurs, passionnément épris des arts, aimait le commerce fin et distingué du peintre, quoique celui-ci, par ses actes de fierté, irritât maintes fois sa raideur de caractère. Il s'aperçut donc bientôt de son absence, et manda le cardinal Borghèse, son neveu, pour qu'on lui rendît compte. En apprenant ce qu'il en était, il se fâcha beaucoup, et dit que si son artiste préféré exigeait trop, cela ne regardait pas monseigneur le trésorier, qu'il fallait payer ce qu'on devait, et qu'il importait à sa propre réputation de ne pas perdre un si habile homme par seul motif d'avarice. « Qu'on écrive à notre légat de Bologne, ajouta-t-il, et qu'il soit chargé de dire à Guido que nous voulons absolument son retour, et lui engageons notre parole sacrée pour tout ce qu'il pourra souhaiter et demander. » — A cet endroit nous trouvons vraiment un joli tableau à faire pour un peintre de genre. Le Guide travaillait à fresque dans l'église des dominicains, lorsque le légat de Paul V le vint trouver et lui intima l'ordre. Le Guide, exaspéré par les déplaisirs passés, refuse net ; le légat, hautain et emporté comme un prêtre du seizième siècle, entre en colère, et voilà l'artiste en veste noire, le col ouvert, la palette à la main, avec le légat cardinal dans la splendeur de sa longue robe rouge traînante, tous deux grimpés sur l'échafaudage et entourés l'un de ses pages et de ses valets, l'autre de ses maçons, qui se fâchent, crient, tempêtent, et font retentir le saint lieu de leurs jurements!

Le démêlé se termina par une grande négociation : trois ou quatre courriers y furent employés. Le Guide et Paul V se firent d'aimables coquetteries : l'artiste demanda particulièrement à n'avoir plus affaire qu'avec le pape en personne, et jamais avec ses officiers. Le souverain pontife accorda tout, et le Guide se remit en route.

Que de bizarreries et d'anomalies singulières! et comment porter un jugement, en vérité, sur le seizième siècle italien? A côté des brutalités les plus farouches, il a les délicatesses les plus raffinées; on pourrait le comparer à un jeune homme fougueux, qui se livre, en aveugle, à toutes ses passions bonnes ou mauvaises. Au moment où l'on donnait 50 écus au Dominiquin, pour la *communion de saint Jérôme*; en même temps qu'on couvrait d'or la moindre esquisse d'un Valesio[1]; au moment où les chevaliers de Malte jetaient le Caravagge en prison comme le plus misérable bandit; lorsqu'on sut que le Guide daignait revenir à Rome, la plupart des cardinaux envoyèrent leurs carrosses audevant de lui, suivant l'usage observé à l'entrée des ambassadeurs, et le pape voulut que celui de ces carrosses dans lequel il monta demeurât pour toujours à sa disposition. Eh, mon Dieu! pourquoi donc nous étonner; les choses n'allèrent-elles pas toujours de même, et pour un Guide qui mérite son carrosse, combien de Valesio qui ont équipage, combien d'Annibal Carrache qui reçoivent cinq cents écus pour un travail de huit années! Tout n'est-il pas caprice et fortune, heur et malheur?

Après le retour à Rome, le Guide reprit ses travaux à côté du Dominiquin, de l'Albane et de Lanfranc, et aussi son luxe et la grande vie qu'il aimait. Il était de belle mine, gai, affable, d'un esprit brillant et d'un caractère facile; il gagnait des sommes énormes qu'il dépensait avec magnificence; il donnait des fêtes, des concerts où il jouait supérieurement du clavecin; ses largesses et sa bienveillance lui faisaient nombre d'amis. —Nous aimons le génie solitaire qui vit loin du faste, dans le recueillement et la médiocrité, mais nous ne saurions blâmer celui qui demande à son talent des clefs d'or pour ouvrir les portes des joies de la terre. Le feu sacré ne dévore pas toujours l'âme qui le renferme : Raphaël, Van Dick, Rubens, le Titien, Paul Véronèse, furent heureux. L'abondance dans laquelle ces hommes passaient leur noble vie excède tout ce qu'on peut imaginer, et l'on ne voit pas que leur existence princière ait causé nul tort à leur supériorité de peintres. L'argent est bon. Le luxe donne aux artistes plus de gloire et d'honneur, et les rend plus considérables aux yeux de la foule. Le luxe, c'est de la poésie en action; l'esprit se forme au beau en fréquentant les belles choses. On ne peut, selon nous, avoir là-dessus d'idées absolues. Le jugement à porter sur l'artiste qui préfère le faste à une austère retraite, dépend de l'emploi qu'il fait de ses richesses, et de la force qu'il sait mettre à les empêcher de devenir un sujet de distraction et de relâchement. — Il est certain que le Guide, par sa façon de vivre, ses grandes manières, sa généreuse fierté, sa magnificence, et le prix qu'il sut mettre à ses ouvrages, releva singulièrement sa condition, et, par suite, celle des autres artistes. Il avait un profond respect pour cette qualité d'artiste, et tant qu'il fut maître de sa raison, il n'y manqua jamais, et n'y laissa jamais manquer : réservé envers ceux que la naissance mettait au-dessus de lui, il n'admettait avec eux aucune familiarité, et ne leur rendait point les visites qu'ils lui pouvaient faire. « Quand ils viennent chez moi, disait-il, ils recherchent mon mérite et non ma personne : que mes tableaux leur aillent présenter des compliments s'ils veulent, pour moi je ne m'en charge pas. » Quelque petit esprit dira qu'il n'agissait ainsi que par désespoir de n'être pas noble, pour moi je ne vois là qu'un honorable sentiment de dignité. Un jour, le cardinal Jules Sachetti, légat de Bologne, l'étant venu surprendre au moment où il était entre les mains du barbier, le Guide voulut se lever pour lui faire honneur; mais l'éminence prit de ses propres mains le bassin qu'il tenait, et jura de ne le point quitter qu'il ne se fût assis comme auparavant. Ce fait ne donnerait qu'une idée de la grande considération qu'avait obtenue le Guide; mais ce qui montre son orgueil d'artist, c'est qu'il n'en fut que peu surpris. Le maître de chambre du cardinal l'ayant plaisanté sur la grâce qu'il venait de recevoir, lui peintre, de la part d'une éminence : « Le Ti-

---

[1] Valesio, tout absolument ignoré qu'il soit de nos jours, roulait voiture à Rome sous Grégoire XV, en 1622. C'était à peu près le plus mauvais élève de l'école des Carrache.   (BAGLIONE.)

tien, répliqua-t-il, en reçut une bien plus grande de la part de Charles-Quint. Son pinceau étant tombé à terre, cette majesté césarienne s'empressa de le ramasser pour le lui rendre. »

Paul V, qui prenait grand plaisir à causer avec lui et à le regarder peindre, le venait voir souvent, et lui avait permis de se couvrir en sa présence. « Si le pape ne m'avait accordé cette faveur, disait-il en accommodant un peu ses sentiments aux circonstances, je me serais supposé malade, afin de me couvrir de moi-même, comme chose due à mon art. » Il peignait avec une espèce de cérémonial, toujours habillé comme Buffon pour écrire, ayant à l'entour de lui trois ou quatre élèves qui préparaient ses couleurs, ses pinceaux, et nettoyaient ses immenses palettes. Les élèves choisis pour jouer ce rôle ne s'en plaignaient pas, car c'était assurément une parfaite leçon que d'étudier ainsi ses procédés, d'assister à la création. Il ne faudrait pas croire après cela que le Guide fût un grand fat ou un sot. Cette pompeuse façon d'agir tenait à ses idées sur la religion de l'art; il se considérait en son atelier comme le roi qui trône, le juge qui siége, la sybille qui rend les oracles; mais une fois loin du trépied, il redevenait lui-même, *bon garçon*, peu envieux, homme de luxe par-dessus tout, et du reste d'une extrême pureté de mœurs, jusque-là qu'il retenait expressément quelqu'un auprès de lui lorsqu'il avait modèle de femme. A cet égard, il était beaucoup plus discret que Zeuxis. Ce Grec, attiré à prix d'or par les habitants de Crétone pour décorer leur temple de Junon, demanda quelles belles filles existaient en ville qui lui pussent servir de modèles pour une Hélène, et le conseil aussitôt ordonna que toutes les jeunes filles fussent rassemblées en un même lieu, afin que Zeuxis daignât choisir. Il s'enferma avec elles, et après les avoir fait entièrement dévêtir, en désigna cinq. La vie de ce fameux artiste est assez curieuse : jamais despote n'abusa de son pouvoir comme lui de son talent. Il avait fini par acquérir une telle fortune et un orgueil si démesuré qu'il ne voulait plus vendre ses ouvrages; il les donnait aux temples des dieux, aux rois et aux villes, disant avec sang froid qu'il n'était pas de trésors qui pussent les payer leur valeur.

Guido n'en était pas venu là, mais une fois qu'on arrange sa vie sur ce pied, il est difficile de se maintenir dans de justes limites : il finit par pousser le sentiment de sa dignité jusqu'à une exagération ridicule; il prétendit ne pas vendre ses tableaux, et *recevoir des honoraires*; il ne demandait pas d'argent et traitait par tierce-personne. Il lui paraissait déshonorant de faire commerce de sa peinture, comme si tout dans la vie n'était pas commerce. — Il n'y a point de vertu qui n'ait son mauvais côté. —Cependant faisons bien apprécier la noblesse d'âme du Guide, et donnons-la pour exemple; car on peut dire que c'est le respect de soi-même qui manque le plus à nos artistes comme à la société moderne.

Guido mettait de sa peinture à fresque et à l'huile dans toutes les églises et tous les palais de Rome. Il achevait entre autres choses de décorer la maison des Rospigliosi, où l'on voit son plafond de l'Aurore, popularisé par la belle gravure Morghen. Lorsque Louis Carrache mourut, pensant qu'il pourrait hériter de ses élèves, il retourna à Bologne, et fonda une nouvelle académie. Les disciples venaient en foule chercher les leçons d'un maître si renommé, ce qui ne l'empêchait pas de courir à Genès, à Mantoue, à Ravenne, pour y exécuter des fresques que ces villes désiraient avoir de sa main. Quand la confrérie des cordonniers de Reggio voulut décorer la chapelle qu'elle possédait dans l'église Saint - Prosper, ce fut encore lui qu'elle appela; il se rendit également à Naples où on l'avait mandé pour les peintures de la chapelle du trésor, mais les menées des peintres napolitains, dont nous parlerons plus tard, l'en chassèrent avant qu'il eût commencé. Ses tableaux à l'huile furent en outre envoyés à tous les rois de l'Europe. Louis XIII, Philippe IV, Wladislas, en reçurent à titre de présents, et les quatre tableaux d'Hercule, qui sont au Louvre, avaient été donnés au roi Charles I.er par le duc de Mantoue. Ils ont passé en France lors de la vente à l'encan que Cromwel fit faire des meubles de ce prince.

Les mérites du Guide justifient peut-être un tel engouement, bien que ce ne soit pas un génie vigoureux ni prime-sautier, comme celui avec lequel on le voulut mettre quelque temps en concurrence. Il commença d'abord par faire tendre et léger autant que le Caravagge faisait sombre et dur; il n'employait alors que des ombres douces et des figures en pleine lumière. De même que pour l'autre tout apparaît noir; chair, étoffe, rouge, jaune, de même pour lui tout est nuancé de blanc, même un manteau écarlate. Les produits de cette manière sont mous, blafards, sans relief; on dirait de la peinture de femme qui n'a pas la force d'appuyer (*l'enlèvement d'Hélène, au Louvre*); mais le Guide avait trop d'intelligence pour en rester là : lorsqu'il étudia sérieusement à Rome les ouvrages du Caravagge, il sentit bien qu'il était dans une fausse route, et c'est alors qu'il prit la couleur ferme et mâle de notre *saint Sébastien*, et surtout du *David*. L'élégance naturelle qu'il a dans le dessin, jointe à cette énergique observation de la nature, le rend très distingué. Le David du Musée, quoique composé d'une seule figure, a de telles beautés qu'on en connaît quarante copies en bon lieu ! Par malheur le Guide ne reste pas toujours sur cette ligne ; il tombe dans la forme conventionnelle : il a une grande pompe extérieure, mais il manque de puissance et de sévérité; il ne sait pas rendre les passions; il n'est point humain, si l'on veut nous permettre cette locution qui dit bien ce que nous avons à dire; c'est de l'art pour de l'art, sans vertu communicative, sans caractère, sans recherche du vrai; toujours cette donnée italienne qui s'inquiète uniquement de peindre, qui donne un violon au dieu du jour, dans le *jugement de Midas*, qui amène le petit saint Jean parmi les bergers à la *naissance du Christ*, ou qui nous présente une fille de Loth, une juive d'Orient fuyant Sodôme, la tête nue et les cheveux curieusement arrangés. Il nous est impossible de passer sur de pareilles choses, et nous sommes, nous l'avouons, horriblement choqué, dans l'*enlèvement de Déjanire* (Musée du Louvre), à voir cette femme qui devrait se tordre de désespoir, faire des bras d'opéra avec Nessus, laisser élégamment flotter ses draperies au vent, et posée de la pointe d'un pied sur la croupe du centaure, lever l'autre en l'air à peu près comme un écuyer femelle du cirque Franconi. Cette perpétuelle recherche du beau devient quelquefois insupportable, et nous ne pouvons accepter la Madeleine priant dans la grotte avec sa tête de mort (Musée du Louvre), blanche, belle, fraîche, la poitrine et les bras roses et satinés ! Mais où il faut admirer le Guide, c'est dans la douceur de la forme et du coloris; la grâce de son âme embellit à ce point de vue ses ouvrages comme elle embellissait les actes de sa vie; elle reflète sur eux en une rare élégance; ses femmes sont délicieuses, et les airs de tête

qu'il leur donne sont toujours si charmants et d'une idéalité si tendre, que le naïf Dominiquin écrivait : « *Il gran* Guido ne peint que des visages du paradis. »

Nous ne ferons que répéter une remarque déjà faite en disant que le Guide a souvent représenté des figures en extase, le regard élevé au ciel. Il met un soin particulier à bien dessiner les yeux, et il est inépuisable de grâce dans l'infinité d'expressions qu'il leur prête; aussi, l'œil était, selon lui, ce qu'il y avait de plus difficile à peindre dans une tête. C'est toujours ce que nous faisons le mieux que nous prisons davantage. Les Carrache avaient inventé autre chose : ils estimaient les oreilles la partie du corps la moins aisée à rendre. Augustin en avait modelé une en plâtre plus grande que nature, et la tenait dans un endroit saillant de son atelier pour l'étudier sans cesse. Malvasia soutient à ce propos que pour reconnaître le degré de science d'un peintre, il n'y a qu'à regarder dans son tableau si les oreilles sont bien dessinées. Ce sont là jeux d'esprit que nous rapportons pour montrer que les ateliers de MM. Guide et Carrache avaient leurs petits paradoxes comme les nôtres. La vérité c'est que tout est difficile, et que tout doit être bien fait.

Le Guide jouissait d'un bonheur dont on a peu d'exemple; rien ne lui manquait, gloire, argent, estime, amis, heureux esprit, heureux caractère, parfaite indépendance, lorsque tout à coup une passion vint le saisir avec une effroyable rage, et le rendre aussi plein de chagrin qu'il avait été comblé de prospérité; elle ne lui laissa pas de repos; elle fut impitoyable, et les montagnes d'or qu'il gagnait allaient s'engloutir dans le gouffre du JEU. Le jeu lui ravit tout, et le repos et le grand train qu'il mène, et l'amour de sa réputation dont il est si jaloux, et la conscience du bien faire. C'est une infortune à déchirer le cœur, ce sont des désastres à épouvanter ceux qui sentent bouillonner au fond de leur âme ces agitations fébriles, ces foyers ardents qu'une étincelle peut embraser. Il n'étudiait plus, il ne s'acharnait plus au mieux; il travaillait vite et légèrement pour gagner davantage : tous les moyens imaginables d'avoir de l'or, il les employait; il arriva plusieurs fois qu'il peignit à l'heure ! Un marchand venait la bourse à la main, le malheureux artiste se mettait à la tâche, et les soixante minutes écoulées, on lui donnait la somme, qu'il courait jouer.—Le

FRANCESCO ALBANI

talent ne dure pas au milieu d'une pareille existence : ses ouvrages ne portèrent bientôt plus aucun cachet de volonté; ils tombèrent dans le mépris public. On cessa de les rechercher, de les payer, et la misère se présenta, la misère qui détruit tout bien, beauté du corps et pureté de l'âme, la misère, source de tous vices et de toutes laideurs.

Nous le voyons par la pensée ce grand artiste, autrefois si noble, si magnifique, pauvre maintenant, les habits en lambeaux, le visage dévasté comme celui qu'une mauvaise passion dévore, seul, oublié, abandonné, couvrant soigneusement de cendres, comme lui vit faire l'Albane, le seul petit tison de son feu, afin qu'il pût servir le lendemain, et demandant, pour les derniers produits de son génie expirant, quelques oboles à aller jouer!

Les amis étaient partis, comme toujours, avec la gloire et la fortune; et la mort, qui avait tué Raphaël à 37 ans, au milieu du bonheur, laissait vivre le vieux Reni au milieu de l'abaissement. Enfin, elle se décida à l'emporter vers 1642, à l'âge de 67 ans.

Guido Reni est digne du siècle formidable auquel il appartient; il avait de l'esprit, il écrivait peu, parce qu'il ne savait pas l'orthographe, il se couvrait devant le pape, il jouait du clavecin, il peignait à fresque et à l'huile, il gravait au burin et à l'eau forte, et il est mort tué par une passion furieuse.

ALBANE.

Ce n'est pas d'aujourd'hui qu'en face de l'art, est venue se placer la critique; il est simple et rationnel que la pensée qui juge s'exerce à examiner ce qu'elle voit enfanter. Nos facultés de comparaison semblent nous en faire un besoin. L'intelligence de l'homme a toujours spéculé sur ses productions. La grande quantité de travaux de ce genre qui ont survécu, prouve qu'ils abondaient autrefois, et que le xve, et surtout le xvie siècle prenaient les choses moins simplement que nous ne pensons. Les artistes eux-mêmes se mêlaient aux débats beaucoup plus que les nôtres, ils faisaient des traités, ils discutaient dans les écoles, et l'on pourrait démontrer sans peine qu'ils appliquèrent toutes les finesses, toutes les subtilités de l'esprit aux œuvres qui nous paraissent les plus inspirées. Pour n'en citer qu'un exemple, nous rappellerons que le Titien

qui passe cependant, à juste raison, pour s'être toujours particulièrement attaché à la couleur, prétendait montrer dans son saint Jean-Baptiste de l'église Saint-Magloire « la carnation d'une personne robuste de trente à quarante ans qui, née à la ville, habitait depuis plusieurs années les forêts. » Que de nuances dans ce peu de mots, que de pénétration, que de ténuité de réflexion il a fallu pour concevoir une pareille idée! que de travail il faudra pour l'accomplir!

Les théories, longuement exposées et débattues, les conditions factices du bon et du mauvais dans un art qui se mesure avec le sentiment, les règles mathématiques apportées dans un ordre de choses essentiellement imaginatives, les questions de genre, de force, de beauté; les dissertations métaphysiques à perte de vue que l'homme a la malheureuse faculté de faire sur les actes de son esprit; toutes ces disputes de mots qui, à la plainte générale, sont aujourd'hui dans la littérature, et que l'on croit réservées pour les époques de lassitude, ont toujours existé, et se perpétueront sans doute, parce que le cerveau humain est éternellement le même. Au xvie siècle, particulièrement, où l'instinct artistique, en se développant, prit plus d'indépendance, où l'on regarda moins, dès lors, les ouvrages des maîtres comme des tables de loi; au xvie siècle, où plusieurs académies rivales s'étaient formées, tout ce que l'on peut faire de discours sur une chose donnée, fut, pour ainsi dire, autorisé. On s'escrimait d'un grand sérieux sur les différents genres d'histoire de fables et de sujets propres à la peinture. Dans l'école des Carrache, outre ce qu'il est possible d'enseigner, on enseignait ce qui ne s'apprend pas, la symétrie, l'arrangement des figures, l'art de la composition, en un mot, c'est-à-dire l'inspiration et le style; un peu plus tard Albani bavardait ingénieusement « sur la meilleure manière de devenir peintre. »

Il paraîtra je crois amusant, et dans tous les cas il sera d'un intérêt de curiosité historique, fort à sa place ici, de noter quelques-unes de ces dissertations dont la vacuité égale l'inutilité. Bellori commence un grand chapitre par ces mots : « J'ai coutume de comparer le peintre doué d'un bon coloris au chanteur qui se trouve pourvu d'une belle voix; et comme on a l'habitude de dire que des cent parties nécessaires à la musique, celui qui a une belle voix en possède quatre-vingt-dix ; ainsi des cent qualités que la peinture requiert, celui qui a un beau coloris peut se vanter d'en avoir quatre-vingt-dix. » Et, là-dessus, les meilleures raisons du monde pour prouver que la couleur est la qualité la plus indispensable à un peintre. D'un autre côté, le Borghini, dans son livre intitulé : *Il riposo*, se fatigue à partager la peinture en cinq grandes divisions, parmi lesquelles il lui paraît incontestable « que l'on doit mettre l'invention en première ligne ; » et Lodovico Dolce, tout à fait de cet avis, prétend spirituellement dans son *Dialogue de la peinture* que les plus grands coloristes du monde ont si peu de mérite à cela qu'ils sont vaincus par presque toutes les femmes, lesquelles, avec du blanc et du vermillon seulement, se peignent le visage d'une si belle et parfaite manière, que tous les hommes y sont trompés. Maintenant voyez comme Malvasia, dans la *Felsina pittriche*, entame la biographie de son vieil et gracieux ami l'Albane. « Si ce n'était la crainte de trop contrarier le Borghini, je voudrais soutenir avec *Bisogni* que cette prééminence est due au dessin, et cela, non pas uniquement pour la raison qu'en donne il Dolce, savoir que le peintre, parfait inventeur, n'est rien s'il n'excelle aussi dans le dessin. En effet, nous voyons sans l'invention, mais jamais sans le dessin, des artistes acquérir une grande renommée. Quelle invention trouve-t-on dans le portrait ? où en découvrir dans la fresque de la chapelle sixtine ? et cependant pour de pareilles œuvres Van Dick, Titien et Michel-Ange, sont estimés dans le monde entier. L'artiste qui n'a pas d'imaginative, qui ne sait pas trouver en lui d'heureux sujets, en trouve toujours dans l'histoire ou la conversation des savants, ce qui montre assez que de savoir composer est la dernière des bonnes qualités d'un peintre. »

Voilà qui était clair, c'était raisonner pour ceux qui, faute d'esprit, méprisent l'esprit ; et que dirait-on aujourd'hui du critique qui avancerait cette inconcevable énormité qu'il n'y a pas d'invention dans un portrait de Van Dick, ni dans le jugement dernier de Michel-Ange ! Du reste, on voit que Malvasia en était à la doctrine de l'art pur, de l'art pour l'art. Quoi qu'il en puisse dire, on a toujours attaché beaucoup d'importance à la composition. Alors même que l'histoire n'était qu'un prétexte à tableaux, celui qui composait une toile en était réputé l'auteur ; nous avons fourni de cela plusieurs exemples. La grande bataille de Constantin qui est universellement donnée à Raphaël, ne fut mise à fresque, sur ses dessins, que deux ans après sa mort. Les contemporains ne tinrent aucun compte à Jules Romain de l'exécution, c'était à leurs yeux opération matérielle, travail d'ouvrier.

La critique raisonnante est de même date que les démêlés scolastiques ; il ne faut pas croire, comme nous y sommes disposés, et comme le disent les mécontents, que c'est une invention, une mauvaise invention, d'hier, elle a toujours existé, seulement elle était on peut dire, mieux comprise qu'aujourd'hui ; les artistes ne craignaient pas la discussion, ils savaient ce qu'ils faisaient, ils pouvaient en rendre compte, ils détestaient les aristarques, c'est tout simple, mais ils reconnaissaient la légitimité de la critique ; ils entraient dans la lutte, écrivaient, se défendaient, donnaient leurs raisons ; ils cherchaient enfin la lumière de toutes leurs forces et par tous les moyens. Il est fâcheux que de pareilles habitudes se soient perdues ; les uns et les autres en retiraient de grands avantages. Nous nous rappelons encore que MM. Delacroix, Scheffer et Deveria dirent d'excellentes choses, quand ils prirent la plume. C'est un ridicule dont se chargent quelques-uns des artistes modernes, que de nier hautainement à qui n'est pas peintre le droit de les juger. Francesco Albani se montrait, il y a juste deux cents ans, beaucoup plus libéral. Se trouvant mal jugé par le *journaliste* Scanelli, il entra avec lui en correspondance, et provoqua des explications qui furent aussi utiles pour l'art que que pour lui-même. Scanelli avait publié un livre intitulé *Microcosmo*. On trouvera dans ce titre une analogie microscopique qui implique, tant soit peu, la prétention de tout voir. Les aristarques de 1600 n'avaient pas moins d'outrecuidance que nous, mais je m'assure que nous ferions justice comme eux à quiconque nous prouverait une erreur.

Pour revenir à l'Albane, ce fut un des peintres qui tinrent davantage à la réputation d'habile compositeur. Il attachait la plus grande importance à cette partie de l'art, et lisait continuellement Virgile, Ovide et le Tasse, afin de s'entretenir dans une grande abondance d'idées poétiques. Bien qu'il ne soit guère renommé que comme peintre d'amours, il faisait beaucoup de grandes pages, ses biographes attestent de lui nombre de fresques et quarante-cinq tableaux d'autel. Il travaillait en concurrence du Guide et du Dominiquin, et s'était distingué aux yeux de ses émules par l'étendue de ses connaissances pratiques. Tout cela est perdu, le petit genre l'a étouffé, ses amours l'ont tué. — Il faut être noble et fort pour garder l'admiration des hommes. — Toutefois nous ne devons pas nier que les tableaux de l'Albane ne soient ingénieux et habilement conçus. Sans aller même à son œuvre gravée, notre Musée possède un tableau de dix-huit pouces qui en serait un bon témoignage. Là, Dieu dans sa gloire, soutenu au milieu des cercles de l'éthérée par des *amours*, commande à Gabriel d'aller annoncer à Marie qu'elle enfantera le rédempteur. Gabriel reçoit l'ordre, les ailes étendues, prêt à partir et prenant la tige de lys, symbole du message divin, des mains d'un autre ange. A la voix du tout-puissant la Paix et la Justice s'embrassent, la Foi et l'Espérance se pressent l'une contre l'autre d'un air radieux; le monde est sauvé. Ces personnages, placés sur des nuages, occupent les deux côtés de l'ovale, et dans le fond on voit la hiérarchie céleste et des myriades d'archanges qui chantent et célèbrent l'accomplissement du mystère éternel. Beaucoup des compositions de l'Albane ont ce caractère élevé, ou bien une grande délicatesse. Dans *le repos de la fuite en Egypte*, la vierge, au milieu d'un joli paysage, est assise sur un frais gazon à l'ombre d'un palmier; elle tient sur ses genoux l'enfant aux rayons d'or, qui choisit une rose parmi les fleurs que lui présentent deux anges à genoux. Saint Joseph, assis non loin, a quitté la lecture de son gros *livre* pour considérer ce groupe innocent, pendant qu'un autre ange conduit son âne boire au ruisseau qui traverse la prairie dans le fond. Au-dessus de la tête de la vierge, mêlés aux feuilles du palmier qui l'ombrage, on voit de petits génies occupés à cueillir des fruits pour le repas. N'est-il point d'une poésie délicieuse de faire servir la sainte famille, dans son cruel voyage, par les séraphins et les principaux officiers de la maison que nous avons donnée à Dieu?

Malheureusement l'Albane a manqué des qualités nécessaires pour bien rendre ce que son esprit concevait de bon; son dessin est d'une pureté très lourde, ses têtes de vierges sont rondes avec des joues enflées et des nez amincis. On peut dire encore qu'il manque d'abondance; il répète cent fois la même chose. Cette idée si fraîche et charmante des anges du repos en Egypte, il l'emploie dans le moindre tableau religieux; au *Baptéme du Christ*, ils tiennent des linges pour l'essuyer; trois fois il varie ce sujet, et trois fois ils remplissent la même fonction; dans l'*ecce homo*, ils sont là qui pleurent; dans la *Madeleine aux pieds de Jésus*, on les aperçoit au milieu du jardin, qui regardent et s'extasient; partout on les retrouve, comme pour attester que le génie de l'artiste, malgré son vouloir, était frappé d'insuffisance. Ajoutons que l'Albane avait un singulier principe de composition : à l'examen de son œuvre entière, on découvre qu'il ne groupe jamais un sujet, il le déploie au contraire tout en large. On dirait qu'il ne sait pas remplir une toile; ses figures sont constamment éparpillées, noyées dans des cadres immenses. Nous ne pouvons expliquer par quel travers de raisonnement il en était arrivé là : mais il est certain que ce procédé, en divisant l'attention, relâche singulièrement l'intérêt. En somme, c'est la recherche exclusive de *l'aimable* qui a perdu Albane; et un auteur italien, le voyant toujours pareil, dit avec raison qu'il semble n'avoir connu qu'une seule des Grâces. Nous l'avons appelé en France l'Anacréon de la peinture. Cette épigramme manque de justesse en ce sens, qu'Anacréon est plus sensuel qu'épique, tandis qu'Albane n'a rien fait que de parfaitement chaste. Il peignait des Cupidons et des Vénus, parce qu'il trouvait cela très-joli; mais on ne connaît pas une seule toile, une seule gravure de lui à laquelle donner véritablement le nom d'anacréontique; bien au contraire, il était d'esprit et de mœurs très réservés. Voyez sa vie!

Francesco Albani vint au monde à Bologne en 1578, d'Agostino Albani, riche marchand de soie. Comme d'habitude son père, qui avait gagné beaucoup d'argent dans le commerce, voulut en faire un commerçant; mais comme d'habitude aussi la vocation du fils entraîna la volonté du père, et il fut placé à treize ans chez Denis Calvaert. Il y trouva Guido Reni, déjà fort habile, et ils se lièrent ensemble d'étroite amitié. La première liaison de ces jeunes gens respire quelque chose d'un charme antique. Ils sont tous les deux d'une rare beauté de visage, forts, adroits aux jeux, vifs, brillants, amoureux de la vie, prompts à la réplique et passionnément épris de leurs études. Ils s'aiment, ils ne se quittent pas.

Pendant les deux premières années que Francesco consacra d'abord à dessiner, il n'eut pas d'autre maître que son camarade, et ce fut au moment où il allait quitter le crayon pour prendre les pinceaux, que le Guide, ayant à se plaindre de Calvaert, passa dans l'école des Carrache. La brutalité du professeur flamand faisait un dur contraste avec la douceur du bel ami, le travail devenait rude et difficile ; à la fin, pour ne pas trop s'exposer, Albane dit au maître que, s'étant livré à la peinture pour son plaisir, il avait résolu d'y renoncer plutôt que de se donner tant de peines et de s'exposer à ses rigueurs ordinaires. On le laissa partir, et bientôt il eut rejoint son cher Guido, qui l'introduisit chez les Carrache. Ses progrès furent rapides ; à vingt ans, ses nouveaux maîtres l'employaient déjà dans leurs tableaux. Un peu plus tard, il fit à fresque les plafonds de la grande salle du vestibule du palais Cozano, qui eurent du succès. Il venait de décorer la chambre de Louis Carrache, lorsque le Guide le pria de faire le voyage de Rome avec lui ; ce qui ne fut pas long à obtenir. Il vint et obtint des travaux. Annibal, qui l'aimait de prédilection, lui témoigna toute sorte de bienveillance et l'employa à la galerie Farnèse, il prit également part aux fresques du Guide dans l'église de Monte-Cavallo. Malgré tout, l'histoire ne signale de lui rien de marque, sa réputation n'éclate pas, et son ouvrage le plus considéré paraît être la peinture de san Diego des Espagnols, d'après les cartons d'Annibal Carrache.

Albane n'avait pas les passions fougueuses des gens de son métier, il aimait son intérieur et restait toute la journée dans l'atelier, priant les amis qui le venaient voir de lui lire, pendant qu'il travaillait, Torquato-Tasso, son poète favori, il s'animait à ces belles et souriantes imaginations racontées en vers harmonieux. Il était tranquille, égal, assez bourgeois, quoique peu propre aux choses domestiques et distrait ; enfin un de ces hommes auxquels le mariage est bon, et qui s'y honorent infiniment par la belle régularité de leur conduite. Il se maria donc avec une sage et riche fille nommée Rusconi ; mais elle mourut en donnant le jour à son premier enfant. Il s'en remit à la volonté de Dieu, et continuait à multiplier des saintes familles, des madones et des anges, lorsque son frère aîné, Dominique, célèbre avocat de Bologne, le pressa de revenir dans sa patrie où son absence prolongée nuisait à leurs intérêts communs. Dominique, qui se déclare naïvement trop faible de corps et trop occupé d'affaires, pour répondre aux devoirs du mariage, voulait aussi qu'il se mariât de nouveau afin de perpétuer la famille.

Dominique Albani était un fort grand docteur en loi ; il avait toutes les affaires de Bologne ; Malvasia le cite comme parlant d'une manière admirable et illustrant le nom de son père par son éloquence, au moins autant que Francesco par ses pinceaux. Dans l'hypothèse que la gloire, après la mort, soit réellement quelque chose de fort souhaitable, j'ai toujours été frappé de l'avantage qu'avaient à cet égard les statuaires, et particulièrement les peintres, sur les autres artistes, les poètes, les savants et les orateurs. Qu'un peintre fasse un beau tableau et l'expose dans une église, dans une galerie, le voilà universellement connu, voilà son nom qui passe à travers les générations, par toutes les bouches de ceux qui entrent dans l'église ou la galerie, il fait violence à la renommée. Quant au beau livre, loin de là, il va se couvrir de la poussière d'une bibliothèque ; qui veut connaître son auteur le doit deviner où il se cache. La pensée du peintre éclate au grand jour, elle attire tous les yeux, elle appelle arrogamment l'attention ; celle de l'écrivain est concentrée sous une forme matérielle presqu'imperceptible. Le tableau du peintre parle toutes les langues, et la gravure, pour ceux qui ne le peuvent voir, en donne l'esprit au moins aussi parfaitement que la traduction celui du livre ; enfin, dix minutes suffisent à voir l'œuvre du peintre, des journées ne suffisent pas à lire l'œuvre de l'écrivain. Les hommes de toute éminence ne perdent pas grand'chose à cette espèce de fatalité ; quoique bien des gens n'aient pas lu un chapitre du Dante, il n'importe, Dante est aux cieux, tout le monde l'y voit à côté de Michel-Ange ; mais pour les hommes de second ordre, la chance n'est plus la même ; nous connaissions Baglione artiste, par une mauvaise toile accrochée je ne sais plus où ; il nous a fallu le travail dont nous sommes chargés, pour connaître Baglione, auteur d'une vie des peintres excellente. En parcourant l'histoire de l'Italie, nous trouvons le nom de cinquante personnages, médecins, poètes, musiciens, orateurs, parfaitement oubliés malgré leur mérite et leur immense réputation contemporaine, comme Dominique Albani, par exemple, tandis que leurs émules subsistent encore pleins de feu entre nous, comme Francesco Albani. — La belle chose que la justice!

François, toujours facile à vivre, se soumit à l'autorité de son illustre frère; il plaça sa petite fille avec une nourrice dans un carosse, revint à Bologne et se laissa conduire; mais bientôt la préoccupation d'un mariage l'empêche de travailler, il veut sortir de cet état d'incertitude; pour en finir plus tôt, il s'occupe lui-même du soin d'un nouvel établissement, et avec sa bonne mine, sa richesse, son excellente renommée, il ne tarde pas à entrer dans la famille Fioravanti, une des plus honorables de Bologne. La nouvelle femme de Francesco s'appelait Doralice, c'était une honnête demoiselle d'un esprit très cultivé, admirablement belle, bonne également, et qui lui donna douze enfans beaux comme elle[1]. Cette circonstance d'avoir dans sa propre famille les plus rares modèles, de les posséder à chaque heure, de les regarder sans cesse, décida le genre pris par l'Albane; elle explique la légion de Vénus, de nymphes et d'amours, qui sortirent un peu pareils de son pinceau. Chose étrange, et qui montre bien quels pauvres jouets nous sommes de nos entourages; le peintre de Paphos et de Cythère n'aurait sans doute jamais fait que de la peinture grave s'il n'avait épousé une femme belle et féconde. Doralice était d'une douceur parfaite, non seulement elle posait autant qu'il voulait, non seulement sa radieuse fertilité lui fournit pendant dix-huit ans au moins de ravissants petits modèles, elle les lui tenait encore avec adresse sur des bandelettes; ses soins de mère les empêchaient de crier, et quand ils étaient trop fatigués, elle leur donnait tendrement son beau sein pour dormir. On conçoit qu'un pareil intérieur ait eu des séductions auxquelles Albane se soit facilement livré. Il possédait deux *villas* près de Bologne, où il allait tour à tour passer le printemps, et ces doux ombrages, ces jolies scènes de famille, cette existence molle, fraîche et gracieuse, agissant sur une organisation déjà disposée à en être impressionnée, il donna, sans plus se défendre, dans les *amabi-*

[1] François Duquesnoy, appelé par les Italiens François Flamand, s'était lié pendant son séjour en Italie avec l'Albane; c'est, dit-on, à force de voir et de copier ces beaux enfans, qu'il acquit le goût de faire les petits génies avec lesquels il a gagné son immortelle réputation.

lités. Pour moi, je ne suis étonné que d'une chose, c'est qu'ayant perpétuellement la nature enfantine sous les yeux, il n'ait jamais rendu toute sa naïveté. De même que le Dominiquin, avec son goût sévère, sa vie triste et solitaire, aimait à placer ses compositions sur des fonds d'architecture grandiose, de même l'Albane, avec son génie particulier, se plut à loger ses enfantillages dans des fonds de paysage coquet. Une fois ainsi lancé, tout pour lui devint motif à petits amours : l'*Atelier de Vulcain*, les *Elémens*, la solennelle *Nativité de Jésus* dans l'étable ne sont plus que des scènes de boudoirs dont viennent s'emparer de jolis enfants ailés.

Il faut tout dire, ces idées n'étaient point usées alors comme elles furent depuis; neuves elles parurent agréables, et le public rechercha ces tableaux du nouveau genre, ils séduisaient les esprits blasés du temps comme une femme bien fardée et bien arrangée séduit un homme sur le retour.

Enthousiasme, chaleur d'âme, énergie, sont des qualités précieuses qu'il ne faut pas demander à l'Albane, les fortes passions humaines n'agitèrent jamais ses pinceaux, mais il possède un certain goût; il y a beaucoup de charme dans ses petites figures; elles ont le sourire de la jeunesse, et leur vue est agréable aux yeux sans fatiguer l'esprit. Du reste, même en ce temps, on n'épargna pas la critique au gracieux faiseur de riens. Guido Reni disait avec sa douceur ordinaire d'expression : « Francesco n'est pas un peintre, c'est un gentilhomme qui s'applique aux petites pensées et aux petites choses qu'il fait par plaisir et délassement. »

Pour que le Guide en arrive à cette épigramme de gentilhomme, il faut que les anciens amis soient brouillés; en effet, on vit se rompre, peu après leur séjour à Rome, cette belle amitié que rien ne paraissait devoir troubler; l'Albane prétendait avoir à se plaindre de l'orgueil de son ancien camarade, l'autre l'accusait d'exigence fâcheuse; nous pensons bien qu'il y eut là encore quelque triste rivalité d'artiste, mais on ne sut pas au juste les véritables causes de leur rupture, chacun défendit toujours sa propre conduite, chacun rejeta tous les torts sur l'autre; ils étaient comme des gens qui se sont beaucoup aimés et qui s'estiment encore, ils ne se pardonnaient pas de s'être quittés. Pauvres amis!

Albani s'était fait une grande réputation dans

son petit genre, qu'il appliquait parfois à de grands ouvrages. Le cardinal de Savoie lui commanda les quatre élémens, et l'on peut juger par la lettre d'envoi qu'a conservée Malvasia, de la pénétration d'esprit, de l'intelligence et du labeur qu'il apportait en ses compositions. Il donne d'abord pour raison d'avoir fait ses tableaux ronds, que les élémens étant placés l'un au-dessus de l'autre, par ordre concentrique, dans l'ensemble de l'univers, cette forme était celle qui convenait le mieux au sujet. Il ajoute ensuite : « Dans le premier tableau où j'ai peint le feu, votre altesse verra, non seulement le feu céleste et proprement élémentaire représenté par le puissant Jupiter, mais encore le feu matériel et celui de l'amour, dont Vulcain et la déesse de Chypre sont les emblèmes. Je n'ai voulu placer dans les forges de Vulcain ni Brontès, ni les autres cyclopes; j'ai mieux aimé y peindre trois jeunes amours, attendu que les chairs de ces enfants forment une opposition plus piquante avec les tons bruns de celles de Vulcain. J'ai dû en outre me conformer, dans ce choix, aux désirs de votre altesse sérénissime, car M. l'ambassadeur m'avait dit qu'elle serait bien aise que je représentasse un grand nombre d'amours perçant de leurs traits irrésistibles le marbre le plus dur, l'acier, le diamant et le cœur même des dieux. »—Ainsi Jupiter (feu céleste), vient prendre la foudre dans l'atelier de Vulcain (feu matériel), pendant qu'au ciel des génies viennent allumer leurs torches à celle de Vénus (feu d'amour). Sur le devant, des amours décochent leurs flèches, dans un bouclier de fer, dans un cœur et jusque dans la poitrine de Jupiter. Ces amphigouris sont vraiment arrangés avec une extrême adresse.

Au milieu du second tableau, Junon, dans les airs, est sur un char entouré d'amours qui battent de la caisse et poursuivent des oiseaux; près d'elle se voient Iris et la Rosée qui forment l'arc-en-ciel, au-dessus duquel on aperçoit la terrible Echinda se cachant au sein des nuages orageux qu'elle dirige. Plus bas, assis sur un rocher, Eole et les vents toujours représentés par des Génies. « La superstitieuse antiquité, dit Albane, ayant adoré cet élément sous le nom de la déesse Junon, à laquelle elle donnait pour compagnes quatorze nymphes, emblème des météores qui se forment dans notre atmosphère, j'ai employé cette allégorie pour exprimer ma pensée, et je l'ai fait avec d'autant plus de confiance,

qu'on voit quelquefois ces différents météores se succéder en un seul jour. Les airs sont peuplés d'êtres ailés; c'est l'agitation de cet élément qui produit les sons et le bruit; pour rendre ces deux idées, j'ai peint des amours qui poursuivent des oiseaux en se jouant avec d'autres qui font résonner des tambours; et comme les vents, comptés au nombre des météores, ne sont autre chose que des vapeurs qui s'élancent de la terre, j'ai fait entrer dans ma composition Eole qui, en ouvrant un antre, leur donne la liberté. Dans le troisième cadre où je devais représenter l'eau, *j'ai voulu exprimer non seulement le mélange des sources et des rivières avec les fleuves, mais celui des fleuves avec la mer.* Sur la mer, j'ai peint Galathée, emblème de l'écume qui se produit à la surface des ondes : j'ai placé autour d'elle des amours, des nymphes, des tritons, d'abord parce que les chairs de ces figures offrant des tons différents, cette variété devait rendre l'ensemble du coloris plus agréable, ensuite, parce que ces personnages en rappelant les divers travaux auxquels la mer nous invite, tels que la récolte des perles et celle du corail, la pêche au filet et à l'hameçon, me donnaient le moyen d'embrasser mon sujet dans toute son étendue. » Voulez-vous savoir comment Albane a pu exprimer le mélange des sources, des rivières, des fleuves et de la mer? il s'en est tiré de la façon la plus ingénieuse et la plus simple à la fois. En haut d'un rocher, plusieurs nymphes-rivières laissent couler leurs eaux qui tombent dans celles d'un vieux fleuve à longue barbe, lequel verse lui-même son urne dans la mer.

Voici maintenant comment il explique la quatrième et dernière toile. « Dans le tableau destiné à représenter la terre, j'ai placé auprès de Cybèle, mère des dieux et du monde, les trois saisons les plus dignes de figurer dans un ouvrage qui devait être soumis à V. A. S. Je dis les trois saisons, car j'ai banni le triste hiver qui n'a nul rapport avec l'aménité de votre altesse. J'ai choisi Flore pour représenter le printemps; j'ai caractérisé encore cette saison par de petits amours qui cueillent des fleurs, et en couronnent une jeune fille. Cérès, emblème de l'été, commande à des enfants les divers travaux de la moisson (les uns coupent le blé, d'autres battent en grange). Bacchus, assis également sur le char de Cybèle, regardant d'autres amours qui cueillent des fruits et des raisins, ou qui font du vin, représente la riche saison de l'automne. »

Nous ne savons si le lecteur trouvera le même intérêt que nous à ces raisons de l'artiste; mais à part la platitude de l'hiver, elles nous captivent comme une révélation; nous trouvons un plaisir extrême à pénétrer dans le secret de son invention; nous allons ainsi en quête de ses idées, de même qu'on irait à une curieuse découverte.

L'Albane fut appelé en différentes villes pour travailler; il fit un second voyage à Rome, et un autre à Florence, en 1633, sur l'invitation du cardinal de Toscane. Il vécut long-temps de la sorte, parfaitement calme, souriant et placide, sans passions qui vinssent aigrir son âme, sans jalousie qui vînt altérer son bonheur; d'un talent assez raisonnable pour n'inspirer pas de haine, il peignait dans une sérénité complète des bois coquets, des ruisseaux murmurants, des nymphes et des Vénus, en présence de sa femme qui ne pouvait plus servir de modèle, mais dont il continuait, par habitude, à faire l'ancien portrait. — On a rapporté comme un témoignage de l'austérité des mœurs d'Albani, qu'il n'eut jamais d'autres modèles nus que sa chère et belle Doralice. Quand elle cessa d'être en âge de poser, il ne découvrit jamais, aux filles qu'il employa, que la poitrine, les bras et les jambes. Je ne suis pas tenté de contester la pudicité de l'Albane, mais il reste à savoir s'il est mieux de faire mettre sa femme toute nue devant soi, plutôt qu'un modèle dont c'est le métier. Est-il donc un être qu'il faille plus respecter que celle qu'on aime, et peut-on soulever ses chastes voiles sans l'envelopper d'amour?

La fin de cette aimable existence fut malheureusement troublée. Dominique, gérant des biens de son frère, perdit presque tout dans de mauvaises spéculations. Francesco dut vendre les deux belles campagnes où il allait rêver; et aussi les critiques de Scanelli lui causèrent beaucoup de chagrin. En vain Scanelli lui offrit mille satisfactions avec extrêmement de bon goût; il était artiste, c'est-à-dire que toute l'aménité de son caractère ne pouvait l'empêcher d'être atteint jusqu'au vif à la moindre observation; pour finir, les jolis petits enfants frais et roses que Doralice tenait sur des bandelettes de soie pourpre, et qu'il avait dessinés avec tant d'amour, devinrent des hommes barbus et ivrognes, d'assez mauvais garnements. Ces grands soucis n'arrêtaient cependant point l'activité de l'Albane; il ne cessait de peindre avec une verve extraordinaire, et il mourut en 1660, on peut dire sur le champ de bataille. A quatre-vingt-deux ans, il lui prit une faiblesse devant son chevalet, les pinceaux lui tombèrent des mains, et il expira peu de moments après dans les bras de ses élèves. Il en avait bon nombre; les uns lui faisaient les fleuves, d'autres les édifices, les temples, les tours, d'autres encore les jardins, les campagnes, les herbes de devant. Son atelier, comme ceux de tous les maîtres de l'époque, était une espèce de fabrique où l'on entendait fort bien la division du travail. Il aimait du reste beaucoup ses élèves qui se louaient de ses doctes leçons et de l'affectueuse bonté qu'il mettait à les donner. Il les conduisait souvent se réjouir dans ses belles villas, gardait avec eux les meilleures relations, et les préférait à ses enfants, disant que ceux-ci ne lui appartenaient que par la chair, tandis que les autres étaient ses véritables fils selon l'esprit. Il chérissait particulièrement Sacchi, dont le nom est resté, et Bonini. Dans des lettres à ce dernier, il l'appelle son fidèle Achates, son soutien; il lui donne les titres les plus doux qu'il peut trouver, et signe avec une charmante familiarité : « Ton bon vieux. »

L'Albane, beau dans sa jeunesse, fort dans l'âge viril, était un vieillard très vénérable. Tous les artistes de l'époque, Poussin, Claude Lorrain, Mignard, Lanfranco, Carle Maratte, Cortona, Salvator Rosa, Michel-Ange des Batailles, Castiglione, et vingt autres, ainsi que beaucoup de hauts personnages, écrivirent lors de sa mort à sa famille ou à ses disciples des lettres de condoléance qui témoignent de la considération qu'il avait acquise. Il s'est honoré extraordinairement par l'amitié et l'admiration dont il fit hautement profession pour le malheureux Dominiquin. Albani soutint toujours son timide camarade. Ce fut lui qui l'engagea à venir à Rome où il le garda pendant deux années jusqu'à ce qu'il fût lancé. — C'est que l'Albane en dépit des fadeurs anacréontiques, avait le cœur chaud et susceptible du meilleur enthousiasme. Un dernier trait pour le peindre. Jamais il ne prononça et n'entendit prononcer le nom de Raphaël sans se découvrir; pour Michel-Ange, je suis sûr qu'il en avait peur comme d'un Dieu inconnu.

DOMENICO ZAMPIERI.

Domenico Zampieri, dit le Dominiquin, naquit à Bologne en 1581, d'un cordonnier, grand homme de bien, qui vivait petitement de son humble métier Ses dispositions naturelles décidèrent ses parens à le placer de bonne heure dans l'atelier de Denis Calvart, qui le battit et le chassa pour l'avoir surpris copiant une figure des Carrache. — Calvart n'aimait pas du tout les Carrache. — Le petit Dominique entra chez les fameux professeurs et montra tout de suite sa timidité, ses habitudes de réflexion et son assiduité au travail; il vivait en dehors du mouvement des autres élèves, toujours silencieux, toujours mélancolique, et l'on s'était à peine aperçu de sa présence qu'il remporta le prix du concours de l'école. L'Albane dès lors sentit pour lui de l'affection, et lorsqu'il fut installé à Rome, l'engagea à venir, espérant qu'il pourrait y trouver quelque bonne chance. Dominique fut d'abord employé par le maître à la galerie Farnèse, et fit là connaissance avec J.-B. Agucchi, l'ami d'Annibal. Monseigneur J.-B. lui donna une chambre en sa maison, le protégea et lui procura quelques ouvrages qu'autrement il n'aurait jamais obtenus tant il était craintif et peu entreprenant. Il fut à la même époque envoyé par le cardinal Farnèse à Grotta Ferrata pour y décorer une chapelle, et de retour à Rome, son ami l'Albane l'occupa dans la maison du marquis Justiniani, qu'il s'était chargé d'orner. Ayant obtenu après ces débuts, de peindre dans l'église de Saint-Grégoire, en concurrence avec son brillant camarade Guido Reni, il fut jugé vainqueur, mais dès lors éclata la haine des rivaux, et avec elle s'ouvrit la carrière de chagrin, de tribulation et d'amertume dont toute sa vie est abreuvée. Faible, chétif, d'un extérieur gauche et peu agréable, sans défense, ne sachant ni conduire ses affaires, ni se former un cercle de dévoués, on ne lui pardonnait pas d'être tant et de paraître si peu.

Désespérant à la fin de jamais réussir parmi les Romains, il allait retourner à Bologne, sa patrie, où il voulait d'ailleurs se marier « pour jouir des plaisirs de la terre sans cesser de mériter les grâces de Dieu, » lorsqu'un prêtre de l'église de Saint-Jérôme lui procura la commande du grand tableau d'autel. Il y travailla plus d'une année, et reçut en récompense cinquante écus.

L'écu romain représentait environ cinq francs, c'est donc deux cent cinquante francs que fut payée au Dominiquin la *Communion de saint Jérôme*! Admettez que la conquête du Mexique faite en 1521 par Cortez, n'ait point encore porté ses fruits, admettez que les richesses jetées par le Nouveau-Monde en Europe n'eussent alors rien fait perdre de sa valeur au métal monétaire, c'est-à-dire que le marc d'argent eût encore en 1621, comme en 1521, une valeur six fois plus grande qu'aujourd'hui [1], vous n'obtiendrez tout au plus que quinze cents francs! Voyez donc comme la renaissance était généreuse et prodigue envers les artistes, et comme ils ont bien raison de la regretter! Du reste, pour ne rien cacher, ce tableau que Poussin mettait avec la Transfiguration de Raphaël et la Descente de croix de Daniel de Volterre au nombre des trois chefs-d'œuvre de la peinture, fut accueilli avec le dernier dédain; toute la bande des misérables envieux se mit à le décrier, et Zampieri, alors âgé seulement de trente-deux ans, au lieu de jouir du triomphe mérité, s'en alla rongé de chagrin à Bologne. — Les souffrances du génie sont éternelles; les mauvaises passions des hommes qui ne varient point se chargent, avec une désespérante perpétuité, de les reproduire identiquement pareilles à toutes les époques. Gloire donc et respect à ceux qui se vouent à la réforme de notre funeste organisation sociale, aux généreux travailleurs qui consacrent de belles facultés à trouver le bien général! Ecoutons leur parole, aidons-les de toutes nos forces, mettons-les par notre confiance en position de faire leurs épreuves; car en admettant même que les beaux rêves de leur doctrine dussent s'évanouir dans les difficultés de l'application, il en restera toujours un bienfaisant parfum de haute moralité.

Quelque temps après son arrivée, il s'unit en cette ville avec une jeune fille nommée Marsibilia qui, douce comme son nom, apporta à ses mal-

[1] L'argent, par suite de la découverte de l'Amérique, a perdu presque subitement les cinq-sixièmes de sa valeur. Depuis la plus haute antiquité cette valeur était restée à peu près invariable, une livre de métal répondant constamment à six mille livres de blé. Aujourd'hui une livre de métal ne répond plus qu'à mille livres de blé.

(*Minéralogie des gens du monde, par* Reynaud.)

DOMINICO XAMPIERE
DETTO DOMINIQUINO

heurs toutes les consolations qu'ils pouvaient recevoir. Elle était bonne, elle ne fut touchée que de ses bonnes qualités. Dominique qui sortait peu, passait avec elle toutes ses soirées à lui lire les poètes et les historiens, à lui faire de la musique, dans laquelle il était fort savant, et à jouer avec trois enfants, une fille et deux garçons qu'il fallut, hélas! pleurer un peu plus tard. Quelquefois, à la nuit tombante, il s'enveloppait dans un large manteau, et, tout seul, il s'allait promener hors la ville, au milieu des blés et sous les arbres. Il aspirait l'air embaumé du soir, il écoutait les rumeurs de la ville qu'il laissait, les bruits de la nature, le souffle du vent qui agite les feuilles et le lointain bêlement des troupeaux, il contemplait le soleil se couchant dans des vapeurs embrasées, il regardait l'obscurité s'abattre silencieusement sur la terre, et l'esprit plein de ces images que sa tendre imagination savait traduire en poésie, il rentrait chez lui pour tracer les lignes d'un vaste paysage, ou pour improviser quelque chant mélancolique sur la basse.

Dominique, qui avait joint à ses autres travaux de grandes études de statuaire, et particulièrement d'architecture, commençait à Bologne l'église de la confrérie de la Petite-Croix, lorsqu'il fut rappelé à Rome. Le cardinal Ludovisi, un de ses protecteurs, venait de ceindre la tiare sous le nom de Grégoire XV, et lui offrait la place d'architecte du palais apostolique. Malheureusement le règne de Grégoire fut court; il mourut en 1623, et de même qu'il avait favorisé ses compatriotes les Bolonais, de même Urbain VIII, en lui succédant, favorisa les Florentins ses compatriotes. Dominique perdit donc son emploi; la peinture de San Andrea del Valle, qu'on lui donna ensuite, fut, malgré ses admirables beautés, payée avec mesquinerie, critiquée avec acharnement, et il retomba dans le besoin.

Malgré tout, sa réputation ne s'était pas moins fort étendue. Le malheur poursuivait l'homme, mais l'artiste grandissait dans l'opinion générale. Ces fatalités ne sont pas rares, nous ne nous étonnerons donc pas de voir les députés de la chapelle de Saint-Janvier de Naples venir lui en proposer la décoration, avec de magnifiques avantages. On lui offrait là cent écus pour chaque figure entière, cinquante pour les demies, et vingt-cinq pour les têtes, manière de paiement quelquefois employée vers cette époque; en outre il avait un logement assuré pour toute la durée du travail, et devait recevoir à la fin un présent considérable selon la beauté de ce qu'il ferait.

Il y avait cependant à réfléchir. Cet ouvrage était une nouvelle toison d'or, à la conquête de laquelle on courait des dangers pour le moins aussi grands que ceux de Jason. Les peintres de Naples regardaient comme une injure qu'on allàt chercher à Rome une main pour exécuter un travail dont ils se croyaient parfaitement dignes; ils avaient donc juré que personne autre qu'eux ne toucherait à la chapelle Saint-Janvier, et dans l'Italie de 1630, pareil serment n'était pas sans effet.

Josepin, Guide et Gessi furent successivement obligés d'abandonner la place; mais le récit des terribles choses qui leur arrivèrent ne put arrêter le timide Dominiquin. Soit qu'en raison même de son humeur il ne comprît pas le danger, soit qu'à cause de sa nature inoffensive il ne pensât pas qu'on pût avoir la lâcheté de lui faire mal, soit enfin que la misère, ou plutôt le désir de tirer sa famille de la médiocrité l'ait entraîné, il accepta, malgré les conseils de ses amis et les instances de Marsibilia. Ses amis n'avaient que trop raison. A peine à l'œuvre, il fut enveloppé de pièges, de ruses et de noires machinations; on corrompit jusqu'à ses gens pour le mieux tourmenter, et au sein même du travail, chaque minute apportait à cet infortuné une torture nouvelle.

Au bout d'un an, la force et la résignation lui manquèrent à la fois. Avec sa faiblesse ordinaire, il prit un parti extrême, et un soir il se sauva de Naples à cheval, laissant travaux commencés, maison, espérances de fortune; le malheureux! abandonnant même à la colère de ses ennemis sa femme et sa fille. — Il a perdu la tête, la peur le poursuit avec rage, elle grossit à chaque pas; il chevauche sans relâche jusqu'à ce qu'il vienne tomber épuisé à Frascati, dans le château des Aldobrandini, où il est connu. « J'ai galoppé nuit et jour, écrit-il avec une naïveté qui désarme, sans autres compagnons que mes craintes et mes dégoûts, et je suis arrivé ici en trois jours, d'assez bonne heure pour pouvoir gagner Rome, mais si fatigué que je ne pensais pas vivre davantage. »

De retour à Rome, il consumait ses jours inutilement; il pensait à sa femme et à sa fille que les Napolitains retenaient prisonnières, comme le meilleur moyen de le ramener. Enfin le cardinal Aldobrandini étant intervenu, il fut ajusté qu'elles seraient mises en liberté, et le pourraient rejoindre sous la condition qu'il viendrait plus tard à Naples pour terminer son ouvrage. Il différa une année entière ; il restait dans le repos, loin de l'envie et des chagrins, mais il fallut bien un jour tenir parole. Le sort avait décidé que ce grand artiste irait fatalement laisser sa vie aux mains de ses adversaires napolitains. Il retourna donc, et les persécutions recommencèrent.

Dominique n'était pas assez fortement organisé pour résister à de telles angoisses, la terreur lui dérangea l'esprit ; il ne vit plus que des abîmes ; il perdit confiance même en sa femme, cette généreuse et simple Marsibilia qui lui restait seule fidèle. A la fin, il préparait ses aliments de ses mains, crainte qu'on ne l'empoisonnât ; il ne parlait plus à personne, et il s'éteignit le 15 avril 1641, à l'âge de 60 ans. Sa femme prétendit toujours qu'il avait été empoisonné. Plusieurs auteurs napolitains soutiennent le contraire, mais matériellement ou moralement, il est certain qu'il le fut.

Le Caravagge avait coutume de dire qu'un homme lâche et sans caractère était incapable de faire de bonne peinture. Bien que cet axiôme soit sorti de la bouche d'un homme brave par tempérament, on serait tenté d'y donner les mains par amour de ce qui est noble et fort ; mais en cela comme en toutes choses, la nature semble se jouer des conjectures rationnelles ; elle n'a ni lois ni règles fixes, et ce Dominiquin qui nous inspire la pitié que l'on aurait pour une femme, est un des peintres les plus distingués de l'école italienne. Il a des mérites rares à son époque, un cachet particulier, une valeur qui lui est toute personnelle. Nous ne saurions trop le répéter quand l'occasion s'en présente, on n'est quelque chose dans l'art qu'à condition d'avoir une individualité. Le Dominiquin avait étudié les grands modèles ; il avait écouté avec soumission la parole des Carrache, mais il ne les avait pas copiés. Il est lui, et pas un autre : malgré la faiblesse de son caractère, il a trop de génie pour se plier, comme on fait main-

tenant, aux ordres despotiques de l'école ; l'aurait-il voulu, que sa bienheureuse organisation l'eût entraîné loin du cercle tracé. Il n'a rien des Carrache, ni dessin, ni forme, ni manière de voir les choses ; il cherche l'esprit des passions ; il s'applique à les rendre dans leurs mouvements infinis. Ce qui fait surtout son excellence, c'est d'avoir introduit le sentiment de la nature dans le style héroïque, la vérité dans la noblesse. La *Distribution des aumónes de sainte Cécile*, le *Martyre de sainte Agnès*, *Judith montrant au peuple la téte d'Holopherne*, sont, en ce genre, de magnifiques modèles. La vie réelle circule dans ces groupes : on comprend l'action du moindre personnage ; ils disent ce qu'ils ont à dire ; ils font ce qu'ils ont à faire, et en même temps, ils sont d'une extrême beauté de formes. On reproche une certaine lourdeur au Dominiquin, nous ne pouvons l'en défendre, c'était le défaut nécessaire de ses précieuses qualités, de son attache aux dernières finesses de l'art.

Dominique l'emporte incontestablement comme profondeur de pensée et comme force d'exécution sur ses deux camarades le Guide et l'Albane ; cependant, il n'obtint pas la moitié de leur renom ; il resta pauvre et négligé, parce qu'il ne savait point se faire payer ; il ne jouit d'aucune gloire durant sa vie, parce qu'il ne pouvait imposer aux envieux et aux méchants ; il fut dédaigné, parce que la timidité de son caractère ne le rendait redoutable à personne.

La triste existence de Domenico Zampieri, comme celle d'Andrea del Sarto, sont de bons avertissements qu'il ne faut point se présenter sans armes au monde, sous peine d'être victime des autres. Si le destin avait voulu me donner un enfant à lancer dans la vie, je me serais évertué d'abord à lui faire une volonté bien déterminée, un cœur bien solide. La sensibilité est une divine compagne, la trop grande sensibilité est un ennemi cruel que l'on mène avec soi partout où l'on va. Dominique et André furent toujours malheureux, parce qu'ils furent toujours faibles.

V. SCHOELCHER.

PÉTRARQUE.

PÉTRARQUE.

Il en est pour les grands hommes des âges reculés comme pour les hautes montagnes : tout le monde parle de l'atlas, des cordillières, du pic Ténériffe, mais il n'y a que les aigles et les savants qui montent à leur cime : ainsi de Dante, de Rabelais, de Milton, de Shakespeare même; leur nom se trouve sans cesse sous la plume de tous ceux qui écrivent, mais combien y en a-t-il qui les aient lus? A mesure qu'un homme de génie s'enfonce dans le passé, à mesure que les passions dont il était l'interprète s'éteignent, le nombre de ses lecteurs diminue, l'intelligence d'une partie de ses ouvrages s'efface, et il ne reste plus de lui qu'une ou deux idées qui passent dans la masse du sang de la nation, pour ainsi dire, et ce grand homme se dépouillant peu à peu pour la foule qui ne le lit plus, des détails de sa personnalité, il se transforme en une espèce d'être de raison, de représentation symbolique d'un sentiment ou d'une pensée.

Pétrarque est un des grands hommes qui a le plus subi cette espèce de cristallisation poétique qui concentre toute une vie glorieuse en un seul point lumineux. Prononcez le nom de Pétrarque devant des hommes illétrés, aussitôt s'éveillent dans leur pensée trois ou quatre mots qui résument tout ce qu'ils savent de lui : *Vaucluse, Laure, amour platonique !* Descendez ou plutôt montez à ce qu'on appelle les gens instruits, ils parleront de *vers latins,* d'un *poëme de l'Afrique,* et peut-être de *deux enfants naturels;* montez encore un cran, et vous entendrez les mots.... *Renaissance des lettres... copies de manuscrits;* mais ce n'est guère qu'à la quatrième couche que Pétrarque prend un corps, et redevient un être réel, un chanoine du quatorzième siècle, qui fut à la fois un savant de premier ordre, un poëte créateur, et un des personnages politiques les plus importants de son époque, un homme que les rois consultaient, et qui à la fois a fondé avec Dante la langue italienne, et relevé la langue latine.

C'est ce Pétrarque-là que nous essaierons de faire connaître.

Le père de Pétrarque était notaire à Florence. Il fut exilé avec Dante, et c'est en 1304, dans la nuit où les blancs essayèrent de rentrer par force dans la ville, que naquit Pétrarque, à Arezzo. Son enfance ne fut qu'un long exil errant. Selon les espérances des gibelins, Pietro se rapprochait ou s'éloignait des murs de Florence, tantôt à Incisa, tantôt à Arezzo, tantôt à Pise. Enfin, en 1313, la mort de l'empereur Henri VII lui ayant fermé pour jamais l'entrée de sa patrie, il s'embarqua avec toute sa famille pour Marseille et Avignon. Avignon, où s'était fixé le pape Clément V, était le refuge de tous les Italiens exilés. Piétro envoya son fils à Montpellier pour étudier le droit canon, car la cléricature était alors le seul chemin de la fortune; mais bientôt on lui écrit que Pétrarque, au lieu d'étudier le droit, lit et copie Cicéron et Virgile. Le père part pour Montpellier, monte chez son fils, prend Virgile et Cicéron et les jette au feu; mais le jeune homme verse tant de larmes que Piétro retira des flammes les livres à moitié brûlés, et les lui rendit : tous les grands poètes enfants, sont obligés, depuis Ovide, d'être fouettés pour avoir fait ou lu des vers. De Montpellier, Pétrarque fut envoyé à Bologne, où il étudia les lois sous Cino di Pistoia, jusqu'à ce que la mort de ses parents et les affaires de sa succession le rappelassent à Avignon en 1326. Mais la succession avait été dévorée par les tuteurs, et il ne lui restait pour tout bien à partager avec son frère qu'un exemplaire des œuvres de Cicéron. Il se fit tonsurer, et bientôt après, lancé dans le haut monde par la puissante famille des Colonne, qui l'attacha à elle, il devint un des familiers de cette grande maison. Il avait vingt-deux ans; il était beau, spirituel, et aimait beaucoup l'amour; son visage avait tant de grâce qu'on le montrait du doigt à la promenade; coquet de sa personne, toujours élégamment vêtu, il était charmant à voir, marchant dans les rues d'Avignon, sur la pointe des pieds et avec légèreté pour ne pas déranger sa coiffure; mais un grand évènement vint l'arracher à ses galanteries du monde.

Le 6 avril 1327, lundi de la semaine sainte, à six heures du matin, Pétrarque allant faire ses dévotions, rencontra à l'église une jeune dame de vingt ans, habillée de vert et admirablement belle. Il en devint éperdûment épris : cette dame était Laure, femme de Hugues de Sade. On a tant parlé de Laure et de Pétrarque, qu'il est très-utile d'en parler encore, si l'on veut savoir la vérité : les uns ont prétendu que Laure n'avait jamais existé, et qu'elle n'était que la personnification de la philosophie ; les autres ont nié que cet amour si violent de Pétrarque ne se fût nourri que de regards. Rien de plus vrai, cependant, et l'histoire tout entière de cet amour qui a duré vingt ans est écrite jour par jour, et sensation par sensation, dans le recueil des sonnets et des canzoni, à travers lesquels la belle Laure passe et repasse lumineuse, grave et pure comme dans les contes de féerie, une apparition toute blanche au milieu d'un palais de pierreries. Je ne sais pas d'étude du cœur des femmes aussi intéressante et aussi fine que cette lecture. Laure était d'une rare et sincère vertu, mais elle aimait Pétrarque, et elle était femme ; elle voulait conserver son renom de femme de bien, mais elle ne voulait pas perdre cet amour de génie ; aussi quel charmant manège, quelle grâce délicate pour le retenir sans le rapprocher, et garder un délicieux équilibre entre les faveurs et les sévérités : dès que Pétrarque devenait trop ardent, elle lui montrait un visage froid et rigoureux, et le pauvre poète, désespéré, s'en allait dans les bois pleurer au pied des grands arbres ; quand elle le voyait trop malheureux, elle le relevait par un doux regard, un seul, et lui, il emportait ce regard dans son cœur, comme une mère son enfant dans ses bras, et vivait là-dessus plusieurs semaines. Un jour qu'il était venu lui dire qu'il partait pour l'Italie, elle ne répondit rien, mais elle devint pâle, et fixa sur lui des yeux qui semblaient dire : Quoi !... mon doux ami veut me quitter !... Et il ne partit pas !... Une autre fois qu'il la contemplait trop ardemment, elle posa sa main devant ses yeux, sans parler ! Ravissant langage ! Nous la voyons aussi se promener un jour avec ses compagnes et Pétrarque, dans les jardins d'un vieil ami du poète, Sennuccio del Bene ; le vieillard cueillit deux roses écloses le matin sur la même tige, c'était le premier mai, et les donnant à Pétrarque et à Laure : Jamais, dit-il en souriant, le soleil n'a vu un pareil couple d'amants ; et en disant cela, il pressait les deux roses et regardait Laure et Pétrarque qui baissaient les yeux : c'est ainsi, dit

le poète, qu'il partagea les roses et les paroles ! O heureuse éloquence ! ô jour fortuné !...

C'est par tous ces aveux tacites, qui n'allèrent jamais plus loin qu'une rougeur ou un regard, c'est par ces ruses innocentes et ces coquetteries vertueuses que cette belle et jeune femme retint en esclave, pendant vingt ans, l'homme le plus célèbre de l'Europe, voyant chacun des mots qu'elle prononçait, chacun de ses gestes, de ses traits, de ses sourires, se cristalliser en sonnet sous la plume de son amant, et devenue aussi illustre que lui ; personne n'arrivait à Avignon sans chercher à voir Laure. L'empereur d'Allemagne étant venu y faire séjour, on lui donna une grande fête où étaient réunies les plus belles dames de la ville ; mais à peine fut-il entré, qu'écartant avec la main toutes les femmes qui lui cachaient Laure, il traversa la salle, alla à elle, et l'embrassa sur les yeux !... Cet acte doux et étrange, dit Pétrarque, me remplit d'envie !

Rien ne peut rendre l'ardente frénésie et l'amour de Pétrarque ; un jour, dans la campagne, il voit une femme qui lavait le voile de Laure ; à cette seule vue, il tombe à moitié évanoui. Voici un sonnet qui est certes un des élans de l'âme les plus passionnés qui existent en aucune langue ; il l'écrivit sans doute un jour de bon accueil :

« Béni soit le jour, et le mois, et l'année, et la saison, et le temps, et l'heure, et l'instant, et le pays, et le lieu, où je rencontrai les deux beaux yeux qui m'ont enchaîné.

» Et béni soit le premier doux malheur que j'éprouvai à être atteint par l'amour, et l'arc et les flèches qui m'ont percé, et les blessures qui me vont jusqu'au fond du cœur.

» Bénies toutes les paroles que j'ai jetées en appelant ma bien-aimée ; bénis soient mes soupirs, mes larmes, mes désirs, et toutes les feuilles où je l'ai immortalisée, et mes pensées qui lui appartiennent toutes tellement, qu'il n'y en a aucune pour aucune autre ! »

D'autres fois, après un regard plus sévère, il disait : Seul et pensif, je m'envais mesurant les champs les plus déserts, à pas lents et tardifs, et je cherche sur le sable l'empreinte des pas humains... pour les fuir !

Je ne connais pas d'autre bouclier contre l'approche du monde, moi dont les yeux couverts de tristesse disent au dehors combien je brûle en dedans.

Aussi, les monts, les plages, les fleuves et

les forêts savent quelle est ma vie que je cache aux hommes.

Mais je ne sais pas trouver de routes si âpres et si sauvages que l'amour n'y vienne toujours causer avec moi, et moi avec lui.

A ce caractère de mélancolie champêtre se mêle, dans les sonnets de Pétrarque, une idée qui fait le fondement de toute la poésie italienne dans ce siècle; une idée qui est toute empreinte de la tendresse du cœur du Christ et de saint Augustin; c'est que l'amour pur est la plus grande vertu humaine, car il donne toutes les vertus, qu'il est comme un second baptême qui régénère l'homme, et lui sert d'ailes pour monter à Dieu et à la vertu. Pétrarque a fait trois charmantes canzoni que les Italiens appellent les Trois Sœurs, où ce sentiment est écrit bien profondément. En voici quelques extraits :

« Ma gracieuse dame, je vois dans le mouvement de vos yeux une douce lumière qui me montre la route qui me conduit au ciel; c'est votre vue qui m'excite à bien faire, et qui me pousse vers un but glorieux : elle seule m'éloigne du vulgaire!.. Non, aucune langue humaine ne pourrait dire ce que ces deux yeux m'inspirent de noble, quand le printemps chasse les frimas, et quand l'année rajeunit!... »

Mais arrivé à l'âge mûr, Pétrarque, combattu par ses principes religieux, ne vit plus dans cette affection qu'un obstacle à son salut; il cherchait à le déraciner comme l'arbre du mal, il implorait contre ce tyrannique amour l'aide des saints et des religieux ses amis; la mort de Laure l'en délivra en 1348; son amour pour elle n'était pas sa seule faiblesse, et deux enfants illégitimes, dont il se confessa souvent, nous apprennent que pour se consoler des rigueurs de Laure, Pétrarque s'abaissait quelquefois à des amours un peu moins immatériels; mais il a écrit quelquepart qu'en 1350, en allant à Rome pour le jubilé, il se purifia tellement, que quoique jeune encore, il prit les femmes en aversion.

Bientôt sa vie devint austère et dure comme celle d'un cénobite, et il allait s'enfermer des mois entiers dans sa solitude de Vaucluse.

« Je fais la guerre à mes sens, dit-il, et je les traite comme mes ennemis. Mes yeux qui m'ont entraîné dans toutes sortes de précipices, ne voient que le ciel, l'eau et les rochers; ni or, ni pierreries, ni ivoire, ni pourpre, etc. La seule femme qui s'offre à leurs regards est une suivante noire, sèche et brûlée, comme les déserts de la Lybie : mes yeux, qui aimaient tant la beauté, sont bien attrapés maintenant. Mes oreilles ne sont plus flattées par les sons harmonieux des voix et des instruments qui ravissaient mon âme. Je n'entends ici que des bœufs qui mugissent, des moutons qui bêlent, des oiseaux qui gazouillent, et des eaux qui murmurent.

» Je garde le silence depuis le matin jusqu'au soir, n'ayant personne à qui parler; le peuple, uniquement occupé à cultiver sa vigne et ses vergers, ou à tendre ses filets, ne connaît pas la conversation ni le commerce de la vie. Je me contente souvent du pain noir de mon valet, et je le mange même avec une sorte de plaisir : quand on m'en exporte du blanc, je le donne presque toujours à celui qui l'a apporté. Mon valet, qui est un homme de fer, me reproche quelquefois la vie trop dure que je mène, et m'assure que je ne pourrai pas la soutenir longtemps. Pour moi, je pense au contraire qu'il est plus aisé de s'accoutumer à une nourriture grossière qu'à des mets délicats et recherchés : des figues, des raisins, des noix, des amandes, voilà mes délices. J'aime les poissons dont ce fleuve abonde; c'est un grand plaisir pour moi de les voir prendre dans les filets qu'on leur tend, et que je leur tends quelquefois moi-même. Je ne parle pas de mes habits, tout est changé : je ne porte plus ceux dont j'aimais autrefois à me parer (en gardant toujours la bienséance et sans sortir de mon état). Vous me prendriez à présent pour un laboureur ou un berger.

» Ma maison ressemble à celle de Fabrice ou de Caton; tout mon domestique consiste en un chien et un valet; le valet a sa maison qui touche la mienne. Quand j'ai besoin de lui, je l'appelle, quand je n'ai plus besoin de lui, il retourne dans sa maison. Je me suis fait deux jardins qui me conviennent à merveille : je ne crois pas que dans le monde il y ait rien qui y ressemble. Il faut que je vous confie une faiblesse digne d'une femmelette : *Je suis indigné qu'il y ait quelque chose de si beau hors de l'Italie*, je l'appelle mon *Parnasse transalpin*. »

Pétrarque était un ingrat de vouloir tuer son amour pour Laure, car c'est cet amour qui l'a rendu immortel. Sans ses sonnets, qui connaîtrait aujourd'hui le nom de Pétrarque? Ce n'était pas cependant là son espoir, et il en faisait peu de cas, par comparaison avec ses autres ouvrages que personne ne lit plus; il existe une lettre de lui à Boccace fort curieuse, parce qu'elle nous explique l'importance qu'il attachait à ses poésies, son opinion sur la langue vulgaire et ce qu'il pensait de Dante : Boccace lui avait envoyé un exemplaire de la Divine Comédie en s'excusant des vers qu'il avait faits en l'honneur de Dante, parce qu'on disait Pétrarque très-jaloux de lui. Voici la réponse de l'amant de Laure.

« Vous vous justifiez d'avoir donné des louanges à notre compatriote, comme si ces louanges pouvaient me faire tort et m'offenser. Votre excuse est qu'il a été votre premier guide dans vos études ; rien de plus juste et de plus convenable que de lui donner des marques de reconnaissance. Si nous devons beaucoup à ceux qui ont fait nos corps, que ne devons-nous pas à ceux qui ont formé nos esprits ? Chantez, célébrez cette première lumière qui a éclairé votre intelligence ! Les louanges que vous lui donnez sont vraies, bien fondées, dignes de vous et de lui, et bien plus flatteuses que ces applaudissements de la populace dont ses mânes doivent être fatigués. J'applaudis à vos vers, et m'unis à vous pour louer *le grand poète, vulgaire pour le style, mais très-noble pour les pensées.*

» Il n'y a qu'une chose qui me déplaise dans votre lettre, c'est que vous semblez croire, en vous justifiant de vos louanges, que je suis jaloux de lui ! Le public le croit et le dit ; mais vous qui me connaissez, pouvez-vous le penser ?

» Cette calomnie est fondée sur ce que, dans ma première jeunesse, lorsque je cherchais avec une ardeur incroyable les livres qu'on croyait perdus, je témoignais peu d'empressement pour un livre que je pouvais me procurer aisément : le fait est que je ne l'ai pas lu ; mais voici pourquoi : Dans ce temps, j'étais *livré au style vulgaire.* Je ne connaissais rien de mieux : et comme la jeunesse est flexible, portée à l'admiration et à imiter ce qu'elle admire, je craignais, en lisant les ouvrages de ceux qui avaient écrit dans la même langue, de devenir copiste sans le savoir et sans le vouloir : je voulais m'élever sur mes propres ailes, avoir une manière et un style qui me fût propre ; en un mot, être original. »

Rien de plus noble et de plus simple que cette lettre, jusqu'à présent, mais la fin dément un peu ce beau commencement ; suivons :

« Mes envieux veulent que je sois envieux de ce poète ; mais dès long-temps j'ai abandonné la langue vulgaire pour la langue de Cicéron : comment porterais-je envie à un homme qui *a passé toute sa vie dans une espèce de travail qui n'a fait qu'amuser les prémices de ma jeunesse,* un homme qui a fait sa *principale* et peut-être son unique *occupation* de ce qui n'a été pour moi qu'*un jeu* et *un essai* de mon esprit ? Dites-moi, je vous prie, y a-t-il là matière à envie ? Que pourrais-je lui envier ? d'entendre ses vers répétés et défigurés par les gens du peuple, de le voir applaudir par les voix enrouées des foulons, des cabaretiers, des bouchers, et autres gens de cette espèce dont les louanges font plus de tort que d'honneur ? Je me réjouis, je me félicite d'en être privé avec Homère et Virgile. »

Certes, l'envie perce bien clairement à travers cette justification du reproche d'envieux, mais ce qui est plus frappant encore dans cette lettre, c'est le mépris profond et sincère de Pétrarque pour la langue vulgaire, c'est-à-dire pour la langue italienne qui devait l'immortaliser. Pétrarque était de très-bonne foi en flétrissant ainsi cette jeune langue naissante ; car pour lui il n'y avait qu'une chose dans les annales du monde, l'antiquité latine, qu'un idiôme, l'idiôme de Tite-Live, qu'un peuple, le peuple romain. Il ne voyait mieux la vie du monde moderne qu'à travers l'antiquité ; il a écrit des églogues en latin ; il a fait un poëme sur la conquête de l'Afrique par Scipion, en latin ; il a fait des traités sur la vie solitaire, sur l'ignorance de soi-même, en latin, et à la manière de Sénèque. Toutes ses lettres sont écrites en latin. Il a adressé des épîtres très-déclamatoires et très-ampoulées aux principaux écrivains latins, à Quintilien, à Cicéron, etc., à propos d'une promenade, d'un champ à acheter, d'un domestique, il farcit ses lettres de mille exemples tirés de l'histoire romaine. Il vit moitié au quatorzième siècle et moitié sous Auguste. Voici une lettre de lui, qui montre nettement cette pédantesque manie, et qui le fera connaître en même temps sous un autre point de vue plus intéressant, son amour de la science et des livres.

Il était à Avignon, retenu par quelques cardinaux qui lui avaient donné un emploi ; soudain il apprend que le domestique de la maison qu'il avait à Vaucluse était mort ; il part pour Vaucluse et écrit aux cardinaux :

« J'ai perdu hier mon concierge qui ne vous était pas inconnu ; il cultivait pour moi quelques arpents d'une assez mauvaise terre.

» Je ne crains pas que vous me fassiez la réponse que le sénat fit à Régulus : *Continuez de travailler pour la république, elle aura soin de votre champ.* Le champ de Régulus était à Rome, le mien est à Vaucluse, lieu que vous connaissez à peine. Scipion, l'autre fléau de l'Afrique, commandant avec succès en Espagne, demanda aussi un congé, parce que sa fille n'avait pas de dot. Je suis à peu près dans le même cas : ma bibliothèque que je regarde comme ma fille, a perdu son gardien. Cet homme rustique, que je ne saurais trop regretter, avait plus de prudence et même d'urbanité qu'on n'en trouve souvent dans les villes. C'était d'ailleurs l'animal le plus fidèle que la terre ait jamais produit. Aussi, je lui avais confié mes livres qui sont tout ce que j'ai de plus cher au monde. J'ai été absent de Vaucluse trois ans; à mon retour, je n'ai rien trouvé dans ma bibliothèque, non seulement d'égaré, mais même de dérangé. Il ne savait pas lire et il aimait les lettres; il conservait avec un soin extrême mes livres les plus rares, qu'il connaissait par un long usage; il savait distinguer les ouvrages des anciens et les miens.

» Quand je lui remettais un livre, il témoignait une grande joie, et le serrait contre sa poitrine en soupirant, quelquefois il appelait l'auteur à voix basse; à le voir alors, on aurait dit que la vue ou le contact d'un livre le rendait plus savant ou plus heureux. J'ai passé trois lustres avec lui, je lui confiais mes pensées les plus secrètes, comme j'aurais pu faire à un prêtre de Cérès, et sa maison était pour moi le temple de la bonne foi. Je le quittai avant-hier, légèrement malade, pour me rendre à vos ordres. Il avait une vieillesse fraîche et saine; il est mort hier... me demandant souvent et invoquant le nom du Seigneur. Illustres prélats, laissez partir un homme qui vous est inutile. Il est nécessaire à son champ et encore plus à sa bibliothèque. »

C'est qu'en effet pour Pétrarque les livres étaient tout. Dans sa jeunesse, il avait retrouvé, avec des recherches incroyables, une foule de manuscrits, il avait copié lui-même presque tout Cicéron. On lui doit, en grande partie, la renaissance des lettres latines. L'arrivée d'un livre était pour lui un évènement : un Grec nommé Segeros lui envoya un Homère. Je ne sais pas le grec, (il l'apprit pourtant deux fois dans le courant de sa vie) disait-il, et Homère est muet pour moi, cependant je suis bien aise de l'avoir; je l'embrasse quelquefois en rougissant, et je lui dis : ô homme divin, que ne puis-je vous entendre!... Rien n'égale l'immense besoin de savoir qui le dévorait : aussi sa vie fut-elle un long voyage. Il courait sans cesse, lui et ses livres, en Allemagne, en France, en Italie; il allait de Parme à Naples, de Venise à Avignon; il parcourait tout le midi de la France, étudiant les poésies provençales, et rencontrant par hasard la poésie espagnole; il vint même à Paris, toujours pressé par ce désir de voir et d'apprendre : aussi sa réputation était immense, comme poète, comme savant, et comme philosophe moral. On raconte un trait qui parle mieux que tous les éloges.

Un maître de grammaire, de Pontremoli, vieux et aveugle, qui ne connaissait Pétrarque que par la renommée, fut curieux de le voir. Ayant appris qu'il allait à Naples pour subir un examen, il partit à pied de Pontremoli, pour s'y rendre, appuyé sur l'épaule de son fils unique; mais il arriva trop tard : Pétrarque faisait déjà route pour Rome. Le roi ayant su le désir de ce vieillard, le fit venir. C'était une espèce de monstre. Son visage ressemblait à une figure de bronze. Le roi lui dit : Si vous voulez voir Pétrarque, hâtez-vous de le rejoindre en Italie; car il part bientôt pour la France. Il faut absolument que je le voie avant de mourir, dit le vieillard; j'irai si cela est nécessaire et si la mort m'en laisse le temps. Le roi ravi de cet enthousiasme, lui fit donner de quoi faire son voyage. Le vieillard partit pour Rome, Pétrarque était à Parme : il fallait traverser les Appenins tout couverts de neige, n'importe; il partit pour Parme. Arrivé là, il se fit mener à la maison de Pétrarque, et dès qu'il se sentit près de lui, il se livra à des transports extraordinaires, se faisant élever par son fils et un de ses écoliers pour pouvoir embrasser *une tête qui avait conçu,* disait-il, *de si nobles idées!* Il prenait ensuite la main de Pétrarque, en disant : *Que je baise cette main qui a écrit des choses qui me font tant de plaisir!* Il passa comme cela trois jours à Parme, dans l'enthousiasme et le délire.

Cette singularité excita la curiosité des habitants de cette ville : l'aveugle en avait toujours une troupe auprès de lui. Il disait un jour à Pétrarque, dans l'excès de sa passion : Je crains de vous être à charge; mais je ne peux me rassasier de vous *voir,* et il est juste que vous me laissiez jouir d'un plaisir que je suis venu chercher d'aussi loin! Ce mot *voir* dans la bouche d'un aveugle, ayant excité les éclats de rire de ceux qui l'entendaient, il se retourna vers Pétrarque, et lui dit : « Je vous prends à témoin ; n'est-il pas vrai que tout aveugle que je suis, je vous vois mieux que ces rieurs qui vous regardent avec leurs yeux. »

Pétrarque, à l'âge de 35 ans à peu près, avait eu un désir immense d'être couronné au Capitole, et cela pour mille raisons ; d'abord, c'était un usage antique, un usage *romain*... puis, aucun poète moderne n'avait reçu cet honneur, puis encore, sa couronne était une couronne de laurier, *di Lauro,* et ce mot Lauro a joué un très-grand rôle dans la vie et surtout dans les sonnets de Pétrarque : Laure s'appelait Laura, et le poète tourmenté, ou plutôt charmé par cette ressemblance de nom, qui confondait ses deux passions, l'amour et l'amour de la gloire, a fait, avec ces deux mots Lauro et Laura, bien des sonnets et bien des jardins ; il plantait des lauriers partout, et par une espèce de métempsycose mythologique, il mêlait sans cesse ensemble Laure, Daphné, le laurier, Apollon et lui, de façon qu'il désirait beaucoup être couronné de laurier au Capitole. Au plus beau moment de son désir, il lui arrive deux courriers, l'un de Paris et l'autre de Rome, pour lui offrir le triomphe. Laissons-le parler lui-même sur ce double honneur ; son caractère se dessinera dans le récit :

Vaucluse, 23 août 1340.

« Qui aurait pu deviner que pareille chose m'arriverait au milieu de mes rochers ? je sais qu'il n'y a rien de solide dans ce monde, et que nous courons après des ombres ; mais je ne puis m'empêcher de comparer ma situation à celle de Syphax, le plus puissant roi d'Afrique, qui reçut aussi dans le même temps des ambassadeurs de Rome et de Carthage qui se disputaient son alliance. Mon amour-propre me fait saisir dans ce rapport d'événements plusieurs avantages que j'ai sur ce prince. Il ne pouvait attribuer qu'à sa puissance et à ses richesses l'empressement de deux villes rivales, et moi je ne le dois qu'à mon esprit et à mes talents. Les ambassadeurs trouvèrent le roi assis sur un trône, couvert d'or et de pierreries ; j'étais dans le bois le matin, lorsque j'ai reçu l'invitation de Rome ; le courrier de Paris m'a trouvé le soir dans les prés : on demandait à Syphax des secours, on m'offre des honneurs. Je vous avoue que ne sais à qui donner la préférence : des motifs puissants font flotter mon âme entre les deux partis.

» A Paris, il n'y a jamais eu de poète couron-né, je serais le premier ; cette nouveauté me pique et me porte de ce côté-là ; mais la vénération que j'ai pour Rome, où les plus grands poètes ont été couronnés, fait pencher la balance de l'autre côté. »

En effet, il choisit Rome ; mais, auparavant, il se rendit à Naples, à la cour du roi Robert, si célèbre pour son amour des lettres et des sciences. Pétrarque lui dit qu'il n'accepterait la couronne qu'après avoir subi devant lui un examen : cet examen dura trois jours, depuis midi jusqu'au soir, et roula sur la littérature, l'histoire et la philosophie. Le troisième jour, le roi Robert déclara solennellement Pétrarque digne de la couronne poétique ; puis se dépouillant d'une robe de pourpre qu'il portait ce jour-là, il la lui donna pour la mettre le jour de son couronnement. Pétrarque partit aussitôt pour Rome, où son triomphe eut lieu avec toutes les pompes antiques ; il fut nommé citoyen romain !

Au temps de Pétrarque, le génie était un très-infertile patrimoine ; on ne vendait pas ses ouvrages, puisqu'il n'y avait pas d'imprimerie ; et on payait fort chèrement les copistes qui les multipliaient. Pétrarque mena cependant une vie assez douce et aisée, grâce à quelques emplois dans l'église, à quelques missions diplomatiques, et aussi, je crois, aux libéralités des hauts personnages chez lesquels il vivait. Aucun homme n'a été plus mêlé que lui à tout ce qu'il y a eu d'éminent dans son siècle : il était l'ami des Colonne ; les seigneurs de Parme et de Ferrare l'admettaient dans leur familiarité ; le roi Robert vint le visiter dans son ermitage de Vaucluse ; il fut le conseiller de Jean Visconti, et envoyé par lui comme chef d'ambassade à Venise ; Galeas Visconti le députa au roi Jean à Paris, pour le complimenter après sa délivrance. Etant à Venise, dans des jeux publics, il occupa la place qui était à la gauche du doge André Dandolo. En 1351, le pape, après la chute de Rienzi, ayant envoyé à Rome quatre cardinaux pour reconstituer un gouvernement, chargea Pétrarque de leur donner des avis. En 1354, l'empereur Charles de Bavière étant venu à Mantoue, écrivit à Pétrarque qui habitait Milan, de venir le voir. Pétrarque y accourut, et voici le récit fait par lui-même de leurs entrevues.

« L'empereur me reçut avec une bonté et des façons qui ne tenaient rien du faste impérial, ni de l'étiquette allemande. Il ne me fit point sentir sa supériorité, et vivait avec moi comme avec son égal. Nous passions quelquefois des journées entières à discourir depuis le point du jour jusqu'à la nuit, comme s'il n'avait eu rien autre à faire.

» Il me parla de mes ouvrages et me témoigna un grand désir de les voir, surtout celui qui traite des hommes illustres : je lui dis qu'il n'était pas achevé; que pour y mettre la dernière main, il me fallait du temps et du repos. Il me dit qu'il serait bien aise de le voir paraître sous son nom; je répondis avec cette liberté que la nature m'a donnée, que l'usage autorise, et que les années fortifient : Grand prince, il ne faut pour cela que de la vertu de votre part, et pour moi du loisir. Etonné d'un propos si libre, il m'ordonna de m'expliquer, et je repris : Il me faut du temps pour un ouvrage de cette nature, où je me propose de renfermer de grandes choses dans un petit espace. De votre côté, travaillez à mériter que votre nom paraisse à la tête de mon livre. Il ne suffit pas pour cela de porter une couronne et un grand titre, il faut que vos vertus et vos belles actions vous placent parmi les grands hommes dont j'ébauche le portrait. Vivez de façon qu'après avoir lu la vie de vos illustres prédécesseurs, vous méritiez que la postérité lise la vôtre. »

Ce discours si franc et même si rude nous amène naturellement à parler d'un des principaux caractères de la vie de Pétrarque, et nous allons voir ce qu'étaient ces belles actions qu'il demandait à l'empereur.

Pétrarque avait dans le cœur une passion aussi violente que son amour pour Laure : c'était son amour pour l'Italie. Or l'Italie, au quatorzième siècle, était déchirée par mille et mille guerres intestines. Il y avait dans la Lombardie seule plus de rois que dans toute l'Europe : chaque petite ville avait son tyran, et chaque tyran était chassé et remplacé par un autre tout les deux ou trois ans. Qu'on juge du désespoir de Pétrarque de voir ainsi sa patrie ensanglantée! Aussi, à tout moment, et dès qu'une guerre s'élevait, se jetait-il au milieu des partis avec quelques lettres éloquentes qui leur demandaient ardemment la paix! la paix! la paix! Mais ce qui lui brisait surtout le cœur, c'était l'état de Rome, de sa chère Rome! Rome, abandonnée par ses papes, qui s'étaient fixés à Avignon, était dévorée par les grandes familles patriciennes! Je ne sais rien de plus noble et

de plus touchant que les efforts surhumains de Pétrarque pour ramener les papes au Vatican; dès que le conclave avait élu un nouveau pontife, aussitôt arrivait un discours, ou une ode, ou une épître de Pétrarque, qui peignait Rome comme une vieille femme en cheveux blancs, se déchirant la poitrine, se jetant aux pieds du pontife, et lui disant : O mon époux, mon époux, venez me défendre; je suis veuve de vous, veuve d'un mari vivant, et tous les ambitieux se disputent les lambeaux de mon empire! Et comme il ne réussissait jamais, c'était alors des invectives les plus violentes et les plus amères contre Avignon, contre cette ville de boue, contre cette infâme cour romaine, perdue de débauche, contre les cardinaux qui ne voulaient pas revenir en Italie, parce qu'il n'y *poussait pas de vin de Beaune!* Aussi, quand en 1347, le tribun Rienzi chassa tous les nobles de la ville de Rome, et y rétablit l'ordre et la liberté, Pétrarque, dans le délire de la joie, lui écrivit les lettres les plus passionnément éloquentes!... Il y avait un grand danger pour lui, cependant, car il était à Avignon, à la cour du pape, et le pape voyait avec fureur ce tribun qui usurpait sa place. N'importe, Pétrarque l'appelait le grand Rienzi, et le comparait à Brutus, à Camille, à tous ses chers héros de l'histoire romaine, lui adressant épîtres sur épîtres, pour lui donner des conseils de conduite! Quand les folies de Rienzi eurent fait tomber ce gouvernement passager, Pétrarque, qui ne croyait plus aux papes, se retourna vers un autre sauveur, et écrivit à l'empereur pour le supplier de descendre en Italie. On trouvera peut-être que cet amour ardent de la liberté, qu'avait Pétrarque, s'accordait mal avec le désir de voir l'empereur dominer en Italie : c'est que pour Pétrarque, la liberté, c'était le repos, la sécurité et la paix; et voyant les horribles brigandages qu'amenaient ces mille petites dominations, il appelait à grands cris un pouvoir vigoureux et central, à l'ombre duquel les malheureuses villes italiennes se reposeraient un peu de leurs déchirements. Il écrivit donc, en 1350, à l'empereur *qu'il ne connaissait pas,* pour le supplier de descendre en Italie! Quelle fut sa joie quand, en 1354, il apprit que l'empereur était en marche pour cette grande entreprise. Laissons-le parler : « César, je vous ai écrit de longues lettres pour vous exhorter à venir ici! Celle-ci, dont l'objet est de vous féliciter d'y être venu, sera courte! Une grande joie coupe la parole! Que vous dirais-je? par où commencer? Si le bruit seul de votre approche m'a fait tant de plaisir, quel effet ne doit pas produire votre auguste présence! Je vois en vous le roi du monde, l'empereur. César! n'en doutez pas, vous trouverez en Italie tout ce que je vous ai annoncé : le diadème, l'empire, une gloire immortelle, le ciel ouvert, en un mot, tout ce qu'un mortel peut désirer ou espérer! Quel honneur pour moi d'avoir pu vous servir d'aiguillon pour une si belle entreprise! »

L'empereur vint en effet, et nous avons vu que Pétrarque alla le retrouver à Mantoue; mais à peine eut-il reçu la couronne de fer, à Milan, et la couronne d'or à Rome, qu'il retourna honteusement en Bohême, sans avoir rien fait pour cette grande tâche de la pacification de l'Italie. Quand Pétrarque apprit son départ, il lui écrivit la lettre la plus âpre et la plus vigoureuse : « Vous n'êtes pas un empereur, lui dit-il, vous n'êtes qu'un roi de Bohême! Mon ami Lélius m'a porté vos adieux, qui ont été pour moi un coup de poignard. Il m'a remis de votre part une médaille qui représente César! Si cette médaille avait pu parler, que ne vous aurait-elle pas dit pour vous empêcher de faire une retraite honteuse? »

On voit que le doux et amoureux Pétrarque était d'un caractère très-indépendant et très-énergique. Ses satyres contre la cour d'Avignon sont d'une violence à faire pâlir Juvénal. Voulant toujours rester possesseur de lui-même, il refusa constamment tous les hauts emplois apostoliques qui l'auraient enchaîné auprès des papes. Une fois cependant, vaincu par les instances de ses amis, il se laissa nommer secrétaire apostolique; mais il rédigea la première bulle qu'il eut à faire, en termes si poétiques, que personne n'y put rien comprendre, et qu'on fut forcé d'accepter sa retraite.

Il y a cependant une lettre de lui sur cette disgrace, où il règne un ton d'aigreur et de joie forcée qui me ferait croire que Pétrarque n'était pas aussi content qu'il veut le paraître d'avoir été congédié à cause de son éloquence. Voici cette lettre :

« Quoique ce ne fut pas un ouvrage d'imagination et de poésie, Apollon et les muses me servirent bien, dit-il; la plus grande partie de ceux qui lurent ma composition, dirent qu'on n'y pouvait rien comprendre : d'autres prétendaient que j'avais écrit en grec ou dans quelqu'autre langue plus barbare. Voilà les gens qui gouvernent l'église : ils veulent m'envoyer à l'école, à mon âge, pour apprendre à écrire d'une manière basse et rampante. Je n'ai rien compris à ce qu'on me demandait. Je ne conçois avec Cicéron que trois styles, le sublime, qu'il appelle grave; le modéré, qu'il appelle médiocre; le simple, qu'il appelle exténué. Dans ce siècle, presque personne n'atteint au premier, il y en a peu qui arrivent au second, le troisième est le style du plus grand nombre. Tout ce qui est au-dessous n'est qu'un verbiage agreste et servile, et qui ne peut être appelé style. Je veux écrire une lettre, je prends le style simple, cela est fort bien; si on me propose de m'élever davantage, je comprends ce qu'on me demande, et je tâche de monter; mais si on me dit de descendre, je réponds que cela est impossible, parce que je suis au plus bas degré. Le style qu'on voudrait que je prisse n'est pas un style. On m'a donné du temps pour apprendre une chose que je n'ai jamais voulu savoir, à parler d'une façon basse et abjecte. Me voilà hors d'affaire et ma liberté sauvée; plus je me suis vu près d'être esclave, plus je sens le plaisir d'être libre. Je suis ravi que des gens qui se croient très-élevés aient trouvé que je volais au-dessus de leur sphère. Je ne m'exposerai plus une autre fois au même point, rien ne sera capable de me tenter; sourd aux prières de mes amis, je ne consulterai que moi sur des choses aussi essentielles pour mon bonheur. »

L'amitié joue aussi un très-grand rôle dans sa vie, et c'est à cela que nous devons cette foule de lettres adressées à tous les hommes illustres ou éminents de son temps, et qui forment des mémoires très-curieux sur le quatorzième siècle. Pétrarque ne fut jamais ni riche, ni pauvre : tout son luxe était d'avoir des chevaux pour le porter avec ses livres partout où le poussait son humeur voyageuse, et des secrétaires pour écrire et copier ses ouvrages. Il mourut à Arque, en 1374, le 19 juillet. Il avait 70 ans; ses domestiques, qui l'avaient laissé la veille au soir dans sa bibliothèque, le trouvèrent le lendemain, couché sur ses livres et mort. Il légua, par son testament, à Boccace, de quoi acheter un habit pour ses travaux de nuit, pendant l'hiver. Rien ne dit mieux l'indigence du pauvre Boccace, et la gêne de Pétrarque.

A. F.

MACHIAVEL.

L'histoire n'a pas de nom plus controversé que celui de Machiavel. Porté aux cieux par quelques-uns, précipité par les autres au fond des abîmes, il a éprouvé de longues vicissitudes, des péripéties sans nombre. Il y a bien peu d'années que l'impartiale vérité a pu se faire jour à travers le cahos des opinions contradictoires, et c'est d'aujourd'hui seulement qu'il est permis de parler de Machiavel sans lui décerner l'apothéose ou l'insulte.

Machiavel n'est ni un ange ni un démon; c'est un homme de son siècle, enfanté par lui, nourri par lui, tenant à lui par ses mauvais comme par ses bons côtés, le représentant dans ses vices comme dans ses vertus.

Accepter Machiavel tout entier, c'est accepter son siècle sans réserve; or cela n'est pas possible. On accepte le passé comme un fait accompli, comme un fils accepte son père; mais de même que dans une succession tout n'est pas bon à recueillir, ainsi dans les doctrines d'un siècle, dans ses croyances, dans ses coutumes, il importe de faire un choix et de discerner le bien du mal, l'absolu du relatif, l'éternel du transitoire; c'est-à-dire, en un mot, qu'on ne doit jamais accepter un siècle que sous bénéfice d'inventaire.

D'autre part, repousser Machiavel parce qu'il exprime les idées de son temps et s'est imbu de ses principes, c'est porter un arrêt inique, c'est le charger seul d'une responsabilité dont une moitié ne lui appartient pas. Quelque génie qu'ait un homme, l'âge où il vit est un milieu dont il subit malgré lui les influences, il ne saurait y échapper ni rompre avec ses contemporains; il n'acquiert même d'empire sur eux que sous la condition expresse de vivre de la même vie qu'eux, de tremper dans leurs passions, dans leurs erreurs mêmes, et il ne se fait pardonner de leur être supérieur en un point qu'en leur ressemblant par mille autres.

Tel fut Machiavel, l'Italien du seizième siècle par excellence, terrible assemblage de grandeur et de misère, de ruse et d'audace, d'aspirations généreuses et d'instincts mauvais, soleil plein de taches, mais fécond toujours et toujours puissant.

Machiavel homme vit passer devant lui la race des Borgia et mourir Savonarola, le prêtre-tribun, le dernier prophète de la liberté expirante des Florentins; Machiavel enfant avait assisté à la conjuration des Pazzi, il avait vu les pavés du temple ruisseler du sang des Médicis; plus tard, il vit sa république courber la tête sous le joug de cette famille heureuse. Nul homme n'assista à plus de scènes opposées, car nul siècle ne présenta jamais plus de contrastes. C'est à ce double point de vue qu'il faut étudier Machiavel pour le comprendre et porter sur lui un jugement équitable. Il y a deux parts à faire, celle de l'homme et celle du temps. Car il y a entre le siècle et l'homme solidarité de gloire comme de censure; ils s'expliquent réciproquement et servent à se justifier l'un par l'autre.

Nicolas Machiavel naquit en 1469, d'une famille pauvre, mais considérée. Il avait neuf ans lorsqu'éclata la conspiration avortée des Pazzi. Il vit, quelques années plus tard, l'expédition de Charles VIII, et c'est de là que date l'aversion qu'il ne cessa jamais depuis de professer contre les Français [1]. Délivrée de l'ineptie de Pierre de Médicis, Florence était alors en pleine république. Machiavel fut nommé à vingt-neuf ans secrétaire du gouvernement, charge qu'il occupa près de quinze années. Ce long espace fut

[1] On trouve dans ses ouvrages des aphorismes fort durs contre le caractère français; en voici quelques-uns. — Les Français sont tellement préoccupés du bien et du mal présents que l'avenir n'est rien pour eux, et qu'ils oublient également les bienfaits et les outrages. — Leur prudence n'est guère que tâtonnement; ils se mettent peu en peine de ce qu'on dit ou de ce qu'on écrit sur leur compte. Ils sont moins cruels que cupides, et leur libéralité n'est que de parade. — Plus que modestes dans la mauvaise fortune, ils sont insolents dans la bonne. — Ils racontent leurs défaites comme des victoires. — Ils ont une idée exagérée de leur propre honneur, et font peu de cas de celui des autres peuples.

 (PUBLICISTES.)

rempli par un nombre considérable de missions diplomatiques. Il fut envoyé d'abord en ambassade auprès de la comtesse de Forli et auprès de Louis XII; il alla ensuite à Pistoie, puis à Imola, chez César Borgia, dont le génie adroit et perfide lui fit une impression profonde, et pour l'habileté duquel, il faut bien le dire, il eut toujours un faible; à Sienne, il traita avec Pandolphe Petrucci, à Pérouse avec Baglioni, visitant ainsi l'un après l'autre tous ces petits princetaux d'Italie qu'il appelait des rognures dans son âcre ironie.

Il fut investi cependant de missions plus importantes. Il revint en France, où il resta assez longtemps à la suite de Louis XII. Il fut envoyé au conclave d'où sortit Jules II, suivit plus tard ce pape de Rome à Bologne, et se rendit l'année suivante auprès de l'empereur avec une mission qui n'eut pas de résultats.

C'est dans ces différentes négociations qu'il forma au maniement des affaires son esprit souple et pratique; et indépendamment de l'intérêt historique que présentent ses dépêches, elles sont écrites d'un style fort, simple, précis, qui faisait dès-lors pressentir le grand écrivain. Ces dépêches sont piquantes aussi comme tableau fidèle des mœurs du temps. On y voit que les ambassadeurs d'alors étaient fort peu rétribués : le traitement de Machiavel ne dépassait guère six francs par jour, encore lui était-il fort irrégulièrement payé; il s'en plaint dans toutes ses lettres; il n'en est pas une seule dans laquelle il ne demande de l'argent à son avare république. Tantôt c'est pour payer ses mules ou son hôtellerie; tantôt c'est pour acheter un manteau neuf, le vieux étant en fort mauvais état.

On déplore, à la lecture de ces documents curieux, qu'un esprit si vaste se soit perdu dans des intérêts si mesquins, et que la Providence ne lui ait pas assigné un rôle politique à la hauteur de ses facultés. La république florentine n'était plus que l'ombre d'elle-même; gouvernée par l'honnête, mais faible gonfalonier Soderini, elle mettait tout son art à éviter les chocs et à passer inaperçue et inoffensive entre les grands corps qui menaçaient alors l'équilibre européen. Elle ne vivait plus que d'artifices et pour ainsi dire par surprise. La race des grands citoyens était depuis long-temps couchée dans la tombe : l'administration des premiers Médicis avait énervé les âmes et étouffé les vertus civiques. Machiavel s'est plaint amèrement et gémit de n'a-

voir pas été jeté par les destins sur un plus grand théâtre. Le lion se débat avec impatience sous les entraves dont il est chargé.

Au retour de ses diverses ambassades, il se retire à la campagne, et donne à l'étude et à la muse tout le temps qu'il peut dérober à des affaires dont la petitesse l'obsède. On a de lui, sous les titres de Première et Seconde *Décennales*, deux pièces de vers qui ne sont que la paraphrase poétique de ses dépêches et une récapitulation des événements dont il a été le témoin. Ces petits poëmes sont écrits en *tercines*, à la manière du Dante qu'il rappelle quelquefois par la vigueur et la concision. On lit dans la seconde Décennale ces vers fiers et amers qui semblent une prophétie de sa propre destinée; il s'agit du brave capitaine Giacomino, qui mourut dans l'abandon et la pauvreté après avoir rendu à la république d'éminents services :

> « Avaro dell' onor, largo dell' oro,
>   » E di tanta virtù visse capace,
>   » Che merita assai più, ch'io non l'onoro.
> » Ed or negletto, e vilipeso giace
>   » In le sue case, pover, vecchio, e cieco :
>   » Tanto a fortuna chi ben fa dispiace![1] »

Ici la fortune de Machiavel change; le gouvernement de la république échappe des mains pusillanimes de Soderini : les Médicis triomphent de nouveau, à l'aide des Espagnols; la liberté est perdue, la restauration de la tyrannie est complète. Il est triste de dire que Machiavel adhéra au nouvel ordre de choses, bien loin de protester contre les nouveaux maîtres. Peut-être avait-il jugé la révolution inévitable, nécessaire; peut-être avait-il fondé sur elle les espérances d'un avenir plus glorieux pour Florence. Quoiqu'il en soit, son adhésion fut méprisée et sa personne éloignée des affaires. Il fut cassé de sa charge et exilé de la ville pour une année.

C'est à cette époque que se rapporte la conjuration vraie ou fausse ourdie contre le cardinal Jean de Médicis, depuis Léon X. C'était la tête forte de la famille, le seul qu'on craignît; il s'agissait de se défaire de lui comme il se rendait au conclave d'où il sortit pape. Machiavel, soupçonné de complicité, fut arrêté, emprisonné et

[1] Avare de l'honneur, prodigue d'or, il vécut capable de tant de vertus, qu'il mérite bien plus que je ne l'honore. Et maintenant il vit dans sa maison négligé et méprisé, pauvre, vieux et aveugle, tant déplaît à la fortune celui qui fait le bien.

mis à la torture. Sa force d'âme l'abandonna; il se comporta dans sa disgrace plus en suppliant qu'en martyr; du fond de la prison des Stinche il adressa à Julien de Médicis deux sonnets où il demande grâce et pitié, en affectant de cacher soigneusement le citoyen derrière le poète; cette démarche est peu noble, et tout spirituels que soient les vers du captif, on voudrait les effacer de sa vie. Enfin il fut relâché, mais il ne rentra pas aux affaires. Il eut beau se mettre aux pieds des Médicis, il n'obtint rien d'eux; il n'était pourtant pas difficile, et se fût contenté de peu. « Qu'ils m'emploient, écrivait-il à son ami Vettori, ne fût-ce qu'à rouler une pierre, ils ne s'en repentiront pas. »

Cette soumission servile serait inexcusable, s'il ne fallait pardonner quelque chose à l'horreur, à l'effroi qu'inspirent aux hommes pratiques l'inaction et les longs ennuis de l'oisiveté. Mais le grand homme un instant terrassé se relève, il se retrouve, il se ressaisit lui-même, il puise dans le travail des consolations et des distractions dignes de lui. Trop pauvre pour vivre à Florence après son exil, il se retira dans sa campagne de San-Casciano avec sa femme Marie Corsini et ses cinq enfants. Disons en passant qu'une si nombreuse famille est pour Machiavel une circonstance atténuante, et justifie, jusqu'à un certain point, ses instances réitérées auprès des Médicis. Un père de famille pauvre a bien de la peine à rester un citoyen ferme et constant : aussi faut-il bien se garder de donner trop tôt des ôtages à la fortune.

C'est de la campagne que Machiavel écrivit à Vettori une lettre devenue fameuse, où il met sa vie à nu, et raconte en détail ses occupations, ses tristesses, ses espérances. Laissons-le parler lui-même; n'ôtons pas à ses paroles leur âpre énergie : «.... Je me tiens à la campagne, et depuis mes derniers malheurs je n'ai pas été à Florence vingt jours en les cousant tous ensemble. Jusqu'ici j'ai chassé aux grives : levé avec le jour, j'ajustais mes gluaux, et je m'en allais, avec un paquet de cages sur le dos, ressemblant à Géta quand il revient du port avec les livres d'Amphitryon. J'ai passé ainsi tout septembre. Cependant ce divertissement m'a manqué à mon grand déplaisir. Je m'en vais maintenant dans un bois que je fais couper; j'y passe deux heures à revoir l'ouvrage du jour précédent, et à tuer le temps avec les bûcherons qui ont toujours quelque nouvelle dispute

entre eux, ou avec les voisins.... Parti du bois, je m'en vais à la fontaine, et de là à mon *paretajo*, avec un livre sous le bras; c'est tantôt Dante, tantôt Pétrarque, ou quelque poète moins célèbre, comme Tibulle ou Ovide. Je lis leurs amoureuses passions, leurs tendresses, je me rappelle les miennes et je jouis quelque temps de cette pensée. Je vais ensuite à l'hôtellerie, je cause avec les passants. je leur demande des nouvelles de leur pays, j'entends beaucoup de choses, je remarque les différents goûts et les diverses imaginations des hommes. Après dîné, je retourne à l'hôtellerie, où ordinairement je trouve l'hôte, un boucher, un meunier et deux chaufourniers. Je m'oublie avec eux tous les jours à jouer à *cricca*, ou au *tric-trac* : là bientôt naissent mille disputes, mille colères accompagnées de paroles injurieuses. Le plus souvent c'est pour un quatrin, et néanmoins on nous entend crier de San-Casciano. Vautré dans cette abjection, j'empêche mon cerveau de se moisir; je développe la malignité de ma fortune, satisfait qu'elle me foule aux pieds de la sorte, pour voir si elle n'en aura pas de honte. Le soir venu, je retourne à la maison, j'entre dans mon cabinet : sur le seuil, je me dépouille de mon habit de paysan plein de boue et de saleté, je me revêts de mes habits de barreau; et, ainsi décemment vêtu, j'entre dans la noble cour des hommes antiques. Accueilli par eux avec amour, je me repais de cette nourriture, la seule qui me convienne et pour laquelle je sois né. Je ne crains pas de m'entretenir avec eux, et de leur demander compte de leurs actions. Je n'éprouve pendant quatre heures aucun ennui; j'oublie toute peine, je ne redoute pas la pauvreté, et la mort ne m'épouvante plus. Je me transporte tout entier en eux, et comme Dante dit *qu'il n'y aura pas de science si on n'a retenu ce qu'on a entendu*, j'ai noté ce qui m'a frappé dans leur conversation, et j'ai composé *un opuscule des principautés (de principatibus)*. Je m'enfonce le plus que je peux dans la profonde pensée du sujet. J'examine ce que c'est qu'une principauté, de quelles espèces sont les principautés, comment on les acquiert, comment on les garde, et comment on les perd. Si jamais quelqu'un de mes caprices (*ghiribizzo*) vous a plu, celui-là ne vous déplaira pas, et il devra être agréable à un prince nouveau : aussi je l'adresse à la magnificence de Julien...»

Cette lettre remarquable se termine par une

nouvelle offre de service aux Médicis : « Car, dit-il, je me consume et je ne peux pas rester long-temps ainsi, sans que la pauvreté me rende méprisable. Quant à ma foi, on ne devrait pas en douter, parce que l'ayant toujours gardée, je ne dois pas apprendre à la rompre. Qui a été fidèle jusqu'à l'âge de quarante-trois ans, ne doit pas changer de nature : mon indigence est le garant de ma fidélité et de ma probité. » Toujours repoussé, toujours dédaigné, il écrit encore, à quelque temps de là, au même Vettori : « Je resterai donc au milieu de mes haillons, sans trouver un homme qui se souvienne de mes services, ou qui croie que je puisse être bon à quelque chose. Il est impossible que je demeure plus long-temps dans un tel état : je me consume, et je crois que si Dieu ne se montre pas plus favorable, je serai un jour forcé de quitter ma maison, et de m'aller ensevelir dans quelque désert pour enseigner à lire aux enfants. Ma famille s'imaginera que je suis mort : elle sera plus heureuse sans moi; je lui suis à charge, étant accoutumé à dépenser, et ne sachant pas économiser. Je ne vous écris pas pour vous engager à prendre de l'embarras pour moi, mais seulement pour me soulager, et pour ne rien dire sur ce sujet odieux. »

Ces plaintes du grand homme sont déchirantes; tant d'adversité l'absout de bien des fautes : et quand on songe combien d'intrigants obscurs et imbéciles entouraient le trône naissant des Médicis, et trafiquaient des affaires de la patrie, tandis que le véritable homme d'état languissait dans l'exil et dans la misère, on déplore la destinée des empires qui trop souvent sont l'apanage et la proie de l'ineptie cupide et de la bassesse impudente.

Tout-à-coup le ton des lettres de Machiavel change; une passion nouvelle est entrée dans son cœur; il est amoureux. Cet amour romanesque et poétique rappelle les ravissantes pages où Rousseau nous dit les chastes feux dont il brûlait sous les ombrages d'Eaubonne aux pieds de madame d'Houdetot. Voici comment Machiavel raconte à son ami sa mystérieuse passion : « Etant dans ma villa, j'ai eu une aventure si douce, si délicate, si noble, que je ne saurais la louer et l'aimer autant qu'elle le mérite. Je devrais, comme vous l'avez fait avec moi, vous raconter les commencements de cet amour, vous dire dans quels rets il me prit, où et comment il les tendit : vous verriez que ce sont des rets d'or, tissus par Vénus, et si suaves, si purs, qu'un cœur malhonnête seul eût pu les rompre : je ne le voulus pas. Un moment je m'y abandonnai tellement, que les fils, d'abord délicats, sont devenus si forts, qu'il n'est plus possible de les briser. Ne croyez pas que, pour s'emparer de moi, l'amour ait employé ses moyens ordinaires : comme je les connaissais, ils ne lui auraient pas suffi... Qu'il vous suffise de savoir que, bien que je sois près de la cinquantaine, je ne suis arrêté ni par le soleil, ni par les chemins sauvages, ni par l'obscurité des nuits. Tout chemin me paraît droit, et je m'accommode aux habitudes les plus différentes des miennes, à celles même qui leur sont le plus contraires. Quoique je me sois mis dans un grand embarras, je trouve tant de bonheur dans ce regard merveilleux et enivrant, et cette douce consolation a si bien éloigné de moi le souvenir de mes douleurs, que pouvant devenir libre, je n'y consentirais pas. J'ai laissé de côté les pensées grandes et graves; je n'ai plus de plaisir à lire les choses antiques ni à raisonner de choses modernes. Tout cela, pour moi, s'est converti en conversations délicieuses... »

Machiavel amoureux est un spectacle si nouveau pour nous, si imprévu, que nous avons dû le laisser lui-même raconter son cœur; on voit que s'il était un père soucieux et inquiet de l'avenir de ses enfants, il était loin d'être un mari constant. Des commentateurs ont pris la chose au sérieux; ils se sont portés garants de sa fidélité conjugale, et ont déclaré qu'il ne s'agissait point ici d'un amour réel, mais d'une pure allégorie. Cette leçon est tout au plus bonne pour consoler les mânes outragés de Marie Corsini.

Nous venons de voir que le *Prince* fut composé pendant les loisirs champêtres de Machiavel. Ce titre ambitieux de *Prince* qui a prévalu dans la postérité, n'appartient point à l'auteur. Il ne parle de son ouvrage que comme d'une suite d'opuscules sur les principautés, et n'a jamais entendu faire un traité *ex professo*. Cette circonstance, si peu importante qu'elle paraisse, change cependant le point de vue de la critique. Ramené à ces termes, le *Prince* n'est plus un livre de principe, mais un livre d'observation, ce qui change beaucoup la question. Le *Prince* est comme le complément des négociations du secrétaire florentin; et c'est bien plutôt un recueil de faits et d'événements accomplis, qu'un corps de doctrine, une théorie gou-

vernementale absolue et rigoureusement dé-
duite. Le *Prince* est le code du pouvoir, tel qu'on
le concevait au seizième siècle, un discours *ac-
cademico*, comme disent les Italiens, sur les
moyens de l'atteindre et de s'y tenir. Jamais, il
est vrai, la philosophie de l'habileté sans entrailles, et du succès à tout prix, n'avait été si
audacieusement professée; mais c'étaient tellement les idées et la politique du temps, que Laurent de Médicis accepta la dédicace de l'ouvrage, et que Léon X le protégea ouvertement.
Cet ouvrage, né à l'origine des grandes monarchies européennes et du despotisme universel
enfanté par elles, a une importance historique et
relative bien plutôt qu'une valeur philosophique
et systématique; et je répète qu'il ne doit pas être
considéré comme un corps de doctrine, mais
comme un miroir exact et sincère des idées du
temps. Toutefois, malgré les erreurs et les tristes propositions dont il est semé, il faut reconnaître que Machiavel pose çà et là des principes
dont l'avenir a démontré la justesse et la vérité.
Ainsi, par exemple, il condamne hautement les
confiscations et il ne cesse de répéter à chaque
page que toute force politique résidant dans
le peuple, le peuple est la seule base sûre et
durable des principautés.

Le *Prince* a sa contre-partie dans les *Discours* sur les Décades de Tite-Live, qui furent
composés peu de temps après, et qu'on peut
regarder comme le plus beau cours d'histoire
romaine qui ait été jamais fait. Si le *Prince* est
le code du despotisme, les *Discours* sont le code
de la liberté. Ici ce n'est plus l'individu qui s'as-
sujétit l'état et qui l'exploite, comme dans le
Prince, au profit d'une personnalité dévorante;
c'est l'état qui règne, l'individu est subordonné
à la masse, l'intérêt privé disparaît dans l'intérêt public. Les rapports sont bien changés,
et les points de vue ne sont plus les mêmes. Le
respect de l'homme pour l'homme respire à
chaque page de ces admirables Discours. Gouverner, ce n'est plus seulement réussir, c'est
développer les ressources de l'état, travailler à
sa grandeur, le rendre fort et durable.

Machiavel a dans l'esprit une dualité qui explique ses apparentes contradictions. Il reconnaît d'une part la république, de l'autre la monarchie; toutes ses sympathies de cœur et d'intelligence sont pour la première forme; la seconde
est infligée, selon lui, par la Providence aux
peuples énervés et corrompus qui n'ont pas su

se conserver libres; ceux-là, il ne cesse de les
poursuivre de son mépris, et il les livre en
pâture à son *Prince*. Mais il s'incline avec respect devant ceux qui ont su maintenir leur
droit, et le peuple romain, qui, pour lui, représente le type de la république, est l'objet
particulier de sa prédilection et de son culte.
Comme il en parle avec orgueil! comme il admire son effort gigantesque et son indomptable
vouloir! Dans quels termes entraînants il loue
son amour de la liberté et son inextinguible
haine de la royauté! Avec quelle joie il assiste,
spectateur passionné, aux déroulements glorieux de ses destinées! avec quelle insistance,
avec quelle autorité il le propose en modèle à son
Italie esclave et divisée!

Machiavel tempérait la gravité de ses études
politiques par des occupations littéraires : le
poète prenait de temps en temps la plume du
publiciste. La *Mandragore* fut composée à cette
époque, toujours dans la rustique retraite de
San-Casciano. Cette comédie, bien supérieure
en force comique à tout ce qu'a jamais écrit
Goldoni, est un chef-d'œuvre d'esprit, de
finesse, de dialogue, de conduite. Quoiqu'elle
soit d'une moralité équivoque, et libre jusqu'à
la licence (à ce titre elle plut beaucoup à
Léon X), les détails les plus scabreux y sont
présentés avec tant de grâce et de finesse que
les scrupules des consciences timorées tombent
ou s'apaisent. La *Mandragore* a quelque chose
d'antique, qui annonce une profonde étude du
théâtre latin. La *Clizia* s'en rapproche davantage
encore, et n'est qu'une imitation de la *Casina*
de Plaute. Machiavel traduisit ensuite littérale-
ment l'*Andrienne* de Térence, et composa deux
autres comédies originales : la première, qui est
en prose, n'est qu'une longue satire des moines,
déjà fort durement personnifiés dans l'abominable frère Timothée de la *Mandragore*, véritable type du *Tartufe*. La seconde est en vers,
et dans le goût antique : la scène se passe dans
l'ancienne république romaine : ce sont deux
maris qui changent de femme; le poète place
dans la bouche de Chremès, l'un de ses personnages, une espèce de sermon conjugal qui rappelle souvent Molière, et dont plus d'un mé-
nage pourrait faire son profit.

« Afin (dit-il) qu'aucun de vous ne se repente
d'avoir épousé sa femme, et qu'aucune femme
ne se repente de vous avoir épousés, vous autres
maris, il faut se gouverner avec prudence surtout

dans les commencements, qui sont très-importants. Il faut accoutumer vos femmes à des procédés que vous puissiez améliorer, sans aller jamais en arrière. Faites en sorte qu'elles ne soient jamais dans l'oisiveté, ni seules, ni long-temps avec d'autres femmes : en peu de temps une méchante femme en gâterait mille bonnes. Ne leur refusez pas les choses honnêtes; ne leur accordez point les choses qui ne sont pas convenables. Arrangez-vous de manière à les honorer beaucoup en public, mais à la maison tenez-les soumises. Si vous croyez jamais au sourire, aux plaintes, aux paroles des femmes, vous serez trompés. L'homme est le chef de la femme, et comme la femme est une portion de l'homme, puisqu'elle est née de lui, l'homme doit la régir et la guider de manière à lui rappeler toujours qu'elle est sa propre substance. Ce qui manque aux femmes, Dieu l'a donné à l'homme, pour qu'il supplée à leurs défauts, comme bon chef et non comme tyran. Votre vie et vos mœurs doivent être ce que vous voulez que soient celles de votre femme, parce que la femme n'a pas de miroir où elle se mire plus que dans celui de son mari. Soyez gais et bienveillants, et non pas ennuyeux et boudeurs; soyez quelquefois graves et sévères, et non légers et inconstants; soyez avec elles prompts au bien, tardifs au mal, modestes et surtout honnêtes. Survient-il entre vous quelque dispute, comme il arrive trop souvent, rabattez en face et virilement leurs prétentions s'il s'agit d'une question relative à la santé, au bien, à l'honneur, à la réputation. Dans les autres circonstances, il est bien de céder quelquefois, car il a une double sagesse l'homme qui laisse par moment passer trois pains pour deux. Parmi les dons que le Dieu de la nature a concédés aux misérables mortels, la paix surpasse tous les autres; je parle de celle que de nos jours le monde rencontre rarement au milieu de ses trésors, de ses pompes et de ses délices, de cette paix qui par faveur naît dans notre cœur, et de la complaisance et d'un véritable amour. Que cet amour donc, que cette paix sincère vous unissent toujours, vous étreignent, vous lient tellement qu'aucun orage ne vous dégage et ne vous sépare; que tous vos jours soient heureux et longs; que vos yeux voient vos enfants, les fils de vos enfants, et que votre fin, je vous en conjure, soit telle que jamais vous n'ayez de regret d'avoir eu envie l'un de l'autre. »

On reconnaît, en lisant ces diverses comédies, que personne en Italie ne posséda mieux que Machiavel l'entente de la scène : il ne la devait pas à l'habitude du théâtre, puisqu'alors il n'y en avait pas, aucune de ses pièces n'avait été composée pour la représentation; mais son génie pratique avait suppléé à l'expérience et lui avait révélé les secrets du drame, cette grande et fidèle image de la vie humaine. Aucun dramaturge italien ne l'a surpassé depuis, ni même atteint.

Le triste exilé n'écrivit pas seulement des comédies dans les loisirs poétiques de son inaction forcée; il composa l'*Ane d'or*, satire dantesque par le style, mais souvent obscure par les détails, et qui n'est qu'une imitation de la célèbre fable de Plutarque et d'Apulée. Vinrent ensuite ses *Capitoli*, sorte de discours en vers sur des sujets moraux : l'*Occasion*, la *Fortune*, l'*Ingratitude*, tous écrits en *tercines* avec une vigueur et une concision dignes de sa prose. Tous ces poëmes ont un fond d'âcre mélancolie, hélas! trop légitime dans son abandon : il passe de la plainte au regret, de la colère à l'ironie, avec une verve sombre et acerbe. Puis, tout-à-coup, son front se déride, les nuages se dissipent, il tombe dans des gaîtés folles, en d'extravagantes imaginations. Tels sont ses statuts pour une bizarre compagnie (*Capitoli per una bizzarra compagnia*), et des diableries poétiques que Téniers n'eût pas désavouées. Toutefois, malgré cette variété de tons et cette souplesse de style, Machiavel n'est tout à fait lui que lorsqu'il aborde de près ou de loin la politique. Alors il se retrouve tout entier, il rentre dans sa force et dans sa puissance. Il n'en avait pas moins de sérieuses prétentions à la poésie, et il fut grièvement blessé qu'Arioste eût omis son nom dans la liste des poètes contemporains.

C'est dans cette variété de travaux et d'études que Machiavel passa les huit ans que dura son éloignement des affaires. Le moment approche où il y va rentrer. Déjà en 1520, Léon X l'avait fait consulter sur le gouvernement de Florence : Machiavel avait conseillé aux Médicis de rétablir la république; le conseil n'avait pas été suivi. L'année suivante on le rappelle, et il reçoit une mission pour les moines de Carpi. La chûte était dure; il s'y résigne pourtant, et il en plaisante avec son ami Guicciardini qui était alors gouverneur de Modène, et avec lequel il entretenait une correspondance familière sur les affaires du temps. Il fut chargé plus tard d'une mission commerciale à Venise, où nous apprenons qu'il gagna à la loterie 3,000 ducats. Mais ces ambassades dérisoires ne sauraient nous occuper, et nous laisserons l'ambassadeur pour l'écrivain.

Le pape Clément VII, qui avait succédé à Léon X, et qui était aussi un Médicis, avait exprimé le désir que Machiavel écrivît l'histoire de Florence. Machiavel s'empressa d'acquiescer au vœu du pape, et il mit la main à l'œuvre sur-le-champ. Jusque-là il n'était connu que comme publiciste, pas encore comme historien; car sa vie de Castruccio, composée dans ses années d'exil, est un roman plutôt qu'une histoire. Les *Histoires florentines* parurent en 1525; elles commencent à l'année 379, et s'arrêtent en 1492, à la mort du premier Laurent de Médicis.

Machiavel historien tient à la fois de Tacite par la concision et de Tite-Live par les harangues qu'il met dans la bouche des personnages historiques. Quoiqu'il sacrifie beaucoup au style, l'ouvrage est peu artiste; il est tout politique. Toujours clair, toujours pressant, parfois trop rapide, il manque souvent de développement, et l'on voudrait plus de détails. Il arrive quelquefois à la sécheresse à force de sobriété, à la raideur à force de concision. Quant au fond des idées, il se montre admirateur sincère des antiques mœurs républicaines, des vieux héros florentins, et il parle des Médicis avec une impartialité qui n'était pas sans courage. Quoiqu'il tombe encore çà et là, comme dans le *Prince*, dans la philosophie du succès, il faut cependant lui rendre cette justice, que la vertu a toujours son culte, et qu'il s'incline à chaque pas devant la constance, la bravoure, la fidélité. Sa plume mâle et nerveuse a des paroles grandes pour tout ce qui est grand; sincère jusquà l'austérité, elle ne laisse passer impunis ni l'égoïsme, ni la faiblesse.

Nous venons de voir Machiavel tour-à-tour homme d'action, publiciste, poète, historien. Il nous reste à considérer en lui l'écrivain militaire. Il avait un penchant décidé pour la stratégie. Il en avait fait de bonne heure l'objet de ses études, et, secrétaire de la république, il avait contribué par ses conseils et sa présence, à la conquête de Pise. A peine débarrassé de son histoire, il se livra tout entier à ses instincts militaires, et publia son livre sur l'*Art de la guerre*. Il suppose quelques jeunes Florentins de ses amis, réunis dans les jardins Ruccelaï, autour du vieux Fabrice Colonne, dans la bouche duquel il met ses enseignements. Le guerrier n'épargne à ses compatriotes ni les réprimandes, ni les leçons. Jaloux de ranimer en eux le génie militaire de leurs ancêtres, il les fait rougir de leur nullité présente, et leur propose en exemple, pour les piquer d'honneur, les Français, les Espagnols, les Allemands. Il voudrait en faire des soldats, pour en faire ensuite des citoyens; il les gourmande, les irrite, les blesse même, afin de les arracher à leur léthargie. Mais, hélas! sa noble voix devait se perdre au désert, le ciel n'exauça pas les vœux de ce grand cœur.

Ce livre n'est donc pas ce qu'on pourrait croire: bien loin d'être aride et purement spécial, comme le sujet semble le faire craindre, il est d'une lecture attachante et d'un intérêt général. Les hommes de métier y trouvent les notions stratégiques qu'ils y cherchent, les publicistes la pensée politique et la prévoyance de l'homme d'état. La partie technique de la guerre est subordonnée à la partie morale, et c'est par ce côté que l'ouvrage est surtout remarquable. Ce n'est plus le Machiavel du *Prince* qui tient la plume, c'est le Machiavel des *Décades*. Composé au milieu des grands événements militaires qui ébranlaient la Péninsule, et pour ainsi dire au cliquetis des armes, ce livre, le dernier sorti de la plume de Machiavel, a, comme le *Prince*, un intérêt de circonstance, indépendamment de sa valeur propre, et c'est à ce double titre qu'il faut l'étudier pour en tirer tous les enseignements qu'il renferme.

L'Italie était alors dans un état critique; le despotisme étranger étendait sur elle son bras de tous les points de l'Europe; elle était menacée de disparaître du rang des nations. Florence ne devait pas échapper à ce grand cataclisme. Dans ces conjonctures difficiles, les Médicis eurent des velléités de résistance: un mémoire fut demandé par le pape à Machiavel sur ces mêmes fortifications que Michel-Ange devait bientôt réparer et reconstruire. Le mémoire présenté, l'auteur fut envoyé à Modène, afin de conférer avec Guicciardini sur la crise qui se préparait. Tous ces soins étaient superflus, toutes ces précautions inutiles; Florence devait avoir encore un beau jour avant que de succomber; mais sa ruine était inévitable, son heure avait sonné.

Machiavel n'était pas homme à se bercer d'illusions. En vain conseillait-il les moyens fiers et énergiques; il savait bien lui-même qu'il ne pouvait être entendu. Les âmes étaient énervées, les courages amollis, et les yeux mourants du citoyen versèrent des larmes amères sur l'avenir trop clair et trop prévu de sa triste patrie. Ses derniers jours furent douloureux : il vit les armées impériales triompher insolemment des derniers efforts de l'indépendance italienne; il vit le saccage de la cité sainte, et la peste désoler Florence, affreux avant-coureur de l'irrévocable servitude.

Il mourut le 22 juin 1527, sans que la Providence eût réalisé un seul de ses rêves.

Telle fut la vie de Machiavel, de cet homme si plein de contradictions, qu'on se demande s'ils n'étaient pas deux. Contemporain des Médicis et des Borgia, il avait commencé par célébrer les habiles et immoler tout au succès, mais les instincts nobles l'emportèrent; il eut des aspirations grandioses, il fit des vœux magnanimes; il voulut l'homme libre et respecté, les peuples forts et puissants, et il rechercha dans les institutions humaines tout ce qui pouvait conduire à ce double but la république expirante. Il met sur l'autel la gloire, l'honneur, la vertu, et il s'exprime en termes si austères, si convaincus, qu'on dirait un prêtre inspiré. Puis, tout-à-coup, le doute le gagne. Frappé, comme Tacite, de je ne sais quelle fatalité mystérieuse qu'on dirait présider aux destinées générales de l'humanité, il se jette dans l'infini; il tombe en des superstitions étranges; il adore la Fortune et rend un culte à l'imprévu. Alors ce n'est plus l'homme pratique, le logicien froid et rigoureux : c'est un rêveur sceptique, un prophète découragé, que l'esprit de Dieu a quitté. Nul homme plus que lui n'a été frappé de ce qu'il y a de décevant, et souvent d'ironique dans le train des affaires humaines. Il semble parfois, à l'entendre, qu'il a vu s'asseoir sur le trône du monde quelque génie railleur qui s'en vient déjouer les plans de la sagesse, et brouiller les fils si patiemment tissus par la prévoyance. Ainsi, Machiavel a vécu de toutes les vies : jamais existence ne fut plus complète. Cette organisation mâle et puissante touchait à l'univers par tous les points : il n'est rien qu'il n'ait compris, rien qu'il n'ait éprouvé.

La postérité lui a tenu peu compte de cette universalité et d'intelligence. Quelques doctrines erronées, injustifiables se trouvaient dans ses premiers écrits : on oublia tout le reste, on l'écrasa sous le poids de son propre sophisme, on l'ensevelit tout vivant sous ces pages maudites. Chaque génération, en passant, lui jeta son anathème, et son nom même fut une insulte. Mais si l'on remonte à l'origine de ce déchaînement universel, on trouvera qu'il fut provoqué par les princes qui poursuivaient en Machiavel, non leur complice, mais leur ennemi. On ne pardonna pas au citoyen son amour de la liberté et son culte pour la république; on lui pardonna moins encore le mépris dont il ne cessa de flétrir les nations qui se laissent asservir. Les peuples aveuglés ne comprirent pas qu'ils étaient dupes : l'esclave épousa la querelle du maître, et la haine du grand Florentin se perpétua des pères aux enfants.

Les plus aveugles furent les Italiens; ils le furent jusqu'à l'ingratitude. Devaient-ils oublier que Machiavel porta l'Italie dans son cœur, et que son dernier soupir fut pour elle? Ne rêva-t-il pas le premier la grande et sainte unité qui doit réunir en un faisceau de frères les tribus dispersées de la Péninsule de douleurs? Ne proposa-t-il pas au Prince lui-même cette glorieuse entreprise? Fût-ce sa faute, si le Prince ne la tenta pas? Est-il comptable des calamités de son siècle? Est-ce lui qui avait soufflé l'égoïsme et la corruption au cœur des Médicis et des Borgia? Et quand il fut las enfin d'implorer les trônes qui ne l'écoutaient pas, n'est-ce pas vers le peuple qu'il se retourna? N'est-ce pas lui qui proposa, avant tous les autres, la création de ces milices nationales qui auraient pu préserver l'Italie?

Ainsi les deux plus grandes pensées de l'Italie moderne, l'unité et l'institution de la milice lui appartiennent tout entières. S'il n'eut pas le bonheur de les voir réalisées, qu'il lui reste au moins la gloire de les avoir conçues. Et quant à ses erreurs, à ses fautes, ne nous montrons pas trop impitoyables : la fortune ne les lui a-t-elle pas fait expier assez durement par ses outrages?

Charles Didier.

HIERONYMUS
SAVONAROLA

SAVONAROLA.

Un soir de l'année 1489, un moine de l'ordre de Saint-Dominique arriva à la porte de Florence ; il était à pied et venait de Bologne. Entré dans la ville au coucher du soleil, il alla droit au couvent de Saint-Marc, où il était attendu, et où une cellule était prête pour le recevoir. Les bons religieux florentins ne croyaient recevoir dans leurs murs qu'un simple théologien, ils recevaient un tribun. Ce moine, ce théologien, ce tribun, était Jérôme Savonarola.

Le père Jérôme appartenait à une famille originaire de Padoue, mais qui avait été appelée à Ferrare par le marquis d'Est. Il était né dans cette dernière ville le 21 septembre 1452 : son aïeul paternel avait été l'un des médecins les plus célèbres de son temps[1] : mais la Providence n'avait pas destiné le jeune Jérôme à recueillir cet héritage ; une plus belle gloire lui était réservée. Il reçut l'éducation du temps, et s'appliqua particulièrement à l'étude de la philosophie péripathéticienne. Il passa d'Aristote à saint Thomas, pour lequel il professa toujours une admiration fervente, l'appelant son maître, et déclarant lui devoir tout ce qu'il savait.

Dès son enfance, il avait été préoccupé d'idées religieuses : cependant il n'avait pas encore témoigné le désir d'entrer dans les ordres, lorsqu'une nuit il sentit, en dormant, tout son corps trempé d'une eau glacée : il attacha à cette circonstance une idée superstitieuse, il la regarda comme un avertissement d'en haut ; et l'imagination ainsi frappée, il se détermina instantanément à renoncer au monde et à se dévouer au service de Jésus-Christ ; il avait alors vingt-deux ans. Il paraît que sa résolution était peu du goût de sa famille ; mais ferme dans son dessein, il s'échappa de la maison de son père le jour même où la ville de Ferrare célébrait la fête de Saint-Georges, et se rendit clandestinement à Bologne, où il entra dans un couvent de Dominicains ; il prit l'habit après un court noviciat. C'est alors seulement et quand ses vœux étaient irrévocables, qu'il écrivit à sa famille pour la consoler de son éloignement, et pour lui témoigner son regret de l'avoir quittée ; mais il sentait en lui, disait-il, une vocation invincible ; Dieu, lui-même, l'avait appelé à son service ; il n'avait fait qu'obéir à la double voix de sa conscience et du ciel.

Il accomplit, avec un enthousiasme qui ne se démentit jamais, tous les devoirs de sa nouvelle profession, et observa scrupuleusement les trois vœux monastiques, pauvreté, chasteté, obéissance. Il fit six à sept ans cette vie exemplaire et obscure, sans que rien encore décelât la puissance de parole qui devait plus tard étonner l'Italie. Il paraissait au contraire peu favorisé, sous ce rapport, par la nature ; il avait à lutter contre les défauts d'un organe faible et dur à la fois, contre un geste disgracieux, et une faiblesse physique produite par une abstinence trop sévère. On admirait l'érudition du professeur de philosophie (c'était l'emploi dont ses supérieurs l'avaient investi), mais ses prédications étaient peu suivies. Ayant fait un premier voyage à Florence, il avait eu si peu de succès, que le nombre de ses auditeurs n'avait jamais dépassé vingt-cinq. Dégoûté par tant de revers, il songea lui-même à renoncer à la chaire et à se consacrer exclusivement à l'interprétation des saintes écritures : beaucoup de gens le lui conseillaient, et il annonça publiquement sa résolution.

Cependant il avait eu déjà des révélations ; il se sentait animé d'un esprit prophétique ; une voix secrète lui disait qu'il était le réformateur de l'église, et qu'à lui appartenait la gloire de laver les souillures du monde chrétien. Prêchant à Brescia, en 1484, sur l'Apocalypse, il avait prédit à l'Italie de grandes calamités, en châtiment de ses vices, et à la ville de Brescia, en particulier, une catastrophe effroyable. Ces terribles menaces parurent s'accomplir dans l'expédition de Charles VIII, et dans le sac de Brescia, arrivé quelques années plus tard.

---

[1] Il paraît que l'esprit de réforme et d'opposition était héréditaire dans la famille ; cet aïeul de Jérôme, le docteur Jean-Michel Savonarola, avait écrit contre Averroës, le grand-maître des écoles d'alors ; il avait osé déclarer qu'il n'avait pas de confiance en ses préceptes. C'était pour le temps une hardiesse singulière, et l'on dut en parler comme d'un affreux scandale.

Des prodiges semblaient appuyer les prédictions du moine inspiré, et donnaient de l'autorité à ses paroles. Une nuit de Noël, il était resté en extase durant cinq heures, le visage resplendissant d'une lumière surnaturelle qui avait éclairé toute l'église ; une autre fois, des prêtres avaient vu son front flambloyer pendant qu'il officiait, ce qui l'avait obligé d'officier depuis dans des lieux solitaires, et seulement en présence des frères. Des religieuses, possédées du démon, avaient imploré sa protection, et d'un mot il avait réduit au silence l'esprit malin. Un ange lui était apparu deux fois ; la première pour le secourir dans un voyage où il était près de périr de fatigue et de faim ; la seconde pour lui prédire l'avenir.

Le bruit de ces prodiges habilement propagés par les religieux de l'ordre, avait donné une grande renommée au nom de Savonarola, longtemps avant qu'il reparût à Florence. Cette seconde fois il y venait, appelé par Laurent de Médicis, sur la recommandation de Pic de la Mirandole qui l'avait entendu professer en Lombardie, et qui avait été frappé de sa vaste érudition. Ainsi il ne venait point en prophète, il venait en simple théologien. Toutefois, son arrivée avait été annoncée d'avance, et des miracles l'avaient accompagnée ; des femmes avaient eu la révélation de sa destinée extraordinaire ; un prêtre de la cathédrale, Prosper Pitti, qui avait, lui aussi, la réputation de prophète, et qui avait annoncé, comme Savonarola, une calamité pour l'Italie et une réforme dans l'église, avait été, pour ainsi dire, son précurseur et comme le Jean-Baptiste de ce nouveau Rédempteur. Il se trouvait au nombre de ses auditeurs, la première fois qu'il reparut en chaire, et au moment où le prédicateur prononçait ces paroles menaçantes : *Gladius Domini super terram citò et velociter*, Pitti baissa la tête, et se tournant vers ses voisins : « Voici, dit-il, le prophète que je vous annonce depuis dix ans. »

Les Florentins qui avaient été si choqués des débuts de Savonarola, durent être bien surpris lorsqu'ils l'entendirent à sa seconde apparition. Ce n'était plus le même homme : la force du génie et la volonté avaient triomphé de tous les obstacles que la nature avait opposés au développement de son éloquence : il avait vaincu dans la retraite les résistances de son organisation, et conquis tout ce qu'il lui manquait. La confiance, d'ailleurs, lui était venue avec la réputation, et de même que rien ne nuit plus au succès que

le doute, rien aussi ne le favorise autant que la foi en soi-même. Cette faculté, qui, le plus souvent, est naturelle, mais qui peut aussi s'acquérir, est la condition première de toute œuvre forte et puissante. La voix de Savonarola était devenue harmonieuse, sa déclamation noble, son geste imposant et gracieux tour-à-tour. Frappé lui-même d'une révolution si complète, et craignant de s'enorgueillir de ses progrès, il en fit honneur au ciel, et par humilité chrétienne, il regarda sa métamorphose comme un premier miracle qui prouvait sa mission divine.

Ses biographes contemporains nous ont laissé de sa personne un portrait qui n'est pas flatté [1], et qui prouve que les avantages extérieurs ne venaient pas chez lui à l'appui de l'éloquence. Il était d'une taille petite, son teint et ses cils étaient roux ; son front haut et proéminent s'était plissé de bonne heure, et il était sillonné de nombreuses rides ; il avait les yeux bleus, le nez aquilin, les joues pleines et la lèvre inférieure un peu grosse et avancée, ce qui ne lui messeyait pas et donnait à sa physionomie un air de domination ; ses doigts étaient longs et fins, et ses mains si maigres qu'on voyait le jour à travers. Il alliait à une attitude grave et fière une urbanité humble qui ne manquait ni de grâce, ni d'élégance, et qui lui conciliait les masses.

Le père Jérôme commença à prêcher devant le jardin du couvent de Saint-Marc, à l'ombre d'un rosier en fleurs. Destinées d'abord aux seuls frères, ses prédications attirèrent bientôt la foule : ce n'étaient plus les vingt-cinq auditeurs mécontents de ses premiers sermons ; le concours devint si grand qu'on le pressa de parler dans l'église : il y consentit, en annonçant qu'il ne prêcherait pas plus de huit ans, prophétie que l'évènement justifia. Il parla dans l'église avec un succès prodigieux : la multitude ne se lassait pas de l'entendre ; on ne parlait plus que de lui dans la ville.

Il renouvela ses terribles prophéties de Brescia : « Un homme, disait-il, passera les monts, à l'exemple de Cyrus ; il marchera en Italie, il s'en emparera en peu de jours, sans tirer l'épée. » On ne pouvait annoncer d'une manière plus précise et plus claire

[1] Le portrait qui accompagne cette livraison est tiré d'une collection de portraits originaux représentant les plus grands hommes d'Europe depuis le moyen-âge jusqu'au 16ᵉ ou 17ᵉ siècle. Cette galerie historique appartenait à la Sorbonne, d'où, à la révolution, elle passa aux archives. Elle vient d'être transportée de là au Musée de Versailles.

l'arrivée du roi de France, et il ajoutait, en s'adressant aux Florentins : « Ne bâtissez pas de forteresses, car elles vous seraient inutiles, elles seraient prises sans effort. »

Nommé prieur de Saint-Marc, il aimait le cloître et vivait familièrement avec les frères, disant qu'il s'inspirait bien au milieu d'eux : il leur lisait lui-même la bible, et leur proposait des questions de théologie ; il présidait à leurs divertissements et se plaisait même à en inventer de nouveaux. Tantôt il leur faisait chanter des cantiques, tantôt il les faisait danser ; d'autres fois il faisait représenter Jésus-Christ par un novice, ordonnant aux autres de se ranger autour de lui et de l'adorer. Rien ne fait mieux connaître les mœurs du temps que ces détails minutieux soigneusement consignés par les historiens contemporains.

La république de Florence était alors gouvernée, ou, pour mieux dire, usurpée par Laurent de Médicis : la liberté n'existait plus guère que de nom, et les Florentins se consolaient de l'avoir perdue en se plongeant dans les vices et dans la mollesse[1]. Savonarola joignait à une grande austérité de mœurs un sentiment profond de la justice et du droit. La liberté ne lui paraissait pas moins sacrée que la religion : il voulait que dans tout ce qui est l'ouvrage des hommes, l'intérêt des hommes fût seul consulté, et il regardait comme un bien mal acquis, presque comme un vol, tout empiètement de pouvoir. Laurent de Médicis était à ses yeux le détenteur illégitime de la propriété des Florentins : il l'attaqua sans ménagements et comme usurpateur et comme corrupteur des mœurs publiques.

Malgré ses invitations réitérées, il refusa constamment de le voir, afin de ne pas être censé avoir reconnu son autorité. Nommé prieur, il ne lui avait pas fait la visite d'usage. « Qui m'a élu prieur, répondit-il à ceux qui l'en blâmaient, est-ce Dieu, ou est-ce Laurent ? » Laurent lui-même étant venu au couvent, Savonarola n'alla point le recevoir, mettant sa gloire à fuir les hommes puissants et à les dédaigner.

[1] On trouvera dans le second volume de l'Histoire de Florence, par Mme Hortense Allart, qui va paraître, de nombreux détails sur ces derniers jours de la république expirante, et sur l'épisode dont nous n'avons fait qu'une esquisse imparfaite. Nous ne saurions mieux faire que d'y renvoyer, et nous saisissons avec empressement cette occasion de rendre hommage à la plume virile de Mme Allart et à un talent d'historien qu'il est rare de trouver dans une femme.

Laurent ne réussit jamais à triompher de son éloignement. Quatre ans entiers il fut témoin de ses efforts pour réformer l'état, mais il supporta cette hostilité déclarée, et respecta toujours les vertus de ce moine hautain, et son zèle ardent et pur ; il lui donna même, à son lit de mort, une preuve de respect qui les honore tous les deux. Etant alité, à sa terre de Careggi, et sentant sa fin approcher, il voulut se confesser au frère Jérôme, n'ayant, disait-il, trouvé d'autre homme religieux que lui. Savonarola refusa de se rendre auprès du malade. « Dites à Laurent, répondit-il, que je ne suis pas ce qu'il lui faut : nous ne serions pas d'accord, il est inutile de nous voir. »

Laurent l'ayant fait assurer de sa soumission, il consentit enfin à se rendre à son vœu, et il partit pour Careggi, accompagné par un des religieux de son couvent, auquel il prophétisa en chemin la mort prochaine de l'usurpateur. Laurent fut très ému à la vue de Savonarola : il s'attendrit beaucoup, et le reçut avec de grands témoignages de respect.

« — Je veux me confesser à toi, lui dit-il ; mais j'ai trois péchés dans ma vie qui me font douter de mon salut éternel, et me jettent dans le désespoir.

— Quels sont ces trois péchés ?

— Le premier est le sac de Volterre, où beaucoup de filles perdirent leur virginité, et où furent commises des abominations infinies. Le second péché est de n'avoir pas rendu plusieurs dots au Mont-de-Piété des filles, ce qui fait qu'un grand nombre se sont perdues faute de pouvoir se marier. Le troisième péché remonte à la conjuration des Pazzi, où périrent, comme coupables, une foule d'innocents.

— Laurent, ne vous abandonnez pas au désespoir, car Dieu est miséricordieux ; il le sera pour vous, si vous voulez observer les trois choses que je vais vous dire.

— Quelles sont ces trois choses ?

— La première est que vous ayez la conviction profonde que Dieu peut et veut vous pardonner.

— J'ai cette foi et elle est grande.

— Il faut ensuite restituer tout les biens mal acquis, et ne laisser à vos fils qu'une fortune égale à celle des simples citoyens. »

A ces mots Laurent resta pensif ; puis il dit : « — Cela aussi je le ferai. »

Alors le moine arrivant à la troisième chose : « — Enfin, dit-il, il faut rendre Florence à la liberté et au gouvernement républicain. »

Mais ici Laurent se retourna sans répondre ni vouloir écouter davantage, et Savonarola partit, le laissant sans autre confession.

Ce trait peint Savonarola tout entier. Exalté par la vie monastique et par la solitude, ce génie ardent, austère, unissait à l'orgueil du prêtre l'indépendance du tribun. Probe et rigide, il rêvait la sublime alliance du pouvoir et de la vertu. Le déréglement des mœurs l'indignait; la sévérité des siennes était exemplaire. Il était ambitieux, mais son ambition était légitime, vertueuse, car s'il cherchait sa gloire, c'était dans le triomphe de la justice. Humble devant Dieu, mais superbe avec les puissants du monde, il aimait la pauvreté qui le rapprochait du maître, réunissant ainsi dans sa personne tout ce qui séduit les masses, tout ce qui les entraîne. C'était un de ces hommes fortement trempés, une de ces natures grandes, absolues, sacerdotales, dans la rigueur du mot, dont l'église offrit tant d'exemples aux jours de sa puissance, et qui dans les siècles de croyances transporteraient des montagnes, comme dit l'Evangile, par la seule énergie de leur foi. Né plus tôt, et porté par sa destinée à la chaire de Saint-Pierre, Savonarola eût joué un rôle immense, et remué l'humanité jusque dans ses entrailles; vivant à une époque où le scepticisme et l'analyse minaient déjà les croyances, et jeté sur un théâtre borné, il fit tout ce qu'il pouvait faire, il tourna au profit de la liberté politique tout ce qui restait de foi dans les âmes : ne pouvant être Moïse, il fut Samuel.

Après la mort de Laurent de Médicis, le crédit de Savonarola ne fit qu'augmenter : chaque jour il renouvelait en chaire ses prophéties, il parlait au peuple, au nom du ciel, des calamités qui le menaçaient; il le suppliait de se convertir et de prévenir, par la pénitence, la ruine imminente de la république : il tonnait contre le luxe et l'immoralité, il prêchait la réforme de l'église en même temps que la réforme de l'état, et il ne ménageait pas plus les prélats que les chefs temporels.

Autant son imagination était brillante et enthousiaste, quand il défendait les intérêts du ciel, autant sa logique était serrée et rigoureuse quand il réglait ceux de la terre. Ses prédications portèrent leur fruit, et la réforme s'introduisit peu à peu dans les mœurs. Les citoyens témoignaient leur déférence et leur soumission par la modestie de leurs habits, de leurs discours, et les femmes de leur côté renonçaient aux joyaux précieux, à la recherche de la parure. La révolution morale était accomplie, la révolution politique devenait inévitable.

Pierre de Médicis avait hérité du crédit de son père Laurent, et lui avait succédé dans son usurpation : c'était un homme de plaisir qui abandonnait à des familiers cupides et incapables la direction des affaires. Son unique soin était de s'entourer de joueurs de paume, exercice où il excellait, et il étalait un luxe exagéré. Orgueilleux et despote, il offensait le peuple par l'arrogance de ses manières, et son début dans la carrière politique avait été une infraction aux constitutions de l'état. Il n'avait que vingt-un ans à la mort de son père; or, les lois fixaient à un âge beaucoup plus avancé l'aptitude politique des citoyens. Pierre avait profité de la lâche complaisance de la seigneurie tombée alors au dernier degré de l'avilissement pour se faire dispenser des conditions d'âge, et conférer toutes les magistratures de son père. Cette violation de l'égalité républicaine avait blessé les Florentins qui avaient vu là les avant-coureurs de la tyrannie.

On comprend quel champ vaste et fécond un pareil homme ouvrait au réformateur, et quelles armes puissantes il lui mettait dans la main. Savonarola en usa librement, et il poursuivit les vices du fils avec plus de violence et d'aigreur qu'il n'avait fait pour le père. Il allait d'autant plus loin dans ses attaques, qu'il se sentait appuyé par le peuple. Jamais ses prédications n'avaient été aussi courues : grossi de tous les mécontents qu'avait rebutés l'insolence de Médicis, son parti, qui était celui de la liberté et du peuple, croissait chaque jour en nombre et en puissance; il finit par triompher. Un soulèvement populaire éclata contre Pierre qui fut obligé de quitter Florence, et qui se retira à Bologne auprès de Jean Bentivoglio. La république florentine fut rétablie sur l'ancien pied, et le moine victorieux demeura l'arbitre souverain du nouveau gouvernement.

Quand la révolution fut consommée, il invita la seigneurie et le peuple à se rendre à son église d'où, cette fois, il avait exclu les femmes, et il prononça du haut de la chaire une harangue politique qui fit une impression profonde, et accrut encore davantage sa renommée et son crédit. Son discours était divisé en quatre parties : La crainte de Dieu, l'amour de la république, l'oubli des injures passées, l'égalité des droits. La harangue eut un plein succès. L'élection fut rendue au peuple, et une amnistie générale ne tarda pas pas à être proclamée.

Cependant cet homme menaçant qui devait passer les Alpes, les avait en effet passées. Charles VIII était en Italie : son approche avait servi les desseins de Savonarola, et contribué à l'exil des Médicis. Quand il fut sur le point d'entrer en Toscane, la seigneurie lui envoya des ambassadeurs ; le père Jérôme était du nombre. Ils joignirent le roi à Lucques ; mais n'ayant pu obtenir audience, ils furent obligés de le suivre à Pise, où ils furent admis en sa présence. Savonarola était chargé de porter la parole, et il s'adressa au conquérant avec ce ton d'autorité qu'il était habitué à prendre avec son auditoire. Ce n'était pas le député d'une république, c'était l'envoyé du ciel, le prophète qui avait annoncé la venue des Français, et qui venait exhorter le roi prédestiné à l'accomplissement de sa mission providentielle.

« Viens, lui dit-il, viens donc avec confiance, viens joyeux et triomphant, car celui qui t'envoie est celui même qui, pour notre salut, triompha sur le bois de la croix. Cependant écoute mes paroles, ô roi très-chrétien ! et grave-les dans ton cœur. Le serviteur de Dieu, auquel ces choses ont été révélées de la part de Dieu, t'avertit, toi, qui as été envoyé par sa majesté divine, qu'à son exemple tu aies à faire miséricorde en tous lieux, mais surtout dans sa ville de Florence, où, bien qu'il y ait beaucoup de péchés, il conserve aussi beaucoup de serviteurs fidèles, dans le siècle comme dans la religion. A cause d'eux, tu dois épargner la ville, afin qu'ils prient pour toi, et qu'ils te secondent dans tes expéditions. Le serviteur inutile qui te parle t'avertit encore au nom de Dieu, et t'exhorte à défendre de tout ton pouvoir l'innocence, les veuves, les pupilles, les malheureux, et surtout la pudeur des épouses du Christ qui sont dans les monastères, pour que tu ne sois point cause de la multiplication des péchés ; car par eux s'affaiblirait la grande puissance que Dieu t'a donnée. Enfin, pour la troisième fois, le serviteur de Dieu t'exhorte au nom de Dieu de pardonner les offenses. Si tu te crois offensé par le peuple florentin, ou par tout autre peuple, pardonne-leur, car ils ont péché par ignorance, ne sachant pas que tu étais l'envoyé de Dieu. Rappelle-toi ton sauveur qui, suspendu sur la croix, pardonna à ses meurtriers. Si tu fais toutes ces choses, ô roi ! Dieu étendra ton royaume temporel ; il te donnera en tous lieux la victoire, et finalement, il t'admettra dans son royaume éternel des cieux. »

Un tel langage dut singulièrement étonner le roi de France : le nom de Savonarola lui était à peine connu ; il ne vit en lui qu'un bon religieux. Son discours lui parut un sermon chrétien fort édifiant ; et, sans entrer en matière avec lui, il répondit laconiquement qu'à son arrivée à Florence, il arrangerait toutes choses pour le mieux. Ce n'est pas ce qu'il fit : il manqua à toutes ses promesses, et l'on sait les détails et le résultat de son aventureuse expédition. Savonarola ne persista pas moins à soutenir que pour n'avoir pas bien rempli sa tâche, Charles VIII n'en était pas moins l'envoyé de Dieu, et que Dieu lui-même le conduirait par la main et le tirerait de tous les dangers.

Toutefois, il ne lui épargna pas à lui-même les reproches et les remontrances. Comme le roi revenait de Naples et qu'il se disposait à repasser par Florence, il rencontra à Poggibonzi le frère Jérôme envoyé de nouveau par la république en ambassade auprès de lui. Parlant au nom du ciel, selon son usage, le moine reprocha au roi les désordres de son armée, la violation de ses serments, son indifférence à réformer l'église, œuvre pour laquelle Dieu l'avait appelé en Italie. Il l'avertit que s'il ne se repentait pas et ne changeait pas de conduite, Dieu ne tarderait pas à le punir d'une manière sévère, menace dont on crut voir plus tard l'accomplissement dans la mort du dauphin. Quoiqu'il en soit, Charles fut si troublé de ces prophéties qu'il abandonna la route de Florence et se rendit à Pise directement.

Florence présentait alors le singulier spectacle d'une république se gouvernant non selon les calculs de la politique humaine, mais d'après les révélations qu'elle croyait recevoir directement du ciel, par la voix de son tribun sacré. On vit le même phénomène se reproduire, cinquante ans plus tard, dans la république de Genève. Il existe entre Calvin et Savonarola une singulière analogie de position, sinon de caractère. Tous deux animés du génie théocratique, ils associaient tous deux la religion et la politique, et menaient les affaires publiques du haut de la chaire. Mais entraîné par l'ardeur de son imagination méridionale, le moine italien croyait être en communication immédiate avec Dieu ; il bornait sa réforme à la purification de l'église et des mœurs publiques ; il ne soumettait point à l'examen, comme le réformateur français, l'ensemble même de la religion, et jamais il ne songea à introduire dans la foi aucune variation. La nature même de son enthousiasme lui interdisait de s'attaquer au dogme, car le dogme faisait toute sa force; il ne parlait pas au nom de la logique ou de la raison, il en appelait aux convictions établies, aux croyances antiques.

Son respect pour le dogme ne le préserva pas de la colère de Rome. Le trône de saint Pierre était alors occupé par l'homme le moins fait pour comprendre l'enthousiasme religieux et l'amour du bien public : cet homme était Alexandre VI. Indigné des scandales et des crimes de toute cette sanglante famille des Borgia, Savonarola avait dénoncé à la chrétienté ces effroyables débordements. Le pape, inquiet pour son trône, somma l'audacieux prédicateur de comparaître devant lui pour rendre compte de sa foi. Sur son refus, il menaça de l'excommunier comme hérétique, et de mettre la république en interdit.

Les Florentins firent révoquer plusieurs fois la citation; ils mirent beaucoup de zèle et d'ardeur à défendre leur tribun. Il dut cependant se tenir éloigné de la chaire pendant quelques temps. Son disciple et son ami, frère Dominique de Pescia, prêchait à sa place, et, animé du même zèle, il l'égalait presqu'en éloquence. Mais le maître perdit patience; il secoua l'excommunication dont le pape avait fini par le frapper, et remonta en chaire le jour de Noël 1487 : il célébra publiquement la messe dans son église, communia avec ses moines, et recommença ses prédications dans la cathédrale. Le concours fut si grand qu'on fut obligé d'y construire de vastes galeries pour doubler le nombre des places. Le vicaire archiépiscopal reçut l'ordre de quitter la ville sous deux heures, pour avoir publié un mandement contre lui et contre les fidèles qui suivaient ses prédications.

Jamais l'autorité de Savonarola n'avait été si grande : on en vit une preuve singulière au carême de l'année suivante. Des bandes d'enfants enrôlés par lui allaient de maison en maison, demandant qu'on leur remît, sous peine d'excommunication, tous les livres et les peintures déshonnêtes, tous les instruments de musique, les cartes et les dés à jouer, les faux cheveux, le musc, les parfums, tous les objets de toilette des femmes : ils portèrent tout cela sur la place publique; ils en formèrent un immense bûcher, et ils y mirent le feu en chantant des psaumes et des hymnes. Une semblable expédition avait déjà eu lieu l'année précédente, et le plus grand nombre des exemplaires de Boccace, du *Morgante Maggiore*, même de Dante et de Pétrarque, avaient été la proie des flammes.

C'était là comme les dernières clartés d'un flambeau prêt à s'éteindre : la carrière politique du moine touchait à son terme. Indépendamment des partisans des Médicis qui, sous le nom de *Bigi*, gris, formaient une faction occulte, mais puissante, Florence était alors divisée en deux grands partis. Le premier et le plus considérable, autant par l'importance des familles et le nombre des citoyens qui y étaient attachés, que par leur désintéressement et leur probité, était sous l'influence immédiate du père Jérôme. Les hommes de ce parti étaient sincèrement attachés aux intérêts populaires, et ils se distinguaient par la rigidité de leurs mœurs et leur amour des réformes, ce qui les avait fait désigner sous le nom de *Piagnoni*, pénitents.

Le parti contraire aspirait à une étroite oligarchie, et il comptait au nombre de ses auxiliaires tous les jeunes gens de famille que l'austérité républicaine et la réforme des mœurs gênaient dans leurs plaisirs. Ils soupçonnaient d'hypocrisie et de fraude des hommes qui les entretenaient sans cesse de prophéties, de miracles et de mortifications, et ils ne voulaient pas d'une liberté qui les forçait à changer de vie; ils se donnaient à eux-mêmes le nom d'*Arrabbiati*, enragés, qui est resté au parti. C'était la jeunesse dorée du Directoire, la société de *Jésus* et du *Soleil*.

Mais ce n'était pas là les seuls ennemis qui conspiraient la ruine de Savonarola : une partie du clergé l'attaquait publiquement. Excités par les prêtres, les *Arrabiati* l'avaient outragé grossièrement, en plaçant dans sa chaire un âne empaillé. Cette pasquinade insultante produisit un tumulte où Savonarola avait failli perdre la vie; mais il s'était relevé de cet échec, et avait reconquis toute son autorité. Les moines augustins se montraient plus haineux et plus acharnés que les autres. Animés par une jalousie de corps contre l'ordre de Saint-Dominique, ils servaient aveuglément le pape dans son désir de vengeance, et dénonçaient comme hérétique le réformateur dominicain. Vingt ans plus tard, les Dominicains prenaient leur revanche et s'armaient à leur tour contre Luther, réformateur augustin.

Sur ces entrefaites, on avait découvert à Florence un complot en faveur des Médicis. Les conjurés condamnés à mort en avaient appelé au peuple. Quoique Savonarola eût lui-même laissé cet appel ouvert dans les sentences capitales, il crut devoir l'interdire pour les délits politiques, dans la crainte que la délibération ne dégénérât dans ce cas en guerre civile. L'appel au peuple fut donc rejeté et la sentence exécutée. Cet évènement fit un tort énorme à Savonarola dans l'opinion publique. On se rappelait ses premiers discours, les sentiments de clémence dont ils étaient animés, l'amnistie qu'il avait réclamée avec tant d'ardeur. On l'accusait d'avoir, le premier, violé les lois protectrices de la liberté; on lui reprochait d'être aussi mauvais chrétien qu'il avait été mauvais prophète, et on lui demandait quand viendraient enfin ces secours miraculeux qu'il promettait depuis si long-temps à la république.

Habile à profiter du mécontentement, la cour de Rome n'était que plus ardente à poursuivre le réformateur; elle fit alliance avec tous ses ennemis, et elle envoya, pour lui faire tête, un mineur observantin, nommé François de Pouille. Le nouveau venu dressa autel contre autel; il s'établit dans l'église de Sainte-Croix, et se mit à attaquer avec une fureur inouïe l'hérésiarque obstiné qui corrompait la république. Quelques années plus tôt, le frère François eût été lapidé, mais le vent populaire avait tourné. Effrayés par les menaces, les Florentins interdirent la chaire à Savonarola, qui prit congé de son auditoire dans un discours noble et hardi. François de Pouille ne s'en tint pas à ce premier triomphe; il en appela au jugement de Dieu, pour confondre l'imposteur, et il proposa à son adversaire d'entrer avec lui dans un bûcher ardent. « Je suis sûr d'y périr, disait-il, mais la charité chrétienne m'enseigne à ne point estimer ma vie, si, à ce prix, je puis délivrer l'église d'un hérésiarque qui a déjà entraîné et qui entraînera encore tant d'âmes dans la damnation éternelle. »

Savonarola craignait un piège; mais plus ardent encore, plus enthousiaste que lui, son disciple Dominique de Pescia déclara qu'il était prêt à subir l'épreuve du feu, pour prouver la sincérité de son maître et sa mission divine. La multitude accueillit avec ardeur ce terrible défi. Le frère François déclara qu'il n'entrerait dans le bûcher qu'avec Savonarola lui-même. Mais il ne manqua pas parmi les Franciscains de fanatiques qui aspirèrent à l'honneur de le rempla-

cer; ce fut des deux côtés une émulation incroyable. Ecclésiastiques et laïques, tout le monde voulait partager l'épreuve; il n'est pas jusqu'aux enfants et aux femmes qui ne sollicitassent la préférence. La seigneurie borna à deux le nombre des champions : frère Dominique devait représenter les Dominicains, et frère André Rondinelli les Franciscains. Dix citoyens, cinq de chaque parti, furent nommés pour régler les détails de la cérémonie, fixée au 7 avril 1498.

Ce jour-là, un vaste bûcher fut dressé sur la place du palais; il était couvert de terre et de briques, de manière à être préservé de la violence du feu; on avait entassé sur cet échafaud de grosses pièces de bois entremêlées de fagots et de bruyères faciles à enflammer. Un passage de deux pieds était réservé dans toute la longueur du bûcher entre les deux rangées de combustible; la vue seule en était effrayante. Les deux moines devaient traverser ce corridor embrasé. Les Franciscains se rendirent sans bruit sur le lieu de l'épreuve. Mais Savonarola y arriva couvert des habits sacerdotaux, et portant le sacrement dans un tabernacle de cristal. Frère Dominique était armé d'un crucifix, et tous les religieux de Saint-Marc suivaient, en psalmodiant : chacun tenait une croix rouge à la main. Après eux venait une foule de citoyens portant des torches allumées, quoiqu'il fût encore grand jour. Le concours était immense. Toute la population de la ville et des environs s'était donné rendez-vous sur la place; les toits même des maisons étaient couverts de spectateurs.

Cependant la terrible épreuve était retardée par les difficultés sans nombre que suscitaient les Franciscains. Peut-être, disaient-ils, le père Dominicain est-il un enchanteur, et porte-t-il sur lui quelque sortilège. Ils l'obligèrent en conséquence à subir une visite humiliante, et à changer d'habit. Comme il se disposait à entrer dans le bûcher avec le sacrement, les Franciscains crièrent à l'impiété : c'était exposer l'hostie à être brûlée : et quel sacrilège, quel scandale pour les fidèles; mais sur ce point, Savonarola fut inflexible. La discussion se prolongeant, le peuple commença à perdre patience, et son enthousiasme se changea en mépris. Enfin, comme la nuit approchait, une pluie violente inonda le bûcher, la place, les spectateurs, et força la seigneurie à congédier l'assemblée.

Cette burlesque péripétie acheva de perdre Savonarola. Puisqu'il était si sûr que le ciel serait un miracle en sa faveur, il devait, disait-on, se montrer plus accommodant sur toutes les demandes de son adversaire. Il eut beau monter immédiatement en chaire, et raconter à la foule ce qui s'était passé, le prestige était détruit, l'insulte avait succédé à la vénération. Le moment était venu pour les *Arrabbiati* d'assouvir sur lui leur vengeance, et de lui porter le dernier coup. Ils ameutèrent la populace, toujours si mobile, si entraînable : ils s'attroupèrent dans la cathédrale au milieu des vêpres, en criant : Aux armes, et une multitude effrénée les suivit au couvent de Saint-Marc qui fut attaqué avec des haches et des torches enflammées. C'était le le dimanche des Rameaux. Savonarola était en chaire, prenant congé pour la dernière fois de son auditoire, et lui annonçant, en termes touchants et convaincus, que sa mission était finie, et qu'il s'offrait en sacrifice à Dieu. Une congrégation nombreuse assistait au service divin, et se défendit quelque temps, quoique sans armes. Mais lorsque les portes furent brûlées, on fut obligé de capituler. Savonarola fut arrêté avec ses deux plus chers disciples, le frère Dominique de Pescia et Silvestro Marufli, et tous les trois furent conduits en prison au milieu des outrages de la populace.

Ce dénouement tragique lui avait été prédit par Machiavel : — Frère Jérôme, lui avait-il dit, un jour qu'il prêchait contre les puissances, croyez-moi, il n'est prudent de jouer à ce jeu-là qu'autant qu'on a derrière soi, pour soutenir sa prédication, cent mille hommes de bonnes troupes.

Les *Arrabbiati* triomphaient, leur victoire fut féroce; toute la nuit se passa en massacres et en pillage. Les principaux chefs du parti des *Piagnoni* furent tués et leurs maisons incendiées. Les magistratures de la république passèrent en de nouvelles mains ; tous ceux qui les avaient exercées jusqu'alors furent déposés, ou proscrits. Et afin que la réaction fût complète, le nouveau gouvernement mit autant de soins à encourager les jeux, les vices et les plaisirs, que l'ancien en avait mis à les réprimer.

Le jour même de l'insurrection, un courrier avait été expédié au pape Alexandre VI qui avait incontinent dépêché à Florence deux juges ecclésiastiques pour faire le procès de Savonarola. La condamnation était prononcée d'avance. On débuta par la torture. Jérôme, qui était d'une constitution faible et délicate, avoua,

au milieu des tourments, que ses prophéties n'étaient que de simples conjectures : mais à peine les tortures avaient-elles cessé qu'il se rétractait pour céder encore à la force de la douleur. Ces horribles alternatives durèrent long-temps. Rentré dans sa prison, le malheureux prêtre composait, dans ses heures de solitude, un commentaire du *Miserere ;* il avait laissé ce psaume de côté, à l'époque où il commentait les autres, disant qu'il réservait celui-là pour le temps de ses propres calamités.

Il fut condamné à mort comme imposteur, hérétique, schismatique, persécuteur de l'église et séducteur des peuples. Le 23 mai 1498, un nouveau bûcher fut élevé sur la même place où l'autre l'avait été le mois précédent. Savonarola y fut attaché entre ses deux disciples; lorsque l'évêque Pagagnotti déclara qu'il les séparait de l'Eglise : « De la militante, répondit le martyr, » donnant à entendre qu'il entrait dès-lors dans l'Eglise triomphante. Il ne dit plus rien, et attendit la mort avec constance. Le feu fut mis au bûcher par un de ses ennemis, dont la féroce impatience prévint l'office du bourreau. Des ordres sévères avaient été donnés par la seigneurie pour recueillir les cendres des trois suppliciés et les jeter dans l'Arno. Cependant quelques reliques furent sauvées par les soldats mêmes qui gardaient la place, et se sont conservées à Florence jusqu'à ce jour. On montre encore sa cellule dans le couvent de Saint-Marc.

Victime de la mobilité passionnée des masses, Savonarola ne fut ni un imposteur, ni un prophète, mais un enthousiaste et un homme de bien. Dupe de ses propres convictions, il prenait ses nobles désirs pour des inspirations du ciel, ses espérances pour des prévisions. Débris solitaire et dernier survivant des jours de sainteté, il ne se trouvait pas en harmonie avec un siècle de violence et de corruption; l'horreur du mal, dont il était le témoin, fut la source de son enthousiasme, et le secret de sa puissance. Mais cette puissance était pleine de périls, et condamnée à durer peu : fondée sur les instincts vrais, mais changeants du peuple, elle était soumise, par cela même, à de nombreuses vicissitudes et à des péripéties inattendues. Quelque rigoureuse qu'ait été sa destinée, sa mémoire est restée pure, son nom révéré : il a pris place au rang des martyrs que l'Italie future réserve au Panthéon, car il souffrit pour la justice, et mourut pour la vérité.   CHARLES DIDIER.

JOSEPH RIBERA.
DIT L'ESPAGNOLET.

JOSEPH RIBERA.

Un jour de l'année 1610 ou 12, un cardinal, en se promenant à Rome, rencontra un jeune homme de quinze ans, maigre et mal vêtu qui copiait la fresque d'une façade de palais et dessinait assis au coin d'une borne, de cet air moitié triste, moitié insouciant qu'ont les enfants du peuple, ces malheureux qui ne savent pas encore ce que c'est que la misère, mais qui la devinent. Il regarda et fut frappé de ce qu'il y avait d'audace dans les esquisses de ce *vagabond*. Touché aussi de sa pauvreté, le voyant si jeune et si déguenillé, il lui parla, en reçut des réponses assez dédaigneuses, et quand il finit par offrir son palais pour asile, l'autre dit qu'il voulait bien, à condition qu'il aurait tout son temps pour étudier comme il lui plairait; le bon prêtre se soumit aux lois qu'imposait l'enfant, tant la chose l'intéressait et l'apitoyait à la fois, et ils rentrèrent ensemble. Ce jeune homme, recueilli par la charité d'un cardinal, était venu à Rome depuis peu, il suivait les leçons gratuites de l'académie, et quoique dans la dernière misère, il persistait à dessiner plutôt que de prendre un métier. Chétif comme il était, on ne l'aurait pas cru susceptible d'un pareil genre de vie, elle paraissait cependant lui être facile; seul, sans aide, sans parents, sans gîte, sans relation aucune, il couchait sous la voûte du ciel, se nourrissait des restes de ceux qui fréquentaient l'école avec lui, rêvait souvent, et dessinait à sa fantaisie. L'état de maison d'un cardinal devait avoir des charmes pour un pareil enfant; le voilà qui se plonge dans la bonne chair, il boit, il mange, il jouit abondamment du présent comme il avait supporté le passé; il est trop jeune pour s'en rendre compte; mais bientôt il s'aperçoit qu'il ne dessine plus, qu'il néglige ses études, et que la paresse l'envahit; cette abondance, au lieu de le stimuler, le jette dans la mollesse; alors incapable, avec ses passions extrêmes, de concilier le travail et le bien-être, il quitte le palais, il gagne de nouveau la rue, où il retrouve et la solitude et l'ardeur au travail et les croûtes que laissent tomber ses camarades de l'académie.

Ce jeune homme s'appelait Jose Ribera.

L'Italie a voulu le disputer à l'Espagne. Les Napolitains prétendirent long-temps qu'il était né de parents espagnols, à Gallipoli, village des environs de Lecce. Nous ne tenons, pour notre compte, que médiocrement au lieu de la naissance des grands hommes, nous ne voulons y voir que les fils de la grande famille humaine, cependant, puisque c'est encore un honneur revendiqué par les groupes de maisons qu'on appelle bourgs et villes, disons que Jose Ribera vit le jour en 1593, à Xativa, aujourd'hui Saint-Philippe, village du royaume de Valence : on y a relevé son extrait de naissance. Pour confirmer ce point, nous ne rappellerons pas que Ribera signait tous ses tableaux Giuseppe Ribera *espanól*[1], car il vivait à Naples sous la domination de Philippe IV, et l'on concevrait qu'il eût employé ce moyen pour se faire mieux venir du gouvernement; mais un fait qui semble ne devoir laisser aucun doute à cet égard, est le surnom de *Spagnoletto*, le petit Espagnol, que ses camarades italiens lui donnèrent à l'école, et auquel il fit assez d'honneur pour le conserver toute sa vie.

Il faut répéter pour Ribera ce que nous avons dit pour les autres; son aptitude au dessin se manifesta dès la plus tendre enfance, et ses parents le mirent chez Francesco Ribalta, peintre de Valence. Son père ayant été envoyé plus tard à Naples, l'emmena avec lui, et il paraît certain qu'il étudia en 1606 à l'atelier du Caravagge au moment où celui-ci, fuyant de Rome pour un meurtre, trouva refuge dans cette ville avant de s'embarquer pour Malte. Une fois le Caravagge parti, le jeune Ribera, à côté duquel on ne voit plus dans l'histoire ni père ni mère, s'en vint gaillardement à Rome, l'âme de l'Italie, et nous avons vu, en commençant, le train qu'il y menait. Alors il allait par la ville, copiant tout ce qu'il rencontrait, ne s'astreignant à aucune loi de l'école, et poursuivant le

[1] Il existe de l'Espagnolet une *Conception* qu'il fit pour les religieuses de Monte rey, et qui est signée en toutes lettres Jusepe de Ribera Espanol Valenciano fecit 1635.

but qu'il s'était donné avec une énergie rare à trouver dans un pareil âge, et qui pouvait faire prévoir ce qu'il serait un jour. Il travaillait surtout d'après les fresques de Raphaël; mais ayant vu quelques ouvrages du Corrège, il s'en éprit avec une telle passion qu'il courut à Parme et à Modène, où toujours libre et pauvre il copia l'œuvre presqu'entière du peintre angélique. Il est fort à remarquer, et nous ne saurions trop insister sur ce point, que l'on ne voit pas un de ces hommes qui n'ait commencé par copier et recopier long-temps les ouvrages des maîtres ses prédécesseurs. C'est en copiant qu'on acquiert l'intelligence de toutes les difficultés de l'art, qu'on devient sévère pour soi-même, et qu'on se garde d'une facilité dangereuse.

Les études nécessaires étaient terminées : avec l'âge venaient l'ambition et la vanité. Le jeune homme avait déjà décidé ce qu'il voulait, joignant la fierté du coloris et la force d'expression du Caravagge à la suavité du Corrège, il s'était formé une manière à lui; il allait au Caravagge par inclination naturelle, mais il l'adoucissait par raisonnement. Il jugea que de suffisantes préparations l'avaient mis à même d'atteindre son but, et que le temps de se produire était venu; malgré tout, il ne voulait rester ni à Parme ni à Modène, dont les écoles avaient perdu de leur gloire : c'était un garçon d'une tête ferme et solide qui se montait du premier coup aux grands partis. Il songea d'abord à Rome, mais toutes les places y étaient prises par des artistes d'un grand mérite ou des intrigants d'un grand crédit; il se retourna donc vers Naples où il comptait que sa qualité d'Espagnol le pourrait servir.

Nous voyons toujours les maîtres fort embarrassés dans les commencements pour percer la foule des médiocres qui leur barrent le chemin.

A Naples, la misère ne parut pas d'abord vouloir quitter Ribera; il fut forcé de se mettre aux gages d'un marchand de tableaux qui l'employait à réparer de vieilles toiles. Ce marchand, chez lequel il logeait, avait une fille belle et remplie de simplicité de cœur; les deux jeunes gens se plurent, et le père, dont Joseph s'était fait aimer par la dignité de son caractère et l'austérité de ses mœurs, consentit au mariage. Plus Joseph se trouvait heureux d'une telle union, plus il sentait le besoin de s'honorer et de se grandir aux yeux de sa femme; il s'indignait de ne voir pas les travaux et la ré-

putation lui venir, et ne pouvant rester plus long-temps en cet état précaire, il résolut de frapper un coup décisif. Comme Salvator Rosa, il prend son meilleur tableau et l'expose sur la place publique, au grand soleil; il lutte audacieusement avec la pleine lumière du ciel : c'était un *saint Barthelemy écorché*. Tout le monde s'émerveilla des qualités de force et de vérité que révélait cet ouvrage; on s'amassa pour le voir, plusieurs peintres lui firent l'honneur de le critiquer. Le vice-roi, Pierre Giron, duc d'Ossuna, ayant vu la chose de son balcon, s'informa de ce que c'était, fit apporter le tableau et venir l'artiste, puis, comme celui-ci avait eu l'adresse de signer Ribera español, il acheta la toile, et peu de jours après nomma l'auteur *peintre du vice-roi*.

D'un seul coup la fortune de Ribera se trouva faite. Le talent ne suffit pas, il faut encore que le hasard de la faveur vous prenne sous sa protection. Au titre de peintre du vice-roi, étaient attachées une provision mensuelle considérable, et la surintendance de tout ce qui se pouvait faire de peinture, sculpture et gravure pour le palais. L'Espagnolet devint l'arbitre de ce qu'on appelle l'école de Naples, et il ne s'offrit rien de considérable qu'il n'en fût chargé. Les jésuites l'employèrent presqu'aussitôt dans leur collége de Saint-Xavier et dans celui de Jesu Nuevo. Belisario Corenzio et Caraccivolo avaient bien dans la ville autant de renom que lui; mais la faveur du prince donnait en quelque sorte à son talent la consécration du temps. C'est encore ainsi aujourd'hui; et comme aujourd'hui encore, les autres artistes lui vinrent faire leur cour et envoyèrent des présents pour obtenir ses bonnes grâces; mais ce qui est plus rare en tout temps, c'est que Ribera supporta parfaitement sa fortune subite, et de même qu'il s'était toujours montré fort ambitieux et fort orgueilleux dans la misère, de même il entra d'un air fort aisé dans la prospérité.

Sitôt qu'il eut pris possession de sa nouvelle charge, il commença les travaux qui grossirent son nom; il peignit à la chapelle royale, à l'église de la Trinité, à celle des Chartreux, pour lesquelles il exécuta la *Descente de Croix*; il fit beaucoup de tableaux que le vice-roi envoyait en Espagne à Philippe IV, comme de riches présents : tous les biens lui arrivèrent à la fois, la gloire, l'or et les honneurs; l'académie de Saint-Luc l'appela dans ses rangs; enfin le pape lui envoya, vers 1644, le fameux hochet des artistes, il le nomma chevalier du Christ. — Ainsi, à chaque pas, une nouvelle preuve que la société, dans les petites comme dans les grandes choses, procède éternellement d'une façon pareille. L'humanité progresse matériellement, mais les passions de l'individu restent au fond les mêmes; nous roulons dans un cercle. La civilisation a changé; quelques lois ont influencé la direction de quelques idées; mais il n'est pas jusqu'aux plus minces arrangements de notre vanité qui ne se reproduisent dans une forme identique. Au seizième et au dix-septième siècles, on nomme chevaliers du Christ l'Albane, le Guide, le Guerchin, Ribera, l'Arpino, Pomarancio et mille autres, comme au dix-neuvième on nomme barons Gros, M. Bosio et M. Gerard. L'ordre du Christ est un joujou spécialement réservé à satisfaire l'esprit mauvais des artistes de la renaissance, comme ce grotesque titre de baron celui de nos contemporains. Il y a aussi toujours des catégories, des distinctions dans les distinctions. Ceux qui se chargent de tromper les hommes pour les gouverner ont, à toute époque, des grâces plus grandes pour le mérite militaire qui sert plus efficacement leurs ambitions. On fait baron l'illustre Larrey, mais on fait comte ou duc le plus chétif général qui a donné un bon coup de sabre. De nos jours, comme il y a cinq cents ans, comme il y a deux mille ans, lorsqu'on élève un arc de triomphe, ce n'est point au bien public, à l'égalité, aux vertus civiques, ce n'est pas à la délivrance du peuple, à la grande idée d'émancipation générale qui vient de présider aux quarante dernières années, c'est à la guerre, c'est à la gloire du soldat; comme si la guerre avait été autre chose qu'un des agents par lesquels le peuple ou les plébéiens ont consacré leurs droits à la liberté, leurs droits à tous les droits de l'homme.

Joseph Ribera était donc devenu le chevalier Ribera. Lorsque ce pauvre garçon, qu'un cardinal ramassait par pitié dans la rue, lorsqu'*il Spagnoletto* le petit Espagnol se vit dans la grande position que son talent lui avait faite, il monta une maison superbe, prit des domestiques, des chevaux et un carrosse; il fit couvrir ses murs de soie et de cuir doré; il acheta de riches habits et des bijoux pour sa femme et ses deux filles qu'il adorait; il attacha à leurs personnes un écuyer dont elles se faisaient accompagner quand elles voulaient sortir, et puis cela bien établi, il s'en alla chaque matin à son atelier ou à quelqu'église travailler jusqu'au soir, heureux de laisser cette noble existence de luxe aux trois êtres qu'il chérissait. Le goût qui entraîne la plupart des peintres, et surtout des coloristes, vers le faste et la magnificence, est quelque chose d'assez remarquable pour n'avoir point échappé au lecteur. Sitôt qu'ils ont de l'argent, on les voit se revêtir d'or et de velours. Il semble qu'il y ait affinité entre le luxe et un artiste. L'état de maison de Ribera ne nuisait en rien à ses travaux; il était infatigable, et il se laissait si souvent entraîner par son ardeur, qu'un élève était, dit-on, chargé de lui dire : « Seigneur Ribera, vous travaillez depuis tant d'heures. » A la chûte du jour, il rentrait chez lui, et là, au milieu de sa famille, il recevait ceux qui venaient faire visite, et, tout en causant, il avait coutume de dessiner ce qu'il voulait peindre le lendemain, ou de composer quelqu'eau forte.

Ribera était petit de corps, mais il y avait sur son visage, d'un teint jaune-brun, un caractère imposant de fermeté; il tenait la tête droite, parlait lentement, et ses gestes gardaient beaucoup de gravité. Doué de cette décision de caractère et d'esprit, qui est le propre des grandes âmes, rien de l'extérieur n'avait prise sur lui qu'en raison des lois qu'il s'était faites, il analisait en lui-même tout ce qu'il voyait et entendait. Depuis son enfance jusqu'au dernier jour on ne le voit pas tergiverser : ses mœurs, son talent, son existence entière et sa mort, tout cela est d'une seule pièce, compacte et serrée. Résolu et passionné à la fois, il était, comme il arrive aux natures de cette trempe, entier dans ses opinions, tranchant et orgueilleux; mais son orgueil était une vertu qui entretenait en lui le sentiment d'une dignité bien entendue, d'une profonde haine pour le vice et d'une grande pureté de mœurs. Aussi était-il fort honoré. Les premiers personnages de la cour et tout ce qu'il y avait de mieux dans la ville tenait à se faire présenter aux soirées dont nous parlions tout à l'heure; il y conservait bien sa place, et l'esprit sérieux, mêlé d'ironie, qu'il apportait dans la conversation, se trouve finement indiqué dans l'anecdote suivante :

Deux officiers espagnols prétendaient qu'on découvrirait certainement la pierre philosophale (alors tout le monde faisait de l'alchimie, depuis les soldats jusqu'aux cardinaux); Joseph leur assura qu'il avait déjà le secret, et que, s'ils lui voulaient accorder l'honneur d'une visite à son atelier, ils en acquerraient la preuve. Le lendemain les deux officiers trouvèrent Ribera achevant une moyenne figure de *saint Jean-Baptiste*, et voyant qu'il ne cessait pas de peindre, ils lui demandèrent à plusieurs reprises quand il commencerait l'opération. Bientôt, bientôt, répondait-il, et à la fin il donna la toile à un de ses élèves, lui enseignant à qui la porter.

L'élève parti, Joseph continua à dire à ses hôtes qu'ils verraient l'expérience, et que son disciple était allé chercher quelque chose de nécessaire. Les officiers prenaient patience : on attend facilement, quand il s'agit de voir fabriquer de l'or. Enfin, l'élève rapporta un petit paquet. Les trois alchimistes passèrent dans une chambre voisine, où notre homme, développant le paquet avec de burlesques cérémonies, étala sur la table douze doublons qu'on lui envoyait pour son tableau. « Voilà, s'écria-t-il alors sérieusement, voilà comme je sais faire de l'or. Que parlez-vous d'alchimie et de grand arcane? Ces choses, messieurs, sont des sottises qui vous troublent le cerveau et qui vous rendront pauvres et fous, croyez-moi. Apprenez comment on fait le meilleur or ; moi avec mes pinceaux, vous en servant bien S. M. le roi, nous avons trouvé le véritable secret. »

Au sein du bonheur domestique et de la prospérité, ce fut cependant la prédominance mélancolique le côté sombre du caractère de l'Espagnolet qui dirigea son pinceau ; c'est comme peintre un homme véritablement féroce. Qu'il puise dans l'histoire sacrée ou profane, il recherche les massacres, les supplices, les tourments matériels les plus atroces, les douleurs de l'esprit les plus poignantes ; il se plaît aux scènes de martyres et de torture. Saint Janvier, saint Étienne, saint Laurent, saint Barthelemy, Ixion, Prométhée, sainte Madeleine au désert, saint Jérôme, Tantale, sont les sujets qu'il traite de prédilection. Il ignore ce que c'est qu'idéalité, grâce, aménité, jamais de femmes, jamais de jeunes filles sur sa toile ; toujours des motifs de douleurs ou de tristesse ; ses nombreux tableaux de chevalet eux-mêmes, ses études ne sont qu'anachorètes, philosophes, apôtres, moines, vieillards éclairés, au milieu de la nuit, d'une manière fantastique, et plongés dans toute l'amertume de la pensée ; il semble que ce soit à dessein de rendre leur aspect plus sinistre encore, qu'il exagère leurs os et leurs muscles ; il voue son pinceau à l'expression de toutes les souffrances que peuvent supporter le corps et l'âme de l'homme, et il sait les rendre avec une vérité qui fait frémir ; il ne se prête à aucune concession ; il garde intactes les traditions du maître de son enfance. Sa Madeleine à la descente de croix est la vraie Madeleine, belle, fougueuse, violente dans la douleur comme dans le plaisir ; elle se précipite sur les pieds de Jésus que l'on vient de détacher, et les embrasse avec frénésie. Sa Madeleine au désert est encore la vraie Madeleine, une vieille femme la poitrine décharnée, les cheveux en désordre, le corps couvert d'une natte en lambeaux, telle que l'on conçoit enfin une pauvre créature retirée loin du commerce du monde, et qui passe ses jours et ses nuits dans les larmes du repentir, les prières ardentes et les macérations. Saint Jérôme, qu'il répète de cent manières différentes, est toujours épuisé, cassé, maigre à vous donner pitié. On raconte, sans qu'il faille croire directement à la vérité du fait, qu'il obtint en ce genre un effroyable succès. Une dame hollandaise ayant regardé au commencement de sa grossesse l'Ixion sur la roue, qu'il avait envoyé à Amsterdam, et qu'il avait représenté les doigts tordus par la souffrance, en fut tellement frappée qu'elle mit au monde un enfant dont les mains étaient contrefaites !

Joseph Ribera n'est connu en France que par un seul tableau, et pourtant il est mis au nombre des premiers maîtres de l'art : c'est que l'*Adoration des bergers* est un des chefs-d'œuvre du musée, c'est qu'il devient facile de juger, par cette toile unique, que Ribera est un homme complet. Comme maniement de brosse, on ne peut rien voir de supérieur, c'est le beau idéal de l'exécution. Le chevreau, la tête de la vieille femme, celles des bergers, la peau de mouton de celui qui occupe le premier plan, tout est d'une richesse de coloris, d'une chaleur prestigieuse ; les mains jointes du vieillard sont des prodiges, de vraies mains. Michel-Ange disait : « La meilleure peinture est celle qui tend le plus au relief. » Il semble que ce principe ait été continuellement présent à l'esprit de Ribera, comme il l'avait été à celui du Caravage ; mais plus que le Caravage encore, il lutte avec la nature, tout en la choisissant mieux ; plus résolument que lui encore, il secoue le joug de la forme italienne ;

il ne se laisse détourner par aucune considération d'école, au milieu des Italiens il empâte comme un flamand ; les têtes, les draperies, les mains, les étoffes, le ciel, chaque chose est touchée d'une manière différente : on voit que malgré sa verve il travaille avec un soin extrême. Il s'enamoure d'un pli de peau ; il se monte la tête devant un front sillonné ; une main calleuse est pour lui délicieuse. Et qu'on ne se moque point, c'est ainsi que l'on fait du grand art, c'est ainsi que l'on devient large, énergique et puissant. Personne au monde n'a mieux peint que Ribera une tête de vieillard, et l'on ne souhaite dans un tableau de lui qu'une plus grande noblesse de style. Ses eaux fortes sont aussi recherchées en Italie que celles de Rembrandt chez nous ; elles n'ont pas la grande finesse des Hollandais, mais elles sont vigoureuses, savantes et profondément expressives. Il y en a une entr'autres, un saint André écorché, daté de 1624, qui est à notre sens un admirable chef-d'œuvre. On voit les lèvres de ce malheureux trembler fébrilement sous les étreintes de la douleur ; on croirait entendre ses gémissements affaiblis et entrecoupés par la souffrance !

Ici se place, vers 1630 à 1632, la lutte déplorable que les peintres étrangers eurent à soutenir contre les Napolitains à propos de la chapelle de Saint-Janvier. Cette chapelle, dite la chapelle du Trésor, était un monument de forme ronde avec sept autels à l'entour ; on l'estimait beaucoup, et le conseil d'administration avait décidé d'en remettre la décoration aux plus fameux pinceaux de l'Italie. Afin d'honorer davantage saint Janvier, le patron de la ville, ils voulaient illustrer son sanctuaire en joignant à la beauté de l'œuvre le renom de l'artiste ; mais les peintres de Naples, Ribera à leur tête, regardaient comme une injure qu'on allât chercher à Rome une main pour exécuter un travail dont ils se croyaient parfaitement dignes : ils jurèrent donc que personne autre qu'eux n'y toucherait ; et dans l'Italie de 1630 pareil serment n'était pas encore sans effet. Ils formaient une hydre à douze ou quinze têtes. Les menaces par lettres anonymes, le bâton, le fer, le poison, l'enlèvement, aucun moyen ne leur parut refusable, et les mœurs du temps étaient encore à ces entreprises de force brutale et de trahison. — Au fond, nous ne valons guère mieux aujourd'hui, nos rivalités, nos haines ont la même

intensité ; les artistes, s'ils le pouvaient encore, s'empoisonneraient, s'assassineraient comme aux seizième et dix-septième siècles, de même que les propriétaires d'esclaves de 1836 ne sont pas moins barbares que ceux de l'an 200 ou de l'an 2000 avant J. C.; seulement les lois plus fermes nous obligent à la réserve. Nous nous arrêtons avant de nous livrer au premier mouvement, parce que la cour d'assises est vigilante et difficile à tromper. En cela nous avons gagné. Sans nul doute, lorsqu'on lit cette vie furieuse du moyen âge et de la renaissance, où les mauvaises passions ont la faculté de prendre leur développement ; sans nul doute on ne peut nier qu'il existe de nos jours un adoucissement dans le fait de nos relations. Les traîtres n'empoisonnent plus, les envieux n'assassinent plus dans les carrefours, ils calomnient dans l'ombre. La lâcheté et l'envie sont pareilles, il n'y a que leurs moyens d'affaiblis. Ce n'est pas l'individu qui a progressé, c'est l'ordre social.

L'idée que nous venons d'émettre n'implique nulle contradiction, comme il semble au premier aspect ; car les bénéfices de la civilisation n'ayant point été, selon nous, accordés par les forts devenus bons, mais arrachés par les opprimés devenus moins faibles, il est parfaitement raisonnable de dire que la société est meilleure, mais que l'homme n'a pas encore changé. J'ai la conscience, d'ailleurs, de ne point faire ici une désespérante réflexion de pessimiste : qu'importe en effet d'où sort le bien, pourvu qu'il s'établisse. J'ai aussi la conscience de ne me point livrer au vaniteux plaisir du paradoxe en me mettant en opposition avec tous ceux qui ont écrit ou pensé sur cette matière. Je crois que les mœurs peuvent être modifiées par les lois bien plus que les lois ne le sont par les mœurs, et je n'hésite pas à le dire ; car si la loi est reconnue pour l'agent le plus actif de la moralité de l'homme, il faudra s'occuper de la rendre juste, précise et respectable, plus que de toute autre chose du monde.

Le chevalier Joseph d'Arpino fut le premier appelé à Naples. Nous avons déjà dit que ce mauvais peintre avait de son vivant une immense renommée. La ligue des Napolitains n'eut pour lui qu'une démonstration à faire ; il vit bientôt ce qu'il en était, et trop adroit pour ne point apprécier le danger, trop riche pour l'affronter, il s'échappa et laissa en route, à Monte-

Casino, les cartons de la coupole qu'il avait déjà commencés. Guido Reni vint ensuite. A peine était-il établi, qu'un soir deux hommes saisirent son valet et le rouèrent de coups en chargeant ce pauvre diable de dire à son maître qu'il devait s'attendre à être traité de pareille façon s'il ne quittait la ville. Guido, qui avait belle vie partout ailleurs, n'en demanda pas davantage, et partit. Alors Gessi, son élève, fut appelé. Gessi avait ouvertement demandé le travail que personne n'osait plus prendre. Il était du grand nombre de ces peintres batailleurs qui fréquentaient la salle d'armes au moins autant que l'atelier, et, pour dire vrai, il maniait même beaucoup mieux l'épée que la brosse. Cet homme, connu pour sa résolution et son courage, se présenta avec l'air incroyablement insolent des matamores de l'époque, la moustache retroussée jusqu'aux yeux comme Vandick, et une longue râpière toute noire pendue au côté. A la poignée luisante qui sortait de dessous la cape, on pouvait juger qu'elle avait maintes fois vu le jour. Il annonça que les mécontents trouveraient à qui parler, et fit dresser ses échafaudages. Ceux de Naples auraient sans doute bien eu chez eux quelque bravache à opposer à celui-ci, mais on a pu remarquer qu'ils procédaient avec des formes et en graduant la valeur et l'effet de leurs moyens de terreur. Au Josepin des menaces, au Guide des coups de bâton sur le dos de son valet, pour le redoutable Gessi, ce fut autre chose. Deux élèves qu'il avait amenés à son aide furent engagés à une promenade sur le golfe. Ils montèrent à bord d'une galère et disparurent sans que toutes les perquisitions imaginables en pussent jamais procurer de nouvelles.

Gessi, en homme plus brave de la main que du cœur, recula devant ces noires machinations et quitta Naples comme les autres.

Nous avons raconté dans la vie du timide Dominiquin comment le récit de ces terribles choses ne put l'empêcher d'accepter, malgré les conseils de sa femme et de ses amis, les propositions qu'on lui fit en dernier lieu, et comment il vint s'établir à Naples avec toute sa famille. On prit pour sa sûreté de grandes garanties; l'administration de la justice donna les ordres les plus rigoureux; le vice-roi daigna dire que sa volonté était qu'il ne fût causé aucun dommage au nouveau peintre; enfin, le cardinal Buoncompagno, Bolonais, archevêque de l'église de Naples, se chargea de veiller sur son compatriote. Dominique arriva donc au milieu de ces passions déchaînées, de ces haines envenimées, et se mit d'abord aux quatre pendentifs; mais aussitôt les Napolitains, n'osant le tuer, commencèrent à l'accabler sourdement de mortels déplaisirs. Ils avaient, à la vérité, reçu, à cause de lui, un mortel outrage. Les agents du trésor, croyant qu'ils ne trouveraient plus personne, avaient partagé les travaux entre Jose Bibera, Bélizaire Corenzio et Caraccivolo. Quand ils surent que le Dominiquin acceptait, non seulement ils les leur retirèrent, mais encore ils firent jeter à bas tout ce qui se trouvait exécuté. C'était là une injure commune, pour ainsi dire, à tous les peintres de Naples; ils se voyaient tous abaissés dans la personne de leurs chefs; ils s'unirent plus que jamais contre le dernier venu. Ils répandirent d'abord qu'on lui donnait un prix exhorbitant, comme si l'on n'en avait pas déjà usé de même avec le Caravagge et le Guerchin, comme si l'on n'avait pas donné jusqu'au double à Guido, dont il fallait toujours payer le grand train. Ensuite, à chaque morceau qu'il découvrait, ils se mêlaient à la foule pour le huer, si bien que les agents du trésor, subissant peu à peu l'influence de la cabale, finirent par croire qu'il n'était pas l'homme qu'on leur avait dit, et perdirent la considération qu'ils avaient pour lui. D'un autre côté, Ribera engagea méchamment le vice-roi à lui commander quelques tableaux, et quand ils furent aux palais, lui, l'intendant de tous les objets d'art, il prétendit qu'il y avait plusieurs points à revoir. L'imbécille vice-roi manda Dominique, et ce malheureux, privé de l'énergie nécessaire pour se révolter, subissait l'humiliation des retouches de l'Espagnolet, qui les multipliait avec un raffinement de cruauté infâme. Le Dominiquin se trouvait en outre, par cette perfide commande, serré entre le vice-roi auquel il fallait obéir, et les députés du trésor qui le pressaient de terminer. On est surpris qu'un caractère aussi débile ait pu résister à de pareilles attaques pendant deux ans, et que les productions de son génie n'en aient point été altérées. Ces inquiétudes perpétuelles, cette lutte ténébreuse, agissaient pourtant d'une manière fatale sur son esprit; et l'on a vu comment un soir, la tête à peu près perdue, il s'enfuit de Naples, courant trois jours et trois nuits au grand galop de son cheval, jusqu'à ce qu'il eut atteint le château du cardinal

Aldobrandini, près de Rome, où il se réfugia.

Il fut malheureusement contraint de revenir pour terminer son ouvrage, et les chagrins recommencèrent. On l'enveloppa de pièges et de ruses pour le mieux tourmenter; on corrompit ses gens, et jusqu'à un beau-frère qu'il nourrissait chez lui. Une fois entr'autres, on gagna le maçon qui préparait ses murs : ce misérable mêla de la cendre au plâtre, de sorte que la fresque grippa et tomba en poussière au bout de quelque temps. Il fallut tout recommencer. Vainement le cardinal Buon-Compagno veilla du haut de la grande position qu'il occupait, sur son compatriote, la haine fut plus forte que lui, et le pauvre Dominiquin mourut fou de désespoir.

Ribera était le chef de cette ligue odieuse et meurtrière que nous avons cherché à faire agir sous les yeux du lecteur, poussé autant par le pervers Corenzio que par ses propres passions, il n'est pas de lâchetés qu'on ne lui puisse reprocher en cette circonstance. Son orgueil blessé dans ce qu'il avait de plus sensible, exaspéré de se voir préférer des Romains en quelque sorte sur ses terres, fut implacable, et les noires persécutions dont il accabla le Dominiquin font à son honneur une tache ineffaçable. Rappelons cependant les orageuses rivalités et les féroces jalousies des artistes du temps, non pour excuser Ribera, mais pour expliquer comment cet homme austère devint en cette occasion lâche et traître. Si l'on veut se faire une idée de l'espèce de frénésie dont ils étaient possédés, il suffira de savoir que l'Espagnolet ne reconnut jamais le Dominiquin pour un peintre! « Ce Bolonais est tout ce que vous voudrez, disait-il, excepté peintre; il ne sait pas tenir une brosse. »

Zampieri mort, on dut renoncer à en avoir d'autres. Spagnoletto, qui ne fit jamais de fresque, fut chargé de tous les tableaux à l'huile que n'avait pu entreprendre le pauvre Bolonais, et comme pour mettre en évidence que la dégradation du caractère n'entraîne pas malheureusement celle du talent, il exécuta là entr'autre une de ses plus belles choses, *saint Janvier conduit à la fournaise*.

Après ce qu'on vient de lire, l'histoire a laissé peu de détails sur la vie de Ribera, peu de ces particularités que nous aimons parce qu'elles nous touchent, qu'elles représentent nos sentiments personnels, qu'elles nous montrent curieusement dans le passé nos émotions de tous les jours. Bien que le nombre des tableaux de lui, qui se trouvent à Madrid, se puissent expliquer par les expéditions et les cadeaux des vice-rois de Naples, il paraît certain qu'il fit un voyage en Espagne. Il est probable que l'Espagnolet, le peintre des vice-rois, fut obligé de s'enfuir lors de la révolution de Masaniello, ou du moins peu après, quand le peuple, conduit par Gennaro Annèse, devint maître de la ville. Dans ce cas, il est probable encore qu'il fut ramené en Italie presqu'immédiatement, avec l'expédition à la tête de laquelle don Juan d'Autriche rétablit la domination espagnole à Naples; du moins trouve-t-on dans son œuvre une belle eau forte du jeune prince, datée 1648.

Fatal retour!

Quand don Juan eut rétabli l'ordre, il descendit de son beau cheval de bataille, il quitta son bâton de commandement, son armure, tout l'équipage de guerre qu'il porte sur la gravure; il prit de galants habits et se livra aux plaisirs. Joseph Ribera avait une si haute position qu'il lui était permis d'offrir un bal au fils de Philippe IV. Celui-ci ayant accepté, fut reçu à la porte par la femme et les filles du peintre, qui eurent l'insigne honneur de lui baiser la main les premières; il admira la beauté des deux jeunes filles, et particulièrement celle de Maria-Rosa qui était vraiment belle; il lui fit la grâce de causer longuement avec elle, et, au bal, ce fut encore avec elle qu'il daigna danser. Le lendemain il revint sous prétexte de voir les richesses de la maison, il dit à la malheureuse enfant qu'il l'aimait, et elle le crut, et elle oublia son père, et elle foula aux pieds les pures leçons, les nobles exemples qu'elle en avait reçus, et elle laissa les tendresses du foyer paternel pour devenir la maîtresse d'un prince, pour jouir des vanités du monde! Peu de jours après, Joseph, revenant du travail, ne vit pas courir au-devant de lui sa fille Maria-Rosa, l'enfant aux deux noms d'ange, Marie-Rose; il l'appela d'une voix déjà faible, elle ne parut point; il la chercha et ne la trouva point.

Don Juan, qui avait entendu parler du caractère de Ribera, n'avait pas voulu la laisser exposée à sa colère, il l'avait emmenée au palais.

— Quand l'austère Ribera fut bien assuré que sa fille avait quitté la maison, il devina tout; il ne dit rien, et ne fit rien : pour ce caractère inflexible et entier, le coup était sans remède, le mal irréparable; calme, silencieux dans la profonde amertume de son âme, il maudit son ambition et se blâma lui-même. Le séjour des palais ne l'avait pas flétri, il ne croyait pas que l'amour d'un prince ne fît point tache à l'honneur; il abandonna la ville et s'alla enfermer dans une maison de campagne près la charmante grotte de Pausilippe. C'était vers la fin de 1650 [1]. La beauté des champs de Pausilippe ne fit entrer aucun repos en son âme. La vengeance seule aurait pu l'apaiser; mais comment songer à la vengeance? Qu'était-ce en cet exécrable temps que Joseph Ribera, le grand peintre, l'admirable et noble artiste contre don Juan le mauvais général, qui se fit battre par les Français et par les Portugais, le mauvais intrigant de la régence d'Isabelle, le mauvais ministre du petit roi Charles II, qu'était-ce, bon Dieu? rien. Ce jeune homme de dix-neuf ans ne s'était pas même donné la peine de se cacher, il avait pris pour ses plaisirs la fille du premier artiste de Naples, au grand jour, et quand Ribera, faisant trève une fois à sa résignation de désespéré, résignation muette et passive, reprocha avec violence à sa femme de n'avoir pas bien gardé leur enfant, elle s'excusa sur la toute-puissance du prince « che si aveva condotto o fatto condurre la figlia in palazzo [2] », qui avait emmené ou *s'était fait conduire* la fille au palais.

Ribera souffrait sans merci : son orgueil, son amour paternel, l'honneur de sa famille, tout ce qu'il prisait le plus haut, tout, était perdu. Les remords des persécutions exercées contre le Dominiquin venaient aussi l'accabler; il faut avoir à pleurer pour bien comprendre le mal qu'on a fait aux autres. Il souffrait dans la retraite par la pensée, comme il aurait souffert

dans le monde par la honte, ayant toujours devant les yeux l'affront reçu, toujours la rage au cœur. Il n'y avait pas de consolation possible, car il n'y avait pas de vengeance possible. Elevé au milieu des grands, accoutumé à les servir, Ribera, malgré le sentiment d'indépendance qui lui était naturel, ne pouvait se défendre vis-à-vis d'eux d'une sorte de respect qui ne lui laissait pas concevoir l'idée de tuer son offenseur, de mettre sa vie contre celle du fils d'un roi.—Les préjugés d'enfance et d'éducation ont cela de funeste, que les âmes même les plus fortement trempées ne les peuvent secouer. — Le pauvre père ne trouvait pas une heure de relâche; il pleurait de savoir sa fille chérie déshonorée; son cœur généreux se soulevait dans sa poitrine et rugissait d'être sans vengeance.

Un homme faible, un homme religieux, se fût réfugié au pied de la croix, mais Ribera n'était ni assez chrétien ni assez humble pour accepter le mal en punition de celui qu'il avait fait; il se devint odieux à lui-même.

Une année avait passé au milieu de ces tortures; depuis plusieurs jours il semblait moins sombre : sa femme le vit avec plaisir monter un matin à cheval; elle crut qu'il allait reprendre quelques habitudes de mouvement ; elle crut que le morne silence qui régnait autour d'elle depuis ses malheurs allait un peu s'animer; elle sourit en le voyant sortir pour la première fois. Il partit, marchant au pas de sa monture; mais, non loin de la maison, il éloigna, sous un prétexte, le domestique qui le suivait, s'élança dans la plaine, et depuis jamais on ne le revit, jamais on ne retrouva rien ni de lui ni du cheval! Il disparut à l'âge de cinquante-six ans, comme si la terre l'avait englouti.—Le secret de la mort de Ribera, du père offensé, est un secret que nul au monde ne saura. Oh! s'il y avait une autre vie, comme j'aurais peur pour don Juan !

Le prince suborneur, ce jeune homme qui était fils naturel, se fit suivre par Maria-Rosa dans son tour d'Italie, et la jeta dans un couvent lorsqu'il retourna en Espagne. Elle ne craignit pas de revenir à Naples, où elle mourut heureusement repentante, laissant les joyaux et les richesses qui avaient payé son honneur, la pauvre folle, à son frère don Antonio, qui accepta. Noble Joseph! quels enfants! Don Antonio était docteur en loi, et resta riche jusqu'à la fin de ses jours qui furent très longs.

V. SCHŒLCHER.

---

[1] Dominici a écrit 1648. Dominici se trompe. *L'adoration des Bergers* est signée 1650. Ce fut peut-être le dernier tableau de Ribera.

[2] Dominici. — Je rapporte ce nom une seconde fois pour arriver à une explication dont j'ai besoin. On aura remarqué que je ne cite point mes auteurs à chaque occasion pareille, et que je m'en suis abstenu pour des événements au moins aussi incroyables. J'ai jugé cela inutile dans un livre de la nature de celui-ci; j'ai pensé qu'un pareil soin ne ferait que rebuter le lecteur ou embarrasser notre discours sans profit. Cependant, il est bon de déclarer une fois pour toutes que je n'invente rien d'essentiel, et que je ne serais nullement en peine d'amener des *témoins* à l'appui de chaque fait avancé. Tout ce que j'écris repose sur des autorités certaines et se trouve puisé dans des livres presque contemporains des choses qu'ils racontent.

CÆSAR BORGIA
AUT CÆSAR
AUT NIHIL

CÉSAR BORGIA.

En écrivant la vie de ces monstres illustres qui s'appellent Tibère ou César Borgia, on doit craindre également ou de les flétrir avec trop d'indignation et de faire une satyre au lieu d'un portrait historique, ou bien encore d'être tenté de les défendre. Il y a souvent chez ces infâmes quelque faculté puissante qui prête à la réhabilitation : ainsi, César fut un grand homme de guerre et un habile homme d'état : tout n'est pas sang et boue dans son histoire. Nous tâcherons, dans cette courte biographie, d'esquisser les deux profils.

Innocent VIII mourut en juillet 1492. Tout cardinal qui devenait pape, résignait ses bénéfices au profit des autres. Roderic Borgia, d'origine espagnole, était le plus riche des cardinaux ; c'était lui qui avait le plus de bénéfices à résigner ; il fit faire cette remarque à ses collègues, il fut nommé. Il prit le nom d'Alexandre VI. Son nom seul est une histoire ; ses mœurs étaient celles de toute la cour de Rome, honteuses. Il avait pour maîtresse une romaine appelée Vanozia, qu'il fit épouser à un citoyen romain, et avec qui il vivait comme avec sa femme, à cause de sa beauté, dit Paul Jove, *du charme de ses mœurs et de sa merveilleuse fécondité.* Elle lui donna en effet quatre fils et une fille. Cette fille est Lucrèce Borgia, et un de ses fils est César.

César Borgia était grand et vigoureux : tous ses membres formaient un ensemble harmonieux : à la lutte, à la course, dans l'exercice du cheval, dans le maniement des armes, il n'avait pas d'égal. Il avait appris à faire sauter d'un seul coup la tête d'un taureau. Mais Dieu avait mis le cachet de son âme sur son visage ; la peau de sa figure était d'un rouge noir, et couverte de pustules qui *saniem expuebant redundantem*, dit Paul Jove ; ses yeux, très écartés, brillaient comme des yeux de vipère, et ses amis les plus familiers ne pouvaient soutenir le feu clair de son regard ; mais avec les femmes, il savait merveilleusement en adoucir l'expression et la tourner à la douceur et à la grâce. Son père ayant remarqué dans sa jeu-

nesse son esprit perçant et délié, l'avait envoyé à Pise pour étudier le droit civil ; mais quand il fut nommé pape, il le fit revenir à Rome et lui donna le chapeau de cardinal, après avoir fait prouver, par de faux témoins, qu'il était fils légitime d'un citoyen romain, car la bâtardise excluait des dignités ecclésiastiques.

Quand Charles VIII passa par Rome pour aller s'emparer du royaume de Naples, Alexandre, quoiqu'allié des rois de Naples, fut forcé de recevoir la loi du vainqueur ; il lui remit comme otages Gem, frère du sultan Bajazet, et son propre fils, César Borgia, cardinal de Valence. Mais Bajazet avait écrit au pape : « Il me semble que mon frère Gem étant mortel, vous pourriez le faire mourir. » Et en effet quelque temps après, Gem mourut, pour avoir, dit Burchard, *bu ou mangé quelque chose qui ne convenait pas à son tempérament et qui était contraire à ses habitudes.* Quant à César, au moment où Charles VIII quitta Rome et le saint père, il lui fit présent de six chevaux magnifiques, et se plaça lui-même à sa gauche, monté sur une mule, et en habit de cardinal. Comme il devait rester auprès du roi pendant toute l'expédition de Naples, il se fit suivre de dix-neuf charriots richement couverts et chargés en apparence de choses de grand prix. Deux de ses charriots restèrent en arrière et furent ramenés le soir à Rome. Quant à lui, arrivé à Velletri, il prit l'habit d'un palefrenier, et vint rejoindre ses deux charriots à Rome. En apprenant cette fuite, Charles VIII fit ouvrir les dix-sept autres, ils étaient vides.

Dans la retraite désastreuse des Français, Alexandre VI leva une armée avec les Vénitiens contre Charles VIII, et il employa ses troupes, payées par ses alliés pour la défense de la cause commune, à poursuivre ses ennemis particuliers, les Orsini. César Borgia était un des chefs dans cette guerre ; il y prit le goût des expéditions militaires ; il voulut devenir le général des armées pontificales ; et comme cette charge appartenait de droit à son frère aîné le duc de Gandia, voici ce qu'il fit pour tenir sa place [1] :

[1] Journal de Burchard, trad. de M. Paulin Pâris.

Le huitième jour de juin, le cardinal de Valenza et le duc de Gandia, fils du pape, soupèrent avec leur mère, Vanozia, près de l'église de Saint-Pierre-aux-liens; plusieurs autres personnes étaient présentes à cette réunion. L'heure de se séparer approchant, et le cardinal ayant rappelé à son frère qu'il était temps de retourner au palais apostolique, ils montèrent sur leurs chevaux ou sur leurs mules, accompagnés d'un petit nombre de serviteurs, et marchèrent ensemble jusqu'au palais du cardinal Ascagno Sforza; alors le duc informa le cardinal qu'avant de retourner chez lui, il avait à faire une visite de plaisir. Renvoyant à cet effet toute sa suite, excepté son stafiero ou valet de pied, et un homme masqué qui lui avait rendu une visite pendant le souper, et qui, depuis l'espace d'un mois ou à peu près, l'avait demandé presque journellement au palais, il fit monter en croupe sur sa mule cette personne et prit la rue des Juifs, où il quitta son domestique, en lui ordonnant de l'attendre là jusqu'à une certaine heure, après laquelle, s'il n'était pas revenu, il pourrait s'en retourner au palais. Le duc et le masque en croupe derrière lui se dirigèrent je ne sais où; mais c'est cette nuit que le duc fut assasiné et jeté dans le Tibre. Le domestique, après avoir été renvoyé, fut assailli et blessé mortellement; et quoiqu'il fût soigné avec beaucoup de soin, cependant tel fut son état qu'il ne put donner aucun détail intelligible de ce qui était arrivé à son maître. Le matin, le duc n'étant pas retourné au palais, ses domestiques commencèrent à s'alarmer; et l'un d'eux informa le pontife de l'excursion nocturne de ses fils et de la disparition du duc. Cette nouvelle donna au pape une vive inquiétude; mais il conjectura que le duc avait été attiré par quelque courtisane; qu'il avait passé la nuit avec elle, et que, n'osant sortir de sa maison en plein jour, il attendait le soir pour retourner à son palais. Cependant lorsque le soir fut arrivé, et qu'il se vit trompé dans son attente, il devint profondément affligé, et il commença à interroger plusieurs personnes qu'il fit venir devant lui pour cet objet. Parmi elles, était un homme nommé Georgio Schiavoni, qui, ayant déchargé sur la rivière une barque pleine de bois de construction, était resté à bord pour le surveiller. On lui demanda s'il avait vu quelqu'un jeter un fardeau dans la rivière la nuit précédente. Il répondit qu'il avait remarqué deux hommes à pied qui descendirent d'une rue et regardèrent attentivement autour d'eux si personne ne passait. N'ayant vu personne, ils s'en retournèrent, et peu de temps après, deux autres revinrent et regardèrent autour d'eux comme les deux premiers. Personne ne paraissait encore; ils firent signe à leurs compagnons, et un homme arriva monté sur un cheval blanc, ayant derrière lui un corps mort, dont la tête et les bras pendaient d'un côté du cheval, et les pieds de l'autre, les deux hommes à pied supportant le corps pour l'empêcher de tomber. Ils s'avancèrent ainsi vers le lieu où les immondices de la ville sont habituellement déchargées dans le fleuve; et faisant tourner le cheval la croupe du côté de l'eau, les deux hommes à pied prirent le cadavre par les bras et les jambes, et le jetèrent de toutes leurs forces dans la rivière. L'homme à cheval demanda s'ils l'avaient bien jeté. On lui répondit : Signor si (oui monsieur). Il regarda alors la rivière, et voyant un manteau flottant sur le courant, il demanda de nouveau ce que l'on apercevait de noir. On lui répondit que c'était un manteau; et l'un des interlocuteurs jeta des pierres sur ce vêtement, et il s'enfonça dans l'eau sans plus reparaître. Les serviteurs du pontife demandèrent alors à Georgio pourquoi il n'avait pas révélé ce fait au gouvernement de la ville. Il leur répondit qu'ayant vu en son temps une centaine de cadavres ainsi précipités dans la rivière au même endroit, sans qu'aucune recherche fût faite à leur sujet, il n'avait pas en conséquence considéré cet événement comme étant de quelqu'importance. Les pêcheurs et les bateliers furent alors rassemblés et on leur ordonna de faire des recherches dans la rivière, où, le soir même, ils trouvèrent le corps du duc, avec tous ses vêtements et trente ducats dans sa bourse. Il était couvert de neuf blessures dont l'une était au cou, et les autres à la tête et sur tous les membres. Le pontife ne fut pas plutôt informé de la mort de son fils, et qu'il avait été jeté comme les immondices dans la rivière, que, donnant cours à sa douleur, il s'enferma dans une chambre et y pleura amèrement. Le cardinal de Ségovie et d'autres familiers du pape vinrent frapper à sa porte, et ils obtinrent d'être admis auprès de lui. Depuis le mercredi soir, jusqu'au soir du samedi suivant, le pape n'avait pris aucune nourriture, et il n'avait pas eu de sommeil depuis le matin du jeudi jusqu'au matin du jour suivant.

Enfin cependant, cédant aux sollicitations de sa cour, il commença à modérer ses chagrins, et à réfléchir sur le mal que pouvait occasionner à sa santé une indulgence trop prolongée pour sa douleur. »

Une fois son frère mort, César fut maître de son père par la peur. Alexandre VI tremblait devant son fils, car il se reconnaissait en lui. César déclare qu'il ne veut plus être cardinal : un consistoire s'assemble, et on relève César de sa dignité, sous prétexte qu'il a été *contraint par son père* d'entrer par les ordres. Puis il part pour la France comme ambassadeur, et, dit Burchard, ses chevaux étaient ferrés d'argent.

Louis XII venait de succéder à Charles VIII. Louis XII voulait divorcer d'avec la fille de Louis XI et épouser Anne de Bretagne. Il demanda à Alexandre une dispense, et Alexandre lui envoya César avec la dispense. César arrive : pour obtenir plus d'argent, il dit qu'il n'a pas apporté la bulle. Louis XII, sur le conseil de *l'évêque de Cette*, déclare qu'il passera outre, et il procède au mariage. César donne la bulle, et reçoit le duché de Valence en Dauphiné, qui lui vaut le titre de duc de Valentinois ; puis.... l'évêque de Cette meurt.

Il revient à Rome : son père envoie au devant de lui tous les cardinaux, toutes les nobles familles, et César fait son entrée avec mille hommes de pied, Gascons et Suisses, deux hérauts à lui, et un au roi de France.

Quelques jours après, le pape voulant le créer capitaine général et gonfalonier de l'église, résolut de lui donner la rose. Donc, le 9 mars, les cardinaux étant rassemblés, Alexandre VI les fit appeler dans la petite chambre d'audience, et leur dit ce qu'il voulut faire. Il passa de là dans la chambre de Papagallo, où, après les cérémonies usitées, il bénit la rose, la tenant de la main gauche.

Quand le pape fut sur son siège pontifical, le duc de Valentinois entra, et fléchit le genou devant le premier degré : Alexandre ôta sa tiare, et dit *adjutorium nostrum, etc.* La messe terminée, deux clercs de la chambre apportèrent l'étendard de l'église et celui du pape ; un acolyte tenait l'encensoir ; un autre, un vase d'eau bénite.... Le pape bénit l'étendard, mit l'encens dans l'encensoir, et reçut des mains d'un cardinal la rose déposée sur l'autel, et la donna au duc agenouillé devant lui, en lui disant : « Reçois cette rose de nos mains, à nous qui tenons, quoi-

qu'indigne, la place de Dieu sur la terre : cette rose désigne la joie, le triomphe de l'église, et la couronne des saints qui fleurissent dans le ciel et sur la terre. Reçois-là, et que ta vertu s'élève et s'agrandisse comme un rosier planté sur des rives fertiles.... » Le duc prit la rose ; on lui posa la toque de gonfalonier sur la tête, puis il baisa la main et le pied du pape, et la cérémonie fut terminée.

Ici commence la vie guerrière et politique de César Borgia.

Il était gonfalonier des états de l'église, mais il n'y avait plus d'état de l'église ; voici comment :

La Romagne, royaume du saint-siège, était occupée par une foule de vice-rois pontificaux qui s'étaient tous fait indépendants du pontife. Les Colonna et les Orsini avaient dévasté la campagne de Rome dans les guerres civiles : la terre était stérile, les habitations désertes. Quelques villes, comme Ancône, Assise, Terni, s'étaient constituées en républiques. Les autres principautés appartenaient toutes à des familles despotiques. La Marche était occupée par les maisons Vanaro et Fogliano : la province montueuse, située entre la Marche et la Toscane, par Guid Ubaldo, dernier héritier de Montéfeltro ; elle comprenait le duché d'Urbin. Paul Baglioni, à Pérouse ; Vitellozo Vitelli, à città di Castello ; François Sforza, à Pésaro ; Hercule d'Est, dans le Ferrarois ; Octavien Riario, à Forli et Imola ; Astorre de Manfredi, à Faënza, étaient rois, non pour le pape, mais à la place du pape. Tous ces petites cours rivalisaient de luxe, d'élégance, mais aussi de corruption et de despotisme. Pour subvenir à leurs folles dépenses, ces rois étaient forcés d'accabler leurs peuples d'impôts, d'amendes et de confiscations. L'un de leurs moyens d'amasser de l'argent, dit Machiavel, était de faire des lois portant prohibition de quelqu'action ; puis ils étaient les premiers à donner occasion d'enfreindre ces lois, et ils se gardaient de punir les délinquants jusqu'à ce qu'un très grand nombre de citoyens fussent tombés dans la même faute. Alors il les attaquaient tous ensemble, non par zèle pour l'observation des lois, mais pour recouvrer les amendes. Ainsi les peuples s'apauvrissaient sans se corriger ; et lorsqu'ils étaient réduits à la misère, ils cherchaient à reprendre ce qu'ils avaient perdu sur ceux qui ne pouvaient se défendre... Ce n'est pas tout : à ces spoliations intérieures se joignaient les violences du dehors. On assassinait et on pillait sur toutes les routes. Ce n'est pas tout encore : voisins les uns des autres, tous ces petits princes étaient toujours en armes pour se défendre ou pour attaquer : de là, le besoin imminent des Condottieri, et le règne violent des gens de guerre ; de là encore, des crimes affreux, des empoisonnements, des usurpations, des détrônements, des haines de famille implacables. On parlait sans horreur d'un gentilhomme qui avait égorgé la femme de son ennemi, et cloué l'enfant de cette femme à sa porte, en trophée de vengeance, comme les chasseurs y clouent des aigles ou des chats-huants.

Oliverotto da Fermo avait été élevé par son oncle maternel Jean Fogliani, et envoyé par lui chez les Vitelli, pour apprendre l'art de la guerre ; il devint promptement un célèbre capitaine ; alors il écrit à Jean Fogliani, qu'ayant été long-temps absent, il voulait venir le voir ainsi que son pays, et que pour se présenter à ses concitoyens d'une manière digne d'eux, il amènerait avec lui cent cavaliers. Il pria aussi son oncle d'engager les habitants de Fermo à le recevoir favorablement. Jean Fogliani lui prépare une réception magnifique. Oliverotto arrive, donne un grand repas auquel il invite son oncle et les premiers de la ville ; mais à peine étaient-ils assis, que des soldats armés entrent et massacrent tous les convives, après quoi Oliverotto monte à cheval, parcourt la ville, et se fait nommer prince.

C'est ainsi que s'établissaient et se défesaient toutes les principautés de la Romagne.

César songea à profiter de ces troubles et de ces désordres, pour devenir chef de tous les fiefs de l'église. Un des articles du traité d'Alexandre avec Louis XII portait que la France aiderait César Borgia dans la conquête de la Romagne. César, soutenu par les troupes de Louis XII, et appuyé par le mécontentement des peuples, entra dans ce pays, et quelques mois après, par ruse, par violence, ou par trahison, il s'empara de presque toutes les principautés. Il n'écouta aucune pitié, il ne respecta aucune loi. Le 22 avril 1501, Faënza se rendit au duc, sous la condition que leur jeune seigneur Astorre de Manfredi aurait la liberté de se retirer où il voudrait, en conservant ses rentes patrimoniales. L'accord fut signé ; le duc accueillit avec faveur le jeune Manfredi qui n'avait pas encore dix-huit ans ; il déclara qu'il voulait le former

lui-même au métier des armes, et le retint à sa cour. Au bout de quelques jours il l'envoya à Rome, et le jeune prince, après avoir été victime des débauches ou du pape ou de son fils, fut étranglé aussi bien que son frère naturel, et leurs corps jetés de nuit dans le Tibre.

La prise de Faënza achevait la conquête de la Romagne. Le duc voulant racheter ces cruautés aux yeux des peuples, établit une administration rigoureuse et juste ; il nomma gouverneur messire Ramiro d'Orco [1], homme prompt, inexorable, sévère par caractère autant que par principes, et qui semblait prendre plaisir à ordonner des supplices. César lui abandonna un pouvoir sans limites. Ce juge suprême répandit la terreur dans toutes les villes par des exécutions sanglantes. Il poursuivit les malfaiteurs dans toutes leurs retraites ; il en fit périr un grand nombre ; il força les autres à s'enfuir de la province, et rétablit la sécurité dans les campagnes et sur les grandes routes. Quand l'ordre fut rétabli, le duc de Valentinois voulut se laver aux yeux des peuples de tout reproche, et montrer que ce n'était point *lui* qui avait commis ces excès. Un matin donc, les habitants de Césène trouvèrent sur la place publique un échafaud dressé, et sur cet échafaud, le corps de Ramiro coupé en deux, avec la hache sanglante à côté de lui.

C'était une chose frappante que de voir un homme condamner son bras pour ainsi dire, et, brisant l'instrument de sa justice, écrire en lettres de sang, c'est assez. Peut-être doit-on chercher dans ce fait l'explication de l'apologie qu'a faite Machiavel du duc de Valentinois. Tout le monde connaît au moins de nom le livre *du Prince* écrit par Machiavel, et surtout le fameux chapitre VII que nous citerons tout à l'heure, où il propose César Borgia comme modèle à tout prince qui veut s'établir. Pour justifier Machiavel, il suffit peut-être de dire que pour lui César Borgia représentait *l'ordre*, et que, voyant de combien d'ennemis intérieurs et extérieurs Florence était entourée, il prêchait la ruse et même la trahison à Laurent de Médicis, aimant mieux les crimes d'un homme que la dévastation de la patrie.

Le duc de Valentinois était maître de la Romagne, mais elle n'était pas à lui : la Romagne, domaine de l'église, ne pouvait être aliénée sans le consentement des cardinaux. Alexandre VI,

[1] Républiques italiennes de Sismondi.

par une promotion nouvelle, s'assura la majorité dans le consistoire. Douze cardinaux nouveaux achetèrent leurs chapeaux à prix d'argent; de plus, ils s'engagèrent à consentir à tout, et au sacré consistoire, la Romagne fut érigée en duché, et cédée au duc de Valentinois qui l'avait conquise.

Ici commence la seconde partie de la vie guerrière de César. Maître et duc de la Romagne, il pense à attaquer la Toscane et quelques autres principautés. Il s'était fait condoltiere; il avait sous ses ordres les plus fameux condottieri du temps, Vitellozzo, Jean-Paul Baglioni, et il était soutenu par la France. Il se jeta d'abord sur Jean de Bentivoglio, seigneur de Bologne. Louis XII, protecteur de Bentivoglio, lui ordonna de le respecter; il obéit en murmurant, et profitant en même temps de l'effroi qu'il lui inspira, il obtint de lui, Castel Bolognèse, un tribut de 900 ducats, et la promesse de cent hommes d'armes; puis, pour prix de cette alliance, il révéla à Bentivoglio la trahison des Marescotti, famille puissante et que Bentivoglio croyait toute dévouée pour lui. A cet avis, Bentivoglio fait fermer toutes les portes de Bologne, livre au massacre trente-quatre membres de cette famille, forçant tous les fils des premières maisons de Bologne à prendre part à ce crime, pour leur faire partager le ressentiment général, et les attacher à lui par les liens de la complicité.

Quand César ne pouvait faire exécuter un crime lui-même, il en offrait l'occasion à un autre. De Bologne, il entre sur le territoire de Florence, et contraint la république à lui payer 36,000 ducats par an. Il alla ensuite au siège de Capoue avec Louis XII, et ses soldats ayant forcé une tour où s'était caché un grand nombre de femmes, il les fit amener devant lui, les *examina*, et envoya les quarante plus belles à Rome pour son sérail. Après la conquête de Naples par les Français, il s'empara de Camérino par surprise, et fit étrangler le duc César de Varano et deux de ses fils. Il demanda au duc d'Urbin de lui prêter son artillerie et ses hommes d'armes; le duc d'Urbin le fit par peur, et César s'empara de son duché. Le duc s'enfuit.

Pour se délasser de ces guerres de perfidie et de trahison, César allait à Rome, et s'y livrait, avec son père et sa sœur, aux plus affreuses débauches. Ils donnèrent un festin, où cinquante courtisanes entièrement nues appelèrent les hommes qui passaient, et César, le pape et Lucrèce Borgia, décernèrent des prix de lubricité. Ce n'était que meurtre et violence. Lucrèce était fatiguée de son troisième mari. Un jour, des hommes armés l'attaquent sur les marches du Vatican; il reçoit plusieurs coups de poignard; on le transporte au palais, et au bout de quelques jours, comme *il ne voulait pas mourir* de ses blessures, dit Burchard, il fut étranglé dans son lit. Un homme traduit en latin un pamphlet grec contre César Borgia, on lui coupe la langue et le poing. Le pape veut aller promptement en mer, on enlève violemment les cultivateurs à leurs terres, et les marchands à leurs boutiques, et on en fait des rameurs.

Tant de crimes et tant de trahisons extérieures soulevèrent toute la population de l'Italie contre le père et le fils. Les villes envoyèrent des députés à Louis XII qui était alors à Asti, pour le supplier d'en délivrer l'humanité, ou du moins de ne pas appuyer César. Louis XII, ce roi de bonne foi, répondit par un traité plus étroit avec les Borgia.

Alors les condottieri qui étaient sous ses ordres, Oliverotto, les Vitelli, craignant qu'après avoir conquis les états de ses ennemis, il ne s'attaquât aux principautés de ses amis, se liguèrent avec le duc d'Urbin, avec Bentivoglio, seigneur de Bologne, avec Baglioni de Pérouse, et signèrent à la magione un traité offensif contre César Borgia. César était alors à Imola.

Sa position était terrible : avec ses condottieri, il avait perdu toutes ses troupes; plus d'alliés, pas d'amis. Ce fut alors qu'il prouva qu'il n'était pas seulement un monstre.

Il pensa d'abord à ses deux seuls appuis : l'alliance de la France et l'argent de son père, et songea à en tirer parti. Avec l'alliance de la France, il empêcha Venise et Florence d'entrer dans la ligue, et les maintint dans cette neutralité; avec l'argent du pape, il songea à se refaire une armée. Il fit publier que tout cavalier ou fantassin qui voudrait s'engager, trouverait une large paie près de lui. Bientôt arrivèrent des Suisses, des Gascons, des Italiens, des Français : il les passait lui-même en revue tous les jours, et les exerçait plusieurs heures.

Cependant les alliés s'avançaient contre lui, mais il ne s'en troublait pas; à Fossombrone, quelques-unes de ses troupes furent battues par les Vitelli, et les Orsini; il ne s'en émut pas davantage. En parlant à Machiavel de la trahison de ces condottieri, et en les accablant des termes du plus profond mépris, ni sa voix ni son visage ne s'altéraient. Plein de foi en son habileté, il ajoutait en souriant : Ils ne m'échapperont pas. En effet, au bout de quelques temps, il sut les amener à lui proposer un traité. Au milieu des ambassades qui se succèdent, il déploie une habileté et une adresse admirables.

Il persuade aux alliés, que, quoiqu'ils aient été les premi`rs à prendre les armes, il consent qu'ils conservent tout ce qu'ils ont conquis; il approuve leur conduite; il promet de ne plus inquiéter Bentivoglio, de lui payer 4,000 ducats, et de ne se réserver pour lui que le titre de prince de leurs principautés. Le traité est signé. Il part de Césène à la mi-décembre, et fait dire aux Vitelli et aux Orsini qu'il désire s'entendre avec eux de vive voix, et leur demande de le recevoir à Sinigaglia, ville qui était en leur puissance. C'est donc lui qui va vers eux, lui qui, plein de confiance, se livre à eux. Pour les endormir davantage, il congédie tous les Français qui étaient à son service, et les envoie en Lombardie, et s'avance jusqu'à Fano, à quinze milles de Sinigaglia.

La ville de Sinigaglia se trouve à une portée d'arc des montagnes, et environ un mille des bords de la mer. Près de la ville coule une petite rivière qui en baigne les murs du côté de Fano et en face du chemin qui vient de cette dernière ville, de sorte qu'en arrivant à Sinigaglia on suit les montagnes pendant assez long-temps; quand on est au bord de la rivière qui arrose Sinigaglia, on tourne sur la gauche et on cotoie cette rivière pendant quelque temps, puis on la passe sur un pont qui est en face de la porte par laquelle on entre dans la ville, non pas directement, mais un peu de côté. Devant cette porte se trouve un petit faubourg et une place bordée par le quai de la rivière qui y forme un coude. Les Vitelli et les Orsini avaient donné les ordres nécessaires pour recevoir le duc convenablement; afin de faire place à son armée, ils avaient distribué leurs soldats dans différentes forteresses éloignées environ de six milles de Sinigaglia, et ils n'avaient laissé dans la ville qu'Oliverotto avec sa troupe composée de mille fantassins et cent cinquante cavaliers, logés dans le faubourg dont nous avons déjà parlé.

Tout étant préparé, le duc de Valentinois se mit en marche pour Sinigaglia. Lorsque la tête de sa cavalerie arriva au petit pont, elle s'arrêta sans le passer; une partie se rangea du côté de la campagne, l'autre du côté du fleuve, laissant entre deux un espace par lequel l'infanterie défila et entra dans la ville sans s'arrêter. Vitellozzo, Pagolo et le duc de Gravino, vinrent à cheval au-devant du duc, accompagnés d'un petit nombre de cavaliers. Vitellozzo était sans armes, couvert d'un manteau doublé de vert, l'air triste et abattu comme s'il eût pressenti le sort qui l'attendait. Sa tristesse frappa même quelques-uns de ses amis, qui connaissaient son courage et tout ce qu'il avait été. On prétend que lorsqu'il quitta son armée pour venir à Sinigaglia, au-devant du duc, il leur fit ses adieux; qu'il recommanda aux chefs sa famille et tout ce qui lui appartenait, et dit à ses petits enfants de songer plutôt à la valeur de leurs ancêtres qu'à sa grandeur passée.

Arrivés tous trois auprès du duc, ils le saluèrent avec beaucoup d'honnêteté, et ils en furent reçus avec un air riant; aussitôt, ceux qui avaient ordre de s'emparer d'eux se placèrent chacun à leur côté. Mais le duc ne voyant pas avec eux Oliverotto, qui était resté à Sinigaglia avec sa troupe qu'il exerçait sur la place où il avait son logement, fit signe à don Michel qui s'était chargé de lui, de faire en sorte qu'il ne pût pas s'échapper. Don Michel prit aussitôt les devants, et, ayant joint Oliverotto, il lui fit observer que ce n'était pas le moment de tenir ainsi ses troupes hors de leur quartier, parce qu'il était à craindre que celles du duc ne cherchassent à s'en emparer, et qu'il lui conseillait plutôt de les faire rentrer et de venir avec lui au-devant du duc. Oliverotto se rendit à cet avis et s'avança vers le duc qui l'appela dès qu'il le vit : après l'avoir salué, Oliverotto se mit à sa suite.

Arrivés à Sinigaglia, et parvenus au logement qui leur avait été destiné, quatre prisonniers furent entraînés dans une pièce secrète où on les renferma. Aussitôt le duc de Valentinois monte à cheval, et ordonne de désarmer les gens d'Oliverotto et des Orsini. Ceux d'Oliverotto furent surpris et entièrement dépouillés; mais ceux des Orsini et des Vitelli qui étaient éloignés, et qui se doutaient du malheur arrivé à leurs chefs, eurent le temps de se réunir, et, rappelant leur courage, mettant à profit la discipline dans laquelle ils étaient tenus par les Orsini et les Vitelli, ils formèrent un bataillon carré et sortirent du pays malgré les efforts des habitants et de l'armée ennemie. Les soldats du duc, mécontents de n'avoir que les dépouilles de la troupe d'Oliverotto, se mirent à piller la ville de Sinigaglia, et ils l'auraient entièrement dévastée si celui-ci n'eût arrêté leur audace en faisant punir les mutins.

Le soir, le duc ordonna d'étrangler Vitellozzo et Oliverotto. Quant aux Orsini, il leur fit subir le même sort dès qu'il sut que son père avait fait arrêter à Rome le cardinal Orsini, l'archevêque de Florence et le seigneur de Sainte-Croix.

César était au comble de la puissance; on tremblait sous lui : Venise le faisait inscrire sur son livre d'or ; Florence écrivait à Machiavel, son ambassadeur, qu'il ne complimentait pas assez ce grand homme sur sa victoire. César pouvait rêver l'empire de l'Italie. Mais habile comme il l'était, il pensa qu'un évènement pouvait venir qui lui enlèverait tout, et cet évènement, c'était la mort de son père, la nomination d'un pape qui lui fût opposé. Pour parer à ce danger, il employa quatre moyens : d'abord, il détruisit la race de tous les gentils-hommes ses ennemis, afin d'enlever au pontife futur le prétexte de le dépouiller lui-même; puis il s'attacha tous les gentilshommes de Rome, afin de contenir le pape par eux ; troisièmement, il se fit le plus de créatures qu'il put dans le sacré collège; quatrièmement, il acquit tant d'états, et il établit un si bon ordre dans tous les pays conquis, que les peuples étaient pour lui, et qu'il pouvait résister à une première attaque.

Tout était donc prévu : le pape en effet meurt; mais la seule chose à laquelle César n'avait pas pensé, c'est que le jour où son père mourrait, il serait lui-même atteint d'une maladie mortelle. Voici comment : Alexandre, pour subvenir à l'entretien des armées du duc de Valentinois, et aux prodigalités de sa fille Lucrèce, faisait mourir tous les riches cardinaux ou gentilshommes, et confisquait leurs biens. Un jour donc, il invite à souper le cardinal Adrien de Corneto, à souper dans sa vigne du Belvédère, près du Vatican. Le matin, César avait envoyé à l'échanson du pape deux bouteilles de vin préparé par lui, et bouchées avec soin, en lui recommandant de ne les servir qu'à son ordre. Le souper commence. L'échanson s'absente un moment; le serviteur qui le remplace sert de ce vin aux trois convives. Au même instant, ils tombent tous trois, César et le cardinal mourants, Alexandre mort ; on les rapporte à Rome. Le corps du pape se couvre aussitôt d'une gangrène noire et effrayante. Le cardinal dit plus tard qu'à l'instant où il prit le breuvage, il sentit dans ses entrailles un feu terrible, qu'il perdit la lumière du jour, et tous ses sens.

Cependant le peuple court à Saint-Pierre se repaître de la vue du cadavre d'Alexandre : les Colonna et les Orsini, proscrits par le pape, reviennent : Fabio Orsini reprend possession des palais de sa famille à Monte-Giordano; il livre au pillage les maisons et les boutiques des courtisans et des marchands espagnols si favorisés sous le règne du dernier pape, et il demande à grands cris la tête de Borgia lui-même, en expiation du sang de son père et de ses parents que ce monstre avait versé.

César, mourant et abandonné de tous, ne perdit pas courage. Il logea ses troupes dans le Borgo et dans les environs du Vatican, et de son lit de mort entama des négociations armées. Il commença d'abord par traiter avec les Colonna, et s'assurer leur neutralité. Au dehors, toutes les principautés retournèrent à leurs maîtres. Les Orsini surtout chassèrent de toutes les villes les partisans de César, et l'un d'eux, ayant tué un membre de la famille des Borgia, prit de son propre sang pour s'en laver les mains et la bouche. La Romagne attendit son duc un mois, et puis finit par se rendre. Mais malgré tant de revers, César, fortifié au Vatican, César qui se croyait le maître de l'élection du pape, ne désespéra pas. Une circonstance fortuite le servit. L'armée française s'approchait de Rome pour aller à Naples : Georges d'Amboise, le favori de Louis XII, Georges qui avait fait signer tous les traités avec Alexandre pour être nommé cardinal, était dans cette armée. Quoique César fût depuis quelques temps brouillé avec la France, il fit dire à Georges que s'il voulait lui promettre son appui, lui César qui était assuré d'un grand nombre de voix au conclave, le ferait nommer pape. Ces négociations donnèrent à César le temps de respirer. Cependant les cardinaux, enfermés pour l'élévation des pontifes, exigèrent que l'armée française ne dépassât point Népi, et que César allât la rejoindre avec deux cents hommes d'armes et trois cents chevaux-légers. César, tout malade qu'il était, s'y fait transporter en litière. Pendant ce temps, on nomma Pie III, moribond, qui n'était qu'un prétexte.

Après cette élection qui déconcertait les espérances de César et de Georges d'Amboise, l'armée française continua sa route vers Naples : César se fit rapporter à Rome, et se fortifia avec huit cents fantassins et quelques hommes d'armes. Les Orsini qui attendaient le moment de se venger de lui, étaient entrés de leur côté dans la ville avec leurs troupes. Ils y avaient appelé Jean-Paul Baglioni et Barthélemy d'Aviano, et c'était chaque jour des combats sanglants entre leurs troupes et celles de César. César commençait à trembler quand il apprit que les Orsini et les Colonna se réconciliaient : effrayé de cette alliance dont sa perte était le prix, il se mit en mouvement pour sortir de Rome; mais au même moment, Fabio Orsini et Jean-Paul Baglioni, avaient attaqué la porte de Torrione et l'avaient brûlée. Ils avaient par là pénétré dans le quartier de César, et ils chargeaient ses soldats avec des forces très supérieures. Lorsque César Borgia vit sa cavalerie commencer à fuir, il se réfugia avec le prince de Squillace, son frère, et quelques cardinaux espagnols, dans le palais du Vatican, d'où, avec le consentement du pape, il passa au château Saint-Ange. Le commandant de ce château était une créature d'Alexandre VI; il promit non seulement de protéger Borgia contre ses ennemis, mais encore de le laisser se retirer toutes les fois qu'il le voudrait. Cependant l'armée du duc, poursuivie par les Orsini et par Baglioni, se dissipa entièrement, et les rêves brillants de l'ambition de Borgia s'évanouirent avec elle.

Tout semblait perdu pour César, quand il se présenta un dernier moyen de salut. Pie III mourut : le candidat qui avait le plus de chances était Julien de la Rovère, ennemi personnel d'Alexandre. César lui promit toutes les voix dont il pouvait disposer dans le conclave, s'il voulait, lui Julien de la Rovère, une fois proclamé par le pape, le nommer gonfalonnier de l'église. C'était une faute incroyable chez un homme aussi astucieux que César. Il devait essayer de faire nommer tous les candidats plutôt que Julien. Car, dit Machiavel, c'est une erreur de croire que chez les grands personnages les services nouveaux fassent oublier les anciennes offenses. En effet, Jules II, nommé souverain pontife, au lieu de donner le Gonfalon à César, ne lui laissa que la liberté de s'embarquer à Ostie pour Gênes, et encore à peine le duc était-il parti que le pape envoya après lui

le cardinal de Volteria pour exiger la remise des forteresses de la Romagne. Le cardinal trouva encore le duc devant Ostie où le retenaient des vents contraires. Quand il entendit la proposition du pape, il s'emporta et refusa. Jules II donna aussitôt l'ordre de l'arrêter, et Valentinois demeura prisonnier sur une galère française. On répandit bientôt le bruit qu'il avait été jeté dans le Tibre, et chacun applaudissait à cette juste punition de tant de crimes; mais Jules II qui avait besoin de la vie de César pour obtenir les forteresses, le fit reconduire au Vatican où ce dernier signa enfin l'ordre qu'on exigeait de lui. Pierre d'Oviedo, son lieutenant, partit pour la Romagne avec une lettre pour tous les commandants de ses citadelles; mais lorsqu'il entra dans la place de Césène, Diégo de Cignones le fit saisir, déclarant que l'homme qui se chargeait d'ordres arrachés à son maître par la force était un traître. Ce refus irrita Jules II, qui consigna son prisonnier entre les mains de Bernardin Carvajale. César donna alors de nouveaux ordres au commandant de ses forteresses qui furent livrées à Jules II, et le cardinal mit le prisonnier en liberté le 19 avril 1504. César alla à Naples où était Gonzalve de Cordoue : Gonzalve lui prodigua toutes les marques d'affection et d'honneur, délibérant avec lui sur les affaires d'Italie, et lui promettant les troupes et les galères du roi d'Espagne pour tenter une attaque contre Pise. Valentinois se laissa bercer par ces promesses comme il l'avait déjà fait pour Jules II; car depuis ses malheurs, cet homme qui avait toujours trompé, croyait à toute parole, et était victime de toute tromperie. En effet, Gonzalve qui ne voulait que l'endormir, avait écrit à Ferdinand le catholique pour savoir ce qu'il devait ordonner de Valentinois, et sur les ordres de son maître il le fit arrêter au sortir d'une conférence où il l'avait embrassé à plusieurs reprises, et l'envoya en Espagne où il fut jeté dans la forteresse de Médina del Campo. César, au bout de trois ans, s'en échappa au moyen d'une échelle de cordes, et alla se joindre aux troupes de Jean d'Albret, roi de Navarre, qui faisait la guerre au comte de Lerin. Surpris dans une embuscade, un coup de lance le renversa de son cheval; il continua à se défendre vaillamment, jusqu'à ce qu'il fût accablé par le nombre, et massacré.   E. LEGOUVÉ.

GIORGIONE BARBARELLI.

On ne peut douter que la musique n'ait été plus répandue au moyen âge et pendant la renaissance que de notre temps. Il n'est presqu'aucun homme d'intelligence que l'on n'en trouve alors occupé, l'aimant, y portant son attention et la cultivant avec un vif intérêt. Nous avons vu Benvenuto Cellini, conduit d'abord par son père à des concerts que l'on donnait régulièrement chez le grand duc de Florence, puis après, employé dans la musique du pape Clément VII. Plus tard, c'est une chose touchante de le voir, cet homme farouche, prendre une flute pour distraire son élève Ascanio, dont le jeune et mélancolique visage ne s'épanouissait qu'au chant du maître, comme un cœur de poète à l'aspect du soleil. Guido Reni excellait à toucher du clavecin; Paris Bordone jouait de plusieurs instruments, et Tintoretto, avec sa bizarrerie habituelle, en faisait à son usage particulier; Parmigiano était aussi habile à se servir du luth que des brosses; Augustin Carrache, on se le rappelle, composait des morceaux qu'il chantait en s'accompagnant sur le théorbe; le Dominiquin était, comme autrefois Léonard de Vinci, de la dernière science en musique. Dans une de ses lettres, toujours tristes, toujours un peu marquées de faiblesse d'âme, il parle d'une harpe qu'il vient de construire pour oublier ses ennuis, et l'on n'ignore pas que la *sainte Cécile* du Louvre fut exécutée, afin de garder le portrait, en quelque sorte, d'une basse à sept cordes qu'il avait inventée, et sur laquelle il se faisait beaucoup applaudir. Leandro Bassano calmait ses sombres humeurs en jouant du luth, et en employant les richesses que Jacques Bassano lui avait laissées, à entretenir une compagnie qui lui donnait des sérénades. Il n'était pas non plus de pape ni de prince qui n'eût une pareille compagnie à son service.

Lorsqu'on voit tous les hommes, que nous avons eu occasion de fréquenter dans ces biographies, voués de la sorte à la musique, il est naturel de penser que beaucoup d'autres l'étaient de même, et si les particuliers s'en occupaient à ce point, combien n'y avait-il pas de gens dont elle devait être la profession? Au reste, nous n'en sommes plus à de simples conjectures, et l'on trouve à cet égard nombre de preuves semées dans les mémoires de l'époque. Titien avait acheté une maison à l'extrémité de Venise du côté de la mer, où il donnait de petits dîners recherchés, avec ses deux inséparables, Aretino et Sansovino. « Dès que le soleil fut couché, écrit François Pricianèse, admis à une de ces fêtes gastronomiques, dès que le soleil fut couché, le golfe se couvrit de mille gondoles remplies de femmes, et portant diverses harmonies de voix et d'instruments qui nous accompagnèrent jusqu'à la nuit, pendant notre repas. » Et cela se faisait tous les jours. La musique agissait vivement sur l'imagination de ces hommes aux passions exaltées, aux mœurs à la fois violentes et voluptueuses. A Venise, nous venons d'entendre les sons de leurs théorbes mariés au bruit des flots; à Rome, il y avait des sociétés de toutes sortes de personnes qui s'en allaient, par les belles soirées italiennes, donner des concerts sur les places publiques : habitudes délicates qui n'avaient d'autres récompenses que de jeter de la mélodie aux vents, de chanter sous la voûte parfumée du ciel, à cette obscure clarté qui tombe des étoiles, comme dit notre sublime Corneille, et de recueillir les louanges des passants qui s'arrêtaient pour écouter. Michel-Ange, après ses foudroyants travaux du jour, rapporte Cellini, s'enveloppait, le soir venu, dans son manteau, et allait, toujours solitaire, chercher par les rues quelqu'une de ces harmonies où son âme de bronze trouvait d'adoucissantes émotions.

On n'aura maintenant nulle peine à nous croire si nous disons qu'en 1510, il y avait à Venise un jeune homme qui passait une grande partie des nuits à chanter aux pieds d'une femme, la tête penchée sur les genoux de sa belle maîtresse, les douces poésies de l'Adriatique, qui, elles seules, sont déjà de l'amour. Ce jeune homme, issu du peuple, n'avait pas encore trente ans, et déjà était surnommé *il Giorgione le Vaillant.* — Giorgeria en italien veut dire vaillance, mais dans une acception plus complète que la nôtre, pas uniquement la vaillance de l'épée, celle aussi du cœur et de l'esprit; pas uniquement la vaillance des combats, la vaillance tout ensemble spirituelle et morale. C'est une noble chose que de recevoir un tel baptême de l'admiration d'une ville entière. Eh bien! ce jeune homme le méritait. Ses cheveux noirs roulaient en grosses boucles soyeuses autour de sa tête, son visage eût paru trop imposant, si les longs cils de ses yeux n'eussent caressé tous ceux auxquels il parlait; il était de haute taille et adroit à tous les jeux; il avait un grand courage, beaucoup de galanterie et d'ardeur, une âme fière, un esprit élevé, plein de grâce, nourri de la lecture des poètes, et tout cela ne formait encore que ses moindres vertus, car il était la tête lumineuse du siècle d'or de la peinture! C'est lui qui avait trouvé la riche palette, l'éblouissante harmonie de ton, qui furent bientôt le type de l'école vénitienne, et qui captivèrent l'attention de l'Italie entière.

Qui devinera comment mourut ce jeune homme si bon, si pourvu de grandes qualités; ce beau jeune homme vêtu de velours, qui chante la nuit aux pieds d'une femme, à laquelle il prodigue et sa force, et sa vie, et sa gloire, et toutes les tendresses de son cœur, et son magnifique surnom de Giorgione? Nous le saurons bientôt.

Deux petits endroits du Trevisan, Vedelago et Castelfranco, se disputent l'honneur d'avoir vu naître Giorgione Barbarelli, en 1478; mais l'ambition de Vedelago a trouvé peu d'avocats pour la soutenir. Barbarelli reste à Castelfranco, ce qui n'empêche pas Castelfranco d'être un fort chétif et mince village. — Je ne sais si cela tient à la direction particulière de mes idées, mais je n'ai jamais pu m'empêcher de mépriser beaucoup ces vanités locales, qui se renouvellent cependant depuis Homère. Les grands hommes honorent plutôt l'humanité que leur bourgade, et peut-être la société eût-elle mieux marché vers l'avenir de fraternité universelle où elle paraît tendre, si l'on avait eu coutume de les donner au monde entier.

Le père de Giorgio remarquant combien son enfant s'appliquait avec aisance au dessin et à la musique, s'empressa de le conduire à Venise où s'offraient les meilleurs moyens de cultiver de belles dispositions. Il le plaça d'abord chez Giovanni Bellini. Dès que le jeune homme eut touché des pinceaux, ses instincts de coloriste se manifestèrent avec une sorte d'explosion; il fut impossible de le maintenir dans les règles admises; il franchit d'un bond tous les degrés, et à peine entré dans la carrière, il alla plus loin que ce qu'on connaissait. Il stupéfiait son maître, par le soin avec lequel il s'attachait à fondre les lumières et les ombres, à trouver le relief, la grâce et l'harmonie. Jean le querellait un peu de ses goûts excentriques, et lui disait en vrai professeur : « Pour bien faire, faites comme moi. » Mais le fougueux jeune homme n'écoutait pas, il n'obéissait qu'à la voix intérieure du génie. Bientôt il abandonne un maître qui n'a rien à lui apprendre, et va, pour être plus libre de se livrer à ses inspirations, s'employer pendant quelque temps chez des peintres décorateurs qui tenaient boutiques. C'était l'habitude alors d'orner de peintures les lits, les armoires, les dos de chaises, enfin tous les meubles; et les artistes, particulièrement voués à ces travaux, ouvraient boutiques : on faisait là aussi des cadres de dévotion pour le peuple. Dans cette nouvelle école, Giorgione s'exerça bien à l'aise, barbouilla force boîtes et madones, se rendit compte de ce qu'il cherchait par de fréquentes épreuves, et une fois qu'il sentit son éducation achevée, il fit un voyage à Castelfranco pour embrasser ses parents.

Sûr de ce qu'il voulait, Barbarelli, ainsi qu'un homme possesseur d'un trésor, en remettait, comme on voit, l'application à plus tard, avec une confiance d'une rare virilité.

Il fut reçu en triomphe par ses compatriotes. A le voir devenu si élégant, et portant d'air si Giorgione, le titre d'artiste, tous les enfants du pays se trouvèrent honorés dans leur frère. Ils s'énorgueillirent que cette riche nature fût sortie d'entre eux, et ils l'aimèrent et le fêtèrent comme il pourrait arriver qu'une femme aimât celui qu'elle verrait capable de la soutenir et de la glorifier. Lui, laissa un tableau à l'église paroissiale, et revint à Venise où, faute d'autres moyens, il ouvrit un des ateliers en échoppe, dont nous parlions tout à l'heure. Il se chargeait d'y peindre tout ce qu'on lui apportait, rondaches, écus, cabinets, armoires, et surtout beaucoup de grands coffres de mariage, d'usage en ce temps là, qu'il couvrait assez ironiquement des métamorphoses d'Ovide. Où ne mettait-on point de la couleur à cette époque? où ne trouvait-elle point sa place? Une des causes, sans contredit, qui a donné tant de grands et excellents artistes au XV⁰ siècle, c'est que la peinture était dans sa floraison, c'est qu'on en avait besoin pour embellir les églises et les palais qui se construisaient et sortaient de terre comme par enchantement, c'est que tous les esprits étaient alors voués au culte de l'art. On l'introduisait partout, dans le pavage des rues, dans la décoration des plus petits meubles, aussi bien que dans celle des châteaux; tout le monde en voulait, et les classes les moins éclairées s'en occupaient. Un jour, le porteur de lettres de Bologne apporte une missive à Annibal Carrache. En place d'argent, savez-vous ce qu'il lui demande? *una tavoletta*, un petit tableau!

Barbarelli donnait carrière à sa riche organisation. Il travaillait, étudiait, chantait, jouait de plusieurs instruments, maniait les armes, courait les aventures galantes, et se faisait nombre d'amis par son goût aux plaisirs, sa bonté et son humeur loyale; il était également remarquable par la finesse de son esprit. On raconte à ce propos la manière adroite dont il se tira d'une gageure embarrassante. Au milieu d'une conversation, où des sculpteurs soutenaient la prééminence de la statuaire sur la peinture, par la raison qu'elle a l'avantage de présenter la nature sous toutes ses faces, le peintre, entraîné, soutint que son art en pouvait faire autant, et, pris au mot, fut sommé de montrer sur la toile les quatre côtés d'une figure. Que fait-il? il présente un homme de front, dont le dos se reflétait dans une fontaine, et qui, de droite et de gauche, était répété par une cuirasse et un grand miroir. Le moyen sentait peut-être la doctrine jésuitique, mais enfin la gageure fut gagnée. A en juger par le portrait de Gaston de Foix qui est au Musée, il semblerait que Barbarelli tint à poursuivre cette idée. Le jeune guerrier est posé de trois quarts dans une salle ornée de glaces qui le réfléchissent tout entier.

Cependant les ouvrages d'importance n'arrivaient pas assez vite au gré de Giorgione; il chercha le moyen de mieux faire connaître ses talents, et, dans cette vue, s'imagina de peindre la façade entière de sa maison. L'idée parut bonne; plusieurs riches le chargèrent de décorer de même leurs palais, où il fit entrer tout le vieil Olympe qui ressuscitait, et il est encore l'inventeur de ce luxueux usage, qui, de Venise, se répandit promptement par l'Italie entière. Il acquit de la sorte une extrême habilité à peindre à fresque et une grande réputation. La réussite, en l'exaltant, faisait éclore chaque jour plus brillantes les merveilles de sa couleur.

Giorgione peignait avec une fougue inconcevable. Il allait immédiatement à la toile ou au mur, sans esquisse ni préparation, comme un chevalier à la bataille, et cette bouillante audace à laquelle on doit attribuer les fautes de dessin dont il n'est pas exempt, lui permettait de suffire à des travaux considérables. Tous les personnages illustres, les rois et les princes, voulurent avoir leur portrait de sa main; les doges Barbarigo et Loredano, Gaston de Foix, Catherine Cornara, reine de Chypre, vinrent poser devant lui, et il leur donna un air, une grandeur de style dont on n'avait pas encore d'idée. Qu'on examine la magnifique tournure du Gaston Foix au Louvre, et l'on s'assurera que le Titien, Rubens et Vandyck, avaient beaucoup vu et admiré les portraits de Giorgione. On y remarque surtout la vivacité des carnations. Il excellait à rendre la fraîcheur et la transparence d'une peau douce, et c'est à cause de cela probablement qu'il fit tant de femmes nues; il n'est pas rare d'en trouver, dans ses tableaux, couchées au milieu d'un paysage, privées de tous voiles, et faisant de la musique avec des hommes habillés! Avant d'admirer ces cadres délicieux, l'esprit et la raison ont besoin de faire leur réserve pour de telles étrangetés. Elles étaient, à la vérité, dans le goût du temps, mais il faut convenir que Giorgione en a usé plus qu'aucun autre. Son *Moïse sauvé des eaux*, est, sous ce rapport, un chef-d'œuvre très amusant. La fille de Pharaon et ses compagnes, vêtues à la mode de Venise, sont entourées de galants cavaliers, de pages, de nains bariolés qui portent des singes, et de valets qui tiennent en laisse des dogues et des levriers d'Espagne! Chacun est occupé d'une affaire personnelle; on aperçoit à peine l'enfant sauvé; et l'Egypte et le grand fleuve sont tout-à-fait absents. Le sujet biblique n'est là qu'un prétexte à des inventions de groupes gracieux. Il fallait notre Poussin pour comprendre l'austère beauté de la scène où l'on voit apparaître au monde celui qui sera un jour le premier esclave révolté de l'antiquité, celui qui protestera le premier contre la servitude, celui qui tirera ses frères de l'opprobre et les rendra au droit le plus sacré des hommes, à l'indépendance. — Du reste, le sentiment d'amour dont le cœur du peintre italien était rempli, éclate sous mille formes près des bords du Nil, comme dans les concerts champêtres. Au fond, on aperçoit un jeune homme, la tête penchée vers une jeune fille qu'il tient sous le bras en se promenant; sur le premier plan, un autre amoureux est mollement couché et regarde une dame qui s'est mise à genoux devant lui, pour lui offrir, avec une grâce toute naïve, une marguerite blanche qu'elle vient de cueillir. Il semble que Giorgione ne puisse dompter la passion qui l'enflamme, elle déborde; ses paysages même, chauds et fauves qu'ils sont, paraissent embrasés d'amour, et, à les regarder, le sang circule plus vivement.

Malgré cette insouciance du sujet, inexplicaple à nos yeux, et pourtant commun à tous les artistes du seizième siècle, Giorgione, avec son élévation d'esprit, ne pouvait manquer de faire quelques tableaux pensés. Redolfi en a vu un où il avait symbolisé la vie humaine d'une manière intéressante : une femme assise nourrissait un enfant nouveau né qui éprouvait déjà les misères de l'humanité, et pleurait impétueusement; à côté, un jeune garçon en dispute avec des philosophes, et une vieille matrone, disait le pénible emploi de l'adolescence, l'étude et l'éducation; dans le milieu, un homme robuste se montrait prêt à tirer l'épée, soit que le peintre ait voulu exprimer l'emportement de l'âge des passions, ou plutôt indiquer que l'existence est un combat dans lequel il faut se présenter toujours bien armé; enfin, plus loin, on apercevait un vieillard cassé, la main sur une tête de mort et méditant. L'idée est belle, complexe, d'une haute poésie, et frappe par son austère mélancolie. — Tous les hommes supérieurs ont de la sensibilité; quand l'heureux Giorgione regarde la vie, c'est par le côté de ses souffrances et de ses réalités mauvaises qu'elle l'impressionne.

Les contemporains de Giorgione travaillaient encore dans le goût gothique; il fut le premier qui se détacha de la copie trop rapprochée du modèle. Il trouva les effets de la couleur; il communiqua aux choses leur véritable caractère : dans ses mains, le velours eut du moelleux; le satin, de l'éclat; la chair, de la morbidesse. Il donna à la peinture cette grâce séduisante, cet aspect fascinateur qui, indépendamment de toute autre qualité, ont tant de charme pour l'œil. A partir du jour où il posa ses lois, l'art devint tout-à-coup l'égal de la nature, au lieu d'en être l'esclave comme auparavant; il

l'émancipa; il ouvrit la lice aux belles inventions du génie, et ce n'est pas sa moindre marque de supériorité que d'avoir passé sans transition du dessin raide, du coloris sec et de la dureté de contour, défauts des anciens maîtres, à la belle liberté d'exécution, qui est sa qualité distinctive.

Dès les premiers essais, la manière nouvelle du Giorgione avait étonné tous les artistes. Cette rondeur surprenante, cette pâte grasse et vigoureuse, cette souplesse de forme, cette chaleur de ton, inconnus jusqu'alors, les préoccupaient infiniment. Ils tournaient tous les yeux vers le hardi novateur. Il y en eut un, entre autres, homme de vaste intelligence, qui comprit qu'il y avait là une révolution. Cet homme n'avait guères plus d'une année que le Giorgione. D'abord, son condisciple à l'atelier de Jean Bellini, il était resté à prendre les leçons du vieux maître, lorsque l'autre avait quitté, sûr de ne trouver qu'en lui les voies d'un grand avenir; mais il ne le perdait pas de vue, le suivait de loin, étudiait ses progrès, et lorsqu'il fut bien convaincu de sa large portée, il vint, à l'âge de 30 ans, avec un ferme courage et sans fausse honte, demander des leçons à son ancien camarade. L'homme dont nous parlons s'appelait Tiziano Vecelli. Ceux qui nous ont nié que le Giorgione lui ait jamais rien enseigné, n'ont pas vu apparemment une gravure du seizième siècle, représentant Vittoria Colonna, le chaste amour de Michel-Ange, au bas duquel ils auraient lu : « *Fatto da Sebastiano del Piombo, discipulo congionto col Titiano del gran Giorgione.* »

Habitué que l'on est à voir la jalousie régner au cœur des artistes, comme si le sort avait condamné fatalement aux tortures de l'envie ceux auxquels elle fait la grâce du talent, plusieurs biographes ont avancé que le Titien était, à la vérité, venu prendre les conseils de son camarade, pour abandonner l'ancienne manière qu'il pratiquait, mais que Giorgione lui témoigna beaucoup de dédain, refusa son concours, et se fâcha avec lui comme avec un ennemi qui vient vous dérober vos armes. Nous avons tous les motifs possibles pour ne point accepter cette accusation contre Barbarelli. Sa *giorgeria* ne fut pas même troublée par les basses rivalités qui nous sont ordinaires; c'est une nature exceptionnelle dont tous les principes étaient nobles, et l'on éprouve vraiment une sorte de bonheur à étudier cet homme doué de génie et de bonté, sans haine ni bouffissure. L'auteur anonyme qui fit, en 1622, une notice sur le Titien, et qui alors pouvait être bien informé, n'admet aucun doute sur la manière bienveillante dont Giorgione en usa avec son camarade devenu son élève; il explique fort longuement le soin affectueux avec lequel il enseignait ce qu'il avait trouvé, et il établit que c'est par Giorgione que le Titien obtint de peindre à côté de lui un pan de muraille de l'entrepôt des Allemands. Le maître, favori du doge Loredano, avait été chargé seul de le décorer. Plus tard, lorsque Marco Vecellio, descendant du Titien, fit réimprimer, en 1650, la notice biographique sur son grand-oncle, il adopta cette version sans aucune réplique. Enfin, s'il fallait une nouvelle preuve que Giorgione ne refusa pas ses leçons, nous la trouverions dans Vasari, à l'article de Paris Bordone. Il rapporte que Bordone étant allé chez le Titien, remarqua que celui-ci craignait presque d'instruire ses élèves, et le quitta en regrettant tout haut que le Giorgione fût mort, « parce qu'il avait la réputation d'unir à ses excellentes leçons la douceur et la bonne volonté. »

On est toujours disposé, nous le savons mieux que personne, à grandir les hommes dont on s'occupe; on se les assimile, on fait avec eux une sorte d'alliance fraternelle. Ils vous portent, et on croit naïvement les porter. C'est une illusion facile en raison même de sa douceur, et cela engendre un petit mouvement de vanité, dont le principe est si généreux qu'il nous semble pardonnable; mais nous ne concevons pas pourquoi les biographes du Titien ont prétendu l'affranchir des conseils du Giorgione, car sa gloire n'y gagne rien. Sans aller plus loin qu'au Louvre, on acquiert la certitude que Vecellio commença par copier Barbarelli. C'est le droit des hommes forts, la loi du progrès. Corneille s'est inspiré des Espagnols, Molière des Latins; ils prenaient leur bien où ils le trouvaient. Regardez dans le *concert champêtre* la tête du jeune musicien de face, ce parti pris de coiffure, que nul n'avait eu jusque-là, l'abondante masse de cheveux fondue avec de petits détails d'une légèreté exquise, la forme du nez un peu busqué et se terminant par une pointe arrondie; eh bien! ce type se retrouve dans plusieurs têtes de Vecellio, et particulièrement dans l'homme du *portement de croix* qui aide Jésus-Christ. Si l'on a voulu que le Titien n'ait pas été disciple du Giorgione, afin de lui prêter, comme Ticozzi, l'honneur d'avoir découvert la science du clair obscur et des grands effets

d'harmonie qui en jaillissent, on a oublié que deux têtes de l'*exvoto* et le *concert champêtre* sont là pour constater que le Giorgione n'avait rien laissé à faire en ce genre. La part de Vecellio est assez belle; il a creusé les grandes voies découvertes; il a usé de ce moyen, comme les hommes de génie savent en user. Mais le Giorgione n'en demeure pas moins le créateur d'une manière qu'il porta du premier coup à toute perfection. Cet artiste extraordinaire avait été si haut, cela est remarquable, que le Titien, malgré ses soixante ans d'immortels travaux, n'a pu l'absorber. Croit-on que le jeune homme, mort à 33 ans, serait connu aujourd'hui, s'il avait uniquement trouvé un principe qu'un puissant génie comme Vecellio aurait mis en œuvre?

Et encore, il ne subsiste que peu de choses du Giorgione; comme il peignait presque toujours à fresque, le temps a effacé la plus grande partie de ses ouvrages; il avait cependant énormément travaillé, et Ridolfi put voir de lui une suite de douze grands cadres sur la fable de Psychée. Les gravures en ont été conservées, et il est facile de reconnaître que Raphaël les avait étudiées lorsqu'il traita plus tard le même sujet.

Le Giorgione, au milieu du triomphe, s'était retiré dans l'amour d'une femme; il ne vivait plus que pour elle et pour la peinture; nous l'avons vu au commencement passant les nuits à la chanter; il l'aimait comme savent aimer ces hommes là, sans merci ni mesure, lorsqu'elle disparut avec un élève qu'il avait comblé de bienfaits. Pietro Luzzo da Feltre n'a guère obtenu d'autre célébrité que celle-là; il se réfugia à Rome, et entra chez Raphaël qui l'employa aux décorations de stuc dans ses chapelles. Giorgione eut la faiblesse de regretter une femme qui se laissait enlever; avec une nature comme la sienne, toute de premier jet, toute d'impression spontanée, ce qu'il y a de ridicule dans la position d'un homme trompé qui pleure sa perte, ne devait point le frapper; il ne pouvait mettre le sentiment d'une grande dignité au-dessus du mal, ni se relever par l'orgueil; il s'abandonna au désespoir; son chagrin, nourri de ses ardentes passions, prit, en peu de jours, une intensité mortelle, et il fut ravi au monde en 1511, arrêté dans la plus glorieuse carrière par ce pitoyable évènement, à l'âge de 33 ans!

De tous ceux qui ont ennobli leur existence, fais registre, dit Montaigne, et j'entrerai en gageure d'en trouver plus qui sont morts avant qu'après 35 ans.

TIZIANO VECELLIO.

Taillasson, mauvais peintre, qui a fort bien écrit sur la peinture, et dont nous avons eu déjà l'occasion de citer quelques paroles, fait cette observation pleine de justesse et de sagacité : « Il est à remarquer que dans toutes les connaissances humaines, les progrès sont très lents pour arriver à un certain point, mais que de ce degré à leur plus haute élévation, le passage est toujours très rapide. » En effet, de Jean Bellin à Giorgione son disciple, quelle immense distance! Taillasson aurait pu ajouter qu'aussitôt que la société a produit quelqu'invention, il naît tout de suite des hommes pour l'exploiter, et avec des facultés instinctives tellement spéciales, qu'ils semblent nés exprès pour la chose. A moins de croire comme les bonnes femmes, que la providence se mêle de nos affaires, il y a certes là un grand motif d'étonnement ou plutôt un impérieux sujet d'observation.

A peine le Giorgione eut-il découvert les merveilles de sa couleur, qu'il se forma à côté de lui un homme doué, pour ainsi dire, des mêmes aptitudes, et qui devait vivre assez long-temps pour mener à la plus belle fin ce qu'il avait commencé. Celui-là était né en 1477, sur les confins du Frioul, à Piève, principale forteresse du territoire de Cador, dans la dépendance de la sérénissime république de Venise. Sa famille fournissait à Cador, depuis l'an 1200, des syndics, des notaires, des potestats et des jurisconsultes, d'une admirable intégrité; elle passait pour avoir ajouté saint Tiziano au calendrier; et il lui était réservé encore, en donnant le jour à Tiziano Vecellio, de montrer au monde un des beaux génies de la peinture. Il n'y a guère de plus belle noblesse dans l'histoire.

La vocation de Titien, comme celle de tous les grands artistes, éclata dès l'âge le plus tendre. On sait qu'à dix ans il peignit sur une borne une tête de vierge avec des sucs de fleurs écrasées, faute de couleurs. Voyant cela, ses parents le mandèrent à Venise, chez un de ses oncles nommé Antonio, qui le plaça auprès de Gentile Bellini. Mais il quitta ce maître pour aller trouver Jean Bellini, dont les leçons étaient infiniment plus éclairées. Il resta long-temps à travailler dans la petite manière de Giovanni; il se bornait à copier servilement la nature, et l'on aurait pu compter aux figures qu'il faisait les poils du duvet des

mains, lorsque le Giorgione ayant apparu, il jugea tout ce qu'avait de portée l'invention de son ancien camarade, et vint se mettre sous sa direction. Il avait l'intelligence si vive et le pinceau déjà si exercé, qu'au bout de peu de mois, plusieurs toiles de lui furent prises pour être du nouveau maître. Le Giorgione l'employa donc à peindre avec lui le bazar des Allemands, mais l'élève s'y distingua de telle façon, que les auteurs s'accordent à écrire qu'il dépassa Barbarelli. Il ne nous est plus donné de juger le différent; trois siècles, en courant sur ces fresques exposées aux injures de l'air, les ont dévorées. Quoiqu'il en soit, cet ouvrage suffit à le faire connaître, et on l'appela de Padoue et de Vicence, où l'on avait besoin de quelques peintures. Deux ans après, lorsqu'il revint à Venise, sa réputation était faite, et il fut chargé, par le sénat, de terminer la salle du conseil, que Jean Bellini n'avait pu achever. Il retoucha entre autre la grande composition où l'empereur Frédéric Barberousse fait amende honorable aux pieds du pape Alexandre III. Titien s'éleva très haut dans ces peintures, et le Giorgione étant mort, on lui donna, comme à l'artiste le plus éminent de la ville, l'office de la *sensaria*, sorte de droit à percevoir sur les marchandises de l'entrepôt, d'un rapport annuel de 3 ou 400 écus.

Il y avait ainsi alors certains offices que l'on donnait communément aux artistes à titre de pension; la charge du plomb à Rome, qui consistait à sceller d'un sceau de plomb quelques actes du pape, était de cette catégorie. On voit dans les mémoires, Benvenuto la solliciter sous Paul III, en récompense de travaux non payés. L'office de la sensaria à Venise était une espèce de brevet de peintre du sénat, et entraînait l'obligation de faire à chaque élection le portrait du nouveau doge.—La manie des titres est aussi vieille que la société; le talent même, la chose la moins saisissable du monde, a été transformé en une dignité positive, et dans les monarchies bien organisées, nous avons le premier peintre du roi comme le premier valet de chambre, quitte pour lui à attendre la mort dans le ridicule, s'il devient le dernier peintre de la nation.

Nous ne pouvons songer ici à écrire la notice du Titien, comme il le faudrait : 90 ans d'un travail perpétuel, d'une existence étourdissante, des plus hautes relations sociales et d'une renommée immense, veulent être racon-

TITIANO
VECELLI

tés avec une ampleur que la *Galerie historique* ne comporte pas. C'est presque un volume dont nous aurions besoin, et nous n'avons que quelques pages. Nous irons rapidement.

La carrière du Titien devait être une longue carrière de bonheur et de gloire. Les circonstances furent toujours favorables à son génie. Vers 1512, Giorgione en mourant, et Sébastien, surnommé depuis del Piombo, en allant s'établir à Rome, lui laissèrent le sceptre de la peinture vénitienne; il en usa modestement, et sans se laisser éblouir; il ne fut point d'abord le somptueux personnage que l'on connaît. Dans la force de l'âge, sa vie était d'une simplicité extrême et dévouée tout entière au travail. Calme, sérieux, raisonneur, il amassa en silence de la gloire, de la vigueur et de la santé, comme s'il eût deviné que sa carrière serait longue, et que sa fin aurait à supporter les fatigues des plus énervants plaisirs.—Au commencement, Titien s'occupa surtout de portraits; il les faisait dans la belle tournure que le Giorgione avait mise en vogue, et possédait particulièrement une rare habileté à donner le plus grand air du monde aux figures, sans que le modèle fût moins ressemblant. Titien n'a pas d'émule en ce genre; il y mettait toutes les ressources de son intelligence, et c'est le peintre de portraits par excellence.

En 1514, il fut prié de venir à Ferrare par le duc Alphonse, qui voulait continuer les embellissements de son palais; il acheva d'abord la *Bacchanale* de Jean Bellini, et fit ensuite, pour l'accompagner, le *triomphe de Bacchus* et celui de l'*Amour*, regardés comme deux des plus belles choses qui soient sorties de son pinceau. Alphonse qui possédait déjà l'Arioste, aurait bien voulu conserver le Titien auprès de lui; mais quelqu'offre qu'il lui pût faire, quelque considération qu'il lui montrât, il fut obligé de le laisser aller. De retour à Venise, le Titien repoussa de même les instances du pape qui voulait l'attirer à Rome, et les pressantes sollicitations de François I.ᵉʳ, comme celles de presque tous les princes de l'Europe. Les artistes vénitiens sont beaucoup moins nomades que les autres; on les voit rarement s'expatrier, leur ville a de tels charmes, qu'ils y reviennent toujours, et ne peuvent se décider à la quitter pour longtemps. Titien préférait le séjour de sa chère Venise, à toutes les royales propositions qu'il recevait, et il allait seulement chaque année faire un voyage à Cador, où le conviaient l'a-

mour de ses parents et le besoin de se rafraîchir l'esprit par les riantes images de la campagne. Il venait de donner au monde, en 1524, un des chefs-d'œuvre de l'art, le *martyre de saint Pierre*, et gardait, moins par avarice que par bonne habitude, les mœurs simples et la frugalité de ses ancêtres, quand, vers 1527, l'Aretin qui se retira à Venise après la mort de Jean de Médicis le grand diable, et le sculpteur Sansovino, avec lesquels il lia grande amitié, lui donnèrent des goûts de luxe et de mauvais plaisirs. Il partagea leurs fêtes et entra vers l'âge de 50 ans dans la vie de dissipation, d'amours grossières, et de *mangerie*, que l'histoire a consacrée pour l'Aretino. Ne nous arrêtons pas sur cette intimité qui le déshonore, et allons le rejoindre à Bologne, où Charles-Quint et Clément VII se sont rendus afin de négocier leur paix. C'est là qu'il exécuta pour la première fois le portrait de l'empereur. Celui-ci qui avait à faire oublier les férocités des bandes impériales et le sac de Rome, fut d'une grâce et d'une générosité extrêmes. Le grand peintre retourna à Venise comblé de cadeaux, mais il y trouva, à son grand regret, le Pordenone qui, favorisé par plusieurs gentilshommes, avait percé tout-à-coup, et travaillait à un tableau dans l'église de Saint-Jean de Rialto. Le Titien, malgré son génie, subissait le vice commun; il était horriblement jaloux, et capable, avec son humeur toute bienveillante et douce, de nuire jusqu'au sang à ses rivaux. Quand il vit qu'on lui mettait en concurrence Regello Pordenone, celui-ci eut tout à craindre, et ce ne fut plus que l'épée au côté avec une rondache sur son échafaudage qu'il continua sa fresque. Les mœurs du temps, nous le savons déjà, ne justifiaient que trop ce terrible appareil, et le pauvre Pordenone ne put échapper trois ans plus tard à un autre envieux qui l'empoisonna.

En 1532, le pape et l'empereur s'étant réunis de nouveau à Bologne, Titien y fut encore appelé pour faire une seconde fois le portrait de Charles V, celui-ci l'avait pris en grande affection; il l'arma de sa propre main chevalier de l'éperon d'or, le nomma son écuyer, et outre mille écus qu'il donnait pour chaque portrait, le renvoya avec une pension de 200 écus sur la chambre de Milan. Plus tard il lui conféra le diplôme de comte Palatin, y joignant tous les privilèges, facultés et juridictions attachés à cette dignité, et déclarant sa descendance héritière de ses titres.—Les pensées élevées du Titien, sa conversation attrayante, ses grandes et larges manières d'artiste séduisaient tout le monde. Frédéric Gonzague, duc de Mantoue, qui s'était rendu à Bologne pour faire honneur à Charles V, le supplia de venir à sa cour, et là, outre les portraits du duc et du cardinal son frère, Vecellio fit les douze Césars en douze grands médaillons, dont la beauté est restée célèbre; après quoi il s'en retourna dans sa patrie, malgré une espèce d'engagement d'aller à Rome qu'il avait contracté vis-à-vis du pape. Le Titien ne quitta jamais Venise qu'avec une extrême répugnance, et il y revenait aussitôt qu'il pouvait, comme un prince en son castel préféré. Il y menait à la vérité une existence de gloire, de plaisirs et d'honneurs telle que, seulement à y penser, la tête la plus froide se perd en rêves. Son génie était une royauté reconnue, qui lui attirait les respects de tous; on a le vertige en apprenant par exemple le témoignage de considération qu'il reçut vers 1545 de la sérénissime seigneurie de Venise. L'infatigable rivalité de François I.er et de Charles V, avait déterminé le gouvernement vénitien, placé entre ces deux terribles ambitions, à se prémunir contre toute attaque. Il augmentait ses flottes ainsi que le nombre de ses troupes, et ravitaillait ses ports; mais comme le trésor ne put suffire à de pareilles dépenses, il frappa une contribution extraordinaire sur tous les habitants de la ville, de quelque condition qu'ils fussent, N'EN N'EXCEPTANT QUE LE SEUL TITIEN, POUR RAISON DE SA RARE EXCELLENCE. Lui aussi riche que les plus riches!

Le Titien venait d'achever, à l'âge de 70 ans, la belle académie de Vénus couchée, que la gravure a rendue populaire; trois ans après, son pinceau, plus que septuagénaire, devait enfanter le *couronnement d'épines* du Musée, chef-d'œuvre de science et d'énergie; toujours plein de force de corps et de vigueur d'esprit, il se décida à exécuter la promesse faite à Paul III, de se rendre à Rome. Il partit accompagné de son fils Horace, de son neveu Marco, et d'une nombreuse suite de domestiques, train ordinaire de ses voyages. Le pape lui assigna un logement au palais Belveder, et commit des personnes spéciales pour lui faire voir tout ce qu'il y avait de rare dans la capitale du monde chrétien : rôle digne d'attention à une époque d'abaissement pour les petits et d'insolence pour les grands, que celui de cet homme placé, par son génie et ses richesses acquises, au rang des plus hauts princes! En 1547 et 1550, Tiziano fit

encore deux voyages à Augsbourg, où l'appelait chaque fois son ami Charles-Quint; puis il se fixa définitivement à Venise, où il vécut toujours plein de zèle pour le travail, avec un état de maison presque royal, et au milieu de la vénération universelle, en dépit de ses débauches avec l'Aretino.

Titien était appelé à vivre long-temps dans l'entière puissance de ses facultés, constamment glorieux, constamment fortuné, l'âme tranquille et assez égoïste, plus attaché à la couleur qu'à autre chose, ne se donnant nulle fatigue d'esprit pour ses compositions qu'il prenait même volontiers à ses voisins; les ardeurs de la pensée n'usaient point son corps. Mais tout finit, tout, Titien lui-même, malgré l'air superbe dont il portrait ses 99 ans, devait aussi finir, seulement ce fut la peste qui vint l'emporter en 1576, comme si le temps et la mort n'eussent osé toucher à cet homme heureux, comme si la peste seule, la peste, plus impitoyable que la mort même, pouvait seule se charger de tuer le grand vieillard!

Copier la nature avec scrupule, en y ajoutant les effets de pittoresque nouvellement découverts, tel fut le rôle que le Titien accomplit dans l'art, rôle presqu'éclectique, mais qu'il a rendu admirable par l'élévation où il l'a porté. Il faut le considérer bien plutôt comme un peintre de portraits, que comme peintre d'histoire; ses tableaux ne sont guères que des réunions de ressemblances magnifiques; ils n'ont pas l'entrain et l'aspect saisissant des maîtres doués de véritables facultés de création, comme Véronèse, Tintoret, Annibal Carrache, Raphaël, Rubens, et d'autres encore; ils ont la vie individuelle, si nous pouvons dire, mais pas la vie générale. Aussi son œuvre, abstraction faite de la couleur, n'est-il que d'un médiocre intérêt. Nous ne prétendons pas faire en ceci la critique de Vecellio; ses qualités sont peut-être d'un ordre moins supérieur, mais elles ne sont ni moins rares ni moins précieuses que celles pour lesquelles nous avons un goût particulier. Les questions de préexcellence sont quelquefois insolubles, et il nous est impossible, par exemple, de nous prononcer entre la *nature* du Titien magnifique, mais précise, et celle de Rubens magnifique aussi, mais idéalisée. Ce sera faire preuve, nous croyons, d'une intelligence forte, largement artiste et tout à fait complète, que de les concevoir, les admettre, et les admirer également tous les deux.

JACOMO ROBUSTI,

DIT LE TINTORET.

Jacomo Robusti naquit en 1512 de Batista Robusti, citoyen de Venise et teinturier. A peine sorti de la première enfance, le jeune Jacomo se donnait à dessiner, et, sans que rien pût le corriger, faisait des bonshommes sur tous les murs de la maison, avec les couleurs qu'il puisait dans les cuves de son père. Batista, auquel de pareils gâchis ne convenaient que médiocrement, et qui destinait son fils à être un excellent teinturier comme lui, eut cependant assez de raison pour ne pas vouloir aller contre des goûts qui se manifestaient d'une manière aussi positive; il consentit à ce qu'il cultivât ses inclinations naturelles, et après lui avoir fait faire de bonnes études, où la musique, selon l'usage, eut grande place, il l'envoya chez le Titien. Celui-ci qui ne se montra jamais fort zélé pour son prochain, ni fort disposé à enseigner ce qu'il savait, le reçut parmi les nombreux élèves qui se pressaient autour de son beau nom, et ne lui accordait pas plus d'attention qu'aux autres, lorsque, passant un soir par l'école, il ramassa une feuille de papier sur laquelle il aperçut plusieurs études d'une facture magistrale. Le lendemain il entre dans l'école et s'informe de qui elles sont; Tintoretto, le petit teinturier, car déjà les camarades, d'après la vieille et naïve coutume des académies, lui avaient appliqué un sobriquet, Tintoretto, craignant d'être repris pour les avoir mal faites, s'avance d'un air embarrassé; il reçoit au contraire des éloges, et retourne joyeux au travail; sa jeune tête s'exalte à la pensée d'avoir mérité une pareille louange; il est plus assidu encore; mais à peu de jours de distance, Girolamo, l'aide du Titien, lui cherche une querelle et l'expulse, d'où le pauvre enfant, sans savoir pourquoi, resta tout à coup privé de leçons. A la fin il comprit, et cette jalouse dureté lui mit au cœur une incroyable ambition. — Pour les âmes vraiment nobles et fortes, l'injustice elle-même, loin d'être un sujet de découragement, un motif d'abandon d'elles-mêmes, est une excitation de plus aux généreuses résolutions.

Puisque son maître le traitait en rival à

venir, Jacomo voulut lui être un dangereux rival, et devenir le chef d'une école qui éviterait ses défauts et aurait ses qualités, c'est-à-dire qui joindrait une grande excellence de dessin à son merveilleux coloris. En face de la gloire éblouissante qui couronnait déjà Tiziano, c'était là un de ces rêves que l'on ne voit qu'aux grands esprits! Il songea dès ce moment aux meilleurs moyens à prendre pour ne pas dévier de la route qu'il venait de s'imposer, et la première chose qu'il fit (idée réellement très-originale), fut d'écrire en grosses lettres sur les murs de la petite chambre où la pauvreté le contraignait d'habiter. « IL DISEGNO DI MICHEL-ANGELO, IL COLORITO DI TIZIANO. » Telle fut la loi sacramentelle, l'évangile des premières études de Robusti; ces mots, qui parlaient de tous côtés, qu'il avait perpétuellement sous les yeux, étaient comme un bon conseil qui le ramenait sans cesse au but et lui criait la vérité, un guide qui montrait le chemin et le rendait plus sûr. Des lors, il commence à creuser son sillon; il recueille de toutes parts des plâtres pris sur les marbres antiques; il mande de Florence des petits modèles que Daniel de Volterre avait exécutés d'après les quatre principales figures des tombeaux des Médicis, l'Aurore, le Crépuscule, la Nuit et le Jour. Il copie cela sous vingt faces différentes, cherchant par-dessus tout un grand style de dessin, et se refusant à ne prendre que la nature qui lui pouvait fournir, assurait-il, des modèles imparfaits. Il forme aussi de petites *maquettes* en cire qu'il drape avec du linge mouillé, et les dispose dans des chambres de carton, aux fenêtres desquelles il place une lampe pour obtenir des ombres plus fortes, et se rendre bien maître des divers effets de la lumière. Il acquiert encore une science complète du raccourci, en suspendant des manequins au plafond, pour les dessiner sous tous les aspects imaginables. En même temps, il demande à l'anatomie le secret des attaches et l'ordre des muscles. Il vit des jours entiers caché avec des cadavres, et ne les quitte point qu'il n'ait une intelligence entière des moindres finesses du nu.

Ainsi, la vigoureuse tête de ce jeune homme embrasse tout ce qu'il doit savoir. Il ne recule devant aucune fatigue. C'est un spectacle curieux que celui de le voir s'ingénier pour trouver des difficultés à vaincre, et l'on aime s'y arrêter comme à des preuves de force où le cœur se ranime. Il fait amas de connaissances, son repos même est mis à profit; lorsqu'il ne travaille pas, il s'en va par les églises, les écoles, les endroits où il sait qu'il y a des peintres occupés, et il les regarde faire durant des heures entières; lui, doué des plus brillantes facultés naturelles, lui, que le Titien a chassé pour ses beaux dessins, il n'avance que laborieusement et pas à pas dans l'art; il sait que l'étude ne donne point le talent, mais le développe, et il fournit, par les courageux exercices de sa jeunesse, un admirable exemple des travaux nécessaires pour poser les bases d'une belle renommée. On le voit, suivant que nous avons plusieurs fois pris soin de le répéter, tous ces hommes-là ont chèrement payé leur gloire. — Leur génie a beau deviner, surpasser les plus grandes difficultés spirituelles et même matérielles par une sorte d'intuition, c'est une terre féconde plus rude à cultiver qu'on ne croit. — Ils travaillaient comme de pauvres chevaux; ils étaient infatigables; ils allaient par toutes les routes ouvertes avant eux, recueillir les choses qui convenaient à leur nature, et des éléments homogènes, pour les fondre en un tout qui leur devînt propre. A ce sujet, nous rapellerons qu'Andrea del Sarto avait acquis par ses études une telle habileté à imiter la peinture des autres, qu'ayant expédié pour Mantoue une copie du portrait de Léon X, par Raphaël, Jules Romain qui l'a reçu et qui avait exécuté lui-même les habits de l'original, y fut complètement trompé!

Au moment où le Tintoret eut terminé ses recherches, Palme le vieux, Bonifacio, Pordenone, Schiavone et le Titien, absorbaient toute l'admiration vénitienne. Il y avait outre cela quantité de jeunes gens pleins de mérite qui occupaient l'attention, mais un garçon de l'humeur de Robusti ne pouvait guères rencontrer d'obstacles; ferme et résolu comme il l'était, avide de mettre en lumière les inventions qui bouillonnaient dans son cerveau, il eut bientôt trouvé moyen de se frayer passage. L'usage qu'avait introduit le Giorgione de peindre à fresque les façades des maisons était devenu général. Or, un jour, qu'en se promenant, Jacques en vit bâtir une près du pont des Anges, il jugea l'occasion bonne, et tout simplement se mit à causer de la chose avec les maçons. Ceux-ci lui dirent que les constructeurs ne voulaient faire aucune dépense; il proposa

alors d'orner les murailles, seulement pour le prix des couleurs, ce qui, rapporté aux propriétaires, les décida, et le jeune peintre fut lancé. Après la maison du pont des Anges, il offrit aux pères *de la Madone du jardin*, de décorer deux fonds d'autel qui pouvaient bien avoir cinquante pieds de haut; et comme les pères reculaient devant l'énormité probable de la dépense, il se charge encore de tout faire pour les déboursés, « voulant offrir en présent ses fatigues à Dieu. » On accepte, et en quelques mois il a couvert les immenses surfaces, l'une de l'*adoration du veau d'or*, et l'autre du *jugement dernier*. « Par les fleurs d'avril, dit Ridolfi, on juge des fruits de l'automne, » de même les premières années du Tintoret annoncent la force de son âge viril; dès son entrée dans la carrière, il se présente comme le peintre le plus hardi du monde, et l'ardeur qui le dévore ne lui laisse rien concevoir d'impossible à son pinceau.

On faisait alors énormement de peinture à Venise; on usait de la jeune et vigoureuse couleur de l'école nouvelle, pour remplacer ce que les vieux peintres avaient laissé; le sénat couvrait peu à peu dans les salles du palais les anciens ouvrages de Guarinetto, de Gentile, de Fabiano, de Pisanello, de Vivarino, par des compositions du Giorgion, du Titien et des autres maîtres modernes. Le Tintoret, qui avait enfin pris rang, obtint dans cette refonte la cérémonie du couronnement de l'empereur Frédéric Barberousse, par le pape Adrien, et la représenta avec une pompe extraordinaire de cardinaux, de sénateurs, d'évêques et de guerriers; ensuite il travailla pour les églises, les particuliers et les confréries. C'est entre autres pour la *scuela* de san Marco qu'il fit, vers 1548, à l'âge de 36 ans, son plus fameux ouvrage, *saint Marc délivrant un esclave*.

A se rappeler la manière dont furent accueillis quelques-uns des chefs-d'œuvre de l'esprit humain, lorsqu'ils vinrent illustrer le monde, l'homme a de réels motifs pour humilier profondément son orgueil. De même que le *misantrope* ne réussit pas, et que le *don Giovanni* fut à peu près sifflé, le *saint Marc délivrant un esclave*, reconnu aujourd'hui pour une des belles œuvres de l'art, trouva d'abord parmi les membres de *l'école* et une portion du public, de tels doutes que le peintre indigné le fit arracher du lieu où il était et porter à sa maison. Ce fut plus tard que les confrères de saint Marc, troublés par les acclamations universelles, reconnurent leurs fautes et vinrent prier Tintoret de leur rendre la magnifique toile. Et lui, alors suspendant sa colère comme une puissance apaisée, souffrit qu'ils la remportassent. — Heureuse et enviable existence que celle de tous ces privilégiés de la nature, qui reçoivent un honneur plus grand par l'injure même qui leur est faite, et qui goûtent souvent une liqueur délicieuse, mêlée aux amertumes du calice!

Le mot *scuela* que nous traduisons ordinairement par école, ne veut dire autre chose ici que confrérie, société. Il y en avait beaucoup dans toutes les villes d'Italie. C'était, à proprement parler, des clubs semblables aux nôtres; mais comme l'art entrait partout, on s'y occupait beaucoup d'art. L'école de Saint-Roch à Venise, plus considérable qu'aucune autre, était particulièrement le rendez-vous des amateurs de peinture et des étrangers. On l'avait transformée en un lieu d'exhibition perpétuelle; les artistes qui ne se souciaient pas d'exposer, comme il arrivait souvent, leurs productions nouvelles en plein air, à la porte d'une boutique ou sur le parapet d'un pont, les pouvaient envoyer à l'école Saint-Roch, elles y trouvaient des salles destinées à les recevoir. La confrérie dont nous parlons employa le Tintoret pour ses décorations intérieures; c'est là qu'il exécuta son *crucifiement*, une des plus immenses entreprises de la peinture. Rarement elle a développé une action aussi considérable sur un espace aussi étendu; il nous semblait en ouvrant la gravure d'Augustin Carrache qui la reproduit, arriver sur une plate-forme où se jouait le grand drame du rachat des hommes. Cent cinquante figures, au moins, sont dispersées sur un vaste terrain, toutes parfaitement accusées, toutes remplissant un rôle indépendant les unes des autres, et n'étant liées que par ce fluide qui est dans la nature. C'est la réalité même avec ses rapports de coordination et son ensemble harmonieux; on dirait que l'art n'a mis dans cette composition aucun de ses moyens d'effet. Sans doute on y voudrait plus de la spiritualité catholique; le peintre n'a pas même soupçonné le divin mystère de la passion, le sentiment religieux et poétique est absent; nous n'avons devant les yeux que le supplice de trois condamnés, rien n'est idéalisé, mais rien n'est plus *vrai*.—Jésus est déjà crucifié. La belle tête du Sauveur penche vers la mort; à ses pieds pleurent la vierge Marie, sainte Madeleine et les apôtres, et plus loin deux soldats jouent sa robe au dez, comme gens qui s'inquiètent fort peu d'ailleurs de ce qui les entoure; à quelques pas, des ouvriers élèvent en croix un des larrons, les uns la soutiennent avec les bras, tandis que leurs camarades, au moyen de grandes cordes, tirent en avant pour la dresser. De l'autre côté, on s'occupe de la troisième victime; elle est déjà couchée à terre sur l'instrument d'ignominie; un bourreau perce le bois avec une grosse vrille, un second bêche pour faire le trou; et à l'entour de ces groupes d'action pleins de naturel, des hommes, des femmes, des enfants à pied et à cheval, en un mot, cette foule curieuse de sang qu'attire éternellement la vue des supplices, regardent, causent, crient, se parlent à l'oreille, montrent telle ou telle chose du doigt, enfin sont tous vivants.—L'usage n'était pas alors pour les artistes de signer leurs œuvres, mais le Tintoretto eut conscience de ce qu'il avait fait, et mit son nom au bas de la page. Il serait difficile d'en faire mieux l'éloge. Piètre de Cortone disait en la voyant : « Si je demeurais à Venise, il ne se passerait pas de jour de fête, que je n'allasse repaître mes yeux de cette peinture et en admirer surtout le dessin. »

On peut considérer le *crucifiement* de l'école de Saint-Roch comme le type du génie particulier de Robusti, de ses inspirations ordinaires. Il ne sent pas l'idéal; il ne comprend que la vérité, et il l'exprime avec une impétuosité de geste incroyable, la vie lui sort par tous les pores, si l'on peut dire ainsi; Marie monte-t-elle aux cieux, il ne voit pas les apôtres se prosterner en adoration devant ce miracle, il les voit stupéfaits et témoignant de leur surprise par des gestes passionnés. Dans le *massacre des innocents*, il ne se borne pas comme les autres à quelques épisodes, il en embrasse tout le désordre et les convulsions; aucun trait de cet abominable carnage n'échappe à son pinceau avide de drame et de mouvement. Les soldats se précipitent en fureur, ils frappent, ils tuent, ils égorgent; les pauvres mères fuient de tous côtés; elles sautent, avec le courage du désespoir, par-dessus les murs pour cacher leurs nouveaux nés; elles courent au loin à travers la plaine en tournant la tête. Le *Massacre des innocents* de Jacques Robusti, s'opère sur au moins une lieue d'étendue! On remarque dans toutes ses créations, cette ampleur, cette hardiesse de conception, cette multiplicité de pensée, qui attestent les plus riches facultés. Ce peintre, à l'ouvrage, semble un chef d'armée qui fait mouvoir de grandes masses; personne ne dispose une composition avec un égal sentiment de la vérité, ne montre la nature plus palpitante; il surpasse tout autre à prêter la vie à une toile; il peint aussi clairement qu'on peut écrire, et l'expression de ses figures, la justesse de leurs attitudes, passaient déjà auprès de ses contemporains pour inimitables. Par malheur, il a une fougue de pinceau qui va jusqu'au vertige et l'emporte souvent, comme un cheval sans frein ni mors, traîne son cavalier à travers l'espace. Il lui est impossible de se contenir. Tintoret, sous ce rapport, est un des hommes les plus extraordinaires qui ait jamais paru. La tête et les mains lui brûlent s'il demeure un jour sans peindre; il se précipite sur les travaux comme un aigle sur une proie. Il les accepte à quelque prix que l'on veuille. Dans sa jeunesse nous l'avons vu peindre pour le déboursé des couleurs, plutôt que de rester oisif; maintenant qu'il a un nom, il ne change pas; en vain il déprécie ses ouvrages par ce débordement; en vain il se condamne à la pauvreté et attaque tous ses frères dans leur fortune; en vain les artistes et Paul Véronèse qui l'aime et professe pour lui une sincère admiration, disent qu'il offense la dignité de l'art en travaillant sans mesure; rien ne le touche, sa verve est un aquilon déchaîné; il a un besoin de produire presque frénétique; souvent on le voit, n'ayant rien à faire pour son compte, aller gratuitement aider le Schiavone et ses autres amis; une fois, il suit à la citadelle des maçons chargés de réparer les murs de l'horloge; il monte, il s'enferme avec eux dans le clocher, et peint tout à l'entour des grotesques, des animaux, des groupes de figures, des caricatures, mille et mille fantaisies pour décharger son cerveau des innombrables pensées qui l'enfièvrent et l'étouffent! Son imagination est inépuisable; il couvre des arpents de murailles sans se répéter jamais; il n'est à l'aise que devant des toiles de 20 à 30 pieds; les fortes études de la jeunesse, jointes à son génie naturel, lui donnent une facilité inconcevable; et à Venise même, à cette époque où le maniement de la brosse était poussé à un point fabuleux, il surprend encore tout le monde par sa promptitude; il invente et exécute dans le même temps qu'un autre met à concevoir.—En 1560, l'école de Saint-Roch donne au concours un tableau dont elle a besoin; Schiavone, Salviati, Frédéric Zucchero, Paul Véronèse, apportent leur dessin, le Tintoret, lui, présente le tableau achevé! Les membres de la confrérie se plaignent : « Je vous le donne, leur dit-il, n'en parlons plus; » et une fois mis en place, les rivaux furent si étonnés de la beauté de l'œuvre, que dans leur poétique langage italien, ils surnommèrent l'auteur un *fulmine di penello*, un foudre de pinceau! Les moins amis l'appelaient depuis long-temps le furieux, *il furioso*; et Vasari, qui, pour avoir beaucoup vécu à Rome, ne pouvait guères l'aimer, avait écrit « celui-là est extravagant, capricieux, mais prompt, résolu, et le plus terrible cerveau qu'ait eu la peinture.» «Excuse-moi, lecteur, fait encore Ridolfi en commençant son histoire, excuse-moi, si dans la présente notice je me suis longuement étendu. On ne peut enfermer l'eau de l'Océan dans un petit vase, ni peindre un géant sur une petite toile. » Ainsi toujours, lorsqu'on parle du Tintoret, on n'emploie que des images d'une proportion colossale. La nature entière est son domaine.

Il va sans dire que cette résolution, cette vélocité de travail, cette rage d'enthousiasme, l'entraînent maintes fois audelà du but; l'action devient violence, l'énergie devient exagération; les connaissances qu'il possède lui sont également fatales; il commet le péché de science; et pour avoir le plaisir de vaincre, il se jette témérairement dans les difficultés de pose inouies, et dont le moindre vice est d'être sans goût et désagréables à l'œil. Le feu dont il n'est pas maître lui-même, le force à l'incorrection; ainsi, malgré ses études profondes de dessin, il dessine souvent mal, et quoique la pureté de style ait été l'objet de ses constantes recherches, il donne dans la bizarrerie. C'est pourquoi, lorsqu'Annibal Carrache vint à Venise, il put écrire au cousin Louis, sans crainte de compromettre la sûreté et la finesse ordinaires de ses jugements : « J'ai trouvé le Tintoret par fois égal au Titien et par fois au-dessous du Tintoret. »

N'est-ce pas une triste condition de la faiblesse humaine que nos meilleures qualités doivent toujours traîner quelque défaut après elles. Robusti, de tous les maîtres italiens le plus incorrect, était précisément celui peut-être qui attachait le plus d'importance à la sévérité des lignes. On a vu avec quelle persévérance il cherche le style au commencement; le dessin est le continuel objet de ses préoccupations; il met le dessin au-dessus de tout. «Tiziano, dit-il, a fait des choses que l'on ne peut pas égaler, mais il en a fait d'autres que l'on peut mieux dessiner. » On lui demande quelles sont les meilleures couleurs; « le noir et le blanc, répond-il aussitôt, parce que celles-là donnent force aux figures, l'une en marquant les ombres, et l'autre le relief. » Un jeune homme l'interroge sur les moyens les plus utiles à prendre pour devenir un grand peintre. — Dessiner, est sa seule réplique. Mais quoi encore? — Dessiner, dessiner, toujours dessiner; et il ajoute en plaisantant: « Les belles couleurs, mon ami, s'achètent à Puente Rialto, mais le dessin! Oh, le dessin ne s'obtient que par la puissance du génie. » Les incorrections du Tintoret ne viennent donc pas de lui en quelque sorte, elles sont l'écueil fatal de son indomptable énergie. Ce n'est pas l'homme qui disait avec une orgueilleuse tristesse : « Plus on fait de peinture, plus on avance dans la science de l'art, et plus les difficultés paraissent extrêmes. » Ce n'est point cet homme-là qui pouvait pécher par défaut de conscience ni de savoir.

Robusti était devenu le rival du Titien; on les opposait souvent l'un à l'autre, et c'était pour le jaloux Vecellio un sujet de haine d'autant vive, que l'autre était véritablement un digne rival. Quand donc les procurateurs de Saint-Marc, dont le Titien avait toute la confiance, le chargèrent des peintures de la bibliothèque; comme il n'avait pas le temps de s'en occuper, il les partagea, à l'exclusion du Tintoret, entre le Schiavone, Paolo Veronèse, Batista Zelotti, Giuseppe Salviati, Batista Franco, et d'autres jeunes gens encore qui passaient pour habiles. Le Tintoret n'était pas homme à perdre l'occasion d'un travail si fort en évidence, et ses menées, pour se relever de l'exclusion, faillirent être la source d'une rupture entre le Titien et l'Aretin. L'histoire vaut la peine d'être dite.

L'Aretin, qui était en correspondance avec toutes les cours et principautés de l'Europe, ne se contentait pas de vanter son ami; en bon et adroit camarade, il dépréciait aussi les autres peintres, et le Tintoretto avait à plusieurs reprises, et plus qu'un autre, passé par ses injures. Celui-ci, qui connaissait le personnage, le rencontrant un jour dans la rue, lui offre de faire son portrait. L'Aretin croit que c'est une manière de le gagner; il daigne accepter, et se rend chez l'émule de Vecellio. Mais voilà que lorsqu'ils sont enfermés, et au moment de commencer, Robusti tire de dessous sa robe un long pistolet, et s'avance vers le modèle, qui devient muet d'épouvante. « N'ayez aucune peur, dit-il, il s'agit de prendre votre mesure. » Puis après lui avoir promené l'arme terrible sur le corps, des pieds à la tête : « Vous avez deux longeurs et demie de mon pistolet, » ajoute-t-il de l'air le plus tranquille du monde, et il se met à peindre. « Vous êtes un grand fou, s'écria l'Aretin lorsqu'il put parler, et vous ferez toujours des vôtres. » A partir de là ils furent au mieux ensemble; non seulement l'Aretin ne disait plus du mal du Tintoret, mais il avait pris une certaine affection pour lui; il le trouvait spirituel et original! Robusti s'adressa donc tout simplement à lui lors de la distribution des travaux de la bibliothèque; il fit valoir l'injustice dont il était victime, employa la grande influence du pamphlétaire, et finalement obtint de faire deux ou trois figures, entre lesquelles on cite un Diogène si merveilleusement colorié, qu'il semble sortir de la niche où il est encadré. Lorsque Vecellio apprit cela, il se plaignit avec la dernière amertume, à tous leurs affidés de son compère Aretin; il l'accusa de trahison et se fâcha ouvertement, disant qu'il ne le reverrait de sa vie. Mais le moyen de se passer d'un vieux compagnon de plaisirs? Il eut bientôt regret de la brouille, et envoya l'inséparable Sansovino demander pardon et négocier la paix. Cette affaire fut, il faut l'avouer, le motif d'un mot charmant de la part du misérable Aretin. « Qu'il n'en soit plus question, dit celui-ci, je vais aller l'embrasser; mais quant au pardon qu'il demande, comment voulez-vous que je réponde? Je ne sache pas que l'on puisse jamais demander à soi-même excuse de ses pauvres fautes. » L'Aretin, pour l'éternelle honte de Tiziano, en revenait toujours à cette idée, que lui et Tiziano ne faisaient qu'un.

A l'époque où nous sommes arrivés, Tintoret avait franchi depuis long-temps les premiers obstacles que les hommes, même du plus haut génie, ont à vaincre pour se faire reconnaître. L'école de Saint-Roch avait voulu se l'attacher d'une façon particulière, et lui comptait une provision annuelle de cent ducats; sa réputation était établie grandement, ses mérites ne faisaient plus objet de doute; il marchait dans la gloire et jouissait de cet heureux état, où l'artiste, maître de l'opinion publique, ne trouve pour ses nouvelles œuvres que des préventions favorables. Toutefois, il ne se reposait pas. C'est le propre des âmes d'élite de ne se satisfaire jamais, d'aller toujours avec de nouveaux labeurs, jusqu'à l'instant suprême où elles retournent à l'immense inconnu. Il s'illustra donc encore par le plafond du réfectoire des Porte-Croix qu'on le chargea de décorer. Il ne fit pas comme les peintres de nos jours; il ne se contenta point, par ignorance ou paresse, d'y appliquer un tableau, sans considération de la place, sans calcul d'effet; il fut soigneux observateur des conditions qu'il avait à remplir; il se montra plus intelligent que jamais des difficultés, ou, pour mieux dire, des vraies beautés de l'art, et dans la *cène* qu'il peignit, il ajusta si bien les décorations architecturales de sa composition, avec la charpente de la voûte, il employa les ressources de la perspective avec tant d'adresse, que la salle en paraissait deux fois plus grande qu'elle n'était réellement. Ce bel ouvrage occupait encore l'attention générale, lorsque Guillaume, duc de Mantoue, arriva à Venise; le prince voulait faire représenter en une suite de 10 tableaux les actions héroïques de son aïeul François de Gonzague; il choisit naturellement l'auteur du plafond des Porte-Croix, et celui-ci commença aussitôt cette collection importante. Les relations qui s'établirent entre l'artiste et le duc devinrent promptement très-familières. Jusqu'à son départ, Guillaume passa des jours entiers chez Tintoret, à le voir travailler, et trouva un tel plaisir dans sa conversation, qu'il le fit engager ensuite, par son ambassadeur, à conduire lui-même les tableaux à Mantoue, pour cimenter leur bonne amitié. Jacques était d'autant plus disposé à un tel voyage, qu'il désirait mener sa femme chez un sien frère, habitant de Mantoue; finement il refusa, sous prétexte que cette chère moitié ne pouvait se séparer de lui. « Qu'à cela ne tienne, dit l'ambassadeur en homme bien appris, le duc mon maître sera enchanté de voir votre femme; » et ayant fait approvisionner de vivres un des *bucintori* du prince, il embarqua Tintoret avec toute la famille. Le duc eut grande joie à revoir l'artiste; il le traita généreusement, prit ses conseils pour les embellissements qu'il voulait faire par la ville, et, nous n'avons guère besoin de le dire, lui commanda aussi son portrait.—Les portraits de Robusti sont dignes de lui; ils ont surtout un vif cachet de vérité, mais moins de splendeur, de grandiose que ceux du Giorgion, et moins de noblesse que ceux du Titien. L'air gentilhomme du personnage à barbe rousse fourchue, qui est au Louvre sous

son nom, ne peut être opposé à notre critique. Evidemment cette toile-là n'est pas de lui, et l'on a droit de s'étonner que le catalogue du Musée de France attribue à Tintoretto un portrait de jeune homme, sur lequel on lit : *Ætalis suæ* 76 — 1540, puisque Tintoretto n'avait alors que 28 ans. Peut-être du reste la date est-elle apocryphe. On ne voit guères, en 1540, d'artiste de 76 ans capable d'un pareil chef-d'œuvre de distinction. Titien lui-même n'avait alors que 63 ans.

Robusti pouvait se faire une belle position auprès du duc de Mantoue; il en était aimé, et Guillaume, selon toute apparence, ne l'eût pas moins bien traité que son prédécesseur Antoine n'avait traité Jules Romain; mais Robusti était de Venise, ceux-là, nous l'avons déjà vu, n'abandonnent pas volontiers leurs lagunes; le secret orgueil de lutter contre un Tiziano, contribuait sans doute aussi à l'y ramener; et bien lui prit de quitter Mantoue, car peu de temps après son retour, le sénat le choisit, de préférence aux autres, pour peindre dans la salle du scrutin la fameuse victoire remportée, en 1571, par les Vénitiens contre les Turcs. Si les antécédents du Tintoret n'étaient assez fâcheux de ce côté, la manière dont il obtint ce travail nous plairait infiniment. Lui, vieillard déjà de 60 ans, il s'était transporté au collège, et avait exposé devant le doge et le conseil assemblé, qu'étant bon citoyen et ayant toujours nourri en son cœur un vaste besoin de servir la république, il offrait de retracer le glorieux événement de Lepante, sans aucune rétribution et pour l'honneur seul d'en être chargé. Il avait ajouté avec une certaine insolence : « Je m'engage à faire la chose en une année, et si un autre, quel qu'il soit, se sent le courage de la mener à fin en deux fois ce temps, je mettrai son cadre à la place du mien. » Quel spadassin de peinture !

Nous avons eu déjà occasion de le dire, il est difficile de se soustraire à la sorte de fascination qu'exerce sur nous un homme de talent dont on écrit la vie; le besoin naturel que l'on a de le trouver sans reproche, ne peut cependant nous faire illusion sur ces offres de service perpétuelles; ces nombreuses entreprises faites au rabais par Tintoretto, nous ne saurions les colorer honorablement; elles nuisaient à l'art et aux artistes tout ensemble, et quoiqu'on ne puisse l'accuser d'en avoir tiré aucun bénéfice de fortune, et d'avoir cherché autre chose que la gloire, il est certain qu'il postulait trop ses ouvrages; il mérite blâme pour cela. En 1574, lorsqu'Henri III, revenant de Pologne, passa par Venise pour aller ceindre la couronne de France, Tintoret eut charge avec Paul Veronèse de décorer en grisaille un arc de triomphe, élevé sur le lido par l'architecte Palladio. Que fait-il? Il laisse tout achever à Paul, prend un habit d'écuyer du doge, se mêle parmi la suite, sur le Bucintor qui alla chercher le roi en rade, et exécute furtivement ainsi son portrait, qu'il lui envoie le lendemain. Il captiva de la sorte l'attention d'Henri III, et obtint plus tard quelques séances pour un grand portrait. Mais, en vérité, il semble que ces hommes-là ne peuvent beaucoup mal faire! Voyez comme il rachète presqu'aussitôt le blâme encouru pour cet empressement sans dignité! Lorsqu'il était en train de peindre le roi, il remarqua qu'on introduisait auprès de S. M. nombre de personnages qui mettaient un genou en terre, recevaient un léger coup de son épée sur les épaules, avec quelques paroles sacramentelles accompagnées d'une grande accolade. Il feint de ne pas comprendre le sens d'une telle cérémonie, et le demande au marquis de Bellegarde, lequel lui répond : « Ceux-là sont nommés chevaliers de sa majesté, et vous pouvez vous préparer à recevoir la même faveur, le roi a manifesté l'intention de vous l'accorder. » Robusti, au lieu de la reconnaissance qu'on attendait de lui, se montra très blessé et refusa net, « disant qu'un titre est un déshonneur, quand il est prodigué à tant de monde. » Si le Tintoret avait vécu de nos jours, on aurait peut-être eu le chagrin de l'apercevoir au milieu des artistes qui peuplent les antichambres ministérielles, mais du moins on ne l'aurait pas vu marqué du ruban rouge.

Le sénat ayant résolu que le paradis, mis autrefois au plafond de la salle du grand conseil, par Guarinello, serait effacé pour devenir plus digne des progrès de l'art; Tintoret alla encore si souvent faire visite aux sénateurs, il leur dit avec tant d'adresse que, commençant à être vieux, il suppliait qu'on lui accordât le paradis sur terre, comme un avant-coureur de celui qu'il pouvait avoir au ciel; il intrigua si bien, en un mot, qu'il l'obtint.

Il comptait alors 65 ans, sans que l'âge eût attiédi sa vaillance. On possède au Louvre une esquisse de cette immense machine, dont l'original n'a pas moins de 74 pieds; la plume a peine à décrire les myriades de figures qu'on y voit remuer en bel ordre. Marie, au centre, prie son fils Jésus pour la république. Les anges, les archanges, les séraphins, et la foule des esprits bienheureux, sont rangés autour du Sauveur. Ensuite viennent les apôtres, les évangélistes, les vierges, les martyrs, les confesseurs, les saints et les saintes de l'ancienne et de la nouvelle loi, tous assemblés par groupe, tous dans une incroyable variété d'attitudes et de costumes, et ayant, mêlés parmi eux, comme les anneaux de la chaîne de joie et d'union qui fleurit dans la maison de Dieu, quantité des beaux enfants et de chérubins enveloppés de voiles d'une blancheur resplendissante. Tintoret mit une ardeur extrême à ce que cette page répondît à ce qu'on attendait; il laissa déborder les dernières et vives flammes de la puissance surabondante qui le caractérise; il se donna toutes fatigues possibles; il dessina de sa main les moindres parties, et ne prit l'aide de son fils Dominique que dans l'exécution, parce qu'il n'avait plus la force de descendre des échafaudages et d'y remonter, autant qu'il est nécessaire pour juger des effets.

Lorsqu'on découvrit cette peinture, l'admiration fut universelle, les dévots s'écrièrent que l'image de la béatitude céleste était révélée aux yeux des mortels; tous les artistes proclamèrent le Tintoret un homme incomparable; amis et rivaux le félicitaient, l'embrassaient; des gens qu'il ne connaissait pas l'arrêtaient dans la rue pour le saluer et lui rendre hommage, et le bon vieux, tout inondé de joie, disait, les yeux pleins de larmes : « Merci, merci, on ne se donne tant de peines que pour mériter les louanges des hommes. » Les sénateurs l'apelèrent ensuite, et, décidés à lui tout accorder, l'engagèrent à fixer le prix qu'il mettait à un aussi bel ouvrage; lui, selon son habitude, éluda la question d'argent, et répondit qu'il se croyait bien payé, si ce qu'il avait fait pouvait lui servir à demeurer dans leurs bonnes grâces. Des termes aussi courtois ne firent qu'augmenter la somme qu'on lui destinait, mais jamais on ne put le résoudre à tout accepter, il en rendit la moitié. Le caractère de Robusti avait effectivement ce côté singulier; il ne donna jamais le moindre témoignage d'avidité, et ne mendiait les travaux que pour fournir à des besoins instinctifs de production, pour offrir une issue à l'exubérance passionnée qui le tourmentait; il recherchait l'art pour lui-même et en lui-même;

il aimait l'action matérielle de peindre, comme un autre a besoin de respirer. — Les études biographiques ont toujours eu pour nous cela d'excessivement intéressant, qu'elles montrent le cœur de l'homme sous ses faces les plus étranges. Le fait est que Tintoretto, malgré ses innombrables ouvrages et ses goûts modestes, resta et mourut pauvre. C'était un véritable bonhomme, dont les allures ne sont rien moins que celles d'un vieillard sordide ; il rapportait à sa femme tout ce qu'il gagnait, et lorsqu'il voulait, par hasard, prendre de l'argent sur lui, elle était obligée de le lui envelopper dans un coin de son mouchoir, pour qu'il ne le perdît pas. Une anecdote plaisante témoigne aussi qu'il avait trop de naïveté dans l'âme pour être intéressé. Se trouvant un jour seul à la maison, privé des conseils souverains de la maîtresse du lieu, il crut faire une opération magnifique en livrant, à un brocanteur, au prix de trente ducats, une *Madeleine* de son fils ; mais celui-ci, de retour, mena un tapage diabolique : « Jamais, dit-il, un de mes tableaux n'a reçu l'affront d'être vendu trente ducats, voilà comme vous avez toujours fait, comme vous avez avili notre profession, » et il jeta tant de clameurs, que le pauvre père, pour réparer sa sottise, fut obligé de prier le marchand de renvoyer la Madeleine, ou d'accepter en place telle chose de sa main qu'il voudrait. Robusti avait une telle bonté de nature, qu'il ne put jamais laisser sortir quelqu'un mal content de chez lui, et c'est de la sorte qu'il fut souvent entraîné à se *lâcher*, à terminer plus ou moins, selon le prix convenu pour, d'un côté, ne pas manquer de parole, et de l'autre, éviter les querelles qu'on lui faisait au logis sur son dédain de l'argent.

Après l'œuvre du paradis, la furie de travail, dont Tintoretto était possédé, se ralentit un peu. Il comptait déjà 72 ans, l'âge se faisait lourd ; il était temps de songer à la vie éternelle. Il voulut s'y préparer en bon catholique, et se donna à la contemplation des choses religieuses. Il passait de longues heures en méditation dans l'église des Jardins, et avait des entretiens moraux avec plusieurs ecclésiastiques de ses amis. Autant les premières années avaient été pleines de fougue, autant les dernières ont de caractère grave et largement recueilli. On a le portrait de Robusti, durant cette belle époque d'austérité. C'est un vieillard à cheveux courts et à barbe blanche courte également. Ses traits, quoiqu'arrondis, ont beaucoup d'accent ; il

semble que l'on puisse juger sur ce buste, que l'homme devait être petit de taille, et ferme d'âme. Il vivait donc chrétiennement, lorsqu'à 82 ans il fut pris d'une grande faiblesse d'estomac, les forces lui manquèrent tout à coup ; il appela ses deux fils Dominique et Marco auprès de son lit, les engagea à vivre dans la modestie, leur recommanda de bien garder l'honneur qu'il leur laissait ; puis les ayant instamment priés de conserver trois jours son corps, de crainte d'être enterré vivant, il expira sans souffrir, en 1549, le lendemain de la Pentecôte.

Nous avons dit que le Titien était arrivé à l'âge de 99 ans, parce que c'était un cerveau calme, froid, et que les passions n'avaient point usé ; trouvera-t-on que la valeur de notre idée est bien vite annulée, en voyant le Tintoret, le foudre de pinceau, vivre presqu'aussi longtemps ? Remarquera-t-on que cet intrépide artiste est, en dehors de l'art, toujours d'une sérénité parfaite, contenu, réservé, calme, naïf. Il brille dans les réunions des hommes de lettres et des seigneurs qui le recherchent, mais il ne prend aucune part aux agitations de toute espèce où ses camarades vont se brûler le sang. Il n'est point attaqué de la contagion de ce luxe effréné, au milieu duquel il vit ; il a au contraire des disputes fort divertissantes avec sa femme, pour sa simplicité. La pauvre dame était de l'ordre de la bourgeoisie et vaniteuse comme une bourgeoise ; il lui fallait à elle de la représentation, du monde, des perles dans les cheveux et de l'éclat ; elle le poussait à la dépense ; elle estimait peu l'honneur d'avoir pour mari un des plus grands artistes de Venise, à moins qu'il ne menât grand train comme les autres ; elle ne prit même de repos qu'il n'eût endossé un certain habit à la Comeo, vêtement ordinaire de la noblesse vénitienne ; et lorsqu'il sortait ainsi déguisé, elle se mettait à la fenêtre pour le regarder passer. Quand les femmes ont le cœur petit et mesquin, elles l'ont à un point déplorable. On voit néanmoins par là que le Tintoret n'est ni capricieux ni désordonné, comme l'aspect de ses ouvrages pourrait le faire présumer. Il n'a pas d'autre occupation sérieuse que la culture de son talent, et ne se délasse de la peinture que dans la musique. Il reste volontiers chez lui, voué au travail avec une ardeur qui ne connaît point de fatigue ; s'il n'a pas la brosse à la main, il est retiré dans un coin de la maison, où l'on est obligé d'entretenir une lampe à toute heure, tant l'obscurité est profonde; là, il est heureux de demeurer seul, il combine de nouveaux effets, il réfléchit. Enfin, le caractère de l'homme, chez Tintoretto, ne répond que par une grande originalité au génie violent du peintre. Oh! quant à cela, il n'a point de pareil. Sans volonté préméditée, sans ostentation, il s'éloigne toujours en quelque chose de l'usage commun; c'est de lui qu'on peut bien dire, qu'il ne fait rien comme les autres; on en apprendra assez, si nous rappelons que, même pour la musique, il ne savait pas se servir des instruments de tout le monde, et qu'il en inventait à son usage particulier! L'originalité, la gaîté sérieuse du Tintoretto, donnaient à sa conversation le tour le plus heureux, et n'avait rien de chagrin. Il les employa souvent à remplir les espèces de comédies improvisées que les Italiens aiment à la fureur; il fournit à ces canevas de théâtre des costumes bizarres, des saillies burlesques, des scènes de comique pensé, qui moururent le jour où elles naquirent, et que l'on peut regretter. On a conservé sur son compte quelques traits anecdotiques; mais comme il est temps de finir, nous n'en citerons que deux qui le résument assez parfaitement. Il travaillait toujours au milieu des ses élèves, auxquels il ne cachait rien; mais une fois à l'œuvre, la fièvre le prenait, et malheur alors à celui qui venait le déranger. Un jour, des prélats étant venus le voir peindre, s'avisent de demander comment il se faisait que le Titien allât si vite, et qu'il allât, lui, si lentement; « parce que, répond le Tintoret furieux, il ne vous a pas, comme moi, toujours sur le dos à lui rompre la tête! » D'artiste à prélats, c'était oser beaucoup en 1550.

Dans une autre circonstance, des Flamands lui montrèrent plusieurs têtes achevées avec une patience d'exécution frappante. Autant par nature que par raisonnement, il était fort ennemi de cette petite perfection, qui plaît tant au vulgaire; « combien de mois avez-vous passé à faire ces têtes, » leur demanda-t-il? plusieurs semaines fut la réponse. Alors il prit une brosse pleine de noir, et en trois coups dessina une figure qu'il rehaussa d'un peu de blanc. « Voilà, dit-il, comme nous autres Vénitiens avons coutume de procéder, et certes vous voyez que nous atteignons la vérité morale de la nature plus largement que vous. » On connaît cependant du Tintoret plusieurs tableaux faits avec une excessive minutie; ils servent à prouver qu'aucun genre d'étude n'échappa à ce grand homme.

Tintoret eut un fils et une fille qui se donnèrent à la culture de l'art. Dominique, imitateur trop rapproché de son père, acquit peu de réputation; né en 1565, il mourut à Venise en 1637, après être tombé dans l'affèterie qui domina cette époque de décadence. Marietta fut plus digne de son nom. Venue au monde en 1560, avec un esprit vif et de surprenantes dispositions pour la musique et le dessin, Tintoret, qui la chérissait d'un amour passionné, lui donna des soins pleins de tendresse et d'élévation. Il purifiait l'atmosphère autour de cette charmante fleur, qui promettait de jeter un merveilleux éclat, et s'attachait surtout à l'entretenir dans de nobles pensées.

Sans négliger la musique, Marie se voua définitivement à la peinture et s'occupa de portraits, n'osant pas, bien qu'elle en fût capable, aborder un genre plus compliqué. — On ne s'explique guère comment le seizième siècle qui eut des femmes, et en grand nombre, poètes, philosophes, mathématiciennes, savantes, adonnées enfin à toutes les choses grandes et difficiles de l'esprit, n'en vit pas une seule qui mérite le nom de peintre; toutes celles qui se consacrent à l'art bornent leurs efforts au portrait; quelques femmes de notre temps ont cependant fait preuve d'un mérite assez réel, pour témoigner que les hauteurs d'une composition ne sont point inaccessibles à leur sexe. — Quoiqu'il en soit, le talent de Marietta comme portraitiste, devint célèbre; ses toiles étaient d'une couleur forte et belle. L'empereur Maximilien, Philippe II et l'archiduc Ferdinand, voulurent l'attirer à leur cour; mais Robusti, que ses succès enivraient de joie, eut le bonheur de lui voir tout refuser, tout sacrifier, pour rester à jouir de sa tendresse. Il la maria alors de son libre consentement, à un orfèvre de Venise, sous la condition formelle qu'ils demeureraient tous deux chez lui. Il l'aimait si follement, qu'en son bas âge il l'habillait en garçon pour la mener avec lui partout où il allait. Hélas! la belle jeune femme mourut à 30 ans! Il perdit l'enfant de son cœur; et aujourd'hui que les ouvrages de Marietta Tintorella sont disséminés dans l'intérieur des familles, on ne la connaît guères que par les larmes qu'il lui donna tout le restant de sa vie. Heureusement, le pauvre père ne tarda pas à la suivre!

PAOLO CALIARI,

DIT PAUL VERONÈSE.

Pour nous, Paul Veronèse est un des artistes les plus connus de l'Italie. La nature des beautés de son tableau des *noces*, qui va aux intelligences les plus fines comme aux yeux les moins exercés, lui ont acquis en France un immense renom. A la vérité, on ne saurait être mieux *peintre*, et comme il se plaît surtout dans les belles images du luxe et de l'élégance, qui ont toujours exercé un charme extrème sur l'esprit de l'homme, il ne nous surprend pas que nul n'attire davantage à lui toutes les sortes de spectateurs et tous les genres d'admiration. Paul Veronèse ne parle qu'aux yeux ; il séduit et enivre, mais il ne creuse pas la pensée. Il ressemble, en cela, à tous ses contemporains. Nous lisions dernièrement, que les grands artistes dont s'honore la renaissance en Italie, « ne furent pas seulement des dessinateurs et des poètes, mais aussi des prêtres, modifiant leur enseignement et leur parole, suivant l'opportunité des diverses époques où ils ont accompli leur mission. » Il est difficile de soutenir une plus complète erreur. Les peintres du quatorzième siècle furent effectivement catholiques et propagateurs de la foi, mais ceux du quinzième et du seizième siècle ont tous manqué, non seulement du sens social, mais on peut dire encore du sens historique. Jamais on ne poussa plus loin la doctrine de l'art pur. L'art, pour eux, n'est que l'art ; ils ne paraissent pas comprendre qu'il puisse être utile, ils le voient tout en lui-même ; de la valeur morale qu'il est possible de lui donner, de l'influence politique qu'il est possible de lui faire exercer, ils ne s'inquiètent nullement, ils s'attachent à des lignes heureuses, à des groupes pittoresques, à de certaines combinaisons de dessin, avant de penser à des expositions justes ; le sujet est un canevas sur lequel ils brodent à leur fantaisie, à peu près comme Rossini brodait autrefois sur un libretto d'opéra. La bible, la mythologie, l'histoire, l'évangile, ont sur leurs toiles même forme, même esprit, même caractère et presque toujours même vêtement. A peine en général se rendent-ils compte de la situation. Michel-Ange, Raphaël, le Guerchin, Guido Reni et Titien, traitent tous les cinq *saint Jean prêchant au désert*, et tous cinq, chacun de son côté,

s'accordent à le représenter dans l'action de prêcher, mais aussi à ne lui donner pas un auditeur. On dirait qu'ils ont pris le mot à la lettre. Michel-Ange, dans la toile qui lui est attribuée, fait du moins croire par les gestes que le précurseur, assis sur un monticule, s'adresse à du peuple répandu dans la vallée ; quant aux autres, ils ne semblent point se douter que les gens raisonnables n'ont pas coutume de parler tout seuls, et le Guerchin, comme pour insulter davantage la vraisemblance, met un peu de foule dans le fond de son tableau, à une distance énorme. Ils commettent ainsi tous, sans la moindre hésitation anachronisme de personnages, de temps, de costumes, et si j'osais me servir de ce mot, j'ajouterais d'idées ; ils offensent audacieusement la raison elle-même dans la conception de leurs sujets. Voyez au Musée du Louvre, par exemple, le ravissant cadre du Titien, où Marie joue avec l'enfant Jésus, auquel elle montre un lapin blanc. La vierge est au milieu de la campagne, dans une vaste prairie, loin de toute habitation, et à côté d'elle est placée sainte Catherine en grande robe de satin et les cheveux remplis de perles ! Voyez encore le tableau que Raphaël fit expressément pour l'envoyer en don au roi François 1.er. Comment nous montre-t-il saint Michel terrassant l'ennemi de Dieu ? L'archange a une jambe sur l'épaule de Satan, l'autre en l'air ; et encore il se tient sur le bout du pied, le talon haut, pour frapper avec plus de grâce ! Cela ne vous donne-t-il pas une étrange idée de la lutte ? En admettant que Raphaël ait voulu peindre le sujet par son côté allégorique, la représentation d'un symbole exclut-elle donc tout sentiment de vérité ?

Quand nous parcourons les œuvres des artistes de la renaissance, nous sommes encore frappé du peu de choses qu'ils disent de leur histoire contemporaine ; leurs fresques, leurs toiles, leurs marbres, leur cuivre, ne nous racontent qu'un petit nombre d'événements de leur époque ; ils sont étrangers au mouvement qui se fait à l'entour d'eux ; ils ne conservent aucun souvenir de leurs mœurs ; ils ne constatent aucun usage. L'art pour eux est en dehors des choses de ce monde, il n'a qu'une face et qu'un but : retracer les fables de l'olympe et du paradis, les actions de Jupiter, des dieux et des demi-dieux, ou celles du père éternel, de la vierge Marie et des saints. A cet égard, leurs devanciers étaient bien supérieurs ; moins habiles peintres sans doute, mais plus sensi-

bles, ceux-là donnaient à leurs travaux une portée morale, et s'occupaient plutôt de faire naître une émotion que de satisfaire les plaisirs égoïstes de quelques goûts délicats. L'art moderne, en cherchant par raisonnement ce que les maîtres de la première époque firent par ardeur de la foi, en se préoccupant de l'estétique, c'est-à-dire de la recherche des causes, de l'amour de la vérité, de la philosophie, en un mot, qu'il peut y avoir dans toute grande production de l'homme, a surpassé beaucoup celui de la renaissance. Justifions notre critique; et afin de rendre notre idée plus palpable, d'effacer aussi l'impression étrange qu'elle doit d'abord produire à cause de sa nouveauté, prenons deux termes de comparaison, placés presqu'à côté l'un de l'autre, sur les murs du Louvre : les *noces de Cana*, par Paul Veronèse, et le *naufrage de la Meduse*, par Géricault.—Dans le tableau de Paul, le petit bourgeois de Cana est devenu un seigneur immensément riche; il reçoit à sa table des moines, des sultans, des empereurs, des guerriers; chez lui comme le dit spirituellement Taillasson, la vierge et Jésus-Christ, font bonne chère avec le roi des Français et le grand Turc. Tout cela est superbe, et le bourgeois de Cana nous montre une salle de festins et une vaisselle comme bien des princes n'en sauraient avoir. Mais le miracle de l'eau changée en vin, qui s'en occupe? où le voit-on? quel rôle joue-t-il dans les noces de Cana? Nous ne remarquons pas qu'il étonne personne, les conversations ne sont point suspendues, le service se poursuit, les esclaves qui remplissent les grands vases d'or ciselé, ne paraissent rien remarquer d'extraordinaire; les musiciens continuent à jouer, le divin Sauveur lui-même, dont la figure devrait être le centre d'action, est à peine visible et n'apparaît au second plan que comme un fort mince convive! Voilà en vérité une splendide fête, mais ce ne sont pas les noces de Cana, et je n'y peux rattacher aucune idée religieuse. Combien l'effrayant spectacle du radeau de la Meduse ne s'élève-t-il pas au-dessus de pareilles données? Ici tout est harmonie, la pensée n'éprouve aucun vide. Sous un ciel triste et sombre, les naufragés aperçoivent une voile! Une voile, c'est la vie qui rayonne à l'horison, l'espoir de la délivrance, le salut de ceux qui meurent! Tout concourt à la plus haute expression de cette idée dominante. Deux hommes que la faim n'a point encore abattus, se soutiennent l'un l'autre; ils se dressent et font

voltiger un lambeau d'étoffe, pour appeler les regards du vaisseau qui passe là-bas au loin; deux autres à côté, montrent avec délire le point sauveur; plus loin, d'autres malheureux s'efforcent et se traînent pour l'apercevoir. On dirait que la nouvelle ne s'étend que peu à peu; à mesure que l'œil s'éloigne du premier groupe, il y a moins d'exaltation; celui-là se soulève sur les mains; éveillé du sommeil de la mort, il cherche avec l'indifférence d'un homme qui a perdu tout espoir, la cause du mouvement qui se fait, tandis qu'un vieillard, assis près de lui, ne bouge pas. Ce vieillard tient sur ses genoux le cadavre de son fils déjà violacé, que lui importe le reste maintenant? Ainsi l'unité de cette page sublime est complète. Telle est l'apogée de la peinture, réunir les qualités du dessin, de la couleur et du sytle à la vérité probable, que la nature impose. Plus les œuvres du génie, en conservant ses poétiques inspirations, se rapprochent du vrai, où, si l'on aime mieux, de ce qui peut être vrai, et plus elles touchent à la couronne du beau. Le premier but de l'art, sans aucun doute, est d'émouvoir, d'impressionner; mais il devient plus entièrement digne encore de l'admiration des hommes, lorsqu'il renferme un enseignement. C'est folie de ne vouloir dans la peinture, comme plusieurs le veulent, que des torses, des cuirasses, des draperies et des effets de couleur, de la priver ainsi de sa moralité. Ne croyez-vous pas qu'il y ait une meilleure récompense de vos travaux, dites-le vous tous, heureux créateurs, que celle de réjouir un initié? Ne sentez-vous pas une joie plus pénétrante à songer qu'un jour quelque noble résolution sera inspirée par vous, ou que de graves pensées feront demeurer long-temps la tête dans sa main un homme ému par votre œuvre?

Revenons à Paul Veronèse. Paolo Caliari naquit en 1528, de Gabriel Caliari, sculpteur médiocre. C'est de Verone, le lieu de sa naissance, que lui vient le surnom de Veronèse. Son père l'employa d'abord à modeler de petites figures académiques en cire et en argile; mais la prédilection de l'enfant pour la couleur se développa si vite et avec une telle énergie, que Gabriel se sépara de lui fort jeune, et le plaça auprès d'un nommé Badile, son oncle, qui passait pour le meilleur peintre de Verone. Là il commença par copier les ouvrages de Badile, les admirables estampes d'Albert Durer, ainsi que des dessins du Parmesan, et travaillant dans l'atelier du maître, comme c'était l'usage alors, le voyant faire, occupé à ses tableaux, il apprit vite à ordonner une composition. Dès ce moment, il montra ce qu'il devait être. Rodolfi, l'un de ses biographes, dit avec un certain bonheur d'expression, qu'il portait déjà d'excellents fruits dans la saison des fleurs. A l'âge de 20 ans, le cardinal Hercule Gonzague, marquis de Mantoue, passant par Verone, le remarqua, et l'emmena dans sa principauté, où il occupait déjà plusieurs jeunes gens, comme Farinati et Domenico Rini. L'élève de Badile concourut avec eux et les vainquit; puis il revint à Verone, mais n'y trouvant pas assez d'ouvrage, il s'en fut à Vicence, où il eut occasion de s'exercer jusqu'à ce que, jugeant encore le théâtre trop étroit, il aborda résolument Venise, Venise alors le centre des arts en Europe, Venise alors la reine de la peinture italienne. Malgré la gloire envahissante dont jouissaient Titien, Palme le vieux et Tintoret, une occasion bien heureuse lui épargna les chagrins de l'apprentissage de la fortune, et le mit presqu'aussitôt sur la même ligne que ces maîtres éclatants. Il avait rencontré en arrivant un nommé Bernardo Torlione, de Verone, qui, tout joyeux de pousser un artiste du pays, employa sa position de prieur de Saint-Sébastien, à lui fournir un travail dans son église. Paul peignit, durant l'année 1555, la sacristie presqu'entière, et plusieurs tableaux. Ils eurent grand succès. L'église fut long-temps pleine de curieux accourus pour voir l'ouvrage du jeune Veronèse, qui se produisait avec un style particulier, une manière originale, et qui, à côté du Giorgione, du Titien et du Tintoret, révélait une nouvelle individualité, non moins riche et diverse.

Douter de soi, c'est en faire douter les autres. Paul Caliari justifiait son audace : le premier coup porta, et bien qu'il n'eût encore que 27 ans, il fut tout de suite grandement estimé, et les travaux et les élèves lui vinrent en foule. Paul avait coutume de dire : « La peinture est un don du ciel; se fatiguer à en faire sans y être appelé par la nature, c'est semer sur l'onde. » Il savait bien qu'il ne sèmerait pas sur l'onde, le hardi jeune homme qui était venu témérairement prendre place au banquet des vieux chefs !

Deux ans après les peintures de Saint-Sébastien, les seigneurs Barbari cherchaient un artiste digne de décorer un château, que Palladio leur avait bâti à Masiera, dans le Trévisan; ils furent sans peine entraînés par la réputation florissante de Paul, et l'emmenèrent. Celui-ci, jeune, beau, tout radieux de talent, plein de bienveillance, simple de mœurs et très ami du luxe, gagna facilement le cœur des Barbari comme leur admiration, et conserva toujours leur attachement. Ces nobles s'employèrent depuis à le servir, et plus tard lui procurèrent entre autre un cadre dans la salle du grand conseil.

Le Titien, chargé de gloire, de puissance et d'années, avait reçu du sénat commission de décorer la bibliothèque Saint-Marc. Trop occupé lui-même et fatigué, il choisit pour cela Paul Caliari, qui arrivait de Masiera, Fratina, Salviati, Schiavone et Zelotti, ce dernier ancien élève de Paul. Afin d'exciter davantage l'émulation et l'ardeur de tous ces jeunes artistes, le conseil décida que l'on donnerait une riche chaîne d'or à celui qui l'emporterait sur ses camarades, ou pour dire mieux ses rivaux, car en fait d'art il n'y a guères de camarades, et le Titien, avec son inséparable Sansovino, furent nommés arbitres de cette lutte brillante. Mais quand vint l'instant de décider, les arbitres eurent peur de commettre une injustice, ou de s'exposer au ressentiment des vaincus; ils remirent aux concurrents eux-mêmes à se juger, et tous, d'un avis unanime, déclarèrent que le Veronèse avait mérité la chaîne d'or.

Paul avait l'âme belle et sensible; il voulut aller couver la joie de ce premier triomphe au sein de sa famille; il quitta Venise et les honneurs qu'il y recevait, et courut à Verone. Pendant le séjour qu'il fit auprès de ses parents, il désira laisser à sa ville natale un souvenir digne de lui, et peignit pour les pères de Saint-Nazaro, sur le mur de leur réfectoire, un de ses quatre grands repas, celui chez Simon avec la Madeleine. Il mit une telle adresse dans la disposition du sujet et des accessoires d'architecture, que la fresque paraissait être une continuation de la salle, et présentait comme une fête superbe qui aurait lieu dans le fond du réfectoire. Cet ouvrage fut terminé en 1571. Paul avait déjà peint pour Saint-Georges le majeur les *noces de Cana* en 1560, à l'age de 32 ans!

De retour à Venise, les pères de Saint-Sébastien qui ne voulaient plus employer d'autre artiste, lui donnèrent de nouveau du travail dans leur chapelle. Pour expliquer comment la chapelle se trouve décorée, presque toute entière de sa main, les arrangeurs n'ont pas jugé que la préférence exclusive des moines fût une raison assez brillante; ils ont encore fourré là-dedans leur manie de drame, et prétendu que Caliari, obligé de fuir la vengeance d'un seigneur, avait été recueilli par les pères de Saint-Sébastien, caché dans leur vieille église abandonnée, et que là, pour se désennuyer, il avait demandé des couleurs et peint les murailles du haut en bas. Il en est de cette histoire à peu près comme de celle de M. Dargenville, qui veut que Paul Veronèse, abrité durant quelques jours dans le château des Pisani, y ait couvert, sans que personne s'en doutât, dans une intention de reconnaissance, une toile de vingt figures, grandeur naturelle (la célèbre famille de Darius), et l'ait roulée sous son lit, où elle aurait été trouvée ensuite par hasard, avec une gracieuse lettre de remercîment! N'est-ce pas en vérité abuser un peu trop de l'amour qu'ont les hommes pour les anecdotes et le merveilleux? —Quoiqu'il en soit, c'est à Saint-Sébastien qu'est le beau tableau de *saint Marc conduit au supplice*. Le nouveau chrétien, descendant les marches du palais préfectorial, rencontre son père, sa femme et sa mère en pleurs, on le presse de sacrifier aux faux dieux, on lui présente ses enfants, on cherche à l'émouvoir, mais il demeure inébranlable. Dans cette page où resplendit l'apparat ordinaire de sa composition, où il n'abandonne ni les nains, ni les chiens, ni les robes de soie, Paul Veronèse est arrivé à une haute expression de pathétique; le vieux père regarde son fils avec un calme d'une incomparable douleur. Des beautés de ce genre sont peu communes chez lui; pour l'ordinaire il n'exprime que rarement bien, ou plutôt il ne s'attache que rarement à bien exprimer les passions; respect de l'histoire, vraisemblance, rationabilité même, sont choses dont il ne se préoccupe pas une minute, et l'on voit par exemple, dans sa *chaste Suzanne*, les deux vieillards parler à la belle baigneuse, avec un sang-froid qui ne peut être comparé qu'à l'air tranquille dont elle les écoute. Les pompes du spectacle absorbent en lui les mouvements de la pensée; il ne voit les choses qu'à l'extérieur; ses tableaux d'église comme ses inventions profanes ne sont toujours que de belles représentations; ses évêques n'ont rien des ministres de Jésus-Christ; ils ne bénissent point; ils s'enveloppent avec un style admirable dans les épaisses soieries de leurs chasubles, où l'or et les broderies saillissent en relief. Jésus lui-même est un riche seigneur, qui par fois, en dépit de sa majestueuse humilité, devient assez mondain; au repas de Simon, par exemple, il se trouve sous une immense galerie, entouré d'esclaves, couché entre de beaux vieillards qui portent des vêtements d'hermine; et quand Madeleine vient lui verser des parfums sur les pieds, il relève avec une sorte de complaisance les plis de sa belle longue robe pour la laisser faire. Paul estimait que les choses divines se recommandaient suffisamment à la vénération des hommes, par de somptueux habits et d'imposantes attitudes. Il ne comprit pas autrement la grandeur, et fut étranger au charme et à la puissance que nous trouvons dans l'expression. Il y a cependant un mot de lui qui semble indiquer qu'il avait entrevu la moralité de l'art. « Les images des saints et saintes, avait-il coutume de dire, doivent être confiées aux plus excellents artistes, afin de remplir ceux qui les voient d'admiration et d'amour. » Cette idée demeura malheureusement stérile en lui, le goût du siècle ne lui en laissa pas apercevoir le développement ou les applications. — Il ne faut demander aux hommes que ce que la nature leur permet de donner. Au reste, la valeur de Paul Veronèse sera bientôt appréciée mieux que nous ne le saurions faire. M. Villot, écrivain et peintre tout à la fois, passionnément épris de ce merveilleux génie d'artiste, l'a étudié long-temps en Italie, et prépare sur lui un livre du plus haut intérêt, pour les lecteurs ordinaires comme pour ceux des ateliers.

En 1573, Caliari exécuta son troisième repas, celui chez Levi le publicain, dans le réfectoire de Saint-Jean et Paul. L'histoire de ce tableau est toute parfumée de grâce et de charité. Le feu avait détruit la cène peinte autrefois par le Titien dans ce réfectoire. Un religieux, frère Andrea Buoni, qui, depuis longues années, économisait pour faire un cadeau à son couvent, s'en vint trouver le généreux Veronèse, et lui demanda s'il voulait se charger de réparer la perte qu'on avait éprouvée à Saint-Jean et Paul. Les épargnes du frère Andrea Buoni n'étaient pas grosses; néanmoins, Caliari, touché de son dévouement, voulut y répondre et fit ce troisième repas où l'on voit plus de cent figures. Il ne retira pas même de cet ouvrage la dépense de ses couleurs; mais afin de mieux prouver encore le sentiment qui l'animait et l'affection que lui avait inspirée la candeur du bon religieux, il plaça le portrait de ce donataire au nombre des convives; c'est le moine que l'on voit attablé sous l'arcade à gauche au-dessus de l'escalier, une serviette sur l'épaule avec la fourchette et le couteau à la main. — Peu après, Veronèse fit un second *repas chez Simon* pour le réfectoire des servites; celui-ci est exposé maintenant dans notre Musée, en face des noces de Cana. L'ambassadeur de Louis XIV avait en vain offert, pour l'obtenir, quelque prix que ce fût; les servites tenaient à le garder, lorsque le sénat, instruit des vœux du *grand roi*, s'en empara d'autorité, malgré les représentations des moines, et le lui envoya en présent.

Les tableaux d'église n'empêchaient point notre peintre de travailler pour les galeries et d'y mettre nombre de Vénus, de Danaé, et autres honorables divinités mythologiques. La décence dans ces œuvres profanes n'est pas toujours beaucoup plus respectée que dans les amours des dieux de Jules Romain ou du Titien; le grave Paul Caliari nous montre le cygne embrassant Léda, d'une manière que les esprits les plus chastes peuvent deviner sans doute, mais que l'on ne supporterait pas aujourd'hui. C'était l'humeur du temps.

Paul Veronèse était regardé comme un des beaux maîtres de l'Italie; il jouissait d'une réputation immense. L'aspect triomphal de sa peinture allait à merveille au goût de son siècle et surtout de Venise. Le sénat, les ducs de Parme et de Modène, l'empereur Rodolphe II, sollicitaient en propres termes de ses ouvrages; il gagnait beaucoup d'argent et acquerrait beaucoup de gloire, lorsqu'il résolut d'accompagner à Rome le procurateur Grimani, ambassadeur de la république près le Saint-Siège. Grimani le connaissait, et n'était point fâché de s'honorer d'une telle compagnie; lui, de son côté, aimait son art avec trop d'amour et de conscience pour négliger une aussi favorable occasion d'aller étudier les grands modèles : il s'en fut donc à Rome, et comme il est vrai que l'on apprend toujours, il rapporta de ce voyage des forces nouvelles, des idées rafraîchies, sans rien perdre de sa manière éblouissante.

Vers cette époque, le sénat venait de faire reconstruire au palais ducal les salles du grand conseil et du scrutin, dévastées par l'incendie, où périrent, à l'éternel chagrin de l'art, les précieuses peintures de Jean Bellini, de Giorgion, du Titien, et celles que Paul lui-même

avait faites autrefois en cet endroit. Paul ne pouvait être oublié dans la distribution des nouvelles décorations, et, lors de son retour, il fut nommé à cet effet avec Tintoretto, Palme le jeune et Jacques Bassan. Sitôt que ces choix furent arrêtés, chacun des élus courut chez le procurateur Contarini, pour prendre les mesures nécessaires. Paul seul ne parut point, et l'un des seigneurs du conseil étant allé lui reprocher de montrer si peu de zèle pour le service de l'état, « quelqu'envie que j'aie de travailler pour la république, répondit-il, et quel que soit l'honneur que j'en puisse tirer, il ne m'est pas permis de manquer aux engagements que j'ai contractés avec d'autres. »

Paul Veronèse est ainsi, toujours fidèle à sa parole, rigide et plein de mâle dignité. Il ne court pas mendier des commandes comme Robusti; il ne compromet pas son nom à faire de la peinture lâchée pour aller plus vite. Il se respectait dans sa supériorité; d'une santé robuste, il ne s'épargnait point à la peine; il était fécond, mais ne se prodiguait pas, l'amour du gain ne pouvait rien sur son âme. Sa vie de peintre est également la vie d'un homme ferme et vertueux.

Deux fois, Paul Veronèse fut admonesté pour ses lenteurs; c'était trop, la république n'aimait pas attendre. Il fallut, malgré tout, quitter les ouvrages commencés, et aller prendre la part qui lui était échue des commandes du sénat. C'est alors que parut à la lumière le plafond du *triomphe de Venise* : tout le monde connaît, au moins par la gravure, cette magnifique composition. La reine de l'Adriatique, sous la figure d'une femme vêtue de pourpre et portée sur des nuages, est entourée de l'honneur, de la liberté et de la paix. La gloire et la renommée la couronnent pendant que, tout à l'entour, une multitude d'hommes, de femmes, d'enfants et de guerriers, montés sur des chevaux bondissants, lui apportent les hommages de toute la terre. Paul ne se trouve à l'aise que dans ces immenses *machines*; c'est le génie le plus luxueux qui ait jamais existé; on dirait qu'il n'a rencontré de sa vie une robe de bure, un pourpoint déchiré. Ses personnages ont des trésors inépuisables qu'ils prodiguent dans tous les raffinements de la civilisation; ils n'habitent que de vastes palais, où l'air, le soleil, la lumière et les sons de mille instruments, circulent avec une abondance luxuriante, où des centaines d'esclaves richement accoutrés font le service avec de grands vases de métaux précieux. Pour Caliari, tout se présente sous un aspect éblouissant, tout est matière à des pompes colossales, à des odyssées de couleur, devant lesquelles pâlit l'éclat des mille et une nuits. Il revet de magnificence les sujets qui paraissent le moins propres à en recevoir, et Jésus vient au monde à l'abri d'une splendide colonnade. « Si j'avais le temps, écrit-il, je voudrais montrer les esprits bienheureux servant Jésus ; je voudrais représenter une table somptueusement dressée, sous une belle voûte où seraient assis la vierge, notre seigneur et saint Joseph, leur donnant pour serviteurs le plus riche cortège d'anges qui se puisse concevoir. Les uns leur apporteraient sur des plats d'argent et d'or des viandes succulentes ou de beaux fruits, pendant que les autres seraient occupés à verser des liqueurs précieuses dans des vases de cristal et des coupes d'onix. »

Malgré cela, Paul Veronèse cherchait la vérité ; il consultait beaucoup la nature tout en s'attachant à la *puissantialiser* ; le mouvement de ses figures est d'une justesse parfaite ; on sent de la chair et des os sous leurs draperies. Guido Reni disait : « Si j'avais à choisir parmi les peintres, je voudrais être Caliari ; chez les autres on reconnaît l'art, chez lui tout est nature. » La grâce, la majesté, voilà ce qu'il poursuit ; le Tintoret brave les plus effroyables difficultés du raccourci ; il les provoque même avec une insolence qui le jette souvent dans des mouvements forcés ; Paul au contraire, bien que rempli de science, est toujours de l'aspect le plus agréable ; l'esprit ne se fatigue pas à le comprendre, et déjà de son temps on citait la noblesse et le charme de ses têtes. Il était doué de la plus précieuse qualité que puisse posséder un peintre, celle avec laquelle on fait juste, vrai et vivant, une mémoire locale incroyable, au point qu'il pouvait exécuter de pratique une draperie avec les moindres accidents de lumière. Les contemporains de Veronèse l'avaient surnommé *il fertilissimo*, et sa fécondité est celle des hommes de génie, elle n'avorte jamais. Aussi, en dehors même de ses prodiges de couleur, trouve-t-on un extrême plaisir d'esprit à regarder son œuvre gravé. Assurément, ces jeunes gens de dix pieds, à l'armure luisante, campés sur une jambe, une main dans la ceinture, et regardant par-dessus l'épaule ; ces vieillards à longue barbe, enveloppés des larges plis de leur manteau de satin ou de velours ; ces dames, belles comme des femmes aimées, vêtues de costumes d'une invention et d'une richesse exquises, étincelantes de perles et d'or ; ces petites filles qui jouent avec de gros chiens sur le marbre des dalles ; ces lévriers soyeux à la mine fière et mélancolique ; assurément, tout ce monde idéal auquel, puissant comme Dieu, il a donné une forme plastique, tout ce grand monde-là n'a jamais vécu autre part que dans les rêves du peintre ; mais c'est dommage, car c'est beau. — Les *classiques* ont regardé comme une très fine épigramme de dire que les *romantiques* avaient inventé une nature pour eux ; jamais les classiques n'ont mieux prouvé jusqu'à quel point ils sont dépourvus du sentiment artiste. Montrez-nous donc des fêtes comme celles de Paul Veronèse, des hommes superbes d'âme et de corps, comme les portraits du Giorgion, des femmes délicates et majestueuses, comme on en voit dans ceux de Van Dick ; des enfants formés à douze ans, comme les petits Jésus à la crèche de Raphaël ; des géants dont la carnation puisse s'égaler au ton de la moindre figure de Rubens ; des *musculatures* sublimes, comme celle de Michel-Ange ; des paysages avec l'aspect enchanteur et à la fois grandiose de ceux du Titien ! Où donc sont les modèles du Poussin et de Lesueur ? Tout véritable artiste a des facultés divines ; il est le Dieu d'un monde nouveau qu'il peuple de ses créatures.

Paul Caliari continuait de peindre pour les églises et toutes les têtes couronnées, lorsque Sixte-Quint ordonna des processions générales, afin de délivrer Rome de la peste qui la désolait, en 1588. Paul, en fervent chrétien, voulut suivre celle qui eut lieu à Venise ; il s'y échauffa, fut obligé de prendre le lit en rentrant, et mourut la même année, le dix-neuvième jour d'avril, âgé de 60 ans. Son corps fut déposé dans l'église de Saint-Sébastien, comme dans un temple consacré d'avance par ses pinceaux à l'honneur de lui donner le dernier asile. — Sa vie est peu accidentée, il reste attaché au sol ; mandé avec de grandes instances à Madrid par Philippe II, il refuse cet éclat et envoie Salviati à sa place. Nulle agitation, nulle passion troublante ; du bonheur domestique, de la peinture en grand seigneur, une existence paisible, d'abondantes larmes à sa mort, voilà tout en deux mots. Il fut heureux, si l'on peut juger de la félicité qu'eurent les hommes en ce monde, par la simplicité de leur histoire, et les pleurs répandues sur leur tombe.

C'est un fait combattu seulement par un petit nombre d'exceptions, et auquel l'âme se complait avec délice, qu'un beau caractère accompagne presque toujours les talents d'un ordre élevé. Paul Veronèse est encore un artiste plein de génie, dont l'honneur ne reçut aucune tache. Ses mœurs furent belles et pures, comme ses productions nobles et irréprochables. Marié, il ne se livre point au désordre et à la débauche ; il veille sur ses deux fils, s'en fait chérir autant qu'il les chérit, les retire doucement de la dissipation, leur donne l'amour de l'étude et la haine des sociétés mauvaises. Sa gravité n'a rien de fâcheux ; elle ne comprime point les élans de la nature humaine vers le plaisir ; elle ne l'empêche pas d'avoir pour le luxe le goût qu'ont presque tous les grands coloristes. Le train de sa maison répondait à sa haute position, et il appartenait à une société qui, dans cette Venise de 1600, pleine de volupté et de beaux habits, renchérissait sur la splendeur générale, à ce point qu'on l'appelait la société des *Magnifiques*. Il allait la barbe et les cheveux taillés avec une recherche particulière, le col orné de chaînes d'or que l'on peut appeler triomphales, puisqu'elles étaient la récompense de ses victoires, et vêtu habituellement de longues robes de soie brochée, ou de fines fourrures, qu'il drapait avec une coquetterie toute majestueuse. Bon, généreux, homme de bien, on ne lui voit pas les passions de jalousie qui tenaient au cœur tous ces fougueux artistes. Un jour cependant il succombe, il chasse de son atelier Antonio Vassilacchi, surnommé Aliense, auquel il trouve des dispositions surprenantes, mais cette faiblesse devient pour lui une occasion de montrer mieux la beauté de son caractère ; en effet, à quelque temps de là il voit un *Lazarre ressuscité*, exposé sur le pont Lorenzo ; il le trouve bien, et le vante à Antonio, qu'il rencontre un peu plus loin. « Maître, le Lazarre que vous louez est de moi, dit Antonio, » et voilà le maître qui change sa colère en admiration. Il force son ancien élève à l'accompagner sur l'heure, pour lui montrer les ouvrages qu'il a en train, pour le consulter, et depuis il le traite toujours comme un ami.

De telles façons avaient acquis au Veronèse l'estime universelle ; Titien, lui-même, toujours si ombrageux, éprouvait pour lui une affection particulière. Chaque fois que cet il-lustre vieillard le rencontrait dans la rue, il ne manquait jamais de l'appeler à lui, le prenait dans ses bras, le baisait aux deux joues, « comme représentant l'honneur et la noblesse de l'art. » Quel spectacle plein d'émotion ce devait être là pour ceux qui passaient ! Un peintre parmi nous a eu la malheureuse idée de traduire, sur une toile de dix pieds de haut, des paroles injurieuses que Michel-Ange et Raphaël auraient échangées ensemble : n'en viendra-t-il pas un pour nous montrer l'embrassade du Titien et du Veronèse ?

———

Caliari, en quittant le monde, laissa deux fils, Carletto et Gabriel, et un frère nommé Benedetto. Celui-ci, quoique de la dernière habileté dans la perspective et les ornements, n'avait jamais tenu à se faire une réputation. C'était un homme d'un caractère affectueux et modeste, qui aimait son frère avec idolâtrie, et mettait toute sa gloire dans celle de Paul. Selon la chronique, c'est à lui que l'on doit les grandes ordonnances d'architecture, si caractérisques dans les tableaux de Veronèse.—Carletto s'était voué de bonne heure à la peinture, et son père qui l'adorait, souhaitait de le voir supérieur à lui. De crainte que l'habitude n'entraînât l'enfant à le copier servilement, il le mit à l'école de Bassano, et lorsqu'il ferma les yeux, Carletto, âgé de 16 ans, était déjà assez fort pour travailler, en compagnie de son frère et de son oncle, à terminer les tableaux laissés inachevés par son père dans la salle du grand conseil. Carletto semblait destiné à un grand avenir, mais le pauvre jeune homme s'appliquait avec une telle ardeur au travail, qu'il mourut de fatigue, à l'âge de 24 ans, ayant déjà produit énormément. Gabriel, son aîné, faisait aussi de la peinture, mais avec peu de succès. — L'oncle et les deux frères s'associèrent dans beaucoup d'ouvrages, qu'ils signaient d'une manière touchante, *Gli Heredi di Caliari*, les héritiers de Caliari. Quand Charles et Benoît eurent quitté la terre, Gabriel, navré de chagrin, abandonna la peinture pour se livrer au commerce, et mourut dans un âge avancé, de la peste de 1631, durant laquelle il s'était voué activement au service des malades. Toute cette famille des Caliari est vraiment un faisceau superbe d'honneur, de bonté, de magnificence et de génie.

V. Schoelcher.

PIETRO·ARETINO·

L'ARÉTIN.

Le christianisme distingue dans l'homme le Dieu et l'homme, *l'esprit* et la *béte*; l'Arétin est le type le plus complet de la *béte*. C'est la réunion de tous les appétits bestiaux, la gourmandise, la sensualité, la volupté; son intelligence n'est que l'esclave de son ventre; il la charge d'aller quêter pour lui. Son âme, il n'en a pas, ou plutôt il n'a pas de conscience : il ne sent pas ce que c'est que le bien et le mal; aussi fait-il toujours le mal.

Pietro Aretino naquit le 20 avril 1492, à Arezzo; il tira son nom de sa ville. Sa mère, nommée Rita, était une courtisane, digne souche d'un tel rejeton : aussi il aima toute sa vie les courtisanes. Quand il fut riche, il en avait plusieurs dans sa maison, et il écrivait ironiquement à un ami qui le gourmandait là-dessus : « Je prends en bonne part le reproche que vous me faites sur ma facilité à ouvrir ma maison aux courtisanes, mais c'est par charité chrétienne : de telles femmes ne deviennent modestes et honnêtes qu'en vivant avec des hommes honnêtes et modestes. » Elevé sous de telles ailes maternelles, on conçoit ce que fut l'enfance de Pietro. Madame Rita servait de modèle aux peintres pour les *Vénus*. Pietro courait la ville, allant assez à l'école pour apprendre à écrire; tantôt le ventre vide, tantôt le ventre plein, plus souvent vide, apprenant l'amour dans un lupanar et la poésie dans la rue. A treize ans, il s'enfuit d'Arezzo, pour avoir fait, dit-on, un sonnet contre les indulgences, et alla se réfugier à Pérouse. Sans argent, il entra, pour vivre, chez un relieur comme apprenti, et y resta six ans. Un seul trait peindra sa vie, et cette impiété libertine qui pointait déjà en lui : ayant aperçu, dans le lieu le plus fréquenté de la place publique, un tableau représentant Madeleine aux pieds du Christ et les bras étendus vers lui, il alla pendant la nuit y peindre un luth, dit Ginguené, que la sainte paraissait tenir entre ses mains. A dix-neuf ans, l'envie de voir le monde, le désir de faire fortune, cette sorte d'assurance en son étoile qui ne le quitta jamais, le déterminèrent à s'enfuir de chez son relieur, et il partit pour Rome à pied

 (PAMPHLÉTAIRE.)

et sans autre bagage que ce qu'il avait sur le corps. A Rome, un riche négociant, Agostino Chisi, le prit pour domestique; l'Arétin lui vola une tasse d'argent, entra au service du cardinal San-Giovani, puis de là dans la maison de Léon X, à qui il adressa des vers qui lui valurent quelque monnaie. Le métier de flatteur et de mendiant lui paraît bon; il fait d'autres vers au cousin de Léon X, et reçoit un cheval. L'ambition lui vient avec le succès; il commence à deviner qu'avec son esprit naturel et sa conscience souple, il pourra faire fortune, et le voilà parti pour Pise, pour Bologne, pour Milan, pour Mantoue, et il commence à aller vêtu comme un prince, se faisant donner des habits de velours broché d'or, et devenu presque l'ami des grands seigneurs.

Après la mort de Léon X, et d'Adrien, il revient à Rome, sous le pontificat de Clément VII, et là s'agrandit encore sa réputation d'insolence, de vénalité, de verve et d'impudeur. Jules Romain, l'élève de Raphaël, ayant dessiné seize gravures obscènes, et les ayant fait graver par Marc-Antoine, le pape Clément VII, irrité de ce scandale, fit jeter en prison Marc-Antoine, et prononça un arrêt contre Jules Romain qui s'était déjà enfui. L'Arétin, qui était le familier du cardinal Hippolyte de Médicis, obtint par son entremise la grâce des deux coupables; mais cette grâce obtenue, il eut l'audace de composer seize sonnets luxurieux pour les gravures. Le pape et le dataire du pape, Gibarti, s'apprêtaient à le punir sévèrement; il s'enfuit à Arezzo.

Il n'y resta pas long-temps : dans un temps où l'on aimait tant les bouffons, un joyeux compagnon comme l'Arétin, un colporteur si piquant d'anecdotes scandaleuses, un causeur si caustique, si mordant, et qui disait si spirituellement du mal de tout le monde, ne devait pas rester long-temps inoccupé. En effet, à peine fut-il arrivé à Arezzo, que le fameux chef des bandes noires, Jean de Médicis, alors à Fano, l'appela près de lui. La fortune de l'Arétin grandissait rapidement : argent, honneurs, festins, femmes, il partageait tout avec

Jean de Médicis, excepté pourtant les dangers de la guerre, car Arétin était très-poltron, et aimait trop son corps pour l'exposer de gaîté de cœur à être maltraité. Mais après la bataille, *le grand diable*, c'est ainsi qu'on appelait Jean de Médicis, retrouvait sous sa tente son ami l'Arétin, assis comme Sosie, entre un jambon et deux flacons de vin, et l'Arétin lui récitait ses poésies obscènes, et le grand diable le raillait sur sa poltronnerie (car une des grandes conditions de succès pour un bouffon, c'est d'avoir un défaut ou une infirmité qui donne de l'esprit à son seigneur), et ils s'enivraient ensemble, et ils partageaient le même lit : parodiant ainsi cette noble coutume du temps de la chevalerie. Malheureusement Jean de Médicis fut tué dans une rencontre, et laissa l'Arétin sans protecteur : l'Arétin le pleura sincèrement. C'est pendant la vie de Jean de Médicis, dans un de ces moments où l'Arétin divorçait d'avec son ami, c'est-à-dire pendant une bataille, qu'il lui arriva une aventure très-peu plaisante pour lui. Il était à Rome, car Jean de Médicis l'avait réconcilié avec Clément, et il courtisait une fort jolie cuisinière (le rang ne lui importait guère) qui servait chez le grand dataire Giberti ; l'Arétin avait pour rival un gentilhomme bolonais nommé Achille de la Volta : suivant ses habitudes injurieuses, il écrivit un sonnet très-sanglant contre le gentilhomme ; mais celui-ci, l'ayant rencontré seul sur les bords du Tibre, lui donna cinq coups de poignard dans la poitrine et lui estropia les deux mains. L'Arétin s'enfuit à demi mort, et demanda justice au souverain pontife ; mais Giberti, qui avait l'oreille de Clément VII, et qui, dit-on, était aussi le rival de l'Arétin, ne fut pas fâché de la punition de cet impudent, et empêcha qu'on fît droit à sa demande. Alors sa fureur déborda en sonnets, en satires, en invectives pleines d'amertume contre le pape et son dataire ; mais Berni, secrétaire de Giberti, lui répondit par une affreuse satire dont nous traduirons quelques passages, parce qu'ils peignent bien la position honteusement brillante et les mœurs infâmes de l'Arétin.

« Tu en diras et tu en feras tant, langue mordante et baveuse, mais sans sel, qu'il se rencontrera un poignard plus ferme et mieux entrant que le poignard d'Achille. Le pape est le pape, et tu n'es qu'un brigand : nourri du pain d'autrui et de dire du mal, tu as un pied au lupanar et l'autre à l'hôpital. . . . . Garde donc bien tes mains et ta poitrine,

> A moins que tu ne sois de l'espèce du chien ;
> Plus on frotte son cuir, plus il reluit bien.

Plus loin il lui dit :

» Présomptueux porc, monstre infâme, tu tiens tes deux sœurs dans une maison honteuse à Arezzo ! Bientôt ce seront elles qui te feront vivre par leur infamie, elles

> *E'lor, non quel di Mantoa, marchese.*

elles et leur marquis, non celui de Mantoue ; et ces habits de duc que tu étales te seront arrachés au son des bastonnades par le bourreau. »

C'est après la mort de Jean de Médicis que commence la seconde phase de la vie de l'Arétin. C'était en 1527 ; l'Arétin avait trente-cinq ans : jusque-là il avait été de cours en cours, parasite des marquis, des ducs ou des papes, vivant d'un sonnet ou d'une anecdote scandaleuse, et craignant toujours une disgrâce, si la veille, à table, il avait moins fait rire son seigneur. La mort de Jean de Médicis le laissant sans protecteur, il se réfugia à Venise, et là, soit avec un plan arrêté d'avance, soit par hasard et un jour poussant l'autre, il devint une puissance, puissance indépendante, puissance terrible, et qui, comme le dit M. Chasles, dans son excellente biographie de l'Arétin, représenta pour la première fois la puissance de la presse. Choisissant pour devise (et ce rapprochement est assez curieux) le même axiome que Jean-Jacques Rousseau : *Vitam impendere vero*, « consacrer la vie au vrai, » cet impudent prit le rôle de la trompette de la Renommée, et se donnant à lui-même le nom de *flagellum principum*, fléau des princes, il commence à vivre, comme il dit, de la sueur de son écritoire, et à ouvrir un établissement d'injures et de louanges. Il s'était renfermé, dit l'Hopital, dans les murs de Venise, et de là, comme du haut d'une tour élevée, il assaillait tous les rois de l'Europe des traits aigus de ses satires et des coups de fouets de sa langue.... Son pouvoir devint bientôt immense.... Il s'était dit qu'il n'y a pas de flatterie si plate qui ne plaise, ni d'injure si grossière qui ne blesse, et avec cette seule recette il se fait la terreur de toute l'Europe, et met les rois à contribution : car comme il le répétait avec insolence mais avec vérité, *I principi, tributati dai popoli, il servo loro tributano*, « les princes, qui lèvent tribut sur les peuples, paient tribut à leur esclave. » Et en effet, de tous côtés il lui arrivait les présents les plus magnifiques, des chaînes, des décorations, des pièces de velours, des rubans, des sommes d'argent; il avait une pension de Charles-Quint, une pension de François Ier, une pension d'Antoine de Lève. Si quelque prince refusait de lui envoyer un présent, ou même si un de ses protecteurs tardait à lui payer son impôt, il lançait contre lui, par forme de sommation judiciaire, une satire bien sanglante, et recommençait jusqu'à ce que le tribut arrivât. Il ne lui en coûtait nullement de traîner dans la boue et d'élever au ciel le même homme dans la même semaine, et comme il avouait tout le premier sa turpitude, et qu'il faisait même de l'esprit avec sa bassesse, il ôtait à ses ennemis l'occasion de le lui reprocher, et sa verve impudente gardait à ses satires toute leur puissance et tout leur sel. Quand Charles-Quint descendit en Italie, et que la république de Venise lui envoya des ambassadeurs, l'Arétin fut du nombre, et l'empereur passa tout un jour à causer avec lui; et quand il partit le lendemain, il recommanda ce misérable aux seigneurs vénitiens en disant qu'on soignât l'Arétin comme une personne qui lui était très-chère. L'Arétin a un palais sur le canal Grande, palais plus riche que celui d'un roi, palais tout rempli de tableaux, d'armes, de statues; il ne dîne jamais en ville par gourmandise, parce que personne n'a d'aussi excellents cuisiniers que lui : on lui envoie du gibier, des fruits, des becfigues, des poissons rares, des vins délicats; il est assiégé, harcelé, ennuyé. Voici une lettre de lui, curieuse comme insolence et comme tableau :

« Tant de seigneurs me rompent la tête avec leurs visites, que mes escaliers sont usés par le frottement de leurs pieds comme le parvis du Capitole par les roues des chars de triomphe. Vraiment, par manière de parler, je ne crois pas que Rome ait vu un mélange de nations comme celui qui afflue dans ma maison : ce sont des Turcs, des Juifs, des Français, des Allemands, des Espagnols; jugez ce qu'il y a d'Italiens. Quant au menu peuple je n'en parle pas; car il est plus facile de vous distraire de la dévotion impériale, que de me voir sans frères ou prêtres autour de moi. Aussi il me semble que je suis devenu l'oracle de la vérité, depuis que chacun vient me conter le tort que lui a fait tel prince ou tel prélat; je suis le secrétaire

du monde. Mais cela me fatigue quelquefois tellement, qu'aussitôt après le déjeûner je m'enfuis chez vous, chez mon ami Titien, ou bien je vais passer les matinées dans la maison de quelqu'une de mes *pauvres petites* (poverine). »

Nous reparlerons tout à l'heure de ses *poverine*.

Cependant *le secrétaire du monde* recevait quelquefois de terribles appointements. Il avait dédié au roi d'Angleterre, en 1542, le second volume de ses *Lettres*. L'ambassadeur de ce monarque, le comte d'Arundel, ne reçut que cinq ans après l'ordre de faire à l'Arétin un présent de trois cents écus. L'Arétin fut instruit de cet ordre par un de ses amis de Londres (il avait des amis partout pour ranimer en sa faveur la reconnaissance des rois), et peu de temps après on lui dit à Venise que la somme lui serait comptée le lendemain. Il attend, la somme ne vient pas. La colère le prend, et il fait circuler contre le comte d'Arundel des bruits qui l'accusaient de retenir la somme. Le comte, instruit de cette impudence, surprit un jour l'Arétin dans une rue écartée, et lui fit donner la bastonnade par six hommes qui le suivaient. L'Arétin fut assez grièvement blessé; mais il n'en conserva pas le moindre ressentiment. Il demanda et obtint quelque temps après sa grâce du comte d'Arundel, qui lui donna les trois cents écus.

Quoique l'Arétin soit aujourd'hui complètement oublié comme écrivain, et qu'aucun de ses nombreux ouvrages ne lui ait survécu, il ne faudrait pas croire qu'il fut sans mérite littéraire. Ses lettres et ses pamphlets étaient pleins de verve, d'entrain, d'un laisser-aller souvent bizarre, mais original et animé. Au milieu de ce déluge de métaphores et d'images incohérentes et du plus mauvais goût, on reconnaît le cachet des hommes qui naissent écrivains, et qui ont l'immense mérite de parler en écrivant. Aussi sa réputation n'était pas seulement celle d'un génie pamphlétaire; on le vantait, on le copiait, on disait le style *aretino*, arétinien. Dans son infatigable activité, au milieu de sa vie de plaisirs et de dissipation, il trouvait le temps d'écrire des comédies qui faisaient les délices de l'Italie, quoique assaisonnées à pleines mains d'un sel rabelaisien; il composait une tragédie sur les Horaces, dont on admirait les beautés mâles et sévères; il envoyait aux princes luxurieux des sonnets obscènes;

puis, pour varier et afin de frapper monnaie avec la sainteté comme avec l'impureté, il traduisait les psaumes de la pénitence, ou composait (composer est le mot, car il amplifiait beaucoup quand il n'y avait pas assez de matière) la vie de la Vierge ou de Jésus-Christ, et la dédiait aux âmes pieuses, telles que la marquise Pescaire, par exemple, et réclamait pour cela quelques centaines d'écus. Mais le grand fondement de sa réputation furent les *Ragionamenti* ou Discours, où il décrit la vie et les amours des courtisanes, en leur donnant des conseils; car il fut toujours leur frère et leur ami. On a pu deviner que cet homme, qui avait fait un dieu de son corps, qui était gourmand et amateur des beaux habillements brochés d'or, qui recevait des coups de poignard pour une cuisinière, et avait de *pauvres petites* chez qui il se réfugiait, mettait en pratique les beaux conseils de volupté qu'il donnait aux jeunes gens et aux femmes dans ses *Ragionamenti*. Sa vie, en effet, n'est qu'un composé étrange et bariolé de mille amours très-peu choisies : comtesses, marquises, filles du peuple, courtisanes, tout lui est bon. Il a chez lui, dans sa maison, cinq ou six femmes qu'on appelle *les Arétines*, dont il élève les enfants, même quand ils ne sont pas de lui, et qui ont chacune un emploi différent dans le palais, car c'est un palais : les unes veillent à la lingerie, les autres à l'ordre général, etc. Une seule occupation leur est commune à toutes : elles le volent, elles le trompent, il en rit; car cet homme n'est que la moitié d'un homme : c'est une bête, plus le génie; c'est un homme, moins l'âme. Cependant, une fois dans sa vie, il éprouva une passion réelle, profonde, sainte, douloureuse; et comme la douleur épure le cœur ainsi que le feu épure la matière, cet infâme Arétin devient tout à coup sensible, tendre et dévoué; tant il est vrai que l'amour est la plus grande vertu de l'homme. Voici cette histoire : Une jeune femme, nommée Périna Riccia, âgée d'à peine seize ans, et mariée nouvellement, se sépara de son mari, on ne sait pourquoi, et vint habiter la maison de l'Arétin. On croirait à l'instant qu'elle est sa maîtresse, non ; mais elle devient son amante, amante qu'il adore, qu'il vénère, et à qui il ne prononce pas le mot d'amour. Elle est toute jeune, svelte, douce et frêle.

« L'amour que les quatre pères les plus tendres portent à leurs enfants, écrit-il, n'arriverait pas à la millième partie du bien que je veux à cette aimable et si charmante jeune fille : sa bonté tient sa beauté renfermée dans le rocher de la pudeur, d'une manière si accorte et si gentille, que je pleure de plaisir seulement d'y penser; je vais perdant des journées entières à la regarder pendant qu'elle coud, qu'elle lit, qu'elle brode. » Cependant elle tombe malade, malade d'une maladie cruelle : sa beauté s'efface, ses lèvres se flétrissent, ses yeux s'éteignent, ses joues maigrissent et deviennent brûlantes. Il brave toutes les apparences repoussantes de la phthisie pour la soigner; il l'envoie à la campagne, il lui donne les médecins les plus célèbres. Enfin elle se rétablit, elle revient dans sa maison, et puis, un an après, elle s'enfuit avec un jeune homme de vingt ans. Rien ne peut rendre son désespoir. Il la maudit, il l'accable d'anathèmes; il en arrive à dire comme Oreste : Eh bien, j'en suis content!... « Réjouistoi avec moi, écrit-il à un de ses amis, de ce que je me suis débarrassé de la plus vile chaîne qui ait jamais lié un cœur humain; car qu'est-ce autre chose que l'erreur qui m'a forcé de l'adorer pendant cinq ans? Ah! je l'aime encore! Celui qui aime ne peut pas désaimer à sa volonté : un cœur dévasté par le visage et les yeux de l'objet aimé, est semblable à une terre livrée à la licence et à la cruauté des ennemis... »

Au bout de quelque temps, elle revint chez lui; il la reçut, l'aima encore, n'en fut point aimé : elle retomba malade et mourut, et c'est dans ses bras qu'elle mourut. Il la pleura amèrement, il la pleura toujours; et bien des années après, son souvenir lui était toujours une source de désespoir et d'amertume.

Celui qui souffre d'une telle douleur n'est pas un méchant homme; c'est que, comme l'a trèsbien dit M. Chasles, dont nous avons souvent suivi l'excellent ouvrage, l'Arétin n'était pas méchant; s'il mentait, s'il déshonorait, ce n'était point par malignité native, mais bien parce qu'il avait des goûts de plaisir et de luxe, et que la calomnie lui donnait de quoi les satisfaire. Il n'avait pas trouvé de meilleur placement pour son esprit que la calomnie, il calomniait; du reste, bon compagnon, ami des artistes, aimant les arts avec passion, et ce qui est plus singulier pour lui, avec respect. Voici une lettre à Michel-Ange qui est à la fois belle et simple :

« J'ai soupiré de me sentir si petit et de vous » savoir si grand; j'ai soupiré de ne pas avoir le » vase d'émeraude dans lequel Alexandre dé-

» posa les œuvres d'Homère, quand j'ai reçu
» votre digne lettre ; et n'ayant pas de place
» plus noble , je l'ai ployée solennellement (*con*
» *ceremonia*) dans le privilége que m'a concédé
» la souveraine bonté du grand Charles-Quint.
» Je les conserve l'un et l'autre dans une des
» coupes d'or que m'a données la courtoisie du
» grand Antoine de Lève... Certainement, vous
» êtes une personne divine, et je ne vous de-
» mande rien, qu'un de vos croquis pour en
» jouir pendant cette vie et l'emporter avec moi
» dans la tombe (*Acciochè in vita me lo goda, ed*
» *in morte lo porti con esso meco nel sepolcro!*)»

En voici une autre adressée au Titien, et qui
explique très-bien cette merveilleuse tendance
de l'école vénitienne à la couleur.

« Seigneur, mon bon compère, en dépit de
» mes excellentes habitudes, j'ai dîné seul au-
» jourd'hui, ou pour mieux dire, j'ai dîné en
» compagnie de cette fièvre quarte qui me sert
» d'éternelle escorte et qui ne me permet plus
» de goûter la saveur d'aucun mets. Vous me
» voyez donc me levant de table, rassasié d'en-
» nui et de désespoir, et sans avoir presque rien
» touché. Je croise les bras, je les pose sur les
» corniches de ma fenêtre, la poitrine et le
» corps presque en dehors, je regarde.... un
» beau spectacle, cher compère !

» Des nacelles sans nombre, chargées d'étran-
» gers et de Vénitiens, voguent sur le grand
» canal ; lui, dont l'aspect réjouit tous ceux qui
» le sillonnent, semble se réjouir à son tour de
» porter une foule inaccoutumée. Voici deux
» gondoles qui joutent, puis d'autres barques
» dirigées par des *barcarols* célèbres, qui se
» mettent à lutter de vitesse ; puis une foule de
» peuple, qui, pour s'amuser du combat, s'ar-
» rête sur le pont du Rialto, se presse sur la rive
» des Camerlingues, s'entasse sur la pescaria,
» s'échelonne sur le traghetto de Sainte Sophie
» et sur les degrés de la casa di Mosi. On ap-
» plaudit, on se crie ; chacun, en allant à ses
» affaires, jette un coup d'œil et donne un bat-
» tement de mains. Moi, que ma fièvre tour-
» mente et fatigue, je lève les yeux au ciel.

» Depuis le jour où Dieu l'a créé, jamais il
» ne fut orné de si belles ombres et de si belles
» lumières ! un ciel à faire envie aux artistes,
» à ceux qui te portent envie, compère ! Les
» maisons, les maisons de pierre, semblent pa-
» lais de féerie ; ici la clarté resplendit pure et
» vive ; plus loin, elle devient vague et éteinte.

» Sous l'ombre errante des nuages chargés de
» vapeurs denses, les édifices prennent mille
» apparences merveilleuses : à droite, un palais
» se perd tout entier et se noie dans une teinte
» d'ébène obscure ; à gauche, les marbres rayon-
» nent et étincellent comme si le foyer solaire
» avait quitté le firmament ; dans le fond, un
» vermillon plus doux colore les toitures ! O mi-
» raculeux coups de pinceau ! O nature maî-
» tresse des maîtres ! comme les palais se dé-
» coupent ici, sous un ciel d'azur mêlé d'une
» teinte émeraude, coloré d'une nuance d'azur !
» Quels clairs-obscurs ! quelles teintes sombres !
» Je sais que votre pinceau, Titien, est le rival
» de la nature et son fils bien-aimé ; aussi m'é-
» criai-je par trois fois : Titien, Titien ! où
» êtes-vous ? »

Il mourut à soixante-cinq ans, en 1557,
d'une façon étrange, s'il faut en croire la chronique. On racontait un jour devant lui des faits
et des gestes de ses sœurs, qui prouvaient par
leur obscénité qu'elles étaient de la famille ; il
se renversa sur sa chaise en éclatant de rire,
mais il se frappa si rudement contre le pavé de
sa chambre, qu'il mourut à l'instant même.
D'autres prétendent qu'il fut pendu, d'autres
qu'il mourut de maladie, entouré de confesseurs, et que quand il eut reçu l'extrême-
onction, il dit en riant : *Guardate mi da' topi,*
or che son unto. « Gardez-moi des rats, maintenant que je suis huilé. » Ce qu'il y a de certain
c'est qu'il mourut tout entier, car il ne reste de
lui que son nom.

Voici une de ses épitaphes :

« Ici gît l'Arétin : il dit du mal de tout le
monde, excepté de Dieu ; et quand on lui demandait pourquoi : — Pourquoi ! disait-il, c'est
que je ne le connais pas. »

BATTISTA GUARINI.

Il y a des écrivains qui ne font qu'un seul
ouvrage ; toute leur vie intellectuelle se résume
en quelques pages, et ces pages se trouvent
quelquefois être un chef-d'œuvre ; souvent
aussi, par un étrange caprice du sort, l'œuvre
de ces hommes les absorbe tellement dans la
postérité que leur livre survit et que leur nom
meurt. Parmi tous ceux qui ont lu cet infâme
beau livre, qu'on appelle *les Liaisons dange-*
reuses, combien n'y en a-t-il pas qui ignorent
que c'est Laclos qui l'a écrit ? Telle est la destinée de Guarini, auteur du *Pastor fido.* Son

poëme est presque un immortel anonyme; et du reste, il semble que ce soit une juste punition d'un travers de vanité très-étrange, qui gâtait ce qu'il y avait d'élevé dans l'âme de Guarini. Le chevalier Guarini avait la manie de n'être point poète. Né d'une famille à peu près noble, il mettait une grande affectation à se donner pour gentilhomme; et sur son cachet il avait fait graver *Baptistæ Guarini, equitis,* Baptiste Guarini, chevalier. Quand on lui parlait de sa gloire, il en faisait presque fi comme d'une chose qui le faisait rougir, ou il répondait avec un dédain plein de fatuité, disant qu'il avait écrit ses vers dans ses moments de loisir, et ne consentant à avoir fait un chef-d'œuvre qu'à la condition qu'on ne le prendrait pas pour un homme du métier. L'ingrat! il répudiait la poésie qui fut sa seule consolation pendant sa vie, et s'enflait de son titre de noble, qui fut toujours son bourreau. La postérité, en oubliant son nom, n'a donc fait que le châtier justement.

Battista Guarini naquit à Ferrare, en 1537, d'une famille déjà célèbre par plusieurs savants; sa jeunesse, jusqu'à l'âge de trente ans, fut tout entière consacrée aux belles-lettres; il professa la morale d'Aristote à Ferrare; envoya un sonnet au célèbre Annibal Carro, qui lui répondit par de justes éloges; fut nommé à vingt-huit ans membre de l'Académie de Padoue, et s'y lia avec le Tasse : tout présageait en lui un homme de haute et brillante espérance, quand la manie de vivre à la cour vint le prendre pour son malheur, et peut-être pour le malheur de la poésie. Ayant épousé une fille d'assez haute famille, nommée *Taddea Bendedei,* il entra dans la carrière des ambassades. La première mission dont Alphonse, duc de Ferrare, le chargea, fut d'aller complimenter, en 1567, le nouveau doge de Venise, Pierre Loredano. Le discours qu'il prononça à cette occasion lui fit beaucoup d'honneur. De là il fut envoyé comme ambassadeur résidant auprès du duc de Savoie, Emmanuel Philibert, et y resta plusieurs années. En 1571, il va à Rome prêter obéissance au pape Grégoire XIII, qui venait de succéder à Pie V. Deux ans plus tard, le duc l'envoya en Allemagne, auprès de l'empereur Maximilien, d'où il passa en Allemagne pour féliciter Henri de Valois sur son avénement au trône de Pologne.

A peine de retour, il reçut l'ordre de repartir pour la Pologne. Henri III succédait à Charles IX, et le duc de Ferrare aurait voulu remplacer Louis sur le trône de Pologne. Tel fut l'objet de la mission de Guarini, mission difficile, mission délicate, et qui demandait la plus grande diligence. Guarini partit donc sur-le-champ en courrier plutôt qu'en embassadeur; voyageant le jour, écrivant des mémoires la nuit, ne s'arrêtant ou du moins ne se reposant jamais, et c'était un terrible voyage d'aller de Ferrare en Pologne, dans ce temps-là; la fièvre le prit en route, n'importe, il fallut marcher malgré la fièvre; la fatigue et le travail changèrent cette fièvre en une maladie réelle; il fallut marcher malgré la maladie, car sa vanité de courtisan le poussait; mais une lettre de lui à sa femme, et que cite en partie Ginguené, prouve combien lui semblait lourd cet habit doré d'ambassadeur. « Je suis près de ma fin, armez-vous de courage et honorez ma mémoire par votre constance à supporter ma perte plutôt que par des larmes. Je vous recommande nos enfants; garantissez-les de ceux qui m'ont réduit à de telles extrémités, et apprenez-leur à imiter leur *père en tout autre chose que la fortune.* »

Tacite a eu tort de dire que l'amour de la gloire était la dernière passion qui mourût dans le cœur de l'homme; il y a quelque chose qui ne meurt jamais en nous, c'est la vanité. Certes une amertume bien profonde respire dans cette lettre à sa femme; eh bien, cependant, quand il revint à Ferrare, ce fut encore pour reprendre ses chaînes de cour; il en souffrait, il les maudissait, mais il ne pouvait pas s'en passer.

Pourtant, à l'âge de quarante-cinq ans, il prétexta des procès qui lui étaient survenus pour s'éloigner de la cour d'Alphonse, et se retira à la Guarina, maison de campagne qui lui venait de sa famille. C'est à ce moment qu'un de ses amis, sachant le projet de sa retraite, et lui ayant écrit avec des félicitations qu'il pourrait retourner aux muses, il lui répondit qu'il n'était pas né poète, qu'il n'était point un de ces hommes qui ne savent faire que des vers, et qui, pour tout ce qui convient du reste à un homme de mérite, sont extravagants ou ineptes. Ce peu de vers qui lui étaient échappés autrefois étaient ou l'effet d'une vanité de jeune homme, ou un exercice académique, ou un délassement de ses travaux; maintenant il est revenu à des pensées plus sages, plus dignes d'un homme mûr, et l'établissement de ses enfants, le soin de son patrimoine, le réclament tout entier.

Cependant, comme il était dans la nature de cet homme de cacher en rougissant ce qui lui faisait plaisir, et d'étaler orgueilleusement ce qui le blessait, il s'occupa ardemment dans sa retraite à terminer un ouvrage commencé quand il était jeune et toujours interrompu depuis par ses occupations de courtisan : c'était le *Pastor fido*. L'*Aminta* du Tasse venait de paraître, et son immense succès avait mis les pastorales en faveur. Excité par le triomphe de celui qui avait été son ami autrefois, et dont il s'était séparé depuis quelque temps, Guarini, qui ne voulait pas le nom de poète, mais qui s'en croyait le génie, résolut d'éclipser l'*Aminta* par la publication d'un poème qui serait à la fois une pastorale et une tragédie; pastorale, par les personnages à houlette qu'il mettrait en scène, tragédie, par les situations fortes où il les engagerait. Il étendit donc le plan du *Pastor fido*, l'orna des scènes les plus gracieuses et de la poésie la plus brillante, et cet homme, qui dédaignait les belles-lettres, refit sept fois son ouvrage presque entièrement. Avant de le livrer au public, selon la coutume d'alors, il l'envoya aux hommes les plus célèbres de toute l'Italie, en leur demandant leurs conseils et leurs critiques. Il le lut au duc Fezzante II de Gonzague, devant un cercle composé de poètes, de dames d'un haut rang, de seigneurs, et les applaudissements furent universels; jamais, dit-il, on n'avait rien vu de plus beau. Cependant ce ne fut que quelque temps après qu'il fit imprimer son poème, et vingt éditions successives parurent à peine satisfaire l'enthousiasme de l'Italie. Guarini était convaincu que son *Pastor fido* était très-supérieur à l'*Aminta*, et Jason de Morès, professeur de philosophie morale à Padoue, et auteur d'une rhétorique et d'une poétique, ayant attaqué la pièce, Guarini lui répondit anonymement dans deux dialogues intitulés *Verato*, pleins d'esprit et de piquans, mais farcis des éloges les plus outrés.

Nous avons lu *il Pastor fido*, et, malgré l'immense réputation qu'il a conservée, nous avouons à notre très-grande honte que rien ne nous a semblé plus ennuyeux. Le fond dramatique du poème n'appartient pas à Guarini, et le dialogue est d'une recherche de grâce bien prétentieuse. Cependant nous ne donnons nos critiques qu'avec réserve, car il y a dans une langue étrangère, et surtout dans la poésie, des beautés mystérieuses de rhythme, d'harmonie et de facture qui échappent, en dépit des études les plus consciencieuses, aux oreilles de ceux qui ne sont point nés sur le sol.

Quand Alphonse II vit le grand succès du *Pastor fido*, il rappela Guarini à sa cour, et Guarini y revint : plus tard, après la mort d'Alphonse, il s'attacha au duc de Mantoue, puis au grand-duc de Toscane, puis au seigneur d'Urbin, et ne redevint citoyen de Ferrare que lorsque aucun prince ne voulut plus de lui. Sa vieillesse fut triste et agitée; il avait perdu sa femme Taddea, et cette perte lui causa une longue douleur. Une autre cause de chagrin pour lui fut son humeur chicanière et processive; il avait plaidé dans sa jeunesse contre son père pour l'héritage de son grand-père et de son grand-oncle. Dans sa vieillesse, il plaida contre Alexandre son fils aîné, et on le voit même plaider contre la cathédrale de Rovigo pour un saint qui était dans la paroisse de sa terre. Abandonné par deux de ses enfants, séparé des deux autres qui s'étaient mariés, il mourut presque seul à Venise, où il avait pris un appartement dans le quartier le plus fréquenté par les avocats. Il avait soixante-quatorze ans.

TRISSINO.

Dans cette galerie des hommes célèbres de l'Italie, nous devons choisir non pas seulement ceux qui ont le plus brillé dans tel ou tel art, mais aussi et surtout ceux qui représentent un fait curieux ou une loi intellectuelle. C'est pour cela que nous dirons quelques mots de Trissino, quoique les deux principaux ouvrages qu'il a laissés soient d'un médiocre intérêt en eux-mêmes, et que sa biographie offre peu de particularités remarquables. L'Italie avait un grand bonheur, c'est que son originalité n'était pas étouffée par la renaissance des lettres grecques et latines; ces grands génies comme Pétrarque et Dante, plus heureux, selon nous, que Fénélon et Racine, par exemple, restaient Italiens tout en devenant savants. Dante, pour qui Virgile était un dieu, et qui l'a choisi pour guide dans son triple voyage, avait cependant pétri son immense poème avec toutes les passions de son temps. L'imitation, chez lui, n'était qu'à la surface, pour ainsi dire, et l'originalité vivait dans tout le corps de l'ouvrage. Pétrarque lui-même, ce Romain du XIV° siècle, avait beau faire des poèmes en latin, parler latin et écrire en latin, son génie naturel l'emportait sur son admiration souvent maladroite, et ses sonnets faisaient faire, comme malgré lui, un pas immense à *cette langue vulgaire* qu'il dédaignait. L'Italie se trouva ainsi ballottée entre son génie indigène et l'imitation : nourrie à la fois des histoires sévères de la Rome antique et des fables, ballades, légendes, de l'Espagne, de la Provence et de son propre sol, les épopées romanesques abondèrent après les épopées religieuses, les grands exploits de la chevalerie se mêlaient dans les récits de l'imagination comme autrefois les mystères du christianisme et des poètes oubliés aujourd'hui, mais non sans mérite, préparaient la venue de l'Arioste et du Tasse, comme autrefois l'auteur de *Guerino il Meschino* ouvrait la route à Dante.

En 1478 naquit à Vivence, d'une des familles les plus anciennes et les plus nobles de la ville, Jean-Georges Trissino, qui, essayant par une singulière bizarrerie de faire un poème italien avec les formes du poème épique grec, présenta dans un ouvrage fort ennuyeux, il faut le dire, la réunion de ces deux esprits d'imitation et de nationalité qui se combattaient en Italie. Trissin, seul héritier d'une famille qui avait des richesses immenses, reçut d'abord une éducation très-imparfaite dans sa première adolescence ; mais, passionné pour l'étude et pour la poésie, il se débarrassa des précautions timides dont la tendresse de sa famille l'entourait, et travailla avec ardeur à la langue grecque, à la langue latine et aux sciences mathématiques. Il fut pris pour Homère d'une passion fanatique, et, ayant choisi pour sujet de poème épique l'*Italia liberata*, c'est-à-dire l'Italie délivrée des Goths par Bélisaire, il appliqua à la composition de ce poème moderne tous les artifices, tous les moyens dramatiques ou épiques, toutes les manières de description et même une partie des détails religieux de l'*Iliade*. Voltaire, dans son *Essai sur la poésie épique*, en cite un exemple très-curieux. Tout le monde sait par cœur le chant d'Homère où Jupiter enveloppe Junon d'un nuage pour dérober aux dieux le spectacle de leur tendresse conjugale. Trissin, voulant à toute force imiter ce passage, a supposé que la femme de Justinien, après s'être parée comme Junon, allait trouver son mari, et, toujours comme Junon, se faisait auprès de lui la plus séduisante possible pour obtenir une grâce. Justinien, dit Trissin, lui donna un baiser, à quoi elle répondit en souriant : Mon doux seigneur, que voulez-vous faire ? s'il venait quelqu'un je serais très-honteuse ; entrons dans notre appartement,

> E sopra il vostro letto
> Poniam ci : fate poi qualchi vi piace.

A quoi l'Empereur lui répond : N'ayez pas peur, ma chère âme, j'ai fermé la porte et j'ai la clef dans ma poche.

Tous les critiques sont convenus que ce poème était fort ennuyeux et fort mauvais, mais tous ont dit aussi que l'on devait de grands éloges au Trissin pour avoir le premier écrit une épopée *dans toutes les règles* et avoir ainsi contribué à la renaissance du bon goût. Nous avouons pour nous que rien ne nous semble plus irrégulier et de plus mauvais goût que cet amalgame monstrueux de deux civilisations, et que cette folie de mettre à Justinien la barbe de Jupiter. Un tel essai, s'il était imité, ne serait propre qu'à faire des œuvres bâtardes indignes du nom de poème.

Cependant il faut dire à la gloire du Trissin, que dans une tragédie de *Sophonisbe*, qui n'est qu'une page déchirée de l'histoire de Tite-Live, il introduisit le premier, dans la poésie dramatique, le vers libre et débarrassé de la rime ; c'est là un vrai service et dont on doit lui tenir compte : il avait voulu aussi, dans son *Italia liberata*, remplacer l'octave rimée par le vers libre ; mais le Tasse et l'Arioste ont maintenu ce rhythme plus sévère et plus artistique dans l'épopée.

Trissin ne fut pas seulement poète, Léon X et Clément VII l'employèrent à diverses ambassades. Sa vie, qui avait été long-temps calme et doucement abritée dans la paix domestique, fut troublée sur la fin par la cruelle ingratitude de l'un de ses enfants qui plaida contre lui pour le bien de sa mère. Trissin mourut à Rome en 1550, âgé de 72 ans.

Ern. LEGOUVÉ.

GIOVANNI
BOCCACCIO

BOCCACE.

On se souviendra long-temps du charmant tableau que **M.** Winterhalter avait exposé au dernier salon, et qui représentait *le Décaméron*. Ce n'était pas seulement une composition délicieuse, où la vivacité de la couleur se joignait à l'élégance du dessin, et où l'on trouvait un ressouvenir de ces belles figures dont Léopold Robert a peuplé toutes ses peintures; c'était une traduction vivement sentie de la vie italienne au moyen-âge, et le résumé de ces siècles heureux d'art et de galanterie qui ont rouvert de l'autre côté des monts l'ère de la civilisation.

L'Italie tout entière, je veux dire l'Italie du xive siècle, l'Italie renaissante et dans le plein épanouissement de toutes ses facultés les plus jeunes, les plus brillantes et les plus hardies, respire aussi dans le livre que le pinceau de **M.** Winterhalter a si élégamment traduits. La fleur de l'imagination, la liberté des mœurs, la finesse du goût, l'élégance des formes, la poésie appliquée à la volupté, l'esprit se mêlant au plaisir pour le tempérer et l'aiguillonner tour à tour, voilà ce qu'on voit dans l'ouvrage qui a immortalisé le nom de Boccace.

Cependant, cet écrivain, qui devait laisser à la postérité un tableau si fidèle de l'Italie, ne naquit point dans son sein. C'est à Paris qu'il vit le jour, et cela n'est point sans raison. Si peu qu'il resta en France, sa jeune intelligence y respira cet air de liberté et de scepticisme qui a de tout temps été l'atmosphère du Nord. Les trouvères répandaient leurs histoires galantes et leurs fabliaux déjà incrédules dans le nord de la France; leur esprit moqueur, qui n'épargnait aucune puissance, et qui ne laissait passer ni une idée ni une action sans la contrôler, plaisait à la bourgeoisie et faisait les délices de ses veillées. Il semble que Boccace se soit empreint de leur génie naïf, et qu'il l'ait importé en Italie; sans doute il perfectionna leur genre, il en éleva le style par une étude savante de la belle antiquité, et par l'habitude qu'il avait contractée de la véritable langue poétique : mais, enfin, je crois qu'on peut soutenir avec raison que Boccace relève, par certains côtés incontestables, du génie français, et qu'il descend en ligne droite de nos vieux trouvères.

Une chose est à remarquer : au même temps florissait un autre génie italien, qui donna à la poésie de son pays des formes admirables, et qui chanta l'amour dans la langue la plus digne de lui. Y a-t-il un poète plus italien que Pétrarque? La volupté, qui est moqueuse et diserte chez Boccace, est chez lui passionnée, enthousiaste et céleste. Le plaisir est sceptique dans *le Décaméron*; dans les *Sonnets à Laure*, il est au contraire chaste, élevé, parlant de Dieu, et rêvant à tous les mystères de l'infini qui ont préoccupé les plus hautes intelligences. Mais si divers que soient ces deux génies, n'ont-ils pas cependant des points très-grands de ressemblance? n'ont-ils pas traité tous les deux le même sujet? n'ont-ils pas chanté tous les deux l'amour ou l'Italie, ce qui est à peu près la même chose? L'un en a fait la poésie, l'autre la prose; voilà la différence! mais au fond leur pensée s'entretient du même objet.

Eh bien! Pétrarque, l'ami de Boccace, profondément Italien comme lui, relève cependant aussi de la France. Ne peut-on pas dire que c'est à nos troubadours qu'il a emprunté sa forme? Il a fait pour leurs chants ce que Boccace a fait pour les virelais des trouvères; il les a élevés à une haute expression poétique, et il a ajouté à leur naïveté cette science du rhythme, et cette sérieuse expérience de la raison qu'il devait au commerce de l'antiquité. Mais, en définitive, il est le résumé fidèle de leur manière et de leur génie, l'héritier direct de leurs inspirations. Il est bon de constater ces filiations littéraires; il est curieux de voir comment deux auteurs, des plus originaux, doivent toute leur gloire à une habile imitation; et il est important pour nous de reconnaître ce qu'ont dû à la France les deux écrivains qui passent à juste titre pour avoir assis d'une manière décisive les fondements de la littérature italienne.

Pétrarque, qui naturalisa dans le génie italien les merveilles de la langue d'oc, passa la plus grande partie de sa vie dans le midi de la France au milieu des souvenirs encore récents de la littérature nomade et chantante des troubadours. Il était naturel que Boccace, qui devait doter son pays des grâces ironiques et audacieuses de nos trouvères, naquît à Paris, qui a été dans tous les siècles le foyer de l'indépendance et de la raison. Ce fut en l'année 1313 qu'il y prit naissance. Son origine eut quelque chose d'équivoque, comme, plus tard, la tournure de ses idées.

Son père était originaire de Certaldo, château situé à vingt milles de Florence, au bord de la rivière d'Elsa, dans une vallée qui, pour cette cause, a pris le nom de Val-d'Elsa. Il se nommait Boccacio di Chellino, c'est-à-dire Boccace, fils de Michel; il vivait à Florence, où sa famille s'était fait estimer dans le commerce et avait acquis le droit de bourgeoisie. Dans sa jeunesse, appelé à Paris par les affaires de son négoce, il avait eu une liaison d'amour avec une demoiselle entre le noble et le bourgeois. Jean Boccace fut le fruit de cette union.

Au bout de quelques années, le père revint à Florence. On ne sait ce qu'il décida par rapport à sa maîtresse; mais il emmena son fils, et songea à lui faire donner une bonne éducation: il le confia à un grammairien habile, nommé Giovani da Strada. Jean Boccace annonça bientôt les dispositions les plus brillantes; il montra surtout pour la poésie un penchant précoce et impérieux. Avant que d'arriver à l'âge où l'on peut connaître les règles de la versification, il composait déjà des fables et des espèces de récits en vers. Les enfants de son âge le surnommèrent *le Poète*. Il y a souvent un grand sens dans ces sobriquets des premières années, et les enfants ont un singulier sentiment de la prédestination.

Cependant le père de Boccace ne rêvait pas pour lui l'avenir que ses camarades lui présageaient. Soit qu'il ne fût pas riche et qu'il ne pût fournir à l'oisiveté d'un poète, soit qu'il ne comprît pas l'utilité d'une semblable vocation, et qu'il ne vît rien au-delà de son commerce, il interrompit les études de son fils pour en faire un bon négociant comme lui-même. Pour que l'apprentissage fût encore plus rude et plus sérieux, il le plaça chez un autre marchand. Ainsi confiné dans une boutique étrangère, dès l'âge de dix ans, Boccace apprenait l'arithmétique et la tenue des livres, en attendant que son génie s'éveillât. Mais au bout de quelques mois, le marchand chez qui il avait été placé fut lui-même appelé à Paris par le cours de ses affaires, et il s'y établit. Ainsi, avant que les Italiens n'eussent introduit en France le goût et les modèles de la peinture, ils y apportaient leur négoce et leur industrie: leurs comptoirs y préparaient la place pour les chefs-d'œuvre de leurs arts.

Boccace vint à Paris avec son patron. On ne dit pas s'il y retrouva sa mère; mais il put se retremper dans cet air libre et spirituel au milieu duquel il était né. Cette fois il eut le temps de se façonner à toutes les habitudes de l'esprit du nord et de prendre toutes ses allures; car il séjourna six ans à Paris. Il n'y employa guère ces années à s'instruire dans le commerce; il montra au contraire si peu de goût et si peu de soins pour cet état, que son maître, ne trouvant en lui aucune aide et ne sachant plus qu'en faire, se décida à le renvoyer à Florence. Il est à croire que le temps que Boccace avait perdu pour son avancement dans les affaires, avait été utile pour la fécondation de son esprit.

Son père ne désespéra point de son avenir commercial; il s'obstina au contraire à le tenir dans la même contrainte, et y persévéra encore pendant sept années. Mais comme il sentit qu'il fallait faire quelques concessions aux goûts romanesques et à l'imagination du jeune homme, il le fit voyager dans les différentes villes d'Italie, et lui donna toutes les facilités pour qu'il pût enfin envisager le négoce par son côté le plus grand et le plus agréable: c'était encourager son démon poétique au lieu de le dompter.

En 1333, Boccace, âgé de vingt ans, fut conduit à Naples par la suite naturelle de ses affaires et de ses voyages. Son esprit toujours en travail, toujours entraîné vers les lettres, cherchait toutes les traces que la poésie avait laissées sur la terre. En visitant les curiosités de Naples, il reçut une émotion soudaine qui acheva de le dévoiler à lui-même et qui décida de sa vie. C'est à la vue du tombeau de Virgile qu'il sentit son génie s'éveiller, et crier si fort en lui, que sa voix étouffa toutes les autres. Dès ce moment il renonça au commerce et à tous les projets de son père. Ainsi Virgile, qui avait frayé à Dante la route des mondes invisibles, ouvrit à Boccace celle de la poésie, autre univers de l'âme que les yeux mortels ne voient pas. Ainsi se renouait la chaîne des temps et des civilisations, et c'est dans l'antiquité elle-même que prenaient racine les esprits originaux destinés à laisser l'image la plus fidèle et la plus pure des commencements de l'ère moderne.

Lorsque le père de Boccace connut ses résolutions, les jugeant invincibles, il lui permit enfin de les exécuter et de se livrer à l'inspiration qui le poursuivait avec un acharnement indubitable. Mais ce bon marchand comprit d'une singulière façon la vocation nouvelle de son fils. Il consentit à ce qu'il renonçât aux affaires matérielles, mais lui voyant tant de penchant pour les choses d'esprit, il exigea qu'il s'en servît pour étudier le droit canon. C'était une autre manière de l'enchaîner au positif; au lieu d'en faire un marchand, on en voulait faire un jurisconsulte; ainsi on substituait un état à un autre état; la prévoyance paternelle avait besoin de cette garantie.

Un état, c'est une fonction au niveau des facultés ordinaires et moyennes de l'espèce humaine; la poésie est bien aussi une fonction, mais c'est la fonction des êtres qui ont la puissance d'inventer une forme tout exprès pour eux-mêmes. Les parents ont raison de craindre que leurs enfants n'aient pas assez de force pour se créer cet état exceptionnel. Boccace comprit que les exigences de son père étaient naturelles et pleines de sens; il essaya de les satisfaire. Mais il fit comme Pétrarque et comme tant d'autres hommes célèbres, il ne put prendre aucun goût pour tout le fatras des décrétales. La cuistrerie des pédants, la niaise subtilité des textes, l'obscure inutilité des discussions, l'empêchèrent de donner à son père la satisfaction qu'il lui avait promise, et il livra son âme tout entière à la poésie.

Depuis huit ans, Boccace habitait Naples. Il y recueillait, à son gré, tous les échos de l'antiquité, et toutes les inspirations d'une vie ardente; il y fut témoin d'un spectacle propre à enflammer de plus en plus son génie politique. Pétrarque recevait à la cour du roi Robert un accueil magnifique, qu'on faisait bien plus au restaurateur des lettres antiques et au père de la renaissance, qu'au chantre de Laure et au poète moderne. Le roi lui-même, qui aimait la science et l'érudition, lui fit subir un examen; et, au milieu du ressouvenir et de l'explication des temps anciens, Pétrarque semait à profusion l'éloge de la poésie qui remplissait son cœur et l'exposition des beautés secrètes de l'art. Boccace entendit parler Pétrarque, il s'enivra de sa parole et de sa gloire. Mais les fêtes que l'Italie avait préparées pour son poète n'étaient point encore finies; à Rome, elle le conduisit au Capitole, sur un char de triomphe, et elle l'y couronna au milieu des souvenirs les plus grands de cette antiquité dont il était le plus actif et le plus brillant interprète. Le bruit de cette solennité retentit profondément dans le cœur de Boccace; et dès-lors il voua à Pétrarque l'admiration d'un disciple et l'affection d'un ami.

Nous sommes dans la grande époque de la vie de Boccace; nous touchons à son année climatérique. Il ne produit pas encore, il ne donne pas encore carrière à son génie; mais déjà le cours de sa pensée se détermine; déjà il rassemble en un faisceau les affections qui doivent alimenter son inspiration et guider sa vie. En cette même année, à côté de l'admiration de Pétrarque, il plaça dans son cœur un autre culte plus vif auquel il consacra ses pensées les plus poétiques. Doué d'une belle figure et d'un esprit ardent, il avait jusque-là mis peu de réserve et de choix dans ses plaisirs. Mais en 1341, la veille de Pâques, il aperçut la princesse Marie, fille naturelle du roi Robert, mariée depuis quelques années à un gentilhomme napolitain. La voir et l'aimer furent pour lui la même chose. Leur passion fut féconde pour la gloire de Boccace; c'est pour la princesse Marie que Boccace composa la plus grande partie de ses romans en vers et en prose; c'est pour elle qu'il écrivit *le Décaméron*; il lui avait donné un nom poétique, et, dans ses livres, il l'appela toujours *Fiammetta*, comme pour dire qu'elle était la flamme même de son génie.

Cependant cet amour si beau eut des traverses. Le père de Boccace était devenu vieux; il avait perdu tous ses autres enfants, et il rappela auprès de lui le seul qui lui restât. En 1342, lorsque notre poète rejoignit son père, Florence se trouvait dans un état de malaise et de trouble. Gaultier de Brienne, duc d'Athènes, après avoir aidé les Florentins dans les guerres qu'ils avaient avec leurs voisins, leur avait fait payer cher le secours de son épée; et la victoire l'avait mené à la tyrannie. Mais l'heure n'était pas venue où Florence devait courber la tête sous le pouvoir d'un seul, et il fallait que la liberté fécondât encore la Toscane, et développât dans cette terre généreuse le germe des arts qui y était déposé. Florence secoua donc le joug ; et, après avoir chassé le tyran, le parti populaire s'organisa sur les débris de son pouvoir. Boccace assistait à tous ses mouvements politiques de son pays ; mais rien ne dit qu'il y ait pris aucune part. Sa pensée était ailleurs, elle se reportait sans cesse vers Naples. Enfin il put retourner où la poésie et son amour non interrompu l'appelaient. Son vieux père s'étant remarié, sa présence lui fut moins nécessaire, et il profita de cette conjoncture pour le quitter de nouveau. Il reparut donc à Naples en 1344 ; il y avait deux ans qu'il en était parti.

Pendant l'absence de Boccace le roi Robert était mort. La reine Jeanne, qui lui avait succédé, était mariée à André, frère de Louis, roi de Hongrie ; pour exciter le tempéramment apathique de son mari, elle donnait des fêtes étourdissantes, qui n'en finissaient plus. Les divertissements se succédaient sans relâche à la cour ; une ivresse incroyable s'était emparée de toutes les têtes ; Jeanne en donnait le signal, et elle en partageait toutes les frénésies. Cette reine fut dans le midi ce que Marie Stuart fut en Angleterre deux siècles plus tard. Toutes deux ardentes au plaisir, toutes deux rendues cruelles par l'amour, toutes deux elles périrent d'une mort violente, après avoir essuyé mille fortunes diverses. Mais Jeanne de Naples n'avait pas encore fait assassiner son mari ; et on ne se doutait pas qu'elle pût avoir d'autre pensée que celle de se livrer tout entière à la joie des fêtes qu'elle donnait. La princesse Marie faisait l'ornement de ces éclatantes réunions ; Boccace continuait à jouir de son amour ; il sut même, à ce qu'il paraît, se faire bien venir de la reine, qui, pour suivre l'exemple de son aïeul, donnait à la conversation des poètes quelques moments qu'elle dérobait à ses orageuses passions. On retrouve l'éloge de cette princesse dans plusieurs endroits de Boccace.

Mais Marie régnait toujours en souveraine dans le cœur de notre poète ; elle était la source de ses inspirations, et le but constant de sa pensée. C'est à cette époque qu'il faut rapporter les principaux ouvrages qu'il écrivit pour elle, et qui immortalisèrent son nom. Il doit sa gloire à ses écrits en prose, et à la tournure pleine à la fois de vivacité et d'ampleur qu'il y donna à la langue italienne. Cependant il commença par écrire en vers ; et, avant que d'en venir au récit

spirituel d'une galanterie sceptique et rieuse, il débuta par des romans poétiques, où les temps héroïques et les temps chevaleresques se mêlaient d'une façon singulière, et dont une imagination aventureuse exaltée faisaient tous les frais.

Le poème de la *Théséide*, qui est un des premiers qu'il composa, est divisé en douze livres. Dans la dédicace adressée à Fiammetta, l'auteur lui dit que, si elle le lit avec attention, elle reconnaîtra dans les épreuves des deux amants celles par lesquelles ils ont eux-mêmes passé. Ainsi ce poème est une sorte d'allégorie amoureuse. Thésée qui lui donne son nom n'en est cependant pas le héros ; ses exploits n'y sont qu'un accessoire, et comme un cadre dans lequel l'action principale se développe. Le sujet de cette action est l'amour de deux jeunes Thébains, Arcitos et Palémon pour Emilie, l'une des amazones. Thésée, après avoir triomphé de ces femmes guerrières et épousé leur reine Hippolyte, marche sur Thèbes, défait Créon dans une grande bataille, et le tue de sa main. Les morts sont ensevelis ; les prisonniers sont traités avec humanité. Au nombre des captifs se trouvent deux jeunes rejetons du sang royal de Thèbes, Arcitos et Palémon. Instruit de leur naissance, Thésée fait prendre d'eux le plus grand soin, mais il les garde pour qu'ils servent d'ornement à son triomphe. Les deux amis sont enfermés dans une prison à Athènes, auprès des jardins de Thésée ; une jeune amazone de la suite de la reine vient le matin dans les jardins et chante en cueillant des fleurs. Arcitos et Palémon l'aperçoivent du fond de leur prison, ils en sont épris tous deux ; leur rivalité, leur amitié, les vicissitudes de leur amour font le fonds du poème. Après diverses aventures, leur passion est découverte par Thésée, qui, en vrai paladin du moyen-âge, leur ordonne de combattre l'un contre l'autre, chacun à la tête de cent guerriers, et promet au vainqueur la main d'Emilie, sujet de leur dispute amoureuse. Arcitos remporte la victoire ; mais une furie, vomie par l'enfer, fait tomber son cheval : il est blessé mortellement dans cette chute. Bien qu'il sente sa fin prochaine, il veut recevoir le prix qu'il a gagné, et mourir l'époux d'Emilie ; il expire après avoir touché sa main. Emilie qui aimait Arcitos, et Palémon qui n'avait pas cessé d'être son ami, le pleurent. Mais Thésée trouve pour tous les deux une consolation qu'ils acceptent volontiers; il veut qu'ils soient unis, et leur bonheur termine le poème.

Filostrato, poème en dix chants, est à peu près de la même époque. Boccace l'adresse aussi à Fiammetta. Marie était alors absente de Naples; elle avait été obligée de suivre la cour à Baïes, et c'est sans doute cette séparation dont le poète a voulu peindre les tourments à travers le voile des mêmes fables, moitié mythologiques et moitié chevaleresques. Le héros de ce poème s'appelle Troïle, fils de Priam, roi de Troie; il est amoureux de Chryséis, qui est, non pas comme dans Homère, fille de Chrysès, grand prêtre d'Apollon, mais fille de Calchas, évêque de Troie. Troïle fait confidence de son amour à Pandarus, cousin de Chryséis, qui lui rend de très-bons offices auprès de sa cousine. Chryséis oppose d'abord quelques refus; mais elle cède enfin à l'amour, aux soins empressés de Troïle, et aux conseils de Pandarus. Cette douceur ne dure pas. Calchas était passé dans le camp des Grecs, et avait laissé sa fille à Troie. Vaincus dans plusieurs combats, les Troyens demandent une trève; elle leur est accordée à condition que Chryséis sera rendue à son père. Les deux amants sont séparés. Troïle est au désespoir. Chryséis, reçue au camp des Grecs avec des acclamations, y reste quelques temps accablée de tristesse, et ne pensant qu'à son cher Troïle. Diomède entreprend de la consoler. Le cœur de Chryséis est faible, et Troïle absent est oublié. Mais Troïle ne cesse pas d'aimer Chryséis; il pense à elle en pleurant; il l'aperçoit en songe, et croit la voir infidèle. Son désespoir n'a pas de bornes; il veut se tuer; Pandarus l'en empêche. Sa sœur Cassandre, qui ne peut douter de l'infidélité de Chryséis, s'efforce à le détacher d'elle. Troïle s'irrite contre sa sœur, dont le talent, comme on sait, n'était pas de se faire croire; il soutient l'innocence et la vertu de Chryséis. Cependant la trève expire. Les Grecs continuent à être vainqueurs; Achille tue Hector; la famille de Priam est plongée dans la douleur. Mais rien ne distrait Troïle de son amour. Après avoir combattu à la tête des Troyens, sitôt qu'il est rentré dans sa ville, sans essuyer la poussière et le sang qui le couvrent, il recommence à pleurer Chryséis. Enfin il est instruit de l'infidélité de son amante, de manière à n'en pouvoir douter. Les combats qui se livrent sous les murs de Troie lui fournissent l'occasion de mourir; il s'y précipite avec fureur, et est enfin tué par Achille.

C'est évidemment dans ce poème que Shakespeare a pris le sujet de sa tragédie de *Troilus et Cressida*, l'une des plus curieuses de son théâtre, et où se trouve le rôle de Thersite, si original, si profond, si nouveau. Etait-ce dans Boccace lui-même que Shakespeare avait pris cette fable? ou bien l'avait-il empruntée à quelque poème anglais fait à l'imitation du poème italien? Il nous est difficile de le décider. La littérature italienne était fort goûtée dans le nord de l'Europe au xvie siècle, et même au commencement du xviie. Cependant, il est à croire que les traductions de cette littérature n'étaient pas très-communes. Brantôme, qui vivait en France à peu près au même temps que Shakespeare vivait en Angleterre, et qui était un homme lettré et fort versé dans les choses étrangères, parle de Boccace avec admiration, mais comme un homme qui n'a pas une connaissance immédiate de sa biographie et de ses poèmes.

Le Ninfale fiesolano est un petit poème, en 472 octaves, qui date du même temps. Boccace l'a composé à l'imitation des plus gracieuses fables de la mythologie antique. Seulement, au lieu d'appliquer la sienne à quelque site de la Grèce, il l'a placée à l'origine de la ville de Fiesole. Une des nymphes de Diane y est aimée et surprise au bain par un berger. Le berger meurt; la nymphe est changée en rivière, au pied de son tombeau.

L'Amorosa visione est un poème d'un genre plus moderne; c'est une sorte de vision où les différentes destinées humaines sont représentées aux yeux d'un homme contraint à choisir entre elles. Le poète rêve qu'il est introduit par une femme dans un temple divisé en cinq parties; il voit dans l'une le triomphe de la Sagesse, dans l'autre celui de la Gloire, dans la troisième celui de la Richesse; enfin, dans les deux dernières, le triomphe de l'Amour et celui de la Fortune. Toutes ces divinités sont assises sur des trônes ornés de leurs attributs et environnés des personnages de l'histoire, que leurs faveurs ont rendus célèbres. En prenant la première lettre du premier vers de chaque tercet, depuis le commencement du poème jusqu'à la fin, on en compose deux sonnets et une *canzone* en vers très-réguliers, que le poète adresse à sa maîtresse, et dans lesquels se trouvent caches les deux noms : *madama Maria et Giovanni di Boccacio da Certaldo.*

Boccace avait rêvé d'être, après Dante, le second poète de l'Italie ; lorsqu'il eut connu les vers de Pétrarque, on dit qu'il renonça à ses espérances. La troisième place ne lui paraissant pas digne de son envie, il se mit à écrire en prose. L'habitude qu'il avait du rhythme et de la mesure des pensées poétiques lui donna aussitôt une supériorité qui décida de l'avenir tout entier de la langue italienne.

Il paraît que le roman de *Filocopo* est le premier ouvrage que Boccace écrivit en prose. Ce livre a eu long-temps une très-haute réputation. Il offre une série d'aventures, où la guerre, l'amour, les dieux païens et les saints du christianisme se mêlent d'une étrange façon. On y trouve d'abord une impression quelque peu semblable à celle que donne *la Lusiade* de Camoëns ; mais bientôt c'est aux pages d'Ovide qu'il faut avoir recours pour trouver quelque chose de comparable aux voluptueuses imaginations de notre auteur. L'action commence à Rome ; elle se transporte ensuite à Séville, elle visite les rives de l'Afrique et de l'Italie, pour revenir s'achever en Espagne : elle dure aussi très-long-temps. Le poète n'a pas assez de la vie d'une seule génération pour dépenser tous les trésors de son invention ; et il fait longuement l'histoire des pères avant que d'arriver à celle des fils qui est la plus importante pour lui. Les personnages qu'il peint sont contemporains des premiers temps du christianisme. Déjà il y a un pape à Rome ; mais Jupiter, Junon et le reste de l'Olympe, règne encore dans la ville éternelle. Le héros du roman introduit, à la fin, le christianisme dans son royaume d'Espagne. Il est curieux de voir les écrivains qui ont préparé la renaissance, faire ainsi, à leur insu peut-être, le mélange des deux civilisations, que M. de Chateaubriand a, de nos jours, élevé à l'état de théorie littéraire, et dont il a voulu laisser un exemple dans *les Martyrs.*

Le roman de *Fiammetta* se rapporte au même temps de la vie de Boccace. Fiammetta y raconte elle-même l'histoire de ses amours avec Pamphile. Elle épuise les expressions les plus ardentes pour peindre son bonheur et celui de son amant. Mais elle souffre d'une longue absence de Pamphile ; les alternatives d'espérance et de crainte, sa tristesse quand elle le croit infidèle, sa joie aux moindres apparences de retour, remplissent la dernière partie.

L'ouvrage le plus important que Boccace ait composé pour la princesse Marie, c'est *le Décaméron.* Il serait inutile de donner une analyse de ce livre que tout le monde a lu. Et comment l'analyser, si cela était nécessaire ? Comment entrer dans tous ces détails si nombreux, si variés, si précieux ? *Le Décaméron,* c'est l'Italie du xive siècle tout entière ; *le Décaméron,* c'est tout un univers. Ce livre embrasse le cercle complet de la société ; il raconte tout, même ce qu'on peut le moins raconter ; il juge tout avec une finesse qui va au fond des choses. Comment rendre compte d'un tel livre ! Si l'on voulait dire tout ce qu'il est, et tout ce qu'il éveille d'idées, on n'en finirait pas. Il passe en revue toutes les classes : les bourgeois murés dans leurs maisons, les seigneurs en fête dans leurs châteaux, les moines se réjouissant dans leurs cloîtres, les pauvres diables s'abritant dans leurs taudis ; il peint les mœurs de la ville, celles de la campagne, celles du cabaret, celles du couvent, celles de l'aristocratie, celles du peuple ; il aborde toutes les idées, la foi, le doute, la science, le pouvoir. Mais toutes les classes, il les représente tendant à un même but, qui est le plaisir ; il montre toutes les autres idées subordonnées à celle-là. La volupté est la loi du monde, s'il faut l'en croire ; et le reste des choses mortelles n'est digne que d'une ironie calme et enjouée, qui ne puisse pas troubler l'ivresse des sens.

Jusque-là Boccace avait écrit des poèmes pleins de grâce, des romans remplis d'imagination ; mais sa tête échauffée avait une surabondance d'enthousiasme qui ne laissait pas parler librement la moquerie fine et l'ingénieuse observation dont il était doué au plus haut point. Cette partie spirituelle et positive de son génie se développa à l'aise dans *le Décaméron* ; mais l'autre partie, la partie élevée, éclatante, poétique. n'y resta pas étrangère ; elle donna aux récits les plus fins une ampleur de ton, et à toute la langue une éloquence qui trahissent aussitôt le poète, et qui rappellent les plus beaux styles de l'antiquité. *Le Décaméron,* composé pour la cour de Naples, circula promptement dans toute l'Italie, qui s'y reconnut, et qui l'adopta comme le fidèle miroir de ses mœurs. A mesure que les années passèrent sur ce livre, il acquit plus de renommée et plus d'importance. Au xvie siècle, dans les mains de la réforme et de la philosophie, il devint une arme contre le clergé; la papauté le couvrit de ses anathèmes; et, ne pouvant le supprimer, elle le fit mutiler. Il y eut à ce sujet de longues négociations, comme pour la destinée d'un empire. L'histoire du *Décaméron* est le sujet d'un livre tout entier.

Cependant l'existence devenait sérieuse pour ce poète de la volupté; il penchait à des idées plus graves, et vers des années plus tristes. Un malheureux événement fit pour lui la transition entre la jeunesse et l'âge mûr : son père mourut en 1350. Il revint alors à Florence; il y resta désormais. La première partie de sa vie avait appartenu à Marie : sous l'influence de cette femme adorable, il avait livré son imagination à toutes sortes de fantaisies ardentes; puis l'esprit s'était éveillé après l'imagination, et, venant à son aide, avait donné dans *le Décaméron* l'ouvrage le plus élégant, le plus instructif, le plus amusant que la volupté puisse inspirer. Mais Boccace obéit aussi à une autre domination, à celle de Pétrarque, et voici le temps où il la subit dans son plein. La princesse Marie avait fait de Boccace le poète du plaisir. Pétrarque fit de lui un érudit et un philosophe. Heureux homme! qui avait deux étoiles dans son ciel, et qui, avec les souvenirs d'un grand amour et le commerce d'une glorieuse amitié, s'achemina vers la tombe, ayant toujours une bonne pensée dans le cœur pour s'exciter ou pour se soutenir!

L'année même où il revint à Florence, il apprit que Pétrarque, qu'il n'avait pas revu depuis son triomphe, devait passer par sa ville, en se rendant à Rome pour le jubilé; il lui adressa, à ce sujet, des vers latins, alla au-devant de lui et le reçut dans sa maison. Leur amitié fut encore resserrée l'année suivante lorsque Boccace fut envoyé à Padoue par la république de Florence pour porter à Pétrarque le décret qui lui rendait les biens dont les dissensions civiles l'avaient privé.

Cette commission n'est pas la seule dont notre auteur fut chargé par ses concitoyens : plusieurs fois on lui confia des ambassades importantes. C'est lui qui, en 1352, alla engager Louis, marquis de Brandebourg, fils de Louis de Bavière, à descendre en Italie pour abaisser la puissance des Visconti; c'est lui qui alla s'entendre à Avignon, avec le pape Innocent II,

sur la manière dont Florence devait accueillir l'empereur Charles IV, qui menaçait d'entrer en Italie : c'est lui encore qui, en 1365, alla rendre compte de la conduite des Florentins au pape Urbain V, qui leur avait témoigné son mécontentement. Il remplit d'autres missions auprès du saint-siége; et ce n'est pas une chose peu curieuse que de voir l'auteur du *Décaméron* traitant ainsi avec la papauté.

Mais ces missions ne lui rendirent pas l'aisance dont les désordres de sa vie l'avaient privé. L'amour des lettres, celui du plaisir et le laisser aller naturel de son caractère l'avaient réduit à un état de gêne qui alla par la suite jusqu'à l'indigence. Il éprouva dans la mauvaise fortune l'abandon de ses amis. Un seul ne lui manqua jamais : Pétrarque lui prodigua jusqu'au dernier jour tous les secours et toutes les consolations; il mit à sa disposition sa bourse, ses conseils et sa bibliothèque. Il voulut lui procurer des places avantageuses que l'indépendance de Boccace ne put accepter, et dont le refus ne blessa point son ami.

Dans ces tristes retours, loin de Naples et de Marie, Boccace vit son génie poétique s'éteindre. Il écrivit bien encore quelques poèmes; mais le *Corbaccio* ou *Laberinto d'Amore* est une satire. Le poète, sur son déclin, y jette d'amères invectives contre une veuve qui, depuis son retour à Florence, s'était moquée de son amour, et l'avait rendu la fable de la ville. Il ne se borna pas à y tourner en ridicule la femme qui l'avait blessé, il attaqua tout son sexe auquel il avait jusqu'alors consacré son imagination et sa vie.

L'Ameto est une pastorale mêlée de prose et de vers, qui offre le tableau d'une lutte poétique engagée entre les nymphes et les bergers de l'ancienne Etrurie. Mais ici on sent l'influence de la littérature antique vers laquelle Boccace se tournait de plus en plus; et déjà l'érudit se montre à découvert sous le poète.

C'est effectivement à des travaux d'érudition qu'il livra la dernière partie de sa vie. Retiré à Certaldo, où était le berceau de sa famille, il s'occupa à rassembler ses notions sur la mythologie antique; il les écrivit en latin. Le premier ouvrage d'érudition qu'il composa a pour titre : *De genealogiá Deorum, libri XV*. Il le fit à la demande de Hugues, roi de Chypre et de Jérusalem, à qui il le dédia : ce livre a joui long-temps d'une grande réputation, et a servi à l'éducation de toute l'Europe. Après avoir ainsi traité des dieux, il s'occupa des génies subalternes du paganisme, dans un petit livre intitulé : *De montibus, silvis,* etc. Enfin, après avoir montré les sources mythologiques de la poésie, il voulut rassembler toutes les aventures célèbres, depuis le commencement du monde, qui pouvaient offrir des sujets à l'imagination. Il composa, dans cette intention, deux ouvrages, dont le titre indique suffisamment la matière ; l'un est intitulé : *De casibus virorum et fœminarum illustrium, libri IX* ; l'autre, *De claris mulieribus.*

Boccace a laissé aussi seize églogues latines ; mais il y traite des sujets de sa vie ou de l'histoire contemporaine : on y voit que tout en se plongeant dans l'antiquité, il ne perdait pas de vue l'époque où il vivait. Le culte de la littérature latine, si nouveau et si piquant, ne suffisait pas à une âme comme la sienne ; c'était pour agir avec plus de force sur son temps qu'il empruntait des formes et des armes au passé. Il fut ainsi un homme remarquable jusqu'au bout ; il fit toujours servir la littérature au développement des passions et des idées de son siècle. Ce grand homme ne dégénéra jamais en pédant.

Tous ces travaux ne soulagèrent pas la misère de Boccace, qui était d'autant plus pénible que des inquiétudes d'une autre nature s'y joignaient. Les déclamations des moines contre la liberté de ses premiers ouvrages, la voix sévère de Pétrarque qui lui en reprochait la licence, avaient éveillé des remords tardifs dans son âme ; et, comme pour expier les médisances qu'il n'avait pas épargnées au clergé, ce chantre du plaisir prit l'habit ecclésiastique en 1363, et finit ainsi par où Pétrarque avait commencé. Cette dernière singularité acheva de faire de lui une vivante image de son siècle, qui mêlait comme lui la volupté et la dévotion. Mais pour qu'il ressemblât encore davantage à cette Italie qu'il avait peinte, et pour qu'il en résumât en lui seul toutes les classes, il tomba dans la dernière indigence et s'en alla mendier sa vie dans les villes où il avait paru autrefois au milieu des plus grands seigneurs, dans tout l'éclat de la jeunesse et de la faveur. Invité par le sénéchal de la cour de Naples à y venir prendre un abri, il n'y reçut que des humiliations, et fut traité par lui comme un domestique. Il se réfugia à Venise pour se consoler auprès de Pétrarque. Après y avoir passé quelque temps, il alla s'enfermer à Certaldo où il travailla sans pouvoir se relever. Il fut obligé d'en sortir pour chercher ailleurs des secours ; il en demanda encore à Pétrarque, puis à un chartreux de ses amis qui demeurait en Calabre, et qui le reçut avec une dureté cruelle. Se trouvant si près de Naples, il voulut y paraître une dernière fois ; il y fut cette fois accueilli avec une grande bienveillance, et la reine Jeanne lui proposa de l'attacher à sa personne ; mais l'âme aigrie du poète refusa toutes les offres qu'on lui fit ; elle avait trop souffert pour se rouvrir à la confiance, et la fortune venait trop tard.

De retour à Certaldo, une maladie horrible, qui le rendit un objet odieux pour lui-même, vint s'ajouter à ses autres maux. Une crise violente le rappela à la vie, qui semblait l'abandonner ; et enfin les Florentins, voulant réparer d'un même coup leur ingratitude envers le génie de Dante, et l'indifférence qu'ils avaient montrée au malheureux Boccace, créèrent, par un décret du sénat, une chaire pour l'explication de *la Divina Comedia,* et en donnèrent le titre à l'auteur du *Décaméron,* avec des appointements annuels de cent florins. Ce fut le 23 octobre 1373 que Boccace ouvrit son cours dans l'église de Saint-Laurent. Quoique sa santé fût chancelante, il mit une ardeur de jeune homme à acquitter envers Dante la dette de sa patrie et celle de sa propre reconnaissance ; toujours fidèle à son rôle de restaurateur des lettres antiques, il s'attacha à faire voir les liens qui unissaient avec la poésie des temps anciens le grand monument épique posé par le génie d'Alighieri à l'entrée du monde moderne.

Un coup terrible le frappa au milieu de ces travaux ; il apprit la mort de Pétrarque, et écrivit, sur ce douloureux sujet, de ces choses éloquentes et grandement oratoires, dont il avait trouvé le sentiment dans son cœur et la forme chez les latins. Sa santé fut si profondément altérée par cette mort, qu'elle ne put se rétablir. Il languit encore quelques mois, et mourut à Certaldo, le 21 décembre 1375, âgé de soixante-deux ans. Les hommes qui avaient laissé sa vie s'éteindre dans la misère, honorèrent son tombeau.

H. FORTOUL.

LVDOVICO
ARIOSTO

L'ARIOSTE.

L'histoire du xvi° siècle, le plus grand et le plus fecond de tous les siècles modernes, présente un contraste singulier : au moment même où le catholicisme est ébranlé par les attaques des réformateurs, les arts et la littérature célèbrent à l'envi son triomphe; au moment où Luther, Zwingle et Calvin viennent morceler l'empire universel que la papauté avait eu jusque-là, et se poser, pour ainsi dire, comme des limites vivantes entre la civilisation du moyen-âge et celle des temps actuels, Michel-Ange, Raphaël, l'Arioste, le Tasse, font l'apothéose de tout ce passé qui est prêt de finir; au moment où l'esprit nouveau se manifeste en Allemagne, d'où il doit se répandre sur le reste du monde, pour arracher à l'Italie la souveraineté de l'intelligence, l'Italie semble jeter un éclat plus vif. Ainsi, pendant que l'aurore de la raison se levait au nord, la foi, qui s'en allait, faisait briller au midi toutes les splendeurs de son couchant.

Le pontificat de Léon X vit à la fois s'achever Saint-Pierre de Rome, qui est, sans contredit, le chef-d'œuvre de l'art catholique, et éclater l'hérésie de Luther, qui devait porter un coup fatal à l'ancienne religion. Il ne faut pas s'en étonner. Dans les temps modernes, comme chez les anciens, la poésie est toujours venue après la foi et en même temps que le doute. Et Michel-Ange bâtit le tombeau du pouvoir dont il croyait élever le temple.

L'Italie avait eu, au xiv° siècle, la gloire de produire trois génies immortels, alors que les autres nations étaient encore plongées dans cette demi-obscurité du moyen-âge, qu'on a eu tort de prendre pour une nuit complète. Les peuples du nord avaient un long travail à faire avant que d'arriver à leurs siècles de littérature; et ce n'était pas une petite besogne que d'amalgamer les langues nouvelles qu'ils avaient apportées au monde, avec la langue latine qu'ils y avaient trouvée. L'Italie, au contraire, qui n'avait pas à mêler plusieurs idiômes contraires, et qui était plus près de la pureté antique, produisit au xiv° siècle Dante, Pétrarque et Boccace. On appela le *trecento* ce siècle qui

est, pour ainsi dire, l'âge héroïque de la littérature moderne; mais le siècle suivant fut rendu presque entièrement aux ténèbres et à la barbarie, d'où le *trecento* était sorti. Le xvi° siècle vit se renouveler la gloire poétique du xiv°; et le *cinque-cento* fut le siècle où le génie italien s'épanouit avec une diffusion complète.

Plusieurs moyens pouvaient se présenter pour rendre aux lettres italiennes l'éclat qu'elles avaient perdu. La première pensée qui s'offrait était celle de restaurer le *trecento*, de refaire le goût de cette époque, de prendre pour guide Pétrarque, qui en était le modèle le plus pur. Ceci constituait, en quelque sorte, la tradition classique de l'Italie; et l'académie de la Crusca la recommanda à la vénération des lettrés. Cette voie fut tentée par des esprits éminents; mais elle ne produisit guère que des ballades et des sonnets, à l'imitation des *Rime in vita di Laura*; on peut citer, par exemple, les ballades de Bembo, les poésies peu nombreuses de Sadolet, les sonnets et les canzonni de Michel-Ange, qui porta dans tout ce qu'il toucha l'austère simplicité de son génie; mais le *Pastor fido* de Guarini est l'œuvre importante de cette école.

Une autre voie, c'était celle de l'innovation libre, hardie, téméraire; il s'agissait, pour les hommes aventureux qui prenaient ce parti, de tout créer, le genre, la forme, le style, de donner à leur pensée une allure entièrement indépendante, et de ne chercher de guide que dans leur inspiration. C'est dans cette route que l'Arioste s'immortalisa. Le genre qu'il éleva si haut était trop brillant pour ne pas tenter les imitateurs, mais trop irrégulier pour fonder une école.

Enfin, il y avait un troisième moyen de restaurer la littérature italienne : c'était de la plonger dans la source de la poésie antique, qui commençait à être familière à tout le monde, et qui, rouverte par Pétrarque et par Boccace, coulait alors à grands flots sur l'Europe. En prenant pour exemple l'antiquité latine, au lieu du *trecento*, on pouvait conserver, grâce à la différence des langues, une originalité que n'eurent jamais les imitateurs classiques de

 (POÈTE.)

Pétrarque; on pouvait donner plus de régularité à toutes les compositions, plus de grandeur aux idées, plus de clarté à leur forme. Cette résurrection du siècle d'Auguste au milieu du *cinque-cento*, produisit un grand mouvement; et le Tasse est à la tête des poètes qui le provoquèrent.

L'Arioste était donc le grand romantique de son temps; c'était lui qui tenait l'étendard de l'innovation et de la liberté. Comme ceux qui l'ont arboré de nos jours, c'est en se rejetant dans le moyen-âge qu'il parut nouveau. Comme eux aussi, c'est par l'imagination qu'il brilla; mais il n'avait rien de cette invention lourde, ténébreuse et bizarre qui caractérise les novateurs de notre époque. L'Arioste n'était pas un homme sombre et tourmenté : c'était un esprit élégant, enjoué, poli, sensé, fin, aimable, profond et vif; l'imagination n'était pas chez lui une torture, c'était une fleur, la plus brillante, la plus exquise, la plus fraîche qu'on ait vue. Cette faculté n'avait pas tué en lui toutes les autres; elles les avait disciplinées à son usage, au lieu de les étouffer, et elle les avait attelées à ce char léger et magique, sur lequel elle fendait les airs et passait sans relâche du monde de la réalité à celui de l'idéal.

Ludovico Ariosto naquit le 8 septembre 1474, à Reggio, dans l'État de Modène. Son père, Nicolas Ariosto, descendant peut-être d'une famille noble, avait été long-temps attaché au duc de Ferrare Hercule Ier, et avait été nommé par lui juge du premier tribunal de Ferrare. Il avait dix enfants, cinq fils et cinq filles. Ludovico, l'aîné des fils, montra dès son enfance sa vocation poétique; et, comme cela est presque toujours arrivé, il fut obligé pour la suivre de vaincre la volonté de sa famille. Son père voulait en faire un légiste, et dirigea toutes ses études dans ce sens; mais notre poète fit comme Boccace et Pétrarque avaient fait avant lui, il ne put étouffer son penchant, qui éclatait dans les jeux mêmes de sa jeunesse, et il finit par s'y abandonner tout entier.

Il se distingua au collége de Ferrare, où il entra, et, encore fort jeune, il y prononça, à l'ouverture des cours, une harangue latine qui attira l'attention sur lui. Lorsqu'il en fut sorti, son père le força d'étudier les lois, et le retint cinq ans dans cette étude, où il ne faisait aucun progrès. La poésie prenait toujours le dessus; Arioste composait des tragédies qu'il faisait jouer par ses frères et par ses sœurs. Il esquissa, dès ce temps-là, quelques-unes des comédies qu'il composa plus tard.

Un jour, comme il travaillait au plan de la *Cassaria*, son père survint, et lui fit de sévères reproches pour une faute qu'il n'avait pas commise. Ludovic pouvait d'un seul mot se justifier, mais il n'en fit rien; il écouta son père du plus grand sang-froid, et sans l'interrompre. Un de ces frères avait été présent à la réprimande, et manifesta son étonnement d'une telle conduite, aussitôt que le père fut sorti : « Pourquoi, dit-il à Ludovico, lorsqu'il t'était » si facile de désabuser notre père, as-tu sou- » tenu sa colère avec tant d'impassibilité? » — « Dans ma pièce, répondit notre poète, un père » réprimande son fils; j'avais besoin d'un mo- » dèle; mon père, sans qu'il s'en doute, vient » de me servir à merveille, et je me serais bien » gardé de l'interrompre, quand il me four- » nissait une situation excellente pour ma co- » médie. »

L'étude de la poésie antique consolait Arioste du dégoût de ce travail auquel son père le condamnait. Il lisait Plaute et Térence; mais son auteur favori, c'était Horace; et rien n'explique mieux le génie de l'Arioste que cette préférence. Horace est le poète des esprits cultivés : on trouve chez lui un mélange singulier de passion et de raison, de finesse et d'enthousiasme, d'ardeur et de philosophie; l'homme qui est capable, après s'être laissé ravir par les plus beaux mouvements lyriques, de composer sur la vie familière, sur la retraite, sur le désenchantement, les choses saines, douces et justes qu'on trouve dans les épîtres et dans les satires, cet homme-là est aussi près que possible de la perfection littéraire. Tel était Horace, nature complète et harmonieuse, chez qui l'intelligence et la chaleur se mêlaient dans des proportions admirables. Arioste ressemblait, sous plus d'un rapport, au maître qu'il avait choisi, et son génie avait aussi ces deux faces de l'enjouement et de l'enthousiasme.

Des poésies lyriques, italiennes et latines, remarquables par l'élégance et la facilité du style, commencèrent la réputation de l'Arioste. Le cardinal Hippolyte d'Est, fils du duc Hercule Ier, qui eut connaissance de ces essais, s'attacha notre poète en qualité de simple gentilhomme, vers l'année 1503. Arioste avait alors vingt-neuf ans. Il ne paraît pas qu'on se fît encore une juste idée de ce qu'il pourrait devenir, et le cardinal Hippolyte d'Est ne voyait pas de meilleur emploi pour cet esprit fin et insinuant, que celui d'ambassadeur; il lui donna donc différentes missions diplomatiques. Alphonse, frère d'Hippolyte, qui succéda au duc Hercule Ier dans la principauté de Ferrare, lui témoigna aussi une grande confiance, et le chargea d'affaires importantes.

Arioste prouva que chez lui l'habileté ne nuisait pas au courage; il sut être brave au combat, après avoir été adroit dans ses négociations; il se trouva avec d'autres gentilshommes, à une bataille qui fut livrée sur les bords du Pô, et eut plus de part qu'aucun d'eux à la victoire.

L'honneur qu'il avait acquis ne le satisfaisait pas; il lui fallait, pour occuper sa vie, autre chose que la renommée d'un diplomate et la réputation d'un soldat. Il avait bien des devoirs sacrés qu'il remplissait avec un zèle louable. Son père, en mourant, n'avait pas laissé une grande fortune; il fallut partager son modeste héritage entre dix enfants. Arioste devint le chef de sa famille, et eut la charge de la gouverner; il ne pensa pas à s'y soustraire. Il eut un soin égal de ses frères et de ses sœurs; il s'occupa d'élever les uns et d'établir les autres. Outre ces affections de famille, auxquelles son cœur était ouvert, il se livra à des passions plus ardentes; sa figure était belle, ses traits réguliers, sa conversation animée, spirituelle et pleine d'attraits. Aussi eut-il un grand nombre de galanteries; parmi toutes les femmes qui s'offrirent à son amour, une veuve, nommée Genevra, fut celle qu'il aima le plus.

Mais il avait dans le caractère un calme naturel qui l'empêchait de se prodiguer tout entier dans un attachement. Il était sobre, aimait les jardins, la campagne et l'étude; il avait emprunté à Horace cet épicurcisme qui sert à borner les désirs et non à les exciter, et qui sait se ménager par des repos nécessaires. Etant ainsi incapable de s'absorber dans une passion, il avait besoin de donner un autre but à sa vie, et il ne voyait que dans la poésie le développement complet des facultés qu'il avait reçues de Dieu.

Ferrare était le lieu où tous les beaux esprits de l'Italie se trouvaient réunis. La maison d'Aragon, qui avait fait jusqu'alors de Naples un séjour bienheureux, où les littérateurs trouvaient des encouragements de toute sorte, venait de s'éteindre. A Rome, Léon X n'était pas encore monté sur le trône, et Jules II passait son temps à la guerre, tentant de refaire cette grande puissance papale que Grégoire VII avait portée si haut autrefois, et qui allait finir. A Florence, la peinture et la sculpture avaient pris la place de la poésie; Michel-Ange régnait après Dante; mais à Ferrare, une femme impudique entretenait le goût de toutes les délicatesses de l'esprit. Le duc Alphonse avait épousé la fameuse Lucrèce Borgia; et ce monstre d'impureté cherchait à faire oublier ses crimes en accordant aux lettres la plus magnifique protection qu'elles eussent encore rencontrée.

Au milieu de cette cour galante, fastueuse et polie, Arioste avait fréquenté tous les esprits cultivés qui cherchaient à renouveler l'ancienne pureté de la littérature italienne; lui aussi il se sentait poète, mais il ne pouvait se contenter de briller sur les traces d'autrui, et il songeait à se frayer une voie indépendante et à se créer un nouveau monde poétique, où il trouverait toutes les satisfactions qu'il ne pouvait rencontrer dans la vie. Les gens qui voyaient plus au fond de son âme que les autres, et qui ne pouvaient douter de sa vocation poétique, lui conseillaient de composer une épopée; Camillo Pelegrino, dans son *Dialogue sur la poésie épique*, lui prête cette réponse : « Je ferai un roman; » mais je m'élèverai si haut, par mon sujet et » par mon style, que j'ôterai à tout autre poète » l'espérance de me surpasser, et même de m'é- » galer dans un poème du même genre que le » mien. »

L'Arioste n'était pas du nombre de ces génies personnels dont le regard est tourné sur eux-mêmes, et dont l'esprit ne peut réfléchir que soi. Son existence, si honorable, si passionnée qu'elle fût, ne pouvait pas être pour lui un sujet de poème. S'il parlait de lui-même, c'était avec le ton raisonnable d'une intelligence assise et philosophique; sur sa vie privée, il écrivait des *satires* dans le goût de celles de son maître Horace, pleines de douceur et d'observation, et il y peignait, avec la réserve naturelle à la méditation, ses vœux, ses regrets, ses inquiétudes et les obstacles que chacun rencontre à pousser dans ce monde la partie matérielle de soi-même. Mais sa poésie individuelle n'allait pas plus loin; elle ne montait jamais au ton de l'enthousiasme; elle se bornait à une conversation familière, où toutes sortes de fleurs agréables et modestes se développaient naturellement.

Nous avons eu occasion de montrer un tout autre procédé, en écrivant dans ce recueil la biographie de Boccace. Les inventions de Boccace ont leur racine dans la réalité, et sont le reflet de sa vie. Boccace a été tour à tour chacun des personnages qu'il met en scène dans ses œuvres; il dit lui-même que ses poèmes ne sont que des travestissements allégoriques de sa propre existence; et, quant à ses contes, il semble qu'il ait lui-même posé pour tous les portraits qu'il y a peints. Les phases successives de sa vie pouvaient suffire à remplir une galerie aussi vaste et aussi variée que celle du *Décaméron*; il a traversé toutes les classes qu'il a décrites, toutes les conditions qu'il a peintes; il a participé à leurs splendeurs et à leurs misères; il a été marchand, poète, savant, courtisan, abbé, libertin, dévôt, riche, pauvre, recherché, délaissé; il a vu toutes les fortunes, tous les états; il a brillé comme un grand seigneur, il a erré comme un mendiant; il a été tout ce qu'il a peint.

L'Arioste procéda autrement : au lieu de copier, il inventa. Mais il ne faut pas croire que son imagination ait été tout entière livrée à elle-même, et qu'elle n'ait pas trouvé, non plus, une base dans la réalité. La poésie ne ressemble pas à ces boucliers qui tombaient du ciel; et l'antiquité qui avait placé les dieux dans l'espace insaisissable, avait eu raison de loger les muses sur le mont Parnasse : elles doivent, en effet, avoir toujours un pied sur la terre.

Figurez-vous donc ce beau jeune homme, qu'on appelle Arioste, avec tous les goûts et la manière de vivre que nous venons de voir qu'il avait, spirituel, sobre, studieux, plein de l'antiquité, et en même-temps participant activement à toutes les affaires de son siècle, ayant une réputation honorable, mais insuffisante, une existence modeste, une imagination qui s'est tenue en réserve. Le voilà à peu près à trente ans, au milieu d'un monde où son avenir paraît certain, mais pas assez brillant pour l'enivrer; la destinée ne l'a point lié au positif par une chaîne dorée : que supposez-vous qu'il va faire?

Son esprit désintéressé parcourt le monde et l'expérimente en tous sens; il connaît l'amour, il connaît la guerre, il fait l'épreuve des hommes,

il se prend d'une belle passion pour la nature; il désaltère son âme dans tous les spectacles que lui présente le pays enchanté dans lequel il vit; il aime la mer, les montagnes et les villes tour à tour; son œil joue avec tous les accidents de la lumière; il garde l'empreinte de toutes les chaudes images qu'il rencontre; puis, à propos de chaque chose, il se prend à rêver à une chose plus belle que celle qu'il voit; s'il assiste à une escarmouche, il rêve à une grande bataille; s'il voit un soldat armé d'un mousqueton, il se figure un paladin armé de sa lance; si l'amour le met aux pieds d'une femme, il en fait une fée; s'il aperçoit une campagne riante, il en fait un jardin enchanté; s'il entend une petite source couler dans un vallon creux, il la change en une magnifique fontaine; s'il rencontre une cabane, il songe à un palais magique; si son regard se relève vers le ciel, il ne peut se figurer que cet air, où sa pensée voyage, doive rester vide, et il le donne à parcourir à mille fantômes gracieux emportés sur des chars éblouissants. A tout ce qu'il voit, il trouve un génie intérieur, une voix secrète, une seconde forme plus belle; et il engage avec tous les êtres animés ou inanimés qui se trouvent sur son passage une lutte dont il sort vainqueur, et dans laquelle il les transforme en vertu de ce droit souverain que Dieu a donné à l'esprit sur la matière.

La poésie est la transfiguration du monde; quelques poètes, en donnant au monde une voix qui n'est pas en lui, et un sens que l'intelligence seule perçoit, lui conservent cependant sa figure habituelle, et mettent une fidélité scrupuleuse à copier les faits qu'ils y observent. Il y a d'autres poètes qui ne se contentent pas d'introduire au sein du monde matériel l'élément moral qui n'y est pas contenu; leur pouvoir va plus loin, ils changent les formes connues des choses, et pétrissent la terre au lieu de la décrire. L'Arioste est, sans contredit, l'homme qui, dans notre occident, a eu cette puissance au plus haut degré.

Mais de telles inventions ne s'improvisent pas, et ne se trouvent point toutes faites dans le cerveau humain : il faut vivre et penser longtemps pour les rassembler; car elles ne sont que le résumé des moissons que l'imagination rapporte chaque jour de ses excursions à travers la terre réelle. Pour donner des nouvelles formes au monde, il faut avoir eu le temps de comprendre les ressorts qui le font mouvoir, et de s'être fait une manière générale et assurée de considérer toutes choses; car l'imagination, même à son plus haut point d'exaltation, peut n'être encore que le reflet de la pensée. Le génie calme du fougueux Arioste en est une preuve décisive; aussi mit-il onze années à composer son poème.

L'Arioste choisit la chevalerie pour sujet de ses inventions; il avait besoin, pour se mettre à l'aise, de remonter jusqu'au temps des fées; il paraît cependant que d'abord il s'arrêta en chemin, et qu'il rêva une action qui aurait trouvé sa place dans les guerres de Philippe-le-Bel et d'Edouard, roi d'Angleterre; mais il s'aperçut qu'il ne serait pas là dans son plein champ; et voulant faire un roman de chevalerie, il prit le parti d'aborder franchement les héros que la tradition avait consacrés : il s'empara alors du siècle de Charlemagne, qui avait déjà été si souvent le sujet de compositions du même genre.

Remarquons que c'est vers la France que les yeux de l'Arioste étaient tournés, aussi bien dans le premier projet qu'il avait formé, que dans le second plan qu'il a réalisé. La France préoccupait déjà le monde, comme elle fait aujourd'hui. L'Italie avait sujet de se souvenir d'elle; Louis XII remplissait le Milanais du bruit de nos armes, en attendant que François Ier vînt y perdre tout, fors l'honneur. La fin du siècle précédent avait vu d'autres exploits. Le roi Charles VIII, suivi de vingt mille Français, avait tout à coup franchi les Alpes, traversé la Lombardie, la Toscane, Rome, et inondé toute l'Italie. Foulant aux pieds toutes les républiques étonnées et incapables de se défendre, il était parvenu triomphant jusqu'à Naples, comme pour rappeler à l'univers cette vieille chevalerie qui allait disparaître, dont il était le dernier chef, et dont Bayard était le dernier héros.

L'Arioste fut l'écho de ce dernier soupir de la chevalerie; mais, au lieu de peindre la chevalerie mourante comme elle était, il la peignit au plus beau de sa gloire, de ses luttes et de ses triomphes. Au même temps Raphaël exprimait aussi avec son divin pinceau tous les mystères du catholicisme, comme si la religion était encore dans toute sa force. Le catholicisme et la chevalerie allaient s'éteindre ensemble : Jules II et Bayard allaient mourir. Mais, par l'effet de cette admirable illusion, qui est le don des grands artistes, Raphaël et l'Arioste peignaient ces deux puissances agonisantes comme si elles devaient durer et briller toujours.

S'il faut en croire d'excellents esprits, lorsque la chevalerie avait encore son plein éclat, elle produisit des poèmes et des romans dignes de toute notre admiration, et qui sont demeurés inconnus. La chronique originaire de Charlemagne et de ses pairs fut écrite au XIe siècle, par un moine, sous le nom de Turpin, archevêque de Reims et contemporain de Charlemagne. Fut-elle précédée par d'autres poèmes? Rien n'est moins certain. Mais elle fut suivie d'un véritable déluge d'imitations dans tout le nord de l'Europe. Cette chronique de Turpin portait les traces d'une mythologie d'espèce nouvelle, et, autant qu'on le peut penser, d'origine orientale. Comment les enchantements de la poésie asiatique se mêlèrent-ils aux récits de nos preux? Il est difficile de rien dire de précis à ce sujet. Il est certain que les Sarrasins ont dû s'emparer de ces fables, et leur ajouter tous les embellissements magiques qui les accompagnent. Mais qui les transporta chez eux, et qui les rapporta de leur pays? On l'ignore.

L'Italie avait imité fréquemment la chronique de Turpin. Elle commença par la traduire dans une espèce de roman en prose, qui a pour titre : *Y Reali di Francia*, et d'où sortirent une foule de poèmes dans les âges suivants. Dès le XIVe siècle elle comptait déjà trois épopées sur ce sujet. Elle en vit paraître un grand nombre dans le siècle suivant, et parmi celles-là deux célèbres. Le *Morgante Maggiore*, poème en vingt-huit chants, de Louis Pulci, raconte l'histoire de Roland depuis son enfance jusqu'à Roncevaux. L'auteur l'avait composé, comme en se jouant, pour amuser les soirées de Lucrèce Tornabuoni, mère de Laurent de Médicis; il y avait tout jeté pêle-mêle, le beau, le comique, le licencieux, le trivial, le pathétique; il le fit paraître en 1488, avec un grand bruit. L'*Orlando animorato* de Boiardo, qui parut vers la même époque, n'avait point le mérite du *Morgante Maggiore*; il n'avait ni naïveté, ni originalité, ni enjouement; mais il contenait une foule de créations et de personnages qui étaient pour la première fois intercalés dans l'histoire de Roland; et, enfin, il fut l'origine et la source où l'Arioste puisa pour composer son *Orlando furioso*. Arioste mit en scène tous les princi paux personnages que Boiardo avait inventés ; il songea même si peu à déguiser son imitation, qu'il prit tout simplement l'histoire de Roland où Boiardo l'avait laissée. L'ouvrage de Boiardo est entièrement oublié ; et celui de l'Arioste, qui ne semblait vouloir en être que la suite, est compté parmi les chefs-d'œuvre de la poésie.

L'Arioste commença son poème en 1505 ; il le mit sous presse en 1515, et le fit paraître en 1516. L'*Orlando furioso* n'avait alors que quarante chants ; l'auteur y ajouta six chants dans la seconde édition, qu'il donna en 1532, et qui fut la dernière qu'il put surveiller. On sait le mot que dit le cardinal Hippolyte D'Est, lorsqu'il eut lu l'ouvrage de son favori, mot, comme l'a fait remarquer M. Ginguené, qu'on ne peut traduire honnêtement en français que par ceux-ci : *Maître Louis, où avez-vous pris tant de niaiseries*, ou de *bagatelles*, ou même de *sottises ?* Mais l'Italie ne fit pas un accueil si froid à cette œuvre immortelle, et, du premier coup, elle reconnut le génie qui l'avait inspirée.

Si jamais ouvrage avait répondu aux vœux de son temps, et donné une idée fidèle du pays où il avait pris naissance, c'est celui-là. L'*Orlando* est, en effet, la chose la plus italienne qu'on puisse se figurer. L'imagination y règne en souveraine, et y prodigue ses richesses avec un faste sans bornes ; la forme même du poème rappelle entièrement l'aspect du paysage italien.

Chaque chant a une sorte d'introduction où l'esprit du poète jette toutes ses fleurs les plus délicates, et qui est pour ainsi dire comme une aurore. De là, en effet, la lumière se répand sur le reste du chant ; mais avant que de se disséminer, et au moment même où elle naît, elle étale ses couleurs les plus fraîches et les plus vives.

La suite des chants présente une variété inouïe ; et les épisodes sont répandus dans ce poème avec une telle abondance, qu'on a peine à saisir leur rapport avec l'action principale. N'est-ce pas ainsi que l'Italie est semée de villes qui rivalisent entre elles, et qui ont jusqu'à ce jour fait obstacle à l'unité de ce beau pays ? À chaque journée, le voyageur qui parcourt cette magnifique contrée trouve une cité nouvelle qui semble être la capitale de l'Italie, qui n'en a point. Quand on voyage dans ce jardin enchanté, qu'on appelle l'*Orlando furioso,* on rencontre à chaque pas des merveilles inattendues,

et on ne sait plus où est le centre de e grand paysage dont toutes les parties sont également riches et éblouissantes.

Enfin, il y a, entre l'œuvre de l'Arioste et l'Italie, un dernier rapport frappant : c'est le mélange continuel de la nature et de l'architecture qui se trouve dans toutes les deux. Traversez les Alpes, ouvrez l'Arioste, vous verrez cette même profusion de palais, d'édifices, de constructions de toutes sortes, encadrées dans les plus beaux sites du monde, jetées au milieu de la végétation la plus vigoureuse, noyées dans la lumière la plus brillante. Poussin, qui a admirablement senti l'Italie, en a laissé dans ses paysages une image fidèle pour les gens qui n'ont pu visiter cette terre fortunée. On retrouve dans ces paysages ce rapprochement des œuvres de la nature et de celles de l'homme, qui fait l'une des grandes beautés du livre de l'Arioste.

Le tableau que l'Arioste présenta à ses contemporains, est universel, et tout y trouve sa place ; il n'est rien de si sublime ni de si commun qui n'y puisse tenir. Le poète domine son sujet, il passe, en se jouant, d'un ton à l'autre, unissant les choses les plus contraires, et trouvant l'harmonie des plus disparates : gracieux et sévère, naïf et élevé, plaisant et terrible, spirituel et touchant, il a trouvé le secret de produire un majestueux concert, en faisant vibrer ensemble toutes ces cordes si différentes. On a comparé son œuvre à une grande et belle ville où le contraste des théâtres et des églises, des palais somptueux, des maisons modestes, des rues, des places, des jardins, forme un tout admirable. Arioste est pour l'Italie ce que Shakespeare fut, un siècle plus tard, pour l'Angleterre, un génie à qui la liberté permettait d'être complet. Mais le goût de l'Arioste est plus sévère, et sa langue est d'une pureté parfaite : on y sent le disciple des maîtres les plus scrupuleux de l'antiquité.

La guerre des Sarrasins contre Charlemagne est le sujet du poème. Les rois d'Afrique et leurs alliés, sous la conduite d'Agramant, menacent de détruire le royaume de France. Paris, que l'Arioste appelle le boulevard de l'Europe, est assiégé deux fois, et réduit aux dernières extrémités. Après de longs combats, les Sarrasins agresseurs sont défaits, et la France finit par être délivrée de ses terribles ennemis. Agramant fuit, comme Xercès, sur un petit esquif. Charlemagne rappelle ses guerriers dans sa capitale, et y donne des fêtes brillantes aux libérateurs de l'empire.

C'est dans ces événements, qui représentent, sous une forme fabuleuse, le grand fait historique de la lutte de l'Occident et de l'Orient, que le poète a encadré son action principale et les épisodes qui s'y rattachent.

Renaud et Roland sont tous deux amoureux d'Angélique; Charlemagne veut que cet amour tourne à leur gloire et à la défense de son empire; mais il n'en est rien. Renaud écoute plus que Roland la voix de l'honneur et les ordres de Charlemagne : il va, pour lui obéir, chercher des secours en Angleterre, et, tout en recrutant des troupes, il y court des aventures qui donnent naissance à l'épisode d'Ariodant et de Genèvre. Roland n'écoute que l'amour; et, comme Angélique a fui, il abandonne Charlemagne en danger, pour aller la chercher. L'épisode de Brandimart et de Fleur-de-Lys, et celui d'Isabelle et de Zerbin, se trouvent jetés au milieu de ses courses errantes.

L'amour inspire aussi les ennemis de Charlemagne. Roger, le héros des Sarrasins, est l'amant aimé de la belle et valeureuse Bradamante, sœur de Renaud. Des enchantements sans fin favorisent et combattent cette passion, qui finit par être couronnée, et qui n'est pas une des moindres causes du triomphe définitif des Français.

Angélique, qui se soustrait à la passion de Roland et de Renaud, n'est pas elle-même insensible à l'amour, qui est le mobile universel de tout le poème. Echappée à tant de rois qu'elle a dédaignés, elle trouve, après les horribles combats qui se livrent sous les murs de Paris, le jeune Médor, qui lui était prédestiné. C'est dans une cabane de berger, où elle l'a fait transporter tout sanglant, qu'elle lui donne son cœur, sa main et sa couronne. Lorsque ces amants heureux ont quitté la cabane, Roland y arrive. Là, en lisant sur l'écorce des arbres les noms d'Angélique et de Médor, et en apprenant du berger leur mariage et leur départ pour les Indes, il se livre au désespoir, et passe de l'amour à la folie.

Roland furieux parcourt la France et l'Espagne, traverse le détroit de Gibraltar à la nage, aborde sur les sables d'Afrique, et s'abandonne à toutes sortes de frénésies, jusqu'au moment où son cousin Astolphe lui rend la raison avec la fameuse fiole qu'il a été chercher dans la lune. Alors, tous les deux ensemble, aidés de Brandimart et d'autres paladins que l'art du poète a su réunir par des moyens extraordinaires, ils se mettent à ravager les Etats d'Agramant. A ce moment, la discorde est partout. Les armées n'ont rien décidé, et elles sont remuées par les jalousies des chefs. On remet le sort des deux camps à Roger et à Renaud : Roger se sent supérieur à Renaud; mais il épargne le frère de son amante, et au lieu de l'attaquer, il se borne à se défendre.

Cependant Agramant, conseillé par les magiciens qui veulent sa perte, se décide à une bataille générale, et la perd; il fuit, mais sa flotte rencontre celle de Roland et d'Astolphe, et elle est battue; Agramant lui-même est tué par Roland au moment où il met le pied en Afrique.

Dans les fêtes que donne Charlemagne aux guerriers qui ont délivré la France, on célèbre à la fois la conversion de Roger et son mariage avec Bradamante, d'où le poète suppose qu'est sortie la maison d'Est.

Les événements principaux de l'*Orlando* ressemblent singulièrement à l'*Iliade*. La plupart des épisodes sont empruntés à l'antiquité. Ariane, Andromède, Nisus et Euryale, y revivent sous d'autres noms. Les critiques ont longuement agité la question de savoir s'il fallait ranger ce poème au nombre des épopées, et il s'en est trouvé d'assez rigoureux pour penser qu'on ne devait pas lui faire cet honneur. Il nous semble que les critiques auraient mieux fait de poser une autre question plus importante, et d'une solution plus difficile, celle de savoir quel est le but de toutes ces richesses d'imagination prodiguées par l'Arioste, de tous ces épisodes si variés, de toutes ces descriptions si poétiques, de tous ses enchantements si brillants. Indépendamment du sens historique que nous lui avons attribué, l'*Orlando furioso* a un sens moral : l'amour y est envisagé sous toutes ses faces, et dans la plupart des relations où il peut se trouver avec les devoirs que la société impose. Le poème de l'Arioste est donc une grande étude de l'amour; chacun des épisodes en est une expérience particulière. Pour rester dans les bornes de cet article, nous devons nous contenter de dire qu'il nous a semblé qu'en définitive l'auteur concluait par la condamnation de cet amour insensé, aveugle et égoïste, qui n'est en rien utile aux hommes.

Toute la vie de l'Arioste est dans son poème ; il lui donna ses plus belles années ; quand il l'eut fini, il pensa qu'il pouvait vivre en paix, et un peu pour lui-même. Aussi refusa-t-il, en 1517, de suivre le cardinal Hippolyte, qui voulait l'emmener avec lui en Hongrie. Ce refus lui fit perdre la faveur du cardinal, et lui attira même sa haine. Mais le duc Alphonse l'accueillit auprès de lui, le fit son gentilhomme, et l'admit dans sa familiarité. Il lui donna, en 1521, la commission d'apaiser les troubles qui s'étaient élevés dans une partie montueuse et sauvage de ses Etats, nommée la *Garfagnana*. Ce fut là que lui arriva une aventure qui, racontée par Garofalo, a été altérée par tous les autres biographes.

Le poète passait, avec six ou sept domestiques à cheval comme lui, entre des montagnes ; il trouva sur son chemin une troupe d'hommes armés qui étaient assis à l'ombre ; leur mine suspecte l'engagea à s'écarter d'eux et à presser le pas. Lorsqu'il fut passé, le chef de la troupe arrêta celui des domestiques qui marchait le dernier, et lui demanda « qui était ce gentilhomme. » Le domestique l'ayant nommé, le brigand courut, tout armé comme il était, après l'Arioste : celui-ci s'arrêta, ne sachant ce que cet empressement voulait dire, ni comment cela finirait. L'homme armé l'ayant joint, le salua respectueusement, lui dit qu'il était Philippe Pacchione (c'était le chef des brigands qui dévastaient le pays), lui demanda pardon de ne lui avoir rien dit à son passage, lui fit des offres de service, et prit congé de lui avec de grandes marques de respect.

De retour à Ferrare, Arioste composa plusieurs comédies : *la Cassaria*, *gli Suppositi*, *la Lena* et *il Negromante*. Toutes ces pièces furent jouées, avec un grand appareil, par des gentilshommes, dans les fêtes que le duc Alphonse donnait sans cesse. C'est aussi vers ce temps que notre poète écrivit ses satires. Cet auteur, d'une invention si puissante, donna ainsi la preuve qu'il était doué d'une observation très-fine, et, comme son maître Horace, il passa des grandes hauteurs de la poésie, aux détails de la familiarité ordinaire. Ses comédies et ses satires sont fort estimées en Italie ; elles constatent, d'une

manière irrécusable, le calme et la raison qui étaient au fond de cet esprit si brillant et si impétueux en apparence.

Arioste n'était pas riche ; les faveurs de la cour de Ferrare s'étaient bornées à de grandes marques de considération et à des pensions très-modiques. Le pape Léon X, lorsqu'il était encore le cardinal Jean de Médicis, exilé de Florence avec sa famille, s'était lié d'amitié avec Arioste, à Ferrare, où il avait été accueilli, et il lui avait promis que s'il parvenait au pouvoir, il en userait pour le rendre heureux. L'Arioste alla le complimenter sur son avénement au saint-siége ; mais il ne reçut de lui d'autre bienfait que le bref pontifical pour l'impression de son poème.

Il aimait si fort l'architecture, qu'il ne put s'empêcher de se faire construire une maison de campagne. Obligé de la bâtir petite, il l'avait du moins rendue agréable et commode. Il avait fait graver ce distique latin sur la porte :

> Parva, sed apta mihi, sed nulli obnoxia, sed non
> Sordida, parta meo sed tamen ære domus.

« Maison petite, maison commode pour moi, » mais incommode pour personne, mais assez » propre, mais pourtant achetée de mon ar- » gent. » On lui demandait comment il avait fait élever une maison si simple, lui qui avait décrit dans son poème tant de palais magnifiques, tant de beaux portiques et d'agréables fontaines. « C'est, répondit-il, qu'on rassemble bien plus » vite, et plus facilement des mots que des » pierres. »

C'est dans cet asile qu'il acheva ses jours, entre la philosophie et la poésie. Il venait de corriger sa seconde édition de l'*Orlando*, lorsqu'une maladie de vessie l'enleva à l'âge de cinquante-neuf ans, le 6 juin 1533. Ses restes furent déposés de nuit dans l'église de St.-Benoît, et sans bruit, comme il l'avait demandé. Le Titien a conservé ses traits dans un admirable portrait. Son siècle l'appela *il divino Ariosto*. Il est vrai qu'il lui fit partager ce suprême honneur avec l'Arétin, le valet de tous les princes de son temps, et que ses infamies ont sauvé de l'oubli où l'affectation de son esprit l'aurait inévitablement plongé.

H. Fortoul.

TORQUATO
TASSO

LE TASSE.

La grande époque de la renaissance se levait pour l'Europe ; on était à cette période de transition qui, du moyen-âge, passait aux temps modernes, période féconde et remarquable où les œuvres du génie reçurent une si vive impulsion. Le moyen-âge avait été une ère de croyances, de légendes, de romans et de chroniques ; la renaissance fut spécialement empreinte de l'esprit d'imitation et de recherches ; on copia partout l'antiquité, elle devint le type de tous les travaux.

Le Tasse appartient essentiellement à cette époque ; c'est peut-être le génie qui en a le mieux reproduit la tendance ; sa *Jérusalem délivrée* est un mélange d'antiquité profane et des croyances du christianisme ; il y a tout à la fois étude de l'art, tel que les anciens le comprenaient, imitation du poème épique, tel que l'entendaient la Grèce et Rome ; puis enfin, connaissance profonde de la chronique et des mœurs chevaleresques. La charpente de son épopée est antique, c'est la méthode d'Homère et de Virgile ; mais l'esprit, la poésie et l'expression surtout sont puisés dans les pieuses émotions des pélerins de la croisade. On pourrait comparer la *Jérusalem délivrée* à ces monuments de la vieille Rome que les papes ont consacrés au culte chrétien ; l'extérieur se ressent de la destination primitive, et l'on croirait encore voir le Panthéon du paganisme, si dans l'enceinte les douze autels consacrés aux apôtres n'indiquaient que les idées du Christ ont triomphé.

Un sentiment inouï de tristesse saisit l'âme lorsqu'on ouvre la vie du Tasse ; comment concilier tant de gloire et tant de malheurs, une si magnifique renommée et de si cruelles persécutions ? Que d'agitations, que d'amertume dans les jours du grand poète ! Tâchons de suivre cette existence, de pénétrer dans ses mystères, de l'expliquer enfin jusque dans ses souffrances.

Torquato Tasso naquit à Sorrento le 11 mars 1544 ; sa famille comptait déjà un poète ; Bernardo Tasso, son père, avait publié l'*Amadigi*, cet Amadis de Gaule, expression du caractère fier et galant de la chevalerie de France. C'était alors le temps des poèmes héroïques ; nous ne parlons pas seulement de l'*Orlando innamorato* du Boïardo, de l'*Orlando furioso*, cette belle création de l'Arioste, mais encore de l'*Ercole* de Giraldi, du *Costante* de Bolognetti et de l'*Italia liberata* du Trissino. Il en est ainsi à toutes les époques ; quand des hommes d'un remarquable talent ont ouvert une carrière par d'éclatants succès, la foule les suit, et de toutes parts arrivent les imitations vulgaires.

L'éducation du Tasse fut errante comme sa vie ; il étudia à Naples, puis à Rome et à Bergame ; son père, s'étant rendu à Venise pour faire imprimer l'*Amadigi*, Torquato l'accompagna. A cette origine de l'imprimerie, c'était une grande affaire que la publication d'un ouvrage, on y passait des années ; les protes étaient des érudits, les imprimeurs des savants du premier ordre ; la célébrité de Venise pour sa typographie dirigée par les Alde Manuzio était alors européenne, et l'on accourait de tous les points du continent pour y suivre la correction des premiers livres de la renaissance. Le Tasse vint ensuite à Padoue s'initier au droit civil et au droit canon, sous le célèbre Pancirole, l'érudit qui avait commenté les Pandectes et expliqué l'histoire des empereurs.

Au milieu de ses études sérieuses, quand son esprit était préoccupé des codes Justinien et Théodosien, le Tasse, à dix-huit ans, publia son poème de *Rinaldo* ou de Renaud, le courageux paladin du cycle des romans de Charlemagne, ce Renaud de Montauban, avec sa flamberge et son bon cheval Bayard chantés par les chroniques de l'archevêque Turpin. Le *Rinaldo* du Tasse est une œuvre d'étonnante imagination, où la poésie revêt de ses formes brillantes les merveilleux récits de Turpin et des romans de chevalerie. Aussi ce travail fit une grande sensation, et déjà le nom de son auteur devint retentissant.

A cette même époque, le Tasse conçut l'idée de son poème de la *Gerusalemme*, ou plutôt de son *Goffredo*, comme il le nomma d'abord. Pour expliquer ce sujet, il faut se rappeler que l'esprit des croisades se réveilla au XVI⁰ siècle dans toute sa ferveur ; les Turcs avaient débordé sur l'Europe, Constantinople était au pouvoir des Infidèles ; les Barbaresques parcouraient la Méditerranée, les armées du croissant dévastaient la Hongrie ; on ne parlait que des dangers imminents de la chrétienté ; les papes élevaient leur voix puissante, et la ligue protestante de Smalkade même avait appelé la chevalerie allemande à ce grand œuvre de la délivrance de l'Europe. Qui ne sait que sans la bataille de Lépante, l'Italie eût été ravagée par les Barbares ?

Ce fut dans ces préoccupations que le Tasse entreprit son poème sur la croisade, dont le but est de rappeler au peuple chrétien les jours de victoire où l'islamisme fut attaqué jusque dans Jérusalem ; l'œuvre du Tasse est une éloquente prédication pour engager tous les Fidèles à s'unir contre le Turc ; c'est ce qui résulte de plus d'un passage que nous avons eu soin de signaler dans les notes. Et s'il était besoin de plus grandes preuves, nous pourrions citer la lettre du poète à Horace Lombardelli qui critiquait le titre de *Jérusalem délivrée* : ce titre n'exciterait-il pas les moqueries des musulmans, redevenus maîtres de la ville sainte ? « L'objection m'inquiète peu, répondit le Tasse, *parce qu'il me semble que des railleries capables d'irriter le généreux courroux des chrétiens ne sont pas inutiles*. J'ajouterai que ces railleries ne seraient point raisonnables, car les chrétiens ont délivré la cité sainte avec une telle effusion du sang des Sarrasins, que ceux-ci n'ont pas sujet de se moquer. »

La réputation du Tasse grandissait ; bientôt il se rendit à Ferrare. L'habitude de ces temps était que chaque grande race eût des gens de lettres, des artistes à son service, comme on avait des gentilshommes ; le moyen-âge avait créé ces liens de domesticité dans toute la hiérarchie, depuis le baron qui servait le roi dans les festins d'honneur, jusqu'au troubadour qui chantait ses batailles et ses bons coups d'épée. Le Tasse fut présenté par le cardinal Louis d'Este au duc Alphonse, quelques jours avant les noces de ce prince avec une archiduchesse d'Autriche ; les fêtes du mariage, ces joûtes, ces carrousels où l'on se disputait à lance émoulue le prix de la beauté, frappèrent l'imagination du jeune poète ; l'auteur du *Rinaldo* put justement se complaire au milieu des tournois qui reproduisaient les cours plénières de Charlemagne, le grand empereur.

A la cour de Ferrare, le Tasse vit la princesse Léonore, sœur du duc Alphonse. Une légende d'amour a raconté que le Tasse aima Léonore, et que ses sentiments furent partagés par la princesse ; cette légende plaît toujours dans la vie d'un poète, parce qu'elle suppose l'égalité entre la naissance et le génie, elle élève la condition du talent. Discuterons-nous cette question si long-temps agitée : le Tasse fut-il heureux en ses amours ? Esprit essentiellement chevaleresque, nourri de la lecture de toutes les productions des troubadours et des trouvères, il a pu prendre sans doute une dame de ses pensées, objet de ses vœux et de ses adorations ; le Tasse célèbre Léonore dans tous ses vers, il la place dans tous ses chants. La *Jérusalem* même s'empreint de ce culte poétique ; le personnage de Sophronie fut le symbole de Léonore de Ferrare, et les lamentations d'Olinde ne sont que l'expression des désirs chastes et timides du poète.

Le Tasse avait vingt-six ans lorsqu'il partit à la suite du cardinal Louis d'Este, chargé d'une mission du souverain pontife auprès du roi de France. Depuis la publication du *Rinaldo*, la réputation du poète retentissait même à la cour du Louvre ; Charles IX, qui régnait alors, accueillit le Tasse avec distinction. Ce prince, qu'on a présenté comme un tyran sombre et farouche, charmait ses loisirs par la poésie ; il était maladif, et son cœur avait besoin de ces distractions qui tiennent à l'esprit ; souvent il s'entretint avec le Tasse dans cette magnifique langue italienne que Catherine de Médicis enseignait à son fils ; les Médicis, alliés à la maison de Ferrare, avaient tous leurs souvenirs en Italie. Quelques lettres du Tasse nous restent sur son séjour à Paris ; elles indiquent la véritable situation de la lutte entre les protestants et les catholiques ; Torquato signale un conflit comme imminent : quelques mois plus tard éclataient la Saint-Barthélemy et les terribles massacres. Dans une autre lettre le poète décrit, avec un accent de critique à peine déguisé, la vie et les mœurs de Paris ; habitué au beau soleil d'Italie, vivant dans ces palais de marbre qui embellissent Naples et Florence, il n'est pas étonnant que le Tasse ait été tristement affecté de ce ciel de brouillards, de ces maisons étroites et de ces escaliers tortueux dont il parle tant dans sa lettre ; d'ailleurs, il n'avait pas été heureux à Paris : presque disgracié par le cardinal d'Este, il reprit le chemin de l'Italie, dans un état de dénûment tel, qu'il fut réduit, dit-on, à emprunter un écu pour sa dépense personnelle.

Le voilà donc sur la route de Rome, et dès qu'il touche la capitale du monde chrétien, il se montre impatient d'entrer tout à fait au service du duc de Ferrare, brillant protecteur de tout ce que l'Italie produisait de poètes et d'artistes. Torquato Tasso fut reçu par le duc Alphonse dans sa noble domesticité ; l'histoire nous a conservé le traité passé entre le prince et le poète ; le Tasse eut le logement, la nourriture et 50 livres 10 sous par mois. Dans les loisirs de Ferrare, le poète composa l'*Aminta ;* après le genre chevaleresque, vint le genre pastoral. Tel fut le type de la littérature du xvie siècle ; on mêlait les bergeries aux exploits des paladins ; à côté des batailles, on plaçait les amours naïves, l'existence tranquille de la campagne, cette vallée de Tempé empruntée à la Grèce et aux grands romans de chevalerie. L'*Aminta* fut jouée à la cour de Ferrare avec un éclat inouï. Il y a des époques où l'on a besoin des sentiments tendres et de la vie simple des pasteurs ; ce sont en général les temps agités ; on cherche des contrastes, on se délasse ainsi des trop vives émotions de la guerre étrangère ou des désordres civils. Quelque éclatant que fût le succès de l'*Aminta,* le Tasse demeura préoccupé de sa *Gerusalemme ;* retiré alors chez Lucrèce d'Este, princesse d'Urbin, ce fut à Castel-Durante qu'il composa les derniers chants de son poème épique ; puis il accompagna le duc Alphonse qui allait à Venise audevant de Henri III, prince fugitif du royaume de Pologne, et qui secouait ce pesant diadème comme un poids importun.

Les souffrances du Tasse commencent ; cette existence active, ce travail persévérant lui avaient donné une violente fièvre. On ne sait pas assez tout ce que coûte de tourments une vaste composition littéraire, et le frémissement de l'âme, et l'agitation de l'esprit, et la crainte de la critique, et le sentiment de sa propre imperfection, et l'enthousiasme même du succès. Ce fut pourtant au milieu de cette crise que le Tasse acheva son travail ; il en expédia le manuscrit à Rome chez son ami Scipion de Gonzague, avec prière de le lire attentivement et de lui en signaler les défauts ; d'autres copies furent également envoyées à ses amis de Ferrare et de Padoue. Il en résulta beaucoup d'observations, quelques-unes sages, plusieurs étroites et pleines de préjugés. Le Tasse prit la peine de les réfuter une à une ; jamais peut-être on ne déploya une plus prodigieuse instruction ; on s'aperçoit que le poète, tout empreint des souvenirs de l'antiquité, s'est nourri des études d'Homère et de Virgile ; il défend son œuvre en citant mille exemples ; il veut prouver surtout que ce n'est pas une création, et qu'il a gardé fidèlement la méthode classique. Dans ce siècle on repoussait toute innovation littéraire, et le plus grand reproche fait à Luigi Ariosto fut de s'être affranchi, dans l'*Orlando furioso,* des règles inflexibles d'Aristote.

Depuis les premières souffrances de sa vie, le Tasse paraît plus inquiet, plus agité ; il a déjà le projet de se séparer de la maison d'Este, et dans un second voyage à Rome, Scipion de Gonzague le présenta au cardinal Ferdinand de Médicis, devenu plus tard grand-duc de Toscane, qui voulut le retenir auprès de lui. Rome frappait vivement l'imagination du Tasse ; sa poésie s'était inspirée des douces légendes que la piété avait jetées au peuple ; le Sauveur des hommes, la Vierge Marie, les Saints, toute cette brillante myriade de bienheureux avaient reçu ses hommages. Torquato Tasso est fervent dans sa dévotion ; il assiste à Rome au Jubilé, temps de pardon et de repentir : le spectacle de tout un peuple qui demandait grâce et merci à Dieu parlait à son âme ardente. Le Tasse s'était représenté l'enfer, ses épouvantables tourments ; il rêvait un paradis de bonheur et de délices, et ces préoccupations contribuèrent beaucoup à l'état de sombre exaltation qui le fit confondre avec les insensés.

Torquato revint à Ferrare triste et mélancolique ; il voyait partout des ennemis[1]. Souvent

----

[1] Le Tasse eut alors une affaire qui fit quelque bruit à Ferrare ; trois jeunes hommes, au détour d'une rue, se précipitèrent sur lui. Torquato, sans se laisser inti-

il arrive que les esprits supérieurs s'imaginent être en proie à la persécution ; le Tasse a cela de commun peut-être avec Rousseau si profondément malheureux, si pesant même pour ceux qui cherchaient à embellir sa vie : quand le caractère humain s'est aigri, le mal est sans remède. Cependant il y avait de la réalité dans cette jalousie qui s'attachait à la renommée du poète ; on fouillait ses papiers, on interceptait ses lettres. Le duc Alphonse s'apercevait de ce chagrin, et sa sœur, la princesse Léonore, cette favorable divinité, conduisit son poète de prédilection dans une délicieuse *villa* où il reprit avec ardeur la correction de sa *Gerusalemme*.

Tout à coup, tandis qu'il perfectionne son œuvre, et la nuit et le jour, le Tasse apprend que l'on imprime à son insu la *Jérusalem délivrée*. Quel tourment ne dut pas éprouver son âme ! Vous tous qui travaillez laborieusement, et qui savez les douleurs que cause à l'amour-propre une seule incorrection, il vous est facile de comprendre les angoisses du poète lorsqu'il sut qu'on allait publier sans lui un livre sujet encore à bien des modifications, à bien des changements ; Torquato, le cœur flétri, supplia le duc Alphonse d'écrire à Parme, à Gênes, au pape, à tous les princes d'Italie pour en arrêter l'impression. De là, ses grandes terreurs ; comme ses ennemis lui ont ravi le produit de ses veilles, il se persuade qu'ils en veulent à sa vie, à son existence auprès du duc de Ferrare ; peut-être ses croyances vont être dénoncées au tribunal du saint-office, il craint d'avoir exprimé des doutes sur le mystère de l'incarnation et sur divers dogmes de la foi ; aussitôt il court à Bologne chez l'inquisiteur, il s'agenouille, confesse ses fautes, et quand le religieux lui-même le rassure, Torquato rejette l'absolution ; en vain Alphonse et Léonore tâchent d'apaiser ses scrupules ; plus que jamais il est préoccupé de la douloureuse idée d'une damnation éternelle.

Cette exaltation d'esprit devient presque de la folie ; le Tasse se méfie de ceux qui l'entourent, il s'imagine que ses serviteurs conspirent contre lui ; un soir, sous les lustres brillants du palais de Ferrare, lorsque dans le salon de la duchesse d'Urbin une nombreuse assemblée se livrait à toutes les distractions d'un bal, Torquato, l'œil égaré, se précipite un couteau à la main sur un de ses domestiques qu'il soupçonnait d'intelligence avec ses ennemis. Le sang italien bouillonne dans les veines du poète ; il agite le poignard comme naguère il maniait l'épée. Cette tentative d'assassinat devait être punie ; le duc de Ferrare fit enfermer le Tasse dans une tourelle du château. Torquato s'occupe toute la journée à envoyer des placets à Alphonse, avec prière de lui rendre sa liberté ; il l'obtient enfin, et le premier usage qu'il en fait, c'est d'aller chez le grand inquisiteur de Ferrare. Le vieux moine le proclame encore très-orthodoxe ; Torquato n'en croit rien ; il discute, il commente la sentence, et va se renfermer dans le couvent de Saint-François, où il écrit lettres sur lettres aux cardinaux à Rome, puis au duc Alphonse, et ces lettres sont tellement empreintes d'une triste préoccupation, que le duc de Ferrare lui ordonne de cesser sa correspondance. Alors les frayeurs du Tasse redoublent : cette disgrâce n'était-elle pas l'œuvre de ses ennemis ? Il s'en inquiète encore ; il lui semble voir l'inquisition et la police ducale se réunir contre sa vie malheureuse ; dans une nuit obscure, il sort du couvent, franchit les murailles de la ville ; sans argent, presque sans vêtements, il s'éloigne seul, et n'emporte même pas une copie de son poème, comme le Camoëns au milieu de la tempête et du naufrage.

Il faut déplorer ici cette infirmité de notre nature qui place la folie et l'exaltation à côté du génie ; le vulgaire peut s'en étonner, mais quand on touche le cœur humain, on s'explique comment la trop grande méditation sur soi-même pousse à cette effervescence d'idées qui brise le cerveau. Que des hommes méthodiques, des intelligences compassées mènent doucement la vie, sans émotions, sans tourmentes, cela se conçoit ; mais l'homme de génie a sans cesse le cœur déchiré, les entrailles en feu ; il se crée des fantômes et des chimères qui l'inspirent ou le tourmentent. Le Tasse se rendit à Sorrento, sa ville natale, auprès d'une sœur qu'il chérissait. La vue des lieux de son enfance, cet air du berceau que l'on respire à pleins poumons, les

mider, saisit son épée et mit en fuite les assaillants ; la multitude, qui admire toujours un acte de courage, récita pendant plusieurs mois ce distique de sa composition :

> *Colla penna e colla spada*
> *Nessun val quanto Torquato.*

douces consolations de sa famille, ramenèrent le calme dans son esprit ; il s'adresse au duc de Ferrare pour obtenir de nouveau ses bonnes grâces ; point de réponse. Alors il quitte Sorrento avec la même précipitation qu'il avait mise à fuir le couvent de Saint-François ; il vient à Rome, il écrit et fait écrire au duc de Ferrare. Alphonse consent à le recevoir, et tandis qu'il l'accueille avec bonté, le poète croit voir de la froideur dans cette réception ; Torquato demande avec instance ses papiers ; la copie de sa *Gerusalemme* ; il se désespère de ce qu'on ne les lui rend pas, et s'éloigne une fois encore de Ferrare. La misère l'accompagne ; il erre de Mantoue à Padoue, de Padoue à Venise et à Urbin, où le duc régnant lui donne une noble hospitalité.

Voilà l'homme avec ses faiblesses, voici maintenant le poète dans son admirable génie. Au milieu de cette période de malheurs et de disgrâces, le Tasse exerçait son prodigieux talent poétique ; tantôt il retouchait de mémoire les belles pages de la *Jérusalem*, tantôt il improvisait un sonnet, une ode, une *canzone*. Il est une de ces touchantes productions où Torquato retrace les infortunes et les douleurs de son existence ; il se prend au berceau, il se présente comme l'enfant de la désolation et de la tristesse :

« Hélas ! s'écrie-t-il, dès le premier jour où je respirai l'air de la vie, quand j'ouvris les yeux à cette lumière qui jamais ne fut sereine pour moi, la fortune injuste et cruelle me prit pour son jouet ; je reçus d'elle des blessures que la plus longue vie pourrait à peine cicatriser. J'en atteste la glorieuse Syrène (de Sorrento) : mon berceau fut placé près de son sépulcre ; et pourquoi, dès la première atteinte, n'y eus-je pas aussi ma tombe ? J'étais encore petit enfant lorsque l'impitoyable fortune m'arracha du sein de ma mère ; je me rappelle en soupirant ses baisers qu'elle inondait de larmes douloureuses, je me rappelle ses ardentes prières que les vents fugitifs ont emportées. Je ne devais plus me retrouver mon visage sur son visage, pressé dans ses bras avec de si fortes, de si étroites étreintes. Hélas ! je suivis d'un pied mal assuré, comme Ascagne ou Camille, mon père errant et fugitif... O mon père, mon bon père, toi qui me regardes du haut des cieux, j'ai pleuré, tu le sais, ta maladie et ta mort, j'ai baigné de pleurs en gémissant ton lit de souffrances et ta tombe ; maintenant élevé dans les sphères célestes, tu es heureux ; on te doit des honneurs et non des larmes : seul je dois épuiser la coupe entière de la douleur. »

La terreur ne cesse pas de dominer Torquato ; il veut abandonner l'Italie, franchir les Alpes, mettre des rochers, des précipices entre lui et ses ennemis ; il marche errant, à pied, sur la route du Piémont, et arrive dans l'état le plus misérable aux portes de Turin ; les gardes, en voyant son aspect sauvage, lui refusent l'entrée de la ville, et le poète allait être confondu avec les voleurs qui infestaient la Savoie, si un de ses anciens amis ne l'eût reconnu et protégé. Le Tasse trouve là une fois encore l'hospitalité généreuse : les petits princes d'Italie se faisaient un honneur de s'attacher la plus haute intelligence de leur époque ; Torquato distribuait alors la gloire, ses vers étaient récités par le peuple, et déjà ses chants donnaient l'immortalité.

L'âpre climat des montagnes ne convenait pas à la douce imagination du Tasse ; Ferrare, théâtre de ses succès et de ses distractions premières, revient à sa pensée, et, par les froidures de février, il quitte Turin pour retourner à la cour d'Alphonse. Au milieu des fêtes et des carrousels, on s'aperçut à peine de l'arrivée du poète ; les courtisans se moquèrent de lui, car l'exaltation de son esprit était empreinte dans ses traits en caractères indélébiles : jeune encore, le Tasse portait sur sa physionomie les ravages du temps. Celui qui avait chanté la maison d'Este ne put obtenir un regard, une parole amie. Torquato, indigné, se livre à la colère ; il maudit Alphonse et sa race ; il regrette publiquement de les avoir célébrés dans ses vers, et le duc, instruit de ces emportements, fait conduire le poète dans la prison des fous furieux [1].

Le Tasse fut renfermé à l'hôpital Sainte-Anne, car les hospices et les monastères servaient alors de refuge à toutes les infirmités de l'existence. On a dit que quelques indiscrétions sur ses amours avec Léonore avaient amené la réclusion de l'auteur de la *Jérusalem* : ne s'est-on pas laissé entraîner à un parallèle avec Ovide ? Le Tasse ressemble par plus d'un trait au poète latin ; les *Tristes* et les *Pontiques* d'Ovide furent écrites dans son exil de la Scythie, et le Tasse acheva plusieurs de ses belles *canzoni* dans sa

[1] Mars 1579.

captivité à l'hôpital Sainte-Anne. Quel jugement porter sur la brusque décision d'Alphonse ? Comment la maison d'Este, protectrice du talent et du génie, put-elle s'abandonner à une si étroite vengeance ? Qui sait ; peut-être la conduite du Tasse, ce caractère de douleurs et d'agitations malheureuses n'ont pas été bien compris ; il y eut de l'amertume dans les paroles du poète, de l'aigreur dans ses reproches. Comme il avait beaucoup fait pour les princes de Ferrare, il croyait devoir en exiger beaucoup, et cela importune la puissance ; elle se défait au plus vite de ces voix fâcheuses qui l'accusent d'avoir oublié de nobles services.

Le déplorable état du Tasse dans sa prison vint de cette solitude cruelle qui place sans cesse l'imagination en face d'elle-même ; Torquato eût alors ses apparitions ; comme Socrate, il eut son génie familier ; comme Pascal, il eut son abîme ; comme les chroniqueurs et les trouvères du moyen-âge, il vit devant lui la Vierge éblouissante de clartés célestes, rayon d'espérance qui se montre toujours aux malheureux[1]. A cette époque l'infortuné captif compose avec une étonnante fécondité des sonnets, des *canzoni*, et, chose curieuse, celle qu'il avait tant aimée, ant célébrée, s'efface de la vie, Léonore meurt, et son poète ne jette pas une fleur sur sa tombe. Puis, une grande douleur, dès long-temps pressentie, vint s'unir à toutes les autres ; quatorze chants de la *Jérusalem*, imprimés sur une copie informe, parurent à Venise sans qu'il pût s'y opposer ; néanmoins, le succès en fut si prodigieux, que huit éditions se succédèrent en une seule année.

A quoi aboutissait tant de célébrité ? à faire montrer le Tasse comme une bête fauve ; tous les étrangers le visitaient en traversant Ferrare, et c'était alors un douloureux spectacle de contempler le chantre immortel de Godefroi ; ses yeux s'effaçaient sous des cils touffus, ses traits pâles et contractés apparaissaient à peine sous

---

[1] « Je n'en puis plus, écrivait-il à son ami Maurizio Cataneo ; maintenant l'espérance me manque, et mes misères s'accroissent : *ora mancano le speranze, e cresce la miseria ;* des étincelles brûlantes sortent de mes yeux, des sifflements horribles déchirent mes oreilles, et j'aurais craint de succomber si je n'avais aperçu distinctement la glorieuse Vierge Marie, tenant son fils dans ses bras, entourée d'un cercle resplendissant des plus vives couleurs ; je ne dois donc point désespérer de sa grâce.

sa chevelure en désordre et sa barbe crépue. Montaigne se rendit auprès du Tasse dans un voyage qu'il fit à Rome, et ce philosophe au cœur sec ne trouva dans son âme qu'une froide réflexion à l'aspect de tant de misères. La seule consolation du Tasse était sa dévotion à la Vierge Marie ; il s'y voue tout entier, s'y recommande dans une maladie grave, et lorsqu'il recouvre la santé il lui consacre deux sonnets où brillent sa foi naïve et ses pieuses croyances.

De nouvelles tracasseries viennent accroître la tristesse de Torquato. Quand un grand succès arrive, des médiocrités jalouses le poursuivent incessamment ; les corps savants même sont quelquefois sous l'empire d'étranges préoccupations, et l'Académie de la Crusca condamna la *Gerusalemme liberata*, comme plus tard le *Cid* fut critiqué par l'Académie française. Sous prétexte de défendre l'*Orlando furioso* de l'Arioste, les Académiciens de la Crusca déclarèrent « que la Jérusalem, loin d'être un poème, n'était qu'une mauvaise compilation ; l'unité qui y régnait était mince et pauvre comme celle d'un dortoir de moines, tandis que l'unité du *Roland furieux* ressemblait à celle d'un immense palais, dont la longueur, la largeur et la hauteur sont proportionnées. Dans ce travail, continuaient les censeurs, les expressions sont tellement contournées, désagréables, qu'on a de la peine à les comprendre. Ce poème, s'il mérite qu'on lui en donne le nom, est raboteux, escarpé, non seulement dépourvu de clarté, mais enseveli dans une obscurité profonde, et rempli de mots pédantesques, étrangers ou lombards, qui pour la plupart ne sont pas des mots, mais des barbarismes. » Il est pénible de voir une assemblée, devenue depuis justement célèbre, exprimer une opinion aussi passionnée, un jugement aussi injuste.

Nous avons parcouru attentivement la réponse de T. Tasso à ces attaques grossières ; il y règne une modération extrême, une raison droite, une résignation touchante : « En citant les mots dont je me suis servi, dit-il, on les confond, on les défigure ; je ne les reconnais plus. Certes, je ne veux pas les chercher dans un poème que je n'ai pas lu depuis dix ans, et dans lequel j'aurais changé beaucoup de choses, si j'en avais eu la liberté. — Moi qui souffre volontiers, mais non sans douleur, qu'on veuille me guérir de mon ignorance, je dirai au médecin : Je suis malade pour avoir trop goûté dans mon jeune âge la douceur des aliments de l'esprit; j'ai pris l'assaisonnement pour la nourriture. Cependant vos remèdes sont trop désagréables; je crains qu'ils ne me trompent pas assez pour que je puisse m'en servir. C'est un nouvel art de guérir et une nouvelle espèce d'artifice que d'imbiber le vase avec du fiel au lieu de miel, pour qu'il ne soit pas rejeté du malade. » Les inimitiés ne se calmèrent point, et Galilée, très-jeune encore, Galilée, qui devina la grandeur et la majesté de l'immense système du monde, écrivit un détestable pamphlet contre le Tasse et la *Jérusalem délivrée :* « Signor Tasso, s'écrie-t-il en finissant, vous n'y entendez rien du tout; vous barbouillerez beaucoup de papier, et ne ferez que de la bouillie pour les chiens. » Hélas! Galilée, en persécutant un pauvre captif, ne se doutait pas alors que lui-même, en butte à une affreuse persécution, serait détenu dans un cachot plus noir et plus lugubre que la prison du grand poète.

Tant de renommée exerçait une irrésistible puissance sur l'imagination du peuple italien; ce peuple s'animait pour un baladin, pour un mime, ne devait-il pas songer à son poète favori? Le pape, les cardinaux, les ducs de Toscane, d'Urbin et de Mantoue, les villes même, Bergame en tête, adressèrent des suppliques à Alphonse, qui faisait beaucoup de promesses et retardait toujours la délivrance du captif. Le duc de Ferrare craignait une de ces vengeances du génie qui sait flétrir un nom jusque dans la postérité. Cependant Vincent de Gonzague, beau-frère d'Alphonse, cautionna le Tasse, et donna l'assurance qu'il ne publierait aucun pamphlet injurieux contre la famille d'Este, et « ne tenterait aucune chose contre l'honneur et le respect dus à un aussi grand prince comme était le duc Alphonse. » La liberté fut accordée. Après sept ans et deux mois de souffrances, le sublime auteur de la *Jérusalem* sortit de l'hôpital Sainte-Anne[1]; il revit le monde brillant, les magnifiques fêtes, dans le palais des ducs de Mantoue; des soins, des prévenances rendirent un peu de repos à sa tête et à son cœur.

Deux ans plus tard, le poète était à Rome, puis sur la route de Naples; il aimait de prédilection la ville au golfe divin, sa mer paisible et son beau ciel. Torquato habita chez les moines du Mont-Olivet, pieux souvenir des guerres saintes et de la tombe du Christ qu'il avait chantées; au pied de la croix, sous l'olivier qui rappelle le sol de la Palestine, le Tasse voulut retoucher sa *Jérusalem délivrée,* et en effacer les éloges prodigués à la maison d'Este. Bientôt il quitte Naples pour Florence; il va encore à Rome, et revient la même année à Naples, toujours agité, comme si la vie était pour lui une fièvre incessante. Ici se place un épisode célèbre en Italie : qui n'a vu ce tableau où le Tasse est entouré de brigands des Apennins, à la mine sauvage, au costume national et pittoresque; tous sont agenouillés devant le poète, et le supplient de reprendre quelques pièces de monnaie dont ils l'ont dépouillé. L'anecdote, telle que la peinture l'a reproduite, n'est point exacte; voici ce que fournissent des renseignements plus précis. Le Tasse était un brave et courageux cavalier, il ne craignait point de croiser l'épée ou de manier le poignard; on disait dans les villes que la montagne n'était pas sûre, qu'on serait infailliblement arrêté; les amis de Torquato hésitèrent, lui seul persista dans le dessein de faire le voyage, et quand les voleurs connurent son projet, ils lui envoyèrent un sauf-conduit.

C'est à Naples qu'une pensée religieuse entraîna Torquato à composer sa *Gerusalemme conquistata.* Le premier poème de la *Jérusalem délivrée* était comme un remords pour le Tasse; il regrettait d'avoir mêlé des détails profanes à la sainte entreprise; tous ces tableaux de galanteries et de passions humaines, Herminie, Armide, Sophronie et Olinde, lui paraissaient souiller le récit de la noble croisade. La *Jérusalem conquise,* froide et languissante épopée, fut une espèce de cantique en l'honneur des Chrétiens victorieux[1].

Alors on préparait au Tasse un beau triomphe; fatale destinée! quand la mort s'approchait on venait orner de fleurs la tête du poète, abîmée par une longue suite de persécutions et de chagrins. Le cardinal Cinthio Aldobrandini avait engagé le pape Clément VIII à renouveler pour Torquato le poétique couronnement au Capitole, vieille coutume de Rome païenne. Tandis qu'au Vatican on tresse des couronnes,

---

[1] Le 6 juillet 1586.

[1] La *Gerusalemme conquistata* eut peu de succès; elle ne fut imprimée qu'une seule fois en Italie. Rome 1593, in-4°.

le Tasse vient dans la métropole du monde chrétien ; une fièvre lente le consumait ; il se fit porter au monastère de Saint-Onuphre, où il expira le 25 avril 1595. A cette nouvelle, le délire fut général ; Rome se couvrit de deuil ; ce peuple italien, si enthousiaste, si démonstratif, exposa sur les places publiques son corps revêtu de la toge et le front ceint de lauriers. Hélas ! un peu plus de joie, un peu plus de bien-être pendant la vie, un peu moins d'encens après la mort ; faut-il donc être poussière pour que l'implacable haine des hommes pardonne aux esprits éminents et à la magnificence de leurs œuvres ? Un superbe mausolée fut élevé à la mémoire du Tasse par le cardinal Bevilacqua ; on le voit encore dans la petite église de Saint-Onuphre.

Jugerons-nous maintenant l'homme et le poëte ? L'homme fut inquiet, mélancolique, fantasque, comme tout ce qui est dévoré par les feux d'une imagination trop vive, d'une méditation trop profonde ; le Tasse portait la croix du génie, la plus lourde, la plus cruelle, parce qu'elle vous expose à de continuelles expiations. Le poëte fut immense ; Torquato Tasso est un des prodiges de ce XVI° siècle, époque si féconde en érudition, si remarquable dans les sciences et dans les arts. *Rinaldo*, c'est son enfance chevaleresque, c'est le prodigieux début d'un écolier nourri de la lecture des romans du moyen-âge, des légendes et de la chronique de Turpin. La *Jérusalem délivrée*, si solennelle, si sagement conçue, est le produit d'un talent mûr, parvenu à son apogée de force et de vigueur ; enfin, la *Jérusalem conquise* arrive au déclin de la vie, comme un repentir tout catholique des jours de distractions mondaines. Le Tasse a multiplié les poëmes, les *canzoni*, les lettres, les sonnets, cris de douleur, d'indignation ou de piété. Telle fut cette existence qu'on ne peut suivre sans se laisser entraîner à mille pensées tristes, à mille rapprochements ; elle serait décourageante pour l'homme de génie, si la vocation se commandait ; quand les entrailles brûlent, qu'importent les obstacles ! on s'avance dans cette carrière dont la main de Dieu a marqué les phases ; la destinée n'appartient à personne, et alors même que la persécution vous attend, on y marche, parce qu'on est résigné aux sacrifices.

MAZUY.

BRUNELLESCHI.

La Grèce et Rome n'existaient plus ; l'empire romain, transporté à Constantinople, s'était écroulé sans grand appareil ; les peuples barbares se ruaient sur l'Europe ; un nouvel ordre de choses se préparait pour le monde ; la société moderne allait remplacer la société ancienne. Dans cette colossale tourmente, l'art se perd ; du ive aux viiie et ixe siècles, on n'en voit aucune trace, ou bien celles qui existent encore sont d'une telle grossièreté, à en juger du moins par les monuments numismatiques, qu'il faut presque remonter à l'état sauvage pour s'en faire une idée. Cependant ce goût des arts, qui est comme un besoin au fond du cœur humain, revient peu à peu, et le style fort improprement appelé *gothique* naît et sort du chaos. — A moins que ce nom, donné à une architecture qui s'éloignait des lois anciennes, ne fût primitivement un terme de mépris devenu une appellation générique, on ne conçoit aucune raison plausible pour l'appliquer à la chose qu'il désigne. En effet, les Goths, anciens habitants des bords de la Vistule et de la Suèd. méridionale, n'avaient pas d'architecture prop. e ; l'on ne sait pas même s'ils avaient des arts. D'un autre côté, dès le viiie siècle, on ne voit plus en Europe de royaume des Goths : ils sont chassés d'Italie, de France et d'Espagne, et ils avaient disparu du monde ; ils étaient rayés de la liste des nations deux siècles peut-être avant que l'art qui porte leur nom se fût formulé.

Quoi qu'il en soit, cet art se répandit promptement sur l'Eupore entière ; l'Italie seule, bien qu'elle subît le mouvement général, et qu'au xve siècle, en pleine renaissance, on bâtit encore la cathédrale gothique de Milan, l'Italie seule eut quelques remords de son ingratitude envers l'antique. Ainsi le Campo-Santo de Pise, commencé vers 1278, et terminé en 1283, par Jean de Pise, n'est point essentiellement gothique ; tous les autres ouvrages de ce grand architecte portent de même un caractère de retour au goût gréco-romain, combiné avec celui de son temps. — Cette tendance devait trouver des hommes pour la suivre encore plus loin. Arnolfo di Lapo, Florentin, mort en 1300, consulte l'antique, et s'acquiert un nom remarquable par la construction de la fameuse église de Santa-Maria-dei-Fiori. Il ne vécut pas assez pour la terminer, mais assez pour qu'on y puisse admirer un accord bien entendu du style dominant de l'époque avec quelque chose qui n'y ressemblait pas. Giotto dresse, en 1330, le campanille de l'église d'Arnolfo di Lapo. Taddeo Gaddi, digne élève du Giotto, qui termine ce que son maître avait commencé, et André Orcagna, qui vient après eux, travaillent dans le même esprit. — Florence la chevaleresque, Florence est le véritable berceau de la renaissance. Si l'on faisait une histoire des Florentins, ce serait celle de presque tous les grands hommes de l'Italie. Giotto, Taddeo, Gaddi et André Orcagna, sont Florentins comme Arnolfo di Lapo.

Ces puissantes organisations, ces hommes, architectes, peintres, sculpteurs et poètes tout à la fois, élevèrent sur les ruines de l'ancienne Italie plus d'un monument qui concourent à l'illustration de la nouvelle. Ils servent de transition entre la recherche mystique et gracieuse du moyen-âge et la rigidité antique ; on peut ainsi les considérer comme les précurseurs de la renaissance, que la culture des lettres grecques et romaines, et l'étude plus approfondie des monuments de Rome, allaient engendrer.

Le xiiie et le xive siècle avaient donc bien rempli leur tâche, lorsqu'à Florence, toujours à Florence, naquit, en 1377, Felipo Brunelleschi ou Brunellesco, qui devait, dès le commencement du xve, porter l'architecture presque à sa perfection. Fils du notaire Brunellesco di Lippo-Lapi, sa famille avait donné à la ville des fleurs plusieurs hommes de science et de profession libérale. Son aïeul, Felipo, dont il reçut le prénom, était médecin. Destiné, lui, à être notaire comme son père, son éducation, très-soignée, fut dirigée d'abord vers les connaissances propres à former un homme de loi distingué ; mais plus son esprit se développpait aux sources vivifiantes de l'étude, moins il se sentait de penchant pour les affaires. Une adresse extrême à de petits ouvrages de main,

  (Architecte.)

une intelligence merveilleuse de toutes choses mécaniques, quelques mouvements d'horloge faits dans l'âge où l'on épèle, étaient des signes flagrants d'une vocation qui contrariait beaucoup les vues de ser di Lippo-Lapi, mais que cet homme éclairé eut la sagesse de ne pas combattre. Le cœur plein de regrets, il plaça chez un orfèvre son fils, tout joyeux du changement. — Les orfèvres étaient alors, nous avons eu déjà occasion de le dire, des artistes chez lesquels on dessinait avec la dernière sévérité. Leur école était utile surtout pour ceux qui se consacraient à la sculpture, à cause du grand nombre d'ouvrages bas-reliefs qu'on y pratiquait. Là une liaison intime s'établit entre Felipo et un jeune élève nommé Donatello, qui avait ses raisons de prédestiné pour aimer mieux la sculpture que quoi que ce soit. Cette amitié entraîna d'abord le nouvel apprenti dans la statuaire, et nous le verrons y acquérir une grande habileté. Cela ne lui faisait pas négliger l'orfèvrerie, où il ne tarda pas à exceller. Il montait des pierres fines, gravait des nielles, et ajustait de petites figures d'argent mieux qu'un artiste ancien dans le métier. Cependant, naturellement enclin aux sciences abstraites, il commença bientôt à se donner à la perspective, qui était encore presque dans l'enfance, et lui fit faire un grand pas. Le premier il trouva la manière d'observer l'effet des distances, c'est-à-dire, « de lever le plan et le profil de l'édifice au moyen de l'intersection des lignes. » (Vasari.) Plus tard il avait coutume de dire que l'on ne pouvait être bon architecte sans posséder les secours de la perspective. Il aborda ensuite la géométrie sous un maître célèbre, Paolo Toscanelli, et ne voulut point l'abandonner qu'il n'en connût tous les problèmes. L'architecture était déjà son goût dominant; mais, pour y exceller, il voulait acquérir toutes les connaissances nécessaires; esprit vaste, énergique, et de haute portée, il se préparait vigoureusement à vaincre les choses difficiles. C'est dans ce but qu'il s'appliqua encore à connaître la force des poids, la puissance des roues, la manière de les faire mouvoir, et toutes les lois enfin de la mécanique. Il ne cessait jamais de travailler, ses distractions elles-mêmes étaient nobles et studieuses; il allait les demander aux plaisirs de l'intimité avec son ami Donatello, ou bien à la lecture de la Bible et des livres du Dante, dans lesquels il disait trouver tout ce qui pouvait le conten-

ter pour le ciel et pour la terre. — Quel âge viril devait produire une jeunesse de la sorte employée!

Au milieu de ces occupations complexes, l'orfévrerie et la sculpture n'étaient point négligées, et ce fut même une sainte Marie-Magdeleine, exécutée en bois, et consumée depuis dans l'incendie de l'église du Saint-Esprit vers 1471, qui mit son nom en évidence pour la première fois. Il s'exerçait à la statuaire sous les lois de Donatello, et lorsqu'on mit au concours, en 1402, l'exécution en bronze des portes du baptistère de Saint-Jean de Florence, il entra dans la lice, et jouta de talent avec Jacopo della Quercia, Lorenzo Ghiberti, son ami Donatello lui-même, et plusieurs autres. On sait que, de l'aveu des concurrents, ce fut le jeune Ghiberti, âgé de vingt ans, qui l'emporta dans ce tournoi mémorable. Néanmoins Felipo avait si bien réussi, qu'on lui donna la charge de seconder Ghiberti; mais il s'entretenait dans une trop grande sévérité d'honneur pour accepter cet emploi : il ferma les yeux sur son intérêt personnel, sur le désir plus irrésistible encore de prendre un peu de la gloire du vainqueur; il refusa, et voulut, avec une délicatesse admirable, laisser tout sans partage à l'heureux rival.

De pareils sacrifices témoignent de la vertu d'une grande âme, mais ne s'accomplissent pas sans effort; plus l'ambition est haute, plus il en coûte de servir au triomphe d'un autre. Soit que les deux amis eussent besoin d'oublier une défaite qu'ils confessaient généreusement, soit que le moment d'accomplir un projet depuis longtemps arrêté fût venu, Donatello et Brunelleschi quittèrent Florence ensemble après le concours, et s'en allèrent à Rome. Pour subvenir aux frais du voyage, ils avaient vendu une petite propriété de Felipo, qu'ils ne regrettèrent point quand ils virent les chefs-d'œuvre étalés de toute part à leurs yeux dans la capitale du monde. A peine revenus du premier étonnement où ces merveilles plongèrent leurs âmes d'artistes, ils se mirent à copier les modèles qui s'offraient à eux. Brunelleschi n'hésita plus, il abandonna en grande partie la statuaire, et se voua tout entier spécialement à l'architecture. Il levait les plans des moindres édifices antiques, les dessinait, les mesurait, en calculait les dimensions et les rapports. La grandeur de ces ruines magnifiques le frappait si vivement, qu'à les voir, il oubliait le soin de manger. Inutile de dire qu'il ne songeait à rien gagner ; quand l'argent manquait pour sa modique subsistance, il avait recours à son ancienne profession ; il festonnait quelques bijoux, enchâssait quelques pierres fines, et revenait à ses fouilles, au grand regret des orfèvres de Rome, qui estimaient beaucoup le travail et la manière des ouvriers florentins.

Brunelleschi était toujours accompagné, dans ses excursions, par l'ami Donato, qui ne céda point sa part de fatigue. Apercevaient-ils d'aventure un bout de corniche, un morceau de chapiteau qui poussait une feuille hors de terre, aussitôt ils se mettaient gravement à creuser à l'entour et à déblayer le terrain jusqu'à ce qu'ils eussent trouvé le fond. Le peuple de Rome, à les voir passer dans les rues, la pioche sur le dos et le tablier tendu sur leurs vêtements d'une coupe originale, avaient fini par croire qu'ils s'occupaient de géomancie pour trouver des trésors. Cette opinion prit consistance, lorsqu'un jour ils rencontrèrent par hasard, en fouillant, une cruche remplie de médailles, et les deux jeunes artistes n'étaient plus connus à la fin que sous le nom des *hommes du trésor.* Malheureusement il fallut renoncer à cette bonne vie d'émotions partagées, de recherches et d'instruction en commun, il fallut se séparer : Donatelle retourna à Florence, où l'on avait besoin de son génie, tandis que le pauvre Philippe dut rester à Rome, où l'antique avait encore plus d'un secret à lui révéler.

Les lettres grecques et latines sortaient alors de la poussière, elles faisaient réaction contre le gothique et ramenaient les arts à l'école des anciens. Philippe, âgé de vingt-cinq ou vingt-six ans, instruit lui-même et grand chercheur par nature, subit facilement l'influence générale qui remuait tous les esprits ; il joignit ses efforts au mouvement commun, et, grâce à son intelligence, il ne contribua pas peu à l'accélérer. On lui doit surtout d'avoir fixé d'une manière précise certaines règles de forme, certains principes de proportion absolue, comme, par exemple, le rapport de grandeur ou d'ornement d'un chapiteau avec sa colonne, ce qui dans les écoles est très-estimé. Mais, après cela dit, il faut reconnaître qu'on a fort exagéré la portée qu'eut Brunelleschi, en faisant de lui « le restaurateur de l'architecture. » Les hommes cités en tête de notre article ne l'avaient point laissée dans la barbarie, et il ne fit que les continuer. — Masuccio second, né en 1291, et d'autres avaient parcouru avant lui, le compas à la main, les ruines des temples antiques. Les Florentins veulent qu'il ait été le premier à distinguer, à classer les trois grands ordres *dorique, ionique* et *corinthien* de l'architecture grecque[1]. Mais, au dire des Napolitains, Ma-

[1] Ces mots sont, pour beaucoup de nos lecteurs, des énigmes souvent répétées et jamais devinées. Grâce au *Dictionnaire historique d'Architecture* de M. Quatremère de Quincy, nous nous trouvons en état d'en fournir quelques explications qui pourront paraître intéressantes. Un *ordre* est un certain système de disposition des parties d'un tout et de leur rapport entre elles et avec le tout, qui montre qu'une intention déterminée y a présidé. Ainsi l'ordre *dorique* représente l'imitation de la force et de la simplicité ; l'ordre *ionique* est la forme d'une conception plus élégante, plus gracieuse, moins austère. Le dorique est court, l'ionique élancé. — Vitruve compare sérieusement et matériellement l'ordre dorique à un homme et l'ordre ionique à une femme ; pour lui les volutes du chapiteau ionique sont les ajustements de la coiffure féminine. — L'ordre *corinthien* renferme l'idée de richesse et de luxe dans les détails comme dans l'ensemble. L'ordre *attique*, dont les colonnes sont carrées, n'est qu'une variété de ces trois grands genres, hors desquels la loi classique ne tolère rien. Selon elle, arranger une colonne dorique sous un fronton qui aurait le moindre ornement, c'est altérer la propriété caractéristique des *ordres* souverains, c'est faire du monstrueux. Elle vous permet la *variété* dans la décoration des chapiteaux, mais rien au-delà ; elle condamne au néant les forces de l'imagination ; elles les étreint dans un cercle de fer, où elles doivent se borner à modifier ou à nuancer les trois types absolus ; sortir de là c'est se livrer au dévergondage. Ainsi, le prétendu ordre *composite* (mélange des volutes ioniques avec les feuilles d'acanthe corinthiennes) n'est pour les vrais classiques qu'un gâchis détestable et criminel. Ils soutiennent d'une manière dogmatique que l'on ne peut rien trouver hors des lois de la nature ; que ces lois ont été découvertes par le génie de l'art grec, consacrées, scellées précisément dans les trois ordres dorique, ionique et corinthien ; que, par conséquent, il ne reste rien à inventer, et que toute innovation ne sera que bizarrerie, folie et désordre, « comme fut le gothique. » En vain leur objectera-t-on que la nature elle-même est très-capricieuse ; que dans une infinité de ses merveilleux desseins, on ne voit d'autres raisons d'être que la fantaisie et le besoin universel de variété ; que la plupart de ses compositions décoratives semblent trouvées au hasard d'un kaléidoscope, et inventées pour l'unique plaisir des yeux ; ils vous nieront cela ; et tout en convenant peut-être que l'esprit d'ornementation doit s'assujettir aux climats et à des types nécessaires ; que le goût de création doit se subordonner *au besoin ;* les styles indien, persan, arabe ou chinois, n'existeront pour eux que comme des témoignages de ce que l'on peut faire de mal hors des règles suprêmes.

succio en avait fait la découverte presque un siècle auparavant, et les avait si bien compris, avec leurs dérivés *l'attique* et *le composite*, que, pour en faire l'application, il avait disposé le clocher de l'église de Sainte-Claire, à Naples, en cinq étages, dont chacun devait être orné d'un ordre différent. Arnolfo, qui fut obligé par la mort d'emporter son secret, avait évidemment eu en tête de mettre une coupole sur son église; la disposition octogone des trois grandes nefs de Santa-Maria et leur éloignement l'une de l'autre, l'indiquent assez; il n'était même pas possible de les couvrir d'une autre manière. Arnolfo avait donc conçu, en 1300, le grand ouvrage exécuté par Brunelleschi, en 1401. — La vérité est que Brunelleschi se livra aux recherches de l'antique avec une haute supériorité, et que les voies préparées lui permirent d'en faire un usage plus étendu.

Arnolfo, disons-nous, avait, en mourant, laissé inachevée son église de Santa-Maria-dei-Fiori à Florence, un des plus vastes édifices modernes; il restait toujours à la couvrir, et nul encore, depuis plus d'un siècle qu'il avait disposé ses murailles pour recevoir une coupole, nul ne s'était offert à tenter une aussi redoutable entreprise. On dit que tout jeune encore Brunelleschi l'envisagea sans étourdissement. — Lorsqu'un homme vient à accomplir quelque grande chose, on se plaît à supposer qu'il la rêvait depuis long-temps et l'avait donnée pour but à sa vie, comme un vaillant cheval se donnerait une carrière à franchir. On aime à voir ainsi la faiblesse humaine lutter corps à corps avec des forces inconnues. Pour moi je suis très-enclin à croire qu'il y a dans tout cela plus souvent hasard de génie que préméditation. — Mais que Felipo Brunelleschi ait à vingt ans conçu un projet dont toute son époque regardait la réalisation presque comme impossible, qu'il ait, jeune et enthousiaste, gardé en lui cette idée, sans même la vouloir communiquer à son ami Donatello, ou bien que l'observation attentive du mécanisme des voûtes antiques et les connaissances qu'il en tira, lui aient révélé les moyens de vaincre une immense difficulté, toujours est-il qu'il se mit à Rome en état de poser un dôme de pierres sur les trois grandes nefs de Sainte-Marie-des-Fleurs. Il étudiait particulièrement le matériel de la bâtisse des anciens; il se rendait compte par des recherches où le ma-

thématicien avait une grosse part des causes de la solidité de leurs voûtes; il leur empruntait, par une analyse raisonnée, la science de construction.

Dès qu'il se crut assez bien instruit, il revint à Florence, où il exécuta secrètement un modèle de sa coupole, puis, certain alors de la réussite, il déclara tout haut qu'il jetterait un dôme sur l'église d'Arnolfo. — L'annonce fit grand bruit; les députés de la fabrique (les fabriciens ou marguilliers) s'assemblèrent pour entendre l'audacieux jeune homme, mais lui ne voulut pas leur communiquer ses desseins, crainte de leur ignorance ou de quelque perfidie; et le premier effet produit, il s'en retourna une seconde fois à Rome, autant parce qu'on ne lui portait pas assez d'attention que pour se rendre plus désirable. Cette ruse d'habile, que l'on ne voudrait pas voir à un homme comme Brunelleschi, réussit à merveille. On l'avait à peine écouté, on le rappela bientôt. — Dans le monde, il ne suffit pas d'avoir du talent, il faut encore savoir faire ses affaires; ils périssent ceux-là qui ne connaissent pas l'art de se mettre en évidence. Notre société donne si peu de place à la foule! Brunelleschi donc vint prendre part à une seconde conférence, tenue en 1407, au sujet de la coupole; Vasari a conservé les paroles qu'il prononça, elles sont parfaitement traduites dans le dictionnaire de M. Quatremère; on y peut juger que Brunelleschi, quoiqu'il n'eût pas encore trente ans, et qu'il eût passé sa vie dans la naïveté prétendue des mœurs de l'atelier, avait déjà l'esprit contenu et l'adresse d'un adroit diplomate. Son discours est un vrai discours d'Italien : bavard, emphatique, mais subtil, et ne laissant rien percer de ce que l'orateur veut taire. Il commence par parler de l'énormité des difficultés qu'il y a à surmonter. « J'ai beaucoup médité, dit cet homme qui a chez lui son modèle, j'ai beaucoup médité sur les moyens qu'il serait bon d'employer, mais la largeur et la hauteur de l'édifice m'effrayent : j'entrevois même des obstacles plus grands et en plus grand nombre que vous ne l'avez peut-être imaginé. Si notre voûte pouvait être circulaire, j'emploierais la méthode suivie par les anciens dans le panthéon ou la rotonde; mais ici nous avons huit pans auxquels nous devons nous assujettir. A Dieu ne plaise cependant que je désespère! Qui doute que l'auteur de toute science en l'honneur de qui doit s'élever ce temple magnifique ne puisse envoyer la force, l'intelligence et le génie à celui qui sera choisi pour une telle entreprise? Quant à moi *qui n'en suis pas chargé*, à quoi pourrais-je vous être utile? Si la chose me regardait seul, j'avoue que je me sentirais le courage et me croirais les moyens d'en venir à bout; mais comment vous les indiquer ces moyens n'ayant encore rien d'arrêté à cet égard?» Il finit par ajouter que le conseil ne saurait s'entourer de trop de lumière, et il conclut avec une apparente modestie que l'on ferait bien d'appeler tous les maîtres de l'art pour connaître leur sentiment.

Il fallait que l'entreprise fût en effet difficile, et qu'il eût une terrible confiance en lui-même pour provoquer un pareil éclat et convier tant de témoins, qui, au lieu de servir à rehausser sa gloire, pouvaient bien devenir de victorieux rivaux!

Les préposés de la fabrique ne furent point dupes des affectations de doute de l'orateur, ils n'ignoraient pas que son modèle était achevé; mais sûrs aussi qu'ils n'en obtiendraient jamais la communication, leur vanité se laissa prendre à l'idée d'un congrès florentin où se pourrait rencontrer tout ce qu'il y avait d'artistes célèbres en Europe. Le projet avait de la grandeur, ils l'adoptèrent. Outre les architectes et ingénieurs d'Italie et de Toscane, les plus renommés de ceux d'Allemagne et de France, d'Angleterre et d'Espagne, furent engagés à se rendre à Florence afin d'examiner et résoudre la question. De son côté, Brunelleschi laissa faire et s'en retourna une troisième fois à Rome mûrir son dessin et le bien fortifier en présence des chefs-d'œuvre antiques. — Pas moins de sept années après, lorsque l'élite des artistes de toutes les nations du monde eurent répondu à l'appel et se trouvèrent réunis à grands frais, Brunellesco revint à Florence. Durant ce long intervalle, nous ne le voyons, lui qui fut depuis si fécond, rien produire ni travailler nulle part. On dirait que la réalisation de son projet absorbait toutes ses facultés, et ne lui laissait concevoir aucune autre ambition; on dirait que sa vie entière, présent et avenir, était sous le dôme qu'il avait déjà bâti en rêve et qu'on ne lui permettait pas de lever!

Enfin, une grande assemblée générale fut tenue vers 1420, en présence des députés de la fabrique, des magistrats de la ville et de plusieurs *ouvriers* et citoyens remarqués pour leur intelligence. Nous avons déjà vu et nous verrons encore les ouvriers appelés à de pareilles réunions. A cette époque où l'art n'était pas une pure théorie avec des règles mathématiques, à cette époque d'éclosion où tant d'ouvriers étaient devenus de grands maîtres, on consultait souvent les ouvriers comme les maîtres. Cette fois néanmoins, malgré l'adjonction des hommes pratiques, la chose n'en alla pas mieux, et si l'on ne savait combien l'Europe scientifique était encore enveloppée de ténèbres, nous ne pourrions croire aux propositions qui furent émises en cette occurrence solennelle. On conseilla par exemple d'établir au milieu de l'église d'Arnolfo une haute colonne où viendrait s'appuyer la voûte comme sur le bâton central d'une tente; d'autres dirent qu'il fallait y jeter une montagne de terre mêlée de pièces de monnaie, afin que la coupole, une fois bâtie sur le dos de cette montagne qui servirait de forme, le peuple se mît à enlever la terre pour y trouver l'argent qu'elle contiendrait. Les auteurs de ce dernier avis n'inventaient pas grand chose; c'était, dit Milizia, une de ces croyances stupides, éternellement admises par les multitudes, que le panthéon d'Agrippa, à Rome, avait été construit de cette manière.

Du reste, qu'on ne s'y trompe point, la difficulté n'était pas précisément de former une voûte, l'art en était connu. Le grand dôme de Saint-Marc, à Venise, accompagné de petits dômes selon la disposition de ceux de Sainte-Sophie à Constantinople, ce grand dôme, disons-nous, venait d'être bâti; ce qui épouvantait, c'était l'étendue de celui qu'il fallait à Santa-Maria-dei-Fiori. Il ne s'agissait pas moins que d'élever à une hauteur proportionnée une coupole de cent trente pieds de diamètre! Le problème aurait peut-être encore de quoi effrayer plus d'un architecte moderne. — Lorsque tout le monde eut parlé, Brunelleschi se leva et déclara qu'il n'avait besoin ni de pilastre, ni de montagne, et qu'il accomplirait la tâche sans armature intérieure? A ces mots chacun se prit à rire, on s'écria que Brunelleschi avait tant rêvé à la chose, qu'il venait d'être frappé de folie, et on le chassa de l'assemblée!.... Ce fut alors qu'il montra tout ce qu'il avait de grandeur et de force en l'âme. Il eut un sublime courage, il dompta l'indignation et la colère qui bouleversaient son cœur. Il rentra froidement et soutint qu'il ferait ce qu'il avait dit, qu'il ne se servirait point de charpente; que sa coupole se soutiendrait par son propre poids, par la force d'adhésion de ses parties; qu'elle serait double, c'est-à-dire qu'il y en aurait deux s'emboîtant l'une dans l'autre, se soutenant l'une par l'autre, et disposées de façon à ce qu'entre elles il y eût un espace où l'on pût marcher [1]. Plus il parlait et plus on criait au fou; plus les choses qu'il annonçait étaient nouvelles, difficiles, extraordinaires, et plus les sarcasmes tombaient sur lui. — Brunelleschi, selon qu'on en peut juger par la conduite que nous lui avons vu tenir, est un esprit solide et prudent, qui sait que la fierté peut faire faire beaucoup de nobles sottises. Il frémissait aux moqueries de ces sauvages; mille fois sans doute il fut tenté, pour les écraser, de courir chercher ses dessins et son modèle, dont la simplicité formait le principal mérite, heureusement il parvint à se contenir, il supporta tout. — Quoi que nous en disions, on ne valait pas mieux en ce temps-là qu'aujourd'hui : l'intrigue et l'égoïsme ont toujours marché aussi effrontément. Le fils de Lippo-Lapi n'aurait pas eu tant de peines s'il n'avait pensé que son procédé étant connu, le premier maçon venu, aidé de quelque seigneur capricieux, pouvait obtenir l'ouvrage, exploiter sa découverte et en gagner tout l'honneur, pendant que lui, pauvre dupe, végéterait le restant de sa vie dans la misère et dans l'obscurité. Il persista donc à ne rien dire davantage, seulement, pour confondre ceux qui riaient, il posa un œuf sur la table : Eh bien, dit-il, puisque nous sommes tous aussi ignorants les uns que les autres, que celui qui fera tenir cet œuf debout sur une des pointes, soit choisi. Pour le coup personne ne douta qu'il ne fût insensé; la délibération tourna au plaisant, et tous se mirent en riant à tenter l'aventure : aucun ne réussit. Philippe alors brisa un peu l'œuf par un bout et le miracle s'opéra. « Oh! comme cela, nous l'aurions pu faire aussi, » se mirent-ils à crier ensemble. « Il fallait y songer, répondit-il avec amertume; vous diriez de même si je vous montrais mon modèle, » et il les quitta.

Cette plaisanterie, qui était devenue sérieuse, et que l'on dit avoir été employée depuis par

Christophe Colomb, dans une circonstance analogue, releva un peu le crédit de Brunelleschi. Le lendemain, d'ailleurs, toujours adroit et plein d'une admirable constance, il alla voir en particulier les plus influents, travailler leur esprit, leur faire croire qu'ils devinaient son projet, les mettre pour ainsi dire de moitié avec lui en intéressant leur amour-propre par des demi-confidences; et comme en définitive il fallait bien se décider, et que personne n'offrait un moyen praticable, il l'emporta enfin et eut mission de commencer la coupole, mais seulement (tant il y avait de méfiance encore) jusqu'à la hauteur de douze brasses, comme essai. De plus, les envieux qui ne manquent jamais, et que tourmentait déjà la gloire dont il allait se couvrir, représentèrent que l'on ne pouvait charger un seul homme d'un si vaste ouvrage, et lui firent donner un adjoint avec salaire égal et puissance égale.

Hélas! qui accepta cette honteuse position? Lorenzo Ghiberti, celui-là précisément au profit duquel Philippe avait refusé de partager les travaux de la porte du Batistère!

Brunelleschi n'avait rien à craindre de ce côté, car Lorenzo passait pour aussi détestable architecte qu'il était grand sculpteur; mais voyez comme l'homme doit toujours payer son tribut à la faiblesse humaine; lui qui en avait tant souffert, il eut peine à supporter le nouvel affront qu'on lui faisait en lui donnant un aide, un surveillant, en lui montrant ainsi combien l'on doutait de lui. La valeureuse patience qu'il avait eue dans toute cette longue affaire, faillit lui échapper : il fut sur le point de quitter la ville pour n'y jamais rentrer; et s'il n'eût été remonté par ses amis, il envoyait au diable, pour nous servir de l'expression de Milizia, et modèle, et dessins, et coupole et Florence. À la fin il se résigna, et mit la main aux premiers travaux; mais la présence de Ghiberti lui devint bientôt insupportable, au point que, pour s'en débarrasser, il feignit d'être malade; l'autre, resté seul chargé de tout diriger, et de donner les ordres aux maçons, perdit la tête, s'enferra deux ou trois fois; et son incapacité, prise en flagrant délit, l'obligea de se retirer avec honte.

Ce ne fut véritablement qu'à cette heure que Brunelleschi eut triomphé de tous les obstacles; il exposa aussitôt publiquement son modèle, la ville entière vint admirer la nouvelle entende

---

[1] Voir, pour se faire une idée exacte de cette disposition, la coupole du Panthéon de Paris, rue Soufflot.

de coupe des pierres qu'il avait adoptée, et la gloire commença pour lui.

J'ai voulu raconter dans ses détails cette pénible histoire où l'artiste eut besoin d'une fermeté de résignation certainement comparable à celle des martyrs au milieu du supplice ; j'ai tâché de montrer par quelles humiliations, par quelles angoisses il dut passer pour toucher le but ; comme il lui fallut attendre patiemment pour avoir loisir de donner au monde un chef-d'œuvre. C'est un spectacle fortifiant, il nous semble, pour ceux qui luttent, que celui des peines qu'eurent les plus grands hommes, avant de vaincre la fortune et de conquérir leur renommée. L'esprit des artistes de l'époque est au découragement ; on veut être porté d'un seul coup en haut de la rude montagne ; et l'on croit trop volontiers que les gens de mérite du xiv⁰, du xv⁰ et du xvi⁰ siècle n'eurent qu'à se produire. C'est une erreur fatale : il leur a fallu autant de courage que de génie. Si leur gloire nous fait envie, rassemblons nos forces sur elles-mêmes, acceptons la douleur ; prenons une âme stoïque, et, pour devenir illustres comme eux, ne craignons pas de souffrir comme ils ont souffert. Point de faiblesse ni d'abattement. Ce doit être le propre d'un noble cœur de se retremper aux épreuves de ce mauvais monde, comme le fer qui devient acier au sein des flammes torturantes du fourneau.

Brunelleschi, heureux enfin et maître de développer sa pensée, fit rapidement monter la coupole : il veillait aux moindres parties de la construction, demeurait continuellement au milieu des ouvriers, et trouvait mille moyens adroits, mille inventions ingénieuses pour leur faciliter le travail. C'est à lui, entre autres choses, que l'on doit l'usage de l'instrument appelé *louve*, dont les maçons se servent encore aujourd'hui pour élever les pierres de taille aux plus grandes hauteurs. Lorsqu'il était à Rome à remuer les ruines antiques, à retourner tous les débris, il avait été frappé de voir un trou précisément au milieu de chacune des grosses pierres, et par voie d'induction il en avait compris l'usage. On introduit dans ce trou deux crampons de fer que l'on force ensuite au moyen d'une clavette à volonté, et l'on enlève ainsi la masse sans avoir besoin de l'entourer de cordages dont l'emploi est toujours difficile et dangereux. Ayant remarqué, plus tard, qu'à mesure que l'œuvre avançait les ouvriers se fa-

tiguaient et perdaient beaucoup de temps à aller et venir des échafaudages à terre, Philippe établit, sur la voûte même, de petites cantines approvisionnées de tout ce dont ils pouvaient avoir besoin, si bien que montés le matin ils n'avaient plus à descendre que le soir. De cette façon, Florence, pour son éternelle gloire, vit bientôt son église au doux nom surmontée d'une voûte octogne si élevée, que l'antiquité n'en avait jamais vu de semblable, et qu'elle n'a depuis jamais été surpassée que par celle de Saint-Pierre. Nous avons dit que son diamètre est de 130 pieds, nous devons ajouter que du sol jusqu'à l'extrémité de la croix, la hauteur est de 208 brasses ou 330 pieds.

Brunelleschi n'eut pas la satisfaction de terminer complètement son chef-d'œuvre ; il mourut avant d'avoir posé la lanterne de couronnement ; mais il en laissa le modèle, et recommanda toujours, jusqu'à l'article de la mort, qu'on la fît de marbre très-pesant, parce que sa coupole étant voûtée « en quart aigu », tendait à pousser vers le haut et à s'ouvrir. C'est là le seul point, à ce qu'il paraît, sur lequel le savant architecte du xv⁰ siècle se soit trompé ; il a été prouvé qu'un poids quelconque augmente notablement sur toute espèce de voûte la poussée latérale et le péril de ruine.

L'architecture est un art difficile. Elle demande beaucoup de connaissances spéciales ; l'on ne peut guère l'apprécier qu'avec des études préalables, et elle ne se juge pas comme la peinture, avec le goût, le sentiment et une certaine habitude de voir. On ne doit donc s'attendre de notre part à aucune observation de détail ; il ne conviendrait pas, d'ailleurs, dans un ouvrage de la nature de celui-ci, de nous attacher à décrire des monuments ; nous devons nous borner à raconter la pensée des architectes et à noter leurs travaux, bien plus qu'à en analyser les diverses parties, faisant si l'on veut le pittoresque de leur vie, et en laissant la science aux livres spéciaux. Toute critique de notre part serait imparfaite ou nous entraînerait dans des détails hors de mesure avec les bornes qui nous sont prescrites. Nous n'allongerons donc notre article d'aucuns détails techniques sur la coupole de Brunelleschi, que Benvenuto appelait la merveille des belles choses, et devant laquelle Michel-Ange disait : « Il est difficile d'imiter Brunelleschi et impossible de le surpasser. » Ce qu'elle a pour nous de frappant, ce qui attache avec une sorte de respect notre admiration sur l'auteur, c'est le grand savoir de construction qu'il montra au milieu de l'ignorance architecturale de son époque ; c'est le courage et la force morale avec lesquels il résista au ridicule jeté sur lui par les ignorants ; c'est que son dôme se dresse sur une muraille, n'est soutenu par aucun arc-boutant, et que les contreforts n'en sont point visibles ; c'est enfin que son entreprise, réalisée en 1424, est tenue par les gens de l'art pour « une des plus audacieuses conceptions de l'esprit humain ! »

Il reste à faire une observation, que nous trouvons dans M. Quatremère de Quincy, et qui nous paraît d'une grande justesse. Après avoir donné tout ce qu'on doit d'éloges au monument de Brunelleschi, « nous ne pouvons cependant le considérer, ajoute-t-il, que comme un travail de *construction* ; on est obligé de reconnaître dans le fait que, de toutes les grandes coupoles connues, elle est celle qui, soit en dedans, soit surtout en dehors, est la plus dépourvue de ce qui pouvait en faire un morceau remarquable d'*architecture et de décoration* proprement dites. » Brunelleschi songea plutôt à laisser un ouvrage durable qu'à le décorer. La tâche était assez lourde ; et il a le mérite encore qu'ayant résolu le problème des difficultés d'exécution de ces immenses et coûteuses machines, ceux qui l'ont suivi ont pu, l'esprit dégagé de pareils soucis, s'occuper d'y joindre les beautés de forme et d'effet qu'il est donné à l'architecture de produire. La chose utile alors, le véritable progrès était de savoir donner aux monuments de la solidité, de fournir par la science de nouvelles ressources à l'art. Or, Brunelleschi avait d'abord posé sur les huit pans que décrivait la disposition des nefs d'Arnolfo, un tambour de 24 pieds de hauteur et de 14 d'épaisseur ; sa voûte ensuite en avait 7 par en bas et 6 par en haut. Eh bien ! pendant et depuis la construction elle n'éprouva aucun jeu, aucun mouvement qui ait pu donner les moindres craintes ; il l'avait coulée en bronze, il avait bâti pour l'éternité. On doit ajouter que ce n'est pas un petit honneur non plus pour Arnolfo que ses murailles, dressées un siècle auparavant, aient pu soutenir une telle charge.

Jamais les grands artistes ne manquent de Mécène, a-t-on dit ; ces deux espèces d'hommes s'enfantent l'un par l'autre, et se développent réciproquement. Il faudrait ajouter peut-être que les grands artistes *disponibles* sont plus rares que les Mécènes disponibles. Pour être Mécène, il ne faut que de l'argent et un certain goût ; pour être artiste, il faut du génie. Toutefois Brunelleschi trouva dans Cosme de Médicis, le *père de la patrie*, un Mécène éclairé. Cosme, devenu chef de la république Florentine, en 1434, le fit travailler tant qu'il vécut. Il l'envoya d'abord à Fiesole, où il bâtit l'abbaye des chanoines réguliers : Felipo profita avec une adresse extrême de la colline sur laquelle elle était située, pour tirer de cette position de grandes commodités. Presqu'en même temps il exécuta la majeure partie de l'église de Saint-Laurent de Florence, qui est une de ses belles productions. C'est là qu'on vit employer, pour la première fois, dans les temps modernes, le chapiteau corinthien avec ses riches enroulements de feuilles d'acanthe. Cosme le chargea encore de lui présenter le projet d'un palais qu'il avait intention d'établir isolément au milieu d'une grande place, vis-à-vis de cette église. L'artiste ne pouvait rien souhaiter de mieux ; afin de mettre ses talents en évidence, il abandonna tout autre soin pour le moment, et livra promptement un modèle ; mais son idée parut trop somptueuse à Cosme ; le premier citoyen de Florence eut peur de ce que diraient la république ou les princes envieux, il recula devant la conception de l'architecte, et celui-ci, au désespoir de perdre une si magnifique occasion et de voir son travail et sa diligence inutiles, mit, dans un accès de rage, le modèle en morceaux. Heureusement le mal eut une compensation : il ne tarda pas à se faire encore beaucoup d'honneur par le palais Pitti, qu'il éleva jusqu'au second rang de fenêtres, avec une façade longue de 540 pieds. Il introduisit dans cet édifice un mode d'ornementation pris chez les anciens et dont ses devanciers avaient déjà fait quelqu'usage. Nous voulons parler du *bossage*, qui consiste à tailler les pierres en saillie, d'une certaine façon, au lieu de les polir selon l'habitude. Le Luxembourg est tout décoré en bossages. — Brunelleschi était obligé de s'absenter souvent pour d'importantes missions. Sa réputation était devenue si considérable, et il était obligé d'entreprendre tant et de si grandes choses, qu'il ne put en achever qu'un petit nombre. Le palais Pitti, entre autres, demandait encore beaucoup de soins après sa mort ;

il fut terminé par l'Ammanati, et sur les dessins de ce dernier, ceux de Philippe ayant été perdus ou détruits.

Brunellesco fut encore chargé de reconstruire l'église du Saint-Esprit à Florence, après l'incendie qui la consuma; les belles proportions de cet ouvrage sont un sujet d'étude pour tous les architectes qui vont en Italie.

On pense bien que l'histoire de la coupole avait fait éclater le nom de Brunellesco par le monde entier. Les grands hommes entraînent leur époque; aussi demandait-on de tout côté des dessins et des modèles au fameux maître du dôme de Florence. Le duc de Milan, Philippe-Marie Visconti, plus heureux que d'autres, parvint à l'attirer deux fois auprès de lui et lui fit construire une grande forteresse.

Les architectes de ce temps étaient à la fois des ingénieurs civils et des officiers du génie. La science de bâtir n'était point encore séparée en branches spéciales, ses diverses ramifications paraissaient un ensemble indivisible, il fallait les posséder toutes, il n'y avait même aucune différence dans le nom : les travaux pour la défense et l'attaque des places s'appelaient architecture militaire, ceux de construction des bâtiments de mer, architecture navale, et l'art de dompter, d'élever ou de conduire les eaux, architecture hydraulique. Brunelleschi ne faillit à rien, et dessina les défenses de Vico-Pisano et les deux citadelles (vieille et neuve) de Pise; il fortifia le *ponte a Mare*, donna également le modèle du château-fort de Pezaro; et pour le duc de Mantoue, édifia des digues et des chaussées destinées à maintenir le Pô dans son lit. Ce prince, parlant de lui, répéta plusieurs fois : « Florence est autant digne de compter Brunelleschi parmi ses citoyens que Brunelleschi d'avoir une si noble et belle cité pour patrie. »

En 1440 ou 42, le pape Eugène IV ayant demandé à Cosme un homme habile pour on ne sait quel édifice, ce fut Brunelleschi qui se rendit à Rome avec une lettre d'introduction conçue en ces termes : « Pour obéir aux ordres de Votre Sainteté, je vous envoie un artiste dont les talents sont si grands qu'il serait capable de retourner le monde. » Felipo était petit de corps, maigre, laid de visage, d'un extérieur grêle et d'une grande simplicité d'habillement; lorsque le pape l'eut considéré, après avoir lu la lettre de son duc, il lui dit avec une sorte de dédain, fort peu digne de son esprit ordinaire : « Vous êtes donc cet homme qui pourrait faire mouvoir l'univers? — Que Sa Sainteté, répondit finement le brave artiste, me donne un endroit où je puisse appuyer la manivelle, et je lui ferai voir si c'est possible. » Brunelleschi ne pouvait plus à propos se souvenir du mot d'Archimède. — On ne sait pas quels sont ses ouvrages à Rome; il en revint chargé de louanges et d'honorables récompenses, pour avoir le bonheur de mourir à Florence, ce qui arriva le 16 avril 1444; il était âgé de soixante-sept ans. Il fut regretté et enterré avec magnificence dans l'église de Sainte-Marie-des-Fleurs. On inscrivit sur sa tombe cette belle épitaphe dont le laconisme ferme et nerveux rappelle les formes austères de notre république :

Felipo Brunellesco, antiquæ architecturæ instauratori S. P. Q. F. civi suo bene marenti :

« *Le sénat et le peuple florentin à son concitoyen bien méritant Philippe Brunelleschi, restaurateur de l'architecture antique.* »

La postérité a voulu lui garder ce beau titre.

Brunelleschi avait une haute idée de son art, le sentiment intime de la force de son génie, une grande bonté, une âme droite, beaucoup d'adresse d'esprit et une dignité de caractère qui lui attira toujours infiniment de considération. De mœurs austères, ennemi déclaré du vice, personne cependant ne se montrait plus doux et plus bienveillant que lui. On l'aurait dit exempt de nos passions. Lorsqu'il reconnaissait du mérite chez les autres il était le premier à le soutenir et y employait la bonne volonté de ses amis. Malgré sa laideur et l'exiguïté de sa taille, il eut une vertu qui n'est donnée qu'aux hommes de cœur; il sut se faire respecter des ouvriers italiens, que leur intelligence rend pour le moins, à ce qu'on dit, aussi difficiles à mener que des Français. Il en était aimé, il marchait toujours le premier aux passages dangereux qui se présentent souvent dans le beau métier d'architecte; il savait leur communiquer son activité et leur inspirer de la confiance. Bramante les prenait par ses airs de seigneur et sa gaîté, lui par sa bienveillance et ses mots de courage. Ce ne sont point là des qualités secondaires chez des hommes qui ont à conduire de grands travaux. Il avait été nommé, dès 1423, en récompense de ses éclatants services, membre du conseil de *Gli signori*, fonctions qu'il remplit avec sagesse et habileté. Il a laissé plusieurs ouvrages d'architecture et une relation de la construction de sa coupole. Il cultivait la poésie avec assez de mérite pour qu'on lui attribue un poème intitulé : *Geta et Berria*, prêté aussi à divers auteurs, parmi lesquels on compte Boccace. Sa conversation d'ailleurs était riche et abondante ; il y citait souvent des passages de Dante, qu'il entendait parfaitement, ce qui déjà alors commençait à devenir difficile. Il aimait à se mêler aux dissertations des personnes savantes, et il était arrivé lui-même à si bien posséder l'intelligence des saintes écritures que Paolo Toscanelli disait : « Quand j'entends notre ami Philippe discuter, il me semble entendre un nouveau saint Paul. »

Quel que soit parmi les artistes le renom de Brunelleschi, il n'est point encore aussi grand, on le voit, qu'il le devrait être parmi nous. Ce fut un homme de toute éminence, et d'autant plus digne d'admiration, qu'il donna toujours un but utile aux magnifiques facultés dont il était doué. Il travaillait sans relâche, et ne laissait rien perdre de ce qu'il avait appris ; ainsi, par exemple, ce fut lui qui enseigna la perspective à Masaccio, né en 1401 ; il l'enseigna pareillement à ceux qui commençaient alors à faire de la marqueterie ; il leur fournit des modèles et il les stimula si bien qu'il faut lui attribuer tous les progrès que les Toscans firent en ce métier, pour lequel ils furent ensuite très-renommés. Il n'y a guère de vie plus remplie que la sienne ; on le voit toujours à l'œuvre et toujours rendant aux arts quelque service de marque. Il n'avait point abandonné davantage la mécanique, et il est encore regardé comme l'auteur d'une machine dont Vasari fournit une longue description. Elle était employée à l'église du Saint-Esprit pour un spectacle assez extraordinaire où l'on donnait des représentations gratis du paradis : on voyait là se mouvoir dans un ciel soutenu par des nuages, nombre de figures vivantes qui formaient des tableaux changeants au moyen d'une infinité de lumières que l'on couvrait ou découvrait tout à coup comme aux ombres chinoises ou dans la lanterne magique.

En vérité, lorsqu'on pénètre au fond de la vie active des artistes de la renaissance, lorsqu'on se rend témoin de leur infatigable ardeur à apprendre, on parvient à découvrir le secret de leur supériorité. N'en doutons pas, c'est par la pratique habituelle de tous les arts qu'ils portaient leurs œuvres à l'éminence tant admirée ; c'est par la combinaison de toutes sortes de moyens réunis, et acquis au prix d'un constant travail, qu'ils donnaient à leurs productions cet ensemble, ce type de force, cette harmonie divine, impossibles à retrouver de nos jours, où il n'y a pas un peintre en état de tenir l'ébauchoir du sculpteur ou le burin du graveur en taille douce, pas un statuaire capable de manier la brosse du peintre, ou le ciselet du graveur en médaille.

BRAMANTE.

Si nous suivions une loi chronologique et régulière, après Felipo Brunelleschi, nous aurions à parler de Léon-Batista Alberti, né à Florence, d'une famille noble, en 1398, homme très-savant en toutes choses, et qui contribua théoriquement et pratiquement à remettre en honneur l'architecture classique ; mais l'esprit de cet ouvrage ne demande pas cela, et ses bornes ne le permettraient point. Nous n'avons à parler que des plus célèbres, et à ce titre il en est peu qui méritent mieux notre attention que Bramante, car tout le monde sait son nom.

Bramante naquit en 1444, dans le duché d'Urbin. Est-ce à Castel-Durante ou à Fermiguano ? Voilà une question pour laquelle l'humeur méticuleuse ordinaire aux biographes a déjà usé beaucoup d'encre et de papier. L'abbé Lanzi a trouvé des auteurs qui tiennent Bramante pour effectivement originaire de Castel-Durante, mais né à Monte-Astrualdo, bien de campagne près de Fermiguano, à quatre milles d'Urbin. C'est une opinion dans la formule de laquelle on peut trouver au moins un grand désir de mettre tout le monde d'accord. Pour nous, si ces petites querelles de villages nous touchaient le moins du monde et pouvaient paraître intéressantes à d'autres qu'à ceux qui les soulèvent, nous pencherions pour le Monte-Astrualdo, parce que nous avons vu une médaille de Caradosso[1], frappée sous Jules II, en l'honneur de Bramante, où celui-ci est appelé *Astrovaldinus*. Il est à penser qu'un contemporain n'aurait pas mis ce bizarre Astrovaldinus sur une médaille sans une bonne raison établie.

On ne connaît guère le nom de famille de Bramante d'une manière plus précise que le lieu

[1] Médailles coulées et ciselées en Italie aux xve et xvie siècles. Trésor de Numismatique et de Glyptique.

BRAMANTE.

de sa naissance. Il faut choisir entre Donato et Lazzari; mais comme après tout il a toujours porté celui de Bramante, il n'y a pas beaucoup à s'occuper du reste. Sa famille était pauvre.... et honnête, selon qu'on a toujours soin d'ajouter en pareil cas, comme si depuis longtemps on savait bien que la misère entraîne presque fatalement le vice, ou du moins que la vertu la plus difficile aux pauvres c'est l'honnêteté. Cela n'a malheureusement rendu aucune époque indulgente pour les fautes du peuple, et même aujourd'hui n'excite pas davantage les gouvernements à rendre les masses moins misérables, afin que par une immédiate conséquence elles deviennent plus probes.

De bonne heure Bramante montra de grandes dispositions pour le dessin, ce qui fit que son père l'envoya chez Fra Carnavale, peintre d'Urbin. Là il s'occupa beaucoup de peinture, mais en même temps il étudiait les mathématiques, la géométrie, la mécanique, tout ce qui a rapport à l'architecture pour laquelle il éprouvait un goût particulier. Il finit par voyager en Lombardie pour y chercher des monuments à voir. Dans cette course il vint à Milan, et, chose assez curieuse, ce fut surtout en voyant bâtir la grande cathédrale gothique de cette ville, qui était encore en construction vers le milieu du xv° siècle, quoiqu'elle eût été commencée en 1386, ce fut en suivant sans relâche une telle école que cet artiste, qui devait être avec Brunelleschi un des restaurateurs du style antique, sentit sa vocation l'emporter, et prit la résolution de se livrer tout entier à l'architecture. — Il n'avait dès lors rien de mieux à faire que le voyage de Rome : il y alla, et sa principale occupation fut, ainsi qu'il était arrivé à Felipo Brunelleschi, d'observer les édifices de l'antiquité qui remplissaient encore la ville. — Il n'abandonnait pas ses brosses; il peignait pour avoir de quoi vivre, et il mit entre autres, à l'église Saint-Jean-de-Latran, plusieurs tableaux qui se trouvaient déjà perdus il y a plus d'un demi-siècle, au moment où écrivait son biographe Milizia; mais la peinture n'était pour lui qu'une chose secondaire : l'étude des monuments anciens prenait toute son attention, et il n'en laissait aucun sans l'analyser et le mesurer. Il poursuivait l'antique comme un chasseur poursuit une proie; il fut de la sorte conduit à Rivoli, où il se livra à des recherches profondes sur les ruines de la Villa-Adriana; puis il se laissa mener jusqu'à Naples, toujours dessinant les moindres débris qu'il rencontrait.

Au retour, à Rome, un cardinal, nommé Olivier Caraffa, ayant remarqué chez un homme aussi jeune ce goût plein d'ardeur pour des études sévères, le chargea de reconstruire le cloître des Pères-de-la-Paix. Ce bâtiment, quoique sans importance, plaça cependant Bramante d'autant plus en lumière qu'il se trouvait alors peu d'architectes à Rome. Le Pape Alexandre VI le distingua, le prit pour son sous-architecte et lui confia divers travaux. Dès ce moment sa fortune fut faite.

Ceux qui ont vu les ouvrages exécutés par Lazzari, à cette époque, et entre autres le palais Sora, daté de 1505, leur reprochent une sécheresse, une maigreur dans les détails qu'ils attribuent aux impressions reçues lors de ses premières études devant la cathédrale gothique de Milan. « Les nuances de cette critique, dit M. Quatremère, dans son savant Dictionnaire d'architecture, ne trouvent pas, pour s'exprimer, autant de mots que l'on désirerait, il ne faut pas en exagérer la portée. Ce qu'on doit comprendre, c'est que le style de Bramante correspondrait alors, par exemple, au style des premières œuvres ou de ce qu'on appelle en peinture de la première manière de Raphaël. » — Les hommes même du génie le plus élevé se forment rarement d'un seul coup.

Les forces de Bramante augmentaient avec sa réputation. Le vaste palais de la chancellerie qu'il construisit ensuite, avec une façade de 254 pieds, lui rapporta infiniment d'honneur, et le mit en fort grande estime à Rome. Les travaux les plus considérables venaient s'offrir à lui; il donna de tous côtés des dessins de palais, d'églises, de châteaux. Il avait une extraordinaire facilité; rien ne l'embarrassait, et il était d'une intelligence si merveilleusement aiguë, comme on disait au commencement du siècle dernier, qu'il n'avait son pareil ni dans la promptitude de l'invention ni dans la célérité de l'exécution. — Un heureux hasard pour cet esprit d'artiste audacieux voulut que Jules II, qui n'avait guère un esprit de pape, moins audacieux, vint occuper le siége apostolique, en 1503; tous deux ne tardèrent pas à s'entendre : ainsi l'idée étant venue au pape de lier ensemble le Belvéder et le vieux palais du Vatican, de convertir en une sorte d'arène l'espace qui se trouvait entre ces points éloignés, l'architecte saisit vite la grandeur d'un tel projet et en présenta des dessins qui furent immédiatement mis à exécution. Il réunit les deux corps de bâtiment par des ailes de galeries élégantes [1] qui mènent de l'un à l'autre, et qui enfermaient une immense cour de quatre cents pas de longueur. A l'une des extrémités de cette cour il éleva entre deux petits bâtiments latéraux la grande niche qui porte aujourd'hui le nom de Belveder, et à l'autre, pour dissimuler les inégalités du terrain qu'il avait à vaincre, il disposa de grands escaliers en une sorte d'amphithéâtre semi-circulaire, où pouvait s'asseoir nombre de personnes pour voir, au dire de Milizia, les spectacles que le pape donnait en ce lieu [2].

Par malheur, la précipitation qu'apportait Bramante dans ses travaux, son besoin immodéré d'aller vite, et une certaine légèreté de caractère qui l'empêcha toujours de surveiller les ouvriers d'assez près, furent fatals à ces constructions qui eurent d'abord un admirable succès : la plus grande partie des murailles se fendirent, et l'on fut obligé, sous le pontificat de Benoît XIII, pour soutenir les pilastres de la cour, de les grossir et de les augmenter au point qu'ils devinrent monstrueux ; les degrés même de l'amphithéâtre moitié disjoints, moitié en ruine, tombèrent bientôt à terre, et ne furent jamais relevés. — La fragilité des ouvrages de Bramante est un reproche qui pesera éternellement sur sa mémoire ; car on peut avancer qu'il y a manque de conscience chez l'architecte qui ne bâtit pas solidement. C'est là ce qui a pu autoriser à dire justement d'un tel homme qu'il ne faisait que des châteaux de cartes. Ses dessins, ses commentaires écrits, ce qui reste de lui encore debout ne laissent point douter que ce ne fût un grand artiste ; mais en même temps les réparations qu'exigèrent tous ses ouvrages attestent que ce fut un détestable

constructeur, et par conséquent un *architecte* incomplet. La distinction qu'il faut reconnaître entre ces deux termes a été, nous l'espérons, établie tout à l'heure dans l'article de Brunelleschi, de manière à ce qu'il ne soit pas besoin de l'expliquer davantage.

Quoi qu'il en soit, Jules II ne pouvait prévoir ce qui arriverait ; il fut ravi de la réussite qui couronna son projet, et pour récompense donna à Bramante l'office du plomb qui vint à vaquer. On sait en quoi consistait la charge du plomb ; nous ne saurions rien ajouter à ce que nous en avons dit précédemment dans le cours de cet ouvrage. Le nouveau bénéfice obtenu par Bramante fut pour lui une occasion nouvelle d'exercer ses facultés d'invention : il imagina, afin de sceller les bulles plus facilement et d'une manière plus nette, une petite machine à vis de pression, laquelle parut très-ingénieuse.

Jules II aimait beaucoup son architecte ; il trouvait dans son incroyable fécondité, dans l'aisance qu'il avait à réaliser toutes ses idées, et jusque dans la fâcheuse célérité qu'il savait imprimer aux travaux, des ressources qui convenaient bien à un homme aussi entreprenant que lui. C'est pourquoi il finit par le vouloir toujours posséder à ses côtés : Bramante, auquel il avait confié l'intendance générale des bâtiments du saint-siége, était devenu son favori. Il l'emmena dans le voyage qu'il fit à Bologne en 1506, lorsque cette ville fut réincorporée aux possessions papales. Bramante le suivit encore pendant toute la guerre de la Mirandole ; et au siége de cette place, où le belliqueux pontife entra par la brèche avec l'appareil d'un triomphateur, notre architecte avait rempli auprès de lui les fonctions d'ingénieur militaire. Le pape avait en lui une confiance sans bornes. A ce propos Vasari et Condivi ont reproché au Bramante d'avoir abusé de son crédit auprès du successeur d'Alexandre, pour accaparer tout et nuire particulièrement à Michel-Ange. C'est lui qui aurait conseillé au pape de ne pas faire continuer le mausolée que Jules s'était commandé de son vivant, et qui fut pour Buonarotti la cause de tant de chagrins. Mais, outre que le caractère connu de Jules le présente comme difficilement accessible à de pareilles influences, il faut dire que bien qu'on ait peu de détails sur la vie intime du Bramante, ce qu'en rapportent les au-

---

[1] C'est dans celle de ces deux galeries qui regardent la ville que se trouvent les fameuses loges dont la décoration architecturale et les peintures sont dues à Raphaël, le premier qui fut chargé, après la mort de Bramante, des ouvrages laissés inachevés par le favori de Jules II.

[2] La cour de Bramante n'existe plus. Les changements qui ont été faits par Sixte V à l'ordonnance de Bramante, ne paraissent que fort peu satisfaire les hommes compétents ; ils ont détruit toute la grandeur de la conception première.

teurs moins dévoués au grand Michel-Ange, doit nous mettre en garde contre cette accusation. Milizia, qui ne saurait passer pour très-optimiste, dit expressément de lui « qu'il était sincèrement porté à rendre service en toute chose aux personnes de mérite, et qu'il éprouvait naturellement pour elles un tendre amour, *un tenero amore.* » Les violentes jalousies de la vie d'artiste sont assez réelles et donnent trop souvent de l'âcreté aux passions de ces privilégiés, pour que ce soit un devoir de douter de toute accusation portée contre un d'entre eux sans preuve authentique.

· Les belles galeries de jonction du Vatican au Belveder suffiraient pour donner à Bramante une longue renommée, mais son plus grand titre de gloire est la création de la basilique de Saint-Pierre. La vieille église métropolitaine du monde catholique, aux fondations de laquelle l'empereur Constantin avait travaillé de ses mains onze siècles auparavant, commençait à s'ébranler. Dès 1450, Nicolas V, le plus architecte de tous les papes qui ont eu tant la passion de bâtir, Nicolas V avait accepté les plans d'Alberti et de Bernard Rossellini pour une nouvelle basilique ; mais les travaux commencés sous son règne restaient abandonnés, lorsque Bramante détermina Jules II à les reprendre ou plutôt à démolir l'ancien temple, pour en élever un qui n'eût point d'égal dans Rome ni dans le monde, *caput urbis et orbis,* tête de la ville et de l'univers. Jules aimait les grandes choses, les vastes conceptions, il se laissa tenter et accueillit un des modèles qu'offrait son architecte. Aussitôt Bramante, avec sa fougue ordinaire, renverse impitoyablement la moitié de la vieille église de Constantin, et sur les ruines mêmes commence vigoureusement, en 1513, à bâtir la nouvelle. Déjà elle montait jusqu'à la corniche, déjà on voyait quatre grandes arcades sur lesquelles il se proposait de lancer une haute coupole, lorsque la mort vint le prendre en 1514, à l'âge de soixante-dix ans, onze ou douze mois après Jules, comme si le pape et l'architecte n'avaient encore vécu ces quelques jours que pour léguer au monde leur colossale entreprise.

Au moment même d'expirer, Bramante devait payer par une cruelle humiliation sa déplorable ardeur de faire vite; ses arcades décrivaient à peine leur courbe splendide que déjà leurs murs d'appui se lézardaient de toutes parts; son église n'était point encore sortie de terre qu'elle menaçait ruine, et le destin le força de laisser à d'autres le soin de réparer ce désastre! Mais, avec Bramante, on trouve toujours à mettre l'éloge à côté du blâme, et ces mêmes arcades si débiles, lui furent une occasion de montrer ce qu'il y avait d'adresse et d'invention dans son esprit. Il eut l'idée de les voûter et de les décorer à la fois, d'un seul coup. Pour cela, il fit graver en creux, sur les cintres en bois qui servent à la bâtisse, les dessins et les ornements qu'il voulait leur communiquer; puis, dans ce moule de nouvelle espèce, il jeta un mélange de chaux et de poudre de marbre, délayées, sur lequel il appliqua les pierres de voûte, de telle façon que les arceaux se trouvèrent tout décorés lorsqu'on retira la charpente. Il renouvela ainsi l'usage des *stucs,* autrefois pratiqué par les anciens, mais qui était perdu depuis long-temps. Raphaël, ce divin metteur en œuvre, qui ne devait rien découvrir, mais qui était destiné à profiter et à se servir avec génie des moindres découvertes des autres, employa dans les *loges* le moyen d'ornementation retrouvé par Bramante, et usa magnifiquement des ressources qu'il offrait. Les stucs découverts dans les fouilles des thermes de Titus, qui eurent lieu alors, lui en fournirent d'ailleurs de beaux modèles.

Nous l'avons pu déjà faire observer plusieurs fois, que cela tienne au temps, au climat, aux mœurs ou à quelque autre cause, la nature des artistes italiens de la renaissance semble être plus riche et plus somptueuse que la nôtre. Bramante n'était pas seulement peintre et architecte, il était aussi écrivain, et a laissé plusieurs traités sur l'architecture; il s'occupait également de musique avec supériorité, et il aimait à faire des vers qu'il improvisait facilement. Ses sonnets, publiés à Milan en 1756, ne manquent, à ce qu'on assure, ni de grâce ni de pensée. Des occupations aussi multiples ne l'empêchaient point de cultiver grandement son art, et jusqu'au dernier jour il dessina les plans de tous les beaux édifices qu'il rencontrait. Le caractère le plus distinctif des ouvrages de Bramante est une grâce extrême. Si l'on doit répéter avec M. Léonce Raynaud (*Encyclopédie nouvelle*) que Brunelleschi « apparaît dans l'histoire des arts comme un des plus hardis et des plus savants constructeurs du genre humain, » on peut dire que Bramante en est un des plus élégants architectes. On doit regretter après cela que les biographes ne nous aient guère montré en lui que l'*artiste*, ils fournissent sur sa vie d'*homme*, son caractère, ses mœurs et ses habitudes, des traits généraux, mais aucun détail particulier. Ils disent bien qu'il était d'humeur gaie, de manières élégantes et d'abord facile, mais nulle part on ne le voit agir. La médaille de Caradosso le représente avec un beau visage, ouvert, noblement accentué et une abondante chevelure. Il obligeait volontiers ceux qui pouvaient avoir besoin de ses services. Ce fut lui, dit-on, qui amena le jeune Raphaël à Rome, l'entretint les premiers jours, lui fit donner par Jules II les peintures du Vatican, et lui enseigna l'architecture. La tradition, afin d'appuyer cette croyance, veut voir son portrait dans le personnage de l'*école d'Athènes* qui trace, près d'un pilier, avec un compas, une figure de géométrie que des jeunes gens regardent attentivement. — Quoi qu'il en soit, Bramante, au milieu des honneurs et de la richesse, trouva moyen de mener la vie d'un *galantuomo*, selon l'expression italienne, et pour ses qualités du cœur et de l'esprit, il fut si regretté de tout le monde, que Léon X, accompagné de la cour pontificale et les professeurs de toutes les écoles, assistèrent aux splendides funérailles qui lui furent faites, avant de déposer son corps dans la nouvelle église de Saint-Pierre.

L'idée primitive de la basilique, qui fait aujourd'hui l'admiration du monde, se trouve au revers de la médaille dont nous parlions tout à l'heure. On y voit la façade avec son dôme et deux clochers élevés à chaque coin. Tel qu'il se présente dans cet infiniment petit, le projet de Lazzari a de la lourdeur, les deux gros clochers surtout n'y produisent point un heureux effet; mais quoique ses successeurs n'en aient tenu aucun compte, et qu'il ne reste du premier plan dans l'édifice actuel que les quatre arcades qui figurent sous la tribune principale, Bramante gardera toujours l'honneur d'avoir commencé ce que les autres ont achevé. La pensée de la grande coupole est estimée comme un trait de génie, malgré l'antériorité de celle de Felipo Brunelleschi. — On peut revendiquer pour Bramante sa part dans Saint-Pierre, car la construction de l'église métropole du monde, comme si le démon des légendes luttait avec Dieu, fut fatale à bien des têtes précieuses. Bra-

mante ne l'avait pas encore ébauchée, qu'il meurt; après lui Raphaël, Joconde, Julien de San-Gallo, Peruzzi, y mettent successivement la main, et meurent l'un à la suite de l'autre sans avoir eu le temps de rien faire; à leur place arrive Antoine San-Gallo, Antoine San-Gallo meurt vite aussi; Jules Romain est appelé de Mantoue, et il rend le dernier soupir au moment où il se met en marche pour occuper la survivance d'Antoine!

Le vieux et austère Michel-Ange put seul rompre le charme terrible; il semble qu'il fallût ce sublime géant pour soutenir les premières murailles chancelantes, et attacher au ciel cette coupole audacieuse qu'avait rêvée Bramante, et sous laquelle tant d'hommes éminents venaient de ployer comme écrasés d'un effort au-dessus de la puissance humaine.

ANDREA PALLADIO.

Après Brunelleschi et Bramante, le plus célèbre assurément des architectes de la renaissance est Andrea Palladio. Il y a, en Europe, un style de bâtisse que l'on appelle du *Palladio*, les Anglais particulièrement l'ont toujours copié; ils regardent Palladio comme le Newton de l'architecture. N'est-il pas difficile d'atteindre à une plus grande gloire, surtout dans un métier si peu à la portée non-seulement du vulgaire, mais même de la majorité des gens instruits? Il faut peut-être voir une des causes de la décadence qu'a continuellement subie l'architecture depuis trois siècles, dans cette circonstance, que ceux qui la cultivaient ne trouvaient plus personne en état d'apprécier leurs œuvres; qu'ils travaillaient dans le vide de l'ignorance commune, et qu'ils ne recueillaient point ces louanges, ces enivrements de la renommée, ces récompenses héroïques, spirituelles, vivifiantes, nécessaires à l'homme pour produire de belles choses comme la chaleur du soleil aux fleurs pour s'épanouir. Si les arts se sont élevés à toute la perfection humaine durant la renaissance italienne, c'est qu'il y avait de la gloire dans l'air pour chaque artiste; c'est que le paveur, habile à bien disposer ses pavés, trouvait un nom; c'est que depuis le pape jusqu'au dernier crieur des rues de Bologne, de Rome, de Florence ou de Venise, tout le monde les aimait, les recherchait, les honorait souvent, les admirait toujours

Andrea Palladio vint au monde lorsque le temps était bon encore; on place la date de sa naissance non avec une entière certitude, vers 1518; quant à sa patrie, il est authentique que ce fut Vicence, ville des états de la sérénissime république de Venise. Ses parents, originaires du Frioul, étaient de condition médiocre; mais il ne paraît point exact, comme on l'a dit, qu'il ait passé son enfance et sa jeunesse occupé à servir les maçons en qualité de manœuvre. Ce n'est pas que nous le voudrions défendre de la misère comme d'une honte, il n'entre point dans nos opinions et encore moins dans nos sentiments de juger les hommes sur leur tablier, et je dirais de même qu'on s'est trompé si quelque écrivain me l'avait donné pour fils de prince ou de marquis. Je suis sans préjugé de ce côté-là.

Quelle que soit la vérité à cet égard, on s'accorde à dire que ses prédilections d'artistes eurent, ainsi que nous l'avons vu arriver pour les hommes tout-à-fait de marque, une éclosion précoce, et nous devons penser que son éducation fut assez cultivée, car il dit lui-même, dans l'introduction du premier livre de son *Traité d'architecture* : « Dès mon jeune âge, entraîné par un goût naturel vers la science de l'architecture, je me proposai Vitruve pour maître et pour guide. » Or Vitruve n'avait point encore été traduit alors, il ne pouvait donc guère se trouver aux mains que d'un jeune homme lettré.

En même temps qu'il lisait Vitruve, et aussi les traités publiés peu d'années auparavant par Leo-Batista Alberti, Palladio s'adonnait aux arts dont il pouvait avoir besoin, d'une façon complémentaire; Tamenza, un de ses biographes, assure que dès l'âge de vingt-quatre ans il possédait en géométrie les notions étendues, indispensables à un bon architecte. André cependant, quel que jeune qu'il fût, sentit bien qu'il ne devait point se borner à spéculer sur les livres de Vitruve et d'Alberti, que cela pourrait faire de lui un savant théoricien, mais un piètre constructeur, et il se mit à voyager, nous dirions pour étudier d'après nature, si l'on voulait nous permettre d'appliquer cette expression à un architecte allant en quête des monuments et des grands modèles de son art, pour les examiner, les dessiner et en lever les plans. Il parcourut ainsi l'Italie, et l'on suppose qu'il vint même en France où il aurait copié les superbes ruines et la maison carrée de Nîmes. Il visita Rome deux ou trois fois avec Trissino, son compatriote et son Mécène. Jean-Georges Trissino, grand seigneur, issu d'une illustre famille, avait donné, en 1514, la tragédie de *Sophonisbe*, la première pièce régulière du théâtre moderne, et s'était fait comme poète un nom célèbre. Considéré d'ailleurs par son rang, son vaste savoir et l'austérité de ses mœurs, il fut on ne peut plus utile à Palladio; il lui procura toutes les facilités imaginables de recherches; et grâce à son crédit, le laborieux jeune homme put aller jusqu'aux fondations des vieux monuments, leur demander les secrets de solidité qu'ils tenaient cachés depuis des siècles dans les entrailles de la terre. Ces fouilles avaient pour lui moins de difficultés que pour aucun autre; ses travaux littéraires antérieurs le mettaient à même de concevoir avec une plus grande promptitude les procédés dont avaient usé les anciens; aussi d'après des vestiges informes, il arrivait par voie d'analogie et d'induction à se figurer l'état primitif des choses, à les recomposer, à rétablir dans sa pensée, au moyen de savantes restitutions, ce que le temps avait abattu; et il fut le premier qui s'imagina de faire, sur le papier, de ces projets de restauration auxquels les élèves de notre école de Rome s'amusent encore à passer des années qu'ils pourraient mieux employer à l'heure qu'il est.

Remarquons encore une fois, en jetant un coup d'œil sur la jeunesse de Palladio, comme tous ces hommes-là, tous sans exception, s'imposaient la peine et le travail, et se préparaient eux-mêmes à leur destinée future par une rude et forte éducation. Toutefois il faut dire que Palladio ne domina peut-être pas suffisamment la nourriture qu'il donnait à son esprit; vivant ainsi dans le monde passé, et par les études que nous venons de dire et par la continuelle lecture qu'il faisait des auteurs latins, il perdit en quelque sorte son époque de vue, se fit Gréco-Romain, et devint bien plutôt un architecte du temps d'Auguste que du XVIe siècle. Son amour de l'antique était poussé à l'excès, au point que lorsque ses trois fils vinrent au monde, ne pouvant mieux, il se donna le plaisir d'en faire des anciens du moins par le nom. Il appela le premier Léonidas, le second Horace et le troisième Sylla. — Arnalfo di Lappo, Masuccio second, Brunelleschi, Bramante et Alberti, avaient l'un après l'autre enlevé à l'architecture un morceau de son habit gothique, Palladio vint lui arracher ses derniers voiles de dentelle et la montra tout entière vêtue à la grecque et à la romaine. Si nous en jugeons d'après ses propres écrits, André est un véritable *classique*; et pour tout dire, il a un peu, ce nous semble, de l'étroitesse de vue qui caractérise l'espèce. Il songeait d'abord à faire une belle maison selon certaines règles données, quitte ensuite à l'habitant de la maison à s'y arranger comme il pourrait. Le beau pour lui avait un type absolu. Il ne dissimule point le moins du monde la préoccupation d'esprit qui ne lui laissait pas concevoir d'autre architecture que celle des anciens, et qui voulait obliger les modernes à habiter des palais d'Athènes ou d'Herculanum. — Les croyances aveugles mènent à la servilité, aussi Palladio, malgré son génie, opérait presque toujours comme s'il eût été de leur temps, et non pas comme ils auraient sans doute opéré eux-mêmes s'ils fussent venus dans le sien. Chargé de construire, à Vicence, pour le seigneur Joseph di Porti, un hôtel sur un terrain qui faisait face à deux rues, il le compose de deux corps de bâtiments semblables, ayant même distribution intérieure, même façade extérieure et réunis par une cour commune avec galeries à colonades. « Celui de devant, dit-il tout naïvement, est à l'usage du maître, celui de derrière sera pour les étrangers, *selon la pratique des maisons grecques qui avaient ainsi deux corps de logis distincts.* » Il ne s'agit plus que de savoir si le seigneur Joseph di Porti vivait et recevait à la grecque. — Une autre fois l'académie olympique de Vicence lui demande un théâtre, il fait un cirque romain, et tellement pareil, qu'on discuta si l'on n'y mettrait pas au lieu d'un toit un *velarium* comme aux amphithéâtres de Caligula.

Tout cela va-t-il à dire que Pelladio fut un mauvais architecte, et que nous n'acceptons pas sa réputation? Non, car s'il obéit aux lois de Vitruve, comme un esclave aux ordres de son maître, il faut dire que l'esclave valait certainement le maître. La critique peut désirer que sa passion pour les anciens eût été moins ardente; elle aime l'invention et les choses nouvelles, mais elle ne peut nier que Palladio n'eût encore de grands mérites personnels. Les gravures de ses ouvrages nous y montrent un goût parfait de proportion; une certaine harmonie entre le solide et le gracieux, entre le fond et les ornements qui ont un charme particulier : le cachet de son style est une pureté et une légèreté de lignes exquises, déjà fort appréciées de son temps, car on avait fini par appeler des *palladiennes* les maisons de plaisance les plus élégantes, à cause de quelques habitations de ce genre qu'il avait construites dans le Vicentin pour divers seigneurs.

Nous ne pouvions songer à énumérer dans l'espace qui nous restait les nombreuses productions de Palladio, nous avons préféré donner une idée de son talent; à peine nous reste-t-il assez de place pour dire que ses principaux ouvrages sont à Venise et à Vicence. Il se trouvait en cette ville où il construisait le théâtre olympique, lorsqu'il mourut le 19 août 1580, plutôt tué par les fatigues que par l'âge. Il fut vivement regretté par ses compatriotes, auxquels son génie faisait honneur, et pleuré par les amis que sa bienveillance naturelle lui avait procurés en grand nombre. Les membres de l'académie olympique lui rendirent de grands honneurs funèbres, dans lesquels, selon l'usage d'alors, il se fit une énorme consommation de vers, d'odes, de quatrains, d'élégies, enfin de poésie de toute espèce, italienne, hébraïque, arabe, et ce qui dut charmer son ombre particulièrement latine et grecque.

V. Schoelcher.

FIN DE LA GALERIE HISTORIQUE DES HOMMES CÉLÈBRES DE L'ITALIE.

LES

HOMMES CÉLÈBRES

DE L'ITALIE.

IMPRIMERIE DE POMMERET ET GUÉNOT, RUE MIGNON, 2.

LES
HOMMES CÉLÈBRES

DE L'ITALIE,

PAR

MM. LEGOUVÉ, SCHOELCHER, CH. DIDIER, FORTOUL, FERRIER, MAZUY.

29 portraits en pied

DESSINÉS PAR DEVERIA ET GRAVÉS SUR ACIER.

PARIS,

ALPHONSE PIGOREAU, LIBRAIRE,
QUAI DES GRANDS-AUGUSTINS, 9.

—

1846.